Loucura na civilização

SERVIÇO SOCIAL DO COMÉRCIO
Administração Regional no Estado de São Paulo

Presidente do Conselho Regional
Abram Szajman
Diretor Regional
Danilo Santos de Miranda

Conselho Editorial
Áurea Leszczynski Vieira Gonçalves
Rosana Paulo da Cunha
Marta Raquel Colabone
Jackson Andrade de Matos

Edições Sesc São Paulo
Gerente Iã Paulo Ribeiro
Gerente Adjunto Francis Manzoni
Editorial Cristianne Lameirinha
Assistente: Simone Oliveira
Produção Gráfica Fabio Pinotti
Assistente: Ricardo Kawazu

Loucura na civilização
Uma história cultural da insanidade

Da Bíblia a Freud, das casas de loucos à medicina moderna

Andrew Scull

Tradução de Humberto do Amaral

Publicado por acordo com a Thames & Hudson Ltd, Londres
Título original: *Madness in Civilization* © 2015 Andrew Scull
Design de Karolina Prymaka
Primeira edição publicada no Brasil em 2023
pelas Edições Sesc São Paulo, São Paulo

Edição brasileira © 2023 Edições Sesc São Paulo
Todos os direitos reservados

Preparação José Ignacio Mendes
Revisão Silvana Vieira, Mateus Gonçalves Santos, Simone Oliveira
Capa, projeto gráfico e diagramação Rico Lins + Studio | Design Rico Lins e Júlio Okabayashi
Imagem da capa Phrenology bust [Cabeça frenológica], de L. N. Fowler, ca. 1850, cerâmica, 30 cm (altura) × 14,5 cm (largura) × 16,5 cm (diâmetro), Wellcome Library, Londres, Inglaterra

Dados Internacionais de Catalogação na Publicação (CIP)

Scu45L   Scull, Andrew

Loucura na civilização: uma história cultural da insanidade: da Bíblia a Freud, das casas de loucos à medicina moderna / Andrew Scull; tradução: Humberto do Amaral. – São Paulo: Edições Sesc São Paulo, 2023. – 560 p. il.

Referências
ISBN: 978-85-9493-256-3.

1. Loucura. 2. Civilização. 3. Psiquiatria. 4. Transtornos mentais. 5. Insanidade. 6. História social. 7. Sociologia. 8. Emoção. 9. Razão. 10. Humor. 11. Alienação. 12. Cultura. I. Título. II. Amaral, Humberto.

CDD 616.89

Ficha catalográfica elaborada por Maria Delcina Feitosa CRB/8-6187

Edições Sesc São Paulo
Rua Serra da Bocaina, 570 – 11º andar
03174-000 – São Paulo SP Brasil
Tel.: 55 11 2607-9400
edicoes@sescsp.org.br
sescsp.org.br/edicoes
🅵 🆇 🅾 ▶ /edicoessescsp

Para Nancy e para nossos netos
nascidos e ainda por nascer.

Sumário

Nota à edição brasileira   9

CAPÍTULO 1
Confrontando a loucura   12

CAPÍTULO 2
A loucura no mundo antigo   20

CAPÍTULO 3
A escuridão e a aurora   60

CAPÍTULO 4
Melancolia e sandice   98

CAPÍTULO 5
Casas e médicos de loucos   142

CAPÍTULO 6
Nervos e doenças dos nervos   180

CAPÍTULO 7
O grande confinamento   210

CAPÍTULO 8
Degeneração e desespero   254

CAPÍTULO 9
Os *demi-fous*   298

CAPÍTULO 10
Medidas desesperadas   324

CAPÍTULO 11
Um interlúdio cheio de significados   366

CAPÍTULO 12
Uma revolução psiquiátrica?   412

Referências bibliográficas   475
Índice remissivo   503
Créditos das imagens   521
Agradecimentos   523
Sobre o autor   527

Nota à edição brasileira

Os anos de pandemia de covid-19 infligiram a muitos uma preocupação até então inédita com a saúde mental. Medo, estresse, solidão, ansiedade, cansaço extremo, pânico, tédio, *burnout*, excesso de carga mental: esses foram apenas alguns dos sintomas que irromperam nas populações durante o confinamento para conter o vírus. Em contrapartida, no decorrer da história, diagnósticos vinculados à saúde mental foram premissa para segregar os considerados desajustados, ociosos, indesejados, rebeldes – todos que apresentavam comportamentos, ideais ou, até mesmo, uma existência que desvirtuava o *status quo* vigente.

Se, no passado, os portadores de desordens psicológicas buscavam refúgio e cura em igrejas, se práticas como choques elétricos, esterilização forçada e lobotomias eram prescritas como tratamentos médicos eficientes, e se o enclausuramento era muitas vezes compulsório e sem critérios claros, hoje vemos a luta antimanicomial combatendo o estigma e a exclusão dos que estão em sofrimento psíquico, campanhas de conscientização para educar a população sobre certos distúrbios e deficiências e, também, cada vez mais pesquisas de medicações e tratamentos alternativos sendo desenvolvidas.

A discrepância entre esses contextos históricos evidencia um amplo acúmulo de conhecimento e compreensão sobre os transtornos mentais e emocionais; porém, infelizmente, isso ainda não foi capaz de esgarçar por completo a trama de tabus que até hoje circunda esse assunto em diversos segmentos sociais.

Neste *Loucura na civilização: uma história cultural da insanidade*, o sociólogo britânico Andrew Scull dedica-se particularmente às intercorrências históricas da loucura na América do Norte e na Europa, tratando *en passant* dessa temática também nos demais continentes do globo.

No caso do Brasil, a promulgação da Lei n. 10.216/2001, também chamada de Lei Antimanicomial, decretou o fechamento gradual de hospícios e manicômios, no processo que ficou conhecido como Reforma Psiquiátrica. Contudo, mesmo com esse avanço, não podemos deixar cair no esquecimento um dos mais sombrios episódios de violência contra internados em hospitais psiquiátricos. No interior de Minas Gerais, na cidade de Barbacena, pelo menos 60 mil internos foram mortos no Hospital Colônia, durante quase um século de aprisionamento, subnutrição, trabalho forçado e maus-tratos. Em geral, cerca de dois terços das vítimas eram lá internadas por serem pedintes, epilépticos, dependentes de álcool, prostitutas, opositores políticos, homossexuais, mães solteiras, sifilíticos, esposas abandonadas. Lembrar esse passado, de modo a resguardar a dignidade presente e futura daqueles com verdadeiros problemas mentais, direciona nossa atenção às chamadas comunidades terapêuticas, vistas atualmente por especialistas e ativistas antimanicomiais como hospícios disfarçados, funcionando muitas vezes com um *modus operandi* equivalente ao empregado em Barbacena.

Como bem ressalta o autor deste livro, a insanidade desnorteia a imaginação humana, provocando terror e fascínio, e poucos são imunes a seu assombro. Talvez por isso, nestes tempos pós-pandemia, observamos um *boom* no consumo de psicofármacos e uma constante patologização da vida. Entretanto, é fundamental nos mantermos "atentos e fortes" para não negligenciar os legítimos males mentais da contemporaneidade nem higienizar o cotidiano pelo encarceramento dos marginalizados socialmente.

Comme quelqu'un pourrait dire de moi que j'ai seulement fait ici un amas de fleurs étrangères, n'y ayant fourni du mien que le filet à les lier.

(Alguém poderia dizer de mim que reuni aqui apenas um buquê de flores alheias, nada tendo acrescentado de meu senão o barbante que as une.)

Montaigne

1

Confrontando a loucura

A loucura *na* civilização? Mas não é evidente que a loucura é em si mesma a recusa da civilização? Afinal de contas, os pensadores iluministas costumavam afirmar que a Razão é a faculdade que separa os seres humanos das feras. Se isso é verdade, então a Desrazão seria certamente algo do campo do inadmissível, algo que de algum modo corresponde ao ponto em que o civilizado se torna selvagem. A loucura não estaria *na* civilização, mas seria algo em tudo distante e alheio a ela.

Uma reflexão mais aprofundada, no entanto, revela que a questão não é tão simples. De modo paradoxal, a loucura não existe apenas em oposição à civilização ou às margens dela. Pelo contrário, ela tem sido a preocupação principal de artistas, dramaturgos, escritores, compositores, praticantes de artes divinatórias, médicos e cientistas, sem mencionar quão próximos seus efeitos estão de nós – seja em nossos próprios encontros com as perturbações da razão e da emoção, seja em suas manifestações em familiares ou amigos. Assim, são vários os modos relevantes com que a loucura mostra ser parte indelével da civilização, e não algo exterior a ela. Trata-se de um problema que teima invadir nossa consciência e nossa vida diária. Está, portanto, no limiar e, ao mesmo tempo, em toda a parte além dele.

A loucura é um assunto incômodo, um tema cujos mistérios ainda nos desorientam. A perda da razão, a ideia de alienação frente ao mundo do senso comum que imaginamos habitar[1], o turbilhão emocional devastador que toma as rédeas de alguns de nós e que não as largará – essa é uma parte da experiência humana compartilhada em todos os séculos e por todas as culturas. A insanidade assombra a imaginação humana. Ela provoca de um só golpe terror e fascínio. Poucos são imunes a seu assombro. Ela nos lembra com insistência o quão tênue por vezes nossa noção de realidade pode ser. Ela desafia nossas ideias sobre os próprios limites do que significa ser humano.

Falarei sobre a loucura na civilização. A relação entre ambas e suas interações complexas e multivocais são temas que pretendo explorar e compreender. Por que *loucura*? Esse é um termo que conota certo anacronismo, até mesmo

---

1 De modo significativo, creio eu, uma das definições de "senso comum" do *Oxford English Dictionary* pode ser lida nos seguintes termos: "A faculdade de inteligência natural própria dos seres racionais; o entendimento comum, normal ou médio; a sabedoria comum que é herança de todos. (Isso é, basicamente, 'senso comum', sem o qual alguém seria um tolo ou insano)".

um desprezo insensível pelo sofrimento daqueles que aprendemos a chamar de doentes mentais, um apelo no mínimo grosseiro a um vocabulário que ao mesmo tempo estigmatiza e ofende. Infligir mais angústias aos loucos e aumentar ainda mais o estigma que os envolve há tantas eras é algo que não poderia estar mais distante do meu objetivo. As dores e angústias causadas pela perda da sanidade às suas vítimas, aos seus entes queridos e à sociedade como um todo são fatos que ninguém que se relacione com o tema poderia ou deveria ignorar ou minimizar. É aí que estão algumas das formas mais profundas de sofrimento humano – tristeza, isolamento, alienação, angústia, a morte da razão e da consciência. Então, mais uma vez e de modo mais incisivo, por que não optar por um termo mais leve – enfermidade psíquica ou perturbação mental, digamos –, em vez de empregar deliberadamente aquilo que viemos a considerar uma palavra mais áspera, "loucura"?

Para os psiquiatras, as autoridades que hoje elegemos para tratar dos mistérios das patologias mentais, o uso de termos como esse é visto muitas vezes como uma provocação, como uma recusa da ciência e de suas bênçãos, das quais esses médicos afirmam serem representantes. (Por mais estranho que possa parecer, é exatamente por essa razão que "loucura" é a palavra adotada de modo desafiador por aqueles que rejeitam com veemência os enunciados da psiquiatria e que, ao resistirem ao rótulo de pacientes psiquiátricos, preferem se referir a si mesmos como sobreviventes psiquiátricos.) Seria então minha escolha de título e de terminologia uma forma de perversidade, ou mesmo um sinal de que considero a enfermidade mental um mito, assim como o fazem alguns escritores influentes – como o falecido Thomas Szasz, por exemplo? De forma alguma.

Do meu ponto de vista, a loucura – as perturbações generalizadas e duradouras da razão, do intelecto e das emoções – é um fenômeno que pode ser encontrado em todas as sociedades conhecidas, uma manifestação que impõe desafios profundos tanto de ordem simbólica quanto prática ao tecido social e à noção mesma de estabilidade da ordem social. A afirmação de que a loucura não passa de uma construção social ou de um rótulo é, para mim, um grande absurdo romântico ou uma tautologia inútil. Aqueles que perdem o controle sobre suas emoções, sejam eles melancólicos ou maníacos; aqueles que não compartilham do universo mental que habitamos e da realidade do senso comum que é percebida pela maior parte de nós; aqueles que alucinam ou que falam sobre suas próprias existências de formas que são entendidas como delírios pelas pessoas ao redor; aqueles que se desviam profundamente das convenções e das expectativas de suas culturas e que ignoram as medidas corretivas habituais que suas comunidades mobilizam para induzi-los a desistir; aqueles que manifestam extremos de extravagância e de incoerência ou que exibem a vida mental grotescamente desnudada dos dementes – são eles que formam o âmago daquilo que consideramos irracional, a população que por milênios foi tida como louca ou designada por algum outro termo análogo.

Por que escrever uma história da "loucura" ou da "enfermidade mental"? Por que não a nomear uma história da psiquiatria? A tais questões proponho uma resposta simples. Esse tipo de "história" não seria de modo algum uma história. Planejo discutir o encontro entre loucura e civilização ao longo de mais de dois milênios. Durante a maior parte desse período, "loucura" e seus cognatos – insanidade, demência, frenesi, mania, melancolia, histeria, entre outros – foram termos usados não apenas entre as massas ou mesmo entre as elites culturais, mas de utilização universal. Indiscutivelmente, "loucura" não era apenas o termo de uso cotidiano para lidar com a Desrazão, mas também uma terminologia adotada por aqueles homens da medicina que às vezes tratavam os alienados e que procuravam explicações naturalistas para as depredações por ela causadas. Mesmo os primeiros médicos de loucos (que assim se identificavam e desse modo eram conhecidos por seus contemporâneos) não hesitavam em usar a palavra, que, ao lado de outros termos como demência e insanidade, persistiu no discurso polido até quase o começo do século XIX e só aos poucos passou a ser considerada um tabu linguístico.

Quanto à "psiquiatria", é uma palavra que surgiu somente no século XIX, na Alemanha. Foi rejeitada com veemência pelos franceses (que prefeririam seu próprio termo, *aliénisme*) e pelo mundo anglófono, que, como aludido no parágrafo anterior, de início se referia aos homens da medicina que se especializavam no cuidado dos enfermos mentais como "médicos de loucos". Foi só mais tarde, quando as ambiguidades e o desprezo implícito – a depreciação embutida nesse termo – se mostraram excessivos, que a protoprofissão acolheu, sem uma preferência clara, todo um leque de alternativas: "superintendente de hospício", "psicólogo médico" ou (num aceno aos franceses) "alienista". O único rótulo que os especialistas em transtornos mentais falantes de inglês não podiam suportar, e contra o uso do qual se bateram até o começo do século XX (quando finalmente começou a ser o termo preferido), foi "psiquiatra".

De modo mais geral, o surgimento de um grupo autoconsciente e organizado de profissionais que reivindicassem a jurisdição sobre os distúrbios mentais e que obtivessem certo nível de embasamento social para seus enunciados é, em larga medida, um fenômeno do período que tem início no século XIX.

Hoje, a loucura é vista principalmente sob a ótica médica, e a linguagem favorecida pelos psiquiatras se tornou o meio oficial através do qual a maior parte deles (ainda que não todos) fala sobre essas questões. Mas isso é resultado de uma mudança histórica e, de um ponto de vista mais amplo, de um desenvolvimento bastante recente. A criação de profissionais como esses, de sua linguagem e das intervenções por eles adotadas é um fenômeno que iremos discutir e tentar compreender. Mas esse não é, nem deve ser, nosso ponto de partida.

Daí, então, "loucura", um termo que mesmo hoje poucas pessoas têm dificuldade em compreender. O uso dessa palavra bastante antiga tem a vantagem adicional de colocar em relevo um outro atributo altamente significativo de nosso tema – um atributo que um enfoque puramente médico negligenciaria. A loucura tem uma relevância muito mais ampla para a ordem social e para as culturas de que fazemos parte, com ressonâncias na literatura, na arte e na crença religiosa, assim como no domínio científico. E traz implícito um estigma que foi e continua a ser um aspecto lamentável do que significa ser louco.

Mesmo em nossa época, respostas definitivas sobre essa condição psíquica permanecem quase tão fugidias como antes. As próprias fronteiras que separam o louco do sensato são objeto de discussão. A American Psychiatric Association [Associação Norte-Americana de Psiquiatria], cujo *Manual diagnóstico e estatístico de transtornos mentais* (DSM) alcançou influência global, especialmente diante de suas ligações com a revolução psicofarmacológica, tem submetido sua bíblia a iterações e revisões aparentemente intermináveis. Ainda assim, e apesar desses vários esforços para chegar a uma resposta, o DSM permanece enredado em controvérsias, mesmo nos altos escalões da própria profissão psiquiátrica. O manual está em sua quinta ou sétima revisão, a depender de quem está contando, e a publicação de sua última encarnação foi adiada por anos de disputas e controvérsias públicas a respeito de seu conteúdo. Conforme suas listas de diagnósticos e "doenças" proliferam, os esforços frenéticos para distinguir números cada vez maiores de tipos e subtipos de transtornos mentais vieram a se assemelhar a um jogo de faz de conta disfarçado de forma elaborada. Afinal, apesar da pletora de afirmações de que a enfermidade psíquica está enraizada em falhas na bioquímica do cérebro e em deficiências ou excessos neste ou naquele neurotransmissor e de que seria um produto da genética talvez um dia localizável em marcadores biológicos, a etiologia da maioria das enfermidades mentais permanece obscura, e seus tratamentos são em grande medida sintomáticos e, em geral, de eficácia questionável. Aqueles que sofrem de psicoses graves constituem um dos poucos segmentos de nossa sociedade cuja expectativa de vida declinou no último

"Tipos de insanidade", o frontispício de A Manual of Psychological Medicine [Um manual de medicina psicológica], publicado por John Charles Bucknill e Daniel Hack Tuke em 1858, um dos primeiros compêndios de ampla utilização sobre o diagnóstico e tratamento da insanidade. Assim como outros alienistas, Bucknill e Tuke acreditavam que a loucura assumia diferentes formas e que os tipos distintos de insanidade poderiam ser lidos na fisionomia dos pacientes.

quarto de século[2] – uma medida que delata o fosso entre as pretensões da psiquiatria e seu desempenho efetivo. Ainda não aprendemos, ao menos nessa arena, os segredos da natureza.

A aposta de que a entrega da loucura para as prescrições dos médicos traria um desfecho prático resultou em algum sucesso – de modo mais notável no que se refere à sífilis terciária, um transtorno terrível que era responsável por talvez 20% das internações de homens em manicômios no começo do século XX. Na maior parte dos casos, contudo, essa tem sido uma aposta que ainda precisa ser saldada. A despeito das periódicas proclamações esbaforidas em sentido contrário, as raízes da esquizofrenia ou da depressão severa permanecem envolvidas em confusão e mistério. E sem raios X, ressonâncias magnéticas, tomografias ou testes laboratoriais que nos permitam declarar categoricamente que essa pessoa é louca e aquela é sã, as fronteiras entre Razão e Desrazão permanecem instáveis e incertas, contestadas e controversas.

Corremos riscos enormes de deturpar a história quando projetamos categorias diagnósticas e ideias psiquiátricas contemporâneas sobre o passado. Não há como nos empenharmos com segurança em diagnósticos retrospectivos mesmo nos casos de doenças cuja realidade e identidades contemporâneas parecem muito mais bem estabelecidas do que a esquizofrenia ou o transtorno bipolar – sem mencionar um número enorme de outros diagnósticos psiquiátricos mais controversos. Os observadores de épocas passadas registraram o que *eles* viam como relevante, não o que *nós* poderíamos querer saber. Além disso, as manifestações da loucura, seus sentidos, suas consequências, onde é possível estabelecer fronteiras entre sanidade e insanidade – no passado e também hoje – são questões profundamente afetadas pelo contexto social dentro do qual a Desrazão emerge e é contida. O contexto importa, e não podemos alcançar uma visão neutra e transcendente, para além das parcialidades do presente, a partir da qual poderíamos investigar as complexidades da história de modo neutro e não enviesado.

---

2   C.-K. Chang *et al.*, "Life Expectancy at Birth for People with Serious Mental Illness and Other Disorders from a Secondary Mental Health Care Register in London", *PLoS One*, 18 maio 2011; C. W. Colton e R. W. Manderscheid, "Congruencies in Increased Mortality Rates, Years of Potential Life Lost, and Causes of Death Among Public Mental Health Clients in Eight States", *Preventing Chronic Disease*, 3:26, *on-line*, 2006; Joe Parks *et al.* (org.), *Morbidity and Mortality in People with Serious Mental Illness*. Alexandria, VA: National Association of State Mental Health Program Directors, 2006. Um estudo relata que as taxas de suicídio entre aqueles que são diagnosticados como esquizofrênicos decuplicou. Cf. David Healy *et al.*, "Lifetime Suicide Rates in Treated Schizophrenia: 1875-1924 and 1994-1998 Cohorts Compared", *British Journal of Psychiatry*, v. 188, 2006, p. 223-28.

Também em outros aspectos a loucura se estende para além do alcance médico. Ela permanece como uma fonte recorrente de fascinação para escritores, artistas e seus públicos. Romances, biografias, autobiografias, peças de teatro, filmes, pinturas, esculturas – em todos esses domínios e além, a Desrazão continua a assombrar a imaginação e a emergir de formas poderosas e imprevisíveis. Todas as tentativas de encurralá-la, contê-la e reduzi-la a uma essência única parecem fadadas ao fracasso. A loucura continua a nos provocar e confundir, a causar assombro e fascinação, a nos desafiar a sondar suas ambiguidades e depredações. A abordagem por mim adotada buscará dar à medicina psicológica o que lhe é de direito, mas não mais do que isso; ressaltarei quão longe continuamos de qualquer compreensão adequada das raízes da loucura e, mais ainda, de respostas eficientes para as desgraças que ela traz consigo; e reconhecerei que a loucura possui relevância e importância sociais e culturais que apequenam qualquer conjunto único de sentidos ou práticas.

Comecemos, então.

2

A loucura no mundo antigo

A loucura e os israelitas

Ninguém deve subestimar os riscos de se cortejar o desprazer de um deus selvagem e ciumento. Consideremos a tradição hebraica. Tanto Saul, o primeiro rei dos israelitas, quanto Nabucodonosor, o poderoso rei da Babilônia, ofenderam Javé, e ambos receberam uma punição terrível por sua *lèse-majesté*. Foram tornados loucos.

Qual foi a ofensa de Saul? Afinal de contas, ele era, por vários motivos, uma figura heroica. Havia sido escolhido por Javé para ser o primeiro rei dos judeus, e na sequência derrotou todos os inimigos dos israelitas, com exceção dos filisteus. Além disso, quando Davi, seu sucessor, venceu esse último adversário poderoso, foi em grande medida graças ao exército que Saul havia criado. Ainda assim, Saul desobedeceu a Deus numa única ocasião e, ao fazê-lo, seu castigo foi rápido e severo.

Na antiga Palestina, a inimizade entre os israelitas e as tribos nômades dos amalequitas remontava aos tempos do êxodo do cativeiro no Egito. Durante sua fuga, os hebreus cruzaram o mar Vermelho e viajaram pela península do Sinai, onde foram atacados. O povo amalequita "veio ao teu encontro no caminho [...] e pela tua retaguarda, sem temer a Deus, atacou a todos os desfalecidos que iam atrás"[1]. E essa não foi a última ocasião em que os amalequitas assediaram os judeus. De fato, na tradição judaica os amalequitas vieram a representar os inimigos arquetípicos. Por fim, Javé, o deus dos judeus, perdeu a paciência. Suas ordens ao povo eleito eram bem claras e diretas: "vai, pois, agora, e investe contra Amalec, condena-o ao anátema com tudo o que lhe pertence, não tenhas piedade dele, mata homens e mulheres, crianças e recém--nascidos, bois e ovelhas, camelos e jumentos"[2]. Matem todos.

No primeiro livro de Samuel, vemos Saul titubear na realização ao pé da letra das instruções bárbaras de seu deus. É certo que Saul, com seu exército, "passou todo o povo ao fio da espada, para cumprir o anátema. Mas Saul e o

---

[1] Deuteronômio 25:18. (Todas as citações seguintes são da Bíblia de Jerusalém). No decorrer deste livro, sempre que houver edição brasileira das obras citadas pelo autor, será referenciada a edição nacional no lugar da estrangeira. [N.T.]

[2] 1 Samuel 15:3.

exército pouparam Agag [o rei dos amalequitas] e tudo o que havia de melhor do gado miúdo e graúdo, os animais gordos e as ovelhas, enfim, tudo o que havia de bom não quiseram incluí-lo no anátema"[3]. Quais foram as consequências? O profeta Samuel, que ungira Saul rei de Israel, repreende-o. Saul desobedecera ao Senhor, e para isso não poderia haver perdão; o arrependimento viria tarde demais[4].

Logo depois, o Senhor abandona Saul e envia um espírito maligno para atormentá-lo. Os tormentos persistiriam até o fim de seu reinado. Ora amedrontado, ora furioso, ora homicida, ora deprimido, Saul foi vítima intermitente de uma turbulência mental intensa pelo resto de seus dias. Na batalha contra os filisteus, os únicos inimigos dos israelitas que restavam, o rei foi abandonado por seu deus. Três de seus filhos foram assassinados, Saul sofreu graves ferimentos e, quando seus inimigos não circuncidados se aproximavam para matá-lo, caiu sobre a própria espada. O espírito maligno enviado pelo Senhor o destruíra[5].

Diante do enigma que era a loucura, os hebreus, como muitos no mundo antigo, voltavam-se à ideia da possessão por espíritos malignos a fim de explicar as depredações assustadoras que caíam sobre os insanos. O deus vingativo por eles adorado nunca demorava a infligir tais horrores àqueles que o desagradavam ou que desafiavam sua majestade. De fato, os israelitas só haviam conseguido concretizar o êxodo da escravidão no Egito depois que Javé fizera chover dez pragas sobre o faraó e seu povo. Moisés, líder dos israelitas, havia enfrentado os sacerdotes egípcios numa disputa sobre os poderes de suas respectivas divindades: pragas de sangue, sapos, piolhos, moscas, pestilência do gado, furúnculos que se recusavam a sarar, granizo, gafanhotos e escuridão, tudo isso fracassou em dissuadir o faraó, até que Javé providenciou a morte dos primogênitos de todos os humanos e animais egípcios, e Moisés pôde finalmente liderar seu povo para longe da servidão. Mesmo então, o Senhor ainda não havia terminado com os egípcios: depois de dividir as águas do mar Vermelho para permitir que os israelitas passassem, fez com que as ondas despencassem de volta para afogar o exército egípcio que vinha em perseguição **(imagem 5)**.

---

[3] 1 Samuel 15:8-9.

[4] 1 Samuel 15:23.

[5] 1 Samuel 15:31.

Que os judeus acreditassem que a loucura de Saul fosse uma maldição de Deus fica claro nos versículos do livro de Samuel. A natureza exata dessa loucura é, no entanto, menos nítida, ainda que saibamos uma coisa ou outra sobre suas manifestações exteriores. Algumas fontes falam da "esganadura" de Saul, e o relato de Samuel descreve rápidas mudanças de humor, com a passagem de um estado depressivo e de recolhimento para uma desconfiança patológica desenfreada e para a violência episódica e delirante[6], que inclui um ataque homicida contra seu próprio filho, Jônatas[7]. Escrevendo a partir da tradição oral, Josefo (ca. 37-ca. 100), historiador judaico-romano, conta que Saul "foi assediado por estranhos transtornos e por espíritos malignos que lhe causaram tais sufocamentos e esganaduras que os físicos [*physicians*][8] não conseguiram vislumbrar outro remédio que não ordenar que se procurasse alguém com o poder para desencantar espíritos"[9].

Será o menino pastor Davi que conseguirá de tempos em tempos exorcizar o espírito maligno com que Deus amaldiçoou Saul. Davi o faz, é claro, com a música, tocando sua harpa e acalmando temporariamente a entidade nefasta, ainda que nunca consiga afastar por completo a causa da angústia de Saul[10]. E seus esforços nem sempre eram bem-sucedidos. Certa vez, "um mau espírito da parte de Deus assaltou Saul, que começou a delirar no meio da casa. Davi tangia a lira como nos outros dias, e Saul

---

[6] 1 Samuel 18:10-11; 19:9-10.

[7] 1 Samuel 20:30-34

[8] Efetuada aqui para descrever os profissionais que se dedicavam ao estudo e à prática da medicina antes da Idade Moderna, a escolha da tradução pelo termo "físico", nesta e em outras ocasiões ao longo dos próximos capítulos, deriva do grego, através do latim "*physica*" e "*physicus*", palavras utilizadas na Antiguidade clássica para descrever a ciência da natureza (dentro da qual se inseria o estudo do corpo e de suas funções) e seus praticantes. Mais tarde, após a reintrodução dos textos gregos na Europa ocidental, o termo "médico" passou a coexistir com a denominação "físico", então incorporada ao vocabulário da língua portuguesa para designar "o médico enquanto teoricamente considera a compleição, temperamento e propriedades das coisas naturais", segundo Rafael Bluteau, *Vocabulario portuguez e latino*, Coimbra/Lisboa: Collegio das Artes da Companhia de Jesu/Officina de Pascoal da Sylva, 1712-1728. [N.T.]

[9] Josefo, *The Antiquities of the Jews*, trad. H. St. J. Thackeray, Ralph Marcus e Allen Wikgren, v. 5, Cambridge, Mass: Harvard University Press, 1968, p. 249. A referência desta passagem aos "físicos" de Saul é quase certamente um anacronismo. As passagens bíblicas se referem apenas aos servos de Saul. Mas, como veremos, Josefo viveu numa época em que explicações médicas para a loucura existiram ao lado de interpretações religiosas mais antigas, e em alguns casos físicos treinados na Grécia tentavam intervir e tratar a loucura.

[10] 1 Samuel 16:23.

estava com a lança na mão. Saul atirou a lança e disse: 'Encravarei Davi na parede!', mas Davi lhe escapou duas vezes"[11] – o que é bastante aconselhável, dadas as circunstâncias.

Samuel, sem dúvida, foi apenas um de uma longa linhagem de profetas judeus, homens que atuavam como emissários do divino. Essas figuras raramente carecem de análogos noutros tempos e lugares, inclusive entre as tribos da Palestina com as quais os israelitas estavam tão frequentemente em guerra. Mas figuras como Samuel desempenharam um papel importante na história judaica durante um intervalo de muitos séculos. Quando Samuel fala de Saul "profetizando", essa palavra é usada num sentido mais flexível, pois, como o historiador da medicina George Rosen nos lembra, o termo hebreu para "se comportar como um profeta" também pode ser traduzido por "delirar", "agir como alguém fora de si" ou "comportar-se de maneira descontrolada".[12] Noutra ocasião, por exemplo, ouvimos Saul agir como um profeta durante um dia inteiro, enquanto viajava para Ramá, onde "se despojou das suasvestes, também ele delirou diante de Samuel e depois caiu no chão, nu, e ficou assim todo aquele dia e toda a noite. Daí o provérbio: 'Está também Saul entre os profetas?'"[13].

Um Isaías, um Jeremias, um Elias ou um Ezequiel: esses eram homens de influência desproporcional sobre os israelitas, e pessoas cujo comportamento muitas vezes parecia um convite à indefinição entre o inspirado e o louco, entre o meramente excêntrico e o completamente ensandecido. Extáticos, erráticos, frequentemente vistos como possuidores e executores de poderes mágicos (Josué, por exemplo, faz com que o Sol se detenha em seu percurso), os profetas podiam adivinhar o futuro e, caso fossem verdadeiros profetas, falar as palavras do Senhor. Também alucinavam, entravam em transes, relatavam ter visões e passavam por períodos de comportamento delirante, quando clamavam serem tomados pelo espírito do Senhor[14].

Suas palavras e ações flertavam com o perigo, mas também o vaticinavam. A zombaria e o isolamento eram em geral o destino dos profetas, mas coisas muito piores podiam recair sobre eles. Quando pronunciou a destruição

---

[11] 1 Samuel 18:10-11.

[12] George Rosen, *Madness in Society: Chapters in the Historical Sociology of Mental Illness*, Nova York: Harper and Row, 1968, p. 36, 42.

[13] 1 Samuel 19:24.

[14] Cf., por exemplo, Amós 7:1-9; Jeremias 1:24; Isaías 22:14; 40:3, 6; Ezequiel 6:11; 8:1-4; 21:14-17; Jeremias 20:9.

iminente de Jerusalém, Jeremias foi considerado um traidor, foi surrado e colocado no tronco[15]. Mais tarde, houve esforços para matá-lo, lançando-o numa cisterna em que possivelmente morreria de fome, e o profeta foi então encarcerado – um cativeiro do qual somente veio a ser liberto depois que a conquista de Jerusalém pelos babilônios, que havia profetizado, se tornou realidade[16]. Urias foi ainda mais desafortunado. O rei Joaquim o denunciou porque "profetizou contra esta cidade e contra esta terra", e Urias fugiu para o Egito, mas foi devolvido para o rei de Judá e executado[17]. Que Deus falasse com os homens através de seus profetas não era uma afirmação de que os israelitas duvidassem. Sua própria identidade como povo escolhido provinha de crenças como essa e de uma aliança com Deus, uma distinção para a qual a interpretação dos profetas desempenhava um papel importante. Mas havia uma abundância de falsos profetas, e era muito improvável que as censuras e ladainhas daqueles que se diziam profetas trouxessem popularidade a reboque.

Alguns profetas podem muito bem ter sido vistos como loucos (e certamente alguns psiquiatras do século XX estiveram tentados a descartá-los como exemplos de psicopatologias)[18]. Ainda assim, para seus contemporâneos, que acreditavam num deus ciumento e todo-poderoso que falava rotineiramente através de instrumentos humanos e que estava inclinado a infligir as mais severas punições contra aqueles que o desafiassem, sempre havia motivos para dúvida. A loucura era reconhecida, mas os profetas que exibissem alguns dos atributos da insanidade poderiam muito bem estar sob inspiração divina.

O faraó egípcio não foi o último soberano a contestar o poder de Javé e, de acordo com a tradição judaica, pagar um alto preço por isso. Séculos mais tarde, em 587 a.C., Nabucodonosor, rei da Babilônia, capturou Jerusalém, destruiu seu templo e levou os judeus para o exílio, tudo isso aparentemente sem despertar a ira divina. Sua imunidade não durou. Inflado de orgulho por suas conquistas, o rei alardeou "a potência de meu poder", só para na sequência ter sua impiedade denunciada por uma voz vinda dos céus. Levado

---

[15] Jeremias 20:1-4.

[16] Jeremias 38, 39.

[17] Jeremias 26:20-23.

[18] Cf., por exemplo, o ensaio de Karl Jaspers que "comprova" que Ezequiel era esquizofrênico: "Der Prophet Ezechiel: Eine pathographische Studie", em: *Rechenschaft und Ausblick, Reden und Aufsätze*, Munich: Piper Verlag, 1951, p. 95-106. Antes disso, Jean-Martin Charcot (ver cap. 9) e seus seguidores haviam considerado muitos dos santos cristãos como histéricos.

à loucura, "comeu erva como os bois; seu corpo foi banhado pelo orvalho do céu; seus cabelos cresceram como penas de águia e suas unhas como garras de pássaros" (**imagem 2**)[19]. Segundo a Bíblia, a maldição foi removida sete anos mais tarde. O juízo de Nabucodonosor retornou. Sua realeza foi restaurada e seu poder e glória antigos, recuperados.

Num mundo ordenado pelo divino, no qual os caprichos da natureza, as desventuras da política e os perigos da vida diária eram investidos de sentidos religiosos ou sobrenaturais, as transformações que a loucura operava sobre os sãos eram prontamente atribuídas ao descontentamento divino, à conjuração de feitiços ou à possessão por espíritos malignos. Essas percepções eram duradouras. Quase seis séculos após a morte de Nabucodonosor, o Cristo ressuscitado aparece primeiro a Maria Madalena, "de quem", somos informados, "havia expulsado sete demônios"[20] – um ato que seus discípulos o haviam testemunhado desempenhar noutras circunstâncias. Lembremos, por exemplo, da ocasião em que Jesus visitou o país dos gerasenos, em que foi imediatamente confrontado por um homem "possuído por um espírito impuro" que era tão indômito que nem mesmo correntes ou grilhões conseguiam contê-lo. Assustados, os aldeões o haviam deixado a vagar pelo cemitério, entre gritos e automutilação, mas, ao avistar Jesus, o terrível homem correu para venerá-lo. Jesus perguntou:

> "Qual é o teu nome?" Respondeu: "Legião é o meu nome, porque somos muitos". E rogava-lhe insistentemente que não os mandasse para fora daquela região. Ora, havia ali, pastando na montanha, uma grande manada de porcos. Rogava-lhe, então, dizendo: "Manda-nos para os porcos, para que entremos neles". Ele o permitiu. E os espíritos impuros saíram, entraram nos porcos e a manada – cerca de dois mil – se arrojou no mar, precipício abaixo, e eles se afogavam no mar.[21]

A história dos porcos gerasenos lança luz sobre outros aspectos do tratamento dispensado aos loucos na antiga Palestina. Já havia muito tempo que o homem possuído era habitado por demônios. Ele vivia ao ar livre, sem abrigo nem vestimentas. Seus vizinhos temerosos tentavam contê-lo com correntes e

---

[19] Daniel 4:30-33.
[20] Marcos 16:9.
[21] Marcos 5:1-13. Comparar com Lucas 8:26-33; Mateus 8:28-34.

grilhões. Em sua fúria insana, fez suas amarras em pedaços, e o Diabo o levara para as regiões selvagens. Ainda que os aldeões sentissem um grande medo, continuavam a alimentá-lo[22]. Dificilmente seria a última ocasião em que a insanidade seria vista como uma afronta à existência civilizada e associada à nudez, às correntes e aos grilhões, com o deslocamento do louco para as mais distantes margens da sociedade. De fato, esse continuaria a ser o destino de muitos dos enlouquecidos por muitos séculos.

O mundo helênico

A julgar pela abundância de fontes literárias, a ideia da origem divina para o sofrimento mental humano também era amplamente aceita pelos gregos antigos[23]. Seus deuses nunca foram avessos à intromissão nos assuntos humanos, e causas religiosas para a doença mental eram uma parte importante da cultura clássica[24] – uma perspectiva que ganhou novas forças depois que o cristianismo se tornou a religião oficial do Império Romano. Do mesmo modo, os elos entre a loucura e as maquinações dos deuses são uma marca da tragédia e da poesia gregas, e de forma tal que, milênios mais tarde, Sigmund Freud se referiria aos mitos gregos para nomear como "complexo de Édipo" o trauma psicológico que, segundo ele, teria deixado uma marca indelével em toda a raça humana. E também o termo "pânico" deriva do grego: *panikon*, de ou relativo a Pã, um deus famoso por espalhar o terror.

A *Ilíada* e a *Odisseia*, as mais antigas obras sobreviventes da literatura ocidental, foram inicialmente transmitidas por uma profunda tradição oral e, nesse sentido, são anteriores à civilização a que corresponde a Grécia clássica. As narrativas épicas, como acredita a maioria dos acadêmicos de hoje, foram elaboradas no século VIII a.C. a partir de uma grande reserva de mitos gregos preexistentes e, até a invenção do alfabeto grego, passados adiante de forma oral. São essas histórias que formaram a base, a fundação da cultura grega, e elas eram familiares a todos os cidadãos educados da Grécia clássica e para além dela, assim como fonte de inspiração, no século V a.C., para uma série de

---

[22] Lucas 8:27, 34.

[23] Para uma discussão com mais nuances sobre essas questões, cf. Robert Parker, *Miasma: Pollution and Purification in Early Greek Religion*, Oxford: Clarendon Press, 1983, cap. 8.

[24] Clark Lawlor, *From Melancholia to Prozac: A History of Depression*, Oxford: Oxford University Press, 2012, p. 37.

peças de Ésquilo, Sófocles e Eurípides, os grandes dramaturgos da Antiguidade clássica (entre muitos outros cujos trabalhos não sobreviveram). E, perpassando todas essas obras, está um fascínio literário e artístico pela loucura que persistirá de modo constante em toda a civilização ocidental posterior.

Os pretendentes que montaram cerco ao redor de Penélope nos anos da ausência de Odisseu (por quem serão todos mortos em seu retorno) se reúnem para um banquete. Atena (a deusa da sabedoria) intervém para provocar júbilo e lágrimas, e logo o comportamento geral excede de tal forma os limites da respeitabilidade, que os participantes parecem se perder na loucura. A deusa produziu "entre os pretendentes [...] risos inextinguíveis e desnorteou suas ideias. Eles então riam, mas com alheios maxilares, e eis que comiam carne sangrenta, seus olhos enchiam-se de lágrimas, e o ânimo pesava em lamento"[25]. Lamentem o quanto quiserem. Sua desgraça já está pressagiada.

Talvez a situação mais comum em que encontramos a loucura em Homero seja no calor da batalha, onde os homens ficam alucinados, perdem o controle, deliram e se comportam como possessos. Diomedes, Pátroclo, Heitor, Aquiles, todos são mostrados como vítimas de uma loucura temporária em meio à luta. Heitor tira a armadura de Pátroclo depois de matá-lo e a veste. Imediatamente, "Ares entrou nele, o terrível Eniálio, e seus membros, dentro, se encheram de bravura e força"[26]. A dor e o desejo de vingança contra Heitor levam Aquiles à loucura, e ao frenesi agressivo da batalha se segue um duelo até a morte entre os dois homens. Mesmo diante de seu inimigo derrotado, a ira que consome Aquiles não é aplacada. Heitor implora não por sua vida, mas para que seu corpo seja tratado com respeito depois da morte, apenas para ser repudiado por um Aquiles enlouquecido: "oxalá meu ímpeto e ânimo me impelissem a, eu mesmo, cortar tua carne e a devorar crua pelo que me fizeste"[27]. E, de fato, após arrastá-lo com sua carruagem, "armava feitos ultrajantes contra o divino Heitor, estirando-o no pó, de bruços, junto ao féretro do Menecida"[28].

---

[25] Homero, *Odisseia*, trad. Christian Werner, São Paulo: Ubu, 2018, Canto 20, p. 530. Cf. Debra Hershkowitz, cujo *The Madness of Epic: Reading Insanity from Homer to Statius* (Oxford e Nova York: Oxford University Press, 1998) influenciou em grande medida meu entendimento de Homero e outros autores clássicos no que se refere ao tema da loucura.

[26] Homero, *Ilíada*, trad. Christian Werner, Canto 17, São Paulo: Ubu/SESI-SP Editora, 2018, p. 490.

[27] *Ibidem*, Canto 22, p. 608.

[28] *Ibidem*, Canto 23, p. 618.

As pessoas que povoam a *Ilíada* estão com frequência, ainda que não sempre, à mercê dos deuses e do destino. As forças sobrenaturais estão por toda parte. Deuses, sereias, as Fúrias, todos estão à espera, destroem, vingam, punem, brincam com os humanos indefesos. A fúria divina impera, e as personagens de Homero são frequentemente suas vítimas. Alguns séculos mais tarde, um mundo psicologicamente mais rico emergiria nas tragédias de Atenas e, ao lado das maquinações dos deuses, as agonias da culpa e da responsabilidade, os conflitos lançados pelo dever e pelo desejo, os efeitos inescapáveis do luto e da vergonha, as demandas da honra e os impactos desastrosos da húbris seriam mobilizados para complicar o quadro geral. Mas as explicações sobrenaturais para a origem da Desrazão, aparentemente adotadas por povos iletrados, continuam no comando.

Meio homem, meio deus, filho do relacionamento adúltero de Zeus com Alcmena[29], Héracles é o objeto inevitável do ódio da deusa Hera, para quem sua mera existência era prova da infidelidade do marido. Homero fala dos perigos e sofrimentos que a deusa fazia chover sobre a cabeça do semideus, e tal é a força da história que autores posteriores, tanto gregos como romanos, sempre acabarão por retornar a ela, deixando-a mais complexa à medida que o fazem. Em iterações mais recentes, como as de Eurípides, Hera leva Héracles à loucura: "a este varão, loucura que mata os filhos/ perturbação do espírito e pulo dos pés,/ impele, move, solta a corda sanguinária/ para que transportando por Aqueronte/ a coroa de belos filhos, mortos os seus,/ saiba qual é a cólera de Hera contra ele,/ e a minha! [...]"[30]. Em seu frenesi, Héracles ataca o que pensa serem os filhos de seu inimigo mortal, Euristeu. Espumando pela boca, com os olhos revirando nas órbitas, as veias pulsando de sangue e rindo como um maníaco, o herói os assassina um por um, apenas para descobrir, quando a loucura passa, que matou a própria prole **(imagem 4)**. Daí os doze trabalhos, desde matar o leão de Nemeia até trazer o monstro Cérbero de volta do submundo, que Héracles (ou Hércules, como os romanos prefeririam) é forçado a completar para reparar suas ações.

Na peça de Eurípides, a personagem-título Medeia, tanto arquivítima quanto vilã, é levada à perda dos sentidos pelo abandono e traição de Jasão. Ao tratá-la como uma selvagem após receber sua ajuda para apoderar-se do velo de ouro e depois de terem juntos concebido duas crianças, Jasão prefere

---

29 *Ibidem*, Canto 14, p. 414.

30 Eurípides, *Héracles*, trad. Jaa Torrano, *Codex – Revista de Estudos Clássicos*, v. 6, n. 1, Rio de Janeiro: jan.-jun. 2018, p. 305 (versos 835-41).

se casar com Gláucia, filha do rei Creonte. Medeia inicia sua vingança. Primeiro, assassina a mulher que a substituiu na afeição de Jasão ao enviar para Gláucia uma túnica de ouro envenenada que, uma vez vestida, faz com que sua rival morra em agonia; depois, executa os próprios filhos, regozijando-se no luto de Jasão. Noutros textos, Orestes, Penteu, Agave, Édipo, Fedra e Filoctetes são todos mostrados como personagens fora de si, ora violentos, ora assassinos, que sofrem de alucinações visuais e confundem um objeto com outro[31].

Haveria uma simples correspondência entre as representações da loucura na poesia e na tragédia e a natureza das crenças populares? É claro que não. A adoção, sem maiores considerações, de uma homologia como essa seria extraordinariamente ingênua. Mitos e metáforas guardam alguma relação com a "realidade" mas são coisas diferentes em sua própria natureza. É inevitável que as demandas melodramáticas do palco e do enredo conduzam as escolhas dos autores e, ainda que possam ressoar na audiência e serem compreensíveis para ela, as obras podem estar distantes de serem um reflexo das crenças e atitudes das pessoas em geral. A tragédia tem a ver com coisas que dão errado, e a loucura é, sem dúvida, uma dessas coisas, de modo que talvez não deva causar espanto que ela desempenhe um papel tão central nessa forma literária – nem isso, nem as possibilidades dramáticas que esses tipos de desvio da ordem convencional proporcionam. Precisamos lembrar, no entanto, o quão essencial era a tragédia para a vida e a cultura atenienses, algo sem paralelo em tempos modernos. A vida parava diante da peça de teatro, quase literalmente. Os cidadãos fechavam suas lojas por dias a fio para assistir, em condições que em si mesmas impunham considerável desconforto físico, representações da dor, das dificuldades e da precariedade da existência humana – e de sua condição de mero joguete dos deuses[32].

A contação de histórias unia a comunidade, tanto a elite, que já era totalmente alfabetizada, quanto o hoi polloi, entre os quais, mesmo entre homens, o domínio da leitura e da escrita era mais incerto e menos praticado. Não é exagero falar da tragédia como um dos elementos mais disseminados na cultura ateniense – e, de forma mais geral, grega – desse período, quando a

---

31 Para discussões sobre o tema, cf. Ruth Padel, *Whom Gods Destroy: Elements of Greek and Tragic Madness*, Princeton: Princeton University Press, 1995; e Eric R. Dodds, *The Greeks and the Irrational*, Berkeley: University of California Press, 1951.

32 Ruth Padel, *In and Out of the Mind: Greek Images of the Tragic Self*, Princeton: Princeton University Press, 1992, cap. 1, em especial p. 4-6. Cf. também a discussão esclarecedora em John R. Green, *Theatre in Ancient Greek Society*, Londres: Routledge, 1994.

Hélade se estendia da Espanha até as praias do mar Negro[33]. Assim, ainda que se recomende cautela diante da extrapolação das fontes literárias para fins de análise de crenças populares, o que as tragédias nos ensinam sobre como os gregos olhavam para os seres humanos e sobre como conceitualizavam suas relações com o mundo sem dúvida revela algo de importante sobre a vida interior daqueles cidadãos[34].

Além disso, há muita coisa nos registros históricos, ainda que parte deles seja do tipo indireto, a sugerir que, num nível fundamental, a crença de que as depredações da loucura tinham origens preternaturais era amplamente aceita – na Grécia, em Roma e para além dessas fronteiras, tanto temporais como geográficas. Para os gregos, os deuses estavam em todos os lugares, dos altares a Apolo, Hécate e Hermes, que saudavam a todos os que chegavam aos umbrais de cada morada, à crença numa multidão de outras deidades espalhadas pela casa. Todos os aspectos do mundo natural e de seu funcionamento estavam ligados ao domínio dos deuses, e sua influência generalizada era inescapável. O estranhamento, a alteridade, o medo da loucura – onde mais estariam arraigados, senão no universo invisível povoado pelo divino e pelo diabólico?

Assim como as patologias corporais que desviavam a vida de seu percurso habitual, as perturbações mentais eram profundamente disruptivas em seus efeitos, tanto para aqueles que sofriam de doenças quanto para aqueles a seu redor. Em certos casos, podiam se revelar como aflições solitárias – de fato, em algumas circunstâncias o afligido se afastava do contato com seus companheiros humanos –, mas suas ramificações causavam os impactos mais poderosos e desconcertantes e, nesse sentido, eram a mais social das enfermidades. Incontroláveis, inexplicáveis, uma ameaça ao indivíduo e à coletividade, essas condições apavorantes e odiosas não podiam (e não podem) ser ignoradas, pois colocavam em xeque a percepção de uma realidade comum e compartilhada (o "senso comum" na acepção literal do termo) e ameaçavam, tanto no plano simbólico quanto no prático, as próprias fundações da ordem social.

Se a loucura é vista como aleatória, esse fato é apenas mais um de seus terrores, por isso não é de surpreender que houvesse esforços para contê-la, tanto conceitualmente quanto na prática, e para de algum modo explicar como ela se apoderava de suas vítimas e as mantinha sob seu jugo, a ponto de fazê-las

---

[33] Paul Cartledge, "'Deep Plays': Theatre as Process in Greek Civic Life", em: Patricia E. Easterling (org.), *The Cambridge Companion to Greek Tragedy*, Cambridge: Cambridge University Press, 1997, p. 11.

[34] Ruth Padel, *In and Out of the Mind*, op. cit., p. 6.

negligenciar as lições da experiência que, em geral, nos salvam dos erros. As evidências provenientes de uma grande quantidade de fontes sugerem que era frequente, entre os gregos e romanos, atribuir aos deuses e demônios a culpa pela insanidade dos loucos à sua volta, tal como atestavam as personagens inventadas que espreitavam dos palcos. É claro que nosso conhecimento sobre crenças e práticas populares é fragmentário e que sabemos pouco, por exemplo, da experiência subjetiva do louco e dos tipos de tratamento a ele dispensados, mas a essência dos documentos de que de fato dispomos é eloquente.

Heródoto (ca. 484-425 a.C.), que escreveu sua *História* no mesmo período em que os dramaturgos clássicos criaram suas peças, anuncia que sua pesquisa "teve em mira evitar que os vestígios das ações praticadas pelos homens se apagassem com o tempo", e aborda a loucura de pelo menos dois dos monarcas cujos reinados registra: Cleômenes I, rei de Esparta de 520 a 490 a.C., e Cambises II, rei da Pérsia de 530 a 522 a.C. Ainda que Heródoto fosse notoriamente inclinado a afirmações fantasiosas, muito de seu relato foi confirmado por descobertas acadêmicas posteriores, e ainda que possa haver espaço para ceticismo quanto a alguns dos detalhes desses episódios de loucura monárquica, a discussão do autor sobre o que levou esses reis à loucura certamente tem raízes nas crenças de seus contemporâneos e de fato Heródoto afirma explicitamente que relata as ideias prevalentes na sociedade grega[35]. Essas narrativas também deixam claros os tipos de comportamento que levavam observadores da época a concluirem que certas pessoas haviam perdido o juízo e passado do mundo dos sãos para o dos loucos.

O terceiro livro da *História* nos oferece uma narrativa detalhada dos ataques de Cambises II contra o Egito e o reino de Kush (no Sudão moderno) e sua subsequente imersão na loucura. Ao recuar de uma campanha fracassada no sul, Cambises retorna a Mênfis, onde se depara com os egípcios celebrando o nascimento de um bezerro que portava sinais peculiares: "tem o pelo negro e luzidio; traz na testa um sinal branco triangular; nas costas, a figura de uma águia; na língua, a de um escaravelho; e são duplos os pelos de sua cauda". Os egípcios consideravam o animal uma encarnação do deus-touro Ápis. Cambises ordenou que os sacerdotes trouxessem o bezerro divino e, então, "sacou do punhal e vibrou um golpe dirigido ao ventre do animal sagrado, mas atingiu-o apenas na coxa". O monarca ridicularizou a credulidade dos egípcios, zombou

---

35 Sobre a atitude complexa do próprio Heródoto quanto à questão da causalidade divina ou natural, cf. G. E. R. Lloyd, *Magic, Reason and Experience: Studies in the Origin and Development of Greek Science*, Cambridge e Nova York: Cambridge University Press, 1979, p. 30 ss.

dos sacerdotes, a quem mandou vergastar, e dissipou os festejos. E quanto ao animal ferido, "ficou ele a definhar no templo em consequência do ferimento recebido e acabou morrendo". Cambises padeceu então do que os observadores enxergaram como uma perda completa da razão: "enlouqueceu – ele que até então demonstrara possuir espírito lúcido e atilado". O rei se comportava de forma cada vez mais extravagante e acabou por chutar a barriga de sua irmã grávida (a quem desposara), o que causou um aborto. "Tais", afirma Heródoto, "foram os excessos de Cambises contra a família, ou porque sua fúria encerrasse uma punição pela sua ofensa ao boi Ápis, ou porque se manifestasse nele uma inclinação para a prática do mal" – sendo a primeira dessas interpretações, com a qual muitos gregos concordavam, a favorecida pelo historiador[36].

Houve também o caso de Cleômenes, rei de Esparta, a maior rival de Atenas. Desde sempre um pouco errático e inescrupuloso, Cleômenes subornara a pitonisa do oráculo de Delfos para obter apoio à afirmação de que seu comonarca e inimigo, Demarato, não era filho de Aristão (o rei que antes deles governara Esparta por quase meio século), de modo que pudesse depô-lo. Por temor de que a corrupção da pitonisa houvesse sido descoberta, Cleômenes foge. Uma mudança em sua sorte política o restauraria mais uma vez no trono, mas seu triunfo seria breve.

> A partir de então, quando encontrava um espartano no seu caminho, batia-lhe no rosto com o cetro. Seus parentes, testemunhas desses desatinos, prenderam-no com entraves de madeira. Numa ocasião em que ele se achava sozinho com um guarda, pediu-lhe uma lança. O guarda recusou-lhe a princípio, mas, intimidado pelas ameaças do rei louco, deu-lhe o que pedia. De posse da lança, Cleômenes pôs-se a rasgar as próprias pernas de alto a baixo, passando para as coxas e destas para os quadris, chegando finalmente ao ventre, que golpeou fortemente, morrendo dessa forma.[37]

O que seria possível pensar de tal loucura e fim selvagens? A maioria dos gregos (nos conta Heródoto) acreditava que essa morte desagradável era

---

[36] Todas as citações são de Heródoto, *História: o relato clássico da guerra entre gregos e persas*, trad. J. Brito Broca, São Paulo: Nova Fronteira, 2019, Livro III, itens XXIX-XXXIII. Cf., ainda, a discussão em George Rosen, *Madness in Society, op. cit.*, p. 71-72.

[37] Heródoto, *História, op. cit.*, Livro III, item LXXV.

atribuível ao fato de que Cleômenes corrompera a pitonisa de Delfos; os atenienses, contudo, relacionavam-na à destruição dos bosques consagrados a Deméter e Perséfone; os argivos, por sua vez, enxergavam-na como castigo por atos de traição e sacrilégio cometidos quando, após uma batalha, Cleômenes capturou os fugitivos argivos no templo de Argos, onde procuravam abrigo, retalhou-os em pedaços e, depois, sentiu tanto desprezo pelo bosque onde o templo fora construído que o reduziu a cinzas.

Diante de tamanho histórico de impiedades, quem poderia duvidar que fora a ira divina a responsável por sua loucura e perecimento? Os espartanos. Eles afirmavam que Cleômenes enlouquecera porque passara tempo demais com os citas, de quem adquirira o bárbaro "hábito de beber vinho puro"[38]. Segundo acreditavam, a origem dos problemas do monarca estava nas bebidas fortes. Mas, ainda que Heródoto registre essa explicação, ela é imediatamente descartada: "na minha opinião, Cleômenes passou a sofrer como punição pelo que fizera a Demarato".[39] Noutra ocasião, o historiador não teve tanta certeza no caso de Cambises. "Dizem", reconhece Heródoto, "que desde a infância estava sujeito a ataques periódicos de epilepsia, ou mal sagrado. Não é de admirar que sofrendo o corpo de tão grande moléstia o espírito não se mantenha são".[40]

A *physica* grega e romana

Essas abordagens naturalistas da epilepsia – o assim chamado "mal sagrado" – e da mania, melancolia e outras formas de perturbação mental eram cada vez mais disseminadas pelos físicos da Grécia, que buscavam enraizar a enfermidade no corpo e não em alguma intervenção sobrenatural dos deuses. Com o advento da alfabetização, as ideias médicas gregas foram registradas pela primeira vez e, de forma mais sistemática, num grupo de textos que já foi considerado obra de Hipócrates de Cós (ca. 460-357 a.C.). Esses escritos sobreviveram apenas na forma de fragmentos, e hoje sabemos que foram o trabalho de múltiplas mãos, ainda que tenham derivado dos ensinamentos de Hipócrates. De modo significativo, um desses ensaios enfrenta de forma direta a questão das origens da epilepsia e dos estados de perturbação mental a ela associados (como veremos a seguir).

---

[38] *Ibidem*, Livro VI, item LXXXIV.

[39] Heródoto, *apud* G. E. R. Lloyd, *In the Grip of Disease: Studies in the Greek Imagination*, Oxford: Oxford University Press, 2003, p. 133, 135; R. Parker, *Miasma, op. cit.*, p. 242.

[40] Heródoto, *História, op. cit.*, Livro III, item XXXIII.

O *corpus* hipocrático, presumivelmente construído e desenvolvido a partir de ideias de linhagem mais antiga – anterior à linguagem escrita – sobre as doenças e seus tratamentos, tentava oferecer uma explicação completamente naturalista para as doenças de todos os tipos e resistia à tentação de recorrer a fatores explanatórios divinos ou demoníacos. Suas especulações principais sobre as enfermidades e as formas de enfrentá-las viriam a exercer uma enorme influência não só na Grécia, mas também no Império Romano; depois de um período em que, após a queda de Roma, a maior parte dessas concepções esteve em grande parte perdida para a Europa ocidental, seus conceitos viriam a ser reimportados do mundo árabe durante os séculos X e XI. Daí em diante, a assim chamada medicina dos humores reinaria quase suprema como a explicação naturalista padrão para a doença durante muitos séculos, prolongando-se (ainda que numa forma ligeiramente modificada) até o início do século XIX. Quais, então, eram os elementos distintivos da medicina hipocrática, e o que seus praticantes teriam a dizer sobre a origem (e talvez o tratamento) dos transtornos mentais?

Ainda que haja variações e nuances consideráveis a serem analisadas nos textos que sobreviveram, que estão longe de serem homogêneos (Galeno e outros colegas seus que trabalhavam no Império Romano alguns séculos mais tarde viriam a modificar ainda mais as ideias iniciais contidas nos documentos do século V a.C.), no âmago da medicina hipocrática estava a afirmação de que o corpo era um sistema de elementos inter-relacionados que estavam em constante interação com o ambiente externo. Mais do que isso, as relações estabelecidas dentro desse sistema eram bastante estreitas, de modo que lesões locais poderiam resultar em efeitos generalizados sobre a saúde como um todo. De acordo com essa teoria, cada um de nós seria composto de quatro elementos básicos que lutam entre si pela supremacia de um sobre os outros: sangue (que torna o corpo quente e úmido), fleuma (que torna o corpo frio e úmido, e que é composta de secreções incolores como o suor e as lágrimas), bílis amarela ou suco gástrico (que torna o corpo quente e seco) e bílis negra (que torna o corpo frio e seco, tem origem no baço e escurece o sangue e as fezes). As proporções variáveis desses humores de que um indivíduo seria naturalmente dotado resultariam em diferentes temperamentos: sanguíneo, se generosamente suprido de sangue; pálido e fleumático, quando a fleuma é predominante; colérico caso possuísse muita bílis **(imagem 6)**.

O equilíbrio humoral era suscetível de ser lançado em desordem por uma série de influências, nas quais se incluíam as mudanças de estação e as alterações de desenvolvimento no curso do ciclo vital, mas também por uma enormidade de outras fontes potenciais de perturbação vinda de fora. Corpos assimilam e excretam, portanto seriam afetados por coisas como dieta, exercícios e padrões de sono, além de descontentamentos e turbulências emocionais. Se essas intrusões externas ameaçavam o equilíbrio do sistema, um físico habilidoso poderia ser capaz de restabelecê-lo com a extração da matéria indesejada, por meio de sangrias, purgações, vômitos e assemelhados, e com a realização de ajustes em aspectos do estilo de vida.

As diferenças de gênero também estavam enraizadas no estado mais úmido e débil do corpo das mulheres, o que por sua vez produzia efeitos em seus temperamentos e comportamentos característicos. Essas ideias levaram à elaboração de tratados separados sobre as enfermidades e os problemas reprodutivos femininos, entre os quais se incluía uma doença vista com frequência (mas nem sempre, em sua longa e tormentosa história) como quintessencialmente ligada à fêmea da espécie: a histeria. Nas mulheres, assim se lê num texto hipocrático, "o útero é a origem de todas as doenças". Não se tratava somente de que a fêmea da espécie era constituída de modo diferente do macho. Seu corpo era mais facilmente lançado em desordem, por exemplo, por causa da puberdade, da gravidez ou do parto, da menopausa ou da supressão

Hipócrates de Cós, cuja improvável fisionomia foi retratada na forma de busto antigo numa gravura de 1638, de autoria do mestre holandês Paulus Pontius, com base num original de Peter Paul Rubens.

menstrual (que poderiam impor choques profundos em seu equilíbrio interno, dada a constituição mais úmida produzida por um excesso de sangue que necessitava ser regularmente drenado para fora de seu sistema), ou do útero, que vagava internamente em busca de umidade (ou, mais tarde, lançava vapores que subiam pelo corpo) – perturbações que eram tidas como fonte de uma grande variedade de queixas orgânicas.

Foi a partir dessas noções, retrabalhadas por Galeno (ca. 129-216) e outros comentadores romanos – e em sua maior parte reintroduzidas na Europa ocidental através da medicina árabe –, em conjunto com outras ideias hipocráticas, que as explicações da Antiguidade clássica para a histeria foram construídas. O romano Celso (ca. 25 a.C.-50 d.C.) e o grego Areteu (século I), ambos intimamente associados à tradição hipocrática, adotaram a noção do útero errante, que se movimenta pelo abdômen e desencadeia todos os tipos de problemas. Caso migrasse para cima, comprimiria outros órgãos e causaria uma sensação de sufocamento que podia acarretar até mesmo a perda da fala. "Por vezes", Celso afirma, "essa afecção priva a paciente de toda e qualquer sensibilidade, como se ela houvesse caído em estado de epilepsia. Mas com a diferença de que nem seus olhos se desviam, nem espuma escorre de sua boca, nem se experimenta nenhuma convulsão: há apenas um sono profundo"[41]. Tanto Sorano (séculos I e II a.C.) quanto Galeno, por outro lado, contestam a noção de que um útero possa viajar, ainda que de fato o aceitem como órgão de que derivavam os sintomas histéricos. Essas manifestações da doença podiam assumir uma multiplicidade de formas, incluindo os extremos emocionais, e também uma série de perturbações físicas que iam desde a simples tontura até a paralisia e o desconforto respiratório. Havia também a tão relatada impressão de que uma bola se alojava na garganta e, ao restringir a respiração, causava uma sensação de asfixia – o assim chamado *globus hystericus*[42].

No âmago de todo esse edifício intelectual, havia um claro reconhecimento de que corpos desajustados podiam produzir mentes desajustadas, e vice-versa. A chave para uma boa saúde estava na manutenção do equilíbrio dos humores e, quando um paciente adoecia, a tarefa do físico era deduzir o que havia saído de equilíbrio e usar as terapias disponíveis para reajustar o estado interno do paciente. Corpo e ambiente; o local e o sistêmico; *soma*

---

[41] L. Targa (org.), *Aur. Cor. Celsus on Medicine*, trad. A. Lee, v. 1, Londres: Cox, 1831, *apud* Ilza Veith, *Hysteria: The History of a Disease*, Chicago: University of Chicago Press, 1970, p. 21.

[42] Para uma discussão mais detalhada, cf. Andrew Scull, *Hysteria: The Disturbing History*, Oxford: Oxford University Press, 2011, de onde extraí os dois parágrafos anteriores.

(o corpo) e *psyche* (a alma) – cada elemento dessas díades era capaz de influenciar o outro e de arremessar o indivíduo num estado de des-conforto. A medicina hipocrática era um sistema holístico, um sistema que prestava muita atenção em todos os aspectos da vida do paciente e elaborava regimes terapêuticos sob medida para cada caso específico. E, mais importante, era uma visão da saúde humana que enfatizava as causas naturais, não as sobrenaturais, das doenças.

Ao assumir essa posição, os hipocráticos tentavam se diferenciar de uma escola rival de profissionais da cura, os praticantes da medicina dos templos. Foram encontrados santuários dedicados a deuses locais da cura por toda a Grécia, e os fiéis se dirigiam a eles para serem curados (assim como para melhorar a própria sorte de modo geral). Proclamações de curas milagrosas eram generalizadas; mas, o que era no mínimo tão importante quanto, os templos ofereciam previsões do destino provável para as queixas do paciente. O culto a Asclépio gozava de popularidade especial, e magias, feitiços e encantamentos eram utilizados, ao lado de ritos de purificação, para induzir a intervenção divina e produzir a cura. Se esses métodos não trouxessem os resultados desejados, o fracasso sempre poderia ser justificado de alguma forma. Os deuses estavam descontentes, as preces não haviam sido fervorosas o bastante[43].

De maneira talvez previsível, o conflito entre a medicina dos templos (e as crenças populares) e a insistência dos hipocráticos em localizar as causas das patologias no corpo, e não nas perturbações infligidas pelos deuses, foi especialmente virulento no caso da loucura e dos distúrbios a ela relacionados. A posição adotada por um dos lados dessa batalha é preservada no tratado hipocrático, datado de cerca de 400 a.C., com o título enganoso *Da doença sagrada* – enganoso porque todo o esforço de sua argumentação está em refutar a ideia de que os transtornos nele discutidos (e que muito provavelmente englobam casos de histeria, além daquilo que hoje reconhecemos como as várias formas de epilepsia) eram "sagrados" ou infligidos a suas vítimas pelos deuses, e em afirmar que na verdade eram produtos de corpos com problemas. Alargando por vezes seus argumentos a fim de abarcar afecções maníacas e melancólicas do espírito, o texto constitui um ataque vigoroso às tentativas de invocar explicações mágicas e religiosas para esses fenômenos. Ao fazê-lo, fornece-nos uma percepção sem paralelos (ainda que tendenciosa) dos tipos

---

[43] Aproveitei aqui a excelente discussão em G. E. R. Lloyd, *In the Grip of Disease, op. cit.*, especialmente seu cap. 3, "Secularization and Sacralization". Sobre Asclépio e seu culto, cf. Emma J. Edelstein e Ludwig Edelstein, *Asclepius: A Collection and Interpretation of the Testimonies*, Baltimore: Johns Hopkins University Press, 1945.

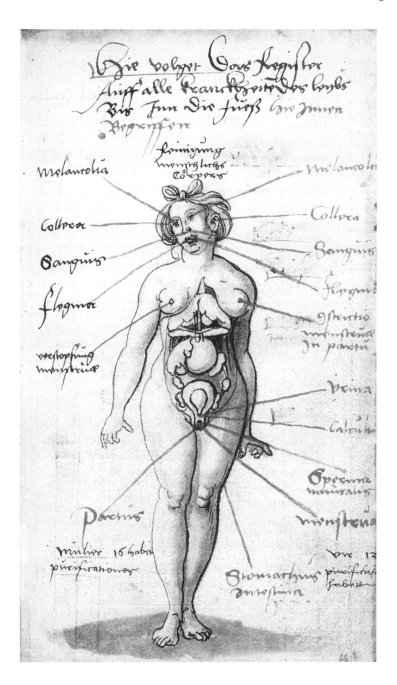

Um diagrama da anatomia feminina, tirado de uma coleção de manuscritos do século XVI com "receitas" reunidas por um médico alemão anônimo, que contém anotações, por exemplo, sobre sangrias e astrologia. Há emendas e acréscimos feitos pelas mãos de vários contemporâneos seus.

de crenças religiosas e populares sobre a loucura que prevaleciam na Grécia clássica e que persistiriam por muitos séculos depois.

Estados mentais alterados seguidos por sintomas intensos como convulsões, espumar pela boca, ranger de dentes e mordedura da língua, perda do controle da bexiga e do intestino e passagem à inconsciência eram prontamente interpretados como sinais de possessão. Sabemos que as pessoas de pouca instrução e os sacerdotes que pregavam para os crédulos viam esses eventos não apenas como surpreendentes e assustadores, mas como algo mandado por uma deidade, como produto de um demônio que adentrava o sofredor ou como castigo por ofensas a Selena, a deusa da Lua. E se sobrenatural era a causa, esse sem dúvida também era o caso da cura. Epilépticos, assim como loucos, eram impuros, e sua influência maligna devia ser repelida com cuspes e isolamento, sob pena de contaminação daqueles a seu redor. Horror e nojo, medo e desdém, essas eram as emoções que tais visões provocavam e, para muitos observadores, perturbações desse tipo eram mais bem enfrentadas com formas mágicas e religiosas de intervenção[44].

Os hipocráticos não admitiam nada disso. Zombavam de explicações como estas: "se um paciente imita uma cabra, se ruge ou sofre de convulsões em seu lado direito, dirão que a culpada é a Mãe dos Deuses. Se solta um grito alto e penetrante, comparam-no a um cavalo e culpam Poseidon" ou invocam Apolo, Ares, Hécate, os Heróis – toda uma lista de figuras ameaçadoras[45]. Todas essas invocações e qualquer sugestão de que os deuses fossem capazes de curar são rejeitadas categoricamente: "assim, quanto às doenças ditas sagradas: a mim parecem ser de modo algum mais sagradas que outras doenças, mas possuem uma causa natural [uma obstrução na fleuma] da qual se originam, assim como outras afecções. Os homens consideram sua natureza e suas causas como divinas por ignorância e deslumbramento, já que elas não são em nada semelhantes a outras doenças"[46]. A ignorância e a credulidade das massas são as culpadas, assim como os sacerdotes cínicos que exploram essa ingenuidade:

> Minha opinião pessoal é que aqueles que primeiro atribuíram um caráter sagrado a essa doença eram similares aos magos, purificadores,

---

[44] Cf. a discussão clássica em Oswei Temkin, *The Falling Sickness: A History of Epilepsy from the Greeks to the Beginnings of Modern Neurology*, Baltimore: Johns Hopkins University Press, 1994, Part 1: Antiquity.

[45] Citado em Robert Parker, *Miasma, op. cit.*, p. 244.

[46] Hipócrates, *The Genuine Works of Hippocrates*, v. 2, org. Francis Adams, Nova York: William Wood, 1886, p. 334-35.

charlatães e curandeiros de nossos próprios dias, homens que se declaram possuidores de grande piedade e conhecimento superior. Sem saber o que fazer e sem dispor de qualquer tratamento capaz de ajudar, esconderam-se e buscaram abrigo atrás do divino e chamaram de sagrada essa enfermidade, a fim de que sua ignorância total não fosse revelada. Acrescentaram uma história plausível e estabeleceram um método de tratamento que garantia suas próprias opiniões. Usaram purificações e encantamentos; proibiram o uso de banhos e de muitas comidas que são inadequadas para pessoas doentes [...]. Essas observâncias, eles as impuseram em função da origem divina da doença [...] de modo que, caso o paciente se recuperasse, a reputação pela sagacidade poderia ser a eles atribuída; caso morresse, poderiam ter eles um repertório garantido de desculpas [...].[47]

Por sua vez, como constructo intelectual, a teoria dos humores era extremamente convincente, ao explicar os sintomas e apontar soluções para o problema. Ela oferecia simultaneamente uma tranquilidade para o paciente e uma racionalidade elaborada para as intervenções do físico. Os hipocráticos não davam ênfase à anatomia humana, salvo por sua atenção aguçada à aparência externa do corpo, e evitavam ativamente a dissecação de cadáveres, algo que era quase tabu na cultura grega. Mesmo Galeno, físico de sucessivos imperadores romanos, dependia da dissecação de animais para sua concepção sobre como os corpos eram constituídos (os romanos haviam proibido a dissecação humana por volta de 150 a.C.), de modo que noções equivocadas da anatomia humana persistiram nos círculos médicos até bem tarde, na Renascença. Mas a rejeição hipocrática da ideia de que a magia ou o desprazer dos deuses desempenhava algum papel na causação das doenças era brutal e assertiva, e seu holismo e destaque para o papel do psicossocial e também do corpo na debilitação da saúde os encorajaram a elaborar descrições completamente naturalistas da loucura, ao lado de explicações de outras formas de doenças – e, na verdade, a não estabelecer distinções nítidas entre elas.

Havia muitas outras coisas a encorajar uma abordagem comum para a loucura e as doenças mais claramente físicas. Distorções de percepção, alu-

---

[47] Hipócrates, *On the Sacred Disease*, traduzido para o inglês e citado em G. E. R. Lloyd, *In the Grip of Disease, op. cit.*, p. 61, 63. É claro, não deveria ser preciso dizer que exatamente o mesmo conjunto de críticas, *mutatis mutandis*, poderia ser dirigido à explicação dos humores apresentada por Hipócrates, que era, como hoje julgaríamos, tão capaz – ou incapaz – quanto os sacerdotes de curar os transtornos que diziam tratar.

cinações, descontentamentos e turbulências emocionais frequentemente acompanham doenças sérias. "Febres", que consideramos como sintomas, mas que por séculos foram vistas como perturbações em si, podiam ter uma multiplicidade de origens, particularmente numa era em que doenças infecciosas e parasitárias eram abundantes e a contaminação e o apodrecimento da comida eram comuns. O delírio e as alterações de consciência, a excitação e a agitação, que eram os acompanhamentos frequentes da febre, muitas vezes se assemelhavam ao pensamento desordenado do louco. Muitos indivíduos também haviam experimentado (ou deliberadamente buscado) as perturbações cognitivas e emocionais que a ingestão em excesso de álcool ou o uso de outras substâncias alteradoras da consciência trazem para o cérebro. E praticamente todas as pessoas, naquela época como hoje, tinham vivido momentos de extrema angústia, sofrimento e dor psicológicos. As disfunções emocionais e cognitivas eram (como ainda hoje) uma parte familiar da existência humana, ainda que para a maioria de nós, misericordiosamente, uma parte transitória. As analogias com a loucura eram difíceis de ignorar, e os hipocráticos insistiam que ambos os tipos de doença tinham suas origens na constituição do ser humano.

Se Aristóteles vira o coração como sede das emoções e da atividade humana, os textos hipocráticos viam no cérebro o centro desses mesmos atributos: "os homens devem saber que de nenhum lugar além do cérebro vêm as alegrias, os deleites, o riso, a diversão e as tristezas, as angústias, a prostração e os lamentos. Ao tomarmos conhecimento disso, adquirimos, de um modo especial, a sabedoria e o conhecimento, e vemos e ouvimos, e sabemos o que é justo e o que é injusto, o que é mau e o que é bom, o que é doce e o que é repugnante"[48]. Se era a cabeça quem governava, não o coração, então também era de lá que a loucura espreitava:

> É o cérebro também que é a sede da loucura e do delírio, dos terrores e temores que nos assaltam, com frequência à noite, mas às vezes mesmo durante o dia; é aí que se encontra a causa da insônia e do sonambulismo, dos pensamentos que nunca aportam, deveres esquecidos e excentricidades. Todas essas coisas resultam de uma condição doentia do cérebro [...] quando o cérebro é anormalmente úmido, ele é necessariamente agitado.[49]

---

48 Hipócrates, *The Genuine Works of Hippocrates*, op. cit., p. 344.

49 Hipócrates, *The Medical Works of Hippocrates*, trad. John Chadwick e W. N. Mann, Oxford: Blackwell, 1950, p. 190-91.

A loucura podia assumir diferentes formas, sendo a manifestação externa de uma perturbação mais profunda do sistema. O problema estaria num desequilíbrio de humores: sangue demais levava ao aquecimento do cérebro e, assim, aos pesadelos e aos terrores; fleuma demais podia resultar em mania, cujas vítimas "são caladas e nem gritam nem causam agitações [...] [enquanto] aqueles cuja loucura resulta da bílis gritam, pregam peças e não param quietos, mas estão sempre preparados para alguma travessura"[50]. O próprio termo "melancolia" deriva das palavras gregas para "preto" (*melan*) e "bílis" (*chole*). Daí a depressão como um humor sombrio.

Assim, gregos e romanos deixaram explicações tanto naturais quanto sobrenaturais para as devastações da loucura. Médicos e sacerdotes ofereciam conforto e consolo de formas diferentes. Uns e outros colhiam sucessos e fracassos e dispunham de explicações prontas para justificar por que algumas vezes se mostravam impotentes. Os homens da medicina já haviam definido uma série de transtornos no lugar de uma única condição indiferenciada. Se tais transtornos eram distintos entre si ou meras fases pelas quais a loucura passava é algo que foi causa de muitos debates, mas uma diferenciação mais ampla entre mania e melancolia estava agora estabelecida – e também de que outras formas de loucura existiam às margens da insanidade, incluindo epilepsia, histeria e frenesi (confusão mental ocasionada por febre).

Essas explicações para toda uma miríade de fenômenos, fossem religiosas ou seculares, sobrenaturais ou pretensamente naturalistas, persistiriam lado a lado ao longo dos séculos. Qualquer uma delas poderia ser invocada conforme a ocasião demandasse, e as intervenções religiosas e espirituais podiam ser tentadas ao lado dos remédios heroicos dos físicos adeptos dos tratamentos anti-inflamatórios[51]. Transtornos desesperados exigem medidas desesperadas, e se a experimentação com um conjunto eclético de terapias significava flertar com acusações de inconsistência e incoerência intelectual, esse era um preço que muitos estavam dispostos a pagar. E, falando em pagar: para a maioria das pessoas, é claro, os serviços médicos estavam fora de alcance, o que significa que remédios populares de todos os tipos eram amplamente empregados, ainda que, devido à pobreza das massas e ao analfabetismo da maior parte da

---

[50] *Ibidem*, p. 191.

[51] Esses físicos viam a doença como um problema fundamentalmente de inflamação e de febre. Daí o uso de remédios designados para combater esses estados, tais como a sangria, a purgação e o uso de eméticos, todos eles elaborados para drenar um corpo hiperativo e superaquecido.

população, não tenhamos registros confiáveis de como essas pessoas lidavam com situações do tipo.

Por fim, a epistemologia grega ofereceria uma última e possivelmente mais positiva interpretação da loucura, que pode ser encontrada em Platão e Sócrates e que, em alguns aspectos, ecoa a ideia hebraica do profeta inspirado. A loucura poderia representar um outro modo possível de "ver": dionisíaco, erótico, criativo, profético, transformador. Para muitos, a razão parecia trilhar a estrada régia para o conhecimento. Outros insistiam, contudo, que havia um outro tipo escondido de conhecimento – um conhecimento ou misticismo (palavra cuja etimologia deriva do termo grego *mystikos*, "segredo") intuitivo, visionário e transformador – e que a loucura poderia entregar as chaves para esse reino místico. A ideia de meios não racionais de aquisição de conhecimento e a noção de que a loucura poderia às vezes ser um caminho para a verdade (a loucura divina, alguns diriam) viriam a reaparecer de forma reiterada na cristandade medieval, nos êxtases e nos arrebatamentos dos visionários e santos cristãos, no *Elogio à loucura* de Erasmo de Roterdã, nos amantes ensandecidos de Shakespeare, em Cervantes, nas representações do louco sagrado em Dostoiévski e em Tolstói, e mesmo nas obras de psiquiatras do final do século XX como R. D. Laing.

Se a influência dos gregos se espalhara por um imenso território – não só pelo Mediterrâneo, mas, também, graças às conquistas de Alexandre, o Grande e ao contato constante decorrente das trocas comerciais, pelos atuais Irã e

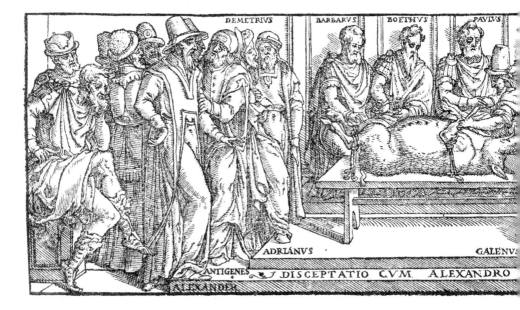

Afeganistão, e mesmo por partes da Índia –, o Império Romano em seu zênite foi ainda mais vasto. Romanos providos de riquezas ou que praticavam profissões que se beneficiaram da erudição grega foram atraídos pela cultura e pela filosofia gregas, e esse tipo de conhecimento se tornou a marca de um *status* superior. Como nas classes ociosas de todos os lugares, esses cidadãos romanos buscaram emblemas para seus gostos e discernimento superiores e em círculos como esses, nas palavras do eminente historiador da medicina da Antiguidade clássica Vivian Nutton, "os físicos gregos eram necessários tanto para a ostentação quanto por seu valor prático [...] Alguns vieram por vontade própria [como Galeno], mas outros foram trazidos como prisioneiros de guerra ou escravos"[52]. Esses homens eram ornamentos úteis, que traziam consigo, no entanto, suas perspectivas sobre as doenças, inclusive sobre a loucura. Já no século I, os doutores de Roma, em sua esmagadora maioria, eram provenientes do leste helenizado, como continuou a ser o caso nos séculos subsequentes[53].

Grécia, Roma e China imperial: comparação de mundos

Mais a leste, outro grande império estava se formando e, após sua consolidação sob as dinastias Qin (221-206 a.C.) e Han (206 a.C.-220 d.C.), viria a

Galeno adquiriu seu conhecimento sobre anatomia a partir da dissecação de animais, neste caso um porco; de uma edição de sua *Opera omnia*, publicada em Veneza em 1565.

---

[52] Vivian Nutton, "Healers in the Medical Marketplace: Towards a Social History of Graeco-Roman Medicine", em: Andrew Wear (org.), *Medicine in Society: Historical Essays*, Cambridge: Cambridge University Press, 1992, p. 39.

[53] *Ibidem*, p. 41-42.

constituir uma entidade política e uma civilização em muitos sentidos mais duradoura do que a Grécia e a Roma clássicas, apesar de períodos intermitentes de desunião e fragmentação política que testemunharam a ascensão de chefes militares e múltiplos reinos. Essas rupturas, como podemos chamá-las em retrospecto, foram muitas vezes longas e graves. Cerca de metade das dinastias chinesas foram governadas por estrangeiros vindos do norte e, depois que os Han fugiram para o sul em função das incursões ao norte, por bastante tempo existiu mais do que apenas um reino na enorme região que hoje identificamos como China. Em alguns casos, esses reinos do norte persistiram por séculos, por isso dificilmente podem ser considerados temporários. Ainda assim, por mais de um milênio e meio, a China imperial sobreviveu, sob diversas roupagens, como um projeto civilizacional amplo e independente (não sem algumas influências exteriores via trocas comerciais ao longo da antiga Rota da Seda), até que no século XIX finalmente caiu vítima das armas e do comércio europeus e das ambições imperialistas do Ocidente, passando à condição de estado semidependente até 1911. Uma classe letrada substanciosa (ainda que provavelmente representativa de não mais do que 1% ou 2% da população total até a dinastia Ming, que durou de 1368 a 1644) ocupou um lugar crucial na administração dos imensos territórios, e foi essa burocracia que permitiu que o imperador da China controlasse terras e uma população que, comparativamente, faziam o Império Romano parecer pequeno e as cidades-Estados gregas menores ainda.

As diferenças demográficas são mais óbvias, é claro, quando comparamos a Grécia clássica e a China. As autônomas cidades-Estados gregas eram minúsculas se comparadas ao império chinês: a maior e mais prestigiosa dentre elas, Atenas, possuía no século V a.C. uma população de talvez 250 mil pessoas, contando cidadãos, residentes estrangeiros e escravos, ao passo que, entre os séculos I e II d.C., o censo chinês registrava quase 60 milhões de habitantes – e esse foi o ponto mais baixo da China, pois, durante a revolução econômica da dinastia Sung (960-1279), a população cresceu para talvez o dobro disso. Mais importante, Atenas, Esparta e outras cidades-Estados que compunham a civilização helênica eram caracterizadas por arranjos políticos incrivelmente diversos: tiranias, monarquias, oligarquias e mesmo democracias participativas. Nem a posterior hegemonia política dos romanos pôs fim ao pluralismo cultural que fora consequência natural dessas variações. Na verdade, como demonstra a carreira de Galeno, um dos que fizeram a jornada para Roma, tal hegemonia levou à disseminação dessa diversidade intelectual rumo a oeste. Nascido em Pérgamo, na moderna Turquia, Galeno absorvera uma grande variedade de ensinamentos médicos por todo o leste helênico, com passagens por Atenas e Alexandria antes de se mudar, como muitos gregos ambiciosos, para Roma em 162 d.C. Lá, acabou por se tornar o físico da corte de sucessivos imperadores, a começar por Marco Aurélio (cujo reinado se estendeu de 161 a 180). Mesmo no século seguinte, as elites governantes tradicionais das velhas cidades-Estados gregas se aferravam à ideia de que cada localidade possuía particularidades próprias. Os oligarcas, ainda em controle do poder local, viam a si mesmos como parte de um complexo mosaico de cidades e tribos cujas qualidades distintivas não haviam sido reduzidas ao homogêneo mundo romano[54]. Eles não estavam enganados nesse aspecto e, ao menos nos períodos tardios, sua situação estava em nítido contraste com a da China imperial.

As mais variadas consequências fluíam das imensas diferenças entre o Ocidente e o Oriente. Os físicos do mundo greco-romano eram muito menos ligados às elites políticas do que seus equivalentes chineses da dinastia Han, e a subsistência da maior parte deles dependia da criação de uma clientela no mercado local, não de patrocínios políticos[55]. A competição que daí resultava podia produzir conflitos violentos (apreensivo com o ciúme de seus colegas em Roma a ponto de temer ser envenenado, Galeno, por exemplo, deixou Roma por um breve período, antes de ser convocado de volta pela corte imperial de Marco Aurélio)[56], sem falar nas diferentes vertentes teóricas que surgiam conforme os praticantes da medicina buscavam construir reputações, diferenciar-se uns dos outros e declarar a superioridade de seus próprios conhecimentos.

Sem dúvida, os tão menosprezados "médicos rurais" da China, que buscavam pacientes em meio às massas, também vendiam suas habilidades (com grande dificuldade) num mercado aberto. E, na China imperial tardia, assim como os médicos da elite podiam invocar pertencerem a linhagens médicas de origens remotas, também os médicos rurais desenvolveram um grau de auto-

---

54 Peter Brown, *The World of Late Antiquity*, Londres: Thames & Hudson; Nova York: Harcourt, Brace, Jovanovich, 1971, p. 60.

55 Geoffrey Lloyd e Nathan Sivin, *The Way and the Word: Science and Medicine in Early China and Greece*, New Haven: Yale University Press, 2002, especialmente p. 12-15, 243. Para os parágrafos seguintes, fiz grande uso dessa tentativa pioneira de comparação entre os dois mundos, além de ter me valido da obra de Shigehisa Kuriyama citada posteriormente. Também sou muito grato a duas amigas e historiadoras da medicina chinesa, Miriam Gross e Emily Baum, pela assistência generosa que me dispensaram.

56 D. E. Eichholz, "Galen and His Environment", *Greece and Rome*, v. 20, n. 59, 1950, p. 60-71.

nomia; já naquela época podiam se valer da clientela de um vasto grupo de mercadores e literatos, e assim vieram a se tornar independentes do império. Noutras palavras, o que era válido sob o domínio dos imperadores Han deixou paulatinamente de sê-lo nos séculos posteriores.

Mas, no nível das elites chinesas, em especial durante a dinastia Han, os laços com a corte imperial eram essenciais. Os intelectuais podiam garantir – e de fato garantiam – algum tipo de segurança com a obtenção de cargos no serviço público imperial[57]. Essa segurança, contudo, tinha como preço a circunspecção e uma necessidade premente de conservação da boa-vontade dos patronos, cuja perda poderia se mostrar literalmente fatal. A exigência de permanecerem dentro dos limites convencionais definidos pela tradição – ou, no mínimo, de apresentarem as inovações técnicas como meros ajustes daquilo que já existia antes – e de aderirem ao consenso, sob pena de a apostasia nos assuntos intelectuais ser vista como um augúrio de deslealdade na esfera política, estava entre os atributos que, durante a era Han, definiam o pensamento médico de elite, assim como as tentativas de compreensão do cosmos de maneira mais geral. Não é de surpreender, assim, que "a principal (ainda que não a única) abordagem chinesa [ao longo daqueles séculos] foi encontrar e explorar correspondências, ressonâncias, interconexões. Tal abordagem favoreceu a formação de sínteses que unificavam campos de investigação profundamente divergentes. Por outro lado, inspirava uma relutância em confrontar as posições estabelecidas com alternativas radicais"[58].

Nesse sentido, o conservadorismo médico e o consenso intelectual mais amplo que marcaram a assim chamada "síntese Han" eram unos e indivisíveis. Essa síntese começou a se dissolver em todo um espectro social depois do colapso da dinastia Han, em 220 d.C. Na medicina, conforme as linhagens familiares consolidavam sua própria autoridade, cada uma delas tendia a proteger seus métodos e segredos particulares, de modo que, na prática, uma grande quantidade de ideias, métodos, teorias e mesmo compostos médicos foi aparecendo com o tempo – mesmo que cada linhagem se proclamasse como adepta da "verdadeira" tradição. Dentro dessa heterogeneidade crescente, contudo, a ideia de correspondência permaneceu fundamental para a medicina de elite chinesa e reemergiu como um de seus princípios organizadores e distintivos na medicina alternativa do século XX.

---

[57] Geoffrey Lloyd e Nathan Sivin, *The Way and the Word*, op. cit., p. 242.

[58] *Ibidem*, p. 250.

Nosso conhecimento de como os chineses respondiam à doença, tanto mental quanto física, é muito parcial e incompleto – até mais do que aquilo que sabemos sobre os gregos e romanos antigos. A medicina chinesa clássica se desenvolveu (assim como os esforços contemporâneos no Ocidente) em meio a homens estudados, cujo conhecimento e práticas eram direcionados à elite letrada. A loucura chamava menos atenção entre os homens da medicina chineses do que entre os hipocráticos, e sabemos muito pouco sobre os efeitos dos estragos por ela causados nas massas e sobre como a população respondia a suas provações e às turbulências que a doença trazia em seu encalço.

Os problemas gerais que frustram qualquer tentativa de descrição das respostas sociais para a loucura no milênio que precede a era da alfabetização de massa, e que sob muitos aspectos persistem mesmo depois – o viés elitista das fontes, o silêncio que caracteriza esses materiais em muitos aspectos essenciais e a informação apenas indireta e extremamente fragmentária que temos sobre as pessoas comuns, sem falar naqueles que de fato sofriam das doenças –, são sentidos com uma intensidade particular no que se refere à sociedade chinesa, e a literatura sobre esses temas é esparsa, ainda que venha se expandindo de modo gradual[59]. Uma coisa que sabemos sem sombra de dúvida, no entanto, é que, assim como no Ocidente, o elaborado sistema médico sobre o qual os registros escritos se concentram existiu ao lado da medicina popular e de explicações religiosas e sobrenaturais para as doenças mentais e psíquicas. Foi à medicina religiosa (budista ou taoísta), que em paralelo à medicina popular explicava muitas das afecções (que no Ocidente poderiam estar em alguma medida separadas em mentais e físicas) como resultado da ação de espíritos malignos ou demônios, que o grosso da população parece ter recorrido. Os pacientes – ou, mais precisamente, as famílias dos pacientes e a comunidade em que estavam inseridos – frequentemente recorriam a uma combinação eclética desses vários elementos, numa busca desesperada de sentido e eficácia[60].

---

[59] Para uma tentativa ambiciosa de pesquisa sobre as informações fragmentárias da China imperial tardia, cf. Fabien Simonis, "Mad Acts, Mad Speech, and Mad People in Late Imperial Chinese Law and Medicine", tese de doutorado não publicada, Princeton University, 2010, cap. 13.

[60] De muita utilidade para a discussão sobre as diversas tradições que competiam e se sobrepunham umas às outras é a obra de Paul D. Unschuld, *Medicine in China: A History of Ideas*, Berkeley: University of California Press, 1985. Igualmente útil quanto à religião e medicina na China medieval (ca. 300-900) e, em especial, quanto às influências e interpenetrações mútuas das práticas budistas e taoístas, é o texto de Michel Strickmann, *Chinese Magical Medicine*, Palo Alto: Stanford University Press, 2002.

Deslizes em vidas passadas, destino, possessão demoníaca, fantasmas ou perturbações da ordem cósmica eram todas causas prováveis de serem invocadas para os transtornos internos do corpo ou para a intrusão de patógenos externos quando se lidava com qualquer forma de patologia. Miasmas, calor ou frio excessivos, ressecamento e umidade, os ventos – todas essas forças podiam ser citadas para explicar a doença, ainda que a medicina acadêmica Han "condicionasse a nocividade desses elementos a uma fraqueza interna [...] Num corpo que transbordasse de vitalidade, simplesmente não havia espaço para que elementos tóxicos adentrassem"[61]. Para a maioria da população, a consulta a xamãs ou curandeiros da fé era tão provável quanto a homens da medicina. É clara a variação dos elementos particulares que constituíram os sistemas médicos populares ao longo do tempo, que não deixavam de influenciar os tipos de medicina praticados na elite e por ela, assim como alguns dos atributos do sistema intelectual que sustentava estes últimos influenciavam os sistemas médicos populares. Em qualquer caso, era possível recorrer à prece e aos conselhos de figuras religiosas. Diante de todos os tipos de doenças e debilidades, fazia sentido tentar de tudo e, para a maioria das pessoas, a ira dos deuses, o destino ou os erros do passado eram de grande significado geral.

A medicina de elite chinesa antiga, em especial durante a dinastia Han, compartilhava com a tradição hipocrática uma abordagem holística da compreensão da saúde e da doença. Assim como na Grécia clássica, as enfermidades eram frequentemente concebidas como uma forma de invasão (ainda que para os médicos chineses as perturbações internas fossem quase sempre as culpadas): um ataque hostil contra o corpo que impedia e bloqueava o fluxo dos fluidos vitais e do *qi*, uma palavra de difícil tradução, mas que pode ser pensada de modo grosseiro como respiração ou energia. Diante de bloqueios como esses, a doença era o resultado inevitável. Há semelhanças estruturais evidentes entre ideias desse tipo e as noções hipocráticas de equilíbrio e desequilíbrio de humores, da interpenetração de mente e corpo e da doença como desregulação. Mas a concepção do relacionamento entre o indivíduo e o cosmos, de como os corpos se constituem, as descrições das forças que estavam em jogo e os tratamentos que esses dois grupos de praticantes da medicina desenvolveram para intervir em casos de patologia eram radicalmente diferentes. Os hipocráticos davam muita ênfase ao desequilíbrio dos humores, enquanto a medicina de elite chinesa de correspondências (e mesmo a medicina

---

[61] Shigehisa Kuriyama, *The Expressiveness of the Body and the Divergence of Greek and Chinese Medicine*, Nova York: Zone Books, 1999, p. 222.

que derivava das ideias taoístas) via o *yin* e o *yang* como forças aparentemente contrárias e no entanto interconectadas e interdependentes, com a boa saúde dependendo do equilíbrio entre ambas.

A primeira compilação de conhecimentos médicos, ainda que longe de ser o único texto a que se atribuía autoridade, foram os *Princípios de medicina interna do Imperador Amarelo*, considerados uma revelação do conhecimento de antigos sábios. Como nos tratados hipocráticos, o texto possui muitos autores anônimos e há debates acadêmicos sobre o momento em que se deu sua primeira composição, com a data mais provável fixada entre 400 a.C. e 100 a.C. Esse livro permaneceu como uma das bases intelectuais fundamentais da medicina de elite chinesa por mais de dois milênios e adquiriu o *status* de texto sagrado. De início, os não iniciados podem se enganar quanto a seus sentidos – a linguagem dos vários textos antigos é tortuosa e muitas vezes inescrutável. Daí a existência de uma imensa literatura dedicada à sua explicação e exegese, o que certamente permitiu a incorporação de novas ideias disfarçadas de interpretações aprimoradas dos textos iniciais. Aqueles que se dedicavam a essas tradições reconheciam a impossibilidade de buscar superar a sabedoria que os *Princípios* continham e afirmavam, por outro lado, que o conhecimento humano que derivava da experiência estava fadado ao engano e sujeito a revisões. Essa posição sugeria que no âmago da vertente da medicina chinesa que mais importava para as elites havia uma rejeição da idea de "progresso" histórico do conhecimento e um compromisso com a preservação da tradição clássica.

Havia espaço para muito debate, contudo, e essas discussões, assim como as continuadas deliberações teóricas e filológicas entre estudiosos, permitiram mudanças consideráveis no sentido original dos textos. Daí, também, os vários elementos do sistema tradicional – as assim chamadas "cinco fases" e a teoria do *yin-yang* – poderem ser empregados de formas muito diferentes por aqueles que ainda conseguiam se apresentar como adeptos da tradição antiga. Sintomático das instabilidades que existiam apesar da ênfase nas continuidades era o fato de que, em sua origem, os *Princípios* não consistiam num livro único e consolidado, e foi somente no século XI que se entrou em acordo quanto a uma versão oficial. Nos séculos anteriores, os estudiosos bateram-se uns contra os outros a fim de reorganizar os textos, emendá-los e alongá-los com seus próprios comentários críticos. Além disso, o conhecimento médico não era sistematizado em universidades (como veio a se tornar realidade no Ocidente), mas em vez disso passado pela linhagem familiar ou pelo treinamento com um médico-mestre, o que significava que inevitavelmente havia grande variação de um praticante da medicina para outro[62].

Assim, na prática houve mudanças importantes no interior de uma estrutura maior que, no entanto, permaneceu conceitualmente a mesma, mesmo quando ignoramos os outros tipos bastante diferentes de medicina que estavam disponíveis e eram adotados pelas classes mais baixas. Com o tempo, por exemplo, a elite médica chinesa, que estivera originalmente inclinada a atribuir a insanidade à intrusão do Vento e dos demônios, passou cada vez mais, a partir do século XII, a ressaltar a ação do Fogo interior e do muco que obstruía o sistema[63]. Mesmo que tenha passado por modificações fundamentais, a compreensão médica das raízes das perturbações psicológicas e comportamentais na China continuou a vincular essas patologias a desequilíbrios similares àqueles que explicavam também outras doenças.

Quando falavam de possessão, confusão mental e ataques de fúria, os chineses de todos os níveis da sociedade usavam uma grande variedade de termos: *kuang*, mas também *feng* e *dian são os mais notáveis* dentre eles[64]. É claro que, assim como no Ocidente, não havia uma fronteira nítida entre a loucura e outras formas de aflição, mas em grande medida essa terminologia era usada para se referir a comportamentos disruptivos e perturbações caóticas da percepção, fala e afeto – algo bem próximo dos tipos de comoções, pertur-

---

62 Shigehisa Kuriyama, *The Expressiveness of the Body*, *op. cit.*, explora de modo sutil a existência de grandes variações no interior de uma aparência de continuidade em sua discussão das ideias chinesas sobre o pulso e das práticas diagnósticas baseadas em afirmações acerca de quais interferências podiam ser extraídas do *qiemo*, a tomada do pulso. Os médicos chineses davam enorme destaque para o *mo*. Como então se afirmava, diferentes lugares no pulso indicavam o que estava se passando nas mais variadas regiões do corpo, e variações sutis naquilo que podia ser sentido nesses locais eram elementos centrais na detecção da patologia subjacente. No nível verbal, o argumento a favor da continuidade nessas práticas é claro. Ainda que tenha havido algumas adições posteriores, essas modificações acrescentaram pouco aos 24 *mo* identificados havia mais de dois milênios e, "na China, a palpação era praticada com confiança e floresceu de modo estável por mais de dois mil anos, e ainda hoje floresce" (p. 71). Mas os termos usados para descrever supostas variações mínimas, mas significativas, no que se sentia acabaram se misturando uns aos outros e eram bastante próximos. As descrições eram metafóricas e por alusões. Inevitavelmente, apesar das afirmações de continuidade e estabilidade de sentidos, a realidade é que a variação na prática foi inevitável tanto dentro de um mesmo período histórico quanto na comparação entre diferentes épocas.

63 Fabien Simonis, "Mad Acts, Mad Speech, and Mad People", *op. cit.*, p. iii.

64 Ainda que todos esses termos se refiram a formas de loucura, seu uso não se dava de maneira intercambiável. *Feng* era um termo genérico, enquanto a loucura *kuang* envolvia hiperatividade e fúria e resultava de um excesso de energia *yang*; já a loucura *dian* se aproximava do que no Ocidente se tendia a chamar de "melancolia" e decorria de um excesso de energia *yin*. Noutros casos, esta última podia significar "sacudir" ou "cair", e nesse sentido podia se referir à epilepsia.

bações, deslocamentos e perdas de controle emocional e racional que constituem o entendimento que o senso comum formou para a "loucura"[65]. Os médicos chineses às vezes abordavam o tema da loucura e articulavam algumas noções sobre de onde ela provinha. Mas ao passo que os médicos ocidentais acabaram por compor uma literatura especializada sobre as origens e o tratamento da loucura, nenhum corpo comparável de doutrina ou conjunto de propostas terapêuticas surgiu na China. Até o século XX, mesmo no seio da elaborada medicina a que a elite chinesa recorria, a loucura nunca foi interpretada como uma doença separada, mas, assim como outras formas de enfermidade, era vista como derivada de desequilíbrios corporais e cosmológicos mais amplos. Como consequência, não houve tentativas de modificar ou expandir o pouco que os textos tradicionais tinham para dizer sobre a loucura, que raramente parecia ser o foco de atenção ou reflexão médicas continuadas – o que, considerado como um todo, cria enormes dificuldades quando se pretende estudar como as percepções dos chineses sobre a loucura podem ter evoluído ao longo do tempo.

Por quase dois milênios, no entanto, descrições desse tipo foram oferecidas pelos praticantes da medicina de elite que se valiam de textos antigos[66] – principalmente os *Princípios de medicina interna do Imperador Amarelo*, mas também o *Tratado da lesão por frio* (cuja data aproximada de elaboração vai de 196 a 220 d.C.). Como não eram as estruturas anatômicas, mas as funções corporais que se encontravam no centro dos modelos chineses de saúde e doença, seriam as interrupções de coisas como a respiração, digestão e regulação da temperatura que estariam na origem de todos os tipos de patologia. A doença era uma desarmonia e as fontes presumidas desse desequilíbrio, por sua vez, sugeriam como a terapia, ou o restabelecimento da harmonia, deveria proceder. E, assim como noutras formas de desarmonia, os problemas que se revelavam nas perturbações psicológicas e comportamentais podiam ser abordados com a mobilização de uma ampla variedade de tratamentos, ajustados conforme as exigências dos casos individuais: o uso de um vasto leque de drogas e poções; de agulhas, na forma da acupuntura; de dieta e exercícios; e de uma multiplicidade de outras técnicas pensadas para romper os obstáculos à circulação do *qi* ou para tirá-lo de suas formas patológicas. E isso sem mencionar os exorcismos e curas pela fé, populares entre as massas (que dependiam de curandeiros comuns com pouca ou nenhuma instrução nos textos dos estudiosos) e frequentemente buscados por membros desesperados da elite.

---

[65] Fabien Simonis, "Mad Acts, Mad Speech, and Mad People", *op. cit.*, p. 11.

[66] *Ibidem*, p. 14.

Instruções para acupuntura: o mestre e um de seus pupilos seguram agulhas de acupuntura, e um segundo pupilo empunha um texto, o que representa uma combinação de teoria e prática. Frontispício do *Tratado clássico de acupuntura e moxabustão* de Huang Fu Mi.

Mesmo os médicos, ligados como estavam às explicações orgânicas para as perturbações mentais, não podiam por vezes escapar do reconhecimento de que a loucura era definida de modo social e era mais do que apenas uma condição corporal. Tanto para famílias como para autoridades imperiais, eram essas implicações sociais da perturbação mental que normalmente pairavam por mais tempo. Surgiram, assim, tentativas práticas de lidar com os estragos da loucura e, com o tempo, também um conjunto codificado

A loucura no mundo antigo

Dhanvantari, o médico dos deuses e o deus patrono da ayurveda, uma antiga tradição médica do sul da Ásia que ainda hoje é praticada.

de doutrinas foi formulado para aconselhar oficiais sobre como lidar com atos de loucura e instruir as famílias a realizar o confinamento preventivo de seus parentes alucinados.

O assassinato cometido por loucos, por exemplo, parece ter atraído uma atenção cada vez maior até o século XVII. Como eram causadas sem intenção consciente, tais mortes eram equiparadas a homicídios acidentais. Se às vezes provocavam punições e praticamente sempre resultavam no pagamento de compensações à família da vítima, além de alguma forma de confinamento para o agressor, era raro que levassem a execuções (ainda que isso tenha começado a mudar a partir de meados do século XVIII). Por extensão, não demorou até que todos os casos de perturbação mental começassem a atrair a atenção das autoridades e serem submetidos a várias formas de confinamento, conforme a lei passou a tratar mesmo loucos não criminosos como presumivelmente perigosos[67]. Parentes eram responsabilizados caso fossem negligentes em tomar as precauções necessárias e as punições por deixar de fazê-lo eram agravadas de tempos em tempos – um indicativo de que as determinações oficiais estavam sendo ignoradas.

Mas se os loucos assassinos eram por vezes poupados da força total das sanguinárias leis imperiais – que incluíam sentenças que variavam da decapitação até a morte por estrangulamento –, o mesmo não pode ser dito de outros insanos, em particular daqueles cujos delírios e atitudes pudessem ser interpretados como marcados por tons sediciosos. Uma coisa era um comportamento louco e imprevisível que levasse à violência fatal; outra completamente mais sinistra e ameaçadora eram as ações de um lunático que pareciam colocar em dúvida a autoridade imperial. Tomemos como exemplo o caso de Lin Shiyuan que, em 1763, arremessou uma telha, a que havia afixado pedaços de papel em que escrevera palavras disparatadas e difíceis de compreender, na direção de Dingzhang, governador da província de Fujian. Lin Shiyuan foi detido pelos guardas e interrogado para que fosse averiguado se suas intenções flertavam com a traição às autoridades. Seus parentes insistiram que Lin era louco e que perdera o juízo havia já muitos meses. Investigadores foram enviados para apurar se sua loucura era fingida ou não. E louco, como concluíram, ele era. Todos os depoimentos que colheram apontavam nessa direção. O governador concordou. Não obstante, Lin foi sentenciado à decapitação imediata. Seu crime? "Fazer circular com alegria palavras tortuosas, escrever cartazes e agitar e confundir os corações do povo."[68] Ainda que certos tipos de loucura pudessem se mostrar juridicamente absolutórios, outros, como o destino de Lin Shiyuan esclarece de modo enfático, com toda certeza não o eram.

---

[67] *Ibidem*, cap. 11 e 12. Para uma perspectiva diferente e menos persuasiva sobre esses desenvolvimentos, cf. Vivien W. Ng, *Madness in Late Imperial China: From Illness to Deviance*, Norman: University of Oklahoma Press, 1990.

[68] Fabien Simonis, "Mad Acts, Mad Speech, and Mad People", *op. cit.*, p. 1-2.

Oriente e Ocidente

A China imperial sobreviveu sob diferentes roupagens, como já destacamos, por muitos e muitos séculos depois do fim do Império Romano. No Ocidente, tensões políticas e perturbações sociais estavam na ordem do dia. Por algum tempo e ao longo de algumas centenas de anos, o colapso de Roma levou a uma perda do legado clássico, no que se inclui a tradição hipocrática na medicina – uma perda que poderia muito bem ter se mostrado irreparável. Numa era anterior à imprensa, a transmissão da cultura clássica dependia da preservação e da laboriosa transcrição de frágeis manuscritos e da existência de uma classe ociosa urbana que simplesmente desapareceu. Peter Brown, o grande historiador da Antiguidade clássica, disse que, à medida que as antigas instituições eram invariavelmente perdidas no Ocidente, "a cultura clássica foi condenada sem direito de defesa".

Ao que tudo indicava, salvo por eventos fortuitos noutros lugares – a sobrevivência por um fio da elite clássica na Constantinopla medieval e as reverberações da cultura grega produzidas sobre o mundo pelo islã, como descreveremos no capítulo seguinte –, hoje viveríamos num mundo que jamais teria ouvido falar de Platão ou de Tucídides, de Euclides ou de Sófocles, "a não ser", como nos lembra Brown, "por fragmentos de papiros"[69]. Podemos acrescentar Hipócrates e Galeno a essa lista. Apesar de todos os períodos de convulsão social, a China nunca viveu uma cesura desse tipo e, dentre as várias consequências que decorreram disso, a sabedoria médica codificada em textos antigos exerceu enorme e contínua influência sobre as formas como os chineses letrados enxergavam a loucura.

No sul da Ásia, outra tradição médica de longa data havia evoluído – uma que, assim como sua equivalente chinesa, ainda hoje goza de seguidores e não está limitada a suas terras natais. Nascida inicialmente da tradição hindu, a medicina ayurvédica *não permaneceu estática ou uniforme ao longo de todo* o sul da Ásia e, com o tempo, absorveu outros elementos de forma sincrética, ainda que seus textos clássicos, escritos em sânscrito entre os séculos III a.C. e VII d.C., componham seu conjunto de entendimentos sobre a constituição do corpo humano e sobre as origens da doença física e mental. (Assim como na medicina chinesa tradicional, não há uma separação real entre as duas.) De modo similar às medicinas dos humores e chinesa, a ayurveda enfatiza o holístico e o sistêmico. Os fluidos do corpo – *doshas* – fazem a mediação entre o

---

69 Peter Brown, *The World of Late Antiquity*, op. cit., p. 176-77.

indivíduo e o mundo, e são de três tipos básicos: *vata* é frio, seco e leve; *pitta* é quente, azedo e pungente; e *kapha* é frio, pesado e doce.

A doença surge de um desalinhamento ou desequilíbrio desses *doshas*, e o trabalho do médico ayurvédico é detectar as razões para a perda subjacente de equilíbrio e encontrar maneiras de restaurá-lo – maneiras que podem envolver massagens, drogas derivadas de fontes vegetais e minerais (especialmente ópio e mercúrio), além de, mais raramente, animais, dieta, exercícios, mudanças de hábitos e assim por diante, mas que também poderiam demandar terapias rituais relacionadas a invocações de demônios e deuses sobrenaturais.

O século XII testemunhou o estabelecimento dos primeiros estados islâmicos no subcontinente indiano, um conjunto de incursões que terminou por resultar na conquista gradual da maior parte do sul da Ásia. Os regentes muçulmanos trouxeram outro sistema médico, uma tradição cujo nome, yunani, revela de imediato suas origens, já que o termo consiste na palavra árabe para "grego". Eram as ideias de Galeno e outros físicos gregos que estavam na base da autoridade e do conteúdo da medicina yunani – ou *Unani Tibb*, como também era conhecida –, ainda que essas ideias fossem com frequência refratadas pela obra de grandes médicos persas como al-Majusi, também conhecido como Haly Abbas (morto em 994), al-Razi, também conhecido como Rasis (854-925) e, acima de todos, Ibn Sina, também conhecido como Avicena (930-1037)[70] – cuja influência no Ocidente também se mostraria gigantesca, como veremos.

A prática yunani não era apenas uma forma de medicina para as elites, já que gozava de sucesso considerável em meio a grandes parcelas da sociedade, mas não substituiu a ayurveda entre as massas[71]. Ambos os sistemas, em todo caso, concebiam as existências física e mental como uma só, cada uma delas com a capacidade de influenciar a outra. A digestão e a excreção, a ingestão e a expulsão eram vitais para a preservação da saúde e eram boas práticas de higiene. Mas o mesmo valia para os remédios herbais (frequentemente ministrados em doses que a medicina ocidental consideraria tóxicas) e as terapias minerais que envolviam a ingestão de metais pesados perigosos: chumbo, mercúrio e arsênio como os mais notáveis dentre eles. Se a medicina ocidental moderna enxerga essas substâncias como potenciais disparadoras de

---

[70] Hakim A. Hameed e A. Bari, "The Impact of Ibn Sina's Medical Work in India", *Studies in the History of Medicine*, v. 8, 1984, p. 1-12.

[71] Dominik Wujastyk, "Indian Medicine", em: William F. Bynum e Roy Porter (org.), *Companion Encyclopedia of the History of Medicine*, v. 1, Londres: Routledge, 1993, p. 755-78.

sintomas mentais de envenenamento do cérebro, os curandeiros tradicionais da Índia estavam convencidos, pelo contrário, de que esses remédios curariam mentes e corpos desordenados. Devotos da medicina alternativa adotam noções como essas ainda hoje[72].

---

[72] R. B. Saper *et al.*, "Lead, Mercury, and Arsenic in US- and Indian-Manufactured Ayurvedic Medicines Sold via the Internet", *Journal of the American Medical Association*, v. 300, 2008, p. 915-23; Edzard Ernst, "Ayurvedic Medicines", *Pharmacoepidemiology and Drug Safety*, v. 11, 2002, p. 455-56.

3

A escuridão e a aurora

Estados sucessores

Mesmo no ápice do *imperium* romano, um rival representava uma ameaça militar constante na fronteira mais a leste do império. A Pérsia, inicialmente sob o domínio dos partas (247 a.C.-224 d.C.) e depois sob a dinastia sassânida (244-651), lutou pela primeira vez contra os romanos na Batalha de Carras, em 53 a.C., e já em 39 a.C. havia capturado praticamente todo o Levante. Roma contra-atacava de tempos em tempos, às vezes com sucesso, outras não. Ainda que os dois impérios tenham alcançado um longo período de relativa paz entre o final do século IV e o começo do século VI, isso não durou muito. O Império Romano do Oriente (Bizantino), em Constantinopla, estabelecido no século IV, estava novamente em guerra com os persas no ano de 525. Ainda que uma "paz eterna" tenha sido prometida em 532, viabilizada em parte por um suborno de 440 mil moedas de ouro pagas pelo imperador bizantino Justiniano I, bastaram oito anos para que os persas invadissem a Síria. Um vaivém de batalhas eclodiu por quase um século.

Ambos os lados ficaram gravemente enfraquecidos pelos efeitos de tantas guerras e pela necessidade de imposição de tributos opressivos para o custeio de aventuras militares, um problema ainda mais grave no caso do Império Bizantino, que tinha que repelir os ataques dos ávaros e dos búlgaros ao norte e a oeste. Em 622, os persas pareciam ter alcançado um sucesso militar e político notável, mas a custo do exaurimento de suas reservas monetárias e de uma exaustão ainda maior de seus exércitos. Por um breve momento, uma contraofensiva do imperador bizantino Heráclito, entre 627 e 629, levou à recuperação da Síria e do Levante e à restauração da Vera Cruz a Jerusalém. Mas essa investida deixou ambos os antagonistas vulneráveis a ataques externos. Quando os persas foram atacados ao sul pelos recém-chegados árabes, seu império logo desmoronou. E ainda que o Império Bizantino tenha pelo menos inicialmente evitado o mesmo destino, depois da Batalha de Jarmuque, em 636, a Síria, o Levante, o Egito e porções do norte da África foram perdidos para os árabes – para nunca mais serem recuperados, com exceção da Síria por um período relativamente breve que teve início no final do século X.

Desde a consagração de Constantinopla como a nova capital do Império Romano em 330, ela havia se tornado uma cidade rica e poderosa e, depois da queda de Roma diante dos bárbaros, no século V, tornou-se o maior e mais afluente centro urbano da Europa e a capital da civilização cristã. Nos séculos IX e X, sua população estimada estava entre 500 mil e 800 mil pessoas. Os governantes da cidade a cercaram de defesas sólidas, construíram uma série de obras-primas arquitetônicas e, por séculos, conseguiram extrair muitas das riquezas do leste mediterrâneo. Suas bibliotecas preservavam um grande número de manuscritos gregos e latinos, uma herança cultural que, dessa forma, escapou da destruição em massa que atingiu materiais como esses na Europa ocidental durante a instabilidade e desordem que marcaram os séculos V e VI com a desintegração da porção do Império Romano que ali se localizava. Mais tarde, alguns desses tesouros chegariam ao oeste nas mãos de refugiados cristãos, quando Constantinopla finalmente caiu diante dos turcos otomanos em 1453. Assim, tanto de forma indireta e, depois, mais direta – e independentemente da influência da civilização árabe –, Constantinopla contribuiu de modo significativo para o reavivamento das culturas helênica e romana, acabando por desempenhar um papel vital na transformação da Europa ocidental durante o período que conhecemos como Renascença.

A derrocada do Império Romano do Oriente pode ser atribuída em vários sentidos ao cerco de Constantinopla, em 1204 – uma orgia de destruição sem precedentes históricos infligida à cidade pelos cruzados cristãos. Obras de arte e manuscritos da Grécia antiga que haviam sobrevivido e séculos de outros tesouros foram então arbitrariamente destruídos. Por três dias os cruzados

> varreram as ruas e casas numa turba ensandecida, agarrando tudo que brilhasse e destruindo tudo que não conseguiam carregar, parando só para matar, estuprar ou arrombar as adegas para se refrescarem [...] Não foram poupados nem monastérios, nem igrejas, nem bibliotecas [...] pisotearam livros e ícones sagrados [...] Freiras foram violentadas em seus conventos; palácios e choupas foram igualmente invadidos e arrasados; mulheres e crianças feridas jaziam moribundas pelas ruas.[1]

Constantinopla e o Império Romano do Oriente nunca se recuperaram completamente. Quando a cidade caiu, em 1453, sua população contava com não mais de 50 mil pessoas. Imediatamente após um bem-sucedido

---

1 Steven Runciman, *História das cruzadas, vol. III: o Reino de Acre e as últimas cruzadas*, trad. Cristiana de Assis Serra, Rio de Janeiro: Imago, 2003, p. 116.

cerco dos turcos, a principal catedral ortodoxa, Santa Sofia, foi transformada numa mesquita – um gesto de enorme significado simbólico – e tiveram início trabalhos para reconstruir a cidade e sua população, desta vez como um centro de cultura islâmica.

O que todos esses importantes eventos políticos têm a ver com a loucura? Muito. O Império Romano oriental havia formalmente adotado o grego em substituição ao latim como a língua administrativa no início do século VII e, lá, a filosofia e a medicina gregas clássicas resistiram e prosperaram. De modo similar e particularmente durante o período de domínio sassânico, a civilização persa havia sido altamente influenciada pela cultura grega. Cavades I (cujo reinado durou de 488 a 531) encorajara a tradução de Platão e Aristóteles, e na sequência a academia de Bendosabora, perto da capital persa, tornou-se um importantíssimo centro de aprendizagem. Textos médicos gregos eram traduzidos para o siríaco, e físicos locais se valiam dessa tradição, misturada a influências da Pérsia e mesmo do nordeste da Índia (em que o império havia penetrado). Em todo caso, a Pérsia pré-islâmica mantivera contato quase contínuo com o mundo clássico grego e, depois, com Bizâncio, não só através de suas próprias guerras e tentativas de expansão territorial, mas também durante a conquista da Pérsia em 334 a.C. por Alexandre, o Grande, que por algum tempo fez do grego a língua imperial[2]. Assim, os escritos e ensinamentos do círculo hipocrático e de Galeno, já amplamente perdidos na Europa ocidental nesse período, continuaram a exercer uma influência profunda nas práticas médicas do Oriente Próximo. Essa influência cresceria ainda mais com o triunfo dos árabes e do islã, ainda que, como mostra essa complexa genealogia, muito do que pensamos sobre a medicina e das inovações árabes no oferecimento de cuidados médicos tenha na verdade suas origens na sociedade persa e em Bizâncio e na incorporação das tradições médicas hipocráticas e galênicas.

Os árabes, que esmagaram as instituições do império sassânida e tomaram o controle de vastas porções do Oriente Próximo, viriam, em 750, a expandir seu próprio império. Seus domínios se estendiam do norte da Índia, a leste, ao norte da África e alcançavam a maior parte da Espanha. Essas conquistas foram realizadas em nome da religião monoteísta que já unira a península Arábica após a morte do profeta Maomé, em 632. A expansão do islã ocorreu de forma tão rápida em parte porque os árabes eram bem-recebidos pelos habitantes cristãos e judeus que haviam sido perseguidos e pesadamente tributados por regentes anteriores. Os conquistadores ofereciam, por outro lado,

---

[2] Sobre esses desenvolvimentos, cf. http://www.iranicaonline.org/articles/Greece-x.

proteção e tolerância, desde que os cristãos e judeus pagassem um tributo de valor fixo. Ainda que os exércitos muçulmanos se deslocassem com assombrosa fluidez graças a seus camelos e lutassem de maneira feroz e extremamente eficiente quando tinham de fazê-lo, era mais comum que os árabes usassem a diplomacia, e não a força militar, para atingir seus objetivos[3]. Eles assimilavam os elementos mais valiosos das culturas daqueles que se submetiam a seu reinado e logo criaram uma rica cultura muçulmana sintética com o árabe em seu âmago, absorvendo e reformulando centros intelectuais já existentes. Através de uma rede de trocas comerciais extensa e ativa que atravessava o Mediterrâneo, espalharam então as conquistas de sua civilização por longas distâncias[4]. A nova cultura evoluiu por mais de dois séculos e foi produto em parte da conquista militar, mas também de medidas imperiais que disseminaram conhecimento e ideias em direção ao oeste.

A conquista muçulmana da Ibéria começou em 711 e, já em 718, o controle mouro se estendia pela península Ibérica e pelo sul da França. Mas esse se mostraria o ponto culminante de seus avanços na região. Paulatinamente, a Reconquista cristã foi ganhando terreno. Em 1236, a metade ao norte da Espanha moderna havia sido tomada pelo catolicismo, e novas escaramuças ao longo dos 250 anos seguintes diminuíram lentamente o restante do território sob controle muçulmano. Por fim, durante o reinado de Fernando de Aragão e Isabel de Castela – dois dos mais poderosos reinos rivais cristãos que haviam emergido no norte da península –, declarou-se uma nova guerra em 1482 para expulsar os muçulmanos de seu último reduto, o Emirado de Granada, então uma cidade tão profundamente árabe como o Cairo ou Bagdá. Depois da queda de Granada, em 1492, muçulmanos e judeus foram mortos, convertidos à força ao catolicismo ou exilados e suas riquezas e propriedades foram convenientemente tomadas. Um século mais tarde, Filipe III de Espanha (cujo reinado durou de 1598 a 1621), que suspeitava que as conversões forçadas pela Inquisição podiam não ser tão sinceras e que precisava desviar as atenções que recaíam sobre sua decisão de assinar um armistício com os

---

[3] Peter Brown, *The World of Late Antiquity, op. cit.*, p. 193; W. Montgomery Watt, *The Influence of Islam on Medieval Europe*, Edimburgo: Edinburgh University Press, 1972, p. 7-8.

[4] W. Montgomery Watt, *The Influence of Islam on Medieval Europe, op. cit.*, cap. 1.

Países Baixos[5] – as modernas Bélgica e Holanda –, expulsou os últimos remanescentes da população muçulmana e judia. Enquanto Constantinopla era capturada pelos turcos em 1453 e muito dos Bálcãs e da Grécia caía sob controle islâmico, a influência política e cultural dos árabes sobre o Ocidente retrocedia na segunda metade do século XV.

Em seus séculos de intervenção, a cultura islâmica exerceu uma influência enorme, e isso de formas perceptíveis em maior ou menor grau. Os árabes eram grandes mercadores e marinheiros. Deles, os europeus ocidentais adotaram avanços em áreas como as da tecnologia de velas e do desenvolvimento de cartas náuticas, que se mostrariam vitais quando os portugueses, e depois os espanhóis, ingleses e holandeses, começaram a viajar pelo Atlântico e além. Os árabes também trouxeram consigo uma nova cultura de luxo, de maravilhas arquitetônicas que sobrevivem até hoje, de sistemas de irrigação que transformaram a árida Espanha num lugar capaz de produzir novas culturas, como, entre outras, laranja, limão, alcachofra, damasco e berinjela. Papéis e técnicas de impressão – invenções chinesas – também acompanharam os árabes rumo ao Ocidente, assim como livros e ensinamentos. (O desenvolvimento e uso de tipos metálicos móveis por Johannes Gutenberg no século XV não foi inédito – tanto os chineses como os coreanos já haviam desenvolvido sistemas similares anteriormente, mas os tipos móveis eram mais facilmente adaptáveis às linguagens alfabéticas do Ocidente, e a invenção de Gutenberg de um sistema de produção em massa de tipos de metal, combinado ao uso de uma tinta à base de óleo e prensas de madeira, foi genuinamente revolucionária.)

---

5 A longa e complexa história da revolta dos Países Baixos espanhóis não é algo que possa ser contado aqui. Ela teve início nas últimas quatro décadas do século XVI e foi exacerbada por uma mistura complexa de fatores religiosos, financeiros e políticos. Quando Filipe III sucedeu seu pai, Filipe II, em 1598, em muitos sentidos os dados já haviam sido lançados. Ainda que o novo rei retivesse algum controle sobre o sul católico, a autoridade espanhola se desintegrara nas províncias profundamente calvinistas do norte. Foi muito provavelmente em parte para desviar a atenção que se voltava a uma trégua de doze anos que a Espanha havia sido forçada a relutantemente assinar em 9 de abril de 1609 que Filipe decidiu, naquele mesmo momento, expulsar os mouros e judeus da Espanha. (O édito de expulsão dos mouriscos também é datado de 9 de abril de 1609.) A coincidência dificulta qualquer outra conclusão. Cf. Antonio Feros, *Kingship and Favoritism in the Spain of Philip III, 1598-1621*, Cambridge e Nova York: Cambridge University Press, 2006, p. 198. A guerra nos Países Baixos recomeçou quando a trégua chegou ao fim, em 1621, mas então as Províncias Unidas do norte já eram mais poderosas e tinham obtido reconhecimento internacional, de modo que o conflito foi subsumido na conflagração maior que foi a Guerra dos Trinta Anos. Nas décadas seguintes, a Espanha cairia no caos financeiro e perderia seu *status* de grande potência europeia. Os holandeses, enquanto isso, tornaram-se um dos países mais ricos e poderosos da Europa, com uma poderosa marinha e uma riqueza que crescia rapidamente graças ao comércio e a seu império ultramarino.

Os árabes haviam construído uma fábrica de papel em Bagdá em 800 e levaram a tecnologia com eles para a Espanha. Peregrinos franceses em Compostela consideraram o papel uma grande curiosidade quando o viram pela primeira vez, no século XII, e fábricas de papel não foram criadas na Alemanha e na Itália antes do século XIV. De grande importância, também, os árabes introduziram na região um novo e mais útil sistema numérico, desta vez de origem indiana, e não chinesa. Essa mudança se mostrou enormemente importante assim que os algarismos arábicos substituíram o desajeitado sistema romano usado até então, já que a nova forma de escrita dos números transformou as práticas da contabilidade e do comércio.

A civilização árabe na Espanha – e na Sicília, que os árabes conquistaram e controlaram até o final do século XI – formava um agrupamento urbano mais rico (em mais de uma acepção) e mais complexo do que qualquer outro que pudesse ser encontrado na maior parte da Europa ocidental naquele período, além de mais tolerante e ecumênico. Diante dos feitos árabes do século XII, os europeus reagiram com uma mistura de medo, admiração e um justificado senso de inferioridade. E, intelectualmente, em campos que incluíam a matemática, a ciência e a medicina, o débito do Ocidente para com a civilização islâmica viria a crescer ainda mais nos séculos vindouros[6].

Islã e loucura

Conforme consolidavam seu domínio político, os árabes também carregavam consigo uma crença em espíritos e magias, encantamentos e feitiços voltados a apaziguar e manipular os *jinn* (demônios) a quem responsabilizavam pelas doenças e perturbações[7]. As tradições animistas de onde essas práticas derivavam e que eram características de sociedades tribais não desapareceram imediatamente com a adoção do islamismo – em particular porque o Corão é praticamente silente quanto às questões da saúde e doença[8] e, assim, oferecia poucas orientações para os fiéis e não os encorajava, ao menos de início, a

---

[6] Valho-me aqui de forma direta da obra de W. Montgomery Watt, que ofereceu uma resenha sintética dos temas aqui discutidos. Cf. *The Influence of Islam on Medieval Europe*, op. cit., cap. 2 e *passim*.

[7] Cf. esse aspecto da discussão em http://www.iranicaonline.org/articles/Greece-x, de que me aproveitei bastante aqui.

[8] Manfred Ullmann, *Islamic Medicine*, trad. Jean Watt, Edimburgo: Edinburgh University Press, 1978, p. 4.

romper com as tradições mais antigas. Na verdade, com seu reconhecimento explícito da existência dos poderes de *jinn* malévolos, a ordem islâmica manteve por algum tempo uma coexistência bastante confortável com as explicações sobrenaturais das várias formas de infortúnio, entre eles, notadamente, a loucura. Mesmo conforme a alta cultura ia absorvendo elementos helenísticos e a medicina grega se tornava a base da tradição médica islâmica, as explicações sobrenaturais para a loucura continuaram a sobreviver ao lado de narrativas formuladas em termos naturalistas, e soluções religiosas eram buscadas quando as intervenções médicas se mostravam ineficazes, como costumava acontecer.

Ainda que o islã não previsse rituais de exorcismo similares àqueles que se espalharam pela Europa cristianizada, seus seguidores buscavam consolo religioso e intervenções divinas diante das ameaças e perturbações que a insanidade trazia em seu encalço. As evidências de que dispomos sobre crenças e práticas populares são, na melhor das hipóteses, fragmentárias, mas firmes em sugerir um recurso frequente à cura sobrenatural e a explicações demoníacas para a loucura. Há referências constantes aos *jinn* e aos *jinn-gir* (caçadores de demônios) e, mesmo hoje, em algumas áreas ao redor do golfo Pérsico, há um rito de passagem para a puberdade, conhecido como cerimônia *zar*, em que demônios são removidos do iniciado. (O termo *zar* faz referência a um vento danoso associado à possessão por espíritos, e as cerimônias são organizadas para apaziguá-los e reduzir suas influências perigosas.) Michael Dols, um célebre historiador da loucura no islã medieval, captura com bastante habilidade o modo como interpretações religiosas gerais para a loucura estavam por quase toda parte nesse período quando fala de "uma maçonaria de crenças preternaturais [...] Para os pagãos e também para os judeus e cristãos do começo da era cristã, a causa e possível cura para os transtornos mentais eram sobrenaturais [...] Os muçulmanos eram herdeiros de um rico legado de cura espiritual [...] e [...] há uma continuidade surpreendente da cura cristã na sociedade muçulmana"[9].

As promessas árabes iniciais de tolerar judeus e cristãos – a quem os conquistadores viam como seguidores de outras religiões abraâmicas, ainda que corrompidas – foram em sua maior parte mantidas mais tarde pelos otomanos. Em troca de tributos – tanto na forma de dinheiro pago para proteção quanto na forma de multas por não adotar o islã –, os judeus e cristãos foram liberados da obrigação tradicional de enviar cotas de suas colheitas de grãos para Constantinopla e autorizados a viver de forma amplamente livre das

---

[9] Michael W. Dols, *Majnun: The Madman in Medieval Islamic Society*, Oxford: Clarendon Press, 1992, p. 9.

interferências dos regentes. As trocas comerciais vicejavam. Estruturas de irrigação foram consertadas, grandes prédios construídos e uma rica vida intelectual e cultural materializada graças à conquista de territórios. E, sob os otomanos, o controle do território se tornou um projeto principalmente político, e não religioso: não uma *jihad* voltada à conversão de politeístas, mas uma *ghaza*, uma tentativa de consolidar o território por meios militares – daí o título dos sultões otomanos, *ghazi*.

Enquanto a alfabetização sobreviveu no Ocidente apenas em suas manifestações mais sutis e atenuadas na Igreja católica e o legado clássico do império oriental – de início muito vasto – acabou por reduzir-se a pouco mais do que sobrara entre os muros que cercavam Constantinopla, a civilização islâmica, e com ela a medicina islâmica, mostrava-se cada vez mais bem-sucedida. Uma elite urbana educada e refinada, que se comunicava na língua franca do árabe clássico, compartilhava uma cultura erudita que se estendia de Córdoba a Samarcanda. E, como todos os muçulmanos eram considerados iguais perante Deus, sírios e persas logo rivalizaram com aqueles que haviam de início tentado governá-los e acabaram por substituí-los. A ascensão dos abássidas, que destronaram o califado omíada em Damasco e estabeleceram a nova capital, Bagdá, em 762, foi o ponto culminante de tendências que estavam em andamento havia mais de um século. Os persas da região nordeste do Grande Coração[10] desempenharam um papel importantíssimo nessa revolução, e depois disso sua influência cultural aumentou. A disseminação do islã em direção ao oeste, por todo o norte da África e dentro da península Ibérica mobilizou novas influências culturais. De várias formas, a civilização islâmica do período medieval não foi exclusivamente árabe, mas produto dos muçulmanos e mesmo de outras comunidades religiosas que se encontravam no interior do mosaico mais amplo de terras muçulmanas[11].

Por muito tempo, ainda que não sempre, a medicina árabe, em particular, foi criada por não muçulmanos. Ela não só tinha raízes firmes no sistema galênico da Antiguidade pagã, como muitos de seus principais praticantes, ao longo dos séculos em que a medicina foi se desenvolvendo, foram judeus e cristãos. Talvez o médico mais famoso dessa tradição seja Ibn Sina, ou Avicena, um polímata persa cujo *Cânone da medicina* **(imagem 7)** se tornaria

---

[10] Designação histórica de uma das regiões da antiga Pérsia, o Grande Coração (ou Antigo Coração, grafado ainda de forma alternativa como Corasão, Corassã, Corassam ou Coraçone) abarca parte dos territórios dos atuais Irã, Afeganistão, Uzbequistão, Turcomenistão e Tadjiquistão. [N.T.]

[11] Peter Brown, *The World of Late Antiquity*, op. cit., p. 194-98.

a compilação médica mais influente da herança árabe – de fato, muitos o consideram o texto médico mais importante já publicado[12]. Concluído em 1025, o livro consistia numa síntese do conhecimento médico da época em cinco livros, com um alcance enciclopédico que abarcava todas as formas de doença e debilidade. Seu texto viria a ser traduzido para o persa, grego, latim, hebraico, francês, alemão, inglês e até mesmo para o chinês. Na Europa, continuou a ser usado como livro didático até o século XVIII, ainda que nessa época as autoridades gregas e latinas já fossem amplamente preferidas. O *Cânone* abre com a afirmação de que "a medicina é a ciência através da qual aprendemos sobre as condições do corpo humano na saúde e na ausência desta, a fim de preservá-la ou restaurá-la". Magistral em seu trabalho de síntese, a obra de Avicena não trazia, contudo, perspectivas novas e originais, e seu autor seguiu em larga medida os passos de Hipócrates e Galeno, ainda que também tenha se valido, num grau muito mais limitado, dos ensinamentos médicos persas, hindus e chineses.

Mais de um século e meio antes do nascimento de Avicena, esforços começaram a ser empenhados para dar início à tradução de textos clássicos essenciais – médicos ou não – para o árabe[13]. Esse trabalho foi estimulado em parte pelo declínio do grego como língua franca em algumas das regiões que mais tarde foram incluídas nos domínios muçulmanos. Sua substituição pelo árabe[14] se deveu principalmente a estudiosos cristãos, que já possuíam noções de siríaco e grego e eram tradutores experientes[15]. Hunayn ibn Ishaq (morto em 873) se vangloriava do fato de que ele e seus colegas haviam traduzido 129 textos galênicos – em parte um trabalho de preservação que contribuiu muito para a sobrevivência e posterior disseminação das obras de Galeno, já que há declarações de Hunayn no sentido de que os textos médicos gregos eram

---

[12] *Sir* William Osler, considerado um dos maiores clínicos da primeira metade do século XX, descreveu o *Cânon* como "o manual médico mais famoso já escrito" e como um texto que continuou a ser "uma bíblia médica por mais tempo do que qualquer outra obra". Cf. William Osler, *The Evolution of Modern Medicine: A Series of Lectures Delivered at Yale University on the Silliman Foundation in April 1913*, New Haven: Yale University Press; Londres: Oxford University Press, 1921, p. 98.

[13] Sobre o movimento de tradução, cf. Dimitr Gutas, *Greek Thought, Arabic Culture: The Graeco-Arabic Translation Movement in Baghdad and Early Abbasid Society*, Londres: Routledge, 1998.

[14] Manfred Ullmann, *Islamic Medicine, op. cit.*, p. 7.

[15] Lawrence Conrad, "Arabic-Islamic Medicine", em: William F. Bynum e Roy Porter (org.), *Companion Encyclopedia of the History of Medicine, op. cit.*, p. 693.

extremamente raros e tinham que ser buscados com afinco[16]. Algumas consequências seguiram desse fluxo de traduções, uma atividade que diminuiu consideravelmente no século seguinte. Primeiro, centenas de textos antigos foram preservados para a posteridade (e mais tarde vieram a ser reintroduzidos na Europa ocidental); depois, a forte tendência a favorecer as obras de Galeno em detrimento de todas as outras implicou que foi o sistema galênico que se disseminou por todas as terras árabes; por fim, a necessidade de traduzir a terminologia médica grega para o árabe criou, pela primeira vez, uma linguagem sistemática com a qual os médicos islâmicos podiam discutir doenças e tratamentos[17]. Poucas passagens em Galeno ofendiam as sensibilidades islâmicas, e as que o faziam podiam ser facilmente suprimidas sem perda de coerência. E o destaque galênico dado à saúde como produto da harmonia, da ordem e do equilíbrio podia ser visto como um reconhecimento implícito da concepção muçulmana de Deus nos termos da existência de um ser supremo que nos agraciava com todas essas coisas[18].

A medicina islâmica não era completamente estática. Pelo contrário, empenhou esforços contínuos em certas direções na busca de pesquisas originais. Novos avanços foram feitos na compreensão de doenças tão diferentes quanto varíola e afecções oculares e na utilização de uma abundância de plantas, animais e minerais para descobrir substâncias novas para as quais a medicina pudesse encontrar utilidade. Ainda assim, esse trabalho repousava com firmeza sobre as fundações galênicas estabelecidas no século IX. Conhecimentos foram sistematizados em vastos compêndios e, como os textos médicos eram copiados e recopiados num ritmo frenético – um feito considerável numa época anterior às tecnologias de impressão –, levaram à disseminação de ideias médicas formais através do amplo território controlado pelo islã, contribuindo mais tarde para a reapropriação europeia de suas próprias tradições intelectuais. Mas, enquanto as ideias de Galeno – e a tradição grega mais ampla que seu trabalho de certo modo sintetizava – viriam a encontrar críticas crescentes na Europa do período renascentista em diante e seriam largamente abandona-

---

[16] *Ibidem*, p. 694. Michael Dols (*Majnun, op. cit.*, p. 38) ressalta que os médicos cristãos versados em siríaco traduziam com regularidade textos gregos antes das conquistas árabes e estabeleceram firmemente as ideias de Galeno na Síria, no Iraque e na Pérsia. De modo mais geral, cf. também Franz Rosenthal, *The Classical Heritage in Islam*, trad. E. e J. Marmorstein, Londres e Nova York: Routledge, 1994.

[17] Sigo bem de perto, aqui, a discussão esclarecedora de Lawrence Conrad sobre esses temas. Cf. também Manfred Ullmann, *Islamic Medicine, op. cit.*, p. 8-15.

[18] Lawrence Conrad, "Arabic-Islamic Medicine", *op. cit.*, p. 619.

das no século XIX como base para as ideias médicas, o mesmo não aconteceu no mundo islâmico. As antigas tradições médicas persistiram e permaneceram em grande medida imutáveis até bem tarde no século XIX, quando então cederam relutantemente sob as pressões trazidas pelo imperialismo ocidental. Conforme os ensinamentos clássicos eram reproduzidos, contudo, também passavam por simplificações e adulterações, de modo que perderam muito de sua força intelectual nas versões tardias[19].

Ainda que as várias encarnações da loucura dificilmente fossem uma de suas preocupações principais, Galeno chegou a reconhecer e discutir as distinções mais importantes que haviam surgido na medicina antiga entre mania e melancolia, epilepsia, histeria e frenesi, afecções atribuíveis a desequilíbrios entre os humores. Suas explicações, assim como as de outros autores gregos como Rufo de Éfeso (século I), cujas obras sobreviveram apenas na forma de pequenos fragmentos, foram amplamente influentes entre os médicos islâmicos[20], que compartilhavam, portanto, da convicção de que as alterações no equilíbrio do corpo estavam fundamentalmente por trás das perturbações da estabilidade mental. Ishaq ibn Imran (morto em 908), por exemplo, que escreveu um volumoso tratado sobre a melancolia, atribuía aquele "sentimento de abatimento e isolamento que se forma na alma em razão de algo que o paciente pensa ser real, mas que na verdade é falso", a vapores que emanavam da bílis negra, embotando e destruindo a razão e a consciência[21]. Algumas pessoas estavam predispostas a perturbações desse tipo desde o nascimento, amaldiçoadas com um temperamento melancólico; outras, pela falta de moderação com a comida e bebida, pela prática de muitos ou muito poucos exercícios, ou pela dificuldade em esvaziar seu intestino regularmente (o que fazia com que os dejetos apodrecessem e se transformassem em bílis negra), infligiam a doença a si mesmas. Ishaq reconhecia que o medo, a raiva e o luto também podiam precipitar essa forma de loucura, mas mesmo em tais casos a crise seria exacerbada quando um excesso de bílis negra fosse acumulado; esse fenômeno, então, afetava o cérebro "por afinidade". Ainda que tenha sido escrito nos anos finais da carreira de Ishaq, seu tratado é integralmente

---

19 Manfred Ullmann, *Islamic Medicine, op. cit.*, p. 49.

20 Cf. neste ponto a discussão em Plinio Prioreschi, *A History of Medicine: Byzantine and Islamic Medicine*, Omaha, Nebraska: Horatius Press, 2001, p. 425-26.

21 Ishaq ibn Imran, *Maqala fi l-Maalihuliya*, como citado e discutido em Michael W. Dols, "Insanity and its Treatment in Islamic Society", *Medical History*, v. 31, 1987, p. 1-14.

baseado na leitura de livros, e não na experiência clínica[22]. Nesse aspecto, o autor foi uma figura profundamente representativa.

Os primeiros hospitais

Como instituições de caridade, os hospitais para doentes e enfermos aparecem primeiro no Império Bizantino (caso desconsideremos os hospitais militares que o Império Romano do Ocidente erguia em algumas ocasiões)[23], mas a ideia foi rapidamente adotada por cristãos de outras regiões do Oriente Próximo bem antes da ascensão do islã. Sob domínio islâmico, entretanto, os hospitais proliferaram, com a aparição do primeiro deles no final do século VIII; e entre os pacientes para os quais ofereciam cuidados sistemáticos estavam os insanos[24]. Assim como a cristandade, o islã enfatizava as obrigações dos ricos diante dos pobres, e logo que os médicos islâmicos começaram a surgir em grandes números, uma rivalidade com seus pares cristãos começou a despontar. Os muçulmanos, sem dúvida, não podiam ser vistos como menos caridosos que seus *dhimmis* (não muçulmanos protegidos). Assim, já no século XII, todas as maiores cidades islâmicas possuíam um hospital[25].

Os registros do tratamento dispensado aos loucos confinados nas alas que esses hospitais reservavam para eles são fugazes e fragmentários. As plantas baixas que sobreviveram sugerem que uma combinação de celas individuais e pátios abertos era comum, uma impressão reforçada por comentários de viajantes que visitavam esses monumentos à caridade islâmica. Há muitos relatos de janelas gradeadas e pacientes acorrentados[26], o que dificilmente deveria causar surpresa, já que mesmo que os hospitais estivessem

---

[22] Manfred Ullmann, *Islamic Medicine, op. cit.*, p. 72-77.

[23] Timothy S. Miller, *The Birth of the Hospital in the Byzantine Empire*, Baltimore: Johns Hopkins University Press, 1985.

[24] Sobre essa história inicial, cf. Michael W. Dols, "The Origins of the Islamic Hospital: Myth and Reality", *Bulletin of the History of Medicine*, v. 61, 1987, p. 367-90.

[25] Lawrence Conrad, "Arabic-Islamic Medicine", *op. cit.*, p. 716.

[26] Al-Hasan ibn Muhammad al-Wazzan (também conhecido como Leão, o Africano), por exemplo, era administrador de um hospital em Fez, no Marrocos. Capturado e levado a Roma em 1517, relatou que em seu hospital os loucos eram presos por grossas correntes e confinados em salas cujas paredes eram reforçadas com vigas de madeira e ferro. Cf. Leão, o Africano, *The History and Description of Africa Done into English in the Year 1600 by John Pory, and now edited, with an introduction and notes*, by Dr. Robert Brown, v. 2, Londres: Hakluyt Society, 1896, p. 425 ss.

espalhados por todas as terras árabes e chegassem até a Espanha (onde um hospital foi construído em Granada entre 1365 e 1367), havia espaço para apenas um pequeno número de insanos, e é provável que muitos deles fossem perigosos e loucos furiosos – aqueles que as comunidades teriam tido grande dificuldade de conter e controlar. Talvez o maior desses hospitais fosse o Hospital Mansuri, no Cairo, fundado em 1284. Em seu ápice, abrigou algumas dezenas de lunáticos[27]. Outros devem ter recebido bem menos do que isso.

Além de ficarem acorrentados às paredes, era frequente que os pacientes recebessem castigos físicos, algo que mesmo Avicena considerava ter efeitos terapêuticos, já que representava uma forma de impor o juízo à força aos descontroladamente irracionais. Mas os internos também eram tratados, como Galeno recomendara, com uma dieta destinada a resfriar e umedecer seus corpos a fim de combater os efeitos de aquecimento e ressecamento provocados pelas bílis negra ou amarela queimadas – que, acreditava-se, eram o que havia levado aquelas pessoas à loucura –, e recebiam banhos voltados à produção de efeitos similares. Sangrias, ventosas, vômitos e purgações eram empregados para expelir os humores nocivos, ao lado do ópio e outras drogas mais complexas destinadas a acalmar ou estimular, a depender da exaltação ou retraimento do paciente.

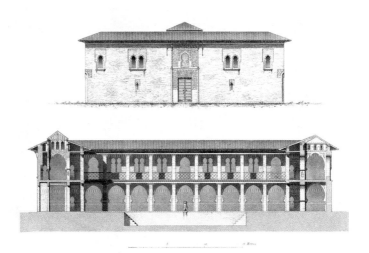

O hospital árabe em Granada, Espanha: muitos hospitais foram construídos por todo o mundo islâmico e incluíam dependências para o tratamento dos insanos.

---

27   Michael W. Dols, *Majnun, op. cit.*, p. 129.

Sumos de lavanda, tomilho, romã ou pera e infusões de camomila ou *Helleborus niger* (**imagem 26**) estavam entre as substâncias que Avicena listava como possivelmente úteis, junto com a aplicação de leite sobre a cabeça e de uma grande variedade de óleos e unguentos. Séculos mais tarde, essas abordagens e outras similares viriam a ser recomendadas pelos primeiros médicos de loucos ocidentais.

O fato de que espaços especiais eram reservados para as mulheres loucas indica que algumas delas também se mostravam difíceis de lidar em ambiente doméstico, já que os homens muçulmanos eram extremamente relutantes em expor as mulheres da família dessa maneira. Mas, fossem homens ou mulheres, a maioria das famílias lidava com os loucos em casa, uma obrigação muito mais fácil de desempenhar para os ricos, é claro, que podiam mobilizar com mais prontidão os recursos exigidos e, caso necessário, fazer preparativos para um confinamento informal. Para a maior parte da população do império islâmico, que vivia longe dos centros urbanos, o tipo de socorro que os hospitais proporcionavam estava evidentemente indisponível e, além disso, para quase todas as pessoas, as prescrições de um profissional versado na medicina formal estavam fora do alcance financeiro. Por vários motivos diferentes, portanto, e desde que fossem percebidos de maneira geral como inofensivos e pouco ameaçadores, os loucos eram deixados à solta, "livres" para vagar e mendigar, à mercê de uma comunidade que podia responder com provocações e zombarias, sem falar na violência.

Possessão demoníaca e cura espiritual

Antes das conquistas árabes, muitos habitantes do Oriente Próximo haviam se convertido à cristandade – particularmente a partir do século IV, quando o cristianismo passou a ser a religião oficial do Império Romano. Já por volta do ano 300, o cristianismo se tornara uma força a ser reconhecida nas maiores cidades ao leste do Mediterrâneo, de Antioquia a Alexandria, e ao final daquele século já constituía a religião majoritária do império – uma nova religião de massas[28]. Curas milagrosas, em especial a expulsão de demônios por meio de rituais de exorcismo, ocupavam um lugar de destaque em meio à nova comunidade de fiéis. No século III, época em que o batismo adulto era comum, o exorcismo "drástico" de indivíduos saudáveis era parte das preliminares

---

[28] Peter Brown, *The World of Late Antiquity, op. cit.*, p. 82-108.

daquele rito[29]. De modo mais geral, desde os primeiros anos da religião os missionários cristãos usaram o exorcismo de demônios e a cura dos possessos como prova do poder da palavra de Cristo sobre os inimigos invisíveis enfrentados pelos humanos[30]. Afirmações desse tipo se valiam da ampla autoridade das Escrituras, já que em várias ocasiões Jesus havia (como vimos no capítulo anterior) expulsado demônios e curado cegos, paralíticos e doentes. Alguns clérigos cristãos diziam ter herdado os mesmos poderes, assim como faziam os homens divinos mais tarde reconhecidos como santos.

Desse modo, as noções de cura espiritual e possessão demoníaca vieram a se estabelecer com firmeza no Império Bizantino, onde eram amplamente aceitas. Alguns estudiosos sugerem que isso teria sido causado pela penetração do pensamento pagão no cristianismo, que se seguiu à conversão em massa no século IV[31]. A existência de demônios e o poder da cura religiosa eram muito debatidos, e de modo algum essas crenças se limitavam às populações mais simples – mesmo os poderosos e os relativamente estudados as adotavam[32]. Demônios invisíveis estavam por toda parte, e era também por toda parte que causavam desgraça e destruição[33]. Graças a uma série de precedentes históricos, a loucura era especialmente fácil de ser compreendida sob as lentes da possessão demoníaca, e os pacientes acorriam ou eram arrastados para santuários e monastérios de cura.

E tais práticas não desapareceram no rescaldo das conquistas árabes. A maioria das populações do Ocidente Próximo continuou cristã por pelo menos mais dois ou três séculos (e permaneceu uma minoria substancial mesmo depois disso). Em tais círculos, tentativas de curar loucos com uma multiplicidade de intervenções lastreadas na religião persistiram. Enquanto isso, entre os muçulmanos, dado o silêncio quase absoluto do Corão sobre o assunto, o islã não podia se gabar de nenhuma tradição comparável de cura religiosa[34].

---

29 Henry A. Kelly, *The Devil at Baptism: Ritual, Theology and Drama*, Ithaca: Cornell University Press, 1985, cap. 4; Peter Brown, *Religion and Society in the Age of Saint Augustine*, Londres: Faber and Faber; Nova York: Harper & Row, 1972, p. 136.

30 Peter Brown, *Religion and Society in the Age of Saint Augustine, op. cit.*, p. 122.

31 Darrel W. Amundsen e Gary B. Ferngren, "Medicine and Religion: Early Christianity through the Middle Ages", em: Martin E. Marty e Kenneth L. Vaux (org.), *Health/Medicine and the Faith Traditions: An Inquiry into Religion and Medicine*, Filadélfia: Fortress Press, 1982, p. 103, discutidos em Michael W. Dols, *Majnun, op. cit.*, p. 191.

32 Michael W. Dols, *The Madman in Medieval Islamic Society, op. cit.*, p. 191.

33 Peter Brown, *Religion and Society in the Age of Saint Augustine, op. cit.*, p. 131.

34 Michael W. Dols, *Majnun, op. cit.*, p. 206.

Maomé, como profeta de Alá, recebeu de Deus o texto do Corão, mas, diferentemente de Jesus, não é retratado como dotado de poderes divinos. Mensageiro de Deus, ele não cura os doentes, não expulsa demônios nem ressuscita os mortos. Ainda assim, depois de sua morte, passou-se gradualmente a acreditar que Maomé havia realizado milagres. O *Hádice*, ou as tradições religiosas – compiladas, segundo se diz, dos testemunhos de primeira mão dos fiéis sobre as ações e palavras do profeta –, foi mobilizado para criar uma base para a cura profética[35], da qual um dos objetivos era explicar a loucura e oferecer remédios contra ela. Além de preces e encantamentos, esses remédios incluíam tratamentos físicos mais robustos não muito diferentes daqueles dos médicos: a abertura das veias para drenar o sangue, as purgações e a cauterização da cabeça com ferro em brasa (era popular a crença de que os *jinn* fugiam do ferro, o que pode explicar a popularidade dessa técnica).

Aos poucos, as reinterpretações do *Hádice* levaram a uma mudança. No final da Idade Média, também Maomé era visto como um operador de milagres, e surgiram "santos" islâmicos capazes de desempenhar feitos menores da graça divina[36]. Os árabes certamente acreditavam em espíritos e demônios[37]. De fato, os *jinn* são frequentemente invocados em passagens iniciais do Corão e tema recorrente na arte islâmica, e histórias sobre eles proliferavam na literatura popular e nos folhetos religiosos[38]. A noção de que os loucos eram endemoniados ou possuídos decorria daí, assim como a explicação para seus comportamentos e ideias estranhas.

Para tomar de empréstimo uma frase árabe, "*al-junun funun*" – vários são os tipos de loucura. Num sentido literário ou místico, a palavra *junun* poderia até mesmo ser usada como uma forma de elogio, denotando uma alternativa ao cálculo limitado da razão. Também em persa o termo para uma pessoa louca, *divaneh* (derivado de *div* e *aneh* – similar a um demônio ou possuído por demônios), englobava essa dualidade de sentido (e *div* em si possuía raízes profundas nas mitologias persa e indiana). Mas os falantes de árabe podiam também se referir de modo mais estrito à loucura em suas formas médica e jurídica ao utilizarem o termo *majnun*, frequentemente empregado para "lunáticos" e de conotação bastante negativa. E foi esse termo,

---

35 Cf., por exemplo, Cyril Elgood, "Tibb ul-Nabbi or Medicine of the Prophet, Being a Translation of Two Works of the Same Name", *Osiris*, v. 14, 1962, p. 33-192.

36 Michael W. Dols, *Majnun, op. cit.*, p. 10.

37 Toufic Fahd, "Anges, démons et djinns en Islam", *Sources orientales*, v. 8, 1971, p. 153-214.

38 Michael W. Dols, *Majnun, op. cit.*, p. 214.

"Majnun", que significa de modo mais literal "possuído por *jinn*", que passou a designar um dos maiores heróis românticos da literatura islâmica, Qays, cujo amor obsessivo por Laila termina de forma trágica **(imagem 8)**.

Existem muitas versões da história de Laila e Majnun. O conto dos amantes desafortunados suscita comparações com a tragédia muito posterior de Shakespeare, *Romeu e Julieta*, e sua ressonância cultural é ainda maior. Talvez a versão mais conhecida seja o longo poema narrativo escrito no século XII pelo poeta persa Nizami[39], mas a história foi contada inúmeras vezes na forma de música e pinturas, assim como em poesia e prosa. Os elementos básicos estão sempre presentes: Laila e Majnun se apaixonam. Majnun fica obcecado com o objeto de sua afeição e perde toda noção de perspectiva e adequação (daí a mudança de seu nome de Qays para Majnun). E, ironicamente, é essa mesma obsessão que o leva a abrir mão de sua individualidade pela amada e às ações extremas que resultam na rejeição, pela família de Laila, de suas tentativas de casamento. Pois casar-se com um louco significa a desonra da família. Majnun foge para o deserto e vive em companhia dos animais, enquanto de tempos em tempos tenta contactar sua amada, para quem escreve poemas intermináveis. Majnun é repelido e, em dado momento, os dois amantes separados morrem, mas não antes que Majnun afunde ainda mais na loucura. Em algumas versões, Majnun é acorrentado, mas logo se livra de suas correntes. Vive no deserto como um ermitão, cadavérico, incoerente, com os cabelos longos e desgrenhados, unhas como as garras de uma das feras que o acompanham, a pele escurecida pelo sol, engatinhando, alucinando com o olhar perdido, por vezes recaindo em delírios – e nu, numa violação chocante das normas sociais para um muçulmano. Num momento de lucidez, reconhece que "sou um espinho na carne de meu povo, e mesmo meu nome lança vergonha sobre meus amigos. Qualquer um pode verter meu sangue; sou um proscrito, e quem me matar não será culpado de homicídio"[40]. Aqui estão os estereótipos clássicos do louco – não social, distanciado da realidade e das normas da moralidade convencional, reduzido ao nível das feras, um exilado assustador e imprevisível, e possuído, em muitas versões do conto, por um *jinn* malicioso.

---

39 Nizami, *Laila e Majnun: a clássica história de amor da literatura persa*, trad. Marissom Ricardo Roso, Rio de Janeiro: Zahar, 2002.

40 *Ibidem*, p. 38.

Europa cristã

Na Europa, as sociedades medievais dos séculos que se seguiram à dissolução do Império Romano foram despedaças pelo flagelo duplo da pobreza e da doença, exacerbado, em sua devastação, pela violência e pela insegurança endêmicas. Era um mundo de desnutrição e de fome, com a inanição em massa como uma possibilidade constante e, muitas vezes, uma realidade[41]. Assim acontecia, também, com a doença, cujos efeitos ruinosos são mais visíveis no fato demográfico brutal da baixa expectativa de vida na época: o homem medieval que chegasse à idade de 45 anos era uma exceção e, dados os perigos do parto, as mulheres viviam uma vida ainda mais breve. Na sequência imediata do advento da Peste Negra, em 1348, as taxas de mortalidade eram ainda mais altas, já que os surtos da praga continuaram ao longo de todo o século XIV e reduziram a população europeia talvez em um terço. Muitas pessoas viviam nos extremos mais baixos da subsistência, com dietas a que, especialmente nos meses de inverno, faltavam nutrientes básicos, e eram incapazes de entender, e muito menos controlar as infecções violentas ou a multidão de patógenos parasíticos ou trazidos pelos insetos (sem falar no fracasso da sociedade em lidar com a contaminação rotineira da comida e da água pelos excrementos humanos e animais). Não surpreende, portanto, que o fardo da doença fosse pesadíssimo[42]. Como também eram os números dos mutilados e aleijados – surdos, cegos, privados do uso de um ou mais membros, afligidos pelo raquitismo, infectados pela lepra, sofredores de todos os tipos de defeitos e deformações. E àquelas vítimas da desgraça que eram em grande medida desamparadas e dependentes podemos acrescentar os loucos – epilépticos, frenéticos, melancólicos, delirantes, dementes.

Nosso conhecimento sobre o destino das multidões no período que vai do século VII ao XIII é escasso, na melhor das hipóteses. Não podemos estabelecer generalizações confiáveis com base em registros detalhados sobre doentes individuais. A perda da alfabetização que acompanhou o colapso do império ocidental foi grave e duradoura, o que exacerbou a sempre difícil tarefa de recuperação das experiências de sofrimento em meio às classes mais baixas, esses enfermos menos afortunados que compunham quase a totalidade da sociedade medieval. Foi apenas nos monastérios e na Igreja que uma aparência de alfabetização so-

---

41 Jacques Le Goff, *La civilisation de l'Occident médiéval*, Paris: Arthaud, 1967, p. 290.

42 Paul Slack, *The Impact of Plague in Tudor and Stuart England*, Londres e Boston: Routledge and Kegan Paul, 1985, p. 176.

breviveu e quase sempre seu enfoque estava em textos religiosos, não no legado pagão de Roma. A medicina dos gregos e romanos foi apenas mais uma das vítimas dessa negligência cultural, mas seu declínio teve implicações importantes para a compreensão medieval da loucura e das respostas a ela apresentadas.

A Igreja romana (que só começou a ser chamada de católica após a Reforma, no século XVI) foi a única grande instituição a sobreviver e, por fim, prosperar no rescaldo do colapso do Império Romano. Os primeiros cristãos haviam sido submetidos a períodos de tortura, repressão e martírio nas mãos dos governantes romanos, que consideravam a resistência teimosa ao pagamento de tributos e ao oferecimento de sacrifícios aos deuses romanos tradicionais um insulto que beirava o sacrilégio. As práticas religiosas públicas eram consideradas vitais para a estabilidade e o sucesso do império. A perseguição aos seguidores do cristianismo começou sob Nero, no ano 64, e seu ápice, durante o século III, criou vários mártires e santos (ainda que mesmo nessa época houvesse períodos de calmaria na repressão). A tolerância oficial do cristianismo anunciada pelo imperador Constantino com o Édito de Milão em 313 e sua própria adoção do culto de Cristo marcaram uma mudança decisiva, reforçada pela conversão do regente ao cristianismo no leito de morte, em 337. Apenas um dos sucessores de Constantino, o imperador Juliano, na década de 360, fez algum esforço mais continuado de regresso aos deuses pagãos. Com a aprovação oficial (ou talvez sem a repressão oficial), o cristianismo aumentou sua força de maneira constante e, na verdade, dramática, nos próximos dois séculos[43], tornando-se "uma igreja estabelecida que absorvia homens e riquezas como uma esponja"[44]. De modo irônico, tornou-se também uma organização que, no fim, desencadeou uma nova onda de intolerância e ódio, terror e preconceitos.

Entre 375 e 800, os cristãos implementaram um programa de evangelização de impressionante eficácia dirigido às sociedades bárbaras a norte e oeste. O caráter tribal dessas sociedades facilitou a disseminação do cristianismo, já que bastava a conversão de um líder ou ancião importante para que o resto da tribo rapidamente se convertesse. Um elemento crucial nesse processo foi o uso de milagres e prodígios para demonstrar o poder do deus cristão, o que incluía a destruição de santuários e templos pagãos, o exorcismo de demônios

---

[43] Peter Brown, *Power and Persuasion in Late Antiquity: Towards a Christian Empire*, Madison: University of Wisconsin Press, 1992.

[44] Peter Brown, *Religion and Society in the Age of Saint Augustine*, op. cit., p. 67.

e a realização de curas mágicas dos paralíticos e enlouquecidos[45]. "Meu deus é mais poderoso que os seus" era a mensagem. "Contemplem enquanto destruímos seus objetos sagrados sem que soframos qualquer castigo. Testemunhem nossos milagres, nossa capacidade de curar aqueles dentre vocês que estão doentes ou possuem almas torturadas." São Martinho de Tours (316-397), por exemplo, fez da queima de templos pagãos um hábito, e assim convenceu os bárbaros de que o deus cristão devia ser venerado e os deuses pagãos, rejeitados, já que não eram capazes de salvar a si mesmos[46].

Os milagres estavam entrelaçados com a cristandade desde seus primórdios. No início, oficialmente a Igreja se opunha com veemência à magia, ainda que na prática a distinção entre magia e milagre não fosse fácil de estabelecer – uma ambiguidade não desprovida de perigos. Tanto pagãos quanto cristãos culpavam os demônios por suas desgraças e, no fim das contas, essas criaturas sobre-humanas eram, para os fiéis cristãos, agentes do Mal ou o próprio Diabo[47]. Jesus demonstrara sua capacidade de expulsá-los, reviver os mortos, curar os doentes e retirar demônios do corpo dos possuídos, e seus poderes haviam sido transmitidos a seus apóstolos: "chamou os doze discípulos e deu-lhes autoridade de expulsar os espíritos imundos e de curar toda a sorte de males e enfermidades [...] Curai os doentes, ressuscitai os mortos, purificai os leprosos, expulsai os demônios. De graça recebestes, de graça dai"[48]. Acreditava-se que esses poderes também houvessem sido passados para os santos e os bispos. A cada missa, um sacramento era encenado. Através do milagre da intervenção divina, o pão e o vinho se tornavam o corpo e o sangue de Cristo. Ainda assim, de modo um pouco surpreendente, os primeiros cristãos evitavam o uso dos milagres como forma de propaganda[49].

---

45 Richard Fletcher, *The Barbarian Conversion: From Paganism to Christianity*, Nova York: Holt, 1997.

46 "The Life of St. Martin, by Sulpicius Severus", em: Frederick R. Hoare (trad. e org.), *The Western Fathers*, Nova York e Londres: Sheed and Ward, 1954, p. 29.

47 Peter Brown, *Religion and Society in the Age of Saint Augustine*, op. cit., p. 131.

48 Mateus 10:1, 8.

49 Ronald C. Finucane, *Miracles and Pilgrims: Popular Beliefs in Medieval England*, Londres: J. M. Dent, 1977, p. 17.

Santos e milagres

O que não foi o caso nos séculos posteriores. Todos aqueles mártires e santos do período inicial de perseguição aos cristãos foram rematerializados (ou, mais precisamente, seus restos mortais receberam nova eficácia espiritual), a fim de ajudar a dar sustentação a um conjunto de crenças e práticas poderosas centradas na ideia de que os santos exercem poderes, muitas vezes por meio de relíquias, para curar os aflitos e realizar milagres póstumos. Sepulcros eram poderosos; ossos, ainda mais. "Mesmo que os templos e altares pagãos tenham sido fechados, convertidos ou destruídos, as antigas curas, visões e milagres do deus da cura Asclépio ou de Apolônio ainda ocorriam em santuários cristãos sob patrocínio de uma nova hierarquia espiritual, a dos santos martirizados."[50] Já no ano de 386, o ainda pagão Santo Agostinho de Hipona (354-430) se recorda de testemunhar tais milagres num túmulo recém-aberto nas proximidades de Milão: os ossos de dois santos devolveram a visão a um cego e expulsaram os demônios de um possesso. E o papa Gregório I (ca. 540-604), que enviou Santo Agostinho de Cantuária em missão para converter os anglo-saxões da Inglaterra, publicou toda uma coleção de milagres, sinais, prodígios e curas em seus *Diálogos*[51]. Essa coleção estava bastante alinhada com a tradição medieval, assim como esse tipo de devoção era bem compartilhado pelo rebanho de Agostinho – o que lhe garantiu a condição instantânea de santo por aclamação popular após sua morte.

Ao final do século VI, poucos podiam duvidar da centralidade dos túmulos de santos para o poder e o alcance da Igreja[52]. Nos séculos posteriores, conforme os peregrinos passavam a buscar a intercessão dos santos, jazigos eram violados e restos mortais removidos – algumas vezes separados, de modo que mais de um lugar pudesse proclamar possuir seus poderes de cura milagrosos e se beneficiar das doações por eles atraídas. As distâncias que as relíquias viajavam podiam ser curtas ou longas: os monges de Pontigny, na França central, por exemplo, onde uma abadia cisterciense foi fundada em 1114, exumaram o corpo de Santo Edmundo de Abingdon, que lá se encontrava enterrado, e cortaram um de seus braços antes

---

[50] *Ibidem*, p. 19.

[51] Edmund G. Gardner (org.), *The Dialogues of Saint Gregory the Great*, Merchantville, NJ: Evolution Publishing, 2010.

[52] Peter Brown, *The Cult of the Saints: Its Rise and Function in Latin Christianity*, Chicago: University of Chicago Press, 1981, p. 3.

de devolvê-lo ao túmulo[53]. Desse modo, foi possível estabelecer um segundo lugar de adoração no monastério para os peregrinos que buscassem curas (e deixassem oferendas). No muito mais antigo (ano 675) monastério beneditino de Abingdon, em Oxfordshire, por outro lado, uma grande quantidade de relíquias sagradas vindas de grandes distâncias foi reunida ao longo dos anos. Listadas em 1116, elas incluíam "cinco relíquias de Cristo, pedaços de seis apóstolos, partes de 31 mártires, restos mortais variados de 39 confessores da fé e partículas de 16 virgens" – uma enorme coleção de materiais produtores de milagres que atraíam hordas de fiéis[54]. E depois que os soldados da Quarta Cruzada desviaram suas atenções para Constantinopla, que cercaram e pilharam em 1204, uma orgia de roubo e destruição se seguiu: igrejas "eram saqueadas e pilhas de caixas de ossos sacolejantes eram enviadas para o Ocidente"[55]. Restos mortais como esses eram tão valiosos que roubos, fraudes, falsificações e conflitos quanto à sua propriedade eram registrados com regularidade.

Santa Catarina de Siena foi amplamente venerada depois de sua morte, ocorrida na Roma de 1380. Em vida, proclamara ter passado por um casamento místico com Cristo em 1368, quando tinha 21 anos. Mais tarde, declarou não mais precisar de comida ou água. Em questão de semanas, estava morta. Os sieneses queriam recuperar seu corpo, mas contrabandeá-lo para fora de Roma era impossível, então se contentaram com sua cabeça e um de seus polegares, que supostamente continuaram incorruptíveis[56]. Havia uma proliferação de histórias sobre santos cujos corpos haviam permanecido intactos ou cujos caixões, depois de abertos, perfumavam o ar em vez de empestar o ambiente – o misterioso "odor de santidade" que oferecia provas adicionais para os crédulos sobre as bênçãos celestiais que as relíquias divinas poderiam conferir.

Séculos depois, o poeta inglês Andrew Marvell proclamaria que o túmulo é *"a fine and private place"* [um lugar requintado e reservado][57]. Talvez

---

[53] Estranhamente, hoje a relíquia é mantida pela Igreja de Nossa Senhora da Assunção, em Enders Island, na costa de Connecticut, nos Estados Unidos.

[54] O abade de Abingdon esboçou uma lista completa de todas as relíquias que o monastério havia adquirido até 1116. Sobre o fenômeno geral de igrejas que colecionavam relíquias, cf. Richard Southern, *The Making of the Middle Ages*, New Haven: Yale University Press; Londres: Hutchinson, 1953.

[55] Ronald C. Finucane, *Miracles and Pilgrims, op. cit.*, p. 28-31.

[56] Diz a lenda que, quando a bolsa que continha seu crânio foi revistada por guardas romanos, foram encontradas apenas pétalas de rosas, que, ao chegar em Siena, transformaram-se mais uma vez na cabeça da santa.

[57] Andrew Marvell, "To His Coy Mistress", ca. 1650.

para alguns, mas não para os beatificados. Os túmulos dos santos podiam ser requintados – alguns vieram a ser cravados de ouro e ornamentos –, mas dificilmente eram lugares reservados. Restos mortais eram frequentemente transferidos para relicários, recipientes altamente elaborados que os peregrinos vinham beijar e adorar. A abadia de Conques, na região francesa do Languedoc, por exemplo, continha o crânio de Santa Fé, que dizem ter sido torturada até a morte pelos romanos no final do século III ao ser martirizada sobre um braseiro incandescente quando se recusou a abjurar a fé cristã. (No século IX, a relíquia foi roubada de Agen, seu lugar original de repouso, por um monge.) Em algum momento entre 983 e 1013, o crânio, a que se atribuíam extraordinários poderes milagrosos, foi colocado no interior de uma estátua banhada em prata e recoberta por placas de ouro, na qual foram incrustadas pedras preciosas **(imagem 10)** – tão espalhafatosa que sacerdotes vindos de Chartres disseram parecer um ídolo pagão, como de fato parecia (não que isso diminuísse seus atrativos perante os camponeses). De modo similar, os ossos de Tomás Becket, assassinado em 1170 por quatro cavaleiros em sua catedral depois de uma pendenga com Henrique II a respeito dos direitos e privilégios da Igreja **(imagem 9)**, também foram colocados num santuário de ouro enfeitado com joias na catedral da Cantuária em 1220.

Durante toda a Idade Média, um grande número de paralíticos, doentes e loucos buscaram consolo e cura em santuários como esses **(imagens 12-14)**. Muitos experimentariam remédios populares – ervas, unguentos, amuletos, prescrições dos curandeiros locais. E, do século XI em diante, conforme a medicina hipocrática e galênica começou a ser reintroduzida na Europa ocidental vinda do leste, outros viriam a ser submetidos às suas sangrias e purgações, suas ventosas e vômitos, sem falar em mudanças de dieta e hábitos. Mas eram os transtornos crônicos em especial que levavam ao esforço de invocar os poderes de cura dos santos e mártires. Vários relatos fragmentários sobreviveram. Na catedral de Worcester, por exemplo, uma garota insana passou quinze dias de fúria deitada sobre o túmulo de São Vulstano (1008-1095)[58]. Não sabemos qual foi o destino dela. Mas quando "milagres" de fato ocorriam, os santuários eram rápidos em registrá-los, por isso é possível inferir que a jovem continuou louca. É evidente que a presença de pessoas que se comportavam desse modo poderia atrapalhar a rotina das igrejas, prostradas como ficavam por dias ou mesmo meses. Em Norwich, houve uma ocasião em que "uma menina foi arrebatada por um frenesi e trazida amarrada para o túmulo de Hugh;

---

[58] Ronald C. Finucane, *Miracles and Pilgrims, op. cit.*, p. 76.

lá permaneceu até o Dia de Finados, e naquela noite seus gritos foram mais violentos que o habitual, o que atrapalhou o coral e a igreja como um todo, de modo que não celebraram a missa no altar de São João Batista, perto do túmulo. Finalmente, caiu no sono; quando uma multidão de fiéis a acordou, tinha melhorado"[59]. Curas parciais e recuperações posteriores eram atribuídas ao poder dos santos e, é claro, perturbações mentais de origem psicogênica (mesmo aquelas que envolviam cegueira ou paralisia e que na época não eram vistas como perturbações mentais) poderiam muito bem responder aos poderosos efeitos sugestivos de uma visita a um local tão sagrado.

Pensava-se que vários santuários poderiam curar uma série de doenças. O sangue de São Tomás Becket foi tido como capaz de reverter a cegueira, a insanidade, a lepra e a surdez, sem falar numa série de outras afecções, de modo que a Cantuária atraiu peregrinos de toda a Europa e também da Inglaterra até 1538, quando Henrique VIII ordenou o desfazimento do santuário e a destruição dos ossos e determinou que nunca mais se falasse do sacerdote renegado. Os *Contos da Cantuária* de Chaucer recontam as vidas de um grupo de peregrinos saídos de Londres para adorar o santuário de Becket[60].

Os túmulos de outros santos adquiriram reputações mais especializadas. Mártires decapitados pareciam ser escolhas populares para aqueles que procuravam alívio para aflições mentais. Um dos mais importantes desses lugares – uma localidade que por séculos atraiu peregrinos loucos e seus acompanhantes – foi o santuário de Santa Dimpna, em Geel, onde hoje fica a Bélgica. A lenda de Santa Dimpna incorporou vários elementos que estavam bastante espalhados pelo folclore europeu e foram nela reunidos para criar uma narrativa envolvente sobre uma tentativa de incesto, sobre loucura e assassinato. De acordo com a *vita* da santa, que só veio a ser compilada no meio do século XIII por Pierre, cônego em Cambrai, a jovem dama irlandesa era filha de um rei pagão e uma mulher cristã, no começo do século VII. Quando tinha 14 anos, sua mãe morreu, e o pai, Damon, assaltado pela angústia, mais tarde concebeu a ideia de se casar com a pessoa que mais se assemelhava à esposa morta – sua própria filha. Com um sacerdote a reboque, Dimpna cruzou mares em sua fuga e se instalou num pequeno vilarejo em Geel. Mas seu pai os perseguiu e, ao encontrá-los, mandou decapitar o clérigo; quando Dimpna insistiu em desafiá-lo, o rei, num ataque de loucura, cortou a cabeça da filha. Na

---

[59] Citado em Ronald C. Finucane, *Miracles and Pilgrims, op. cit.*, p. 91-92.

[60] No século XX, o assassinato de Becket inspirou T. S. Eliot a escrever a peça teatral *Murder in the Cathedral* [Assassinato na catedral] em 1935.

sequência, Dimpna e Gerbernus, seu companheiro martirizado, foram enterrados numa caverna, mas seus restos mortais foram mais tarde exumados – os dele transportados para Sonsbeck, na Alemanha (em alguns relatos, a cabeça foi deixada para trás)[61], e os dela, colocados numa urna e levados a uma capela, para onde peregrinos que levavam consigo seus parentes loucos começaram a assomar em busca de curas milagrosas.

Alguns insanos dormiam nessa igreja buscando recuperar a sanidade. Quando o prédio original foi destruído pelo fogo em 1489, um substituto mais requintado foi construído em seu lugar. Em 1532, o templo era supervisionado por dez clérigos, a que mais tarde se juntaram dez cônegos, que cuidavam de um ritual elaborado de preces, penitências e oferendas cerimoniais voltadas à intercessão da virgem martirizada. Os lunáticos eram levados à igreja e acorrentados pelo tornozelo e por dezoito dias eram submetidos a tentativas de exorcismo dos demônios que os haviam possuído. Se a loucura ainda persistisse, muitos dos aflitos passavam a habitar com famílias locais de camponeses e, dessa forma, por séculos Geel e arredores constituíram um tipo curioso de colônia de lunáticos, com toda a sua economia baseada nas doações feitas pelos familiares dos loucos[62]. Santuários similares especializados em milagres para os loucos surgiram no túmulo de São Maturino, na comuna de Larchant, e de Santo Acário, na comuna de Haspres, ambas na França.

Pode muito bem ser verdade que as curas para os loucos exerciam um poder tão marcado sobre os fiéis porque envolviam com frequência a expulsão de demônios. Aqui estava talvez a demonstração mais poderosa e incontestável da onipotência de Deus. O drama de um exorcismo era inigualável. Após uma luta quase sempre acompanhada de convulsões e gritos, os lacaios do Diabo eram forçados para fora[63]. Daí a popularidade, na Idade Média e mesmo depois da Reforma, das figurações vívidas de demônios sendo expulsos, imagens que parecem ao mesmo tempo pinturas e esculturas. Um dos painéis das grandes portas de bronze da basílica de Veneza, por exemplo, datado de cerca de 1100, mostra o bispo local, Zenão, expulsando um demônio pela boca da filha do imperador. O afresco de Giotto na basílica superior de São Francisco

---

[61] Alban Butler, "Saint Genebrard, or Genebern, Martyr in Ireland", em: *The Lives of the Primitive Fathers, Martyrs, and Other Principal Saints*, 3. ed., Edimburgo: J. Moir, 1799, p. 217.

[62] Cf., por exemplo, J. P. Kirsch, "St Dymphna", em: *The Catholic Encyclopedia*, v. 5, Nova York: Appleton, 1909; William Ll. Parry-Jones, "The Model of the Geel Lunatic Colony and its Influence on the Nineteenth-Century Asylum System in Britain", em: Andrew Scull (org.), *Madhouses, Mad-Doctors, and Madmen*, Filadélfia: University of Pennsylvania Press, 1981, p. 201-17.

[63] Peter Brown, *The Cult of the Saints, op. cit.*, p. 107.

de Assis, terminado em 1299, mostra São Francisco expulsando uma série de demônios da cidade de Arezzo. E as *Très riches heures du duc de Berry* [As riquíssimas horas do duque de Berry], criadas entre 1412 e 1416 como livro de devoção para João, duque de Berry, e talvez o melhor exemplo das iluminuras francesas do período, também contêm uma imagem impactante do exorcismo de um demônio **(imagem 11)**. Mas os exorcismos nem sempre funcionavam. Na verdade, era mais comum que fracassassem. Por sorte, esses fracassos podiam ser sempre justificados, deixando a fé religiosa quase sempre intacta.

Literatura e loucura

Um atributo impressionante da cultura medieval foi o surgimento de uma forma popular de drama religioso, os assim chamados mistérios ou peças de milagre. ("Mistérios" era outro nome para os milagres e, na época, os dois termos eram em grande medida intercambiáveis.) Os vários ciclos de peças de milagre eram um meio para que as histórias bíblicas fossem contadas e recontadas e para que as mensagens morais fossem levadas até as massas, já que em geral havia toda uma série de apresentações durante o período de alguns dias. Em sua origem, essas peças eram espetáculos realizados em igrejas, com muitos deles dedicados à Paixão de Cristo e outros a temas tão populares como Adão e Eva e o Juízo Final. Durante o século XIII, elas se espalharam pela Europa e passaram a ser cada vez mais interpretadas em vernáculo e produzidas por corporações de ofício.

Representações de milagres realizados pela Virgem Maria ou por uma pletora de outros santos eram partes populares do repertório. A loucura e a possessão eram temas recorrentes, que ofereciam à audiência demonstrações explícitas e pedagógicas de como a incursão pelo pecado permitia ao Diabo possuir o pecador e, depois, enlouquecê-lo. Saul e Nabucodonosor eram de longe os favoritos, ambos pelo entretenimento que ofereciam e pelas lições morais que estavam contidas em suas vidas, mas também havia predileção por histórias sobre os possessos do Novo Testamento. Um de dois destinos possíveis acenava para essas personagens: serem despachados para o inferno ou serem salvos pela graça de Nossa Senhora ou um de seus santos.

As peças de milagre eram frequentemente eventos elaborados e encenadas nos dias de festivais por uma combinação de atores vindos de grupos mambembes e dos habitantes locais. Os espetáculos eram realizados da Espanha à Holanda, da França à Alemanha e em muitas das maiores cidades

A escuridão e a aurora

A decapitação de Santa Margarida de Antioquia, século XII, pintura na igreja catalã de Vilaseca, na Espanha. Margarida foi executada por se recusar a renunciar ao cristianismo.

Loucura na civilização

Painel de bronze na porta direita da Basílica de São Zenão, em Verona, na Itália (século XII), mostra São Zenão praticando exorcismo. Comandado pelo santo, um demônio sai pela boca da filha do imperador Galiano. Há 48 painéis como esse, que ilustram temas bíblicos e as vidas de São Miguel e São Zenão.

inglesas (ainda que, depois da Reforma, tenham sido reprimidos por Henrique VIII por serem veículos de transmissão da superstição papista)[64]. Livres de supervisão eclesiástica direta, em suas versões finais as peças muitas vezes divergiam das Escrituras, incorporavam crenças populares e exageravam as lições das histórias bíblicas para efeito dramático. Herodes, que devia

---

[64] Um manuscrito sobrevivente do ciclo de Townley, daquilo que talvez tenha sido um total de 32 peças encenadas em Wakefield, Yorkshire, está hoje depositado na Huntington Library, na Califórnia. Referências ao papa e aos sacramentos católicos estão rasuradas, e as 12 páginas do final foram arrancadas e perdidas, presumivelmente porque suas referências católicas eram numerosas demais para que pudessem ser conservadas.

aos romanos sua posição de rei da Judeia e que, na tradição católica, foi o homem que assassinou os inocentes enquanto buscava eliminar Jesus infante, era outro tema popular. A história de um louco imoral inclinado a matar Deus foi se tornando cada vez mais elaborada e extrema conforme as versões latinas iniciais eram retrabalhadas nos idiomas locais, e Herodes passou a corresponder à encarnação mesma do pecador blasfemo e louco, castigado por Deus Pai com a perda da razão e a mais dolorosa das mortes[65]. Eis a loucura como violência, delírio, raiva sem limites – e como punição de Deus. O ciclo literário de Chester acompanha o destino de Herodes numa série de peças até seu amargo fim:

> *My legges rotten and my armes;*
> *I haue done so many harmes,*
> *that now I see of feends swarms*
> *from hell cominge for me.*
> (Minhas pernas e braços estão podres;/ Fiz tantos males/ que agora vejo enxames de demônios/ saídos do inferno para me buscar.)[66]

O submundo foi um destino ilustrado com riqueza de detalhes na maior das obras literárias medievais, a *Divina comédia* de Dante, e também nela o leitor daquela época se deparava com a loucura como castigo divino. Depois de encontrar seu guia, o poeta Virgílio (condenado ao Limbo por não ser cristão), Dante começa sua visita pelo Inferno, uma região repleta de lamentações perpétuas e um universo de almas miseráveis submetidas a torturas intermináveis e ricamente elaboradas. Aqui encontramos o pecador que cedeu às paixões, "que desafia a razão e a submete a seu talante"[67]. Ali, às margens da selva dos suicidas, está o rio de sangue fervente, Flegetonte, e o areão escaldante. Os glutões e os gananciosos, os traiçoeiros e os depravados, os hereges e os blasfemos, os ladroes e os assassinos, os sacerdotes que violam seus votos: todos tem seu lugar e passam em revista. E na décima e última vala do oitavo círculo do inferno, na antessala do próprio Satã, estão os falsários, os charlatães e os falsificadores de moedas, os mentirosos e os fraudadores de pessoas, cuja pena é

---

[65] Cf. a discussão esclarecedora em Penelope Doob, *Nebuchadnezzar's Children: Conventions of Madness in Middle English Literature*, New Haven: Yale University Press, 1974, cap. 3.

[66] Citado em Penelope Doob, *Nebuchadnezzar's Children*, op. cit., p. 120.

[67] Dante Alighieri, *A divina comédia: Inferno*, trad. Ítalo Eugênio Mauro, São Paulo: Editora 34, 1998, p. 50.

a hidropisia, a altíssima febre, a sarna – e a loucura. Aqui está Hécuba, rainha de Troia, esposa de Príamo,

> Ladrando como um cão, tanto a inumana
> Dor a sua pobre mente conveliu.[68]

Alguns passos adiante, Dante e Virgílio encontram a loucura na mais violenta de suas formas:

> Mas, nem como a de Tebas, a troiana,
> viram-se fúrias em alguém tão cruas
> contra animais e mesmo gente humana
>
> como em duas sombras vi, pálidas, nuas,
> perseguindo-se, com o estardalhaço
> de porcos soltos das pocilgas suas.[69]

E então Dante se afasta, conforme a indecente Mirra, que ao mudar de forma seduzira o pai a cometer incesto, passa apressada, furiosa, ameaçadora, assustadora de se contemplar. A loucura é nudez, violência, animalidade e, acima de tudo, punição pelo pecado. Em todas essas formas, é a negação mesma da civilização.

Essa noção reforçada de loucura como consequência do pecado reverbera em muitos escritores medievais[70]. Mas seria igualmente possível inverter a equação: o pecado em si seria a loucura. De fato, tratava-se da pior de todas as loucuras, pois violar as leis de Deus era se colocar em risco de danação eterna, de ser lançado aos horrores intermináveis do submundo que Dante convidava seu público a contemplar em detalhes: pessoas com membros perfurados ou arrancados; um homem aberto de ponta a ponta, "co' as entranhas à vista e, pendurado entre as pernas, levando o ascoso saco no qual fezes se torna o que é tragado"; uma multidão que desfila sem cessar diante de um diabo que a fatia com sua espada, e depois a deixa se arrastar pela "dolente estrada" até dar

---

[68] *Ibidem*, p. 200.

[69] *Ibidem*.

[70] Penelope Doob, *Nebuchadnezzar's Children*, op. cit., documenta quão intensamente esta e outras conexões entre loucura e pecado formavam o *leitmotiv* de grande parte da literatura produzida no inglês medieval. Os capítulos seguintes devem muito a essa análise.

a volta, para, antes que fechem as feridas, "reencontrá-lo à próxima chegada"; outro dos perpétuos condenados, com a garganta furada, o nariz decepado, a quem só uma orelha havia restado, com a garganta "que era toda vermelha externamente"[71], e, sem intervalo, um catálogo das torturas mais engenhosas e temíveis. Quem, a não ser um louco, permitiria que a paixão e a tentação destronassem a razão, quando o preço a se pagar por fazê-lo seria tal sofrimento quase inimaginável e inarredável? Nas palavras de John Mirk, o prior da abadia de Lilleshall, em Shropshire, no final do século XIV, "aquele que vive uma vida vil pode ter certeza de um fim vil"[72].

Medicina e loucura

Para a mentalidade medieval, todas as formas de enfermidade, fossem mentais ou físicas, eram consequência da Queda. A tentação fatal provocada em Adão por Eva expulsou a humanidade do Paraíso para um mundo de corrupção, desordem e decadência. Nesse mundo, a doença era uma das punições de Deus para os pecadores, um tormento merecido e um aviso sobre o que poderia muito bem esperá-los no além. Perturbações da mente e do corpo podiam levá-los a se arrepender ou então despachá-los direto para o inferno – do qual a mortificação da carne e a angústia das mentes doentias eram apenas um aperitivo. Nas palavras de Rábano Mauro (ca. 780-856), o arcebispo de Mainz na Alemanha e um prolífico comentador das Sagradas Escrituras, "a enfermidade é um mal causado pelo vício [...] A febre é um desejo carnal que queima insaciável [...] O inchaço da lepra é o orgulho estufado [...] O homem que tem feridas no corpo teve a mente arruinada pela luxúria da carne"[73].

Foi através das lentes dessa crença cristã que as mentes arruinadas foram quase sempre interpretadas e as atitudes diante dos loucos foram elaboradas. Mas, do século XI em diante, houve um interesse renovado em abordagens alternativas para explicar a loucura e tratar suas depredações – um interesse que envolvia uma reencarnação das tradições pré-cristãs. Esse revigoramento

---

[71] Dante Alighieri, *Divina Comédia, op. cit.*, p. 189.

[72] John Mirk, *Festial: A Collection of Homilies* (ca. 1382), Theodore Erbe (org.), Londres: Early English Text Society, 1905, p. 56. Os sermões de Mirk eram provavelmente a mais proeminente coleção de sermões ingleses escritos em vernáculo antes da Reforma, e eram pensados como um guia para os padres de paróquias, ainda que também circulassem entre leigos eruditos.

[73] Rábano Mauro, *De universo libri, apud* Penelope Doob, *Nebuchadnezzar's Children, op. cit.*, p. 2.

surgiu das mudanças econômicas e políticas mais amplas que começaram a marcar a Europa medieval e transformar sua cultura.

Com a estagnação dos fluxos migratórios, as instituições políticas se estabilizaram e as melhorias socioeconômicas deixadas pelo novo sistema feudal se consolidaram, de modo que a Europa cristã se tornou um pouco mais próspera, um pouco mais urbana e um pouco mais segura. Um sintoma e demonstração desse poder e autoconfiança crescentes no mundo cristão foi a Reconquista da península Ibérica (cf. p. 64). Em 1064, o papa Alexandre II (morto em 1073) anunciou uma indulgência de trinta anos para aqueles que buscassem retomar Aragão para o cristianismo. Depois, o papa Urbano II (1042-1099) procurou persuadir os combatentes a lá permanecerem e acrescentar novos territórios às suas conquistas; um pouco mais tarde, ordens militares como os Cavaleiros Templários se juntaram à batalha. Aos poucos, os mouros foram repelidos, ainda que os últimos remanescentes da autoridade islâmica não tenham sido expulsos da Espanha antes da queda de Granada, em 1492.

Uma das consequências desse esforço de expulsão dos mouros foi um contato mais íntimo com a cultura e civilização dos falantes de árabe, ainda que os governantes espanhóis cristãos perseguissem, matassem e exilassem seus expoentes. Outra foi o início de uma série de cruzadas em direção à Terra Santa, que também trouxeram uma inevitável aproximação com as conquistas da civilização muçulmana. Como mencionado no começo deste capítulo, mudanças tão fundamentais como a substituição do sistema de numeração romano pelo arábico, que pavimentou o caminho para avanços na matemática, podem ser atribuídas a esses maiores contatos culturais. E o mesmo fenômeno se deu com a reimportação para o Ocidente da medicina grega, seja diretamente, pela aquisição de textos galênicos ou de outras fontes que haviam em grande parte desaparecido quando o domínio de Roma chegou ao fim, seja indiretamente, pelas glosas e compilações de grandes médicos como Avicena. Textos fragmentários em latim haviam sobrevivido em alguns monastérios e eram consultados por monges que cuidavam da saúde da comunidade local (e algumas vezes de vilarejos vizinhos). Mas esses textos sobreviventes eram poucos e difíceis de encontrar. Era incomum que mesmo os monastérios mais ricos possuíssem mais do que oito ou dez manuscritos médicos. A maioria deles podia, na melhor das hipóteses, reivindicar a propriedade de um desses textos[74]. Mas agora grandes quantidades e conjuntos muito mais diversificados de tratados médicos chegavam ao Ocidente.

A ascensão das universidades naquela época fez muito para o desenvolvimento desse processo, assim como a formação das corporações de ofício, inclusive guildas médicas, nos espaços urbanos recém-emergentes. Em Salerno, Nápoles, Bolonha, Pádua, Montpellier, Paris, Oxford e Cambridge, os ensinamentos médicos se desenvolveram de modo informal e, depois, de forma mais organizada. E os textos clássicos, assim como seus sucessores árabes, foram traduzidos do siríaco, persa e árabe para o grego e latim, as línguas francas da classe instruída que surgia. A medicina acadêmica começava a se estabelecer e, através de suas guildas, médicos recém-treinados buscavam ratificar seu *status* superior e adquirir algum grau de controle e dominância sobre o mercado da medicina. Neste último aspecto eram notoriamente malsucedidos, e um amplo espectro de profissionais da cura continuou a oferecer seus serviços por vários séculos. Mas as teorias médicas ganhavam uma influência crescente entre as elites, o que abriu o acesso a um mercado em expansão para as habilidades desses médicos.

Como literatos e estudiosos, esses profissionais criaram com mais rapidez uma cultura médica comum e passaram a dispor de um sistema intelectual complexo que lhes permitia diagnosticar e prescrever de forma sistemática. A invenção da imprensa possibilitou pela primeira vez a produção em massa de livros, o que permitiu a rápida disseminação de textos por uma ampla área geográfica e rompeu as conexões com a antiga tradição dos escribas, predominantemente reservada aos monastérios. Os médicos foram capazes de discutir ideias e desenvolver uma consciência comum através de grandes extensões territoriais, além de também se apropriar da autoridade cultural que acompanhava o aprendizado dos antigos.

O que se dizia ser uma edição completa de Galeno em grego foi publicada em 1525 em Veneza e se tornou a base para as traduções latinas. Porções do *corpus* hipocrático também apareceram naquele mesmo ano. Ao final do século, quase seiscentas edições de Galeno haviam sido impressas por toda a Europa ocidental. Edições dos grandes médicos muçulmanos apareceram ainda mais cedo do que isso, o que é sintomático de quanto o revigoramento da medicina clássica é devido aos árabes. O *Cânone da medicina* de Avicena

---

[74] Katherine Park, "Medicine and Society in Medieval Europe 500-1500", em: Andrew Wear (org.), *Medicine in Society: Historical Essays*, Cambridge: Cambridge University Press, 1992, p. 66.

A folha de rosto de uma das primeiras edições do influente *Cânone da medicina*, de Avicena, traduzida para o latim e impressa em Veneza em 1595.

foi impresso em 1473 e reimpresso dois anos depois. Sua terceira edição foi publicada antes da primeira versão impressa de qualquer dos trabalhos de Galeno e, em 1500, já passava de dezesseis edições. Outras obras médicas logo se seguiram, incluindo livros de Rasis (al-Rhazi), Averróis (Ibn Rushd), Hunayn ibn Ishaq, Issac Israeli e Haly Abbas (al-Majusi)[75]. Ainda que mais tarde essa conexão viesse a ser reprimida e esquecida, durante boa parte do século XVI a medicina ensinada na Europa foi, em vários sentidos, uma extensão da medicina cultivada e desenvolvida pelo mundo falante de árabe. Seus praticantes descobriram que agora dominavam um constructo intelectual imensamente poderoso, capaz de explicar sintomas e indicar o caminho em direção à cura para o que estava errado. Ao mesmo tempo, esse conhecimento oferecia aos pacientes uma segurança de que alguém sabia o que estava causando seus sofrimentos e o que poderia aliviá-los.

Mas os textos não foram as únicas inovações a serem importadas do mundo islâmico. Tanto os cruzados a leste quanto os exércitos espanhóis a oeste haviam encontrado hospitais islâmicos (cf. p. 72), e essas instituições agora começavam a aparecer na Europa. No início, muitas delas eram anexas a mosteiros e quase todas eram instituições religiosas, não médicas. Aceitavam viajantes e peregrinos, por exemplo, assim como órfãos e idosos. Mas também socorriam os doentes e, com o tempo, cresceram e começaram a ir além de suas origens religiosas e adquirir uma identidade médica mais distinta. Algumas eram minúsculas, mas outras – em Paris, Florença, Milão e Siena – vieram a abrigar algumas centenas de pacientes.

Algumas delas começaram a se especializar no cuidado dos loucos. O Bethlem Royal Hospital viria a se tornar a mais famosa dessas instituições no mundo anglófono. Mais comumente identificado como Bedlam (o nome que de modo geral usaremos aqui), passou por mudanças graduais até se tornar um hospício. Fundado em 1247 no priorado de Santa Maria de Belém, em Bishopsgate, aos pés das muralhas da cidade de Londres, em seus anos iniciais acolhia a coleção heterogênea e habitual de desamparados e dependentes, estrangeiros e peregrinos que eram a marca registrada dos primeiros hospitais. Mas em algum momento no final do século XIV começou a adquirir uma reputação por cuidar de loucos, ainda que os números de seus pacientes nessa condição fossem ínfimos. Um visitante de 1403 registra a presença de seis internos classificados como *menti capti*, privados de juízo. Seria apenas no final do século XVII que o total desses pacientes

---

[75] W. Montgomery Watt, *The Influence of Islam on Medieval Europe*, op. cit., p. 67.

passaria de cem. Um pouco antes disso, em 1632, o clérigo Donald Lupton (morto em 1676) escrevera que o hospital "seria pequeno demais caso todos que estão fora de si fossem colocados aqui"[76].

Na Espanha, seguindo o precedente árabe, todo um conjunto de casas de loucos[77] – sete no início do século XV, em Valência, Zaragoza, Sevilha, Valladolid, Palma de Maiorca, Toledo e Barcelona – se especializou no confinamento e cuidado institucional dos insanos. Quais tipos de tratamento eram aplicados nesses lugares em tempos medievais é algo que permanece no terreno das conjecturas. Ainda que a segregação dos loucos da sociedade viesse a ser rotineira alguns séculos mais tarde, é vital nos lembrarmos que esses estabelecimentos eram a exceção, não a regra, durante o período medieval e o início do moderno, quando a maioria dos loucos ainda era responsabilidade das famílias e permanecia na comunidade, sendo enclausurados, por meio de uma série de expedientes *ad hoc*, se considerados perigosos, ou deixados para vagar (e apodrecer), caso contrário.

Armados com a medicina dos humores, alguns médicos buscavam, como Galeno e os hipocráticos antes deles, entender a loucura e então aplicar seus repertórios de curas universais para o tratamento dos insanos. O sistema intelectual de que se valiam tinha fixado a loucura no corpo e a enxergava como um evento natural e não espiritual. Mas os doutores eram prudentes o suficiente – e ainda não confiantes o bastante em seu próprio *status* – para reconhecer casos de possessão e, por vezes, se rendiam a seus irmãos do clero. Um conflito entre essas duas interpretações contrastantes da loucura acabaria por emergir, mas, naquele momento, os médicos, assim como qualquer outra pessoa, adotavam todo um conjunto de explicações e abordagens para os mentalmente perturbados. Em situações tão desesperadas e angustiantes, por que não tentar qualquer coisa que pudesse oferecer uma oportunidade de alívio?

---

[76] Donald Lupton, *London and the Countrey Carbonadoed and Quartred into Severall Characters*, Londres: Nicholas Oakes, 1632, p. 75. Devo esta referência a Colin Gale.

[77] No original, *madhouse*. Tanto nesta passagem como noutras ao longo do livro (e especialmente no cap. 5), optou-se por traduzir o termo como "casa de loucos" dada a ausência de estabelecimentos similares na Península Ibérica e no Brasil Colonial antes do século XIX (onde os indivíduos considerados loucos eram deixados livres ou encaminhados a enfermarias de hospitais gerais e cadeias). De acordo com Rafael Bluteau, no *Vocabulario portuguez, e latino*, até pelo menos o início do século XVIII a palavra "hospício", por exemplo, designava uma "espécie de convento pequeno de alguma família religiosa, em que se agasalham os hóspedes da mesma religião, quando passam por algum lugar em que não têm convento em forma" ou o lugar que "às vezes se toma por habitação, domicílio". O mesmo tipo de anacronismo ocorreria com o uso de "manicômio", palavra originada no final do século XVIII para designar aqueles que depois viriam a se tornar os hospitais psiquiátricos. [N.T.]

Se essas crenças e práticas nos parecem contraditórias, é porque talvez o sejam. Mas a loucura não era dotada de um sentido único, assim como não respondia a uma abordagem única. Os religiosos que cuidavam dos santuários por vezes se vangloriavam quando loucos que não haviam sido curados por doutores eram trazidos até eles em busca de alívio, especialmente no punhado de casos em que a recuperação era alcançada. Era frequente que zombassem da tolice que era buscar ajuda de doutores humanos para começo de conversa[78]. Mas, no final das contas, também muitos deles estavam dispostos a reconhecer que, em algumas ocasiões, os loucos eram produto de um estresse ou abalo psicológico, de traumas físicos ou de corpos de algum modo violentamente tirados de equilíbrio. Muitos eram os mistérios de Deus.

---

[78] Ronald C. Finucane, *Miracles and Pilgrims, op. cit.*, p. 64, que se refere a um desdém mais geral do clero pelos médicos.

4

Melancolia e sandice

Fadas, fantasmas, duendes e bruxas

Os historiadores gostam de se referir ao período na Europa, que vai do final do século XV até a aurora do século XIX, como o início da era moderna. Essa foi uma época de grandes transformações religiosas, políticas, culturais e econômicas. Ela testemunhou o fenecimento do sistema feudal e a ascensão do Estado-nação, a expansão das trocas comerciais e dos mercados na Europa, a circum-navegação do globo e a concentração de poderes dos monarcas absolutistas. Viu a Igreja católica perder o controle de partes da Europa conforme as várias manifestações da Reforma Protestante se desenrolavam e, ao menos no norte do continente, eram em grande parte bem-sucedidas em repelir os esforços da Contrarreforma. E contemplou as imensas transformações culturais a que nos referimos, de modo hiperesquemático, como Renascença: o ressurgimento dos ensinamentos clássicos; a disseminação da cultura impressa; a efervescência nas artes, arquitetura, música, literatura, teatro e produção de conhecimentos; e o nascimento de uma revolução científica. Sem mencionar algo que aparentemente se posiciona de modo incongruente nessa lista, a não ser quando nos recordamos do século de guerras religiosas e derramamento de sangue que acompanhou a Reforma: a caça às bruxas que se espalhou pela Europa, uma verdadeira epidemia de julgamentos, torturas e execuções que, quase sempre, infligiam às condenadas uma morte agonizante na fogueira, quando não eram enforcadas ou afogadas, desmembradas ou esmagadas sob uma pilha de pedras.

O frenesi europeu com as bruxas foi tão dramático, e em tantas regiões tão duradouro[1], que se tornou alvo de enorme atenção. Os *bien-pensants* do Iluminismo do século XVIII rejeitam-no como falso, uma bobagem, um produto da ignorância e da superstição populares, auxiliadas e instigadas pela exploração da credulidade das classes mais baixas pelas igrejas cristãs – de modo mais notável, na opinião de figuras como o filósofo francês Voltaire (1694--1778), pela Igreja de Roma. (A caça às bruxas, na realidade, era tão frequente em territórios protestantes quanto em católicos, e igualmente mortais.)

---

[1] Em Portugal, na Hungria, na Polônia e na Escandinávia a caça e os julgamentos por bruxaria se estenderam até o século XVIII.

As bruxas eram geralmente vistas como mulheres em conluio com o Diabo e de muitas até mesmo se dizia terem copulado com ele. (E elas o confessavam sob tortura – o que levava à inflição de suplícios ainda mais terríveis destinados a matá-las.) Elas próprias estariam possuídas por demônios e levariam suas vítimas também à possessão. Eram responsáveis por todos os tipos de infortúnio, alguns dos quais recaíam sobre indivíduos, enquanto outros (como as más colheitas, as epidemias de doenças e as intempéries) afligiam comunidades inteiras. Estima-se que algo entre 50 mil e 100 mil bruxas tenham perecido nas mãos de seus perseguidores antes que o frenesi por matá-las finalmente diminuísse (ainda que não de todo a crença em sua existência).

A maioria dos modernos compartilha com Voltaire e o filósofo David Hume (1711-1776) um ceticismo quanto ao sobrenatural, um desprezo racional pelas noções de demônios e magia que dão sustentação ao mundo

Witches Apprehended (1613), um relato sobre as "várias e condenáveis práticas da Mãe Sutton e sua filha Mary Sutton" de Bedford, Inglaterra. A xilogravura mostra Mary sendo lançada ao rio – "um julgamento estranho e certeiro para saber se uma mulher é bruxa ou não". As duas mulheres foram posteriormente condenadas pela prática de bruxaria e executadas.

das bruxas. A possessão, como vimos, vinha sendo, durante séculos, a explicação principal para alguns tipos de loucura antes do início da era moderna, e quando os primeiros historiadores da psiquiatria olharam perplexos para um mundo encharcado de espíritos e fundado em pressupostos de que não partilhavam, viram-se muitíssimo tentados a amalgamar a perseguição das bruxas com a loucura. Feiticeiras (e enfeitiçados), concluíram esses historiadores, eram na verdade doentes mentais sob outra aparência: pessoas delirantes que caíam vítimas da demonologia daquela época.

Essa é uma explicação que simplesmente não pode ser aceita, e não só porque a maioria dos acusados de bruxaria (para não dizer todos eles) eram mulheres mais velhas, enquanto os loucos, naquela época e também hoje, se encontravam em todos os segmentos sociais, entre velhos e jovens, entre homens e mulheres. Algumas bruxas eram pessoas que hoje consideraríamos loucas e alguns loucos continuaram a ser vistos como possuídos por demônios ou condenados por Deus. Mas, embora as duas categorias tivessem uma interseção, elas eram vistas como bastante distintas uma da outra, como de fato, de maneira geral, o eram. Nos séculos XVI e XVII, tanto as pessoas instruídas quanto as não instruídas acreditavam que Satã era uma presença ativa na vida diária e que o mundo estava repleto de espíritos e fantasmas – crenças que defendiam com fundamento nas Sagradas Escrituras e nas evidências de seus próprios olhos. Era um mundo em que a morte era onipresente, mas o mesmo valia para Satã. Ambos eram igualmente reais. E o Diabo estava sempre à caça de almas para seduzir e de pecadores que pudesse cooptar para sua causa, vencendo a resistência deles a suas maquinações e tornando-os instrumentos do mal.

Apologistas católicos viam os reformadores protestantes como agentes de Satanás, hereges aliados às forças das trevas. Homens como Martinho Lutero (1483-1548) devolveram a cobrança com juros. O teólogo inglês George Gifford (ca. 1548-1600) afirmou que "o Papa era 'anticristão' e sua falsa religião foi estabelecida pela eficácia do poder [de Satanás]"[2]. Para a maioria dos protestantes, os ritos de exorcismo eram um estratagema no qual o Diabo fingia deixar os corpos dos possuídos para fortalecer as crenças dos iludidos nas superstições e idolatrias promovidas pelos papistas. O próprio Lutero denunciou ferozmente essas pretensões sacerdotais:

---

[2] George Gifford, *A Discourse of the Subtill Practises of Devilles by Witches and Sorcerers*, Londres: Cooke, 1587.

> Quem poderia listar todas as velhacarias feitas em nome de Cristo ou Maria para expulsar espíritos demoníacos! [...] Tais espíritos agora se levantam e dão prova do purgatório, das missas para os mortos, do culto a todos os santos, das peregrinações, monastérios, igrejas e capelas [...] Mas tudo isso provém do demônio a fim de consolidar suas abominações e mentiras e para manter as pessoas enfeitiçadas e em erro [...] É coisa pouca para o demônio que ele se permita ser expulso, caso queira, por um perverso vilão; e ainda assim ele permanece na verdade inexpugnado, pois assim possui as pessoas com ainda mais firmeza, capturadas em sua vergonhosa fraude.

Thomas Hobbes (1588-1679), o filósofo inglês, podia execrar "a opinião que pessoas rudes têm de fadas, fantasmas e duendes, assim como do poder das bruxas"[3], mas essa era uma opinião desviante. Rejeitar as ideias de bruxaria e possessão era ameaçar as verdades do cristianismo e a esperança da salvação humana, e até mesmo abraçar o ateísmo. Significava, nas palavras de Joseph Glanvill (1636--1680), um clérigo membro da Royal Society, "a rejeição dos Espíritos, de uma vida após a morte e de todos os outros Princípios da Religião"[4]. Apenas um "tolo", ele acrescenta, "cheio de si e blasfemo, jura que não existem BRUXAS". Glanvill não era um filósofo natural (ainda não era a época dos "cientistas", termo que só seria cunhado no século XIX), ainda que talvez fosse o apologista de maior destaque entre os novos *virtuosi*, os principais filósofos naturais de então, e, nesse ponto, como muitos outros, dava voz às opiniões desse grupo.

Poucos dentre os contemporâneos eruditos de Glanvill duvidariam que demônios e bruxas fossem reais ou agissem de acordo com as leis naturais[5]. Este último aspecto era importante: Satã não dispunha de poderes divinos para subverter as leis da natureza. Ele e seus lacaios realizavam prodígios, não milagres. Estes estavam reservados a Deus e, assim, uma atenção especial era dedicada à diferenciação entre *mirum* e *miraculum*. "Satã não é capaz

---

3 Martinho Lutero, *apud* H. C. Erik Midelfort, *A History of Madness in Sixteenth-Century Germany*, Stanford: Stanford University Press, 1999, p. 97.

4 Thomas Hobbes, *Leviatã, ou Matéria, palavra e poder de uma República eclesiástica e civil*, trad. Gabriel Lima Marques e Renan Marques Birro, Petrópolis, RJ: Vozes, 2020, p. 28.

5 Joseph Glanvill, *Sadducismus triumphatus: or, a full and plain evidence concerning witches and apparitions*, Londres, 1681, *apud* Roy Porter, "Witchcraft and Magic in Enlightenment, Romantic and Liberal Thought", em: Bengt Ankarloo e Stuart Clark (org.), *Witchcraft and Magic in Europe, vol. 5: The Eighteenth and Nineteenth Centuries*, Filadélfia: University of Pennsylvania Press, 1999, p. 198-99.

La Possédée ou l'exorcisme [A possessa ou o exorcismo] (ca. 1618), de Jacques Callot. Uma mulher descalça, evidentemente enlouquecida e agitada, com os braços abertos, contorce-se enquanto é contida por dois homens, e o sacerdote à esquerda invoca a Virgem Maria para expelir o demônio que a havia possuído.

de nada", assim o teólogo calvinista francês Lambert Daneau (1530-1595) expressava o consenso, "salvo pelos meios e causas naturais[6][...] Quanto a qualquer outra coisa, ou que dependa de mais forças, não é capaz de fazê-la"[7].

Praticantes da *physica* (e também da física) concediam um lugar no mundo aos espíritos malignos e suas discussões com os clérigos não se davam nos termos do natural *versus* sobrenatural, mas em torno de onde as fronteiras entre ambos poderiam ser estabelecidas. Na medicina, isso significava decodificar quais casos deviam ser explicados em termos humorais e quais seriam atribuídos aos efeitos do divino ou do diabólico. Tratava-se de uma bela questão,

---

[6] Stuart Clark, *Thinking with Demons: The Idea of Witchcraft in Early Modern Europe*, Oxford: Clarendon Press, 1997, p. 152.

[7] Lambert Daneau, *A Dialogue of Witches*, Londres: R. Watkins, 1575, *apud* Stuart Clark, *Thinking with Demons, op. cit.*, p. 163-64.

sobre a qual os estudiosos não chegavam a um acordo e discordâncias sobre casos particulares não necessariamente podiam ser transpostas para distinções entre o teológico e o médico. Pelo contrário, os escritores médicos acadêmicos discorriam sobre o demoníaco como uma fonte de patologias com tanta frequência quanto seus contemporâneos teólogos, e nessas matérias os ortodoxos da medicina diferiam pouco, quando diferiam, daqueles que se especializavam em escrever sobre bruxaria. Em seus estudos do diabólico, o exorcista católico Francesco Maria Guazzo (nascido em 1570), autor do extenso *Compendium maleficarum* (1608), o livro das bruxas, contou em grande medida com os escritos publicados por "outros físicos mais estudados"[8]. Médicos e clérigos – tanto protestantes como católicos – estavam convencidos de que algumas formas de loucura eram afecções espirituais, produto da possessão ou do castigo divino diante do pecado; mas do mesmo modo estavam prontos a admitir que outras de suas manifestações eram um tipo de doença causado por lesões traumáticas ou transtornos físicos que produziam efeitos mentais[9].

Sandice melancólica

Um dos atributos mais identificáveis do discurso dos séculos XVI e XVII sobre a loucura foi uma pronunciada popularidade intelectual dada à melancolia e, por toda a Europa, muitas figuras renascentistas escreveram em seus idiomas sobre o tema[10]. Interpretações dessa afecção deveram muito aos recém-circulados textos de Avicena e, de modo mais indireto, de Rufo de Éfeso e Galeno, e conferiram proeminência àquilo que o médico e pregador inglês Andrew Boorde (ca. 1490-1549) chamaria de "um maligno humor melancólico". "Aqueles a que as bruxas infestam com essa sandice", escreveu Boorde, "sofrem sempre de medo ou temor e assim pensam que jamais ficarão bem, mas estarão sempre em perigo espiritual ou corpóreo ou ambos, por isso fogem de um lugar para outro e não são capazes de dizer onde devem estar,

---

[8] Stuart Clark, *Thinking with Demons, op. cit.*, p. 188-89.

[9] "Não se pode dizer que o princípio de que os demônios podem habitar os humanos tenha sido abandonado por uma porção substancial das classes letradas da Europa, incluindo os profissionais da medicina, senão a partir do final do século XVII." Stuart Clark, *Thinking with Demons, op. cit.*, p. 390-91.

[10] H. C. Erik Midelfort, *A History of Madness in Sixteenth-Century Germany, op. cit.*, p. 158: "Para os médicos, esta foi a verdadeira 'era da melancolia'".

exceto que precisam manter-se a salvo"[11]. As trevas e o enevoamento mental eram, em sua maior parte, atribuíveis a humores escuros – a bílis negra ou a acre bílis amarela, torrada ou queimada, cujos resíduos corrompiam o corpo.

Em conformidade com a tradição antiga, o aparecimento da melancolia era visto de várias formas. Em alguns casos, de acordo com Andreas Laurentius (1560?-1609), professor de anatomia em Montpellier (e um homem que se alinhava intimamente à ortodoxia galênica em tudo que se relacionasse à medicina), ela "vem de falha única e exclusiva do cérebro". Mas a melancolia também podia ser uma perturbação sistêmica, "quando [...] a temperatura e constituição do corpo como um todo é melancólica" ou, dito ainda de outra forma, "a melancolia flatulenta ou de eructações [...] vinda dos intestinos, mas especialmente do baço, do fígado e da membrana a que se chama mesentério" – "um destempero seco e quente" a que, noutro texto, chamou "a doença hipocondríaca"[12].

As diversas origens da melancolia eram acompanhadas por uma sintomatologia multifacetada. "Todas as pessoas melancólicas", diz Laurentius, "possuem a imaginação perturbada", mas em muitas também "a razão está corrompida"[13]. O médico inglês Timothie Bright (1551?-1615), contemporâneo de Laurentius, concordava. Os melancólicos, como a palavra ainda sugere, demonstravam "medo, tristeza, desespero, lágrimas, lamúrias, soluços, suspiros" e "sem motivo [...] não podem nem receber consolo, esperança ou tranquilidade, não obstante não haja razão para medo, descontentamento e menos ainda causa de perigo". Mas as perturbações dos humores, de onde provinham esses transtornos, são responsáveis por "poluir tanto a substância quanto os fluidos do cérebro" e, assim, "falsificam objetos terríveis nas fantasias [...] [e] causam-nas sem ocasião externa, a fim de forjar ficções monstruosas", de modo que "o coração, que não tem juízo e critério em si mesmo, mas dá crédito aos erros relatados pelo cérebro, lança-se nessa paixão

---

[11] Andrew Boorde, *The Breviary of Helthe*, Londres: W. Middleton, 1547, *apud* Stanley W. Jackson, *Melancholia and Depression: From Hippocratic Times to Modern Times*, New Haven: Yale University Press, 1986, p. 82-83.

[12] Andreas Laurentius, *A Discourse of the Preservation of the Sight: of Melancholike Diseases; of Rheumes, and of Old Age*, trad. Richard Surphlet, Londres: Theodore Samson, 1598, p. 88-89, 125. (A edição original francesa de 1594 passou por mais de vinte edições e foi traduzida para o inglês, o alemão e o italiano, além de para o latim. [N.T.]).

[13] *Ibidem*, p. 87.

desordenada, contrária à razão"[14]. Assim, os melancólicos podiam sofrer de alucinações e delírios, além dos transtornos de humor e afeto que eram mais óbvios para aqueles que os cercavam.

Poucos invejariam aqueles que sofriam de um catálogo de aflições como esse. Para piorar as coisas, era de aceitação geral que "todas as doenças melancólicas são rebeldes, longas e muito difíceis de curar" – e, por isso, "o verdadeiro flagelo e tormento dos físicos"[15]. Uma atenção reforçada à dieta, aos exercícios, ao oferecimento de ar fresco e de um ambiente saudável, banhos quentes, músicas relaxantes e sono eram essenciais para qualquer esperança de progresso, como também o eram as armas tradicionais dos médicos bem treinados – sangrias, ventosas, escarificação, vômitos e purgações –, todas utilizadas cuidadosamente em tentativas continuadas de reequilibrar o corpo e, desse modo, aliviar as perturbações da razão, das paixões e da imaginação.

Ainda assim, nesse mesmo período, a melancolia também se tornou um tipo de transtorno da moda entre as classes mais cultas, uma afecção a que parecia que os acadêmicos e homens de gênio eram particularmente inclinados. Mais uma vez, essa era uma ideia com origens antigas. A filosofia natural aristotélica voltara à vida com o restabelecimento do acesso aos ensinamentos clássicos e, dentro da tradição filosófica, a ideia de que a melancolia e a excelência estavam intimamente conectadas já fora havia muito explorada – senão pelo próprio Aristóteles, ao menos por alguns de seus pupilos mais devotados. Tanto o intelecto quanto a imaginação eram estimulados, ao que tudo indicava, pela posse do humor melancólico, uma união celebrada no famoso par de versos do poeta John Dryden que diz que "gênio e loucura de frente se encaram/ e finas são as linhas que os separam"[16]. É assim que Rafael retrata o pesaroso Michelangelo como Heráclito em seu afresco *A escola de Atenas* (1509-1510), no Vaticano, e que a famosa gravura *Melancolia I* (1514), de Dürer, traz o gênio criativo alado às raias da loucura melancólica.

Essas ideias foram ricamente elaboradas em *A anatomia da melancolia,* a maior compilação do pensamento renascentista sobre a melancolia, publicada em 1621 sob o pseudônimo de Demócrito Júnior – na verdade, o acadêmico

---

14 Timothie Bright, *A Treatise of Melancholie*, Londres: Vautrollier, 1586, p. xii-xiii, 90, 102. Essas opiniões de Bright e Laurentius se assemelham muito à discussão da melancolia no *Cânone da medicina* de Avicena, que por sua vez é derivada de Galeno e Rufo de Éfeso.

15 Andreas Laurentius, *A Discourse of the Preservation of the Sight, op. cit.*, p. 107-08.

16 J. Dryden, *Absolom and Achitophel*, 1681, parte I, versos 163-64 (no original: "Great wits are sure to madness near allied,/ And thin partitions do their bounds divide" [N.T.]).

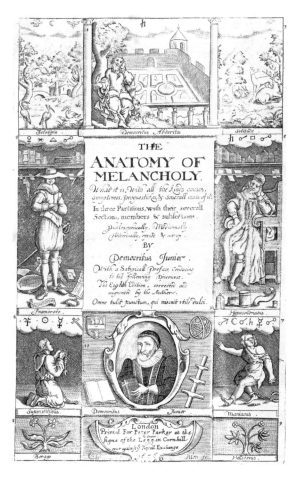

A anatomia da melancolia: este frontispício apareceu pela primeira vez na terceira edição do famoso livro de Robert Burton. Nele estão retratadas as várias formas de loucura melancólica, além de animais, ervas e símbolos astrológicos associados à insanidade, incluindo a imagem de um maníaco delirante que se bate com as próprias correntes e tem o semblante contorcido pela fúria.

e pregador de Oxford Robert Burton (1577-1640). Quando sua edição final e póstuma apareceu, em 1660, o tomo de Burton era composto de quase 1.500 páginas, uma compilação e síntese da sabedoria popular e dos conhecimentos ocidentais sobre o tema que incorporava e ultrapassava os trabalhos de seus predecessores. Talvez o temperamento melancólico do próprio Burton o tenha encorajado a enaltecer as relações entre melancolia e criatividade, ainda que o autor certamente estivesse familiarizado com a depressão paralisante que a bílis negra podia trazer em seu encalço. Como Burton afirma com ironia: "aquilo que outros leem ou escutam senti e pratiquei em mim mesmo; eles ganham conhecimento nos livros, e eu na melancolia"[17]. Para ele, assim como para muitos de seus predecessores, "medo e tristeza são as características próprias e companheiras inseparáveis da maior parte da melancolia" – emoções que se abatiam sobre o sofredor "sem qualquer motivo aparente" e serviam para distinguir a melancolia de outra forma principal de loucura, a mania[18].

Assim como seus antepassados médicos (os quais cita extensivamente), Burton via a melancolia em geral como produto de um desequilíbrio de humores, em especial, de um excesso de bílis negra. Ele rejeitava a tendência a recorrer a "feiticeiros, bruxas, magos etc." em busca de curas (ou, como preferia dizer, "curas ilegítimas") e, em vez disso, recomendava aquelas "que Deus havia indicado" – predominantemente os remédios para atenuar ou combater inflamações oferecidos pelos "servos intermediários de Deus", os médicos. Assim, sangrias e medicamentos para "purgações superiores ou inferiores", sanguessugas e punções, ventosas e soluções causadoras de bolhas na pele, mas também a outra marca registrada dos médicos, a atenção aos assim chamados fatores não naturais[19]: "dieta, retenção e evacuação, ar fresco, exercícios para o corpo e para a mente, dormir e acordar, além das paixões ou perturbações da mente"[20]. Acima de qualquer coisa, Burton aconselhava àqueles que pretendessem evitar o fardo e os transtornos da melancolia: "não sejas solitário, não sejas ocioso"[21].

Contudo, e esse é um detalhe importante, nem todos os casos de melancolia podiam ser explicados ou tratados dessa forma. Mesmo que recomendasse intervenções médicas, Burton intimava seus leitores que sofriam de melancolia a "começar pela prece, depois usar da medicina: não uma sem a outra, mas ambas juntas"[22]. Mas a prece vem primeiro. E isso nos casos em que a melancolia se originava no corpo. No entanto, ela também podia decorrer de

---

[17] Robert Burton, *A anatomia da melancolia*: v. I, trad. Guilherme Gontijo Flores, Curitiba: Editora UFPR, 2011, p. 24.

[18] Robert Burton, *The Anatomy of Melancholy*, Nova York: Tudor, 1948, p. 148-49 (a edição original inglesa é de 1621).

[19] "Naturais" e "não naturais" são conceitos do sistema médico de Galeno: o primeiro termo é relacionado ao funcionamento do corpo propriamente dito, e o segundo, aos fatores externos que agem sobre ele. [N.E.]

[20] Stanley W. Jackson, *Melancholia and Depression*, op. cit., p. 97.

[21] Robert Burton, *A anatomia da melancolia*: v. IV: a terceira partição: melancolia amorosa, trad. Guilherme Gontijo Flores, Curitiba: Editora UFPR, 2017, p. 609.

[22] Robert Burton, *A anatomia da melancolia*: v. III: a segunda partição: a cura da melancolia, trad. Guilherme Gontijo Flores, Curitiba: Editora UFPR, 2012, p. 18.

outras fontes, e então a relevância da medicina era nítida. Burton escreveu em detalhes sobre a melancolia religiosa e, como quase todos os homens estudados de sua época, tinha uma vívida noção da presença ativa de Satã no mundo e de sua capacidade de se materializar na vida das pessoas, para tentá-las e torturá-las. "Quão longe o poder dos espíritos e demônios de fato se estende", escreve Burton, "e se são capazes de causar esta ou aquela outra doença é uma questão bastante séria e digna de consideração." E ainda: "muitos pensam que ele pode agir sobre o corpo, mas não sobre a mente. Mas a experiência comprova o contrário, que é capaz de agir tanto sobre o corpo quanto sobre a mente". "Começa primeiro com fantasias, e as mobiliza com tamanha força que razão alguma é capaz de resistir [...] dentre todas as pessoas, os melancólicos são os mais sujeitos às tentações e ilusões diabólicas, além de estarem mais propensos a cultivá-las, e sobre eles o Diabo demonstra mais força" – contudo, "se pela obsessão, possessão ou qualquer outro modo, não afirmarei, pois é uma questão difícil"[23].

Tampouco aqui Burton discorda de modo significativo de seus contemporâneos e quase contemporâneos médicos, que concordam que mente, corpo e alma estavam intimamente ligados. Timothie Bright, por exemplo, que atendia como médico mas depois foi ordenado clérigo, pensava que o consolo espiritual era a única resposta eficiente para aqueles que sofriam da "aflição da alma diante da consciência do pecado". Essas criaturas atormentadas não eram afligidas por uma "melancolia natural", não importa quão similares fossem "as enfermidades da mente, e cuidado médico algum se mostraria útil em casos como esses"[24]. Andrew Boorde argumentava que, ao lado da loucura proveniente do corpo, havia um "outro tipo de sandice. E aqueles que se encontrarem nessa loucura estarão possuídos pelo demônio e serão pessoas demoníacas"[25]. Felix Platter (1536-1614), que ensinava medicina na Universidade da Basileia, encontrou melancólicos que "persuadem a si mesmos de que estão condenados, abandonados por Deus [...] temem o julgamento final e o castigo eterno". Como outras formas de "alienação da mente", essas perturbações eram muitas vezes "naturais, uma certa afecção que afetava o cérebro, a sede da razão". Mas, do mesmo modo, podiam se revelar "preternaturais, provenientes de um espírito maligno". E quando o transtorno resultava de uma "*causa*

---

[23] Robert Burton, *The Anatomy of Melancholy*, *apud* Richard Hunter e Ida Macalpine, *Three Hundred Years of Psychiatry, 1535-1860*, Londres: Oxford University Press, 1963, p. 96.

[24] Timothie Bright, *A Treatise of Melancholie*, *op. cit.*, p. I, V, 187. Bright é lembrado hoje principalmente como inventor da taquigrafia.

[25] Andrew Boorde, *The Breviary of Helthe*, Londres: W. Middleton, 1547.

preternatural proveniente do *Diabo*", os meios para curá-lo não pertenciam "de modo algum aos físicos". Mais do que pela medicina, "*o Diabo* é expulso à força pelas preces dos pregadores e da gente de Deus em nome de Jesus"[26].

Não era incomum que os clérigos, que pregavam às almas das pessoas, também manifestassem interesse nos transtornos dos corpos. Não havia em toda a Europa ocidental um sistema eficiente de certificação que mantivesse a cura nas mãos de um grupo limitado de profissionais, e como os homens do clero eram chamados a tratar as enfermidades físicas de seu rebanho, não causa surpresa que também buscassem socorrer aqueles cuja mente estava transtornada. Graças à sobrevivência acidental de cadernos de anotações de um desses praticantes, o pregador anglicano Richard Napier (1559-1634) **(imagem 15)**, e ao cuidadoso escrutínio desse material pelo historiador moderno da psiquiatria Michael MacDonald, hoje sabemos bastante sobre os pacientes atendidos por Napier, as doenças de que sofriam e os tipos de tratamento que recebiam. Talvez 5% dos pacientes o consultassem em razão de perturbações mentais: loucos, macambúzios, melancólicos, agitados e desesperados, eles chegavam, às vezes vindos de uma distância considerável, para buscar aconselhamento, assim como faziam tanto as pessoas comuns quanto as mais bem-sucedidas do entorno da paróquia ao norte de Buckinghamshire, na esperança de remédios para todo um conjunto de afecções físicas. Como ortodoxo e clérigo estudado em Oxford que era, Napier, dotado da segurança financeira da vida anglicana, respondia de forma eclética às necessidades de seus pacientes.

Assim como Galileu (1564-1642), seu contemporâneo, Napier era astrólogo e, como Isaac Newton (1642-1727), praticou extensamente a alquimia – um lembrete de quão diferente do nosso era o mundo mental mesmo dos habitantes mais cultos do século XVII, e de quão prontamente conciliavam num mesmo quadro o que hoje vemos como universos mentais contraditórios[27]. Napier empregava essas práticas ocultistas no tratamento de seus pacientes, mantinha notas cuidadosas sobre sintomas e usava a astrologia, por exemplo, para ajudá-lo nos prognósticos. Ao mesmo tempo, aplicava sangrias, purgações e vômitos e dava amuletos mágicos gravados com símbolos astrais para serem usados pelos pa-

---

26 Felix Platter, Abdiah Cole e Nicholas Culpeper, *A Golden Practice of Physick*, Londres: Peter Cole, 1662, *apud* Stanley W. Jackson, *Melancholia and Depression, op. cit.*, p. 91-94.

27 O proeminente mas controverso médico suíço-alemão Paracelso (1493-1541), um dos primeiros críticos sérios da medicina galênica, também era fascinado pela astrologia e pela alquimia e empregava ambas rotineiramente em sua prática médica.

cientes. Diante de "qualquer pessoa macambúzia e destemperada no cérebro ou ainda [prejudicada por] qualquer bruxaria, feitiçaria ou encantamento", Napier aconselhava "primeiro a deixá-la sangrar [...] e então dizer 'Senhor, eu Vos imploro, expulsai a corrupção de Satã deste homem ou mulher ou criança por ela tão perturbado ou molestado'"[28]. Tratava-se de uma combinação eclética de magia, religião, elementos sobrenaturais e medicina que parecia corresponder às crenças tanto dos estudiosos quanto do *hoi polloi*, que pensava que esses domínios podiam e, na verdade, deviam ser conciliados por qualquer um que buscasse influenciar a progressão de uma variedade de transtornos. Esse tratamento levou mil pacientes a Napier durante o período abarcado pelos cadernos sobreviventes, de 1597 a 1634, além de também lhe ter trazido uma considerável fortuna.

Richard Napier tratava uma grande variedade de doenças mentais, algumas delas bastante leves, outras evidentemente muito graves. Havia mais mulheres do que homens entre seus pacientes: foram tratados 1.286 casos de transtornos mentais entre mulheres e apenas 748 entre homens, e isso apesar de seu visível desprezo pelas mulheres e pelas capacidades intelectuais femininas. É difícil saber como interpretar essas diferenças de gênero. Seriam elas reflexo de um desequilíbrio na distribuição sexual da população local; da maior tendência das mulheres a confiar em seus médicos; da abundância de problemas ginecológicos prolongados que faziam da vida de muitas mulheres um suplício; ou de alguma vulnerabilidade maior das mulheres da época a transtornos psiquiátricos? Mesmo MacDonald, que passou anos tentando desvendar esse mistério, confessa não ter vencido a incerteza. Os pacientes eram tanto ricos como pobres, mas a maioria vinha das classes intermediárias – fazendeiros e artesãos e suas esposas –, ainda que, a partir de meados da década de 1610, conforme a reputação de Napier crescia, membros da nobreza também tenham procurado seus serviços: condes e condessas e até mesmo o irmão de um duque. Muitos se sentiam infelizes e em desespero, muitas vezes como resultado de um luto ou uma perda. Outros exibiam transtornos de percepção e frequentemente alucinavam ou deliravam. Napier tendia a se referir a essas pessoas como "aéreas" ou "distraídas". Casos de perturbações comportamentais severas, como aqueles inclinados a desvarios selvagens ou ações imprevisíveis, ou os de enfermos que ameaçavam ou cometiam violências concretas, colocando em risco e às vezes matando pessoas e destruindo bens ou, ainda, os que aparentavam estar à beira da autodestruição: para essas

---

[28] Citado em Michael MacDonald, *Mystical Bedlam: Madness, Anxiety, and Healing in Seventeenth-Century England*, Cambridge e Nova York: Cambridge University Press, 1981, p. 213.

pessoas, talvez uma a cada vinte das que sofriam de perturbações mentais e o procuravam, Napier reservava as palavras "loucas" ou "lunáticas". Essas eram, para ele e para as famílias, as piores e mais angustiantes formas de transtorno mental e também os casos mais difíceis e urgentes com que entrava em contato: alheios aos limites usuais que governam o comportamento, indiferentes às boas maneiras e hierarquias sociais, assustadoramente imprevisíveis, repugnantes e incontroláveis. Se lunáticos como esses eram acorrentados, era mais em função do medo que causavam que pela crueldade de seus captores[29]. Afinal de contas, esses loucos ameaçavam virar o mundo de cabeça para baixo.

Traçando fronteiras

A questão de onde traçar a linha entre casos de perturbação mental que estavam na seara da medicina e aqueles que pertenciam aos religiosos era, obviamente, complexa e, não raro, motivo de inveja e disputas profissionais. John Cotta (1575-1650), que atendia em Northampton, não muito longe de Napier, insistia na "necessidade de consultar um físico [...] em todas as doenças que se supõem serem infligidas pelo Diabo"[30]. Cotta zombava dos "praticantes ignorantes" que se intrometiam em assuntos médicos, em especial "os eclesiásticos, vigários e párocos que agora inundam o reino com essa alienação de seus próprios ofícios e deveres e com a usurpação de outros"[31]. Talvez seu vizinho Napier fosse um de seus alvos, ainda que não tenhamos como saber. As tensões profissionais subjacentes eram claras, no entanto, mesmo que Cotta não contestasse que "muitas coisas de grande poder e prodígio, acima da razão e para além dos poderes da natureza, têm sido produzidas mediante [...] de um verdadeiro trabalho do Diabo"[32].

Na superfície, pelo menos, um exemplo particularmente representativo desse tipo de conflito se desenrolou em Londres, no começo do último ano do reinado da rainha Elizabeth, em abril de 1602. Uma jovem mulher, Mary Glover, foi encarregada da entrega de uma mensagem a Elizabeth Jackson, uma velha que morava nas redondezas. Mas Jackson tinha um ressentimento

---

[29] *Ibidem*, p. 141.

[30] John Cotta, *The Triall of Witch-craft, Shewing the True and Right Methode of the Discovery*, Londres, 1616, *apud* Richard Hunter e Ida Macalpine, *op. cit.*, p. 87.

[31] John Cotta, *A Short Discoverie of the Unobserved Dangers of Several Sorts of Ignorant and Unconsiderate Practisers of Physicke in England*, Londres: Jones and Boyle, 1612, p. 86, 88.

[32] *Ibidem*, p. 51.

contra Mary e gritou insultos e imprecações contra ela, desejando que a garota sofresse "uma morte maligna". A jovem de 14 anos acabou por conseguir escapar das garras de Elizabeth, mas logo depois passou a convulsionar. Ora se engasgava, ora perdia a fala ou a visão, e era comum que não conseguisse comer; seu corpo às vezes se contorcia em poses quase impossíveis, e noutras parecia paralisado. Glover (cujos pais eram puritanos rigorosos) atraiu multidões que testemunharam seu comportamento e concluíram que se tratava de um caso de possessão. Num curto período, a senhora Jackson foi presa, julgada e condenada como bruxa. A idosa escapou da pena de morte apenas porque os estatutos de bruxaria haviam sido temporariamente suspensos. Em seu julgamento, um médico londrino chamado Edward Jorden (1569-1633) foi convocado como uma das testemunhas de defesa. Mary Glover, Jorden declarou, não estava enfeitiçada, mas doente, vítima da "sufocação do útero" ou histeria (do grego *hystera*, útero) – a crença de que o útero podia se movimentar, o que causaria uma sensação de sufocamento, crises de engasgo ou dificuldades em engolir –, outra forma de loucura de raízes antigas, como já vimos.

Aqui, ao que parece, estamos diante de uma colisão entre o mundo da superstição e o mundo da ciência, entre aqueles que se agarravam a uma crença no oculto e aqueles que viam o mundo em termos puramente naturalistas. Jorden escreveu um panfleto após o julgamento em que insistia que Mary Glover precisava de medicação e não de intervenções divinas: "por que", perguntava ele, "não deveríamos preferir os julgamentos dos físicos numa questão que se relaciona às ações e paixões do corpo humano (o tema próprio dessa profissão) antes de recorrermos às nossas próprias veleidades, assim como o fazemos com as opiniões dos pregadores, advogados, artífices etc. em suas próprias áreas de atuação?"[33]. Não seria óbvio que a ciência e a religião estivessem em posições diametralmente opostas ao explicar as ações de Mary Glover – a ciência com a invocação do mundo natural e a religião, do sobrenatural?

A questão, porém, era que a intervenção de Jorden fora solicitada por Richard Bancroft (1544-1610), bispo de Londres, e tratava-se, acima de tudo, de uma peça de propaganda religiosa destinada a descreditar tanto puritanos quanto papistas, que atribuíam o comportamento de Glover à possessão e buscavam expulsar o Diabo com rituais de exorcismo ou com o poder das preces e do jejum. A maioria dos colegas de Jorden no Royal College of Physicians estava convencida que Glover houvera de fato sido enfeitiçada, e as maquinações do

---

[33] Edward Jorden, *A Briefe Discourse of a Disease Called the Suffocation of the Mother*, Londres: Windet, 1603, The Epistle Dedicatorie (sem paginação).

bispo Bancroft se mostraram ineficazes em dois níveis: primeiro porque Jackson foi condenada por bruxaria; depois porque os amigos e parentes puritanos de Mary Glover se reuniram ao redor da cama da jovem após o julgamento, ao que uma luta titânica se seguiu. Os puritanos rezavam. A garota convulsionava. Seu corpo se contorcia e formava um círculo, com a nuca encostada nos calcanhares. Os sintomas pioravam. Então, de uma só vez, Glover gritou que Deus viera e o Senhor a havia salvado. Ela estava curada – ou o Diabo partira, como a audiência acreditava. Os puritanos fizeram essa história circular pelo resto do século XVII. Que prova melhor poderia haver da verdade de suas convicções religiosas?[34]

A histeria era, e continuaria sendo, um diagnóstico altamente controverso mesmo entre os homens da medicina. Salvo os que se fazem de desentendidos e rejeitam a doença mental como um mito, qualquer um tem pouca dificuldade em reconhecer um caso de loucura típica do hospício do Bedlam – ou seja, o caso de alguém que está tão fora da realidade do senso comum que já nem parece compartilhar conosco o mesmo universo mental –, ainda que debates encarniçados ainda sejam travados sobre quais as causas dessa condição e como responder a elas. Mas a histeria é diferente, é uma doença camaleônica que, ao lado do turbilhão emocional que engolia tanto os sofredores quanto aqueles que a testemunhavam, podia aparentemente imitar os sintomas de quase todas as outras enfermidades e parecia de algum modo moldar-se à cultura em que se manifestava. Real ou fictícia, atraiu (e continuou a atrair ao longo dos séculos) controvérsias sobre seu estatuto e suas causas. Era um rótulo frequentemente rejeitado por muitos que recebiam o diagnóstico, além de se caracterizar como um estado que para muitos parecia mais próximo do fingimento e da enganação que de uma patologia genuína. Por outro lado, é claro, como acabamos de ver, suas manifestações peculiares num mundo imerso em espíritos eram facilmente vistas através das lentes da possessão. Suas vítimas continuariam, contudo, às vezes na periferia do reino dos loucos, outras aparentemente mais próximas do centro; ora ignoradas, ora vistas como paradigmáticas daquilo que aflige os mentalmente perturbados.

A exploração puritana da "despossessão" de Mary Glover para a promoção dessa forma de crença cristã é também uma prática comum. Os primeiros cristãos usaram os milagres como uma arma valiosa para impulsionar sua

---

34 Para uma discussão mais aprofundada do caso, cf. Andrew Scull, *Hysteria, op. cit.*, p. 1-23. A interpretação da intervenção de Jorden como religiosamente motivada, e não como o produto de um secularismo desencantado que por vezes aparentou ser, foi impulsionada e documentada pela primeira vez por Michael MacDonald, *Mystical Bedlam, op. cit.*

causa. Na época da Renascença (que foi a época da Reforma e da Contrarreforma), a cura dos loucos pela expulsão de demônios que haviam aprisionado suas vítimas no universo do irracional e do enlouquecido passou a ser o palco para narrativas concorrentes dos protestantes e católicos. Os puritanos rejeitavam categoricamente os ritos papais, incluindo o ritual do exorcismo, e os substituíram por sessões prolongadas de oração e jejum ao lado do leito dos aflitos – e a cada vez que suas ações produziam o resultado desejado, alardeavam (do mesmo modo como, é claro, faziam os católicos quando seus rituais de exorcismo expulsavam o Diabo) que o louco ou a louca curada dava testemunho do favorecimento divino e era prova da verdade de seus ensinamentos. Os anglicanos que procuravam um meio-termo entre esses dois extremos escarneciam dos dois conjuntos de explicações. Samuel Harsnett (1561-1631), por exemplo, que acabaria por se tornar sucessivamente bispo de Chichester e Norwich e, mais tarde, arcebispo de York, foi o primeiro a protestar contra John Darrell[35], o exorcista puritano, e depois contra seus equivalentes católicos[36] no processo de semear a dúvida sobre a existência tanto de demônios quanto da bruxaria e de oferecer explicações naturalistas para supostos fenômenos sobrenaturais. Para Harsnett, os ritos de exorcismo eram uma encenação elaborada de "imposturas". Aqueles que comandavam essas ocasiões "abriam as cortinas e observavam suas marionetes atuarem" – "uma peça de milagres sagrados" que era ao mesmo tempo um "espetáculo maravilhoso" e uma "prestidigitação divina", uma "comédia trágica", no todo, em que tanto padres católicos quanto pregadores puritanos enganavam suas audiências crédulas. Com maravilhosa ironia, a política da religião contribuiu assim, na Inglaterra ao menos, nessa e outras ocasiões subsequentes, para mudar as opiniões sobre as origens do alheamento e para fazer surgir uma perspectiva mais secular da loucura.

E o fez de formas completa e inesperadamente não intencionais, pois a diatribe de Harsnett contra o exorcismo foi lida por Shakespeare e influenciou uma multiplicidade de aspectos de sua apresentação da loucura em *Rei Lear*, encenada pela primeira vez em 1606. Quando finge estar louco, por exemplo,

---

35 Samuel Harsnett, *A Discovery of the Fraudulent Practises of John Darrel, Bachelor of Artes, in His Proceedings Concerning the Pretended Possession and Dispossession of William Somers Detecting in Some Sort the Deceitful Trade in These Latter Dayes of Casting Out Deuils*, Londres: Wolfe, 1599.

36 Samuel Harsnett, *A Declaration of Egregious Popish Impostures, to Withdraw the Harts of Her Maiesties Subjects from the Truth of the Christian Religion under the Pretence of Casting out Deuils*, Londres: Roberts, 1603.

Edgar afirma estar possuído por demônios – o "pobre Tom" é assombrado pelo "malévolo demônio Flibbertigibbet" e por Obdicut, Hoppedance, Mahu e Modo[37]. Os nomes são surpreendentes e todos foram tomados diretamente de empréstimo da abordagem de Harsnett para os falsos exorcismos dos jesuítas. Assim, até em seus mínimos detalhes, a loucura fingida de Edgar espelha e parodia as falsas possessões que os católicos usavam para enganar os crédulos – as vozes diferentes, a paralisia, os xingamentos – e na própria linguagem que Shakespeare emprega[38]. A loucura fingida também lembra o bem conhecido caso do prolífico filósofo e frade dominicano calabrês Tommaso Campanella (1568-1639), que evitou a execução por heresia e conspiração em 1599 ao fingir-se de louco[39]. Mas se a loucura como possessão é representada por Shakespeare num caso, o de Edgar, como fraude – um disfarce adotado por uma personagem desesperada e temente por sua vida, caçada por seu irmão bastardo –, os desvarios do próprio Lear recebem um brilho explicitamente muito diferente: não sobrenatural, mas demasiadamente humano em suas origens. A loucura é naturalizada. Ela surge de forma gradual, conforme o rei é esbofeteado pelo frio e por tempestades, mas, sobretudo, pelas pancadas de uma série de investidas psicológicas devastadoras: a traição de duas de suas filhas; a compreensão tardia de sua própria tolice e culpa; e a morte de Cordélia. "Que eu não fique louco, céu; não louco!", Lear implora, "Mantém-me temperado. Louco, não!"[40] Mas louco ele está, como a plateia bem sabe – como talvez também seja o Bobo, cujo estado mental o autoriza a falar verdades que outros mortais não ousariam pronunciar.

---

[37] William Shakespeare, *Rei Lear*, trad. Bárbara Heliodora, Rio de Janeiro: Nova Fronteira, 2018, p. 111.

[38] Kenneth Muir, "Samuel Harsnett and King Lear", *Review of English Studies*, v. 2, 1951, p. 11-21, afirma ter identificado mais de cinquenta fragmentos separados das polêmicas de Harsnett incorporados ao texto de *Rei Lear*.

[39] Tommaso Campanella (1568-1639) foi o líder espiritual de um complô contra o rei da Espanha, que então dominava a província da Calábria (para a qual Campanella fora exilado depois de suspeitas iniciais de que era herético em seus ensinamentos). Muitos de seus colegas conspiradores foram enforcados ou esquartejados em praça pública, mas, ao incendiar sua própria cela e se fingir de louco de forma convincente, mesmo quando submetido a torturas e privação do sono, Campanella escapou da pena capital. Seus juízes hesitaram em executar um louco, que, por não estar em posição de se arrepender, imporia a eles a responsabilidade por seu envio à danação eterna. Encarcerado por mais de 25 anos numa série de castelos napolitanos, Campanella acabou solto em 1626, não antes de publicar (em 1616) uma corajosa defesa de Galileu contra a Inquisição. Alguns anos depois de sua libertação, ameaçado de nova perseguição, Campanella fugiu para Paris, onde permaneceu até a morte, em 1639, sob a proteção do rei francês.

[40] William Shakespeare, *Rei Lear*, *op. cit.*, p. 51.

Possibilidades dramáticas

A loucura é um tema que atravessa muitas peças de Shakespeare, sejam tragédias ou comédias. Ela ocupa um lugar muito diferente e é apresentada num registro muito distinto em cada um desses gêneros, mas, ao usá-la de diferentes formas como recurso dramático, Shakespeare se mostra em sintonia com seus contemporâneos e quase contemporâneos. Quando o teatro comercial surgiu, no final do reinado de Elizabeth, os primeiros dramaturgos recorriam frequentemente à insanidade como elemento de seus enredos. Antes que Shakespeare apresentasse sua primeira peça, outros já haviam demonstrado o fascínio que as cenas de loucura causavam no público que as companhias teatrais buscavam atrair. O bardo inglês empregou esse dispositivo de enredo com maior sucesso do que seus predecessores e nos ofereceu uma série muito mais rica de observações sobre a insensatez e a natureza humana. Mas ele escreveu numa época em que a fascinação com o problema da loucura passara claramente a ocupar, como nunca antes, o interesse de escritores e artistas.

Mais de uma geração antes das peças de Shakespeare, o ressurgimento dos ensinamentos clássicos por toda a Europa trouxera consigo um novo tipo de relacionamento com um leque cada vez maior de obras literárias gregas e romanas. Esse ressurgimento sem dúvida ocorreu tanto como causa quanto como consequência da admiração e do entusiasmo pela Antiguidade clássica que caracterizaram a Renascença – e, de fato, inspirou o nome do próprio movimento. Na Itália, na Espanha e também na Inglaterra, as influências clássicas mais importantes para o teatro foram as comédias de Plauto, do final do século III e início do século II a.C., e as tragédias de Sêneca, escritas no século I. Foi esse teatro romano, e não as peças anteriores dos gregos, que os escritores do século XVI vieram a conhecer, traduzir e usar como modelo – de modo bastante rígido de início, na Itália e na França, e com maior liberdade (e maior sucesso) na Espanha e na Inglaterra[41].

Com base em modelos gregos, Plauto utilizava suas comédias como sátira política e crítica social na época dos conflitos da Roma republicana contra Cartago e Aníbal, no final da Segunda Guerra Púnica, e contra a Grécia, no começo da Segunda Guerra Macedônica. Plauto se regozija com enredos e personagens arquetípicos, tais como o soldado fanfarrão, o escravo astucioso

---

[41] T. S. Eliot, "Seneca in Elizabethan Translation", em: *Selected Essays*, Londres: Faber and Faber; Nova York: Harcourt, Brace, 1932, p. 51-88.

e o velho lascivo, a fim de zombar das pretensões e inversões da autoridade e do poder[42]. Como os títulos das peças de Sêneca deixam claro – *Agamemnon, Édipo, Medeia, Hércules furioso*, entre outras –, suas fontes de inspiração também eram os gregos. Mas essas eram tragédias adaptadas à cultura da Roma imperial, principalmente aos reinados de Calígula e Nero: um mundo de perversidade radical, tortura, incesto, intriga e mortes violentas que repetidamente emerge de forma mal dissimulada em suas versões desses contos trágicos.

São a violência, a fúria e a ira descontrolada e incontrolável da loucura maníaca que encontramos nas tragédias de Sêneca e que constituem as formas de insanidade mais vividamente representadas nos palcos ingleses do século XVI, para claro deleite do público. A *Fedra* de Sêneca, ainda que baseada na peça *Hipólito*, de Eurípides, era famosa por suas representações bem mais tétricas e desenfreadas de paixões inflamadas, desejos incestuosos, emoções enlouquecidas e mortes banhadas de sangue. Consideremos, ainda, as ações de Atreu no *Tiestes* de Sêneca. Tomado de empréstimo do mito clássico, Atreu captura, assassina e cozinha os filhos do irmão, a quem serve a carne das crianças enquanto saboreia o prazer voyeurístico de assistir Tiestes degustar a refeição e, depois, arrotar. O horror absoluto, a monstruosidade moral dos comportamentos retratados no palco e o sadismo que tomava de assalto as sensibilidades do público são bastante impressionantes. E são ultrapassados, ao menos nesse aspecto, em *Hércules furioso*, onde, à vista do público, o herói enlouquecido atravessa o pescoço de um de seus filhos com uma flecha e encurrala o outro, a quem

> no ar girou enlouquecido sem cessar, e depois
> arremessou; com grande estrondo sua cabeça quebrou-se contra
> as pedras; a sala encharcou-se com os restos de seu cérebro.

E, contra a esposa, é com selvageria que Hércules desfere golpes com uma clava, até que

---

[42] A peça *Every Man in His Humour* [Cada homem com seu humor], de Ben Jonson, encenada pela primeira vez pela companhia de teatro Lord Chamberlain's Men em 1598, com William Shakespeare no papel de Kno'well (o cavalheiro que, ao desejar espiar o próprio filho, serve de âncora para o enredo), seguiu muito de perto o modelo fornecido pela comédia clássica, principalmente na retratação das versões pouco anglicizadas que Jonson faz das personagens arquetípicas preferidas por Plauto.

> seus ossos estivessem triturados e
> sua cabeça houvesse desaparecido do corpo mutilado,
> desaparecido por completo.[43]

Na Inglaterra do final do século XVI, temas similares figuravam no gênero das tragédias de vingança que logo começaram a suplementar, e depois suplantar, as inspirações romanas de que surgiam. Dentre elas, uma das primeiras e mais influentes foi *The Spanish Tragedy, or Hieronimo is Mad Again* [A tragédia espanhola, ou Jerônimo está louco de novo], escrita por Thomas Kyd em algum momento entre 1584 e 1589. Seu enredo sanguinolento abarca toda uma série de enforcamentos, apunhaladas e suicídios, sem falar de uma personagem que arranca a própria língua com os dentes a fim de evitar qualquer chance de confissão sob tortura – tudo isso orquestrado em torno da queda dos protagonistas na loucura.

O que quer que Kyd fosse capaz de fazer, Shakespeare faria muito melhor. *Tito Andrônico* (encenada em 1594) era uma peça tão carregada de violência e horror que, nos séculos seguintes à morte de Shakespeare, foi muitas vezes tida como impossível de encenar, a ponto de mesmo sua autoria ter sido contestada – ainda que haja poucas dúvidas de que Shakespeare a escreveu no todo ou em parte. O enredo começa com Tito, general que regressara em triunfo a Roma, ordenando a dois de seus filhos que matassem o primogênito de Tamora, a aprisionada rainha dos godos, como vingança pela perda de vários de seus próprios descendentes em batalha. É com prazer que os jovens se desincumbem da tarefa: cortam os braços da vítima, estripam-na e queimam os restos do corpo. Mais tarde, Tito apunhala até a morte um dos próprios filhos, que ousara questionar os caprichos do pai; e, logo depois, os filhos sobreviventes de Tamora (que se casara com o imperador que Tito alçara ao trono) providenciam a morte do irmão do imperador, o estupro de Lavínia, filha de Tito (de quem cortam a língua e decepam as mãos a fim de silenciá-la) e a incriminação dos dois filhos sobreviventes de Tito pelo assassinato. Ludibriado, Tito corta a mão esquerda e a envia ao imperador, sob promessa de que, caso o fizesse, asseguraria o indulto de seus herdeiros condenados – apenas para recebê-la de volta, acompanhada das cabeças decepadas de seus filhos. Talvez enlouquecido, talvez fingindo loucura (um dispositivo que Shakespeare reutilizará mais tarde em *Hamlet*), logo depois Tito

---

43 *Hercules Furens*, em: *Seneca, Tragedies*, trad. Frank Justus Miller, Cambridge, MA: Harvard University Press; Londres: William Heinemann Ltd, 1917, linhas 1006 ss., 1023 ss. (no original: "Madly whirling him again and yet again, has/ Hurled him; his head crashed loudly against/ stones; the room is drenched with scattered brains. [...] Her bones are crushed, Her head is gone from her mangled body, Gone, utterly". [N.T.])

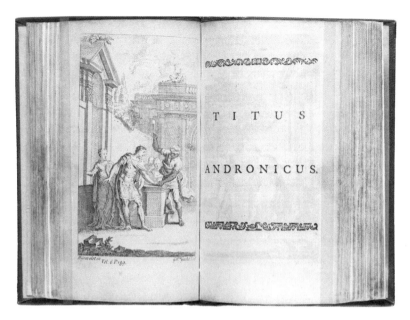

A loucura de um mundo desequilibrado: na peça shakespeariana *Tito Andrônico*, o personagem homônimo tem sua mão decepada, em apenas um de uma série implacável de atos aparentemente irracionais que se desenrolam em cena.

é deixado, por seus próprios desígnios, sob a supervisão dos dois filhos de Lavínia. O general de pronto corta as gargantas de seus supervisores e recolhe seu sangue numa bacia – segurada entre os tocos dos braços mutilados de sua filha.

Para o banquete que se segue, convida Tamora e o imperador para que se juntem a ele. Imediatamente depois de matar a própria filha estuprada e mutilada diante de seus acompanhantes (ela que fora "manchada, desonrada e deflorada"[44] e que, portanto, devia morrer, supostamente para ser salva da vergonha), Tito obtém sua última vingança deturpada: "Ora, ambos estão ali", diz ao imperador, que perguntara sobre os filhos de Tamora, "assados naquela torta,

> com que a mãe deles tem se regalado,
> comendo a carne que ela mesma engendrou".

Após revelar que Tamora havia comido os próprios filhos, Tito faz uma pausa longa apenas o suficiente para que o horror da cena seja assimilado, e então a apunhala no coração. Quando o imperador Saturnino o apunhala em respos-

---

[44] William Shakespeare, *Tito Andrônico*, trad. Carlos Alberto Nunes, São Paulo: Peixoto Neto, 2017, p. 148.

ta, Lúcio, um dos dois filhos sobreviventes de Tito, leva a tumultuosa ação ao clímax ao executar o imperador com uma adaga. Todo esse conto sangrento faz agora uma guinada para a conclusão (e esta é apenas uma fração de seu desfile de horrores). Lúcio, que na primeira cena da peça ajudara a mutilar e matar o filho mais velho da rainha dos godos, ascende ao trono imperial e pratica um último ato de vingança: Aarão, amante secreto de Tamora e *éminence grise* maligna durante toda a ação, é levado diante do novo imperador para ouvir a pena a ele aplicada:

> Enterrai-o até o peito, porque à fome
> venha a morrer. Que fique assim, raivoso,
> gritando por comida. E, havendo, acaso,
> quem o socorra ou compaixão revele,
> venha a morrer por isso.

Ao que Aarão responde com escárnio:

> Não sou criança medrosa, para às baixas
> orações recorrer e, muito menos,
> para me arrepender dos crimes feitos.
> Cometera outros, dez mil vezes piores,
> se possível me fosse realizá-los.
> Se em toda minha vida fiz uma ação boa,
> no fundo da alma agora me arrependo.[45]

Em meio a esse inventário de vísceras, do "rio carmesim de sangue quente",[46] de corpos que se empilham, de um desfile de estupro, mutilação e banquete de carne humana e do ossuário que resulta dessa sobreposição de vinganças, a loucura espreita sobre o palco: não em sua forma menos espalhafatosa e mais introvertida, mas, conforme a matança, violência e depravação avançam sem cessar, como loucura de um mundo fora dos eixos. Um panorama de códigos morais dissolvidos, da humanidade feita em pedaços – assim com mais de uma dessas personagens que sofrem para o entretenimento do público.

De imensa popularidade, a peça foi um grande sucesso comercial. As massas que se acomodavam diante do palco ao preço de algumas moedas vibravam com a ação, e as classes mais abastadas, que ocupavam os assentos

---

45 *Ibidem*, p. 155-56.

46 *Ibidem*, p. 65

superiores, fingiam que estavam ali apenas para apreciar a poesia do texto. Foi só meio século mais tarde que os críticos recuaram e que o público decidiu que esses horrores em série eram demais para seu estômago – uma repulsa que persistiria, com raras exceções, até as décadas finais do século sangrento que recentemente deixamos para trás, quando mais uma vez suas cenas infernais foram revividas e aparentemente acolhidas como forma de entretenimento.

Todo um conjunto de teatros comerciais brotou na Londres do final do século XVI, a maioria às margens da cidade estabelecida, e tragédias de vingança como *A tragédia espanhola* e *Tito Andrônico* faziam aparições frequentes nos palcos. Mas logo um leque mais amplo de peças se materializou e a loucura no palco começou a assumir uma feição nova e mais variada. Shakespeare e seus contemporâneos produziram um grande número de espetáculos – comédias, peças históricas, dramas dos mais diferentes tipos – para uma audiência que começava a apreciar formas mais sofisticadas de entretenimento.

A loucura em sua variedade infinita

E, conforme o faziam, a loucura se tornava a especialidade dos dramaturgos: não só em sua antiga manifestação em personagens frenéticas, cuja insanidade era representada por delírios, bocas que espumavam, olhos que se reviravam nas órbitas e pela violência da linguagem e ação, mas também num grupo muito mais amplo de criaturas enlouquecidas que serviam como fonte de entretenimento ou comédia, e como dispositivos de enredo que pudessem oferecer meios para liberar (ou talvez criar) a tensão. No mundo real, poucos lunáticos ingleses que viveram nas duas primeiras décadas do século XVII foram trancafiados em casas de loucos – na verdade, a não ser pelo pequeno e cada vez mais degradado hospital de beneficência do Bedlam (que aceitava apenas um punhado de pacientes), não há registro algum da existência de estabelecimentos especializados no confinamento de loucos. Ainda assim, e apesar disso, as cenas de hospícios, em especial aquelas situadas no Bedlam ou organizadas em torno de seus pacientes, eram abundantes nas peças escritas nesse período.

Por vezes essas cenas eram marcadas por uma atmosfera de bastante artificialidade e apresentavam pouca relação com o enredo geral. A peça de 1622 *The Changeling* [A criança trocada], de Thomas Middleton, por exemplo, apresenta todo um subenredo sobre loucos encarcerados em Alibius, um estabelecimento nitidamente inspirado no Bedlam. As cenas com os loucos são um divertimento, um interlúdio com pouca relação com a história trágica principal, mas são também ocasiões que propiciam uma dança extravagante de lunáticos bem ao gosto do público. Em oposição, *The Pilgrim* [O peregrino], escrita por John Fletcher em 1621, tem tanto a heroína quanto o pai dela confinados numa casa de loucos e as cenas de loucura são menos periféricas, ainda que não sejam fontes menores de alegria e diversão. As personagens loucas ali encontradas incluem uma mulher "tão lasciva [...] quanto um furão" e um jovem e sério acadêmico que, de início, parece bastante são. O estudioso está prestes a receber alta quando alguém faz uma alusão casual ao clima. Imediatamente, sua loucura reaparece. "Sobre as costas de um golfinho", assegura o jovem a seus companheiros reunidos, "farei tudo tremer, pois sou Netuno"; e um pouco mais tarde ordena: "Meus cavalos-marinhos! Investirei contra o vento do norte e romperei sua bexiga".

A resposta positiva da audiência a tais rompantes encorajava a proliferação de cenas desse tipo. Mas a loucura também começou a ser usada para propósitos mais sérios. Úteis como eram à sátira, os loucos se tornaram um veículo para alfinetadas e para dar voz a reflexões desconfortáveis sobre a sociedade. Os puritanos eram um alvo óbvio – estraga-prazeres que abominavam o teatro e tudo que ele representava. O Varredor em *The Honest Whore* [A meretriz honesta], peça de 1604 de Thomas Dekker, pode ter sido o primeiro, mas dificilmente o último a varrer tais indivíduos para longe. O Puritano? "Não há esperança para ele, a não ser que possa derrubar o campanário e se enforcar com as cordas do sino."[47] E, sugerindo quão sutis podem se mostrar as fronteiras entre o louco e o são, exige saber: "Mas como, todos? [...] Ora, se toda a gente louca [...] fosse enviada para cá, não sobraria sequer dez homens na cidade" – a reciclagem de uma piada mordaz de Shakespeare, que faz Hamlet perguntar ao Palhaço, que não fazia ideia de com quem estava falando (e garantiu a Hamlet que o príncipe louco havia sido mandado para longe): "Mas por que ele foi mandado para a Inglaterra?". Ao que o Palhaço replica: "Ora, porque enlouqueceu. Dizem que lá voltará a ter juízo. Mas se não conseguir também ninguém se importa". "Por quê?", pergunta Hamlet. "Ninguém vai notar", diz o Palhaço, "lá todo mundo é louco".[48]

---

[47] Que alguns puritanos, torturados pela culpa, correspondessem ao estereótipo do melancólico, do deprimido e por vezes do suicida é algo atestado por copiosos remanescentes literários de um certo Nehemiah Wallington (1598-1658), um torneiro de madeira londrino. Numa época em que a maior parte dos homens de sua classe e formação eram analfabetos, Wallington deixou mais de duas mil páginas de anotações, diários e cartas que registram sua luta com as dúvidas religiosas, seus delírios de que o Diabo, na forma de um corvo, conversara com ele por mais de uma hora e suas corriqueiras recaídas na melancolia – tudo isso ricamente analisado por Paul S. Seaver, *Wallington's World: A Puritan Artisan in Seventeenth-Century London*, Palo Alto: Stanford University Press, 1988.

[48] William Shakespeare, *A tragédia de Hamlet, príncipe da Dinamarca*, trad. Bruna Beber, São Paulo: Ubu, 2019, p. 135-36.

Shakespeare era tão capaz quanto qualquer um de seus contemporâneos de polvilhar suas tragédias com cenas pensadas como alívios cômicos, de brincar com alusões à loucura em suas comédias e de fazer piadas que às vezes tinham um intuito bastante sério. Também nele é possível encontrar imagens que reproduzem (e disseminam) os estereótipos da loucura e seus tratamentos. "O amor não passa de uma loucura", como nos conta em *Como queiram* (1599/1600), "e, veja só, merece tanto uma casa lúgubre e um chicote quanto um maluco; e a razão pela qual os loucos não são tão castigados e curados é que sua insanidade é tão corriqueira que também os carrascos acabam apaixonados". (James Shirley, em *The Bird in a Cage* [Um pássaro na gaiola], de 1633, fala da casa de loucos como "um estabelecimento correcional que açoita nosso juízo de volta para dentro", e John Marston, em *What You Will* [O que você quiser], de 1601, ordena que "fechem as janelas, escureçam a sala, apanhem os chicotes: o rapaz é louco, delira e balbucia – lunático".)

Mas em Shakespeare é possível ver um retrato mais elaborado da loucura e suas origens putativas, com ênfase numa etiologia natural, não sobrenatural, que se aproveita, ao mesmo tempo que a aprofunda, da ruptura que agora se operava com relação às explicações oferecidas em termos de desprazer mágico ou divino. Perturbações da ordem natural, e mais especialmente a estimulação das paixões, eram vistas como profundamente perigosas para a saúde tanto mental quanto física. Vejamos a cena de sonambulismo em que Lady Macbeth experimenta mais uma vez o pesadelo de apunhalar Duncan até a morte:

> Vai-te, mancha maldita! Vai-te, digo! [...] Mas quem poderia ter imaginado que o velho tivesse tanto sangue nas veias? [...] Sinto ainda aqui o cheiro de sangue: nem todos os perfumes da Arábia poderão fazê-lo desaparecer desta mão pequenina.[49]

De início inabalável em sua ambição de chegar ao topo, mais até do que seu hesitante marido, Lady Macbeth finalmente perde o juízo e é enlouquecida pela memória do horror que testemunhara. "Esta enfermidade está acima de minha ciência", diz o médico escondido nas sombras. "A pobre mais precisa dos cuidados do padre que do médico."[50]

Outra criatura ainda mais lamentável é Ofélia, levada ao desvario pelas crueldades infligidas por Hamlet – que a importuna e trai; que finge amá-la e

---

[49] William Shakespeare, *Macbeth*, trad. Manuel Bandeira, São Paulo: Cosac Naify, 2009, p. 140-41.
[50] *Ibidem*.

então a despreza; que assassina seu pai. O juízo de Ofélia fraqueja e titubeia. Os maus-tratos e a perda a deixam "perdida de si e do bom juízo, sem o qual somos espectros ou feras".[51] Como tomamos conhecimento de sua descida à loucura? A até então casta donzela reaparece no palco entoando canções obscenas. Fala de modo incoerente e por meio de charadas. Depois desaparece, e o público descobre que Ofélia desceu pelas margens do rio e escalou os ramos de um salgueiro,

> E então caíram ela e seus troféus daninhos
> No riacho lamentoso. Suas roupas se inflaram,
> E, como uma sereia, boiou por um tempo; [...]
> Em seu próprio elemento. Mas não demorou
> Para que suas roupas, pesadas pela água,
> Arrastassem a pobrezinha de seu canto doce
> Para a lama da morte.[52]

Na loucura, rompeu com a submissão que havia anteriormente demonstrado aos homens que a rodeavam, ostentou o próprio corpo (ao menos em suas palavras) e, ao final, escapou dos limites da vida, mas para isso pagou com a própria morte **(imagem 17)**.

Quanto ao príncipe da Dinamarca, para os espectadores da época, Hamlet era o principal protagonista num gênero conhecido a que agora se dava uma flexão diferente. Hesitante, irresoluto, instável, ele é o modelo mesmo da ambiguidade, incapaz de escolher entre "ser ou não ser", agir ou deixar de fazê-lo; e, para as gerações vindouras, será a materialização em carne e osso de uma questão que continua a causar angústia: onde traçar a linha entre sanidade e loucura? Estaria Hamlet louco ou apenas fingindo? "Sou", como ele mesmo nos conta, "um louco quando bate o norte-nordeste; quando bate o vento sul, sei a diferença entre o falcão e a garça".[53] E, ainda assim, há muitos indícios que apontam noutra direção: sua melancolia introspectiva; suas reflexões sobre o suicídio; suas reações emocionais embotadas e inapropriadas à morte de Ofélia e a muitas outras coisas.

Um dos atributos mais notáveis dessas imagens literárias da loucura que apareciam nos palcos, é claro, era que, em princípio, suas representações esta-

---

[51] William Shakespeare, *A tragédia de Hamlet, príncipe da Dinamarca, op. cit.*, p. 117.

[52] *Ibidem*, p. 129-30.

[53] *Ibidem*, p. 65.

vam disponíveis para qualquer um. Como os debates sobre o estado mental de Hamlet nos lembram, o "mesmo" espetáculo poderia ser entendido de formas muito diferentes por segmentos diferentes do público e por públicos investidos de diferentes conjuntos de expectativas culturais. Esses retratos do louco eram algo que podia ser assimilado tanto por pessoas letradas quanto por analfabetos. E não custa lembrar que o teatro daqueles anos alcançava um público incrivelmente amplo e diverso. Em alguns teatros londrinos, podia haver até três mil pessoas vindas de todos os estratos sociais e reunidas para assistir à ação, e ainda que certas companhias se apresentassem em privado para uma clientela puramente aristocrática, muitas outras o faziam em teatros localizados na periferia da cidade, em estabelecimentos como Curtain, Globe, Rose e Swan. Daí a demanda por um amplo e variado repertório, o surgimento de companhias profissionais estáveis como a Lord Chamberlain's Men (a companhia de Shakespeare) e as múltiplas oportunidades para que os plebeus e suas contrapartes mais abastadas pudessem assistir a representações da loucura nos palcos.

Ficções e fábulas

Mas o teatro não era o único veículo ficcional em que representações e discussões da loucura eram cada vez mais constantes. Ao lado das baladas e paródias cantadas e distribuídas nas ruas, nas quais o tema da loucura era frequente a partir do século XVI, havia outras formas literárias progressivamente mais elaboradas que entretinham e esclareciam o público letrado e ofereciam retratos de mentes instáveis. Por toda a Europa daquele século, versões do poema épico de Ludovico Ariosto sobre a loucura de Orlando, *Orlando furioso*, circularam primeiro em seu original italiano e, mais tarde, em publicações traduzidas, e sua influência sobre outros escritores foi extraordinária. Originalmente publicado em Ferrara, em 1516, o texto combinava com habilidade elementos extraídos do romance de cavalaria de Rolando, da lenda do rei Artur e da narrativa clássica de Hércules e sua loucura furiosa.

A loucura temporária de Orlando é apenas um dos vários elementos de um enredo extenso, mas o retrato que Ariosto faz da resposta delirante da personagem diante do amor não correspondido pela princesa pagã Angélica não só dá ao poema seu título e estabelece seu episódio central, mas também proporciona algumas das passagens mais intensas do poema. Em italiano, *furioso* significa desenfreado, delirante e louco, sem falar na evocação que a palavra traz da fúria e das Fúrias mitológicas, as vingadoras gregas que puniam os crimes humanos[54]. Privado de seu juízo pela fuga de Angélica, Orlando "vagou de todo desarmado e despido". A ameaça que sua loucura apresentava era tal, no entanto, que "em sua presença toda a província estremecia". As pessoas fugiam quando Orlando se aproximava.

> Àqueles que apanha ensina a lição
> De se manterem longe de seu bastão...
> Dentre os demais, de um pega o calcanhar
> Pr'outro cérebro co' o crânio acertar.

Numa explosão de violência selvagem e indiscriminada, seus rompantes enlouquecidos apresentam paralelos óbvios com a ferocidade delirante das tragédias de vingança – e, de fato, o dramaturgo inglês Robert Green (1558-1592) transformou o poema numa peça levada aos palcos de Londres em 1591 e de novo no ano seguinte. *Orlando furioso* também fez uma aparição num retrato ainda mais influente da loucura que começou a despontar no começo do século XVII, o Quixote de Cervantes. Pois não só o conto de Cervantes também retorna a Rolando e à época da cavalaria – afinal de contas, será a fixação obsessiva e desmedida de Alonso Quijano por livros de cavalaria que o levará à alucinação e o transformará no errante cavaleiro D. Quixote –, como também faz referência explícita a elementos de *Orlando furioso* em vários momentos das perambulações picarescas de seu herói.

Mas a loucura de Quixote é muito diferente dos rompantes de violência catastrófica de Orlando, ainda que não seja desprovida de confrontos e ferimentos. Os desvarios de Quixote são antes de mais nada hilariantes, não assustadores. Não há dúvidas de que o homem seja louco. Ele alucina, é alguém desamparadamente apanhado na rede de suas próprias obsessões e que falha de modo gritante em compartilhar da realidade do senso comum de todos que o rodeiam. Sua primeiríssima investida, envolto numa velha armadura enferrujada, leva-o a uma estalagem que toma por um castelo, onde implora ao estalajadeiro, que supõe ser o senhor da fortificação, que o ordene cavaleiro. O homem reluta, mas, quando Quixote provoca uma briga na manhã seguinte com um punhado de muleteiros, cede e o condecora para se livrar dele. Daí em diante, nosso cavaleiro errante se comportará como um possesso. Aqueles que o encontrarem em suas andanças heroico-cômicas responderão com zombarias, apontarão sua loucura e o atacarão. Como é bastante conhecido,

---

[54] Devo esta observação (e ainda muitas outras) a meu amigo e colega John Marino.

Quixote investirá contra moinhos que confunde com gigantes e exterminará ovelhas que pensa serem um exército de inimigos: "entrou pelo meio do esquadrão de ovelhas e começou a lanceá-las com tanta coragem e bravura como se deveras lanceasse seus mortais inimigos"[55].

Os pastores cujo rebanho é atacado, no entanto, ficam compreensivelmente ultrajados por essas ações e pouco inclinados a deixá-las impunes. Eles arremessam pedras contra Quixote. Derrubam-no, sangrando, da sela de seu cavalo. Quem sabe isso restaurará sua sanidade? Pelo contrário, quando o fiel Sancho Pança protesta contra o ataque desferido contra os pobres animais e aponta para o fato de que os corpos que se espalham pelo campo de batalha são de ovelhas, não de homens, Quixote enfrenta as objeções com a lógica imbatível do insano. As aparências enganam: tais corpos haviam na verdade sido de soldados, contra os quais Quixote lutara valorosamente, mas "esse maligno que me persegue, invejoso da glória que viu que eu havia de obter desta batalha, mudou os esquadrões de inimigos em manadas de ovelhas"[56].

Os loucos, como somos então informados, são insensíveis à razão e à experiência, e assim, ao longo de provações e tribulações intermináveis, Quixote permanece ao mesmo tempo uma figura trágica e divertida. Sua vida é inseparável de suas ilusões e delírios, a tal ponto que, quando finalmente recupera a sanidade (ao final do segundo livro do romance, publicado dez anos após a aparição impressa da primeira série de desventuras), morre imediatamente.

O texto, é claro, não seguiu o mesmo destino. O primeiro livro apareceu em tradução para o inglês já em 1611, e não demorou para versões da história se materializarem por toda a Europa. Se o Quixote fundou um novo gênero literário, como certamente foi o caso, era um gênero enraizado na loucura, um gênero que se debruçava sobre a ideia de aparência e realidade num mundo tornado caótico. Seu poder era tal que estimulou artistas da época e nos séculos por vir a traduzir sua arrebatadora imagética verbal para as linguagens muito diferentes da ilustração e da pintura. De início, com desenhos simples que apareciam em edições ilustradas do livro. Mas, nos séculos posteriores, artistas como Doré e Daumier **(imagem 16)**, Dalí e Picasso manifestariam um fascínio sem fim pela tentativa de tradução da prosa de Cervantes para toda uma série de imagens memoráveis.

---

55 Miguel de Cervantes Saavedra, *O engenhoso fidalgo D. Quixote de la Mancha*, Primeiro Livro, trad. Sérgio Molina, São Paulo: Editora 34, 2002, p. 238.

56 *Ibidem*, p. 240.

Melancolia e sandice

O amor não correspondido de Orlando pela princesa Angélica o leva à loucura. O cavaleiro arrasa todos os locais por onde passa e destrói tudo e todos que cruzam seu caminho. Nu, usa um cadáver como clava, e o arremete contra as cabeças daqueles que tentam fugir de sua fúria.

Loucura e arte

Dos palácios da Renascença italiana a (um pouco mais tarde) seus correspondentes por toda a Europa, mecenas da realeza e da aristocracia financiaram um grande desabrochar da arte, e o período compreendido entre os séculos XV e XVII viu rápidos e extraordinários avanços na inovação artística. Também igrejas (em países católicos) buscavam novas peças de altar e foram poderosas incentivadoras das artes visuais. E os avanços na tecnologia de imprensa, particularmente nas técnicas de gravura, permitiram que múltiplas cópias de uma mesma obra fossem produzidas e disseminadas para um público maior. Diferentemente de arquitetos e escultores, os pintores não podiam imitar a era clássica de forma tão direta, principalmente porque as pinturas romanas somente viriam a ser redescobertas no século XVIII. Os mosaicos romanos eram conhecidos e exerciam influência considerável como fonte de representação de temas mitológicos, mas não serviam como modelos diretos para artistas comprometidos com o uso de meios muito diferentes. Assim, ainda que temas da mitologia clássica fossem assuntos populares, suas representações na pintura eram bastante originais e os artistas que afirmavam retornar às raízes clássicas na realidade não estavam fazendo nada parecido. Suas inspirações vinham da literatura grega e romana, mas o que isso significava em termos de estilo artístico dependia de saltos imaginativos e toda uma variedade de inovações técnicas que acompanhava a transição das convenções do período medieval tardio para a Renascença[57].

Uma grande variedade de sinais e símbolos visuais era utilizada para identificar a loucura. Alguns desses marcadores foram adaptados das representações medievais do Inferno e do Juízo Final, com as cenas desesperadoras de pecadores prestes a serem lançados no abismo agora adaptadas para retratar profanos que sofriam de uma perda indescritível. Casos de loucura como os do Bedlam eram retratados como personagens bestiais e mordazes, de olhar fixo e membros tensos e contorcidos. Maníacos apareciam com regularidade, com as roupas rasgadas e em farrapos ou em estado de nudez desavergonhada, a falta de vestimenta civilizada como marca da insanidade e da distância que mantinham da sociedade cortês. As terracotas retorcidas do escultor flamengo Pieter Xavery, *Twee krankzinnigen* [Dois loucos], de 1673, **(imagem 20)** são um exemplo admirável: a figura de pé, acorrentada, morde a própria barba e rasga as próprias roupas, enquanto a outra figura, quase escondida, está deitada a seus pés, contorcida, com os olhos revirados, a boca que grita

---

[57] Deve ser observado, no entanto, que uma das mais importantes dessas inovações, o desenvolvimento da perspectiva linear a partir da década de 1420, tinha ela mesma origens clássicas. Foi seu estudo do Panteão de Roma que levou Filippo Brunelleschi (1377-1446) a criar o domo da catedral de Florença e a desenvolver uma nova noção de perspectiva linear que veio a ser rapidamente teorizada por Leon Battista Alberti (1404-1472) e, com quase igual velocidade, transformou a arte europeia.

imprecações, os músculos contraídos, o cabelo emaranhado, nua como no dia em que veio ao mundo. Os que sofriam de loucura eram pintados como a encarnação mesma da fúria: olhos que vagavam pelas órbitas, descabelados, em meio a tentativas de arrancar os próprios cabelos, debatendo-se com as correntes – uma galeria de corpos turbulentos, contorcidos e gesticulantes, visivelmente fora de controle. Era frequente que parecessem estar à beira da violência, com os rostos inchados de ira, armas em punho e carregados de ameaça. *Dulle Griet* [Mulher louca], um quadro a óleo de Pieter Bruegel, o Velho, de cerca de 1562, retrata uma louca armada com uma espada que corre por uma planície infernal (talvez os próprios portões do Inferno ou, ainda, uma cena alegórica que ilustra as consequências da ira, da gula, da avareza e da luxúria, todas pecados capitais) com a boca aberta, as roupas em desalinho, os cabelos emaranhados em nós e um butim aleatório guardado numa cesta, alheia a tudo que se passa a seu redor: uma verdadeira visão do Apocalipse ou de um mundo surrealmente enlouquecido (cf. p. 470)[58].

Outras pinturas e ilustrações exibiam aqueles que demonstravam amplo desprezo pelo decoro, que cuspiam, vomitavam e urinavam em público, com rostos embotados, línguas para fora, cabeças tosadas ou cabelos em pé. Um dos mais famosos e reproduzidos desses retratos apareceu nos primeiríssimos anos do século XVIII para acompanhar o conto *A Tale of a Tub* [História de um tonel], de Jonathan Swift.

Bernard Lens criou esta cena no Bedlam para o conto *A Tale of a Tub* de Jonathan Swift em 1710. Enquanto os visitantes espreitam os lunáticos em busca de diversão, o interno nu e acorrentado no primeiro plano arremessa o conteúdo de seu penico diretamente no rosto do *voyeur* – você.

---

58 Para o olhar do século XXI, há algo de Dalí em muitas das imagens que povoam essa paisagem.

Ao olhar a gravura de 1710 de Bernard Lens sobre o interior de uma cela do Bedlam forrada de palha, com barras nas janelas e tudo, o observador se afasta instintivamente, pois em primeiro plano um lunático seminu arremessa o conteúdo de um penico em direção ao rosto do *voyeur*. Quanto aos loucos menos explícitos, os melancólicos eram considerados pessoas exaustas, passivas, introspectivas, que frequentemente ficavam sentadas, dotadas de expressões faciais quase dementes, de compleições escuras (uma referência velada à bílis negra que corria sob suas peles e um atributo claramente visível na representação do rosto na gravura *Melancolia I*, de 1514, de Dürer), de cabeças caídas e corpos quase encolhidos pelo extremo de suas dores e sofrimentos.

Algumas cenas também recriavam em formas visuais originais as personagens loucas da época clássica. Peter Paul Rubens, por exemplo, pintou a cena do *Tereu* de Sófocles em que o rei trácio, já tendo inadvertidamente consumido a carne de seu próprio filho, Ítio, é então apresentado por sua esposa vingativa à cabeça decapitada do garoto. Outros artistas produziam imagens alegóricas que capturavam uma percepção dos loucos como figuras limítrofes que assombravam a imaginação e que, visíveis apenas de relance, espreitavam das margens mesmas da existência civilizada. Um conjunto especialmente poderoso de imagens do período medieval tardio e do início da Renascença representa os loucos como um tipo de carga humana enlouquecida, solta das amarras da sociedade e apinhada num barco. E é para longe que eles flutuam na *Narrenschiff*, ou *Nau dos loucos* **(imagem 3)**, rio Reno abaixo ou através de mares tempestuosos, peregrinos iludidos viajando na busca perpétua da razão perdida, como narrado de forma satírica em 1494 pelo humanista alemão Sebastian Brant (1457-1521) num texto ilustrado por diversas xilogravuras, dois terços delas de autoria de Albrecht Dürer, que trabalhava em sua primeira grande encomenda.[59] Tais ilustrações serviram a composições tão impressionantes, recicladas por tantos artistas, que, seis séculos depois, viriam a tentar o famoso filósofo francês Michel Foucault (1926-1984) a abraçar a noção completamente equivocada de que essas poderosas pinturas eram representações de algo real, não mera imaginação artística. Foucault reconhece que essas pinturas tiveram origem numa série inicial de invenções literárias: naus de damas virtuosas, de príncipes e nobres, naus da saúde, mas também naus de loucos. Mas insiste que apenas estas últimas eram "reais" e, na verdade, "frequentemente as cidades viam essas naus de loucos atracar em seus portos".[60] A não ser nas obras de artistas, elas certamente nunca existiram.

---

[59] Sebastian Brant, *Daß Narrenschyff ad Narragoniam*, Basileia, 1494.

[60] Michel Foucault, *História da loucura na Idade clássica*, 9. ed., trad. José Teixeira Coelho Neto, São Paulo: Perspectiva, 2010, p. 9.

Os loucos e a loucura

A onipresença dos loucos, de papas e príncipes a pobres e campônios foi, entretanto, o tema central do *Elogia da loucura* (1509) de Erasmo de Roterdã (1466-1536), um encômio apresentado por uma mulher vestida de bobo da corte e um dos maiores documentos do humanismo renascentista. Não obstante o título, o objetivo principal de Erasmo não era oferecer um discurso sobre a loucura em suas variadas formas. Em vez disso, a loucura é mobilizada para oferecer um espelho para os fracassos morais de toda a humanidade, não daqueles que os sãos consideram insanos. Ainda assim, Erasmo vira o sentido da loucura de cabeça para baixo e sugere que a insanidade pode não significar o fenômeno completamente negativo que muitos de seus contemporâneos pensavam ser. Os melhores e mais verdadeiros loucos, proclama o autor, são os loucos por Cristo. Nesse sentido, algumas formas de humanismo cristão buscavam ligar a loucura e a insanidade ao místico e sugerir que alguns "loucos" deviam ao menos ser vistos sob uma luz bastante diferente.

Talvez o retrato mais famoso de Erasmo tenha sido pintado por Hans Holbein, o Jovem, que se tornou o artista mais celebrado da corte de Henrique VIII e nos deixou retratos icônicos do próprio monarca e daqueles que o cercavam, como Thomas Morus e Thomas Cromwell, os mais notáveis dentre eles. Menos famoso, cerca de uma década depois de Erasmo ter produzido seu *Elogio da loucura*, Holbein criara sua própria imagem do louco, parte de uma série de 94 xilogravuras, os *Icones Historiarum Veteris Testamenti* [Imagens das histórias do Antigo Testamento], que produziu durante uma década de violenta controvérsia religiosa e foram sua tentativa de ilustrar temas do Antigo Testamento. Pensada como acompanhamento ao Salmo 52, a imagem do louco incorpora alguns elementos estereotípicos. O louco ou insano está sendo perseguido e ridicularizado por crianças e, em meio ao desprezo delas, suas roupas esfarrapadas mal cobrem sua nudez. Sem um dos sapatos e com uma capa de penas no lugar do chapéu de bobo da corte preferido por sua colega no texto de Erasmo, a figura de Holbein se aferra a dois báculos ou porretes de madeira, um sob cada braço. Esses apetrechos haviam se tornado a representação padrão que outros artistas empregavam para indicar a presença da loucura. O louco de Holbein segue adiante incansável, em direção a ninguém sabe onde, boquiaberto e ausente diante do mundo por que passa.

O ensaio de Erasmo foi escrito em sua maior parte em questão de dias, enquanto o autor passava uma temporada na Inglaterra, em 1509, como hóspede de seu amigo Thomas Morus, à espera da chegada de alguns livros.

Em 1511 apareceu em versão impressa em Paris, mas sua primeira edição "autorizada" não foi publicada antes do ano seguinte. Houve 36 edições durante a vida de Erasmo, e o texto foi traduzido tanto para o alemão quanto para o francês a partir do original em latim. Sua primeira tradução para o inglês apareceu em 1549 e exerceu uma influência enorme nos séculos seguintes, algo que, como é de se suspeitar, teria surpreendido o autor, que originalmente o concebera como uma diversão para Morus e outros amigos. (Seu título latino, *Moriae Encomium*, trocadilho com o nome de Morus, sugere o manto humorístico sob o qual Erasmo escondera a seriedade de suas intenções.)

Um dos maiores pensadores humanistas do início da Renascença, Erasmo devotou muito de sua vida à edição de textos de autoridades gregas e latinas sobre o Novo Testamento numa tentativa de suprir as insuficiências das primeiras versões latinas; à exegese da doutrina cristã; e ao cultivo da erudição clássica e do gosto literário. Crítico severo dos abusos cometidos no interior da Igreja católica, permaneceu, no entanto, fiel a ela e reprovou com grande veemência os reformadores protestantes, como seu contemporâneo Martinho Lutero, tanto nas questões de teologia quanto na ruptura com Roma – uma apostasia que, pensava Erasmo, ameaçava desencadear desordem e violência e destruir tradições por ele veneradas. Visto muitas vezes como um dos primeiros defensores da tolerância religiosa, Erasmo foi bem-sucedido em provocar a raiva de Lutero e (depois de sua morte) sua própria condenação pela Igreja que ele lutou para reformar e à qual, ao mesmo tempo, se manteve fiel. O papa Paulo IV incluiu todas as obras de Erasmo no *Index Librorum Prohibitorum* [Índice de livros proibidos], e as figuras mais proeminentes da Contrarreforma o denunciaram como um dos arquitetos da "tragédia" que fora a ascensão do protestantismo, pois fracassara em censurar Lutero em termos suficientemente fortes e porque sua análise crítica das escrituras enfraquecera a autoridade da Igreja.

Ainda assim, a longo prazo, a influência de Erasmo sobreviveu às críticas de ambos os lados. Seus ensinamentos, sua sutileza, sua perspicácia, sua ênfase no valor da razão e da moderação e sua perspectiva humanista da vida acabaram por lhe trazer muitos admiradores. Os mesmos motivos que provocaram a inimizade de muitos de seus contemporâneos e a admiração das futuras gerações estão à vista no *Elogio da loucura*. Ricos e poderosos, religiosos e leigos são igualmente atacados numa prosa encharcada de ironia e paradoxos e com uma sátira afiada para ferir. Príncipes e papas, monges e teólogos, as loucuras da superstição ("até eu, que sou a Loucura, não posso deixar de sentir vergonha")[61], as pretensões dos mais cultos e a irracionalidade dos ignorantes – tudo era ridicularizado, às vezes de forma gentil, às vezes com selvageria. As falhas morais das pessoas são zombadas com mordacidade, as tolices são expostas – não importa quais nem de quem sejam. Pois o escárnio diante da fraqueza dos outros logo se transforma em lamentação quando a Loucura volta o olhar para questões que nos atingem de perto. Ilusões, autoenganos, a suscetibilidade humana à bajulação, tudo é passado em revista. Erasmo desprezava a superstição e condenava tanto as tentativas de compra da salvação quanto os homens da Igreja que diziam vender indulgências[62]. Também censurava a devoção aos santos e as histórias de curas milagrosas em seus túmulos[63]. Ele usa repetidamente a imagem da loucura para lembrar aos leitores suas falhas morais.

Ninguém, nem mesmo o próprio Erasmo, parece escapar incólume. (Como escreveu a Thomas Morus, em resposta de antemão à "falsa acusação de que a obra é por demais mordaz [...] haverá maior injustiça do que, sendo permitida uma brincadeira adequada a cada idade e condição, não poder pilheriar um literato, principalmente quando a pilhéria tem um fundo de seriedade, sendo as facécias manejadas apenas como disfarce, de forma que quem as lê, quando não seja um solene bobalhão, mas possua algum faro, encontre nelas ainda mais proveito do que em profundos e luminosos temas?")[64]. A loucura é, afinal de contas, a ilusão que o mundo precisa adotar para fazer deste vale de lágrimas um lugar feliz, assim como para permitir que líderes corruptos e perversos se

---

[61] Erasmo de Roterdã, *Elogio da loucura*, trad. Paulo M. Oliveira, Rio de Janeiro: Nova Fronteira, 2011, p. 67.

[62] "Mas por que não falar dos que julgam que, em virtude dos perdões e das indulgências, não têm nenhuma dívida para com a divindade? [...] Outra espécie de extravagantes é constituída pelos que, confiando em certos pequenos sinais exteriores de devoção, em certos palanfrórios, em certas rezas que algum piedoso impostor inventou para se divertir ou por interesse, estão convencidos de que irão gozar uma inalterável felicidade, conquistar riquezas, obter honras, satisfazer determinados prazeres, nutrir-se bem, conservar-se sãos, viver longamente e levar uma velhice robusta." *Ibidem*, p. 66.

[63] "É curioso verificar que cada país se gaba de ter no céu um protetor, um anjo tutelar, de forma que, num mesmo povo, entre esses grandes e poderosos senhores da corte celeste, se encontrem as diversas incumbências do protetorado. Um cura dor de dentes, outro assiste ao parto das mulheres; aquele faz achar os objetos perdidos, este vela pela segurança e prosperidade do gado; um salva os náufragos, outro confere a vitória nos combates. Suprimo o resto, porque será um nunca mais acabar. Além desses, existem outros santos que gozam de um crédito e um poder universais, encontrando-se entre estes, em primeiro lugar, a mãe de Deus, a quem o vulgo atribui poder maior que o do seu próprio filho." *Ibidem*, p. 67.

[64] *Ibidem*, p. 14.

Loucura na civilização

Hans Holbein, o Jovem, retrata Erasmo de Roterdã (1523) como um acadêmico, com as mãos repousadas sobre um livro e com outros volumes numa prateleira ao fundo.

enganem a si mesmos quanto a seus comportamentos. É algo essencial para persuadir "o negociante, o militar, o juiz [de que] basta atirarem a uma bandeja uma pequena moeda para ficarem tão limpos e tão puros dos seus numerosos roubos como quando saíram da pia batismal. Tantos falsos juramentos, tantas impurezas, tantas bebedeiras, tantas brigas, tantos assassínios, tantas imposturas, tantas perfídias, tantas traições, numa palavra, todos os delitos se redimem com um pouco de dinheiro, e de tal maneira se redimem que se julga poder voltar a cometer de novo toda sorte de más ações"[65].

---

[65] *Ibidem*, p. 66.

No final, o cristão é exibido como o maior de todos os loucos[66]. É a loucura que permite ao fiel renunciar aos prazeres do mundo e abraçar a visão do Além. Aqui Erasmo ecoa o apóstolo Paulo, que proclamava que "somos loucos por causa de Cristo", e o mesmo vale para o próprio Redentor. Pois mesmo "Jesus Cristo, que é a sabedoria do Pai, procede como tolo ao unir-se à natureza humana da forma por que o fez, isto é, tornando-se pecador para redimir o pecado [...] Tendo estabelecido, em seus decretos, que salvaria os homens com a loucura da cruz"[67]. E isso para "vos fazer ver, sucintamente", conclui a Loucura, "que a religião se coaduna perfeitamente com a loucura e não tem a menor relação com a sabedoria"[68]. Talvez não houvesse muito a separar, afinal de contas, o devoto do louco – um tema que, como Erasmo estava bem ciente, evocava as interpretações mais favoráveis de algumas formas de loucura defendidas por Platão e Sócrates[69].

De fato, a filosofia platônica aparece em muitas ocasiões no ensaio de Erasmo. O autor se vale, por exemplo, da comparação que Alcibíades faz do interior e do exterior de Sócrates com os silenos, pequenas estatuetas que eram apenas feiura e deformidade do lado de fora mas, uma vez abertas, alojavam um deus em seu interior[70]. Desse modo, nos conta a Loucura que:

> muitas vezes, o que à primeira vista parece ser a morte, na realidade, observado com atenção, é a vida. E assim, muitas vezes, o que parece ser a vida é a morte; o que parece belo é disforme; o que parece rico é pobre; o que parece infame é glorioso; o que parece douto é ignorante; o que parece robusto é fraco; o que parece nobre é ignóbil; o que parece alegre é

---

[66] Esse é um paradoxo profundamente encravado no cristianismo desde seus anos iniciais. Comparemos, por exemplo, algumas das passagens da primeira epístola de Paulo aos Coríntios (1 Coríntios, 1:20, 25, 27-28), em que se escreve longamente sobre a matéria: "Deus não tornou louca a sabedoria deste século? [...] Pois o que é loucura de Deus é mais sábio que os homens, e o que é fraqueza de Deus é mais forte que os homens [...] Mas o que é loucura no mundo, Deus o escolheu para confundir os sábios; e o que é fraqueza no mundo, Deus o escolheu para confundir o que é forte; e o que no mundo é vil e desprezado, o que não é, Deus escolheu para reduzir a nada o que é".

[67] Erasmo de Roterdã, *Elogio da loucura*, op. cit., p. 129-30.

[68] *Ibidem*, p. 131.

[69] Não que Platão e Sócrates esgotem as referências clássicas encontradas no *Elogio da loucura*. Virgílio, Horácio e Plínio são apenas alguns dos autores gregos e latinos que surgem em suas páginas.

[70] A referência citada é do diálogo *Banquete*, em: Platão, *Diálogos I*, trad. Jorge Paleikat, Rio de Janeiro: Ediouro, 1996, p. 119.

triste; o que parece favorável é contrário; o que parece amigo é inimigo; o que parece salutar é nocivo; em suma, virado o Sileno, logo muda a cena.[71]

Noutro momento, o mito da caverna de Platão é a base para o elogio dos loucos que vivem uma vida feliz, contentes em acreditar em sombras e rejeitar o sábio que olha para a realidade que está do lado de fora. Mas a Loucura se mostra mais uma vez paradoxal quando discute o "louco" cristão na última seção do ensaio: aqui aqueles que rejeitam a tentação e as vaidades deste mundo com vistas aos deleites prolongados do Além é que são os sábios, desprezados como são pelas pessoas que se agarram às delícias do mundo material. O que aparece na superfície, sugere agora a Loucura, pode esconder uma verdade profunda a que o sábio aspira. Como sempre, no *Elogia da loucura*, a ironia compete com a ironia.

Reforma e Contrarreforma

Nos anos seguintes à sua morte, em meio às disputas ferozes entre militantes protestantes e católicos da Contrarreforma e à queima de livros e hereges, as críticas equilibradas e os acenos de Erasmo em direção à tolerância diante de visões diferentes tinham pouquíssimas chances de serem ouvidos. Na verdade, mesmo em vida Erasmo se viu condenado por ambos os lados, e sua recusa em adotar um dos extremos era interpretada como um sinal de covardia intelectual de sua parte. E certamente suas reservas quanto à superstição, ao exorcismo, à devoção equivocada aos túmulos dos santos e à possessão demoníaca parecem ter encontrado tração limitada até mais de um século depois disso. A atração dessas crenças longevas se manifestou por diversas vezes nas artes visuais posteriores à sua morte e continuou a encontrar expressão em algumas das maiores pinturas do século XVI e início do XVII.

Entre os exemplos mais poderosos destas últimas está a série de pinturas que Rubens realizou entre 1618 e 1630. Essas obras haviam sido encomendadas para servir como retábulos e tinham por objetivo instrumentalizar a nova estética do barroco como arma na luta travada pela Contrarreforma contra os calvinistas e outros hereges. Por meio delas, a Igreja militante visava reforçar sua legitimidade contra a contestação crescente de sua autoridade e buscava fazê-lo evocando, àqueles que rezavam entre suas paredes, sua poderosa ligação com a tradição estabelecida. Imagens gigantescas e de uma sensualidade extravagante,

---

[71] Erasmo de Roterdã, *Elogia da loucura*, *op. cit.*, p. 45-46.

os retábulos de Rubens convidavam o observador a testemunhar o poder dos santos (ou candidatos à santidade) de expulsarem o Diabo e seus lacaios. A pintura *Os milagres de Santo Inácio*, por exemplo, foi realizada em 1617-1618, época em que Inácio havia sido beatificado, mas não elevado à santidade (sua canonização somente ocorreria quatro anos depois, em 1622). Nela, duas figuras possuídas são contidas enquanto Inácio, postado ao lado do altar-mor, ergue os braços num gesto de bênção, e dois pequenos demônios desprendem-se das vítimas, desesperados para escapar da presença do santo **(imagem 18)**.

Não que as coisas não houvessem mudado. Uma das principais diferenças com relação às representações medievais de expulsão de demônios foi um afastamento do literalismo bíblico. Pois, ao contrário da tradição inicial, em que se retratava o próprio Cristo curando os possessos, tais milagres eram agora realizados por seus seguidores divinamente inspirados. Logo ao norte dos Países Baixos espanhóis, nas Províncias Unidas calvinistas, essa era uma afirmação a que os protestantes contemporâneos de Rubens, que não queriam nenhuma associação com propagandas católicas desse tipo, opunham-se com grande veemência. Em todo caso, a aceitação literal da proibição do Antigo Testamento contra a idolatria significava que pinturas penduradas atrás de altares elaborados eram um anátema para eles. (Um dos momentos definidores da revolta dos calvinistas contra Filipe II da Espanha foi a assim chamada *Beeldenstorm*, ou "fúria iconoclasta", de 1566, quando igrejas às centenas tiveram suas estátuas e decorações religiosas arrancadas.) Os holandeses abriram uma exceção, contudo, para as capas para órgãos pintadas com cenas bíblicas, um dos poucos ornamentos visuais encontrados em suas construções, de resto rigidamente mantidas sem adornos. Talvez a capa para órgão de autoria de David Colijns, pintada em algum momento entre 1635 e 1640 para a Nieuwezijds Kapel de Amsterdã, trouxesse alguma mensagem política implícita, um alerta contra os perigos de um governante irracional (uma matéria de interesse mais que passageiro para os holandeses, cuja luta pela independência da Espanha católica se deu, de modo intermitente, por oitenta anos). De qualquer forma, essa capa recria com riqueza de detalhes a cena do primeiro livro de Samuel (18:10-11) em que, enlouquecido, "Saul atirou a lança e disse: 'Encravarei Davi na parede!', mas Davi lhe escapou duas vezes". A tentativa vã de Davi de usar a música para acalmar aquele coração selvagem deve ter se mostrado uma imagem particularmente adequada para envolver um órgão **(imagem 19)**.

A música certamente não foi a única forma de tratamento da loucura que passou a figurar no repertório artístico da Renascença. Dada a relevância cada vez maior das perspectivas médicas sobre a loucura, sua aparição nesse repertório talvez não tenha causado surpresa, e nele a figura do médico será muitas vezes apresentada com destaque. Talvez o tema mais popular de todos nessas pinturas seja a remoção cirúrgica de pedras nos rins ou na vesícula, uma noção antiga que incorporava a ideia de que a loucura possuía raízes físicas. Da pintura realizada por Hieronymus Bosch por volta de 1490 (também conhecida como *A extração da pedra da loucura*; **imagem 21**) à versão que Pieter Huys pintou em meados do século XVI de um cirurgião que extrai a pedra da loucura, entre outras, representações como essa eram abundantes. Na pintura de Bosch, o chapéu em forma de funil na cabeça do médico, que se assemelha a um chapéu de burro, talvez seja uma alusão satírica à húbris médica, embora esse aspecto pareça ausente em outras versões. Na realidade, o que está representado nessas pinturas é provavelmente a prática mais ou menos comum da trepanação – raspagem ou perfuração do crânio a fim de aliviar as dores de cabeça ou a pressão interna – ou da cauterização do crânio como formas de tratamento.

Quebra-cabeças e complexidades

O lugar da loucura na civilização europeia nos anos anteriores ao alvorecer do longo século XVIII é, portanto, complexo. Fonte de crescente fascinação nas artes e na literatura, a insanidade ainda era vista em muitas regiões como consequência de forças sobrenaturais – ainda que opiniões como essa fossem cada vez mais contestadas, principalmente porque a invenção da imprensa e a redescoberta das ideias médicas gregas e romanas sobre a doença mental deram nova vida às teorias que associavam as perturbações da mente a distúrbios corporais. A maioria dos loucos ainda continuava a ser, de modo geral, um fardo para seus familiares. Apenas uma fração mínima era de fato encarcerada, em geral aqueles que não tinham amigos nem parentes ou que eram tão perigosos que o confinamento parecia a única resposta para os problemas que representavam. Mas esse número minúsculo que podia ser encontrado em lugares como o Bedlam bastava para capturar a imaginação dos dramaturgos e do público. Muito em breve, casas de loucos começariam a proliferar, conforme a vida viesse a imitar a arte; e explicações naturalistas para a loucura viriam a ser adotadas em meio a um círculo mais amplo de estudiosos. Mas a mudança seria longa e vacilante. As velhas crenças e tradições ainda retinham muito de seu poder e jugo sobre a imaginação humana.

5

Casas e médicos de loucos

Novas respostas à loucura

As imagens são assombrosas: das janelas de suas celas três rostos nos encaram, agitados, descabelados; um jovem tolo de sorriso abobado espia de seu esconderijo detrás de uma das figuras enormes do primeiro plano, que representam dois maníacos furiosos, um dos quais se ocupa de roer a própria carne, enquanto ambos estão evidentemente alheios um ao outro e ao mundo que se apresenta diante deles. O painel foi esculpido por Peter van Coeverden em 1686 e instalado sobre a entrada da *dolhuis* (casa de loucos) que fora construída mais de dois séculos antes para conter meia dúzia de lunáticos na cidade holandesa de 's-Hertogenbosch. Do outro lado do mar do Norte, o grandioso projeto de Robert Hooke para um novo Bedlam palacial (com o original agora decadente e inadequado) havia sido concluído em Londres em 1676, durante a restauração dos Stuart, construído num terreno convenientemente lindeiro ao pântano de Moorfields, logo além da antiga muralha da cidade **(imagem 22)**. Sobre seus portões foram erguidas duas esculturas ainda mais impressionantes e enormes de autoria do artista dinamarquês Caius Gabriel Cibber. À esquerda, reclinado sobre uma esteira de palha, de semblante ausente, esparramava-se a figura de um melancólico. Do lado oposto repousava a figura ameaçadora e acorrentada de um maníaco, punhos cerrados, músculos retesados, agitado em meio a contorções, com a cabeça jogada para trás e o rosto deformado num olhar quase bestial. Os hospitais psiquiátricos do final do século XVII começavam, assim, a anunciar sua própria presença de novas maneiras, conforme as instituições voltadas ao confinamento dos loucos e indecentes assumiam um lugar de maior proeminência em muitas sociedades europeias.

Ser louco é ser ocioso ou, de forma geral, ao menos incapaz para o trabalho produtivo. Até a idade moderna, isso significava que aqueles que haviam perdido o juízo formavam parte do grupo muito maior dos pobres, moralmente escandalosos, paralíticos, órfãos, idosos e mutilados. Todos os tipos de pessoas vulneráveis eram amontoados e raramente separados uns dos outros. É claro que, de certo modo, ninguém confundia cegos com loucos, jovens com idosos, devassos com depravados. Mas, socialmente falando, era em grande parte a incapacidade e pobreza por eles compartilhadas que importavam, não as origens díspares de cada tipo de dependência.

Painel em alto-relevo que retrata internos do hospital de lunáticos de 's-Hertogenbosch, esculpido por Peter van Coeverden (1686). Três rostos enlouquecidos espiam através da abertura de suas celas, enquanto dois outros loucos e um garoto fazem caretas e poses diante de nós.

No século XVII, as coisas começaram a mudar. Os estímulos para que isso acontecesse foram variados. No norte da Europa, o ressurgimento das trocas comerciais, a expansão das cidades e a disseminação das relações de mercado parecem ter favorecido uma atitude mais secular e cética diante dos pobres, em especial dos ociosos e andarilhos. Nas Províncias Unidas (a região que hoje conhecemos como Holanda), na Inglaterra e noutras localidades próximas, houve tentativas intermitentes de confinamento de pessoas como essas num novo tipo de instituição, as *bridewells*[1] ou casas de correção, em que se esperava que fossem disciplinadas e ensinadas a trabalhar. As primeiras casas de loucos holandesas, os *dolhuizen*, começaram a aparecer já no século XV. Essas instituições eram pouco significativas, com espaço para menos que uma dúzia de pacientes, mas no final do século XVI e início do XVII muitas sofriam pressões para que se expandissem, conforme as famílias e comunidades buscavam formas de se livrar dos loucos perigosos. Numa jogada típica do empreendedorismo holandês, essa expansão foi muitas vezes custeada não por meio de doações e beneficência, mas da organização de loterias com prêmios atraentes voltadas a extrair as quantias necessárias dos moradores dos burgos.

---

1 O termo *bridewell* faz referência à Bridewell Prison, a primeira casa de correção de Londres, estabelecida por volta de 1556 em parte do antigo palácio residencial de Henrique VIII. [N.T.]

Em Amsterdã, bilhetes foram vendidos um ano antes de um grande sorteio, em 1592, e os prêmios eram tantos que foram necessários 68 dias e noites para que o processo fosse concluído. (O *dolhuis* de Amsterdã havia sido inaugurado em 1562 como doação de Hendrick van Gisp, cuja esposa grávida fora atacada por uma louca.) A receita da loteria financiou uma expansão impressionante do prédio, finalizada em 1617. Leiden (1596) e Haarlem (1606-1607) logo fizeram o mesmo, mas o sorteio dos prêmios de suas loterias durou meros 52 dias e noites cada.

Melancholy and Raving Madness [Melancolia e loucura delirante] (ca. 1676): essas duas figuras de autoria de Cibber assomavam do alto da entrada do Bedlam. John Keats, que cresceu à sombra delas, certamente as tinha em mente quando descreveu os "*bruis'd Titans*" [Titãs feridos] em seu poema épico *Hyperion*.

As monarquias absolutistas da Europa católica, pouco inclinadas a esse tipo de expediente comercial, viam, no entanto, os ociosos e desajustados como uma ameaça política e fonte potencial de tumulto e desordem. Com o uso de impostos colhidos dos camponeses, também elas empreendiam esforços para varrer os pobres das ruas e neutralizar o perigo por eles representado. Mendigos, vadios e prostitutas viam-se encarcerados, assim como outras pessoas cuja conexão com o mundo estável do trabalho e do emprego era suspeita. Um grande número delas foi jogado em novas instituições, as mais famosas delas os *hôpitaux généraux* [hospitais gerais] e os *dépôts de mendicité* [abrigos para indigentes] que brotaram pela França nos séculos XVII e XVIII. Não mais ignorados, os pobres ociosos que dependiam de terceiros eram forçados a trabalhar – ou ao menos essa era a teoria.

Mesmo em tempos medievais, uma grande variedade de expedientes foi empregada a fim de afastar os loucos mais violentos e ameaçadores, que eram encarcerados e acorrentados como forma de mitigar o perigo que representavam. Não seria de causar espanto, desse modo, caso alguns insanos fossem agora encontrados em meio aos devassos e preguiçosos que passaram a ser submetidos à disciplina e ao confinamento. Mas os loucos não eram os alvos principais daqueles que estavam inclinados a construir novas casas de correção. Na verdade, na Holanda em particular, houve esforços para excluir os doentes e enlouquecidos de estabelecimentos do tipo. A presença deles era difícil de compatibilizar, afinal de contas, com a ênfase no trabalho duro, na disciplina e na ordem. Daí a preferência, quando a ameaça era grave o bastante, por colocar os loucos em instituições próprias, os *dolhuizen*, dentre as quais o estabelecimento de 's-Hertogenbosch havia sido o precursor.

A Salpêtrière, o primeiro e mais grandioso dos hospitais gerais franceses, fundado em 1656 por decreto real e construído no terreno de uma antiga fábrica de pólvora em Paris, chegou a abrigar um número maior de lunáticos – talvez algo próximo a uma centena, no início, com um aumento de dez vezes essa quantia quando da eclosão da Revolução Francesa, ainda que então seus confinados fossem, desde havia muitos anos, principalmente mulheres. Mas os insanos eram sempre uma parte pequena do todo. Em 1790, por exemplo, constituíam menos de um décimo do número total de internos na Salpêtrière, que na época passavam de dez mil almas. Pessoas socialmente inadequadas e problemáticas de todos os tipos abarrotavam os amplos salões do estabelecimento **(imagem 23)**. Quando publicou seu relatório crítico dos hospitais de Paris, em 1788, o cirurgião francês Jacques Tenon (1724-1816) ofereceu um resumo conciso dessa demografia heterogênea:

> A Salpêtrière é o maior hospital de Paris e, possivelmente, da Europa: esse hospital é ao mesmo tempo uma casa para mulheres e uma prisão. Recebia mulheres e garotas grávidas, amas de leite e seus lactentes; crianças do sexo masculino de idades de sete a oito meses até quatro ou cinco anos; meninas de todas as idades; homens e mulheres idosos casados; lunáticos delirantes, imbecis, epilépticos, paralíticos, cegos, aleijados, pessoas que sofriam de micoses cutâneas, pacientes incuráveis de todos os tipos, crianças afligidas por escrófula e assim por diante.
> No centro do estabelecimento há uma casa de detenção para mulheres, composta de quatro prisões diferentes: *le commun*, para as garotas mais dissolutas; *la correction*, para aquelas que não são consideradas irremediavelmente depravadas; *la prison*, reservada para pessoas detidas por ordem do rei; e *la grande force*, para mulheres estigmatizadas por ordem dos tribunais.[2]

---

2 Jacques Tenon, *Mémoire sur les hôpitaux de Paris*, Paris: Pierres, 1788, p. 85.

Casas e médicos de loucos

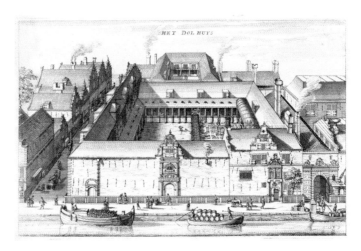

O *dolhuis*, ou casa de loucos, de Amsterdã depois da conclusão de sua reforma e expansão em 1617. A gravura é possivelmente de autoria de J. van Meurs e apareceu em 1663.

Como esse relato detalhado sugere (mencionando os lunáticos apenas de passagem), a noção propagada por Michel Foucault de que os séculos XVII e XVIII testemunharam o "Grande Confinamento" dos insanos exagera de forma dramática o estado real das coisas – algo que se torna ainda mais claro quando olhamos para além da populosa capital francesa.

Em Montpellier, no sul da França, por exemplo, um *hôpital général* havia sido construído por autoridades provinciais nas últimas décadas do século XVII, o que não impediu reclamações, no início do século XVIII, sobre "*des gens qui roulent la ville et commettent plusieurs désordres se trouvant déporvus de raison et du bon sens*" [pessoas que, desprovidas da razão e do bom senso, vagam pela cidade e causam uma série de transtornos]. Por fim, um desses incidentes, em que um louco primeiro matou a esposa e depois incendiou a própria casa e a de seus vizinhos, forçou as autoridades locais a agir: os dirigentes da cidade combinaram com o hospital local a construção de 12 celas, ou *loges*, em que os loucos violentos poderiam ser confinados de modo seguro. No curso daquele século, um punhado de celas foi acrescentado mediante diferentes patrocínios, até que, na eclosão da revolução, havia 25 delas que, juntas, mal continham vinte loucos – e isso numa cidade de cerca de 30 mil pessoas[3].

---

[3] Montpellier não parece atípica quanto ao tratamento dado aos loucos nas províncias francesas. Em Dijon, por exemplo, a congregação Bon Pasteur abrigava nove mulheres com doenças mentais à época da Revolução Francesa.

Montpellier era um centro importante de aprendizado médico; o prestígio de sua faculdade de medicina era inferior apenas ao da de Paris[4]. Mas o fato de que essas celas eram localizadas no interior dos hospitais não deve nos enganar: havia pouco ou nenhum envolvimento ou interesse médico no tratamento dos insanos[5]. Os poucos pacientes encarcerados nas celas destinadas aos lunáticos parecem corresponder àquelas pessoas que ofereciam um perigo evidente à comunidade – um homem que vagara pela noite tentando incendiar a vizinhança, outro que atacara e ferira diversas pessoas, um terceiro que entrara na igreja local e começara a destruir imagens e ornamentos religiosos – ou cujas ações ameaçavam constranger ou escandalizar suas famílias, um pretexto também utilizado para confinar jovens mulheres "dissolutas" cuja inclinação sexual (e talvez prostituição) colocava a honra familiar em jogo. O cuidado dessas pessoas, tal como então praticado (os internos eram trancados em pequenas celas gradeadas que mediam cerca de 6 m^2), era desempenhado por freiras católicas, da congregação Les Filles de la Charité, um reflexo do fato de que seus problemas eram vistos como sociais, não médicos[6].

Como o pequeno número de lunáticos encarcerados no hospital local deixa claro, a maioria dos loucos era tratada noutros lugares. Assim como nos séculos anteriores, o fardo principal recaía sobre os familiares e, dadas a pobreza e as más condições de vida das classes inferiores, os expedientes empregados eram improvisados. O destino da maior parte desses sofredores, acorrentados em sótãos, porões ou construções externas, era ainda menos invejável. Se a família não fosse encontrada, alguns dos pobres insanos podiam ser levados à cadeia ou colocados no *dépôt de mendicité* ou no abrigo local, junto com outros membros das classes indesejadas. Para os mais abastados, uma alternativa aos desgastes do cuidado doméstico da loucura era oferecida pela internação de seus parentes em instituições religiosas, uma forma de confinamento que muitas vezes recebia autorização oficial através de uma *lettre de cachet* real, um mandado assinado pelo rei que autorizava a detenção do indivíduo mencionado por tempo indeterminado. Talvez a figura mais famosa a ser encarcerada graças a esse expediente tenha sido o marquês de Sade (1740-1814). As *lettres de cachet* inviabilizavam completamente o acesso aos tribunais ou a instâncias recursais, e as reiteradas aventuras sexuais de Sade levaram sua sogra, Madame

---

4   Colin Jones, "The Treatment of the Insane in Eighteenth- and Early Nineteenth-Century Montpellier", *Medical History*, v. 24, 1980, p. 373. Esta seção se vale da pesquisa pioneira de Jones.

5   *Ibidem*, p. 380.

6   *Ibidem*.

de Montreuil, a obter um desses mandados. É possível que ela tenha sido levada a esse expediente pelo romance de Sade com sua segunda filha, sem mencionar o recurso frequente do marquês a profissionais femininos e masculinos do sexo e à sedução de toda e qualquer pessoa a seu redor. Se assim foi, então isso foi feito contra os desejos da esposa de Sade, sua cúmplice de longa data. Mas, depois de atraí-lo a Paris sob um pretexto qualquer, Madame de Montreuil garantiu o aprisionamento do genro, primeiro no Castelo de Vincennes e depois na Bastilha, de onde foi transferido para a casa de loucos de Charenton apenas dez dias antes da invasão da prisão parisiense pela turba revolucionária e da libertação dos que ali se encontravam presos[7]. Depois de um período de liberdade, Sade retornou a Charenton em 1803 e lá permaneceu até sua morte, em 1814.

A França também possuía casas de loucos privadas já no começo de 1814, chamadas pelo eufemismo de *maisons de santé* [casas de saúde][8]. Havia um processo jurídico formal (e dispendioso) para legitimar o envio dos lunáticos a esses lugares. A audiência perante um magistrado, a *interdiction* [interdição], era em geral iniciada pela família, ainda que em algumas ocasiões fosse de iniciativa das autoridades reais. O magistrado analisava as provas e geralmente conversava com a pessoa insana antes de decidir se autorizava ou não o encarceramento. Tais procedimentos serviam também para proteger o patrimônio da pessoa. Mas, além de seus custos consideráveis, essas ocasiões eram vistas como ameaça à reputação e "honra familiar", por isso muitas pessoas evitavam sua utilização. As versáteis *lettres de cachet* eram usadas com mais frequência para autorizar a consignação de parentes loucos a esses estabelecimentos. Esse tipo de abordagem tampouco estava livre de inconvenientes. Em particular, a fluidez dos critérios com base nos quais os mandados eram concedidos

---

[7] Sade foi libertado de Charenton em 1790, quando a Assembleia Constituinte aboliu as *lettres de cachet*, e na sequência se tornou um dos delegados da Convenção Nacional, para o que convenientemente rejeitou seu passado aristocrático. Em 1801, foi preso mais uma vez no Bicêtre (tendo Napoleão considerado que a detenção arbitrária era uma arma valiosa demais para ser rejeitada) e depois transferido de volta para Charenton, após a intervenção de seus parentes, onde morreu como "lunático" em 1814. No total, Sade ficou preso por mais de um quarto de século.

[8] Jacques Tenon, em *Mémoire sur les hôpitaux de Paris, op. cit.*, lista meia dúzia de manicômios no Faubourg St. Jacques, mais nove no Faubourg St. Antoine e três em Montmartre. O maior desses, administrado por certa mademoiselle Laignel na viela denominada *cul-de-sac des Vignes*, abrigava 36 mulheres lunáticas. Considerados em conjunto, esses estabelecimentos confinaram menos de trezentos internos, a maioria deles listada como imbecil ou senil. Os violentos e agitados eram abrigados noutros lugares, muitos deles em instituições municipais.

ajudou a afundar a reputação das *maisons de santé* no escândalo e no medo[9]. Que esses instrumentos fossem usados simultaneamente para silenciar os adversários políticos e críticos do rei e para fazer calar (em vários sentidos) os bem-nascidos cujas excentricidades causavam preocupação em seus parentes não era algo que passava despercebido. Não seria a última vez que tachar pessoas inconvenientes de loucas se mostraria conveniente, mas cair na tentação de fazê-lo impregnava o confinamento dos doentes mentais com o odor da tirania. Sob Luís XVI, o descontentamento reprimido mas efervescente com essa forma arbitrária de silenciamento e aprisionamento de pessoas transbordou a céu aberto e, a partir da década de 1770, protestos contra a prática foram repetidamente proferidos no *parlement* de Paris, nas assembleias provinciais e, por fim, nos estados-gerais. Isso levou à sua abolição imediatamente depois da revolução pela Assembleia Constituinte, em 27 de março de 1790 – uma decisão que complicou o problema de como se livrar dos loucos perigosos e criou dificuldades que não seriam completamente solucionadas até a promulgação, em 1838, de uma nova lei que regulamentava o confinamento dos insanos.

Representações da loucura

Se as desconfianças quanto a falsos confinamentos nos asilos de alienados franceses estavam intimamente relacionadas a um medo mais amplo da tirania e arbitrariedade do rei, do outro lado do canal da Mancha elas estavam ligadas a um conjunto bem diferente de receios. Casas de loucos privadas e lucrativas haviam começado a surgir na Inglaterra provavelmente logo ao final do século XVII, conforme os mais ricos buscavam formas de alívio para os fardos e problemas associados ao cuidado dos lunáticos no ambiente doméstico. O século XVIII testemunhou o nascimento da sociedade de consumo, com a rápida expansão de mercados e relações comerciais e uma classe média cada vez maior que começava a gozar de certa opulência[10]. Mais e mais mercadorias e serviços se tornavam objetos de comércio a partir dos quais as classes empreendedoras

---

[9] Em *The Regulation of Madness: The Origins of Incarceration in France* (Berkeley: University of California Press; Cambridge: Polity, 1988, p. 16), Robert Castel estima que "prisioneiros de família" compunham quase nove décimos daqueles detidos mediante *lettres de cachet* emitidas pelo *ancien régime*.

[10] Neil McKendrick, John Brewer e J. H. Plumb, *The Birth of a Consumer Society: The Commercialization of Eighteenth-Century England*, Bloomington: Indiana University Press, 1982.

podiam tentar ganhar a vida. Cursos de etiqueta e dança, aulas de música e pintura ofereciam oportunidades de renda para muitos.

Conforme a alfabetização se espalhava, o mercado para a literatura de menor qualidade cresceu, e os escrevinhadores de Grub Street (uma rua de Londres famosa por escritores desse tipo) ofereciam contos empolgantes para as massas, ainda que no polo oposto do mercado literário também escritores mais ambiciosos encontrassem um público maior para seus produtos. O mesmo acontecia nas artes, em que profissionais astutos como William Hogarth (1697-1764) exploravam as novas oportunidades comerciais com a venda de pinturas caras para uma clientela aristocrática, enquanto faziam reproduções em massa dessas mesmas pinturas em gravuras para os novos-ricos que tentavam imitar seus colegas nascidos em berço de ouro. Entre os temas de Hogarth e ao lado dos retratos habituais dos ricos e famosos, estavam novos tipos de comentário social: uma ilustração de um escritor esfomeado num sótão insalubre e toda uma série de imagens que censuravam os pecados da Londres do século XVIII – "temas morais modernos", como Hogarth os chamava – e incluíam tópicos como *Marriage à-la-mode* [Casamento da moda]; *Industry and Idleness* [Indústria e ociosidade]; *Four Stages of Cruelty* [Quatro estágios da crueldade]; *Gin Lane* [Travessa do gim]; e *A Harlot's Progress* [A carreira de uma prostituta].

A mais famosa de todas essas séries foi possivelmente *A Rake's Progress* [A carreira de um libertino][11], oito pinturas que retratavam a queda do jovem Tom Rakewell, que herda a fortuna do pai rico e avarento e passa a esbanjá-la numa vida desordenada, com bebida, apostas e prostitutas. Na cena final, seminu e acorrentado, Tom está deitado no chão do Bedlam, enlouquecido por sua vida de excessos e cercado por uma trupe de loucos, todos sob a inspeção de duas mulheres ricamente vestidas – se *voyeuses* aristocráticas ou prostitutas, fica a cargo de nossa imaginação. Grades, correntes, nudez – as acompanhantes estereotipadas da loucura – e uma ala abarrotada de figuras como um papista louco com uma mitra e um cajado da trindade, um astrônomo enlouquecido, um melancólico doente de amor, um encantador de serpentes delirante, um músico demente e um pretenso rei, nu a não ser por sua coroa de mentira, que urina sobre a palha: eis o desfile patético da irracionalidade

---

[11] O título original da obra e o nome de seu protagonista, Tom Rakewell, contém um jogo de palavras com o termo em inglês *rake*, uma corruptela de *rakehell* (devasso, libertino), que era utilizado na época de Hogarth para designar, nas artes e na literatura, personagens masculinos afluentes e imorais que, por conta do descomedimento, prodigalidade e licenciosidade, acabavam encarcerados por dívidas, corroídos por doenças venéreas ou internados em hospícios. [N.T.]

sob uma multiplicidade de roupagens, da loucura como salário do pecado. A pintura foi concluída em 1733, e Hogarth começou a aceitar pedidos para reproduções em gravura perto do final daquele ano. De modo prudente, no entanto, atrasou a publicação até 25 de junho de 1735, dia em que o *Engraving Copyright Act* [Lei de direitos autorais dos gravadores] entrou em vigor: Hogarth pôde então cobrar dois guinéus por conjunto e, quando o mercado se esgotou, produziu uma linha menor e mais barata que vendeu por meros dois xelins e seis centavos.

A mesma miscelânea de mecenas aristocráticos e membros de uma aspirante classe mercantil que compunha os principais consumidores do trabalho de Hogarth também formava o grosso da audiência de outra forma de empreendimento artístico. Combinando poesia, dança, tragédia e música, a ópera – cuja origem remonta, segundo foi convencionado, à Florença renascentista, nos anos finais do século XVI –, representava um esforço para ressuscitar a tragédia grega. De início apresentadas quase exclusivamente para o público das cortes (onde extravagâncias de todos os tipos eram vistas como virtudes a serem cultivadas, pois ofereciam ocasiões adequadas para demonstrações desembaraçadas de riqueza e poder), as óperas passaram a ser encenadas para um público pagante, ainda que bastante abastado, primeiro em Veneza (com obras de Monteverdi) e logo por toda a Itália, antes de se espalharem pelo resto da Europa. Na época de Hogarth, era o gênero que atraía os principais compositores, e a atração por ele exercida entre as classes afluentes era cada vez mais bem estabelecida – uma associação que persistiria até os dias de hoje, tanto para seu benefício quanto em seu detrimento.

A cena final de *A Rake's Progress* mostra o destino de Tom: o salário do pecado e da devassidão é a loucura e o confinamento no Bedlam; gravura baseada na pintura original.

A ópera envolve espetáculo, tragédia no palco e enredos em que o exagero deliberado chega quase ao ponto do excessivo e do absurdo, envolvendo emoções intensificadas, amor, traição, luto, vingança, violência e morte. Desse modo, compositores e público foram atraídos quase de imediato pelas possibilidades melodramáticas que a loucura apresentava e pela forma como as paixões, elevadas a um grau febril, podiam beirar a insanidade e, por fim, transbordar seus limites. Se os cantores podiam cantar longas árias enquanto enfrentavam o luto, sofriam agonias ou morriam, então certamente também seriam capazes de dar voz à loucura[12]. Em sua capacidade de se valer do potencial da poesia para curvar e expandir os limites da linguagem e combinar esses atributos com ações dramáticas expressivas, cenários e figurinos, a ópera detinha enormes vantagens como forma de capturar a Desrazão – de exibi-la, colocá-la sob uma lente de aumento, talvez até mesmo domesticá-la em alguns sentidos e, sem dúvida, iluminar a derrocada e fragmentação do mundo graças aos estratagemas da arte. Mas tudo isso deixa de lado um aspecto ainda mais saliente. A ópera possuía uma segunda "linguagem", uma linguagem capaz de amplificar, ilustrar e até mesmo agir como contraponto ao verbal e ao visual: as expressões e os sons musicais que podiam ser explorados por um compositor com habilidade suficiente para delinear personagens, humores e situações.

Orlando, de Händel (uma reformulação do *Orlando furioso*), foi a primeira ópera a ser encenada em Londres, em 27 de janeiro de 1733, época em que Hogarth trabalhava em *A Rake's Progress*. Trabalhando dentro das convenções musicais em geral imponentes e ordenadas do período barroco, Händel, no entanto, aproveitou ao máximo a oportunidade que se oferecia para juntar atuação, palavras e música na representação da desintegração e loucura de Orlando na longa cena que fecha o segundo ato. Ele faz uso de uma variedade de recursos musicais engenhosos para sinalizar a eclosão da desordem e da perda de contato de Orlando com a realidade. O que começa com uma orquestração simples e ritmada se torna mais frenético conforme a cena se desenrola. Enquanto o naipe de cordas começa com todos os instrumentos tocando juntos, os violinos passam a entoar uma linha melódica mais aguda à medida que o ritmo acelera. Acordes são tocados de forma cada vez

---

[12] Devo muito, neste tópico, a Fabrizio Della Seta, *Not Without Madness: Perspectives on Opera*, trad. Mark Weir (Chicago: University of Chicago Press, 2013), e, de modo mais amplo, ao longo de minhas discussões sobre loucura e ópera, à minha amiga Amy Forrest e meu cunhado Michael Andrews por suas sugestões e reflexões. Delilah Forrest, filha de Amy, também foi muitíssimo prestativa em chamar minha atenção para os atributos particulares das partituras de Händel e Mozart para *Orlando* e *Idomeneo*.

mais agitada. Flautas doces e violas-de-amor fornecem matizes inesperados, de modo a sinalizar a fuga de Orlando da realidade. Sete andamentos diferentes e cinco mudanças de compasso se somam às contorções musicais. O elemento temático mais carregado é repetido várias vezes e, então, retorna, sustentado enfim por um acompanhamento instrumental muito mais frenético e complexo. Eis a música fora de prumo, simbolizando um mundo que perdeu o norte. (Händel recorre até mesmo a alguns compassos em 5/8 no recitativo acompanhado que precede a ária, uma raridade na música barroca e algo que deve ter contribuído para a noção de desconforto do público na época.)[13] Finalmente, um Orlando demente pensa ter adentrado a barcaça de Caronte, o barqueiro do Estige, que o lançará numa jornada rumo ao submundo. "*Già solco l'onde nere*" ["Já singro as ondas negras"], canta Orlando, mergulhando na loucura.

O empréstimo que Händel contraiu das formas literárias foi apenas o primeiro de muitos a serem realizados por outros compositores de ópera[14]. Quase meio século depois, em 1781, no período neoclássico, o *Idomeneo* de Mozart, passado na Creta do rescaldo da Guerra de Troia, combina cor orquestral, libreto e ação dramática de forma ainda mais rica. A música de Mozart difere de modo notável da de Händel por seus ritmos mais complexos, sua maior amplitude dinâmica, sua instrumentação mais variada, sua orquestração incrivelmente diferente e pelo uso que Mozart faz de múltiplas linhas melódicas. Já sua abertura anuncia o perigo que está por vir, o mar agitado, a sensação de um deus irritado, de forças que ameaçam despedaçar a ordem. Conforme a tragédia se desenrola, testemunhamos Electra, torturada pelo ciúme que sente pela rival com quem disputa a mão do príncipe Idamantes, a princesa troiana Ília capturada, evocar as Fúrias para consolidar sua vingança contra a adversária e então, frustrada, lentamente decair numa loucura furiosa em sua ária final. A música adquire uma intensidade impetuosa. Electra dá ex-

---

[13] Michael Robinson, em *Time in Western Music* (*e-book*: Acorn Independent Press, 2013), observa que "a mensagem que Händel parece sugerir aqui é que qualquer um que ouse cantar em cinco tempos ou está delirando ou deseja ser tido como um louco".

[14] Compare-se, por exemplo, a ópera *Macbeth* (1847), de Verdi, com sua Lady Macbeth sonâmbula e assombrada, ou o *Hamlet* do compositor francês Ambroise Thomas, com sua utilização da loucura, tanto a real quanto a fingida, e o lugar de destaque oferecido à louca Ofélia num enredo radicalmente podado e simplificado. Vagando ainda mais a fundo em suas inspirações originais, temos a *Lady Macbeth do distrito de Mtsensk*, de Dmitri Shostakovitch, ópera de 1934 que provocou a fúria de Stalin e chegou perto de causar a morte de seu compositor, em parte por seu retrato favorável de uma assassina e suas referências ao exílio na Sibéria, mas ainda mais por sua expressão musical explicitamente modernista e por aquilo que um crítico estadunidense chamou de "pornofonia" na música que acompanhava as cenas de sexo.

pressão a seu desespero e sua raiva com voz de início altaneira, mas que depois se dissolve em berros histéricos fragmentados, enquanto o acompanhamento agitado da orquestra mistura síncopes e elementos harmonicamente instáveis com dissonâncias, uma combinação explosiva que evoca a alma colérica e atormentada da personagem[15]. Händel havia usado repetições em *Orlando*, talvez para sugerir as compulsões da loucura, e a ária de Electra também é notável, como Daniel Heartz enfatizou, tanto por suas repetições gaguejantes no canto de Electra, quanto por "um grupeto repetido sem cessar pelas cordas como uma obsessão que nos assombra"[16]. Como nas cenas de sono ou *sommeil* (e dificilmente os elos entre o mundo dos sonhos, com seu afrouxamento das limitações e da noção de realidade, e os deslocamentos da loucura precisarão ser mais elaborados aqui), as cenas de loucura viriam a ser um ponto alto facilmente reconhecível da narrativa, uma parte integrante da experiência de ir à ópera para aqueles que compunham seu público assíduo[17].

Silenciando pessoas

Se a arte e a escrita começavam agora a oferecer novas formas de ganhar a vida – talvez mesmo de acumular fortunas – graças a uma clientela mais ampla que a dos tradicionais mecenas da Igreja ou da aristocracia, negócios mais mundanos também podiam ser transformados em fonte de lucro. Certamente era o caso daqueles que lidavam com os aspectos menos agradáveis da vida. Cadáveres, por exemplo, eram cada vez mais repassados a um novo grupo de especialistas, os agentes funerários, que pegaram uma tarefa desagradável tradicionalmente desempenhada no âmbito doméstico e sobre ela criaram um serviço que passaram a vender aos enlutados.

---

[15] Para uma ótima discussão sobre *Idomeneo*, à qual devo muito, cf. David Cairns, *Mozart and His Operas*, Berkeley: University of California Press; Londres: Allen Lane, 2006, cap. 2. Daniel Heartz, em *Mozart's Operas* (Berkeley: University of California Press, 1992), também apresenta uma discussão muito proveitosa sobre o mesmo tema.

[16] Daniel Heartz, *apud* Kristi Brown-Montesano, *Understanding the Women of Mozart's Operas*, Berkeley: University of California Press, 2007, p. 225.

[17] A *Medeia* de Charpentier, de 1693, precedeu *Orlando* em quatro décadas e, inevitavelmente, adotou o tema da loucura, mas outros exemplos incluem *Hercules*, do próprio Händel (1744); *Idomeneo*, de Mozart (1781); *Anna Bolena* (1830), *Lucia di Lammermoor* (1835) e *Linda di Chamounix* (1842), de Donizetti; *Il Pirata* (1827), *I Puritani* (1835) e *La sonnambula* (1831), de Bellini; *Hamlet*, de Thomas (1868); *Boris Godunov*, de Mussorgsky (1868); *Nabucco* (1842) e *Macbeth* (1847), de Verdi; e *Tosca*, de Puccini (1900).

O mesmo se deu também com a loucura, um tipo jurídico e moral de morte em vida cujas devastações e perturbações desmantelavam a existência privada. A presença de um parente perturbado ameaçava o tecido social e a paz doméstica. Os maníacos e aparvalhados provocavam transtornos e incertezas o tempo todo, criavam uma grande quantidade de problemas e traziam todo tipo de comoção e desordem. Nem bens nem pessoas estavam a salvo de sua presença. O constrangimento social e o escândalo eram um perigo constante, mas também pairava a ameaça iminente do desastre financeiro que poderia resultar da dilapidação imprudente de recursos materiais e dissipação da riqueza familiar. Eles mesmos em frequente estado de grande inquietação, os loucos ainda infligiam grandes angústias sobre aqueles a seu redor, e muitos cidadãos respeitáveis estavam cada vez mais dispostos e capacitados a pagar pelo alívio dessas dificuldades.

Aqui estava a base fundacional para o novo negócio da loucura, como os ingleses do século XVIII passaram cada vez mais a chamá-la (*lunacy*). Conforme crescia o segmento da população em condições de pagar caro por ajuda, conselho e consolo discretos, e uma solução prática para os problemas que a presença de um lunático causava, surgia também uma rede informal de casas de loucos para lidar com os pacientes com perturbações mais severas. Esses lugares de confinamento ofereciam às famílias um meio de afastarem os parentes loucos dos olhares curiosos dos outros e, assim, também uma medida de proteção contra a vergonha e o estigma que ameaçavam seu prestígio social. As manifestações mais graves de alienação mental eram uma catástrofe humana, e, para uma fração (ainda relativamente pequena) dos doentes mentais, silenciá-los numa das novas casas de loucos era a solução.

Livres de qualquer tipo significativo de licenciamento ou regulamentação ao longo de todo o século XVIII e envolvidas no negócio da venda de silêncios diplomáticos, as casas de loucos eram frequentemente espaços isolados e sinistros. Aqueles que lucravam com essa variedade particular da miséria humana formavam um grupo heterogêneo de pessoas vindas de um amplo leque de contextos sociais – um reflexo da sociedade extraordinariamente fluida e inovadora de cujas fileiras provinham. Homens do clero, tanto ortodoxos como não conformistas, consideravam a pregação para as almas doentes e atormentadas parte de suas atribuições, e alguns deles começaram a se interessar pelo cuidado dos loucos. Joseph Mason, por exemplo, um pregador batista de Gloucestershire, implementou uma pequena casa de loucos em Stapleton, perto de Bristol, em 1738 (mais tarde transferida para Fishponds, um vilarejo nas proximidades), que continuou em sua família por várias gerações. (Seu neto, Joseph Mason Cox, como veremos a seguir, acabaria por se graduar em medicina em Leiden, em 1788, e por integrar a terceira de cinco gerações de membros da família a serem proprietárias do estabelecimento.) Mas fossem empresários e especuladores, viúvas em busca de complemento para suas parcas rendas ou profissionais que diziam possuir uma variedade de conhecimentos médicos, desde apotecários analfabetos e autodidatas a médicos de treinamento clássico, como Anthony Addington (1713-1790), de Reading, era dessa maneira que todas essas pessoas ganhavam a vida.

E às vezes a vida que ganhavam era de fato muito boa. O pioneiro (cujo nome é bastante apropriado) *Sir* William Battie[18] (1703-1776), autor de *A Treatise on Madness* [Um tratado sobre a loucura], de 1758, tornou-se rico e célebre o suficiente para receber o título de cavaleiro da coroa britânica, ser eleito presidente do Royal College of Physicians e sair de uma situação de quase pobreza para uma fortuna avaliada na época entre cem e duzentas mil libras – que corresponde a dezenas de milhões em valores atuais. A riqueza auferida

Casa Whitmore, em Hoxton: aquarela de uma das maiores casas de loucos privadas de Londres no século XVIII e início do XIX. O estabelecimento foi adquirido em 1800 por Thomas Warburton, um ex-aprendiz de açougueiro que ali servira como zelador, graças ao estratagema perspicaz, ainda que pouco original, de se casar com a viúva do antigo proprietário.

---

[18] Em inglês, a pronúncia da palavra *batty* (louco, maluco, tolo) é igual à do sobrenome Battie. [N.T.]

por Addington com seu estabelecimento lançou a carreira política de seu filho Henry, que culminou em três anos como primeiro-ministro (1801-1804) e na ascensão ao pariato britânico. Nem todos se davam tão bem, é claro. A maioria se arranjava com um estilo da vida muito mais modesto e, às vezes, conseguia passar sua empresa para as gerações seguintes. A herança, que mantinha em família o lucrativo negócio e os segredos a ele relacionados, foi desde cedo estabelecida como um dos atributos desse ramo de atividade.

Homens de negócios sabem chegar aonde o dinheiro está, e assim a maior parte dos empreendedores que entravam no negócio da loucura procurava pacientes vindos das classes mais abastadas. Mas alguns enfermos mais pobres também se viam pela primeira vez nesses ambientes mais especializados. Autoridades locais concluíam ocasionalmente que a melhor maneira de se livrar dos indivíduos mais problemáticos e que não tinham família para mantê-los confinados e controlados seria removê-los para um desses novos estabelecimentos. Com a ascensão do trabalho assalariado, a maior mobilidade geográfica e a separação das esferas do trabalho e doméstica, famílias das classes trabalhadoras passaram a encontrar dificuldades cada vez maiores para lidar com os loucos em casa, um problema sentido com especial intensidade entre aqueles que haviam sido atraídos para Londres e eram mais vulneráveis a infortúnios econômicos. O aparecimento de uma sociedade orientada pelo mercado pode ter também produzido uma mudança sutil nas visões de mundo. Conforme atitudes mais calculistas diante da vida se consolidaram, também a solidariedade por afinidade ou laços familiares pode ter se enfraquecido, o que aumentou o número de lunáticos largados à custódia pública. Sem dúvida, enquanto a maioria das casas de loucos provinciais continuava a ser negócios de pequeno porte, com talvez algo próximo a no máximo uma dúzia de pacientes, suas correspondentes em Londres por vezes se expandiam a tamanhos bastante impressionantes. Em 1815, as duas casas de loucos de propriedade de Thomas Warburton em Bethnal Green, a White House e a Red House, reuniam juntas 635 pacientes, e o estabelecimento de *Sir* Jonathan Miles em Hoxton contava com 486. (Miles assegurara contratos lucrativos com o almirantado a fim de confinar marinheiros enlouquecidos durante a guerra contra Napoleão.)

Algumas centenas de lunáticos pobres ou de classe média também se encontravam confinados no número cada vez maior de asilos de caridade que se materializaram de meados do século XVIII em diante. O novo Bedlam (concluído em 1676), que recebera novas acomodações para pacientes crônicos em 1728, encontrou um concorrente em 1751, quando o St. Luke's Hospital abriu suas portas do outro lado de Moorfields. Modesto em comparação com o ornamentado Bedlam, esse hospital logo deu origem a imitadores nas províncias, frequentemente construídos – como em Leicester ou Manchester – como complementos de novos hospitais gerais que investidores propensos à caridade passaram a financiar no século XVIII.

Erguido como parte do esforço de reconstrução de Londres depois do grande incêndio de 1666, que consumira grande parte da estrutura da cidade (ainda que o prédio usado como base não tenha sido destruído pela conflagração), o Bedlam também havia sido uma celebração da restauração da monarquia, uma salvação dos ingleses contra a loucura da *Commonwealth* de Cromwell e seus ataques à hierarquia e à ordem social estabelecidas por direito divino. Mas a ostentação do novo exterior do Bedlam e os luxuosos ornamentos que no passado serviram para propagandear a benevolência dos ricos de Londres passaram a ser vistos por muitos como símbolos de vaidade e extravagância desnecessárias em meados do século XVIII. Sua grandeza ostensiva era de certa forma tolhida por sua localização insalubre, já que Cripplegate e Moorfields, as vizinhanças entre as quais se confinava, eram áreas pantanosas e de risco à saúde, antros de ociosos, párias, criminosos e vadios de todo tipo – e, ironicamente, também onde se armavam os cadafalsos, dos quais pendiam os corpos apodrecidos dos enforcados.

Os divulgadores do hospital de St. Luke enfatizavam, por sua vez, que "a austeridade e a simplicidade são louváveis em prédios voltados a objetivos beneficentes"[19]. Era um sentimento ecoado por contemporâneos de toda a Europa. O médico austríaco Johann Peter Frank (1745-1821), por exemplo, proclamou que um terreno e acomodações saudáveis e arejados eram "o único e melhor ornamento" para um hospital; já em Paris, o cientista Jean-Baptiste Le Roy (1720-1800) reclamava que "as pessoas sempre preferem as coisas que são chamativas e frívolas em detrimento daquelas que oferecem apenas a mísera utilidade" e defendia que "uma grande, extrema limpeza, um ar tão puro quanto possível – nunca é demais dizer. É esta a única e verdadeira magnificência que se deve buscar nesses prédios"[20].

Contudo, fossem seus exteriores simples ou ornamentados, e ainda que houvessem sido recém-construídos para abrigar números pequenos de lunáticos, esses asilos beneficentes davam pouca atenção às necessidades especiais dos loucos que trancafiavam. Os pacientes eram misturados de forma indis-

---

19 *European Magazine*, v. 6, 1784, p. 424.

20 Ambas as citações estão em Christine Stevenson, *Medicine and Magnificence: British Hospital and Asylum Architecture, 1660-1815*, New Haven: Yale University Press, 2000, p. 7.

criminada. Não havia separação obrigatória nem mesmo por sexo. A acomodação se dava em grandes galerias e, também, em celas individuais, onde os mais turbulentos eram acorrentados às paredes sem maior cerimônia. A falta de arquitetura específica era ainda mais perceptível nos estabelecimentos que buscavam o lucro no negócio da loucura, cujos proprietários empreendedores desdenhavam as despesas ligadas à construção de um prédio a partir do zero – para quê? – e, em vez disso, adaptavam e reformavam grosseiramente estruturas já existentes, muitas vezes mansões decadentes situadas em antigas áreas nobres e que podiam ser adaptadas a baixo custo para alojar suas mercadorias. Um século mais tarde, os entusiastas da reforma dos hospícios viriam a considerar, como componente vital de seus projetos, uma arquitetura pautada em princípios morais e feita sob medida para tratar daqueles que estavam sob as garras da Desrazão e restituir-lhes às fileiras dos sãos. Mas as primeiras casas de loucos não partilhavam de nenhuma dessas ideias, mesmo que sua invenção tenha marcado a aceitação crescente da ideia de que a loucura era uma condição que talvez pudesse ser tratada com maior sucesso fora de casa. Foi assim, então, que uma nova geografia da loucura começou a surgir.

O hospital de St. Luke para lunáticos, fundado em 1751. Em forte contraste com o exterior do Bedlam, que ficava do outro lado de Moorfields, a fachada do St. Luke é deliberadamente simples.

Casas e médicos de loucos

A água-tinta de Thomas Rowlandson do interior do hospital St. Luke (1809) exagera a altura da ala feminina, mas apresenta um grande número de figuras loucas, com cabelos e roupas em desalinho, em meio a um ambiente desprovido de adereços.

Se a segurança e o distanciamento da sociedade estavam entre as vantagens principais que as casas de loucos ofereciam à sua clientela – as famílias dos pacientes e por vezes as comunidades locais, de modo mais amplo, quando não os próprios pacientes –, a necessidade de adaptar espaços antigos a novas finalidades para as quais não eram apropriados levou a uma variedade de expedientes que enfatizavam suas funções de custódia: muros altos e janelas com barras para impedir fugas e, frequentemente, correntes e manilhas para facilitar as tarefas da administração diária de pessoas que, por definição, eram em geral pouco inclinadas ou incapazes de aderir às normas de etiqueta no trato social. Esses lugares alardeavam a discrição como principal produto, mas seus atributos abertamente assemelhados aos de uma prisão, além da separação que criavam entre o mundo dos loucos e o dos sãos, ajudaram a produzir e exacerbar os medos e rumores que logo passaram a envolvê-los.

Começaram a surgir queixas amarguradas de pacientes que diziam ter sido confinados por membros da própria família mancomunados com carcereiros corruptos. Se os franceses se preocupavam com os abusos do poder real associados às famigeradas *lettres de cachet*, seus vizinhos britânicos eram ferinos ao falar de um atropelo dos direitos de cidadãos nascidos livres. Alexander Cruden (1699-1770), lembrado nos dias de hoje principalmente como autor, em 1737, da primeira concordância para a Bíblia King James (um livro ainda impresso e em uso), falava com amargor de seu confinamento num asilo de loucos que fizera dele um "cidadão londrino extremamente ferido". Tratava-se, declarava Cruden (e, para um calvinista devoto como ele, a imagem é particularmente terrível), de nada menos que uma "Inquisição britânica"[21]. Daniel Defoe (1660?-1731), sempre alerta a novas formas de lucrar com a produção de prosa, escreveu um panfleto em que condenava

> a prática vil agora tão em voga entre os da melhor estirpe, como assim são chamados, mas que na verdade são os piores tipos; mais especificamente, o envio de esposas a manicômios por ocasião de cada capricho ou desgosto, para que seus maridos possam ficar mais seguros e imperturbáveis em suas devassidões [...] Damas e senhoras são lançadas nessas casas [...] [e] se não são loucas quando chegam a esses estabelecimentos amaldiçoados, logo passam a sê-lo em função das bárbaras rotinas a que lá são submetidas.[22]

Uma série de processos, alguns deles bem-sucedidos, sugerem que essas afirmações tinham alguma substância. Homens e mulheres podiam se ver encarcerados dessa maneira. William Belcher, que fora confinado por dezessete anos (1778-1795) num manicômio em Hackney, do qual acabou sendo liberado com a ajuda de um dos médicos de loucos mais famosos de Londres (Thomas Monro, do Bedlam), falou publicamente que foi "amarrado e torturado numa camisa de força, acorrentado, medicado à força por meio de um chifre de boi, lançado ao chão e declarado lunático por um júri que nunca me viu". Trancafiado no "caixão prematuro da mente", Belcher perdera havia muito a esperança de recuperar a liberdade[23]. O negócio da loucura sempre operava, assim, sob suspeita. William Pargeter (1760-1810), médico do século XVIII que escreveu sobre a loucura mas nunca chegou a ter seu próprio manicômio, era severo ao atacar a reputação de lugares como esses:

> A ideia de um *asilo de loucos* é capaz de provocar, no coração da maioria das pessoas, as mais fortes emoções de horror e alerta; e isso com base

---

[21] Alexander Cruden, *The London-Citizen Exceedingly Injured: Or, a British Inquisition Display'd Addressed to the Legislature, as Plainly Shewing the Absolute Necessity of Regulating Private Madhouses*, Londres: Cooper and Dodd, 1739.

[22] Daniel Defoe, *Augusta Triumphans: Or, the Way to Make London the Most Flourishing City in the Universe*, Londres: J. Roberts, 1728.

[23] William Belcher, *Belcher's Address to Humanity: Containing a receipt to make a lunatic, and seize his estate*, Londres: Ed. do Autor, 1796.

numa suposição, não de todo infundada, de que quando um paciente é condenado a estabelecer moradia nesses lugares, não só será exposto a uma crueldade enorme, como também haverá uma grande chance, recupere-se ele ou não, de que nunca mais veja o lado de fora dos muros.[24]

Novos apuros

Escritores de ficção, para cujos produtos agora emergia um mercado em expansão, não demoraram a agarrar as possibilidades dramáticas que os manicômios apresentavam. Um autor respeitável como Tobias Smollett providenciou que o herói epônimo de seu *The Life and Adventures of Sir Launcelot Greaves* [A vida e as aventuras de *Sir* Launcelot Greaves] (1760), um Quixote inglês heroico-cômico, fosse capturado e arrastado para um manicômio administrado pelo perverso Bernard Shackle. Nos mercados literários de menor prestígio (e frequentemente diante de um séquito secreto e inconfessado de admiradores que em público expressavam desdém por artigos menos refinados), a loucura era explorada com maior crueza. O *frisson* que as fantasias desenfreadas sobre a vida entre os lunáticos podia causar era irresistível para os escrevinhadores. Esse tipo de cenário proporcionava aos leitores um entretenimento obsceno, mas também um tipo agradável de horror. As páginas dos romances góticos e sensacionalistas logo estariam repletas de cenas em casas de loucos – episódios empolgantes em que heroínas indefesas se viam trancafiadas e isoladas da sociedade civilizada, com a castidade e a própria sanidade ameaçadas pelos rufiões impiedosos que as mantinham em cativeiro. Algumas chibatadas e correntes adicionavam certa coloração sadomasoquista.

Talvez houvesse uma pitada de ironia no fato de que a Grub Street, cujo nome era sinônimo desse tipo de escrita sensacionalista, ficasse praticamente à sombra do Bedlam[25]. Longe dos muros do hospital, no entanto, os franceses desenvolveram seus próprios romances de horror, diabolismo e devassidão

---

[24] William Pargeter, *Observations on Maniacal Disorders*, Reading: Ed. do Autor, 1792, p. 123.

[25] Samuel Johnson, ele mesmo um homem de Grub Street, descreveu o habitante típico de um dos quartos miseráveis que ali podiam ser encontrados como "um homem sem virtudes que em casa escreve mentiras em troca de algumas moedas. Tais composições não demandam nem gênio nem conhecimento, nem engenho nem vigor; de absolutamente necessários, apenas o desprezo pela vergonha e a indiferença pela verdade" (*The Idler*, v. 30, nov. 1758). *The Dunciad* de Alexander Pope foi escrito como uma sátira explícita da "raça de Grub Street" de escritores comerciais.

– o gênero então conhecido como *romans noirs* [romances sombrios]; já os alemães, que não deixavam por menos, criaram aquilo que denominaram *Schauerroman* [romances de arrepio].

Um dos primeiros exemplos do gênero é a novela *The Distress'd Orphan, or Love in a Mad-house* [A órfã em apuros, ou Amor numa casa de loucos], que Eliza Haywood publicou originalmente de forma anônima em 1726. Sua história sobre a virtuosa Annilia, perversamente mantida em cativeiro em função das maquinações de seu tio Giraldo e depois levada sorrateiramente para uma casa de loucos, alcançou uma popularidade tal que continuou a ser reimpressa até o final do século, tanto em edições oficiais quanto pirateadas. Após a morte dos pais e passada à tutela de seu tio, a jovem herda uma fortuna, da qual Giraldo decide se apoderar por meio do casamento forçado de Annilia com seu filho. Ela se recusa. O tio a mantém trancada até que mude de ideia, e depois providencia para que seja levada numa carruagem de aluguel, na calada da noite, "sob a guarda de dois ou três homens empregados pelo guardião dos lunáticos", com os protestos da garota silenciados pelo "abafamento de sua boca". Os leitores ficavam alvoroçados com a imagem de um confinamento penoso a ponto de ameaçar a sanidade da heroína: "o tilintar das correntes, os berros daqueles que eram tratados com rispidez por seus bárbaros guardiões e que se misturavam aos xingamentos, às pragas e às mais blasfemas imprecações produzidas por uma das alas daquela casa chocaram os ouvidos atormentados de Annilia; ao mesmo tempo, vindos de outra ala, uivos como os de cães, gritos, rosnados, rezas, pregações, maldições, cantos e choros se juntavam de modo promíscuo e compunham o caos da mais terrível das confusões" – uma confusão da qual a heroína é providencialmente salva pelo homem por quem havia num momento anterior se apaixonado em segredo, o coronel Marathon, que a rapta, disfarçado de um melancólico homem do campo chamado "Lovemore", escalando os altos muros do manicômio com sua amada "trêmula" carregada no ombro. No final, o amor recebe sua justa recompensa, e os perpetradores do falso confinamento de Annilia são punidos com o exílio e a morte prematura[26].

Essa linha narrativa viria a ser incessantemente reciclada ao longo do século, até chegar a *Maria: or, the Wrongs of Woman* [Maria, ou Os erros de uma mulher], escrito em 1798 por Mary Wollstonecraft[27]. Na verdade, enredos

---

[26] Eliza Haywood, *The Distress'd Orphan, or Love in a Mad-house*, 2. ed., Londres: Roberts, 1726.

[27] Para outro romance inglês do final do século XVIII com temática manicomial, cf. Charlotte Smith, *The Young Philosopher*, Londres: Cadell and Davies, 1798.

Casas e médicos de loucos

"Annilia é levada na calada da noite para um manicômio por ordem de seu nobre tio." Frontispício para a edição de 1790 de *The Distress'd Orphan*, de Eliza Haywood.

como esses viriam a encontrar ecos até o começo da era vitoriana (ainda que num contexto de confinamento doméstico), em *Jane Eyre* (1847), de Charlotte Brontë. Asilos e médicos de loucos não aparecem aqui, mas sem dúvida não se pode dizer o mesmo dos antigos estereótipos de loucura e animalidade. A louca Bertha Mason espreita do sótão enquanto, noutra ala da mansão, a desavisada Jane Eyre tenta conter os impulsos sexuais que sente pelo belo senhor Rochester. Mas a feliz ignorância de Jane não dura muito tempo. É de forma abrupta que ela é apresentada à cativa senhora Rochester, uma mulher de apetites indômitos:

> Nas sombras profundas, na outra extremidade do quarto, um vulto corria de um lado a outro. O que era, se animal ou humano, não era possível, à primeira vista, dizer: a criatura se arrastava, aparentemente,

de quatro, mostrava os dentes e rosnava como algum estranho animal selvagem. Mas usava roupas, e uma cabeleira escura e grisalha, desgrenhada como uma juba, ocultava sua cabeça e seu rosto.[28]

Eis aí a loucura, aos berros, violenta, perigosa e destrutiva. Eis a louca como fera.

The Bride of Lammermoor [A noiva de Lammermoor], livro publicado por *Sir* Walter Scott em 1819, oferece um retrato do início do século XIX de uma louca violenta, Lucy Ashton. Levada por sua mãe interesseira a um casamento que não desejava (após ser enganada e convencida de que seu prometido a havia abandonado), Lucy descobre a verdade na noite de núpcias, apunhala o marido, enlouquece e se suicida. O romance de Scott foi a inspiração, por sua vez, para a ópera de Donizetti *Lucia di Lammermoor* (1835), que adapta o enredo em vários aspectos, mas mantém os elementos centrais de traição, loucura e assassinato. Depois de apunhalar o marido até a morte, no clímax da ópera, Lucia aparece no palco enlouquecida e vestida com seu ensanguentado vestido de noiva, canta uma última ária que exige bastante de suas cordas vocais e morre. A história apresenta todos os elementos dramáticos de que a ópera se banqueteia, e Donizetti tem a vantagem peculiar de conseguir combinar atuação, canto e instrumentação de forma a elevar a tensão, a violência e o terror da loucura a que o enredo acaba por conduzir. Como talvez fosse de se esperar, a ópera teve uma vida mais longa que o romance. Ela permanece como parte do repertório operístico tradicional, e sua protagonista foi interpretada em múltiplas ocasiões por Maria Callas e Joan Sutherland, grandes divas do século XX. Como o exemplo de Donizetti mostra (e cenas de loucura menos violentas são uma constante em suas outras óperas), os romancistas góticos não estavam sozinhos na exploração da loucura; tampouco, como veremos, os contos de encarceramento sob falsos pretextos desapareceram no século XIX, conforme os hospícios se tornavam uma presença agourenta e inconfundível[29].

Outro grupo de escritores do século XVIII, os assim chamados romancistas sentimentais, produziram obras voltadas especialmente para aqueles que tentavam ser vistos (e viam a si mesmos) como cavalheiros. De modo notável numa sociedade fluida como a britânica, em que o *status* social já não parecia

---

28 Charlotte Brontë, *Jane Eyre: uma autobiografia*, trad. Adriana Lisboa, São Paulo: Zahar, 2019, cap. 26.

29 Cabe mencionar uma ironia histórica aqui: o próprio Donizetti morreu louco, provavelmente vítima de sífilis terciária. Cf. Enid Peschel e Richard Peschel, "Donizetti and the Music of Mental Derangement: *Anna Bolena*, *Lucia di Lammermoor*, and the Composer's Neurobiological Illness", *Yale Journal of Biology and Medicine*, v. 65, 1992, p. 189-200.

Casas e médicos de loucos

Nesta cena de uma produção da ópera de Donizetti *Lucia di Lammermoor*, a enlouquecida Lucia, após matar o marido Arturo na noite de núpcias, entra em cena com seu vestido branco manchado de sangue para cantar a ária "Il dolce suono", em que imagina seu futuro casamento com Edgardo, seu verdadeiro amor.

imutável, as diferenças de gosto e sensibilidade ofereciam oportunidades valiosas para delimitar fronteiras sociais e criar distinções. Aí estava a chance para que uma certa classe de leitores enfatizasse a distância entre as culturas polida e popular e, através de suas escolhas literárias, exibisse seu refinamento, sua racionalidade e sua sensibilidade superiores. Pois essas eram as qualidades que serviam para distinguir pessoas como eles das massas esfarrapadas, dos seres inferiores que continuavam a chafurdar em superstições estúpidas, atitudes depravadas e grosseria moral[30].

Entre os mais bem-sucedidos na exploração desse setor piegas mas lucrativo do mercado literário estava Henry Mackenzie, cujo *The Man of Feeling* [O homem de sentimento] é um exemplo clássico do gênero. Publicado em abril de 1771, já estava esgotado em junho, e uma sexta edição foi impressa em 1791. Num dos episódios principais do romance, Harley, o herói, visita o

---

[30] Para um exemplo claro desse tipo de distanciamento social, cf. Samuel Richardson, *Letters Written to and for Particular Friends, on the Most Important Occasions*, Londres: Rivington, 1741, em especial as cartas 153 e 160.

167

Bedlam, onde lhe asseguram que irá se divertir muito com as tolices praticadas pelos pacientes. O resultado é o oposto, já que a visão e os barulhos "do tilintar das correntes, a selvageria dos gritos e as imprecações que alguns deles proferiam compunham uma cena inexprimivelmente chocante". A visão de um homem mantido como "uma fera selvagem em exibição" provoca uma enxurrada de lágrimas de crocodilo e uma rápida saída do estabelecimento. As massas podem reagir com risos e zombarias; o homem de sentimento é melhor do que isso: "penso ser uma prática desumana expor as maiores misérias com que nossa natureza pode ser afligida aos visitantes ociosos dispostos a pagar uma parca retribuição ao zelador [do Bedlam]; especialmente por se tratar de uma inquietação cujo alívio, como os compassivos devem saber, após reflexão dolorosa, está fora de seu alcance"[31].

Melodramas como esse não devem ser vistos como representações equilibradas ou precisas do destino dos loucos em confinamento. Denúncias mais globais do negócio da loucura seriam usadas pelos reformistas no século XIX, para os quais as pinturas das casas de loucos do *ancien régime*, carregadas dos tons mais escuros, forneceriam armas fundamentais para perturbar a consciência moral de seus contemporâneos e persuadi-los da necessidade de mudança. Os horrores certamente existiam e os reformistas se deleitariam em apontá-los sem cessar. Mas, sob outra perspectiva, a falta de regulamentação do negócio dos loucos permitiu ao menos que houvesse uma variedade maior de experiências no manejo dos insanos em ambientes institucionais e a adoção de abordagens experimentais para o seu tratamento.

Disciplinando os ingovernáveis

Para muitos, a subversão da Razão, "o poder soberano da alma"[32], é vista como uma libertação de apetites e paixões em toda sua fúria: "o desejo entra em ascensão", disse John Brydall (ca. 1635-1705?), autor do primeiro tratado inglês sobre a jurisprudência da insanidade, publicado na década de 1700, e, "tal qual Faetonte, avança furiosamente"[33], arrancando o verniz

---

31 Henry Mackenzie, *The Man of Feeling*, Londres: Cadell, 1771, cap. 20.

32 Nicholas Robinson, *A New System of the Spleen, Vapours, and Hypochondriack Melancholy*, Londres: Bettesworth, Innys, and Rivington, 1729, p. 43.

33 John Brydall, *Non Compos Mentis: or, the Law Relating to Natural Fools, Mad-Folks, and Lunatick Persons*, Londres: Isaac Cleave, 1700, p. 53.

da civilização e apagando todos os sinais distintivos de humanidade. Pascal (1623-1662), filósofo e matemático francês, falara sobre o que significava perder a própria razão:

> Posso conceber um homem sem mãos, pés, cabeça (pois só a experiência nos ensina que a cabeça é mais necessária que os pés); mas não posso conceber o homem sem pensamento: seria uma pedra ou animal.[34]

E, para aqueles que pensavam sobre o estatuto ontológico dos loucos, essa parecia ser a conclusão incontornável. Durante um sermão espiritual[35] em 1718 – um chamado anual à caridade em favor dos pobres de Londres –, proferido em nome "daquelas pessoas infelizes que são desprovidas da mais cara das luzes, a luz da Razão", o clérigo Andrew Snape (1675-1742) falou como

> o alheamento [...] despoja a alma racional de todos os seus dotes nobres e distintivos e afunda o homem infeliz sob a parte muda e insensível da Criação: mesmo o instinto brutal se mostra um guia mais certeiro e seguro do que a Razão perturbada, e todas as espécies de animais domesticados são mais sociáveis e menos nocivas do que a humanidade assim desumanizada.[36]

Para aqueles que aceitavam esse retrato, a loucura exigia mão firme. A disciplina devia, portanto, acompanhar os tratamentos médicos tradicionais de drenagem, evacuação e sangria. Até onde sabemos, Thomas Willis (1621-1675), que foi um dos pioneiros da pesquisa sobre a anatomia do cérebro e do sistema nervoso (e cunhou o termo "neurologia") não teve contato com loucos durante seus anos em Oxford, mas era bastante enfático sobre qual tratamento a condição demandava:

> A correção ou suavização das fúrias e exorbitâncias dos espíritos animais [...] exige ameaças, correntes ou pancadas, assim como purgantes. Pois um *homem louco* que é colocado numa casa adequada ao assunto deve

---

34 Blaise Pascal, *Pensamentos*, trad. Sérgio Milliet, São Paulo: Abril Cultural, 1973, p. 127.

35 Sermão anual que alguma autoridade eclesiástica fazia em algum hospital de caridade na Inglaterra, com a presença de outras autoridades, para atrair donativos. [N.E.]

36 Andrew Snape, *A Sermon Preach'd before the Right Honourable the Lord-Mayor and Gouvenors of the Several Hospitals of the City of London*, Londres: Bowyer, 1718, p. 15.

> assim ser tratado pelo *físico* e também por funcionários prudentes, de modo que possa de algum modo ser mantido preso, seja com o uso de avisos, repreensões ou castigos a ele infligidos para a observância de seus deveres, seu comportamento ou seus modos. E, na verdade, para a cura das pessoas loucas, não há nada mais efetivo ou necessário do que a reverência ou o deslumbramento diante daqueles que pensam ser seus algozes [...] Loucos furiosos são curados com mais rapidez e certeza com punições e medidas severas, numa cela de contenção, do que com *laxativos* ou medicamentos.[37]

A obra de Willis e as implicações do sistema nervoso e do cérebro na etiologia da loucura marcam o início de um distanciamento das explicações humorais para a insanidade que os homens da medicina vinham adotando desde Hipócrates e Galeno, e essa nova visão seria divulgada e desenvolvida pelos teóricos do começo do século XVIII. Essa perspectiva teve grande adesão entre os médicos da alta sociedade que buscavam um novo e lucrativo mercado no tratamento de pacientes "nervosos", aqueles cujo estado mental incerto havia tentado outros profissionais a considerá-los *malades imaginaires*[38] – e ainda que também esses homens pareçam ter tido pouco interesse no tratamento de loucos como os do Bedlam, eles confiantemente repetiam as injunções de seus mestres sobre o que devia ser feito para e com eles:

> É a maior das crueldades [assegura a seus leitores o proeminente Nicholas Robinson, médico e diretor do Bedlam] não ser ousado na administração da medicina. [Somente] um conjunto de tratamentos da mais violenta ação [seria suficiente] para conter o espírito das pessoas teimosas [e] reduzir sua força artificial através de métodos compulsivos.[39]

Esse tipo de raciocínio não deixava de influenciar aqueles que *efetivamente* cuidavam dos enlouquecidos. Os funcionários das casas de loucos não eram muito propensos a falar em público sobre suas habilidades com o chicote; essa dificilmente seria uma forma eficiente de angariar clientela. Mas era comum que o tratamento severo fosse empregado em muitas casas de loucos, e mesmo

---

[37] Thomas Willis, *Two Discourses Concerning the Soul of Brutes*, trad. Samuel Pordage, Londres: Dring, Harper and Leigh, 1683, p. 206, ênfase no original.

[38] Cf. Molière, *O doente imaginário*, trad. Marilia Toledo, São Paulo: Editora 34, 2010.

[39] Nicholas Robinson, *A New System of the Spleen*, op. cit., p. 400-01.

uma personalidade tão augusta como o rei Jorge III do Reino Unido (1738--1820) foi submetida a espancamentos e intimidações. Francis Willis (1718--1807), que mantinha uma casa de loucos em Lincolnshire, foi convocado para tratar o monarca em 1788, quando os médicos reais perderam as esperanças de curar sua loucura. Willis foi claro sobre como pretendia proceder:

> Assim como a morte não faz distinções em suas visitas entre a cabana do miserável e o palácio do príncipe, também a insanidade é igualmente imparcial nas transações com suas vítimas. Por esse motivo, não faço distinções em meu tratamento de pessoas submetidas a meus cuidados. Portanto, quando meu soberano se tornou violento, senti ser meu dever submetê-lo ao mesmo sistema de contenção que teria adotado com um dos seus próprios jardineiros em Kew: falando sem rodeios, vesti-o com uma camisa de força.[40]

Mas Willis dissimula um pouco. Seu tratamento foi muito além da aplicação da camisa de força. Noutra ocasião, vangloriou-se:

> A emoção do medo é a primeira e frequentemente a única com que eles podem ser governados. Ao trabalhar sobre ela, é possível remover os pensamentos dos loucos a respeito dos fantasmas que os ocupam e trazê-los de volta para a realidade, mesmo que isso resulte em dor e sofrimento.[41]

E suas ações eram compatíveis com suas palavras. A condessa de Harcourt, que serviu como dama de companhia da rainha, ofereceu um relato mais detalhado do tratamento do rei:

> O infeliz paciente [...] não era mais tratado como um ser humano. Seu corpo foi imediatamente encerrado numa máquina que não deixava qualquer liberdade de movimento. Às vezes ele era acorrentado a um poste. Frequentemente recebia surras e passava fome e, na melhor das hipóteses, era mantido em submissão por meio de ameaças e de linguagem violenta.[42]

---

[40] Citado em Ida Macalpine e Richard Hunter, *George III and the Mad-Business*, Londres: Allen Lane, 1969, p. 281.

[41] *Ibidem*, p. 275.

[42] *Ibidem*, p. 281.

O rei se recuperou conforme o esperado (apenas de forma temporária, como veremos no capítulo 7) e Willis foi recompensado por seus trabalhos com uma pensão substanciosa.

Em certa medida, as intervenções de Francis Willis eram idiossincráticas, mas a lógica subjacente de sua abordagem dos problemas do cuidado e cura de pacientes loucos – ele buscava domá-los, como "cavalos numa hípica", nas palavras de um observador próximo[43] – era amplamente compartilhada entre muitos de seus colegas de profissão, e não apenas na Inglaterra. Novos mecanismos foram inventados para despertar o medo e trazer os pacientes de volta à realidade por meio do trauma. Um dos exemplos mais formidáveis foi apresentado por Joseph Guislan (1797-1860), que administrava um hospício em Ghent. Seu *Traité sur l'aliénation mentale* [Tratado sobre a alienação mental], publicado em Amsterdã em 1826, incluía desenhos detalhados de um dispositivo que Guislan apelidava "o Templo chinês". O famoso médico holandês Herman Boerhaave (1668-1738) sugerira que a sensação de quase afogamento poderia ter usos terapêuticos para resgatar o louco de seu alheamento. É com orgulho que Guislan exibe seu método aprimorado para alcançar esse efeito:

> Consiste num pequeno templo chinês cujo interior é composto por uma gaiola móvel de metal de leve constituição que, por meio de polias e cordas, desce por trilhos por ação de seu próprio peso para mergulhar na água. A fim de expor o louco à ação desse dispositivo, ele é levado ao interior da gaiola e um funcionário fecha a porta pelo lado de fora, enquanto outro libera os freios que, graças a essa manobra, fazem com que o paciente, encerrado em sua prisão, afunde na água. Tendo produzido o efeito desejado, a máquina é trazida novamente para a superfície.

De modo algo supérfluo, Guislan comenta: "*toute fois ce moyen sera plus ou moins dangereux*" [todavia esse método será um tanto perigoso][44].

Talvez marginalmente menos aterrorizante era a máquina inventada pelo alienista norte-americano Benjamin Rush (1746-1813), que apelidou sua engenhoca de "o Tranquilizador" e prometia efeitos similarmente salutares:

---

[43] Coronel Greville, estribeiro de Jorge III, em seu *The Diaries of Colonel the Hon. Robert Fulke Greville*, org. Frank M. Bladon, Londres: John Lane, 1930, p. 186.

[44] Joseph Guislain, *Traité sur l'aliénation mentale*, Amsterdã: J. van der Hey, 1826, p. 43-44.

> Desenvolvi uma cadeira e a introduzi em nosso hospital [na Pensilvânia] para auxiliar na cura da loucura. Ela amarra e confina cada parte do corpo. Ao manter o tronco ereto, diminui o fluxo de sangue para o cérebro. Ao impedir que os músculos atuem, reduz a força e frequência da pulsação, e a posição da cabeça e dos pés favorece a fácil aplicação de água fria ou gelo naquela e de água morna nestes. Seus efeitos têm sido uma verdadeira fonte de deleite para mim. Ela atua como um sedativo para a língua e o temperamento, assim como para os vasos sanguíneos. Em 24, 12, 6 e, em alguns casos, 4 horas, os pacientes mais refratários estavam recompostos. Chamo-a de *Tranquilizador*.[45]

Erasmus Darwin (1731-1802), avô de Charles Darwin, sugeria uma abordagem ligeiramente diferente, para a qual se valia de algumas dicas da Antiguidade clássica: talvez um movimento de rotação pudesse vencer as barreiras erguidas pelos loucos e devolvê-los ao contato com o mundo do senso comum. A sugestão foi posta em prática com grande entusiasmo tanto na Inglaterra quanto na Irlanda, e logo se espalhou para o resto da Europa. Joseph Mason Cox (1763-1813), dono de uma casa de loucos próximo a Bristol, foi o primeiro a surgir com um projeto executável. Ele divulgava com orgulho a capacidade notável da aplicação de pressões morais e fisiológicas àqueles que se encontravam presos à sua cadeira giratória. O dispositivo oferecia um modo engenhoso de explorar "a concordância ou reciprocidade de ação que ainda resta entre a mente e o corpo". Estes agiam "cada um a seu turno [como] o agente e o sujeito sobre o qual se age, conforme o medo, o horror, a raiva e outras paixões excitadas pela rotação da cadeira produzam várias alterações no corpo e onde quer que o movimento oscilante, causador de fadiga, exaustão, lividez, *horripilatio* [o arrepio dos pelos do corpo], vertigem etc., produza novas associações e linhas de raciocínio". Tudo poderia ser alterado com uma precisão extraordinária. Ao agir sobre o estômago, seria possível produzir "náuseas tanto temporárias quanto continuadas, com vômitos parciais ou totais". Com um pouco mais de pressão, seria possível induzir "as mais violentas convulsões [...] a agitação e concussão de todas as partes do corpo animal". Para aqueles que ainda permanecessem obstinados, a cadeira giratória podia "ser empregada no escuro, onde, por meio de barulhos e odores pouco usuais ou de outros agentes poderosos que venham a atuar forçosamente sobre os

---

45 Benjamin Rush para John Rush, 8 jun. 1810, republicado em *The Letters of Benjamin Rush*, v. 2, ed. Lyman H. Butterfield, Princeton: Princeton University Press, 1951, p. 1052.

sentidos, sua eficácia poderia ser incrivelmente aumentada"[46]. De modo ainda mais engenhoso, ao "aumentar a velocidade das rotações, inverter subitamente o sentido das voltas a cada seis ou oito minutos, realizar pausas ocasionais e interromper o movimento de forma abrupta, a consequência é um esvaziamento instantâneo do estômago, dos intestinos e da bexiga em rápida sucessão"[47].

"O Tranquilizador", 1811. Benjamin Rush, seu inventor, gabava-se de que "seus efeitos têm sido uma verdadeira fonte de deleite para mim". As reações de seus pacientes não foram registradas.

---

[46] Joseph Mason Cox, *Practical Observations on Insanity*, 3. ed., Londres: R. Baldwin and Thomas Underwood, 1813, p. 159, 163, 164, 165. Além de aparecer em três edições inglesas durante um intervalo de nove anos, o tratado de Cox foi prontamente traduzido para o francês e o alemão, e uma edição norte-americana apareceu em 1811. Sua inovação encontrou ouvidos receptivos.

[47] George Man Burrows, *Commentaries on the Causes, Forms, Symptoms, and Treatment, Moral and Medical, of Insanity*, Londres: T. & G. Underwood, 1828, p. 601.

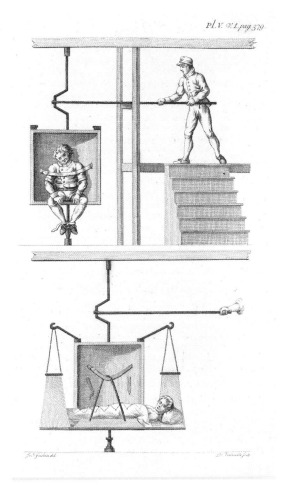

Versões mais elaboradas da cadeira giratória original de Joseph Mason Cox logo foram desenvolvidas. A primeira delas (*imagem de cima*) oferecia apoio melhor para a coluna vertebral enquanto o paciente rodopiava; a segunda (*imagem de baixo*) permitia o tratamento de um paciente reclinado.

Haveria maior refinamento a ser acrescentado a um dispositivo tão maravilhoso? William Saunders Hallaran (1765-1825), médico de loucos em Dublin, quase imediatamente vislumbrou um novo aprimoramento: projetou uma versão mais segura, em que um assento "dá melhor sustentação à coluna vertebral e protege contra a possibilidade de que a cabeça, durante o estado vertiginoso, penda para o lado"[48]. Hallaran dava testemunho de primeira mão

---

[48] *Ibidem*.

quanto aos poderes do dispositivo: "desde o início de seu uso, nunca me vi desprovido de um modo direto para estabelecer uma autoridade suprema diante dos mais turbulentos e ingovernáveis dos pacientes"[49].

Não obstante tais encômios e sua rápida disseminação inicial por toda a Europa e América do Norte, essas máquinas de cura gozaram apenas de um breve período de popularidade. O hospital Charité de Berlim, por exemplo, que importara rapidamente a cadeira de Cox, baniu seu uso na década de 1820. As opiniões pública e profissional haviam girado para a direção oposta com quase tanta violência quanto o dispositivo de Cox, e o que antes parecera um conjunto lógico e sensato de intervenções para tratar os loucos era agora recebido por muitos com incompreensão e ultraje.

Pois se alguns daqueles que lidavam com a pequena fração de pessoas então confinadas em hospícios e casas de loucos buscavam controlá-las através do medo e da intimidação, outros haviam extraído lições diferentes de um contato mais próximo com os problemas de cuidar dos loucos. A imposição externa de ordem aos desordenados, se necessário à força, não era para esses profissionais. Tais homens (e uma ou outra mulher, ocasionalmente) aprenderam por tentativa e erro a considerar que seus pacientes nem sempre eram totalmente desprovidos de juízo. Pelo contrário, os que adotavam esse ponto de vista alternativo enxergavam neles não apenas criaturas, mas criaturas semelhantes a eles, pessoas que, caso tratadas de modos mais sutis e habilidosos, poderiam ser induzidas a se comportar, a refrear a loucura, a regressar a uma vida que possuísse alguma aparência de normalidade.

Delicadeza e humanidade?

De modo significativo, os atributos centrais dessa nova abordagem surgiram de forma independente e quase simultânea em vários contextos e acabaram por também encontrar uma audiência receptiva entre o público – na Itália, França, Inglaterra, Holanda e América do Norte. Diante de um mundo que aparentemente se transformava à vista de todos pela ação humana – aberturas de canais, retificações de rios, a conjuração de cidades inteiras do zero quase do dia para a noite, a criação, numa escala sem precedentes, de novas espécies de animais e plantas por seleção artificial –, as velhas noções de uma natureza

---

[49] William Saunders Hallaran, *An Enquiry into the Causes Producing the Extraordinary Addition to the Number of Insane*, Cork: Edwards and Savage, 1810, p. 60.

imutável, e mesmo de uma natureza humana imutável, começaram a ser questionadas. Se para os pensadores do Iluminismo o ser humano nascia como uma *tabula rasa* sobre a qual a experiência então imprimia suas lições, haveria algo que não poderia ser alcançado pela aplicação racional das habilidades humanas? Na clássica máxima de Helvétius, filósofo do século XVIII, "*l'éducation peut tout*" [a educação pode tudo].

De início entre as classes mais elevadas, a criação das crianças começava a romper com a antiga noção que preconizava, basicamente, "a supressão do mal ou o adestramento da vontade"[50]. O pensador iluminista John Locke formulou o raciocínio necessário para a mudança em 1693:

> As palmadas são o pior e, portanto, o último meio a ser utilizado na correção das crianças [...] Assim, as recompensas e castigos, por meio dos quais devemos manter as crianças em seu devido lugar, são de estirpe bastante diferente [...] A estima e a vergonha são, dentre todos os demais, os mais poderosos incentivos para a mente que seja levada a saboreá-las. Se formos capazes de introduzir nas crianças o amor pela honra e o temor da desonra e da vergonha ao menos uma vez, teremos nelas inserido um princípio verdadeiro.[51]

Pouco mais de um século depois, em 1795, essa era quase exatamente a mesma linguagem e a mesma abordagem que os defensores do que veio a ser chamado de "tratamento moral" começaram a usar. "A primeira operação salutar sobre a mente de um lunático", afirmava John Ferriar (1761-1815), médico no hospício de Manchester, está em "criar um hábito de autocontrole", algo que exigia "a administração da esperança e da apreensão [...] Pequenos favores, demonstrações de confiança e de uma aparente distinção", e não o uso da coerção[52]. Thomas Bakewell (1761-1835), zelador de uma casa de loucos provincial em Staffordshire, ressaltava do mesmo modo a necessidade de elevar os "sentimentos morais" do louco e usá-los como uma espécie de "disciplina moral":

---

50 J. H. Plumb, "The New World of Children in Eighteenth-Century England", *Past and Present*, v. 67, 1975, p. 69.

51 John Locke, *Educational Writings of John Locke*, org. James L. Axtell, Cambridge: Cambridge University Press, 1968, p. 152-53, 183.

52 John Ferriar, *Medical Histories and Reflections*, v. 2, Londres: Cadell and Davies, 1795, p. 111-12.

> Sem dúvida a autoridade e a ordem devem ser mantidas, mas isso pode ser mais bem alcançado através da delicadeza, da condescendência e da atenção indulgente, e não de qualquer tipo de severidade. Os lunáticos não são desprovidos de entendimento nem devem ser tratados como se fossem; ao contrário, devem ser tratados como seres racionais.[53]

Quanto às abordagens mais violentas em voga noutros estabelecimentos:

> [graças ao terror, os lunáticos] podem ser levados a obedecer a seus guardas com a maior prontidão; levantam, sentam, ficam parados, andam e correm ao bel-prazer dos responsáveis por seu tratamento, ainda que a vontade destes seja expressa apenas por um olhar. Não é raro que vejamos tal obediência, e mesmo uma aparência de afeição, nos pobres animais que são expostos para gratificar nossa curiosidade sobre a história natural; mas quem, ao observar espetáculos como esses, conseguiria evitar a reflexão de que a prontidão com que o tigre selvagem obedece a seu mestre é o resultado de um tratamento diante do qual a humanidade ficaria arrepiada?[54]

Os dois homens mais comumente associados à nova abordagem eram o mercador quacre de chá e café William Tuke (1732-1822) – cujo neto Samuel foi citado mais acima –, fundador da casa de loucos York Retreat [Retiro de York] em 1792; e o médico Philippe Pinel (1745-1826), que em 1795 supostamente libertou os insanos da Salpêtrière **(imagem 24)** e do Bicêtre, respectivamente os maiores abrigos de lunáticos pobres, tanto homens quanto mulheres, da Paris revolucionária – acontecimentos a que retornaremos no capítulo 7. Mas Tuke era apenas uma dentre várias personalidades que defendiam uma nova forma de lidar com os insanos: John Ferriar, médico de Manchester, e Edward Long Fox (1761-1835), proprietário da casa de loucos particular Brislington House, próxima a Bristol, insistiam num conjunto similar de ideias – aliás, a enfermeira-chefe que Tuke contratou para o York Retreat foi Katherin Allen, que trabalhara no estabelecimento de Fox.

---

53 Thomas Bakewell, *A Letter Addressed to the Chairman of the Select Committee of the House of Commons, Appointed to Enquire into the State of Mad-houses*, Stafford: Ed. do Autor, 1815, p. 55-56.

54 Samuel Tuke, *Description of the Retreat: An Institution near York for Insane Persons of the Society of Friends*, York: Alexander, 1813, p. 148.

Quanto a Pinel, cuja ordem de desacorrentar os insanos foi um mito criado décadas depois do evento – o que alguns chamaram de "conto de fadas"[55] –, sua versão do tratamento moral foi aprendida com os administradores leigos das alas de insanos no Bicêtre e na Salpêtrière, Jean-Baptiste Pussin (1746-1811) e sua esposa Marguerite Pussin (1754-?), que possuíam a vasta experiência no cuidado dos insanos que, de início, faltava a Pinel[56]. Apesar disso, foi Pinel que "teorizou" as novas ideias e ofereceu a primeira descrição sistemática publicada da versão francesa do tratamento moral, com isso ajudando a institucionalizar a nova abordagem. E foi o otimismo utópico que o tratamento moral suscitou – a ideia de que uma nova forma de terapia, mais humana e eficaz, havia sido encontrada, uma forma que se vinculava de modo inextricável a uma versão reformulada da casa de loucos – que trouxe à luz a era dos hospícios. Eis o verdadeiro Grande Confinamento dos insanos, materializado no século XIX por toda a Europa e pelo subcontinente norte-americano e, com o tempo, disseminado também a outros países e continentes através dos esforços imperiais das potências europeias. Voltaremos à era da disseminação dos hospícios no capítulo 7.

---

[55] Dora Weiner, "'Le geste de Pinel': The History of a Psychiatric Myth", em: Mark S. Micale e Roy Porter (org.), *Discovering the History of Psychiatry*, Nova York e Oxford: Oxford University Press, 1994, p. 232. Cf. Também Gladys Swain, *Le sujet de la folie: Naissance de la psychiatrie*, Toulouse: Privat, 1977.

[56] Cf. Jan Goldstein, *Console and Classify: The French Psychiatric Profession in the Nineteenth Century*, ed. rev., Chicago: University of Chicago Press, 2001, cap. 3.

6

Nervos e doenças dos nervos

Assumindo a doença

Há doenças que ninguém quer assumir como sua e para as quais todos imediatamente tentam apontar outros culpados. A sífilis **(imagem 25)**, por exemplo, foi levada para a Europa nos últimos anos do século XV pela tripulação de Colombo e, mais tarde, faria aumentar significativamente a população dos hospícios nos séculos XIX e XX. Quando ela chegou à Europa, os ingleses prontamente a batizaram de "doença francesa". Os franceses, cujas tropas haviam contraído a doença durante o cerco de Nápoles (e cujos mercenários então ajudaram a espalhá-la por toda a Europa), prefeririam chamá-la de "doença napolitana". Os napolitanos, por sua vez, tentaram se livrar do rótulo chamando-a de "doença espanhola", enquanto os portugueses, buscando ser mais precisos, referiam-se a ela como "a doença castelhana". Os turcos, para não ficar atrás, simplesmente culparam a todos: falavam da "doença cristã".

Tratamentos para sífilis (1690): uma doença tão desesperadora convidava a uma variedade de medidas desesperadas, frequentemente administradas por charlatães e entre as quais se incluíam a perspiração e a cauterização.

No começo do século XVIII, contudo, outra enfermidade veio a receber uma recepção calorosa entre os ingleses, que até então vinham evitando tal diagnóstico. Uma estranha forma de reação, alguns poderiam pensar. O que se alegava ser uma elevada sensibilidade nacional a esse transtorno passou a ser exibido como sinal de distinção. Por que razão, seria razoável perguntar, a designação "doença inglesa" se vinculou com tanta força à "qualidade" dos ingleses assim que George Cheyne (1671-1743), médico de dietas escocês residente em Londres, atribuiu-a a esse povo no título de seu livro de 1733 sobre o tema? Por que a pressa em aceitá-la? Quem gostaria de ser tachado de doente? Como Cheyne conseguiu transformar uma espécie de afronta num sinal de sensibilidade superior? E qual exatamente era essa doença, afinal de contas?

O subtítulo do livro de Cheyne oferece uma resposta preliminar para a última dessas perguntas. Tratava-se, como o médico anunciou, de *a treatise of Nervous Diseases of all Kinds, as Spleen, Vapours, Lowness of Spirits, Hypochondriacal and Hysterical Distempers* [um tratado sobre doenças nervosas de todos os tipos, como melancolia, vapores, fraqueza de espírito e destemperamentos hipocondríacos e histéricos[1]] – bastante verborrágico, mas os autores do século XVIII eram apaixonados por títulos longos para seus livros. E, ao abordar esse complicado conjunto de transtornos, Cheyne reconhece que estes são "uma afronta lançada contra esta ilha por todos os estrangeiros e por todos os nossos vizinhos no continente, que, com escárnio, chamam destemperamentos nervosos, melancolia, vapores e fraqueza de espírito de DOENÇA INGLESA". Os ingleses, ao que parece, eram um grupo peculiarmente inquieto, propenso a todo tipo de crises histéricas e ataques de hipocondria ou *hyp* – palavra na época desprovida de seu sentido moderno (não obstante *O doente imaginário* de Molière), mas que se referia aos transtornos que, segundo se pensava, tinham origem no hipocôndrio, o abdômen superior.

Para muitos daquela época, histeria e *hyp* (e seus vários cognatos) eram dois lados da mesma moeda. Na opinião do célebre médico da alta sociedade *Sir* Richard Blackmore (1654-1729), que deteve o título de médico real de Guilherme III e, na sequência, da rainha Ana, essas eram manifestações diferentes da mesma doença.

---

1 No original, *vapours*, ou vapores, termo usado desde a Antiguidade para designar um vasto conjunto de estados psíquicos e físicos como mania, histeria, desmaios, torturas, oscilações de humor, depressão – perturbações que, segundo se acreditava, seriam causadas pela emanação de vapores pelo útero. Com o passar do tempo, o termo passou a se relacionar de maneira mais próxima com a ideia de histeria. [N.T.]

> É verdade que transtornos e agitações convulsivas nas várias partes do corpo, assim como a confusão e o desregramento nos fluidos corpóreos animais, são mais conspícuos e violentos no sexo feminino que no masculino; a razão para tanto é uma constituição de fluidos mais voláteis, dissipáveis e fracos e uma textura de nervos mais macia, tenra e delicada [entre as mulheres]; isso porém não resulta em nenhuma diferença de natureza e propriedades essenciais, apenas num grau maior ou menor de sintomas que são comuns aos dois.[2]

Mas Blackmore também comenta pesaroso que "esta doença chamada vapores nas mulheres e melancolia nos homens é a que nenhum dos sexos gostaria de admitir", ao que acrescenta que qualquer médico que se aventurasse a diagnosticá-las estaria colocando a própria carreira em risco. "Não há mal maior", afirma ele, "que [um médico] pode fazer à sua corte [suas chances de receber valores de pacientes endinheirados] do que sugerir àqueles que estão sob seus cuidados a natureza e o nome real de seus destemperos"[3]. E Blackmore sabia do que estava falando: quando seu colega John Radcliffe (ca. 1650-1714) se arriscou a sugerir à então princesa (e mais tarde rainha) Ana que seus sintomas eram de origem histérica, foi subitamente dispensado.

Dado o sentimento geral da população a respeito daqueles que atraíam diagnósticos como esse, Radcliffe certamente deveria ter previsto a reação de Sua Alteza Real. O humor satírico de Molière direcionara muito de sua zombaria irreverente para a crítica dos médicos como obtusos pomposos que usavam um latim execrável para esconder a própria ignorância enquanto conduziam seus pacientes para uma cova prematura – uma vaidade que foi caricaturada por William Hogarth em seu retrato da elite médica de Londres, ao representá-los como *The Company of Undertakers* [A trupe dos agentes funerários] ou *Quacks in Consultation* [Charlatães em consulta]. Mas o dramaturgo francês havia sido igualmente mordaz quanto à fraqueza dos ricos, com a propensão que tinham a se imaginarem doentes e serem enganados por seus atendentes médicos. A falsa convicção do protagonista Argan de que é um inválido à beira da morte é o elemento central do enredo de *O doente imaginário*, de 1673, e uma ironia que inevitavelmente escapou ao próprio autor é que ele mesmo veio a falecer de uma grave hemorragia

---

2 Richard Blackmore, *A Treatise of the Spleen and Vapours; or, Hypochondriacal and Hysterical Affections*, Londres: J. Pemberton, 1726, p. 96.

3 *Ibidem*, p. 97.

pulmonar enquanto representava o papel – com sua morte infligida por uma tuberculose bastante real.

Molière certamente não foi a última figura literária a menosprezar aqueles que exibiam os tipos de sintomas misteriosos e multifacetados que alguns agora pretendiam rotular como doenças nervosas. O poeta inglês Alexander Pope (1688-1744), por exemplo, deleitava-se em zombar de senhoras que fingiam sofrer de "vapores". Umbriel, em "O rapto da madeixa", escarnece abertamente desses tipos "superiores" que veneram a rainha do *spleen*[4]:

> Salve, rainha rabugenta
> Que governa a mulher dos quinze até os cinquenta;
> que os vapores e o gênio feminino evoca
> E o ataque histérico e poético provoca
> Que, em cada ser, de modo múltiplo se expressa –
> Faz esta medicar-se, aquela escrever peça.[5]

O próprio Pope sofria de uma série de enfermidades – é famosa sua fala sobre "esta longa doença, a minha vida"[6] –, mas tinha grande dificuldade em distinguir entre seus sofrimentos genuínos e as afetações que estavam na moda: em seu leito de morte, insistiu com grande obstinação que "em toda minha vida, nunca fui hipocondríaco"[7]. E seu amigo e colega satirista Jonathan Swift (1667-1745), cujos últimos dias foram passados na loucura, deixou parte da própria fortuna para a criação de um hospício para os loucos de Dublin. Em suas próprias palavras:

> Com a pouca riqueza que tinha
> aos loucos ergueu a casinha;
> E irônico tal se mostrou:
> Nação nenhuma lh'aprovou.[8]

---

4   Incorporado pela língua francesa no século XVIII, o termo *spleen* corresponde a uma sensação de melancolia, prostração, tédio sem causa, desânimo, pessimismo e ceticismo. [N.E.]

5   Alexander Pope, *Poemas*, trad. Paulo Vizioli, São Paulo: Nova Alexandria, 1994, p. 75.

6   Alexander Pope, *Epistle to Arbuthnot*.

7   Citado em George Rousseau, "A Strange Pathology: Hysteria in the Early Modern World, 1500-1800", em: Sander L. Gilman, Helen King, Roy Porter, Elaine Showalter e G. S. Rousseau, *Hysteria Beyond Freud*, Berkeley: University of California Press, 1993, p. 167.

8   No original: "He gave the little Wealth he had/ To build a House for Fools and Mad/ And Shew'd by one satiric Touch/ No Nation wanted it so much". [N.T.]

Mas também ele foi veemente em comunicar a todos que "nunca conhecera a melancolia"[9].

Era fácil ridicularizar as pessoas ilustres que se queixavam de lassidão e de toda uma litania de sintomas desagradáveis que, contudo, não representavam risco à vida – pessoas cujas afecções alguns observadores cruéis estavam prontos a classificar de fingimentos. Muitos tipos literários se dedicaram a esse esporte. Não é nenhuma surpresa, portanto, tomar conhecimento de que, assim como a rainha Ana antes deles, poucos dos que se queixavam de dores misteriosas e fraqueza de espírito parecessem dispostos, diante do bombardeio de escárnio e desprezo, a aceitar o rótulo de histérico ou hipocondríaco. Quem poderia culpá-los, quando os "vulgares e incultos" estavam tão inclinados a vincular "destemperos nervosos [...] a alguma espécie de desgraça" – fosse ao considerá-los "um grau inferior de loucura, o primeiro passo em direção a um cérebro destemperado", ou, o que era mais comum, como puramente imaginários, nada mais que "capricho, mau humor, rabugice ou alguma outra particularidade; e no sexo [feminino] fragilidade, natureza fantasiosa ou coqueteria"[10]. O que, mais uma vez, levanta a estranha questão: como foi que George Cheyne transformou o que muitos consideravam uma afronta permanente num sinal de distinção?

Nervos em desordem

Antes de mais nada, Cheyne reiterava que de forma alguma os vapores e a melancolia, a histeria e a hipocondria eram transtornos imaginários, mas doenças reais que se estabeleciam naquilo que ele e a maioria dos médicos modernos, que finalmente deixavam para trás a medicina dos humores de Hipócrates e de Galeno, vieram a considerar o novo princípio mobilizador do corpo humano: os nervos. Aqueles que sofriam dessas doenças não podiam mais ser considerados fingidores e oportunistas. Seus sintomas eram "tão relacionados a um destemperamento do corpo [...] quanto a variola ou a febre"[11]. Longe de serem triviais ou imaginários, eram "uma classe de destemperos com sintomas atrozes e terríveis, pouco conhecidos por nossos

---

[9] Jonathan Swift, "Verses on the Death of Dr. Swift" e "The Seventh Epistle of the First Book of Horace Imitated".

[10] George Cheyne, *The English Malady*, Londres: G. Strahan, 1733, p. 260.

[11] *Ibidem*, p. 262.

ancestrais" – e tão comuns que eram agora responsáveis por "quase um terço de todas as queixas de nosso tempo"[12].

As ideias de Cheyne em grande medida ecoavam um consenso médico que se formava e tinha suas origens no século anterior, com a anatomização do cérebro e do sistema nervoso humanos por Thomas Willis e com a prática clínica de Thomas Sydenham (1624-1689), tão amplamente venerado por seus colegas de profissão que foi apelidado "o Hipócrates inglês". Com base numa série inédita de experimentos e observações, calcados, por sua vez, nos avanços na preservação dos tecidos cerebrais e nervosos que lhe permitiram ver aquilo que até então não estivera ao alcance de nenhum de seus predecessores, Willis afirmou que

> a anatomia dos nervos [sistema nervoso] [...] revelou as verdadeiras e genuínas razões para muitas das ações e paixões que acontecem em nosso corpo, que de outro modo seriam dificílimas de explicar: e por essa fonte poderemos talvez descobrir e dar explicações satisfatórias para nada menos que as causas ocultas de doenças e sintomas normalmente atribuídos aos encantamentos das bruxas.[13]

A explicação de patologias não seria mais veiculada exclusivamente nos termos de uma perturbação de humores. Os "fluidos corpóreos animais" que corriam pelo interior do organismo e transportavam mensagem do e para o cérebro eram os responsáveis pela mobilização do corpo humano, e sua desorganização era a causa secreta de todos os tipos de enfermidades e patologias. Aí se encontrava uma reconceituralização radical do papel do "cérebro e do tronco nervoso"[14]. Era, é claro, uma reformulação de particular relevância para a possível etiologia das doenças mentais, tanto severas como brandas. Casos de loucura como os do Bedlam, assim como as formas mais amenas de melancolia, histeria e similares, eram sintomáticos de uma perturbação do cérebro ou dissonância dos nervos.

---

[12] *Ibidem*, p. ii.

[13] Thomas Willis, *Cerebri anatome*, Londres: Jo. Martyn, 1674, p. 124. Publicado originalmente em latim em Londres, em 1664, por Thomas Grigg. O texto aqui utilizado teve como base a versão que apareceu em Thomas Willis, *The Practice of Physick*, trad. Samuel Pordage, Londres: Dring, Haper, Leigh and Martyn, 1684.

[14] Thomas Willis, *An Essay of the Pathology of the Brain and Nervous Stock*, trad. Samuel Pordage, Londres: Dring, Harper and Leigh, 1681.

O filósofo francês René Descartes (1596-1650) fizera grandes contribuições, algumas décadas mais cedo, para o encorajamento de uma visão do corpo como mecanismo, e as novas ideias sobre o sistema nervoso ofereciam um meio de compreensão daquilo que mobilizava a máquina corpórea e a fazia funcionar. Para várias gerações, os atrativos dessa nova perspectiva foram ainda maiores, já que ela aparentava proporcionar o alinhamento da medicina com a filosofia mecânica de Galileu e Newton. E o fazia ao mesmo tempo que mantinha a terapêutica tradicional quase imperturbada, sem questionar a sabedoria dos antigos ou desestabilizar o amontoado de tratamentos que estavam profundamente incrustados nas crenças populares e no dogma médico. Era a um só tempo inteiramente moderna e atualizada, mas também se harmonizava confortavelmente com as intervenções já conhecidas que se faziam à cabeceira do doente e que eram reverenciadas pela tradição e autoridade dos grandes homens do passado. Não é de causar espanto, assim, que um grande número de homens médicos que especulassem sobre a loucura ou mesmo que se arriscassem em seus tratamentos e curas possíveis, estivessem inclinados a falar a língua dos nervos.

As pesquisas e publicações de Willis proporcionaram o primeiro mapeamento detalhado do cérebro e do sistema nervoso. Esse trabalho identificou uma grande variedade de atributos característicos do cérebro: o tronco encefálico, a ponte de Varólio, a medula oblongata e o círculo de artérias na base do cérebro que até hoje conhecemos como "círculo de Willis"; os sulcos do cerebelo e do córtex cerebral; e a estrutura do mesencéfalo. Tomadas em conjunto, essas descobertas deram corpo a uma reformulação impressionante do entendimento da realidade física do cérebro e a novas conjecturas sobre seu papel como órgão do pensamento. Graças a esses achados, a anatomia deu um passo adiante em aspectos fundamentais que, no entanto, ainda permaneciam opacos a Willis (e seus seguidores das gerações seguintes), e assim o sistema nervoso pôde ser – como de fato foi, cada vez mais – pensado como a interface entre os domínios nervoso e físico.

Thomas Sydenham, contemporâneo de Willis, desdenhava as pesquisas anatômicas de seu rival e as considerava de pouca relevância clínica. Mas mesmo ele reconhecia a importância das perturbações nervosas, sobre as quais chegou a afirmar que "nenhuma doença crônica ocorre com mais frequência do que elas". Isso não significava que Sydenham adotasse os tipos de fisiologia reducionista que Willis havia proposto para explicar as origens das enfermidades nervosas. Ele preferia enfatizar as "perturbações da mente, que são causas comuns dessa doença"[15]. Ainda assim, a grande autoridade desses dois homens constituiu a fundação sobre a qual Cheyne e seus contemporâneos elaboraram suas próprias explicações sobre as doenças nervosas e legitimaram suas declarações de que aquilo que buscavam tratar era algo real.

Mas a sífilis era incontestavelmente real demais, e ninguém queria assumi-la como sua. Por que seria diferente com a "doença inglesa"? Porque, proclamava Cheyne, essa era uma doença da civilização. Havia aqui um contraste implícito, ainda que não reconhecido: a sífilis era associada à luxúria desenfreada e às paixões animais que destronavam a razão. Emblema do pecado, era uma afecção certamente muito distante do refinamento e da *politesse* que eram as marcas do ser civilizado. Por sua vez, de acordo com Cheyne, quanto mais civilizada e refinada fosse a sociedade (e o indivíduo), mais propensa estaria a surtos de doenças nervosas. Os estrangeiros pensavam estar afrontando os ingleses ao apontar para a suscetibilidade destes à prostração nervosa. Nada poderia estar mais longe da verdade. A epidemia dessas doenças entre as fileiras mais distintas da sociedade inglesa era, pelo contrário, uma evidência incontestável de refinamento superior e da excelência da nação.

Por sua própria essência, os povos primitivos estavam isentos desse novo tipo de transtorno, já que "a temperança, o exercício, a caça, o trabalho e o engenho mantinham os fluidos adocicados e as carnes firmes". Quando tudo era "simples, modesto, honesto e frugal, havia pouca ou nenhuma doença"[16]. A vida moderna, ao contrário, estava repleta de agitação, artifício e angústias. A expectativa de riquezas e a busca pelo sucesso necessariamente traziam a reboque maiores "ansiedades e preocupações". Além disso, no curso do processo de se tornarem a sociedade comercial mais rica e bem-sucedida do planeta, os ingleses haviam "saqueado todos os cantos do globo para reunir todas as matérias-primas necessárias à extravagância, à luxúria e à incitação de excessos [...] suficientes para despertar, e até mesmo atiçar, o mais voraz e voluptuoso apetite"[17]. E, além disso, ainda havia o clima inglês, os efeitos estimulantes da "umidade do ar, da variabilidade de nosso clima" – sem mencionar "a fecundidade e fertilidade de nosso solo, a riqueza e o peso de nossas comidas, a opulência e abundância dos habitantes (graças a seu comércio universal), a inatividade e as ocupações ociosas dos de melhor estirpe (os mais

---

[15] Thomas Sydenham, *The Entire Works of Dr Thomas Sydenham, Newly Made English from the Originals*, org. John Swan, Londres: Cave, 1742, p. 367-75.

[16] George Cheyne, *The English Malady, op. cit.*, p. 174.

[17] *Ibidem*, p. 49-50.

assolados por este mal) e o humor de viver em cidades grandes, populosas e, consequentemente, insalubres"[18].

Se essas observações eram calculadas para serem palatáveis ao orgulho nacional, as observações seguintes de Cheyne sobre a localização social dos transtornos nervosos era astutamente projetada para agradar o esnobismo dos bem-sucedidos. Segundo essas explicações, as doenças nervosas eram ao mesmo tempo produto e prova da superioridade social. "Pessoas tolas, fracas ou estúpidas, almas pesadas e embotadas raramente são perturbadas pelos vapores ou pela fraqueza de espírito" – não mais do que "um palhaço abrutalhado, sem brilho, vulgar e idiota"[19]. As classes mais baixas estavam assim em grande medida isentas da devastação dessas doenças. O caso era bastante diferente entre "as pessoas de boa condição na Inglaterra". Suas vidas mais sofisticadas e civilizadas as levavam a desenvolver sistemas nervosos mais refinados e delicados. Era por essa razão que as queixas nervosas eram encontradas em sua maioria em meio aos "indivíduos mais vivazes e alertas, cujas faculdades são as mais brilhantes e espirituais, cujo gênio é mais aguçado e penetrante, e particularmente naqueles em que se manifestam as mais delicadas sensações e gostos"[20].

Esta gravura de 1732 dá apenas uma ideia da corpulência de George Cheyne, que mal conseguia arrastar alguns passos sem ter que descansar, quando não se fazia transportar numa liteira.

---

18 *Ibidem*, p. i-ii.

19 *Ibidem*, p. 52, 262.

20 *Ibidem*, p. 262.

Mesmo David Hume, um grande cético, mostrou-se suscetível a essas bajulações e reconheceu, enquanto escrevia sobre a natureza humana, que "a pele, os poros, os músculos e os nervos de um trabalhador são diferentes daqueles de um homem de qualidade; assim também seus sentimentos, ações e maneiras"[21]. E James Boswell (1740-1795) se sentiu encorajado a reconhecer seu próprio pertencimento a essa classe superior ao escrever toda uma série de ensaios autobiográficos (ainda que sob o pseudônimo "o Hipocondríaco"). "Nós, hipocondríacos", gabava-se Boswell, engolindo a isca de Cheyne com linha e tudo, "podemos nos consolar nas horas de mais sombria angústia com o pensamento de que nosso sofrimento revela nossa superioridade"[22].

Testemunhos verbais da atração exercida pela formulação de Cheyne eram uma coisa, mas ações que custavam dinheiro vivo eram talvez provas mais tangíveis de seus atrativos. Seu livro *The English Malady* [A doença inglesa] passou por seis edições num intervalo de dois anos e continuou a ser vendido de forma constante depois disso. E, o que é mais revelador, sua aparição trouxe ao ilustre doutor um vasto incremento em clientela e renda. Nos últimos dez anos de vida, como relata com muita satisfação a seu amigo e editor o novelista Samuel Richardson, a renda de Cheyne triplicara. Além disso, enquanto Richardson ocupava uma posição social relativamente próxima à dele, outros que compunham a clientela recente de Cheyne vinham dos mais altos níveis da sociedade inglesa: um duque, um bispo, o cônego da Christ Church e um grande número de aristocratas, de lorde Chesterfield à condessa de Huntingdon. Mesmo os médicos mais ilustres da alta sociedade teriam ficado orgulhosos de tal plantel de pacientes, e o enorme sucesso financeiro e social que se seguiu à publicação do livro de Cheyne é prova incontestável do interesse que suas ideias produziam. Não seria a última vez que enfermos cujos sintomas físicos e mentais eram vistos com suspeita por aqueles que os cercavam acolheriam com entusiasmo médicos determinados a comprovar que eles estavam de fato doentes, que as dores e sofrimentos relatados não estavam "só na cabeça deles" e que mereciam a dignidade do papel de doente, e não o opróbio reservado a falsificadores e fraudadores. Que esses enfermos pudessem também proclamar que suas queixas nervosas os elevavam ao nível das almas mais refinadas e civilizadas era talvez um bônus inesperado, mas que a maioria dos pacientes ficava contente em receber.

---

[21] David Hume, *Tratado da natureza humana: uma tentativa de introduzir o método experimental de raciocínio nos assuntos morais*, 2. ed., trad. Déborah Danowski, São Paulo: Unesp, 2009, p. 438; James Boswell, *Boswell's Column*, Londres: Kimber, 1951, p. 42-43.

[22] *Ibidem*.

Médicos proeminentes como Bernard de Mandeville (1670-1733), Nicholas Robinson (1697-1775) e *Sir* Richard Blackmore, que compartilhavam a convicção de Cheyne de que o sistema nervoso representava uma nova chave para a compreensão do funcionamento do corpo, adotaram em grande parte a mesma abordagem para esse conjunto de "doenças". Mas o uso que fizeram de novas palavras para descrever o que pensavam estar acontecendo escondia um profundo conservadorismo terapêutico. A linguagem dos nervos podia ser nova, mas os tratamentos que ela autorizava eram os velhos conhecidos remédios "anti-inflamatórios" que a medicina europeia vinha empregando por milênios – sangrias, purgações, vômitos e assemelhados, acompanhados de uma atenção à dieta e aos hábitos.

Não que o consenso fosse total. Nicholas Robinson, que serviu como diretor do Bedlam, era talvez o mais áspero reducionista de todos:

> Parece claro que sempre que a mente percebe estar em desconforto, cabisbaixa ou abatida, tem-se aí uma demonstração completa, como a natureza das coisas admitirá, de que os instrumentos pelos quais a mente dirige os poderes de suas operações estão afetados [...] Enquanto os nervos [...] estão em boa situação, as ideias que transmitem através de qualquer dos sentidos serão normais, justas e nítidas; e a partir delas a compreensão julgará e distinguirá os objetos tais como são, conforme as leis da natureza [...] Mas se a estrutura ou o mecanismo desses órgãos calha de estar em desordem e as engrenagens da máquina estão desalinhadas, não será de espantar que a mente perceba a alteração e seja afetada por essa mudança [...] [Todas as formas de alienação mental], dos sintomas mais amenos da melancolia e dos vapores às mais confirmadas afecções da loucura melancólica e da demência [...] não são caprichos ou fantasias, mas perturbações reais da mente que decorrem de afecções reais e mecânicas da matéria e do movimento sempre que a constituição do cérebro desvia de seu padrão natural.[23]

Robinson é igualmente contundente sobre como realizar o tratamento da "máquina desalinhada". Os médicos deveriam, sem hesitar, empregar "os mais violentos vômitos, os mais fortes laxativos e uma volumosa sangria [...] frequentemente de forma repetida"[24]. Afinal de contas, como insistia,

---

[23] Nicholas Robinson, *A New System of the Spleen, op. cit.*, p. 181-83, 407-08.
[24] *Ibidem*, p. 102.

> é a maior das crueldades não ser ousado na administração de tratamentos quando a natureza da doença demanda tão completamente a assistência de um remédio poderoso, e mais especialmente em casos em que sem ele não pode haver alívio.[25]

Muitos de seus colegas doutores de nervos evitavam opiniões tão extremas, ainda que compartilhassem do mesmo entendimento quanto à doença e aceitassem que às vezes a recuperação do equilíbrio do corpo exigia a adoção de medidas drásticas. E, confessadamente, os pacientes do século XVIII estavam acostumados com os remédios heroicos frequentemente prescritos pelos homens da medicina. Mas muitos médicos da alta sociedade, ao contemplarem a possibilidade de atração de uma clientela de damas desfalecentes e cavalheiros deprimidos, devem ter parado para pensar se criaturas tão refinadas e civilizadas estariam dispostas a submeter os próprios nervos a tratamentos tão severos. Para pacientes ansiosos e abatidos, insistia *Sir* Richard Blackmore, remédios calmantes e tranquilizantes tendiam ser mais eficazes do que tratamentos assustadores e dolorosos ou intervenções que ameaçavam produzir choques adicionais em nervos já abalados e eram capazes até mesmo de "demolir" o paciente, em vez de produzir a cura. No que dizia respeito a Blackmore e seus aliados, Robinson podia reservar seus tratamentos grosseiros para o Bedlam. As almas sensíveis das pessoas elegantes – que, assim esperavam eles, viriam abarrotar suas salas de espera, abençoadas que eram com sensibilidades ultrarrefinadas – responderiam muito melhor a tratamentos mais amenos, talvez com a prescrição de um pouquinho de ópio para ajudar.

Essa era uma posição a favor da qual era possível citar a autoridade do grande Thomas Willis. Pois, embora reiterasse que loucos como os do Bedlam requeriam as mais enérgicas e violentas intervenções (afinal, estavam aprisionados entre "no furor dos espíritos e na elevação da alma" e, portanto, só seria possível lidar com eles induzindo-lhes "reverência ou assombro diante daqueles que pensam ser seus algozes"), Willis reconhecia ao mesmo tempo que transtornos nervosos mais amenos "eram curados com mais frequência com bajulações e remédios mais gentis"[26]. Era com a bajulação que a aristocracia estava acostumada e era ela que esperavam de seus servos, entre os quais os médicos certamente ainda figuravam.

---

25 *Ibidem*, p. 406.

26 Thomas Willis, *Two Discourses, op. cit.*, p. 206.

É claro que os transtornos mentais não eram exclusividade da elite inglesa, como tampouco era a sífilis exclusividade dos franceses ou dos napolitanos. Assim que as teorias de Willis começaram a se espalhar (e seu texto foi escrito em latim, que ainda era a língua franca da classe culta europeia), não demorou até que outros estudiosos passassem a apanhá-las e desenvolvê-las. O médico holandês Herman Boerhaave, titular de medicina na Universidade de Leiden e o mais famoso dos professores médicos do século XVIII, era um intelectual eclético, um compendiador, mais que um acadêmico original. Mas era uma figura de enorme influência e, ainda que continuasse a demonstrar obediência a Hipócrates e aos autores clássicos (pois, como a maioria dos médicos de sua época, sentia que a principal fonte de autoridade médica estava nos livros), Boerhaave não podia ignorar o consenso cada vez maior sobre a importância dos nervos, em particular sua relevância para os problemas da psicopatologia.

Entre setembro de 1730 e julho de 1735 (três anos antes de sua morte), Boerhaave ministrou mais de duzentas aulas sobre doenças nervosas cujo conteúdo foi apenas parcialmente reproduzido numa compilação póstuma de dois volumes organizada por seu pupilo Jakob van Eems[27]. Sua influência se espalhou por todos os cantos. O czar russo Pedro, o Grande, veio para uma audiência com ele; príncipes europeus mandavam seus médicos particulares para serem treinados por ele; e seu colega médico Albrecht von Haller atribuiu-lhe o título de *communis europae praeceptor* (preceptor de toda a Europa). Uma carta foi recebida até mesmo da China, endereçada apenas ao "ilustre Boerhaave, médico na Europa". Assim como Willis, Boerhaave pensava que casos mais amenos de prostração nervosa podiam ser tratados com persuasão ou por sugestionamento do cérebro mediante a suscitação de emoções opostas àquelas que se presumiam terem provocado o transtorno. Uma mudança de ares também podia ser útil, e viagens passariam a ser um remédio comum indicado para pessoas mais ricas que se sentissem acabrunhadas, às vezes com a adição de visitas a estâncias balneárias onde pudessem ingerir águas tônicas. Mas, assim como Willis, Boerhaave recomendava um tratamento mais intenso em casos graves de loucura, em que o *sensorium commune*, como ele chamava, havia sido aprisionado e precisava ser arrancado de seu estado de desorganização.

Os tratamentos médicos antigos, que incluíam a venenosa *Helleborus niger* (imagem 26) e doses de mercúrio e cobre, eram recomendados e, quando não produziam resultados suficientes, Boerhaave especulava que intervenções

---

[27] Hermann Boerhaave, *Praelectiones academicae de morbis nervorum*, ed. Jakob van Eems, Leiden: [S.l.], 1761.

mais drásticas podiam ser necessárias, como semiafogamentos ou fazer os loucos girarem pelo ar espetados como besouros[28]. Nas mãos de Boerhaave, essas medidas continuaram a ser consideradas métodos hipotéticos de cura, mas, como vimos, outros profissionais lhes atribuiriam efeitos práticos mais para o final do século XVIII. Enquanto isso, havia muitas querelas sobre se o sistema nervoso era um conjunto de tubos ocos através dos quais os fluidos corporais ou nervosos eram transportados ou se, pelo contrário, seriam fibras nervosas, retesadas ou relaxadas, as responsáveis por oferecer os meios pelos quais o cérebro se comunicava com as outras partes de seus domínios.

Os transtornos nervosos mais brandos – que haviam atraído tanta atenção dos médicos da alta sociedade inglesa e angariado a eles uma enxurrada de pacientes ricos e desesperados para obter o *imprimatur* da profissão médica, para uma litania de enfermidades que outras pessoas tendiam a ver com jocosidade e desdém – mostravam-se bastante comuns também em lugares em que nem a umidade e outras delícias do clima britânico, nem os estímulos que sua sociedade comercial estava agora acostumada a proporcionar podiam ser invocados para explicar sua ocorrência. Curiosamente, fossem alemães, austríacos ou franceses, todos pareciam inclinados a sofrer sintomas similares. O que fazer com eles? Como tratá-los?

Entusiasmo e agonia espiritual

Explicações e terapias religiosas para tais perturbações não saíram de cena. Na Inglaterra, o reavivamento religioso liderado por John Wesley (1703-1791) e George Whitefield (1714-1770) atraía legiões de seguidores. Se os discípulos de Newton e da Revolução Científica pareciam comprometidos com os fundamentos materialistas e mecanicistas da nova filosofia e buscavam uma forma de cristianismo fundada em princípios racionais, com um Deus que regia à distância – um arquiteto divino que apenas contemplava as maravilhas por ele criadas –, os entusiastas que engrossavam as multidões nos encontros metodistas a céu aberto davam vazão a extremos de convicção religiosa e agonia emocional. Seus pregadores eram inspirados e inspiradores, e ainda que homens como Wesley não fossem avessos à popularização da medicina dos humores para as massas (seu livro *Primitive Physick* [Física primitiva] foi um

---

[28] Em tempos vitorianos, alunos de escolas primárias passavam um alfinete por uma das asas de um besouro para vê-lo voar em círculos.

campeão de vendas), ele e Whitefield eram ainda mais propensos a oferecer consolo espiritual e encontrar indivíduos que estivessem com perturbações mentais para a eles dirigir suas orações e socorrê-los. Seus encontros de reavivamento nos campos eram ocasião para cenas de grande intensidade emocional e religiosa, para rezar e confortar a alma dos doentes, angustiados e enlouquecidos. Para os metodistas, o turbilhão mental estava investido de profundo significado espiritual, e sua apaixonada devoção religiosa, que vividamente externava os tormentos da culpa e do pecado e opunha os horrores da danação eterna à promessa da salvação, mantinha viva a velha mistura de causas religiosas e mágicas para a loucura, ao lado de formas agora mais respeitáveis de explicação

Credulity, Superstition and Fanaticism: A Medley [*Credulidade, superstição e fanatismo: uma mistura* (1762)], de William Hogarth, uma sátira sobre a insensatez e os perigos do fervor religioso. O termômetro no primeiro plano está na marca "luxúria", prestes a escalar para loucura e delírio, e o pregador estrábico no púlpito é George Whitefield, um dos fundadores do metodismo, cujas doutrinas, conforme alegavam os médicos de loucos, enviavam legiões de crédulos para as casas de loucos.

naturalista. Para os metodistas, o castigo divino e a possessão demoníaca continuavam a ser explicações plausíveis para a loucura humana. O próprio Wesley acreditava piamente na demonomania e era um defensor obstinado da cura espiritual dos mentalmente perturbados através de rituais coletivos de jejum e oração[29].

Mas, em sua guerra civil nos anos 1640, as classes regentes britânicas haviam vislumbrado aonde esse tipo de "fervor" religioso poderia levar – diretamente ao excesso, ao perigo e à irracionalidade, à derrubada da ordem e das hierarquias sociais vigentes e a um Estado que literalmente perdia a cabeça – e não queriam ter nada a ver com tudo isso. Com as divisões sectárias e a agitação social ainda frescas na memória, a aristocracia e as classes proprietárias preferiam uma religião racional e reservada que encarnasse um comedimento polido e uma sobriedade moral. Se isso os tornava aliados dos filósofos naturais e homens da medicina, e por extensão dos médicos de loucos, que assim fosse.

O resultado era um discurso que abusava da ridicularização, da paródia e da sátira voltadas frontalmente contra os "fervorosos", uma campanha que era tão evidente nas caricaturas de Hogarth quanto nos comentários sarcásticos de Horace Walpole, filho mais novo de *Sir* Robert Walpole, o primeiro-ministro com o mais longo mandato da história britânica – sem falar nas sátiras de Swift e Pope. Em vez de curar a loucura, os metodistas eram acusados de fomentá-la. Eles estavam repletos de vapores, ventos e *afflatus*, com seus pregadores que criavam, ao mesmo tempo que pareciam eles próprios tê-las, fantasias infectas, ficções irracionais, fanatismo e insanidade. As formas "indecorosas" de adoração dos metodistas, seus transes de medo e entusiasmo, suas invocações melodramáticas do fogo infernal e da danação eterna: quem, vindo de um ambiente mais sóbrio, ao testemunhar tais espetáculos, não perceberia imediatamente o quanto eles se avizinhavam do mundo da irracionalidade e da loucura – e o quanto, provavelmente, esses rituais estavam empurrando os crédulos e supersticiosos para as fileiras dos insanos? Diversos médicos de loucos opinavam que as atividades de Wesley e Whitefield eram de valor inestimável para a criação de clientes para o negócio da loucura[30]. Mulheres pobres e frágeis, emocional e intelectualmente, eram mais propensas a serem levadas à loucura, ainda que homens também pudessem cair vítimas do encantamento.

---

29 Cf. John Wesley, *The Journal of John Wesley*, org. Ernest Rhys, Londres: Everyman, 1906, p. 190, 210, 363, 412, 551 (v. 1); p. 225, 461, 489 (v. 2).

30 William Black, *A Dissertation on Insanity*, 2. ed., Londres: D. Ridgeway, 1811, p. 18-19; John Haslam, *Observations on Madness and Melancholy*, Londres: J. Callow, 1809, p. 266-67; William Pargeter, *Observations on Maniacal Disorders*, *op. cit.*, p. 134.

Em sua representação de 1762 *Credulity, Superstition and Fanaticism: A Medley* [Credulidade, superstição e fanatismo: uma mistura], Hogarth sentiu um deleite especial em ridicularizar a insensatez desses saltimbancos. Vemos as vociferações do pregador levarem a congregação a um estado febril. Muitos fiéis estão entrando em êxtase histérico e até mesmo em transe cataléptico. Alguns membros da audiência roem imagens do corpo de Cristo, o que sugere um elo entre o catolicismo, outra forma de religião que Hogarth desprezava, e o canibalismo, a bestialidade e a loucura. O pregador fanático no púlpito escolheu um texto bíblico bastante adequado (de 2 Coríntios, 11:23) – "como insensato, digo" – e, conforme explora a credulidade popular, um termômetro no primeiro plano registra a temperatura emocional da audiência, que sobe implacável da luxúria (um aristocrata atrevido próximo a uma criada desfalecente enfia uma figura religiosa no vestido dela) para a loucura delirante. O globo que balança sob o teto registra as regiões do inferno, e duas figuras mais à frente representam algumas das fraudes piedosas que os pregadores entusiastas perpetraram contra seus seguidores: Mary Toft, que dá à luz coelhos e um gato; e o Menino de Bilston, cujo falso milagre envolvia vomitar pregos e grampos. George Whitefield, conhecido por seu estrabismo, conduz a cerimônia, e acima dele, segurando uma placa em que se lê "armadilha de dinheiro", um querubim parodia sua insinuação de que seu tabernáculo serviria como "armadilha de almas". Pela janela, um judeu de Malta bisbilhota essa visão da loucura cristã. Com suas ladainhas melodramáticas sobre os perigos do fogo infernal e da danação eterna, pregadores como esses exploravam a credulidade de pessoas desprovidas de dinheiro e intelecto e as assustavam e enlouqueciam a fim de extrair delas os poucos cobres de que dispunham.

Exorcizando demônios

A elite britânica queria uma religião refinada e desprovida de fervor e excesso. A situação era bastante diferente no sudoeste rural da Alemanha, uma região de catolicismo barroco onde um contemporâneo de Wesley e Whiterfield, um padre obscuro de origem austríaca chamado Joseph Gassner (1727-1779), começou a realizar rituais de exorcismo em Ellwangen nos anos 1760 e 1770. Gassner atraía multidões de fiéis com todo tipo de afecções: cegueira, com propensão incontrolável a dançar (a chamada "dança de São Vito"), epilépticos, coxos, aleijados, histéricos ou insanos. Ao que tudo indicava, a crença no Diabo e na possibilidade de possessão demoníaca não havia simplesmente

Johann Joseph Gassner expulsando um demônio. O padre suábio exorciza um paciente, de cuja boca um demônio sai voando, tal como se vê em muitas imagens renascentistas sobre o tratamento dos possessos. A crença na possessão demoníaca obviamente sobreviveu incólume entre muitas pessoas na assim chamada Idade da Razão.

desaparecido com o alvorecer do Iluminismo e da chamada Idade da Razão. Pelo contrário, ela continuou a exercer um poderoso efeito sobre a imaginação popular. Logo um grande escândalo estouraria[31].

Os doentes vinham em busca da bênção de Gassner e partiam curados – ou ao menos era o que parecia. Libertas dos espíritos ímpios e demônios que os haviam assombrado, essas pessoas retornavam ao perfeito juízo graças às pregações do santo homem. As notícias se espalharam. Multidões se reuniram. O espetáculo do padre Gassner entrou em turnê. Os protestantes ao norte bradavam impropérios sobre a superstição e a insensatez católicas. Curas se acumulavam. Mas o que isso tudo significava? E como deveriam as autoridades lidar com o tumulto que ameaçava irromper? A inquietação e o furor religioso, somados à movimentação de potencialmente milhares de camponeses em busca de curas, eram ameaças óbvias à ordem que nem as autoridades seculares, nem as eclesiásticas podiam deixar de levar a sério. E, na complicada geografia política do sul da Alemanha, esses dois domínios se interseccionavam, sobrepunham-se e, frequentemente, coincidiam.

A maioria dos que buscavam as pregações de Gassner não correspondia, afinal de contas, às damas e aos cavalheiros esnobes e refinados que buscavam o auxílio de Cheyne ou Blackmore, ainda que Gassner de fato atraísse (e aparentemente curasse) uma ou outra condessa, como Maria Bernardina Truchsess von Wolfegg und Friedberg, e sabemos que a mãe do deprimido príncipe Karl da Saxônia ao menos considerou a possibilidade de consultar Gassner para ver se uma intervenção bem-sucedida seria possível. Alguns nobres apareciam com as respectivas esposas, mas a maioria dos milhares que eram tratados pelo bondoso padre era mais parecida com as pessoas comuns que abarrotavam os sermões metodistas. No sul da Alemanha, no entanto, em vez de orações e vigílias protestantes, os fiéis em atendimento eram submetidos a antigos rituais de exorcismo que esconjuravam o mal de seus corpos e milagrosamente baniam suas dores e sofrimentos, suas paralisias e prostrações. Mas isso apenas se os casos fossem considerados adequados para tratamento, já que o padre Geissner era bastante seletivo quanto a quem ele estava preparado para tratar.

Uma guerra feroz de panfletos irrompeu por toda a Alemanha e transbordou para partes da França. Ecos abafados de antigas guerras religiosas podiam

---

[31] Para o trecho que segue, valho-me em grande medida das pesquisas do ilustre historiador da bruxaria e da doença mental na Alemanha H. C. Erik Midelfort, cuja análise do fenômeno Gassner foi publicada sob o título *Exorcism and the Enlightenment: Johann Joseph Gassner and the Demons of Eighteenth-Century Germany*, New Haven: Yale University Press, 2005.

ser ouvidos. Gassner tinha seus apoiadores dentro da hierarquia da Igreja e se assegurou de conduzir seus exorcismos apenas nos territórios em que esses simpatizantes exerciam influência. Noutros lugares, no entanto, homens do clero católico recomendavam cautela. A ridicularização protestante da superstição católica havia sido implacável e causara danos. Além disso, esses homens do clero tinham suas próprias responsabilidades temporais a levar em conta, já que, em grande parte do sudeste da Alemanha, os bispos também eram autoridades seculares, ainda que suas dioceses e principados pudessem não corresponder exatamente entre si em termos de extensão. E, nos casos em que eram tanto prelados quando príncipes, esses religiosos eram descendentes de famílias nobres cujos interesses eram inclinados a preservar. Preocupações seculares quanto à ordem social e os potenciais efeitos desestabilizadores do sacerdócio de Gassner nunca estavam distantes de seus pensamentos. Afinal, a perseguição às bruxas estava longe de ser uma memória longínqua e, se a expulsão de demônios de Gassner reavivasse medos populares, uma nova epidemia de agitação religiosa e entusiasmo por queimar bruxas poderia irromper, com consequências imprevisíveis.

Invejosos uns dos outros, os prelados católicos eram em sua maioria incapazes de agir em uníssono. Quando os primeiros relatos dos exorcismos de Gassner vieram à tona, o bispo de Constança imediatamente buscou refrear e lançar dúvidas sobre essas ações, e o concílio eclesiástico bávaro e as autoridades do clero em Augsburgo logo o seguiram, banindo Gassner de seus territórios. Mas, noutras regiões, autoridades seculares e eclesiásticas adotaram um ponto de vista mais favorável. Em Ratisbona, por exemplo, o príncipe-bispo Anton Ignaz von Fugger ofereceu apoio e proteção, assim como fizeram seus correspondentes na Frisinga e em Eichstätt. No fim das contas, entretanto, o alto escalão dos poderes secular e eclesiástico se viu obrigado a intervir. A imperatriz Maria Teresa da Áustria, que num momento anterior havia se mobilizado para proibir futuras perseguições a bruxas, não tinha tempo a perder com as atividades de Gassner e, no verão de 1775, enviou dois médicos imperiais, que sabia compartilharem de seu ceticismo, para investigar o polêmico padre. Pouco depois, o imperador José II, dirigente nominal do Sacro Império Romano-Germânico, ordenou que Gassner deixasse Ratisbona. A intervenção papal foi mais demorada, mas Roma acabou por se convencer de que todo aquele espetáculo devia chegar ao fim. Sob instigação dos inimigos de Gassner dentro do clero, o papa Pio VI finalmente decretou sua sentença: após denunciar o sensacionalismo que cercara as atividades do padre e atacá-lo pela divulgação da "falsa" ideia de que a maioria das doenças era causada ou exacerbada pelo Diabo, o pontífice se mobilizou para calá-lo. Gassner foi comunicado de que deveria parar com seus exorcismos e voltar a ser um simples pároco na aldeola de Pondorf. Três anos mais tarde, reduzido à obscuridade, veio a falecer.

É certo que o silenciamento de Gassner por ordem de regentes "esclarecidos" e do próprio papa não eliminou crenças populares no Diabo e em possessões demoníacas, mas foi um indicativo do grau em que a sociedade refinada estava se distanciando das antigas explicações religiosas para as doenças e sofrimentos – em especial para a loucura. Abaixo da superfície, a crença em espíritos malignos sem dúvida persistia na consciência popular. Sua legitimidade estava na Bíblia e também na força da tradição e, para aqueles que conservavam a fé na antiga cosmologia, tal crença parecia explicar muito do que se passava no dia a dia. As peregrinações e venerações de santos e altares, tão populares em tempos anteriores, não desapareceram sob o comando das autoridades como num passe de mágica. Mas, em círculos mais eruditos, começaram a sinalizar ignorância e superstição. Os letrados eram melhores que isso, ou ao menos pensavam ser.

Forças invisíveis

Se os católicos tradicionais tinham o Diabo e seus demônios invisíveis (pois Gassner nunca afirmou ter observado as criaturas que desalojava de seus pacientes possuídos, não obstante as imagens produzidas na época), os pensadores iluministas tinham suas próprias forças imperceptíveis ao olho humano que mobilizavam o mundo dos sentidos: à gravidade de Newton adicionaram a eletricidade e o magnetismo, e era possível, agora, que outra influência invisível houvesse sido descoberta. Pois, em Viena, nos mesmíssimos anos em que Gassner estivera afiando sua habilidade e reputação como exorcista, um médico vienense muito bem casado, Franz Anton Mesmer (1734-1815), anunciou que tinha descoberto uma nova força vital, o magnetismo animal, um poderoso *fluidum* que corria no interior de todos os seres humanos. Além disso, Mesmer afirmava deter o poder de manipular esse fluido e usá-lo para realizar curas. Não Deus, Diabo ou rituais de exorcismo, mas supostos resultados inacreditáveis – que trouxeram os ricos e famosos da capital do império para sua porta e lhe prometeram riqueza e fama para além daquelas que sua vida já lhe havia assegurado.

Mesmer viajou para a Bavária em 1775 para dar uma demonstração de seu sistema diante da Academia de Ciências. Os membros ficaram tão impressionados – Mesmer tratou um deles diante dos outros e realizou uma série de feitos dramáticos enquanto mesmerizava outros pacientes – que convocaram uma votação para incluí-lo entre suas fileiras. Em troca, Mesmer garantiu-lhes que a eficácia dos tratamentos de Gassner – se é que eram eficazes – vinha do fato de que, ao tocar aqueles que vinham em busca de curas, o religioso inadvertidamente fizera uso do poder do magnetismo animal.

Ao regressar, satisfeito, da periferia rural que era a Bavária daquela época para sua residência preferida, na gloriosa sede do poder dos Habsburgo, Mesmer prosseguiu com o tratamento da elite imperial. A fortuna de sua esposa lhe trouxera uma morada esplêndida em Viena, à qual *tout le monde* (ou todo o *monde* que importava) podia ser convidado para compartilhar de seu refinado gosto artístico e participar da nova terapia prodigiosa que ele desenvolvera. Joseph Haydn era um convidado frequente, assim como a família Mozart. De fato, a primeira ópera do jovem Wolfgang, *Bastien und Bastiene*, teve sua apresentação inaugural nas dependências da mansão de Mesmer (e o mesmerismo em si viria mais tarde a fazer uma aparição na *Così fan tutte* [Assim fazem todas] do compositor). Leopold Mozart proclamou sua admiração pelo cenário: "o jardim é incomparável, com suas alamedas e estátuas, um teatro, uma casa de pássaros, um pombal e um belvedere em sua porção mais elevada"[32]. Como demonstração de seu próprio gosto e talento musical, Mesmer se tornou perito em tocar a harmônica de vidro, um instrumento aperfeiçoado pelo polímata americano Benjamin Franklin (1706-1790). O bom doutor viria a embelezar suas *séances* de mesmerização com árias leves e tranquilizantes que tocava para seus pacientes.

No começo, Mesmer empregara ímãs especiais para a amplificação de seus esforços para alterar o fluxo do magnetismo animal em seus pacientes, mas agora abandonara essa prática. O que descobriu, segundo clamava, foi que a doença era resultado do desenvolvimento de bloqueios ou obstáculos no fluxo do magnetismo animal ao longo do corpo. Suas habilidades, que residiam tanto em seu olhar quanto na ponta de seus dedos, estavam na detecção desses obstáculos e em sua capacidade de redirecionar o fluxo do fluido. Ao segurar os joelhos de um paciente entre os seus, Mesmer sondava as fontes das dificuldades experimentadas pelo paciente, correndo os dedos por todo o corpo do aflito, e através de um procedimento similar a uma massagem causava um

---

[32] Citado em Henri Ellenberger, *The Discovery of the Unconscious: The History and Evolution of Dynamic Psychiatry*, Nova York: Basic Books, 1970, p. 58. Utilizei em parte o relato de Ellenberger sobre a carreira de Mesmer nos parágrafos que seguem, assim como o que consta de *Mesmerism and the uborn Enlightment in France*, publicado por Robert Darnton em 1968.

transe ou crise, um ataque que se assemelhava à epilepsia. Isso significava a destruição do obstáculo interior ao fluxo livre do magnetismo animal, particularmente entre os polos gêmeos da cabeça – propensos a receber o fluido mesmérico dos céus – e dos pés – cujo contato com a terra oferecia uma fonte alternativa de magnetismo. (Nas palavras do próprio Mesmer nas primeiras 27 proposições em que resumia sua descoberta: "existe uma influência mútua entre os corpos celestes, a terra e os organismos vivos".) Por vezes, o poder da intimidade de seu toque e seu olhar era potencializado pelo uso de barras de ferro que eram encostadas nas regiões específicas em que o paciente se queixava de sentir dores e desconfortos.

As implicações sexuais desse processo eram completamente transparentes e provocavam hilaridade e muitos comentários grosseiros em meio àqueles que se opunham às novas doutrinas. Mesmer se concentrava no meridiano do corpo, evitava os polos magnéticos e parecia direcionar muito de sua atenção para o abdome superior e para o peito – a região do hipocôndrio, de acordo com a teoria da medicina tradicional. Essa atenção, como anunciava sua 23ª proposição, "poderia curar imediatamente doenças nervosas, além de aliviar outras".

Talvez seu paciente vienense mais famoso fosse uma jovem cega, Maria Theresia Paradis (1759-1824). Então com 18 anos de idade, Paradis ficara cega em circunstâncias misteriosas quando tinha 3 anos e meio. Seus devotados pais haviam mobilizado todos os recursos de Viena na tentativa de curá-la e educá-la para lidar com a deficiência. Até ser levada a Mesmer, Paradis havia sido submetida a milhares de descargas elétricas na esperança de que os choques estimulassem sua visão, mas sem resultados. Enquanto isso, seus pais ricos haviam empregado uma multidão de tutores para elaborar formas de ensinar à filha as atividades ornamentais que eram esperadas de uma jovem mulher de sua categoria. Não menos importante, Paradis recebera numerosas aulas de cravo e piano, instrumentos para os aparentemente possuía talento considerável[33]. O espetáculo da menina cega que se apresentava ao teclado lhe conferiu uma profusão de admiradores, incluindo a própria imperatriz Maria Teresa.

Mesmer a submeteu a seu tratamento. Paradis declarou ter recuperado a visão. Imediatamente, rumores de que o relacionamento entre ambos ultrapassara o terapêutico começaram a correr. Os rivais de Mesmer, talvez invejosos da grande quantidade de clientes ricos que eram agora por ele atraídos, espalharam fofocas de que Maria Theresia se tornara sua amante. Quanto a

---

[33] Segundo algumas versões, Mozart escreveu seu *Concerto para piano nº 18 em si bemol maior (K. 456)* para ela.

ela, a jovem donzela descobriu que seus talentos ao teclado já não eram tão apreciados. Uma jovem cega que fosse capaz de tocar o piano era uma coisa; uma capaz de enxergar – bem, havia centenas de mulheres bem-criadas que eram melhores do que ela.

Pode muito bem ter havido fundamento para essas histórias impudicas. Em todo caso, em questão de semanas Mesmer partiu abruptamente de Viena para Paris, desacompanhado da esposa, com quem rompeu todos os laços. A senhorita Paradis infelizmente voltou a perder a visão, mas logo recuperou sua popularidade como pianista cega e passou a gozar mais uma vez do patrocínio da imperatriz Maria Teresa. Enquanto isso, os médicos da alta sociedade vienense não pareciam lamentar a partida do colega.

Ainda que o mesmerismo gozasse de considerável popularidade, também tinha muitos detratores e era frequentemente alvo de um tipo de humor carregado de insinuações sexuais. Aqui, o mesmerista, caricaturado como um burro, usa seu "dedo mágico" para curar uma paciente.

Em fevereiro de 1778, Mesmer chegou a Paris, onde começou a se estabelecer e atrair uma clientela aristocrática. Dentro de semanas, mudou-se para a Place Vendôme e, a partir de então, gozou de um sucesso cada vez maior. Seus preços eram altos, mas ninguém pensava duas vezes antes de pagá-los – não quando havia uma promessa de alívio das doenças crônicas que afligiam essa clientela havia tanto tempo e de cuja existência muitos outros médicos haviam duvidado. Os inquietos, histéricos e perturbados se amontoavam para receber suas prescrições. Um ano mais tarde, Mesmer publicou sua *Mémoire sur la découverte du magnétisme animal* [Relato sobre a descoberta do magnetismo animal], que deu publicidade adicional a sua grande descoberta, e agora ele introduziria várias melhorias técnicas para fazer com que os efeitos impressionantes de seu método estivessem disponíveis para um público mais amplo.

A elegante multidão ao redor da banheira repleta de limalha de ferro de Mesmer. Há música no ar, e o doutor Mesmer, ao lado, "sempre aparentemente absorto em reflexões profundas [...] os pacientes, especialmente as mulheres, sofrem ataques que resultam em sua recuperação".

O mais notável desses foi o *baquet*, uma mesa ou banheira repleta de limalha de ferro da qual saíam duas hastes de ferro que podiam ser inseridas a diferentes alturas, de modo que aqueles sentados ao redor do aparato pudessem dirigir seus efeitos para regiões específicas da própria anatomia que exigissem atenção especial – o estômago, o baço ou o fígado, além de partes menos mencionáveis. Os pacientes se sentavam em volta da mesa, unidos por uma corda que formava o círculo mesmérico (como numa analogia ao circuito elétrico) e esperavam que a terapia produzisse efeitos. Mesmer alternava entre tocar seus pacientes e tocar a harmônica de vidro a fim de potencializar os efeitos do aparato, e logo, na maioria das ocasiões, os pacientes começavam a desmaiar e perder a consciência ou ter convulsões, algumas delas tão violentas que os assistentes de Mesmer os recolhiam a uma antessala forrada de colchões, destinados a impedir que os pacientes se machucassem enquanto se debatiam. Diferenças de *status* também eram consideradas: numa sala adjacente, Mesmer montara uma "banheira para os pobres". Carpetes macios, espelhos, cortinas pesadas e imagens astrológicas: tudo era mobilizado para elevar a atmosfera. Como um contemporâneo descreveu a cena:

> A casa de *monsieur* Mesmer é como um templo divino em que convergem todas as ordens sociais: *abbés* [abades], *marquises* [marquesas], *grisettes* [jovens trabalhadoras], soldados, médicos, meninas, *accoucheurs* [parteiras], moribundos, assim como os fortes e vigorosos – todos atraídos por um poder desconhecido. Há barras magnetizadas, banheiras tampadas, varinhas, cordas, arbustos em flor e instrumentos musicais como a harmônica, cujos silvos provocam riso, lágrimas e êxtases[34].

Mesmer estava ansioso para assegurar o reconhecimento oficial de sua grande descoberta. Pressionou a Sociedade Real de Medicina e a Academia de Ciências de Paris em busca de aprovação, mas não foi atendido. Enquanto isso, começou a magnetizar árvores, de modo que mesmo os mais pobres pudessem se beneficiar de sua terapia. Fatos como esse tinham o efeito de reforçar a suspeita de charlatanismo que agora começava a rondá-lo e de fortalecer as críticas que recebia dos rivais de profissão. Mas essas críticas parecem ter produzido poucos efeitos. Todos os aristocratas que figuravam nas colunas sociais da época se juntaram para angariar fundos para custear a criação de uma rede de clínicas de mesmerização nas províncias. Mesmer acumulou uma grande fortuna. Os franceses, ao que parece, eram tão propensos a doenças nervosas quanto os pérfidos ingleses, e pessoas que sofriam dessas formas mais brandas de transtorno mental corriam para receber tratamentos que prometessem aliviar seus sofrimentos sem as dores e o desconforto associados aos já tradicionais sangrias, purgações e vômitos.

Então, subitamente, em 1784, quando o mesmerismo parecia estar no ápice do sucesso, as coisas deram errado. Os rivais de Mesmer amargavam

---

34 Citado em Gloria Flaherty, "The Non-Normal Sciences: Survivals of Renaissance Thought in the Eighteenth Century", em: Christopher Fox, Roy Porter e Robert Wokler (org.), *Inventing Human Science: Eighteenth-Century Domains*, Berkeley: University of California Press, 1995, p. 278.

ressentimentos com o fato de que ele havia sido bem-sucedido em atrair tantos clientes lucrativos. Falavam com desdém sobre a natureza enganosa de suas curas e do caráter perigoso e eroticamente carregado de suas *séances*. Belas mulheres caíam sob seus poderes. As paixões afloravam, elas desfaleciam e convulsionavam, olhando com adoração nos olhos do homem que as colocava em transe, e então eram conduzidas obedientemente para a "sala de crises", onde colchões forravam o piso. O perigo à moral pública dificilmente poderia ser mais claro e mesmo assim a maioria das damas refinadas da aristocracia parecia vulnerável aos encantos de Mesmer. Disfarçados de moralistas, seus críticos manobraram para pôr fim ao desafio que ele representava.

Pressionado pelos competidores invejosos de Mesmer, o rei francês Luís XVI constituiu uma comissão para examinar as afirmações do médico. Seus membros incluíam alguns dos mais eminentes acadêmicos daquela época: o químico Antoine Lavoisier; o astrônomo Jean Sylvain Bailly; Joseph Guillotin, que mais tarde viria a inventar o aparato que o rei viria a conhecer bem de perto (a guilhotina); e Benjamin Franklin, embaixador dos Estados Unidos na França, amplamente conhecido por seus experimentos com relâmpagos e eletricidade. Era um grupo formidável, e ainda que na verdade tenham investigado o trabalho de Charles d'Eslon, um antigo assistente que se distanciara de Mesmer, em vez do próprio inventor do método, e ignorado a questão da eficácia terapêutica do mesmerismo – o tema de maior interesse para a clientela de Mesmer –, as conclusões a que a comissão chegou sobre a questão central da existência de um fluido como o "magnetismo animal" foram inequívocas: nenhuma evidência física pôde ser encontrada para confirmar sua existência. E toda uma série de experimentos engenhosos foi citada como fundamento desse veredito.

O relatório da comissão causou danos consideráveis em domínios respeitáveis da intelectualidade e foi fatal para o reconhecimento oficial que Mesmer esperava para sua descoberta. Mas, num nível prático, tais conclusões não pareciam ter dissuadido muitos daqueles que eram tentados pelos encantos da terapia. Debates obscuros entre cientistas, cujos próprios trabalhos se fundamentavam em afirmações sobre a existência e os poderes de outros tipos de forças invisíveis, eram de pouca importância para aqueles atraídos pela possibilidade de uma cura para suas queixas nervosas. Os discípulos de Mesmer descartaram o relatório como o produto previsível de um grupo de acadêmicos com interesses particulares.

Logo, contudo, um lembrete de escândalos passados emergiu: na Sexta-Feira Santa de 16 de abril de 1784, o Concert Spirituel da quaresma era assistido pela nata da alta sociedade parisiense e pelo monarca. A artista que tocava o cravo era uma musicista cega de Viena, a própria Maria Theresia Paradis. Antigas histórias sobre seu suposto caso com Mesmer reapareceram[35]. As fofocas aumentaram quando a senhorita Paradis decidiu prolongar sua estadia em Paris por seis meses. Enquanto isso, Mesmer fora convidado a Lyon para oferecer uma demonstração pública do valor de sua técnica para o irmão mais novo do rei Frederico II da Prússia. Foi um fracasso catastrófico. Humilhado, Mesmer fugiu de Paris e mal se ouviu falar dele de novo, ainda que tenha vivido por outras duas décadas.

Certamente, na sequência da partida abrupta de Mesmer da cena parisiense, o mesmerismo perdeu um pouco da popularidade extraordinária que havia alcançado em seu ápice, em meados dos anos 1780. Mas o interesse geral que despertava permaneceu forte e, no século seguinte, *séances* de mesmerismo continuariam a atrair uma audiência crescente. Charles Dickens se interessou diversas vezes pelo mesmerismo, e esse interesse era tudo menos excêntrico. Seu amigo e romancista Wilkie Collins frequentemente inseria o mesmerismo em seus enredos[36]. Já nessa época, no entanto, o mesmerismo era menos um procedimento terapêutico que um tipo de entretenimento. E caía cada vez mais sob a influência de espiritualistas e daqueles que se aventuravam pelo paranormal, uma mudança que dificilmente aumentaria sua credibilidade entre os médicos e a maioria dos cientistas. Ainda que continuasse a ostentar seu nome, o mesmerismo escapara do controle de seu inventor. Somente décadas depois da morte de Mesmer é que as técnicas de que ele havia sido pioneiro passariam por um reavivamento – embora sob um nome diferente e atribuindo sua pretensa eficácia não a um misterioso fluido magnético, mas a algo bastante diferente.

---

35 Historiadores chegaram a afirmar que Mesmer comparecera a esse concerto, o que pareceria um movimento muito imprudente de sua parte. Frank Pattie, em "A Mesmer-Paradis Myth Dispelled" (*American Journal of Clinical Hypnosis*, v. 22, 1979, p. 29-31), defendeu, contudo, que essa afirmação é um mito.

36 Para sua sobrevida na Inglaterra vitoriana, cf. Alison Winter, *Mesmerized: Powers of Mind in Victorian Britain*, Chicago: University of Chicago Press, 1998.

7

O grande confinamento

Fraco dos nervos ou louco?

A linguagem dos nervos era uma forma sedutora de explicação para a destruição causada pela loucura, e não apenas para os homens da medicina. É certo que, para a elite médica, a exploração das complexidades do cérebro e do sistema nervoso era fonte de um fascínio crescente e, para os médicos comuns, as afirmações sobre a origem nervosa da loucura ofereciam uma perspectiva que relacionava firmemente ao corpo os estados de perturbação mental. Ao mesmo tempo, para um público letrado leigo cada vez mais inclinado a ver o mundo em termos naturalistas e se distanciar das "superstições" a que os pouco instruídos ainda se agarravam, a adoção de explicações formuladas nesses termos significava uma oportunidade para a exibição da sofisticação superior das elites e oferecia a ideia tranquilizadora de que os excessos profundamente inquietantes e assustadores da loucura podiam ser explicados de forma racional. Para os ricos, especialmente os ricos ociosos, propensos a episódios de depressão ou de tédio, ou afetados por todo um conjunto de problemas mentais e físicos misteriosos, a linguagem dos nervos era, sem dúvida, atraente. E isso porque ela legitimava o que observadores cruéis estavam inclinados a descartar como fingimento ou *maladies imaginaires* [doenças imaginárias].

Não estava claro, contudo, se os inválidos nervosos estavam igualmente dispostos a ter seus problemas encarados como uma forma mais branda de loucura, já que ainda havia uma forte tentação a ostracizar os lunáticos para uma escuridão impenetrável. Privados da mais essencial das qualidades humanas – a razão –, era fácil demais que os doentes mentais fossem enxergados como criaturas de uma ordem ontológica diferente. No começo do século XVII, Shakespeare sugeriria que, separados de seu eu verdadeiro e do próprio juízo, os loucos não passavam de "espectros" – fac-símiles exteriores de seres humanos – "ou feras"[1]. Escritores do século XVIII adotavam uma visão ainda mais extrema. Ao pregar seu sermão a respeito "daquelas pessoas infelizes que são desprovidas da mais cara das luzes, a luz da Razão", o clérigo Andrew Snape falou do "alheamento" como responsável por afundar "o homem infeliz sob a parte muda e insensível da Criação"[2]. O pensamento encontrava eco

---

[1] William Shakespeare, *A tragédia de Hamlet, príncipe da Dinamarca*, op. cit., p. 117.

[2] Andrew Snape, *A Sermon Preach'd*, op. cit., p. 15.

num colaborador anônimo do *The World* (possivelmente Samuel Richardson), que escreveu que a loucura reduzia "os maiores pensadores da Terra a uma condição inferior até mesmo à dos insetos que se arrastam sob ela"[3]. Não é nenhuma surpresa que geração após geração de comentadores tenha repetido, quase linha por linha, o clichê de que "não há doença a ser mais temida do que a loucura"[4].

Foi assim que, quando o último rei da América do Norte, Jorge III, percebeu que estava perdendo o juízo, passou a repetir, para qualquer um que estivesse disposto a ouvi-lo, que "sofro dos nervos [...] não estou doente, mas sofro dos nervos; se você quiser saber o que há de errado comigo, sofro dos nervos"[5]. Mas Jorge não sofria dos nervos. Ele era louco. Falava incessantemente até espumar pela boca e sua agitação e delírios foram se tornando cada vez mais intensos, a tal ponto que o médico real Richard Warren (1731-1797) teria dito que "a convulsão em seu cérebro era tão violenta que, caso ele sobrevivesse, haveria poucos motivos para esperar que recobrasse suas faculdades mentais"[6]. Jorge se tornou violento e delirante, imprevisível, cada vez mais incontrolável e insone e frequentemente obsceno. E assim continuou de outubro de 1788 a março do ano seguinte, quando pareceu se recuperar milagrosamente. Doze anos mais tarde, teve uma recaída da qual depois se recobrou, um padrão que se repetiu em 1804. Mas, quando a loucura recaiu mais uma vez sobre ele, em 1810, foi em definitivo. Por toda a última década de sua vida, Jorge esteve fora de juízo – primeiro incoerente e desconexo, depois demente e cego.

A doença do rei provocava uma crise constitucional a cada recaída e, em 1810, esse problema foi solucionado com a nomeação de seu filho Jorge à condição de príncipe regente. O sigilo em torno da loucura do rei encorajava

---

[3] *The World*, 7 jun. 1753.

[4] Nicholas Robinson, *A New System of the Spleen*, op. cit., p. 50; Richard Mead, *Medical Precepts and Cautions*, traduzido do latim por Thomas Stack, Londres: Brindley, 1751, p. 74; William Arnold, *Observations on the Nature, Kinds, Causes, and Prevention of Insanity, Lunacy, or Madness*, Leicester: Robinson and Caddell, 1786, p. 320; William Pargeter, *Observations on Maniacal Disorders*, op. cit., p. 122. Compare-se o relatório do Comitê de Mendicância da Assembleia Constituinte imediatamente após a Revolução Francesa, que lamenta "a maior e mais assustadora das misérias humanas que pode recair sobre pessoas tão desafortunadas, degradadas na parte mais nobre de si mesmas" (*apud* Robert Castel, *The Regulation of Madness*, op. cit., p. 50).

[5] Fanny Burney, *Diary and Letters of Madame D'Arblay*, org. Charlotte F. Barrett, v. 4, Londres: Colburn, Hurst and Blackett, 1854, p. 239.

[6] Condessa de Harcourt, *Memoirs of the Years 1788-1789 by Elizabeth, Countess of Harcourt*, em: Edward W. Harcourt (org.), *The Harcourt Papers*, v. 4, Oxford: Parker, 1880, p. 25-28.

mexericos e rumores. Também deixou explícito o enorme fosso entre as formas mais amenas de transtorno nervoso e as manifestações de loucura mais extrema e de raízes mais profundas. Por coincidência – e em sua maior parte não foi mais que isso, uma coincidência, pois os avanços em questão podem ser localizados por toda a Europa e América do Norte –, as incursões do rei inglês pela loucura correspondiam, de forma surpreendentemente próxima, aos avanços fundamentais na percepção de como a doença mental poderia e deveria ser tratada e à nascente mudança rumo à adoção de hospitais psiquiátricos como solução preferível aos problemas que os lunáticos representavam para as famílias e a sociedade de maneira mais ampla.

A disseminação dos hospícios

Em pouco tempo, a assumida necessidade de segregar os loucos e a decisão de construir uma rede cada vez maior de novas instituições para atingir esse objetivo inaugurariam aquele grande confinamento de insanos que, até as últimas décadas do século XX, se manteve como uma característica notável da resposta ocidental à doença mental. A prostração nervosa podia continuar a ser tratada de modo informal, e os que dela padeciam, continuar à solta, mas as coisas eram muito diferentes quando se tratava de maníacos e melancólicos, desequilibrados e enlouquecidos. Em todos os lugares, os hospícios se tornaram a solução escolhida para os problemas que loucos como os de Bedlam representavam. E, a partir da nova concentração de loucos no espaço social, uma nova estirpe de especialistas em medicina de hospícios também se materializou, cada vez mais organizados, cientes de sua própria condição e providos de uma identidade intimamente ligada à existência e expansão dos hospícios. Essa expansão, por sua vez, logo se ancoraria, onde quer que fosse, no crescente papel do Estado no financiamento e na administração das instituições que brotavam por toda a Europa e América do Norte – um desdobramento pouco surpreendente, talvez, na França e no império austríaco, onde havia poucas limitações à autoridade central, mas que se evidenciava também na Inglaterra e nos Estados Unidos, onde a desconfiança quanto à centralização e ação estatal estava profundamente entranhada na cultura e no corpo político.

Há um paradoxo no âmago da adoção dessas instituições. Muito do fervor e zelo moral que impulsionava o que era amplamente aclamado como um avanço científico e humanitário no tratamento das doenças mentais derivava da exposição dos horrores das casas de loucos do *ancien régime*. Na França, o ambicioso Jean-Étienne Dominique Esquirol (1772-1840), que viera a Paris trabalhar sob supervisão do eminente médico da era revolucionária Philippe Pinel, tinha, com a ajuda de seu protetor, aberto sua própria *maison de santé*, ou casa de loucos particular, em 1802, e em 1811 garantiu para si o cargo de *médecin ordinaire* [médico geral] no hospital da Salpêtrière. Em busca das graças da monarquia Bourbon restaurada, começou a ensinar sobre doenças mentais em 1817 e, no ano seguinte, garantiu verbas do Ministério do Interior para viajar pelo país e avaliar a situação dos insanos. Seu relatório foi um catálogo de horrores:

> Já os vi nus, vestidos com trapos, providos de nada além de palha para protegê-los da fria umidade do chão sobre o qual se deitavam. Presenciei enquanto eram alimentados com brutalidade, com falta de ar para respirar e de água para aplacar sua sede, carentes das necessidades básicas da vida. Encontrei-os em calabouços estreitos, sujos e infestados, privados de ar e de luz, acorrentados em cavernas nas quais seria considerado temerário encerrar aquelas mesmas feras que governos adoradores do luxo mantêm de forma tão dispendiosa em suas capitais.[7]

Essas imagens teriam sido familiares aos ingleses que prestassem atenção à enxurrada de investigações parlamentares sobre o estado das casas de loucos que pontuou as primeiras décadas do século XIX. Magistrados e autointitulados filantropos disputavam entre si para produzir os exemplares mais tétricos do conto de terror que era a vida dos lunáticos internados. O banqueiro Henry Alexander, que fez das visitas a lugares em que os loucos se encontravam confinados um hábito enquanto se deslocava pelo interior do país, testemunhou que havia inspecionado uma ala de lunáticos na casa de trabalho [*workhouse*[8]] de Tavistock, em Devon, ainda que somente houvesse sido autorizado a visitá-la sob objeções enérgicas do dirigente do local:

> Nunca senti um odor tão pestilento em toda a minha vida, e o cheiro era tão ruim que um amigo que me acompanhara [ao interior da pri-

---

[7] J.-É. D. Esquirol, *Des Établissements des aliénés en France et des moyens d'améliorer le sort de ces infortunés*, Paris: Huzard, 1819, *apud* Dora Weiner, "'Le geste de Pinel'", *op. cit.*, p. 234.

[8] Criadas na Inglaterra no século XVII, as *workhouses* eram espaços onde os pobres que não tinham com que subsistir podiam viver e trabalhar. [N.E.]

meira cela] disse que não seria capaz de entrar na outra. Já eu, depois de ter visitado uma delas, disse que iria à próxima; pois se os internos eram capazes de nelas sobreviver durante a noite, eu seria capaz de ao menos inspecioná-las [...] O fedor era tão forte que senti quase como se sufocasse; e por várias horas depois, caso comesse alguma coisa, ainda sentia o mesmo cheiro; não conseguia me livrar dele, e vale lembrar que essas celas haviam sido lavadas pela manhã e que as portas foram mantidas abertas por algumas horas antes da visita.[9]

Se é que isso era possível, as condições eram ainda piores nas instituições que se especializavam no confinamento dos loucos. John Rogers, que trabalhara como boticário na Red e na White House de Thomas Warburton, duas das maiores e lucrativas casas de loucos particulares de Londres, testemunhou que esses estabelecimentos eram infestados de pulgas e ratos e que eram tão frios e úmidos que muitos de seus pacientes sofriam de gangrena e tuberculose; os pacientes também sofriam abusos generalizados por parte dos atendentes. Espancamentos e açoitamentos eram amplamente aplicados, e as pacientes femininas eram estupradas com frequência. Já os pacientes com incontinência eram regularmente arrastados para o lado de fora e lavados sob jatos de água fria vindos de uma bomba. No Bedlam, testemunhas declaravam ter visto mulheres nuas acorrentadas ao acaso pelas paredes, e também homens: "sua nudez e seus modos de confinamento passavam [...] a aparência completa de um canil"[10]. Mesmo nesses casos, era possível que os internos estivessem em melhor situação do que seus colegas no Asilo de York, onde os pacientes eram estuprados e assassinados e a maioria era mantida na imundície e em situação de abandono[11]. Um conjunto de celas cuidadosamente escondidas do público estava, de acordo com Godfrey Higgins, magistrado de Yorkshire,

---

[9] House of Commons, *Report of the Select Committee on Madhouses*, 1815, p. 3.

[10] House of Commons, *First Report of the Select Committee on Madhouses*, 1816, p. 7 ss.; Edward Wakefield, "Extracts from the Report of the Committee Employed to Visit Houses and Hospitals for the Confinement of Insane Persons. With Remarks. By Philanthropus", *The Medical and Physical Journal*, v. 32, 1814, p. 122-28.

[11] O Asilo de York foi fundado em 1772 como casa de loucos beneficente regida por diretrizes tradicionais. Era bastante diferente do que viria a ser o hospício quacre chamado Retiro de York, fundado em 1796 e discutido mais adiante. De fato, rumores sobre maus-tratos de pacientes no Asilo de York foram parte da motivação de William Tuke para o estabelecimento de um manicômio quacre separado em York.

> numa condição bastante terrível e imunda [...] as paredes estavam emplastradas de excrementos; os respiradouros, dos quais havia um em cada cela, também estavam parcialmente cobertos de excrementos [...] Quando me dirigi ao andar de cima [...] numa sala [...] de 3,6 por 2,4 metros em que havia treze mulheres que [...] haviam deixado suas celas pela manhã [...] senti-me bastante enjoado e não pude ali continuar. Vomitei.[12]

No que acabou por se revelar um esforço vão para esconder a enormidade do que estava se passando em suas dependências, o médico encarregado da casa de loucos ateou fogo no prédio e conseguiu destruir uma das alas do hospital – o que resultou na morte de vários pacientes, mas não na destruição de outras provas de maus-tratos. Quase três décadas depois, uma inspeção de âmbito nacional sugeriu que pouco havia mudado em grande parte do país[13].

Na França, Esquirol arquitetara um projeto para um sistema nacional de hospícios já no ano de 1819, mas foi apenas duas décadas depois, em 1838, que a Assembleia Nacional aprovou uma lei que determinava que todos os departamentos do país deveriam construir uma casa de loucos às custas do tesouro nacional para abrigar os insanos ou providenciar tratamentos alternativos para eles[14]. Além disso, a lei estabelecia que "ninguém poderá dirigir ou criar instituições privadas para os insanos sem autorização do governo". Na prática, suas disposições se concretizaram, mas lentamente. Dois anos depois, havia sete hospícios desse tipo; em 1852, apenas mais sete haviam sido construídos, e quatro deles eram anexos de hospitais gerais. Os estabelecimentos privados administrados sob preceitos religiosos, que ainda existiam em grande número nas províncias, eram agora obrigados a manter um diretor médico, embora de fato continuassem agarrados à identidade clerical e a um modelo baseado na caridade cristã. Seus apoiadores católicos defendiam que, se os expedientes morais eram a via preferencial para a cura dos insanos, então as freiras estavam bem qualificadas para dispensar a firmeza e a gentileza necessárias, sugestão que foi recebida com ceticismo e resistência feroz entre as fileiras dos novos *médecins aliénistes* [médicos alienistas]. Com o tempo, o movimento em direção a um sistema público e secularizado se mostraria irreversível, mas,

---

[12] House of Commons, *Report of the Select Committee on Madhouses*, 1815, p. 1, 4-5.

[13] *Report of the Metropolitan Commissioners in Lunacy to the Lord Chancellor*, Londres: Bradbury and Evans, 1844.

[14] O texto é reproduzido na íntegra em Robert Castel, *The Regulation of Madness, op. cit.*, p. 243-53.

por algumas décadas, as abordagens religiosas e médicas ao cuidado dos loucos coexistiram em atrito, e as tensões entre as duas por vezes transbordavam em conflitos explícitos[15]. Apesar disso, era aos hospícios, e não ao antigo sistema de cuidado familiar, que os franceses agora se voltavam quando confrontados com os problemas do transtorno mental.

Também os ingleses editaram leis em 1845 que ordenavam a construção de manicômios às custas do dinheiro público em condados e distritos e que exigiam o licenciamento de todos os hospícios particulares destinados aos ricos por um novo órgão, os *Commissioners in Lunacy* [comissários da loucura], a quem também foi atribuída autoridade fiscalizatória geral sobre a emergente disseminação dos hospícios. Assim como na França, os reformistas também já haviam apresentado um projeto similar em 1816 e precisaram vencer uma oposição considerável para alcançar seus objetivos – uma oposição que tinha como base tanto os custos dos novos hospícios quanto o aumento da centralização de poder que eles representavam. Mesmo depois que a lei foi incluída nas compilações normativas da Inglaterra, sua aplicação continuou a sofrer alguma resistência, motivada pela mistura habitual de pão-durismo e antipatia das autoridades locais por imposições vindas de Westminster. Em 1860, no entanto, a revolução dos hospícios já estava em essência concluída. Por todo o país, novos hospícios haviam sido construídos nos condados e agora se tornavam a solução preferida para os problemas que os loucos representavam. E os dirigentes de casas de loucos privadas voltadas para o lucro, que recebiam pacientes pagantes, se acostumaram com a fiscalização dos comissários da loucura de Whitehall.

As terras germanófonas apresentavam um quadro bem mais complicado. Na Áustria, as autoridades imperiais construíram em 1784 uma *Narrenturm*, ou Torre dos Loucos, no terreno do gigantesco Hospital Geral de Viena, um prédio sombrio com janelas gradeadas dentro do qual os lunáticos eram confinados e acorrentados. A torre não tinha nada em comum com os tipos de lugares que os reformistas do século XIX tinham em mente, e ainda que Bruno Görgen (1777-1842) tenha aberto um pequeno estabelecimento em Viena em 1819 que lembrava os novos hospícios que estavam sendo construídos noutras partes da Europa, as autoridades imperiais permaneciam indiferentes ao que acontecia em outros lugares, e foi só depois de 1853 que criaram o primeiro novo hospício público[16].

---

15   Cf. Jan Goldstein, *Console and Classify*, op. cit., cap. 6, 8 e 9.

16   Helmut Gröger, Eberhard Gabriel e Siegfried Kasper (org.), *On the History of Psychiatry in Vienna*, Vienna: Verlag Christian Brandstätter, 1997.

Tanto a fragmentação política da Alemanha quanto a devastação provocada pelos exércitos de Napoleão nos primeiros anos do século XIX contribuíram para um conjunto remendado e heterogêneo de desenlaces. Conforme Napoleão recuava, os príncipes alemães a oeste do Reno aproveitavam a oportunidade para se assenhorear de propriedades da Igreja, e alguns castelos e monastérios logo se transformariam em lugares para abrigar lunáticos. Noutros lugares, hospícios completamente novos foram construídos, a começar por Sonnenstein, na Saxônia, em 1811, Siegburg, na Renânia, em 1825, e depois Sachsenburg, em 1830, e Illenau, em 1842, de modo que, em meados daquele século, havia possivelmente cinquenta hospícios espalhados pela complicada paisagem política do antigo Sacro Império Romano-Germânico, vinte dos quais administrados por particulares (ainda que todos fossem bastante pequenos). Mesmo que estivessem longe de ser um grupo monolítico de instituições, muitos desses hospícios declaravam, no entanto, ser parte de uma abordagem moderna da loucura e incorporar as técnicas de tratamento que estavam sendo adotadas noutros lugares[17].

A Itália também sofrera perturbações graves com as aventuras militares napoleônicas. Mas, logo depois da derrota final de Napoleão e seu exílio, em 1815, o país retornou, de acordo com a célebre frase do diplomata austríaco príncipe de Metternich, ao estatuto de nada mais que uma "expressão geográfica". O Congresso de Viena de 1815 reconstituiu a colcha de retalhos das entidades políticas independentes, oriundas das cidades-Estados medievais, que haviam dividido o país politicamente e restaurou, entre outras coisas, o domínio austríaco ao noroeste e a autoridade papal em Roma e nos Estados Pontifícios. Em 1860, quatro Estados ainda dividiam o território que hoje corresponde à quase totalidade da Itália atual, e Roma e os territórios do papa só foram absorvidos no reino no final de 1870.

Assim como na Alemanha, portanto, não houve ali o surgimento de qualquer padrão de instalação para os hospícios. Havia antigas instituições de custódia, que remontavam à Idade Média, em Roma (ca. 1300), Bérgamo (1352) e Florença (1377), fundações religiosas que serviam em grande medida como lugares de confinamento. Veneza estabelecera em 1725 uma "Ilha dos Loucos" administrada segundo preceitos religiosos em San Servolo, originalmente exclusiva para homens (Shelley, que a visitou com Byron, descreveu o

---

[17] Eric J. Engstrom, *Clinical Psychiatry in Imperial Germany: A History of Psychiatric Practice*, Ithaca: Cornell University Press, 2003, p. 17-23.

lugar como "uma construção sem janelas, disforme e lúgubre")[18], e em 1844 um velho monastério noutra ilha, San Clemente, começou a aceitar mulheres loucas (cf. p. 413). A adaptação das celas dos monges para receber pacientes mentais era uma tarefa fácil. Na Toscana, as autoridades florentinas haviam autorizado a detenção dos doentes mentais em 1774, e uma década e meia depois Vincenzo Chiarugi (1759-1820), médico florentino, buscara proibir o uso de correntes e introduzir uma versão do tratamento moral no Hospital Santa Dorotea (que abrigava pacientes insanos em meio a outros doentes) e mais tarde no antigo Hospital San Bonifacio **(imagem 28)**. As tentativas de reforma de Chiarugi desmoronaram, contudo, com sua morte, em 1820.

A essas fundações religiosas antigas em maior ou menor grau, um punhado de novos hospícios foi adicionado na primeira metade do século XIX – entre eles, Aversa em 1813, Bolonha em 1818, Palermo em 1827 e Gênova em 1841. Outros foram acrescentados na segunda metade daquele século, em especial ao norte e na Itália central, e alguns desses foram estabelecidos diretamente por autoridades provinciais. O alienista italiano Carlo Livi (1823--1877) se amargurava em 1864 de que a oferta de hospícios na Itália era a mais atrasada da Europa, fato que atribuía "à indolência e descaso dos governos"[19], e em 1890 apenas 17 províncias da Itália haviam disponibilizado tratamento público para os loucos. Em parte considerável do país, instituições beneficentes de cunho religioso ofereciam o pouco cuidado institucional que existia. Apenas 39 de um total de 83 hospícios italianos eram mantidos pelo Estado. Perto do final do século, todos esses estabelecimentos mal abrigavam, juntos, 22 mil pacientes (menos de 4 mil deles no sul da Itália e nas ilhas da Sicília e Sardenha, ainda que o sul fosse mais populoso) – muito menos, proporcionalmente, do que noutros países da Europa ocidental[20].

A Rússia czarista foi ainda mais lenta na adoção dos hospícios. Depois da Guerra da Crimeia (1853-1856), as autoridades russas buscaram uma reforma da educação médica no império e pela primeira vez fizeram planos de institucionalização dos loucos. Uma escola de formação foi montada numa

---

18 Percy Bysshe Shelley, "Julian e Maddalo: uma conversação", em: *Sementes aladas: antologia poética*, trad. Alberto Masciano e John Milton, São Paulo: Ateliê Editorial, 2010, p. 115.

19 Carlo Livi, "Pinel o Chiarugi? Lettera al celebre Dott. Al. Brierre de Boismont", *La Nazione*, v. VI, 18, 19, 20 set. 1864, *apud* Patrizia Guarnieri, "The History of Psychiatry in Italy: A Century of Studies", em: Mark S. Micale e Roy Porter (org.), *Discovering the History of Psychiatry*, Nova York e Oxford: Oxford University Press, 1994, p. 249.

20 Silvio Tonnini, "Italy, Historical Notes upon the Treatment of the Insane in", em: Daniel Hack Tuke (org.), *A Dictionary of Psychological Medicine*, Londres: J. & A. Churchill, 1892, p. 718.

Hospício de Illenau, em Baden, na Alemanha, em 1865. Construído originalmente em 1842 para 400 pacientes, logo passou a receber muito mais. Fragmentada politicamente, a Alemanha não conseguiu construir de forma racional um sistema de hospícios mais centralizado. Como se deu com Illenau, a maior parte dos hospícios alemães foi construída em espaços rurais isolados.

prestigiosa academia médica militar em São Petersburgo e o treinamento de médicos de hospício começou. Ao mesmo tempo, o regime czarista começou a pressionar os governos provinciais a construir uma rede de hospícios por todo o império. Esses hospícios de *zemstvo* (governos locais) deviam ser construídos de acordo com projetos rigidamente traçados pela capital, o que gerava reclamações de que as autoridades locais estavam sendo ignoradas. Em todo caso, o programa avançava devagar. Moscou progredia a contragosto, e os estabelecimentos para os loucos na cidade permaneceram por muito tempo entre os mais primitivos e inadequados do império[21]. Ainda mais do que era o caso noutros países, a psiquiatria russa permaneceu fortemente vinculada ao Estado.

Talvez em razão de sua condição de sociedade de fronteira, com pouca concentração de pessoas nos centros urbanos, as colônias inglesas na América do Norte tinham em grande medida tratado seus lunáticos de acordo com tradições vindas de tempos imemoriais, no interior das famílias ou em acertos *ad hoc* com membros da comunidade. Nos anos que se seguiram à declaração de independência dos Estados Unidos, em 1776, a mudança foi gradual. Casas de trabalho e asilos de pobres começaram a abrigar pessoas desprovidas de recursos e, como estava acontecendo também na Europa, cadeias e penitenciárias passaram a ser usadas como meio de punição para vadios e criminosos. E alguns

---

[21] Cf. Julie V. Brown, "The Professionalization of Russian Psychiatry, 1857-1911", tese de doutorado não publicada, University of Pennsylvania, 1981.

pequenos hospícios beneficentes foram criados, profundamente inspirados pelos acontecimentos que corriam em paralelo na Europa, em especial na Inglaterra, onde o tratamento moral praticado pelos quacres no Retiro de York começava a atrair atenção internacional. Esse punhado de hospícios associados, como eram então chamados, não eram palco de escândalos que se igualassem àqueles revelados pelos reformistas europeus, mas isso não impediu a mais notável de suas contrapartes norte-americanas, a empreendedora moral Dorothea Dix (1802-1887), de criar um conjunto paralelo de histórias de terror exemplares para promover a causa da reforma da loucura que escolhera defender.

Na sequência de uma estadia na Inglaterra que havia tido seu próprio estado de instabilidade mental como causa, Dix voltou à sua Boston natal, onde encontrou alguns lunáticos confinados em meio a criminosos na cadeia de Cambridge. Em pouco tempo sua carreira como reformista estava lançada. Seu primeiro memorando foi enviado para os legisladores de seu próprio estado, Massachusetts, em 1843, e tanto em tom como em conteúdo assemelhava-se às denúncias que haviam sido formuladas na Europa: "venho, cavalheiros, chamar brevemente vossa atenção para o atual estado, no seio desta nação, de pessoas insanas confinadas em gaiolas, armários, estábulos e currais! Acorrentadas, nuas, surradas com bastões e açoitadas até a obediência!"[22]. Na casa de pobres de Newburyport, por exemplo, Dix relatou ter encontrado um louco escondido dos olhos do público num galpão arruinado cuja porta dava não para o quintal, mas para uma morgue, "o que oferecia, no lugar da companhia dos vivos, a contemplação de cadáveres".

Nas proximidades estava outro interno, este uma mulher, escondida "num porão", trancada a cadeado e deixada no escuro, onde se lamuriava sem cessar "havia anos"[23].

Nos anos seguintes, em que viajou sozinha de estado em estado, adentrou as regiões selvagens norte-americanas, cruzou o Mississippi durante uma cheia e invadiu o sul como reformista *yankee*, Dix fustigou os homens da política de todos os lugares a que se dirigiu com os horrores que os loucos vivenciavam

---

[22] Dorothea Lynde Dix, *Memorial to the Legislature of Massachusetts*, Boston: Monroe and Francis, 1843, p. 4. O envolvente relato de David Gollaher (*Voice for the Mad: The Life of Dorothea Dix*, Nova York: Free Press, 1995) sobre a carreira de Dix chama a atenção para os empréstimos diretos que ela tomara dos reformistas da loucura ingleses. Servi-me da exemplar bibliografia de Gollaher nos parágrafos que se seguem.

[23] Dorothea Lynde Dix, *Memorial to the Legislature of Massachusetts, op. cit.*, p. 8-9. Certamente não é por coincidência que esta descrição ecoa a narrativa daqueles que expuseram o estado dos pacientes escondidos nas entranhas do Asilo de York.

Dorothea Dix: empreendedora moral que realizou uma cruzada implacável para levar manicômios a cada um dos estados estadunidenses.

no confinamento. Esquadrinhou cada estado em busca de exemplos locais, e, quando estes eram escassos ou difíceis de encontrar, não tinha escrúpulos em inventar ou exagerar. Era só ocasionalmente que sua relação econômica com a verdade acertava as contas com ela. Na maior parte das vezes, apesar da firme exclusão das mulheres da política e da vida pública, sua determinação, obstinação e disposição para pressionar e constranger derrubavam todos os obstáculos. A cada nova tentativa, Dix deixava os políticos de joelhos e os forçava a adotar de algum modo suas recomendações. No sul, seus sucessos deviam muito à sua total cegueira aos males da escravidão. Os doentes mentais eram membros de uma classe oprimida e desafortunada, criaturas semelhantes cujos sofrimentos imploravam por intervenção legislativa e alívio. De algum modo, os escravizados eram invisíveis para ela ou estavam abaixo de sua percepção.

O federalismo dos Estados Unidos significava que ali também a oferta de hospícios se dava de forma um pouco espasmódica, já que leis específicas tinham que ser editadas em cada um dos estados. Mas a senhorita Dix era infatigável, e um a um os governos locais entraram na linha. Quando os últimos focos de resistência sucumbiram, Dix transferiu por um breve momento suas energias para a reforma dos estabelecimentos escoceses. Defensoras dos últimos remanescentes de sua própria autonomia política, as autoridades escocesas haviam deixado seus loucos nas mãos das famílias e sob os caprichos da beneficência privada. Esses dirigentes não queriam ter nada a ver com os efeitos desmoralizantes da coação estatal ou com a Lei dos Pobres inglesa. Dix não admitia essa posição, e logo mostrou que seus poderes de persuasão sobre os políticos britânicos não haviam arrefecido. Apesar da oposição local à interferência de uma estrangeira (e mulher!), Dix pressionou Westminster a impor o modelo inglês de hospícios custeados por dinheiro público e de fiscalização pelos comissários da loucura no norte calvinista do país. Com sua tumultuosa campanha concluída e com a publicação bem-sucedida de uma nova lei, Dix regressou aos Estados Unidos, onde acabou por passar seus últimos anos num quarto no Asilo de Lunáticos de Nova Jersey, em Trenton, uma instituição a que gostava de se referir como sua primeira filha[24].

O hospício, argumentava Dix, era um símbolo da civilização e se "tornou tão comum entre todas as nações civilizadas e cristianizadas que o descaso com esse dever parece resultar numa culpabilidade agravada"[25]. Esse sentimento foi mais tarde ecoado pelo médico da rainha Vitória, *Sir* James Paget (1814-1899), que chamava o manicômio moderno de "a mais abençoada manifestação da verdadeira civilização que o mundo é capaz de oferecer"[26]. Os meados do século XIX tinham orgulho de seus hospícios, símbolos do triunfo da humanidade e da ciência. Um conjunto quase utópico de esperanças cercava o nascimento dessas instituições e contribuía em grande monta para a atração que elas exerciam.

Por mais incrível que isso possa hoje parecer, portanto, a solução para os horrores das casas de loucos **(imagem 29)** e de outras instituições que trancafiavam os insanos era, tanto para Dix quanto para seus correlatos europeus, a construção de hospícios. É claro que os hospícios eram organizados de maneira muito diferente daquela que suas investigações haviam denunciado. Mas, apesar disso, ainda eram hospícios. E, com uma velocidade impressionante, essa profunda alteração nos lugares reservados à insanidade tomou forma, levando ao grande confinamento dos loucos que duraria bem mais que um século e acabaria por se espalhar em algum grau para o resto do mundo pelos braços do imperialismo europeu.

---

[24] Cf. um relato sobre a incursão de Dix na Escócia em Andrew Scull, Charlotte MacKenzie e Nicholas Hervey, *Masters of Bedlam: The Transformation of the Mad-Doctoring Trade*, Princeton: Princeton University Press, 1996, p. 118-21.

[25] Dorothea Lynde Dix, *Memorial to New Jersey*, Trenton: [S.l.], 1845, p. 28-29.

[26] George E. Paget, *The Harveian Oration*, Cambridge: Deighton, Bell and Co., 1866, p. 35.

Psiquiatria imperial

Nas colônias de povoamento da Inglaterra – Canadá, Austrália e Nova Zelândia –, onde as populações nativas haviam sido parcialmente exterminadas ou, em alguns casos, marginalizadas, a criação de hospícios que seguiam o modelo das instituições que estavam sendo construídas na metrópole foi relativamente rápida[27]. A predominância de homens entre os primeiros colonos espelhava-se num excesso inicial de pacientes masculinos que acabavam em hospícios e, ao que tudo indica, ali os violentos formavam, em comparação com a Europa, a grande proporção dos que se encontravam confinados. Na Colônia do Cabo, na África do Sul, a institucionalização demorou a chegar. A ocupação da ilha Robben (mais tarde a notória colônia penal em que Nelson Mandela e outros líderes nacionalistas africanos seriam confinados durante o *apartheid*) começou, a partir de 1846, como "enfermaria geral" – leia-se "aterro sanitário" – para uma massa heterogênea de tipos problemáticos, como leprosos, doentes crônicos e loucos, mas até a década de 1890 o número de pacientes mentais ali internados sequer chegava à marca de duzentas pessoas ao mesmo tempo[28].

Em geral, foi ainda mais tarde que os hospícios entraram em cena nas colônias em que havia apenas uma minúscula classe administrativa branca. Na Nigéria, por exemplo, os primeiros hospícios só foram estabelecidos no início do século XX, e mesmo então eram lugares exclusivamente de custódia. Gestos voltados ao estabelecimento de regimes de cura não foram feitos até meados dos anos 1930, e na verdade não trouxeram nenhuma mudança substancial[29]. A maioria dos "nativos" continuava a ser cuidada e tratada pelas próprias famílias, com alguma ajuda dos tradicionais curandeiros iorubás, que às vezes recorriam a uma forma de tratamento herbal feito com uma planta do gênero

---

[27] Cf., por exemplo, Stephen Garton, *Medicine and Madness: A Social History of Insanity in New South Wales, 1880-1940*, Kensington, NSW: New South Wales University Press, 1988; Catherine Coleborne, "Making 'Mad' Populations in Settler Colonies: The Work of Law and Medicine in the Creation of the Colonial Asylum", em: Diane Kirkby e Catharine Coleborne (org.), *Law, History, Colonialism: The Reach of Empire*, Manchester: Manchester University Press, 2001, p. 106-24; Thomas Brown, "'Living with God's Afflicted': A History of the Provincial Lunatic Asylum at Toronto, 1830-1911", tese de doutorado não publicada, Queen's University, Kingston, Ontário, 1980.

[28] Harriet Deacon, "Insanity, Institutions and Society: The Case of Robben Island Lunatic Asylum, 1846-1910", em: Roy Porter e David Wright (org.), *The Confinement of the Insane: International Perspectives, 1800-1965*, Cambridge: Cambridge University Press, 2003, p. 20-53.

[29] Cf. Jonathan Sadowsky, *Imperial Bedlam: Institutions of Madness in Colonial Southwest Nigeria*, Berkeley: University of California Press, 1999.

Rauwolfia. Ironicamente, os psiquiatras ocidentais viriam a realizar experimentos com o uso de um alcaloide também extraído da *Rauwolfia* (reserpina) para o tratamento de seus pacientes nos anos 1950 **(imagem 27)** – e que também estava em uso na medicina popular indiana como remédio para a loucura em função de seus efeitos calmantes –, ainda que rapidamente tenham passado a preferir medicações psicotrópicas de invenção própria[30].

Na Índia, a Companhia Britânica das Índias Orientais costumava enviar de volta para Londres os funcionários que enlouqueciam, mas esse expediente começou a falhar conforme o número de loucos brancos foi aumentando. A presença de europeus ensandecidos era uma ameaça evidente para a ideologia da superioridade da raça branca e ofereceu uma motivação importante para a criação de lugares em que os representantes loucos do governo britânico pudessem ser escondidos de forma segura do escrutínio público[31]. Foi só mais tarde que as autoridades coloniais procuraram adotar instalações para os "nativos" que enlouqueciam, e demorou até que esses estabelecimentos começassem a importar modelos de tratamento e técnicas terapêuticas ocidentais[32].

A França também tinha seus hospícios coloniais no Magreb, na Indochina e noutros lugares, onde coexistiam de forma constrangida e quase inteiramente fora das sociedades a que serviam nominalmente[33]. Num desses hospícios, o Hospital Blida-Joinville, na Argélia, um jovem negro vindo da Martinica, Frantz Fanon (1925-1961), assumiu a direção da equipe de psiquiatria do estabelecimento em 1953. Fanon já havia formulado críticas contundentes sobre o lugar ocupado por um intelectual negro num mundo embranquecido em seu *Pele negra, máscaras brancas* (publicado como *Peau noire, masques blancs* em 1952), e rapidamente iniciou a dessegregação do hospício que tinha sob seu controle. Mas, com a eclosão da guerra de independência argelina, Fanon tomou conhecimento de que os franceses agora passa-

---

30   A *Rauwolfia* continua a ser usada em pequena escala pela medicina ocidental para o tratamento da hipertensão.

31   Waltraud Ernst, *Mad Tales from the Raj: The European Insane in British India, 1800-1858*, Londres: Routledge, 1991.

32   Para o primeiro estudo detalhado sobre essas instituições, cf. Waltraud Ernst, *Mad Tales from the Raj, op. cit.*

33   Richard Keller, *Colonial Madness: Psychiatry in French North Africa*, Chicago: University of Chicago Press, 2007; Claire Edington, "Going In and Getting Out of the Colonial Asylum: Families and Psychiatric Care in French Indochina", *Comparative Studies in Society and History*, v. 55, 2013, p. 725-55; e, de modo mais geral, Sloan Mahone e Megan Vaughan (org.), *Psychiatry and Empire*, Basingstoke: Palgrave Macmillan, 2007.

vam a recorrer à tortura – tanto torturadores como torturados vieram a ser seus pacientes – e imediatamente pediu demissão, aderindo à Frente de Libertação Nacional. Nos últimos meses de sua curta vida, Fanon publicou *Os condenados da terra* [*Les Damnés de la terre*], em que defendia a violência como única linguagem compreendida pelo opressor colonial. O livro foi um *best-seller* internacional que, por algum tempo, exerceu uma influência extraordinária entre aqueles que lutavam para assegurar a própria independência e levou muitos na metrópole a repensar as consequências psicológicas da dominação racial. Se a psiquiatria colonial muitas vezes servia aos interesses dos poderes imperiais, ao menos nesse caso recusou-se enfaticamente a fazê-lo.

O modelo do hospício acabou por firmar raízes mesmo em países que não sucumbiram de modo direto ao imperialismo ocidental, como China e Japão, ou que cedo se desfizeram do jugo colonial, como a Argentina. Seus defensores argumentavam que a instituição era uma marca distintiva da sociedade civilizada. A Argentina obteve sua independência da Espanha em 1810, mas a consolidação nacional não começou a se efetivar antes de meados daquele século. Assim que as guerras civis e internacionais cessaram, contudo, o país começou a receber uma torrente de imigrantes europeus. A nova elite *porteña* que emergia em Buenos Aires – e aspirava a ser vista como membro de uma nação civilizada e obter a aprovação europeia – logo adotou o hospício. Uma instituição para mulheres foi inaugurada em 1854, ainda durante a ditadura de Juan Manuel de Rosas, um período que os argentinos estudados viam como um interlúdio da barbárie, e logo foi acompanhada por instituições beneficentes para homens e mulheres em Buenos Aires[34].

O primeiro hospício de moldes ocidentais na China foi fundado em 1898 por um missionário norte-americano, John G. Kerr (1824-1901), em Cantão (hoje Guangzhou). Um hospício municipal em Beijing apareceu logo em seguida, em 1912, ainda que em seus anos iniciais tenha sido administrado pela polícia sob diretrizes tradicionais, e não com base no modelo ocidental. Tratava-se simplesmente de uma forma de se livrar do incômodo público que os loucos representavam. Tentativas subsequentes nos anos 1920 e 1930, abastecidas em parte com dinheiro dos Rockefeller (cf. p. 367), de "reforma" do hospício municipal e transplante dos benefícios dúbios da psiquiatria ocidental para uma população que em grande parte não compreendia esses esforços gozaram apenas de uma existência limitada e extremamente breve. As elites moderniza-

---

[34] Jonathan Ablard, "The Limits of Psychiatric Reform in Argentina, 1890-1946", em: Roy Porter e David Wright (org.), *The Confinement of the Insane, op. cit.*, p. 226-47; E. A. Balbo, "Argentine Alienism from 1852-1918", *History of Psychiatry*, v. 2, 1991, p. 181-92.

doras viam a medicina ocidental como um componente crucial das tentativas da China republicana de fortalecer o país e ajudá-lo a competir de forma bem-sucedida com as potências ocidentais, mas obtiveram poucos progressos nesse sentido – principalmente porque seus esforços eram esmagados pelo imperialismo cultural[35].

Muito desse mesmo padrão pode ser observado no Japão. Foi só em 1919 que o regime Meiji aprovou uma Lei dos Hospitais Mentais que promovia o tratamento institucional dos loucos, quase um século depois que esforços similares haviam se materializado na Europa e na América do Norte. A essa altura, aparentemente havia no Japão cerca de 3 mil doentes mentais já confinados em algum tipo de instituição. A nova legislação levou a uma disparada no número de confinados, com o censo dos hospícios de 1940 registrando 22 mil internos. Mas, mesmo assim, numa

O Japão adotou o modelo ocidental de hospício aproximadamente um século depois da Europa e da América do Norte. Esta fotografia, de um paciente submetido a confinamento domiciliar em 1910, espelha as descrições que foram feitas pelos reformistas do século XIX sobre a forma como as famílias europeias e norte-americanas lidavam com seus parentes enlouquecidos.

sociedade de 55 milhões de pessoas, o Japão institucionalizava apenas uma pequena fração de loucos quando comparado com a Inglaterra ou os Estados Unidos, onde as taxas de hospitalização eram mais de dez vezes maiores[36]. Em 1940, muitos loucos no Japão permaneciam sob responsabilidade da própria família e eram mantidos em confinamento cerrado caso constituíssem motivo de aborrecimento, especialmente se eram violentos e não podiam ser controlados. Era provável que fossem tratados, quando o eram, com remédios populares tradicionais e intervenções de cunho religioso, e não de acordo com os princípios da psiquiatria ocidental.

---

35 Para uma elaboração esplêndida e detalhada desses assuntos, cf. Emily Baum, "Spit, Chains, and Hospital Beds: A History of Madness in Republican Beijing, 1912-1938", tese de doutorado não publicada, University of California, San Diego, 2013.

36 Akihito Suzuki, "The State, Family, and the Insane in Japan, 1900-1945", em: Roy Porter e David Wright (org.), *The Confinement of the Insane, op. cit.*, p. 193-225.

O imperialismo, fosse político ou cultural, disseminou a ideia da institucionalização dos loucos por todo o globo, mas foram poucos os lugares, a não ser colônias de povoamento que espelhavam e imitavam suas metrópoles, onde a exportação do modelo do grande confinamento foi bem-sucedida. Era sem dúvida com condescendência que os médicos ocidentais encaravam as crenças e práticas nativas. A psiquiatria imperial praticada nesses contextos experimentou quase em todos os lugares uma enorme dificuldade em transformar hábitos populares locais. Por mais que seus praticantes tentassem ignorar, suprimir e invalidar as atitudes nativas, estavam fadados ao fracasso.

O tratamento moral

O Retiro de York, uma pequena instituição fundada em 1792 (mencionada de passagem no capítulo 5), exerceu uma influência extraordinária sobre o mundo anglófono. Ainda que as técnicas de cuidado por ele introduzidas estivessem sendo simultaneamente descobertas noutros lugares, tanto na Inglaterra quanto no além-mar, foi a versão proposta pela família Tuke, mercadores quacres de chá e café, que serviu como inspiração e modelo para os reformistas de outras regiões. No Retiro de York, as correntes foram aposentadas e todas as formas de violência e coação física foram proibidas. Também outras instituições, confrontadas com a tarefa de administrar os maníacos recolhidos sob seus tetos, haviam começado a romper com o consenso anterior e enfatizavam a importância de "criar um hábito de autocontrole", algo que a experiência sugeria poder ser alcançado não pela coação, mas pelo uso de pequenas recompensas e ações que demonstravam confiança em que os pacientes podiam se controlar e que os parabenizavam quando o faziam[37]. William Tuke e seu neto, Samuel, sistematizaram e publicaram essas observações[38].

Ao que tudo indicava, os loucos podiam ser sensíveis aos mesmos incentivos e emoções que os sãos. Algum resquício de razão podia ser encontrado em quase todos eles e podia ser usado, através da manipulação habilidosa do ambiente, para encorajá-los a reprimir suas propensões erráticas. De fato, seria

---

37   John Ferriar, *Medical Histories and Reflections*, v. 2, Londres: Cadell and Davies, 1795, p. 111-12. (Ferriar foi um médico no Asilo de Lunáticos de Manchester.) Para sensibilidades semelhantes de outro encarregado de manicômio, cf. Thomas Bakewell, *The Domestic Guide in Cases of Insanity*, Stafford: Ed. do Autor, 1805, p. 56-56, 59, 171.

38   Cf. em especial Samuel Tuke, *Description of the Retreat, op. cit.* (uma edição estadunidense foi publicada na Filadélfia em questão de meses).

apenas pelo "tratamento do paciente da mesma maneira que se trataria um ser racional, na medida em que o estado da mente permita", que seria possível esperar educá-lo a disciplinar-se. Ao caminhar, conversar, trabalhar e tomar chá com seus superintendentes, tudo isso no interior de um ambiente terapêutico cuidadosamente construído, os pacientes poderiam aprender a se controlar. "Propensões mórbidas" não deviam ser discutidas ou refutadas. "O que se busca é o método diametralmente oposto. Todos os expedientes são utilizados para seduzir a mente para fora de seus devaneios favoritos, porém infelizes."[39]

Sem muros altos ou grades separando-o do entorno, o Retiro de York foi uma instituição-modelo para os reformistas da loucura ingleses.

Até o nome que William Tuke escolheu para a nova instituição, Retiro, indicava seu papel: oferecer um ambiente humano e acolhedor, onde aqueles que não conseguiam lidar com o mundo pudessem encontrar descanso. Esse ambiente incluía, de modo muito importante, a arquitetura física do prédio em cujo interior os lunáticos eram colocados, já que os insanos eram muito sensíveis ao seu entorno e qualquer coisa que pudesse evocar o ambiente de uma prisão devia ser evitada a todo custo. Daí a aparência doméstica do Retiro; a camuflagem das barras que obstruíam as janelas para que parecessem pedaços de madeira e a substituição de muros altos e proibitivos ao redor da propriedade por uma vala oculta. O trabalho era importante não como forma de redução de custos, como viria a ser depois, mas porque "de todos os modos pelos quais os pacientes podem ser induzidos a se controlarem, o emprego regular é talvez o de maior eficácia geral"[40]. Instrumentalmente falando,

---

39 *Ibidem*, p. 133-34, 151-52.

40 *Ibidem*, p. 156.

> o que quer que tenda a promover a felicidade do paciente também aumenta o desejo de autocontrole, já que incentiva o desejo de não se ver privado do prazer, e diminui a irritação da mente que com tanta frequência acompanha as perturbações mentais [...] Do ponto de vista curativo, portanto, o conforto do paciente é considerado da maior importância.[41]

Foi a experiência do Retiro que guiou os reformistas da loucura ingleses e gerou o entusiasmo pelo hospício. Divulgadores habilidosos, entre os quais se incluía o alienista escocês William Alexander Francis Browne (1805-1885), defendiam esse tipo de tratamento moral como a pedra angular do hospício do futuro, o "maquinário moral" que devolveria a sanidade ao louco[42]. E foi o estabelecimento de Tuke – inclusive sua aparência externa – que serviu de modelo para os primeiros hospícios norte-americanos reformados. Os quacres da Filadélfia e de Nova York se correspondiam diretamente com a família e publicavam os conselhos que recebiam. Suas instituições, o Retiro de Frankford e o Hospício de Bloomingdale, foram então emuladas no Retiro de Hartford e no Hospício McLean, respectivamente em Connecticut e Boston[43]. Era para a existência desses novos hospícios reformados, por sua vez, que Dorothea Dix apontava (e cujas estatísticas utilizava) em sua campanha pela divulgação dos benefícios dos hospícios onde quer que fossem instalados.

Philippe Pinel descobrira princípios bastante análogos em meio à pouco propícia atmosfera da Paris pós-revolucionária. Seu *traitement moral* [tratamento moral] se valia em enorme medida das experiências do administrador leigo do Bicêtre, Jean-Baptiste Pussin, e da esposa dele, Marguerite (cf. capítulo 5), que haviam chegado de forma independente às mesmas conclusões dos Tuke sobre o cuidado dos loucos, ainda que num ambiente muito mais amplo e anônimo[44]. Guiado por eles, Pinel reconhecia ter

---

41 *Ibidem*, p. 177.

42 William A. F. Browne, *What Asylums Were, Are, and Ought to Be*, Edimburgo: A. & C. Black, 1837.

43 Andrew Scull, "The Discovery of the Asylum Revisited: Lunacy Reform in the New American Republic", em: Andrew Scull (org.), *Madhouses, Mad-doctors, and Madmen: The Social History of Psychiatry in the Victorian Era*, Filadélfia: University of Pennsylvania Press, 1981, p. 144-65.

44 Para um de seus numerosos tributos ao trabalho de Madame Poussin, cf. Philippe Pinel, *Medico-Philosophical Treatise on Mental Alienation. Second Edition: Entirely Reworked and Extensively Expanded*, trad. Gordon Hickish, David Healy e Louis C. Charland, Oxford: Wiley, 2008, p. 83-84.

> examinado com muito cuidado os efeitos que o uso de correntes de ferro produzia nos pacientes psiquiátricos e comparado com os resultados da abolição delas, e já não me restam dúvidas quanto às medidas de restrição mais sábias e gentis. Os próprios pacientes que, presos a correntes por longos intervalos do ano, haviam permanecido num estado de ira constante, a partir de então passeavam calmamente com uma simples camisa de força, conversando com todos, enquanto em seu estado anterior ninguém poderia se aproximar deles sem se colocar em grande perigo. Não havia mais berros intimidadores ou gritos com ameaças, e seu estado de agitação diminuía de forma progressiva.[45]

Como seus colegas ingleses, Pinel insistia que "pacientes transtornados dificilmente podem ser curados no seio de suas famílias [...] os pacientes cujo isolamento fora o mais absoluto são os que se curam com mais facilidade". A presença de pessoas próximas "sempre aumenta a agitação e o caráter indômito", enquanto, nas mãos da equipe capacitada do hospício, os internos "se tornam dóceis e calmos"[46]. A disposição interna do hospício era de grande importância para ajudar nesse processo. Dos mais perturbados, passando pelo estágio em que a loucura já estava em declínio, até culminar nas alas para convalescentes, as divisões físicas reforçavam as fronteiras morais e, somadas com liberdades crescentes e oportunidades de trabalho e diversão, faziam com que esse sistema oferecesse modos adicionais de induzir os pacientes a controlar suas faculdades e sentimentos perturbados. Nos estágios intermediários desse processo, por exemplo, os pacientes ficavam

> soltos e tinham liberdade total de movimento, salvo por alguma agitação transitória e de origem incidental. Passeavam sob as árvores ou num espaçoso recinto adjacente, e alguns, que se aproximavam do estágio da convalescência, participavam do trabalho das criadas, ocupando-se na retirada de água, limpeza dos alojamentos, lavagem dos paralelepípedos e execução de tarefas pesadas mais ou menos árduas.[47]

---

45 *Ibidem*, p. XXIII, n. 2.
46 *Ibidem*, p. 101-02.
47 *Ibidem*, p. 140.

Todos os vários proponentes do tratamento moral concordavam em enfatizar a importância de um único diretor para o empreendimento como um todo – sabedor das particularidades de cada um de seus internos, rápido em modificar o tratamento de acordo com as características específicas de cada caso e capaz de exercer uma vigilância constante contra qualquer disposição da parte dos empregados do hospício em maltratar os pacientes. O assistente-chefe de Pinel, Esquirol, que veio a se tornar o alienista mais influente da França após a morte de seu mestre, dava voz ao consenso: "De certa forma, o doutor deve ser o princípio da vida de um hospital para alienados. É com ele que o movimento de todas as coisas deve começar. É ele quem disciplina todas as ações, já que foi convocado a ser o regulador de todos os pensamentos"[48].

Assim como hospícios reformados administrados sob os preceitos do tratamento moral não se assemelhavam em nada às casas de loucos e cadeias em que os doentes mentais haviam até então definhado, também a nova geração de superintendentes era necessariamente bastante diferente de seus predecessores. Antes, "o cuidado dos insanos era monopolizado pelos aventureiros médicos e outros, [o que criava] um estigma ridículo [que] impedia que médicos comuns e estudados tentassem competir e até mesmo que buscassem se qualificar para fazê-lo". Finalmente esses saltimbancos estavam dando lugar ao homem profissional de "alta integridade e honra", possuidor

> daquela coragem moral e física e daquela firmeza que conferem tranquilidade e determinação em meio ao perigo [...] e imbuem todo o caráter com aquela influência controladora que [...] governa os turbulentos enquanto aparenta guiá-los e controla os selvagens e ferozes com a severidade mas, ao mesmo tempo, a serenidade de suas ordens.[49]

Em mãos como essas, a humanidade e as curas estavam praticamente garantidas. Se aceitássemos de olhos fechados as afirmações de seus proponentes, as novas instituições eram "mundos em miniatura, onde todas as borras desagradáveis da vida moderna são na medida do possível excluídas"[50]. Eram, nas palavras de

---

[48] J.-É. D. Esquirol, "Maison d'aliénés", *Dictionnaire des sciences médicales*, v. 30, Paris: Panckoucke, 1818, p. 84.

[49] William A. F. Browne, *What Asylums Were, Are, and Ought to Be*, op. cit., p. 50, 180.

[50] Anônimo, "Review of *What Asylums Were, Are, and Ought to Be*", *Phrenological Journal*, v. 10, n. 53, 1836-1837, p. 697.

John Conolly (1794-1866), que se tornara o mais proeminente dos alienistas ingleses de meados da era vitoriana, o lugar onde

> a tranquilidade virá; a esperança reviverá; a satisfação prevalecerá [...] quase toda disposição para ruminar vinganças traiçoeiras ou fatais ou para a autodestruição desaparecerá [...] a limpeza e a decência serão conservadas e restauradas; e por vezes se descobrirá que o próprio desespero deu lugar à alegria ou tranquilidade segura. [Eis,] se é que existe na Terra, o lugar onde a humanidade reinará suprema.[51]

O advento da era dos hospícios foi acompanhado em praticamente todos os lugares por expectativas utópicas como essas. Foi no Novo Mundo, contudo, que a ideia daquilo que agora poderia ser realizado se alçou aos patamares mais elevados. Os primeiros superintendentes de hospícios norte-americanos foram carregados por uma onda de entusiasmo e otimismo quanto àquilo que o tratamento moral conseguiria alcançar. Eles relatavam taxas de cura de 70%, 80%, 90% dos casos, até que o doutor William Awl (1799-1876), da Virgínia, superou a todos ao afirmar ter curado 100% de seus casos recentes nos últimos doze meses, o que lhe conferiu o apelido de "Dr. Cure-Awl"[52]. Foi das estatísticas produzidas por esse "culto da curabilidade" que Dorothea Dix lançou mão, com ótimos resultados, quando pressionou os poderes legislativos dos estados. "Todas as experiências", como Dix relatava, "mostram que a insanidade tratada de modo razoável é tão curável quanto um resfriado ou uma febre". Assim, os hospícios seriam uma verdadeira fonte de economia de recursos no longo prazo, além de serem um grande avanço humanitário[53].

Poucos contestariam a afirmação de que os hospícios que operavam sob os preceitos do tratamento moral ofereciam um ambiente mais humano do que as piores casas de loucos tradicionais. A não ser o filósofo francês Michel Foucault e seus seguidores. É famosa a descrição que Foucault faz do "tratamento moral" como uma forma de "gigantesco aprisionamento moral", e, por mais exagerada que essa afirmação possa parecer, nela há ao menos uma pitada de verdade. O alienista e propagandista escocês W. A. F. Browne reconheceu sem rodeios que

---

[51] John Conolly, *The Construction and Government of Lunatic Asylums and Hospitals for the Insane*, Londres: John Churchill, 1847, p. 143.

[52] Em português, "Dr. Cura-Tudo". Trata-se de um trocadilho estabelecido a partir da homofonia entre o sobrenome Awl e a palavra *all*, "tudo". [N.T.]

[53] Cf., por exemplo, Dorothea Lynde Dix, *Memorial to New Jersey, op. cit.*, p. 9-10.

Reformistas do século XIX eram categóricos sobre a separação dos sexos nos hospícios. Bailes de lunáticos cuidadosamente coreografados, como este de 1848, contudo, demonstravam o poder do regime do novo tratamento moral para a domesticação dos loucos.

"há uma falácia até mesmo na concepção de que o tratamento moral consiste em ser bondoso e humano com os insanos"[54]. A nova abordagem buscava transformar o hospício numa "grande máquina moral" cujo objetivo era garantir que "o selo da autoridade não seja nunca afastado, mas carimbado sobre cada transação"[55]. Em sua própria prática clínica, como se gabava, Browne buscava estender "noite adentro, e durante os períodos de silêncio e sono, a disciplina e a inspeção exercidas durante as horas de maior atividade. O controle poderá assim penetrar até mesmo nos sonhos dos insanos"[56]. A imaginação sem freios devia ser posta de joelhos, domesticada e civilizada mesmo naqueles que recaíssem num estado de inconsciência profunda.

Ainda que não recorresse a afirmações tão hiperbólicas, Philippe Pinel era igualmente claro quanto à natureza bifronte do tratamento moral: *douceur*, ou amabilidade, deve sempre ser acompanhada de "um aparato [*appareil*] intimidador de repressão", de uma disposição a, "se necessário, primeiro subjugar [os lunáticos] para depois encorajá-los"[57]. Assim como na versão de Tuke,

---

[54] William A. F. Browne, "The Moral Treatment of the Insane", *Journal of Mental Science*, v. 10, 1864, p. 311-12.

[55] Crichton Royal Asylum, *7ᵗʰ Annual Report*, 1846, p. 35.

[56] Crichton Royal Asylum, *10ᵗʰ Annual Report*, 1849, p. 38.

[57] Citado em Jan Goldstein, *Console and Classify*, op. cit., p. 86.

o tratamento moral pineliano era um método superior de administração da loucura e, com o tempo, sua utilidade em controlar, sem recurso à violência, aqueles de outro modo incontroláveis, conferiu-lhe uma influência duradoura.

Da loucura à doença mental

Em outras palavras, o tratamento moral tinha muitas virtudes tanto no campo ideológico como na prática. Para os homens da medicina que cada vez mais buscavam transformar o tratamento da doença mental num monopólio médico, entretanto, ele trazia um inconveniente grave: não estava claro por que razão os psiquiatras seriam os mais indicados para administrá-lo. Na França, a persistência de hospícios com equipes religiosas deu particular relevo a esse problema, mas a questão era sentida em quase todos os lugares em que novos hospícios eram erguidos.

Afinal de contas, Pinel absorvera suas lições práticas sobre como administrar os insanos pela observação de duas pessoas leigas que haviam aprendido por experiência direta. Os longos anos de serviço haviam proporcionado a esses leigos o "espetáculo continuado de todos os fenômenos da insanidade", assegurando-lhes um "conhecimento multifacetado e detalhado que faltava ao médico", cujas interações com os pacientes eram fugazes, "quase sempre limitadas [...] a visitas transitórias"[58]. Mais do que isso, Pinel se mostrava bastante cético quanto à maioria dos tratamentos médicos para a loucura, das sangrias àquilo a que se referia com desdém como o "amplo inventário de pós, extratos, licores, xaropes, poções, unguentos etc. destinado a vencer a alienação mental", e se lamentava das muitas ocasiões em que os pacientes eram forçados a aguentar "as duras provações da polifarmácia confusa ministrada de maneira empírica"[59]. Os homens da medicina precisavam abandonar "a fé cega num conjunto suntuoso de medicamentos" e reconhecer que "a medicação entra no plano geral como um meio secundário, e é só então que ela é oportuna – o que é algo bastante raro"[60].

Além dos estabelecimentos a que Pinel estava vinculado, os lunáticos parisienses podiam se ver confinados no hospício de Charenton (incluindo o mar-

---

[58] Philippe Pinel, *Traité médico-philosophique sur l'aliénation mentale ou La manie*, Paris: Richard, Caille et Ravier, 1801, p. XLV-XLVI.

[59] *Ibidem*, p. 123-30, 136.

[60] *Ibidem*, p. 139.

quês de Sade, como já mencionado). Fundado originalmente pela congregação Frères de la Charité em 1641, Charenton adquirira uma reputação demoníaca sob o *ancien régime* por confinar os inimigos do rei, mediante *lettres de cachet*, ao lado de uma população de lunáticos e incapacitados – tanto que os revolucionários haviam ordenado o encerramento de suas atividades. Dentro de dois anos, contudo, o problema do que fazer com os loucos que o hospital abrigava forçou sua reabertura, dessa vez como um estabelecimento inteiramente secular. Aqui, muito da supervisão cotidiana dos internos era conduzida por François Simonet de Coulmier (1741-1818), um padre sem qualificação médica, e, ainda que o Diretório tenha nomeado um médico para Charenton, era Coulmier quem dispensava os *moyens moraux* [recursos morais] que compunham a principal forma de cuidado dos pacientes, e "a batalha entre leigos e médicos continuou a arder de forma inconclusiva por vários anos em Charenton"[61].

Do outro lado do canal da Mancha, Samuel Tuke, o neto de William, apontava quase ao mesmo tempo que "a experiência do Retiro [...] não acrescentará muito à honra ou extensão da ciência médica. É com pesar [...] que relaciono os métodos farmacêuticos que falharam, e não aqueles que foram bem-sucedidos"[62]. Sua discussão sobre o regime terapêutico em York distingue com nitidez entre tratamentos morais e médicos, separando-os um do outro e enfatizando que mesmo os médicos que haviam sido trazidos para tratar pacientes acabaram por concordar que "a medicina, em seu estado atual, possui meios muito inadequados para aliviar a mais penosa das doenças humanas"[63]. Era o tratamento criado e aplicado por leigos que granjeava o histórico invejável de recuperações da instituição, e essa diretriz de colocar a superintendência em mãos leigas viria a ser copiada nos Estados Unidos, no Hospício de Bloomingdale, em Nova York, e no Retiro Frankford, na Filadélfia.

Para os homens da medicina que agora se interessavam em números cada vez maiores pelo tratamento dos loucos, já que a disseminação de hospícios inaugurava novas oportunidades de carreira, a ameaça que essa situação representava era óbvia: se tudo que os médicos podiam fazer era cuidar das aflições do corpo, então por que mereceriam um lugar privilegiado no tratamento de doenças *mentais*? Seu prestígio, suas teorias elaboradas, seus próprios meios

---

[61] Para esta discussão, cf. Jan Goldstein, *Console and Classify, op. cit.*, p. 113.

[62] Samuel Tuke, *Description of the Retreat, op. cit.*, p. 110.

[63] *Ibidem*, p. 111, citando as palavras do primeiro médico-visitante do Retiro de York, Thomas Fowler.

de subsistência, tudo isso estava sob ameaça[64]. Que alguns escândalos bombásticos expostos pelo Parlamento britânico tenham tido como palco instituições geridas por médicos em nada ajudava sua causa, e os leigos mais intimamente envolvidos com o desenvolvimento de propostas para um novo sistema estatal de hospícios estavam entre aqueles que manifestavam grande ceticismo quanto à relevância da medicina para o tratamento dos doentes mentais.

Ainda assim, em questão de um quarto de século, a preeminência da medicina no tratamento dos doentes mentais passou a ser quase total. É claro que a persistência de hospícios clericais na França oferecia uma base institucional para as críticas recorrentes dos alienistas franceses. Mas o Retiro de York contratara um superintendente médico em 1837 e, na América do Norte, o Hospício de Bloomingdale e o Retiro Frankford fizeram o mesmo em 1831 e 1850. Leis na França, na Inglaterra e nos Estados Unidos obrigavam os hospícios a incluírem homens da medicina em suas equipes. Essas mudanças marcaram um momento de enorme significância simbólica e prática em que os múltiplos sentidos que por tanto tempo haviam se ligado à loucura foram suplantados pela dominância de uma perspectiva médica. De fato, a "loucura", assim como a expressão "médico de loucos" antes dela, começou a parecer um termo questionável, um insulto contra os doentes.

Ainda que alguns médicos tenham respondido ao tratamento moral com hostilidade e desdém, essa estratégia tinha poucas chances de sucesso. Em vez disso, a maioria dos que se interessavam pelo problema da insanidade veio a adotar a nova abordagem, mas sob o argumento de que uma combinação judiciosa dos tratamentos médico e moral estava mais propensa a alcançar um sucesso muito maior do que qualquer um deles empregado de forma isolada. Homens como Pinel e John Haslam (1764-1844), o boticário do Bedlam entre 1795 e 1816, reconheceram publicamente que os tipos de exame *post mortem* que começavam a desvendar a patologia de doenças que incluíam tuberculose e pneumonia não haviam obtido sucesso comparável quando aplicados a casos de insanidade. O cérebro da maioria dos loucos não podia ser diferenciado daqueles de seus irmãos saudáveis, e então a base biológica presumida para os casos de doença mental continuava a ser uma hipótese sem sustentação em nenhum achado anatômico incontestável. Na verdade, Pinel foi além e questionou explicitamente a base orgânica de quase toda loucura:

---

[64] William F. Bynum, "Rationales for Therapy in British Psychiatry, 1780-1835", *Medical History*, v. 18, 1974, p. 325.

> Um dos preconceitos mais mortais para a humanidade, e talvez a causa deplorável do estado de abandono em que quase todos os insanos se encontram, é considerar a doença desses enfermos como incurável e relacioná-la a uma lesão orgânica no cérebro ou alguma outra parte da cabeça. Posso garantir que, na maioria dos fatos que reuni sobre a mania delirante que se mostrou incurável ou que levou a outra doença fatal, todos os resultados descobertos pela abertura do corpo, comparados aos sintomas que haviam se manifestado, demonstram que essa forma de insanidade tem em geral um caráter puramente nervoso e que não é resultado de qualquer defeito orgânico na substância do cérebro.[65]

Mas o perigo morava ao lado. Se a loucura não tinha uma base física, se tanto suas origens quanto seu tratamento se encontravam no domínio do social e do psicológico, que motivo havia para a entrega dos casos de perturbação mental aos homens da medicina? Havia, de fato, qualquer razão para crer que os médicos eram os únicos qualificados a distinguir entre loucos e sãos?

Alguns reducionistas médicos como William Lawrence (1783-1865), cirurgião no Bedlam, insistiam que a ciência médica já estabelecera que "fisiologicamente falando [...] a mente, a grande prerrogativa do homem", era apenas uma função do cérebro. A separação entre físico e mental era um mito, um erro de categoria. Na realidade, os sintomas da insanidade possuíam "a mesma relação com o cérebro que os vômitos, a indigestão e a azia demonstravam ter com o estômago; a tosse e a asma com os pulmões; ou outras funções desregradas com seus órgãos correspondentes"[66]. Ou, nas palavras mais incisivas de Pierre Cabanis (1757-1808), médico e filósofo francês do século XVIII, o cérebro secretava pensamentos da mesma forma que o fígado secretava bile[67]. Mas o materialismo explícito – e, na Inglaterra, a associação de tais opiniões aos excessos sangrentos da Revolução Francesa – fez dessas asserções um anátema para os cidadãos mais respeitáveis. Para evitar que outros ficassem tentados a adotá-las, a resposta do *establishment* médico foi rápida e impiedosa. Lawrence, por exemplo, foi acusado de ser ateu e perigoso para a

---

[65] Philippe Pinel, *Traité médico-philosophique sur l'aliénation mentale ou La manie, op. cit.*, p. 158-59.

[66] William Lawrence, *Lectures on Physiology, Zoology, and the Natural History of Man*, Londres: J. Callow, 1819, p. 112.

[67] Pierre Cabanis, *Rapports du physique et du moral de l'homme* (1802), reimpresso em suas póstumas *Oeuvres complètes*, Paris: Bossagen Frères, 1823-25.

ordem moral, alguém que implicitamente negava a existência da alma imortal e imaterial. Ameaçado de ruína profissional, concordou em recolher e destruir todas as cópias remanescentes do livro em que suas opiniões ofensivas haviam sido publicadas. Sua retratação foi um sucesso: mais tarde, tornou-se cirurgião da rainha Vitória e baronete, mas a lição fora aprendida.

Ironicamente, os homens da medicina de ambos os lados do Atlântico desenvolveram então um argumento convincente que supostamente demonstrava as origens físicas dos transtornos mentais para além de qualquer dúvida, um argumento que se baseava exatamente na distinção cartesiana entre mente e cérebro. Em francês, o termo para "mente" e "alma" é um só: *l'âme*. Argumentar que a mente ou alma estava propensa à doença ou, no caso do idiotismo ou da demência, à morte era, portanto, questionar os próprios fundamentos do cristianismo e, assim, da moralidade civilizada. Por oposição, localizar a loucura no corpo não trazia problemas do tipo. Como W. A. F. Browne escreveu em 1837: "Com a admissão desse princípio, a perturbação não é mais considerada uma doença do entendimento, mas do centro do sistema nervoso, de cuja condição imperturbada depende o exercício da compreensão.

O cérebro está em falta, e não a mente"[68]. O imortal e o imaterial do lado de cá do túmulo eram absoluta e intimamente dependentes do material e, assim, do aparato sensorial corrompido. De fato, como John Conolly escreveu em 1830, quando ainda era professor de medicina no University College London:

> Mais que isso, tão dependente é a alma imaterial dos órgãos materiais, tanto pelo que recebe quanto pelo que transmite, que um ligeiro transtorno na circulação do sangue em diferentes porções da substância nervosa pode perturbar toda sensação, toda emoção, toda relação com o mundo externo e vivente.[69]

Isso também ajudava a explicar, sugeria Browne, como o tratamento médico poderia resultar em curas, já que, ao se aliviar a irritação do cérebro, a mente "calma, ilesa, imutável, imortal" poderia mais uma vez exercer seu domínio sobre a vida diária[70].

---

[68] William A. F. Browne, *What Asylums Were, Are, and Ought to Be, op. cit.*, p. 4; para uma opinião quase idêntica, cf. Andrew Halliday, *A General View of the Present State of Lunatics, and Lunatic Asylums in Great Britain and Ireland*, Londres: Underwood, 1828, p. 4.

[69] John Conolly, *An Inquiry Concerning the Indications of Insanity*, Londres: John Taylor, 1830, p. 62.

[70] William A. F. Browne, *What Asylums Were, Are, and Ought to Be, op. cit.*, p. 4.

Esse era um silogismo maravilhosamente sedutor, do tipo que teólogos corriam para adotar. Ao escrever para o *Christian Observer*, o praticante de medicina William Newnham (1790-1865) calorosamente acolheu essa solução para o problema do transtorno mental:

> Cometeu-se um grande erro, que se perpetua ainda nos dias de hoje, ao considerar o transtorno cerebral como mental; a exigir, e de fato admitir, apenas remédios morais [...] ao passo que o cérebro é um mero órgão da mente, e não a mente em si mesma; e suas perturbações de funcionamento surgem da cessação de seu funcionamento como meio adequado para a manifestação das variadas ações e paixões do espírito que o preside.[71]

John Gray (1825-1886), alienista norte-americano, ainda empregava, meio século mais tarde, argumentos praticamente idênticos àqueles desenvolvidos por seus colegas nos anos 1820, um sinal de quão importante essa aceitação metafísica do corpo foi para as reivindicações jurisdicionais dos alienistas[72].

Calombos e protuberâncias, ou curas mentais para aflições corporais

Mas se a insanidade era em sua origem uma enfermidade médica, como seria possível explicar o sucesso das armas sociais e psicológicas que davam corpo ao tratamento moral? Como terapias mentais podiam curar uma doença física? Para muitos, a solução para essas dificuldades estava nas doutrinas desenvolvidas durante a primeira década do século XIX pelo médico e anatomista do cérebro vienense Joseph Gall (1758-1828) e por seu colaborador Johann Spurzheim (1776-1832). Hoje, a frenologia é lembrada principalmente como a pseudociência dos "calombos e protuberâncias", uma tentativa de relacionar o caráter e o comportamento dos indivíduos à forma do crânio, cujo contorno, segundo se presumia, mapeava as estruturas internas do cérebro. Mas antes que a frenologia se tornasse uma área fértil para o entretenimento e um alvo fácil para ridicularizações, muitos a viam como um empreendimento intelectual sério. Figuras de destaque em toda a Europa e na América

---

71 William Newnham, "Essay on Superstition", *The Christian Observer*, v. 29, 1829, p. 265.
72 John P. Gray, *Insanity: Its Dependence on Physical Disease*, Utica e Nova York: Roberts, 1871.

do Norte foram atraídas por suas doutrinas e atestavam seu valor para a compreensão da psicologia e do comportamento humanos.

As investigações de Gall o haviam convencido de que o cérebro era uma coleção de órgãos e que as funções mentais individuais estavam localizadas em regiões específicas do encéfalo. Ele e Spurzheim conduziram dissecações cuidadosas e inovadoras que vieram a constituir a fundação para suas afirmações sobre a diversificação anatômica e funcional do cérebro. Concluíram que o tamanho relativo de certo órgão era um indicativo da força da função mental a ele associada e que seu tamanho poderia ser aumentado ou diminuído na medida em que uma dada função da mente fosse exercida ou negligenciada, assim como músculos se desenvolvem ou atrofiam. A ganância, o rancor, a cautela, a combatividade – toda uma miríade de propensões psicológicas estava localizada em regiões específicas do cérebro da mesma forma que a capacidade de ver, ouvir e assim por diante. Conforme o cérebro se desenvolvia na infância, acreditava Gall, os ossos cranianos espelhavam o correspondente desenvolvimento interno de suas diferentes partes. Isso significava, por sua vez, que seria possível deduzir o caráter e as capacidades mentais de uma pessoa a partir do formato da cabeça **(imagem 30)**. Finalmente o enigma da mente poderia ser solucionado. Se os vários órgãos que compõem o cérebro saíssem de equilíbrio, o caráter, os pensamentos e as emoções seriam afetados. Em última análise, em casos extremos, o desequilíbrio da mente poderia se tornar uma forma de insanidade.

Logo à primeira vista, aí estava um conjunto de doutrinas que autorizava um materialismo absoluto, acompanhado de todas as implicações social e moralmente desestabilizadoras que os pensadores conservadores acreditavam que poderiam resultar de uma posição como essa. Como já era esperado, as autoridades vienenses ficaram indignadas quando as descobertas de Gall e Spurzheim começaram a ser divulgadas, e os dois médicos foram forçados a fugir para Paris depois que o governo proibiu Gall de ensinar sua teoria "devido ao perigo por ela representado para a religiao e a boa moral"[73]. Na capital francesa, depararam com a resistência daqueles politicamente posicionados à direita, mas foram encorajados pela esquerda anticlerical. Encontraram uma audiência receptiva que logo se expandiu por toda a Europa e América do Norte, graças em grande parte a uma turnê de palestras realizada por Spurzheim e aos esforços enérgicos de divulgadores como o escocês George Combe (1788-1858) – cujo *On the Constitution of Man and Its Relationship to Exter-*

---

[73] Georges Lantéri-Laura, *Histoire de la phrénologie*, Paris: Presses Universitaires de France, 2000, p. 126-27.

nal Objects [Da constituição do homem e sua relação com objetos externos], publicado pela primeira vez em 1828, vendeu mais de 200 mil cópias e chegou à nona edição – e o italiano Luigi Ferranese (1795-1855).

Gall e Spurzheim estavam bastante cientes, dadas suas experiências passadas, dos perigos com que flertavam caso suas doutrinas fossem rotuladas de materialistas. Procuravam cuidadosamente desviar-se dessas acusações. Os vários órgãos que constituíam o cérebro ofereciam "a condição material que possibilita a manifestação das faculdades". Mas a faculdade em si, como insistiam, era uma "propriedade da alma [*l'âme*]" (ainda que o quão precisamente esse fato fosse conhecido ou como a alma e o corpo coexistiam fossem considerações mantidas voluntária e diplomaticamente vagas)[74]. Um ano mais tarde, ao escrever especificamente sobre a insanidade, Spurzheim seria mais direto: "Não tenho conhecimento de nenhuma doença ou perturbação de um ser imaterial em si mesmo, como é o caso da mente ou da alma. A alma é tão incapaz de adoecer quanto é de morrer"[75].

Nem todos estavam convencidos dessas ressalvas, e não era todo alienista que se mostrava valente o suficiente para adotar a nova doutrina, mas, para a maioria deles, os atrativos eram irresistíveis. Enquanto a maior parte dos acadêmicos franceses permanecia cética, uma legião de proeminentes alienistas abraçou essas ideias com entusiasmo. Na Inglaterra e na Escócia, a frenologia fez incursões ainda mais profundas, assim como nos Estados Unidos, em que tanto os superintendentes de hospícios quanto os principais reformistas leigos se tornaram defensores eloquentes da verdade e utilidade de seus preceitos. Esquirol, na França, Connolly e Browne, na Inglaterra, e Amariah Brigham (1798-1849) e Samuel B. Woodward (1790-1838), nos Estados Unidos – uma galáxia de célebres médicos de hospício esposava o conceito da frenologia.

Afinal de contas, se a insanidade era um transtorno físico do cérebro, então o problema era inquestionavelmente médico. E as modificações feitas por Spurzheim na doutrina original, em particular, ajudaram a explicar por que o tratamento moral conseguia afetar o curso da doença mental através do exercício e fortalecimento de partes dormentes e subdesenvolvidas do cérebro. Mas, ao mesmo tempo, a frenologia deixava espaço para tratamentos médicos mais convencionais direcionados para o corpo. Em teoria, ela oferecia uma

---

[74] Franz Gall e Johann Spurzheim, *Anatomie et physiologie du système nerveux en général*, v. 2, Paris: F. Schoell, 1812, p. 81-82.

[75] Johann Spurzheim, *Observations on the Deranged Manifestations of Mind, or Insanity*, Londres: Baldwin, Craddock and Joy, 1813, p. 101.

O grande confinamento

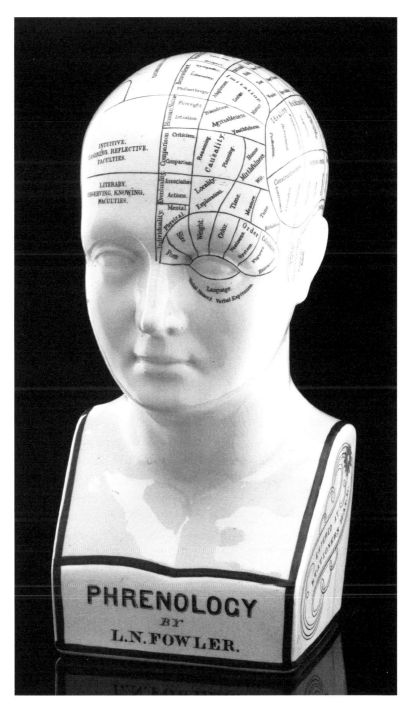

Cabeça frenológica de L. N. Fowler, cuja empresa se especializou na produção em massa desse tipo de objeto.

explicação fisiológica clara para as operações do cérebro que permitia uma explicação única tanto para o funcionamento mental normal quanto para o anormal. Sua ancoragem na anatomia cerebral mais avançada da época, num período em que a medicina como um todo reorientava suas teorias da doença a partir das descobertas dos anatomistas patológicos nos necrotérios, prometia estabelecer um elo consistente entre os membros de uma especialidade marginal que descendia dos médicos de loucos e os desenvolvimentos mais recentes da medicina científica. A frenologia também explicava por que casos mais recentes de insanidade possuíam taxas de cura maiores do que aqueles que se mostravam crônicos, já que as mudanças funcionais dos primeiros se tornavam as mudanças estruturais destes últimos e, para além de certo ponto, os defeitos da organização cerebral eram casos perdidos. A nova ciência também ajudava a legitimar noções que estavam ganhando tração entre muitos homens da medicina que se preocupavam com a insanidade e seu tratamento: que a insanidade podia ser parcial, não total, e podia afetar alguns aspectos da vida mental enquanto deixava outros incólumes; e que a mania podia se manifestar como monomania, uma preocupação patológica com um único tema, não um desequilíbrio total. Pois a ascensão dos hospícios, e com ela a criação de um grande número de cargos estáveis para aqueles que se especializavam no tratamento da insanidade, estava deixando sua marca na forma como a insensatez era entendida e transformando a geografia da loucura de formas surpreendentes.

    A existência da frenologia como ciência séria foi breve, mal chegou a quatro décadas de duração. A craniologia sempre foi alvo fácil da sátira, e sua exploração por charlatães em feiras e eventos refletia sua popularidade entre o público, mas prejudicava as proposições da frenologia em ambientes mais sóbrios. O materialismo que muitos aderentes da frenologia se esforçavam para disfarçar ou negar sempre fora um fator limitante para seu poder de atração sobre pessoas religiosas ou politicamente conservadoras. Agora, o volume crescente de novas pesquisas sobre a fisiologia do cérebro e do sistema nervoso, feitas por William Carpenter (1813-1885), François Magendie (1753-1855), Jean Pierre Flourens (1794-1897), entre outros, fazia as afirmações detalhadas da frenologia parecerem cada vez mais implausíveis e, por fim, indefensáveis, e as opiniões sobre ela endureceram. Inevitavelmente, suas doutrinas vieram a parecer ridículas **(imagem 31)**.

    Mark Twain encontrara frenologistas itinerantes durante sua infância em Hannibal, no Missouri, e recebia as *performances* desses homens com o ceticismo que lhe era característico; mais tarde, quando surgiu uma oportunidade para expor as armadilhas e enganações das leituras frenológicas, Twain não resistiu. Ao se apresentar anonimamente no escritório londrino do expatriado

Lorenzo Fowler, um frenologista estadunidense (homem que fizera fortuna com a produção em massa de cabeças frenológicas em porcelana), Twain ofereceu seus calombos e protuberâncias para que fossem escrutinados e interpretados. "Fowler me recebeu com indiferença, cutucou minha cabeça de forma desinteressada e elencou e estimou minhas qualidades numa voz entediada e monótona." Twain, ao que parece, possuía uma variedade de qualidades excelentes, mas "cada uma das cem características positivas era acompanhada de um defeito contrário que anulava todos os seus efeitos". Então Fowler anunciou ter encontrado uma cavidade numa região específica do crânio de Twain a que não correspondia uma protuberância para compensá-la. Tratava-se de algo que nunca havia visto antes, em todas as suas dezenas de milhares de leituras: "a cavidade representava uma total falta de senso de humor!". Twain se retirou e esperou pacientemente. Três meses mais tarde, reapareceu no escritório e se identificou. Tudo mudou: "a cavidade tinha desaparecido, e em seu lugar estava um monte Everest – falando figurativamente – de 10 mil metros de altura, o calombo de humor mais alto que ele já havia encontrado"[76].

A loucura e o necrotério

Para os alienistas, essa trajetória de ciência séria a alvo de piadas parece ter importado pouco. Quando a frenologia perdeu a credibilidade, suas doutrinas já haviam sido usadas para afastar os desafios à autoridade médica que o tratamento moral poderia ter representado. Os homens da medicina haviam garantido um controle sobre os hospícios reconhecido em lei e consagrado no hábito e na autoridade cotidiana que exerciam sobre o número sempre crescente de lunáticos institucionalizados. Poucos duvidavam da afirmação de que a loucura tinha suas origens nas patologias do cérebro e do sistema nervoso e, dentre esses poucos, nenhum podia ser encontrado nas fileiras daqueles que se especializavam no tratamento das doenças mentais. Se uma minoria de alienistas começou a discordar dessa ortodoxia no final do século XIX, essa apostasia viria apenas após um longo período em que as explicações biológicas para a loucura reinaram praticamente supremas.

Ainda assim, como é evidente, a confiança manifestada por muitos alienistas nas décadas iniciais do século XIX de que o necrotério revelaria os segredos

---

[76] Mark Twain, *The Autobiography of Mark Twain*, v. 2, org. Benjamin Griffin e Harriet Elinor Smith, Berkeley: University of California Press, 2013, p. 336.

da loucura era das mais equivocadas. Há uma exceção, no entanto, e uma exceção importante: em 1822, Antoine Bayle (1799-1858), um jovem médico-assistente em Charenton, conduzira autópsias em cerca de duzentos cadáveres de pacientes mentais (os enormes hospitais públicos de Paris forneciam um suprimento sem fim de pacientes mortos naquela época). Alguns desses doentes haviam sofrido de um conjunto de sintomas que Bayle chamara de *paralysie générale* [paralisia geral]: dificuldades de fala, perda do controle dos braços e das pernas e perda progressiva da sensibilidade às vezes acompanhada de sintomas psiquiátricos severos, com delírios que davam lugar à demência e eram seguidos de morte normalmente causada por asfixia, conforme o reflexo de deglutição parava de atuar. Em meia dúzia desses casos, em particular, os exames *post mortem* do cérebro revelaram lesões características: inflamações das meninges e atrofia cerebral.

A *paralysie générale*, ou *general paralysis of the insane* [paralisia geral do louco] (GPI), como ficou conhecida no mundo anglófono, não era uma afecção rara. Ao final do século XIX, estaria presente em 20% ou mais dos pacientes masculinos a dar entrada nos hospícios tanto da Europa quanto da América do Norte. De início, muitos pensavam que ela poderia representar a condição final da maioria ou talvez de todos os casos de insanidade, mas cada vez mais o quadro era visto como uma espécie diferente de loucura, com uma patologia própria e ainda desconhecida. Suas devastações eram implacáveis e, ainda que sua progressão pudesse ser errática, a ela se seguia inevitavelmente um final terrível. No longo prazo, a descoberta de Bayle fez muito para reforçar a ideia de que a doença mental tinha origem no cérebro[77], ainda que seu descobridor não tenha colhido muitos benefícios: seu mentor em Charenton, Antoine-Athanase Royer-Collard, morreu em 1825 e, desprovido de qualquer laço com seu grande rival, Esquirol, Bayle se viu ostracizado e completamente incapaz de obter uma nomeação para o cargo de médico de hospício. Encontrou emprego, em vez disso, como bibliotecário médico.

Os alienistas se tornaram muito habilidosos na detecção dos sintomas iniciais da GPI – ligeiras dificuldades de fala, pequenas mudanças no andar, diferenças nas reações da pupila à luz –, ainda que a etiologia do transtorno continuasse a ser objeto de debates até o começo do século XX (como dis-

---

[77] Ainda que tenha observado mudanças mórbidas no cérebro de seus pacientes, Bayle ainda pensava que as origens da doença poderiam muito bem ser sociais. Ele reconheceu, por exemplo, que esses sintomas eram particularmente comuns entre aqueles que serviram nos exércitos de Napoleão, mas atribuiu isso aos traumas que os soldados haviam experimentado e às frustrações que sofreram com o desmoronamento do império. De modo similar, Esquirol observou que as prostitutas pareciam particularmente propensas ao transtorno, mas imputou esse fato à imoralidade de suas vidas.

cutiremos no capítulo 8). Chegada a década de 1840, contudo, viram-se obrigados a confessar que não havia outra forma de insanidade que pudesse ser lida no cérebro dos loucos. Todos os esforços desse tipo haviam se mostrado infrutíferos. Não que esses fracassos causassem a disseminação de qualquer tipo de questionamento a respeito da asserção de que a insanidade era um transtorno somático. Por que causariam? A veemente afirmação de que a "insanidade é puramente uma doença do cérebro" tinha como seu corolário que "o médico é agora o guardião responsável pelos lunáticos e assim deve continuar"[78].

Guardiães responsáveis

Esses "guardiães responsáveis" passaram a ser consistentemente mais numerosos na primeira metade do século XIX e, já nos anos 1840, criaram associações profissionais e começaram a publicar periódicos dedicados à troca de informações sobre a administração de hospícios, desenvolveram uma literatura especializada na patologia e no tratamento da loucura e, o que não é uma coincidência, construíram um senso de identidade coletiva.

A primeira reunião desses profissionais aconteceu na Inglaterra, em 1841, e a organização resultante se autodenominou Association of Medical Officers of Asylums and Hospitals for the Insane [Associação de Oficiais Médicos de Hospícios e Hospitais para Loucos], um nome difícil de dizer num só fôlego e que um quarto de século mais tarde veio a se transformar na Medico-Psychological Association [Associação médico-psicológica]. De início, ninguém se candidatara a assumir a tarefa de fundar e editar um periódico profissional, mas em 1848 Forbes Winslow (1810-1874), proprietário de um dos hospícios privados ligeiramente duvidosos destinados aos ricos, lançou o *Journal of Psychological Medicine and Mental Pathology* [Revista de Medicina Psicológica e Patologia Mental] como um empreendimento pessoal. Já havia um certo cisma entre aqueles que administravam hospícios pequenos voltados para o lucro que atendiam os ricos (uma parte lucrativa, ainda que estigmatizada, do negócio da loucura, já que envolvia a divulgação sub-reptícia do estabelecimento e trazia lucros a partir de algo que parecia mais um negócio do que a oferta de serviços profissionais) e aqueles que agora geriam a rede muito mais ampla e em franco crescimento de hospícios públicos em que o grosso

---

[78] *Journal of Mental Science*, v. 2, out. de 1858.

Mulher que sofria de paralisia geral (ainda que os homens fossem mais numerosos entre os afligidos por essa enfermidade), no Asilo de Lunáticos de West Riding, em Yorkshire. Quando essa fotografia foi tirada, em 1869, ainda não se descobrira que essa condição possuía raízes remotas na infecção por sífilis.

dos pacientes estava abrigado. E, apesar dos protestos de Winslow, dentro de cinco anos o grupo rival começava seu próprio periódico. Primeiro, chamado de *Asylum Journal* [Revista dos Hospícios] e, depois, *Asylum Journal of Mental Science* [Revista de Ciência Mental dos Hospícios]; em 1858, a palavra *Asylum* desapareceu por completo do título. Como noutros lugares, o nome da associação profissional e o título original de sua publicação deixam claro quão intimamente ligado o surgimento da nova profissão estava com a criação de uma nova rede de hospícios "reformados".

Nos Estados Unidos, 13 diretores de hospícios se reuniram na Filadélfia em 1844 e formaram a própria Association of Medical Superintendents of American Institutions for the Insane [Associação de Superintendentes Médicos de Instituições Estadunidenses para Loucos]. Imediatamente, um de seus membros, Amariah Brigham, que administrava o Asilo de Lunáticos do estado de Nova York, em Utica, lançou o maravilhosamente intitulado *American Journal of Insanity* [Revista Estadunidense da Insanidade], cuja composição tipográfica e impressão eram realizadas por alguns pacientes do seu hospício. (Foi só em 1921 que o *American Journal of Insanity* foi renomeado para o então mais respeitável *American Journal of Psychiatry* [Revista Estadunidense de Psiquiatria].)

Os franceses fizeram as coisas de trás para frente: seus alienistas esperaram até 1852 para fundar a Société médico-psychologique [Sociedade Médico-Psicológica], mas os *Annales médico-psychologiques* [Anais Médico-Psicológicos] já haviam sido criados quase uma década antes, em 1843. Na Alemanha, a fragmentação política criou obstáculos consideráveis para qualquer projeto de criação de uma única organização que unisse os médicos de hospícios, que necessariamente trabalhavam num conjunto diverso de ambientes políticos. Ainda que uma tentativa de criação de sociedade para aprimorar o tratamento prático dos loucos tenha sido ensaiada em 1827 e que frágeis esforços tenham sido empregados para estabelecer uma subseção psiquiátrica dentro da mais ampla Gesellschaft Deutscher Naturforscher und Ärzte [Associação de Cientistas Naturais e Médicos Alemães], uma Verein der Deutschen Irrenärzte [Sociedade de Doutores Alemães de Loucos] separada só veio a se reunir pela primeira vez em 1864, cerca de vinte anos depois do aparecimento da primeira edição da *Allgemeine Zeitschrift für Psychiatrie und psychisch-gerichtliche Medicin* [Revista Geral de Psiquiatria e Medicina Mental-Forense]. (Em 1903, ela mudou de nome para Deutscher Verein für Psychiatrie, a Sociedade Alemã de Psiquiatria.)

Por toda parte, essas sociedades e publicações serviam a funções similares. As reuniões anuais das associações profissionais eram uma das raras ocasiões em que os superintendentes de hospícios deixavam as próprias instituições. Pois fosse qual fosse o salário, a estabilidade ou a autoridade local de que desfrutassem como diretores desses estabelecimentos, tudo isso era adquirido a um preço muito alto. É verdade que esses profissionais estavam livres de competir naquela que, por toda a Europa, era uma profissão médica supersaturada, sub-remunerada e frequentemente de respeitabilidade duvidosa. Mas a realidade era que eles viviam quase tão isolados e presos a seus hospícios quanto os pacientes cujas vidas supervisionavam. Enquanto isso, as publicações ofereciam um meio de comunicação constante sobre assuntos administrativos – como aquecer prédios gigantescos, administrar a horta em que muitos dos pacientes trabalhavam, lidar com problemas de suprimento de água e despejo de esgoto e outras coisas do tipo – e uma ocasião para especulações mais elevadas sobre a patologia e o tratamento da insanidade e suas classificações e sobre as questões políticas que confrontavam a profissão. Numa época em que periódicos médicos de todos os tipos estavam em proliferação, essas publicações sinalizavam, ainda, a ambição do alienismo de ser pensado como parte de um empreendimento médico maior e forneciam munição para a afirmação de que a ciência de lidar com a loucura estava viva, passava bem e continuava em expansão. Individual e coletivamente, a especialização que florescia podia se promover através da imprensa. E os periódicos também podiam ajudar os alienistas a se diferenciar dos tipos mais antigos de médico de loucos. No passado, não era raro encontrar vários proprietários de asilos para loucos que, como muitos charlatães, gabavam-se de possuírem remédios secretos para a cura da insanidade. Em contraste, a publicação de um debate sobre as teorias deste ou daquele médico cultivava uma imagem de investigação aberta e desinteressada.

O termo "psiquiatria" havia sido cunhado pelo físico alemão Johann Christian Reil (1759-1813) em 1808 a partir da combinação das palavras gregas para alma (*psykhé*) e tratamento médico (*tékhnē-iatrikē*), mas, fora do mundo germanófono, o termo ganhou pouco tração até os anos finais do século XIX. Em vez de usá-lo, aqueles que se especializavam no tratamento dos loucos preferiam se chamar de superintendentes de hospícios, médicos-psicólogos ou alienistas (este último termo, é claro, uma invenção francesa)[79]. Os italianos especializados na medicina mental, que desdenhavam o termo "psique" e suas conotações ligadas à alma, ao espírito e à religião, criaram seu próprio neologismo, "freniatra", e a associação profissional que formaram em 1873 manteve, por quase sessenta anos, o nome Società Italiana di Freniatria [Sociedade italiana de freniatria] como símbolo de uma identidade secular e científica, até finalmente adotar, em 1932, o termo "psiquiatria". Mas, como quer que se autodenominassem, a identidade e a autoridade desses médicos, tal como se apresentavam, derivava em última instância das instituições que eles administravam. Havia uma insistência quase universal na "improbabilidade [...] de uma pessoa insana recuperar o uso da razão, a não ser [...] por um modo de tratamento [...] que só pode ser completamente adotado num prédio construído para esse fim"[80]. O hospício moderno, todos concordavam, era "um aparato especial [projetado] para a cura da loucura"[81]. Nas palavras de Luther Bell (1806-1876), um célebre membro estadunidense da fraternidade: "É justo considerar o hospício, ou, mais propriamente, o hospital para loucos, como um equipamento arquitetônico com características e peculiaridades próprias para o desempenho de suas funções tanto quanto qualquer outro

---

[79] Pinel insistia na utilização do novo termo "*aliénation*" em substituição a "*folie*", que proclamava ser um termo vulgar e desgastado (*Nosographie philosophique*, v. 1, Paris: Crapelet, 1798), e "*aliéniste*" era seu acompanhamento natural. Na mesma linha, Esquirol buscou mudar a linguagem que seus compatriotas usavam para o lugar em que os alienistas confinavam os loucos: "gostaria que esses estabelecimentos recebessem um nome específico que não apresentasse ideias dolorosas para a mente; preferiria que eles fossem chamados de 'asilos'". J.-É. D. Esquirol, *Des Établissements des aliénés en France et des moyens d'améliorer le sort de ces infortunés*, Paris: Huzard, 1819, p. 26.

[80] Robert Gardiner Hill, *Total Abolition of Personal Restraint in the Treatment of the Insane. A Lecture on the Management of Lunatic Asylums*, Londres: Simpkin, Marshall, 1839, p. 4-6.

[81] Joseph Mortimer Granville, *The Care and Cure of the Insane*, v. 1, Londres: Hardwicke and Bogue, 1877, p. 15.

edifício com função manufatureira o é para o cumprimento de suas finalidades específicas. Ele é, decididamente, um instrumento de tratamento"[82].

Se a eficácia desses novos "instrumentos de tratamento" fosse medida pelo número de pacientes que atraíam e abrigavam, concluiríamos que foram um estrondoso sucesso em todos os lugares. Como ímãs gigantes muitíssimo mais poderosos que os *baquets* de Mesmer, os hospícios atraíam legiões de lunáticos para dentro de seus portões. Não importa quantos novos hospícios fossem construídos, mais e mais lunáticos se materializavam para ocupá-los. Esse padrão persistiu por anos a fio. Em 1877, o jornal britânico *The Times* publicou a mordaz observação de que, "se a insanidade continuar a aumentar como no presente, os insanos serão a maioria e, libertando-se uns aos outros, colocarão os sãos nos hospícios"[83]. Ao norte da fronteira, *The Scotsman* reclamava que, "não importa quantos construamos, a cada novo ano encontramos a mesma demanda por novas acomodações [...] um trabalho que mostra pouca esperança de chegar ao fim, assim como aquele de encher um jarro sem fundo [...] Em vez de descobrirmos que os grandes custos empenhados na construção de manicômios levaram à diminuição da insanidade, percebemos, pelo contrário, um desenvolvimento gigantesco e contínuo"[84]. Três décadas depois, em 1908, o psiquiatra alemão Paul Schröder (1873-1941) ainda se queixava do "desconcertante" crescimento no número de "pacientes que precisam de cuidado institucional", um aumento "que não guarda nenhuma relação com o crescimento da população"[85].

Mas conforme o número de pacientes crescia sem cessar, as curas que os superintendentes de hospícios haviam prometido fracassavam em se concretizar, pelo menos de forma que se assemelhasse às proporções que eles anunciavam serem capazes de realizar. Implacavelmente, não apenas o número de hospícios, mas também seu tamanho médio crescia. De modo substancial, era uma questão de simples aritmética: se apenas um terço ou dois quintos dos pacientes que davam entrada a cada ano saía "melhorado" ou "curado" e apenas 10% morriam (e essas passaram a ser o tipo comum de estatística da maior parte das instituições), então, com o tempo, era inevitável que os internos se acumulassem e que os pacientes crônicos formassem uma porção cada vez maior da população dos

---

[82] Citado em Dorothea Lynde Dix, *Memorial Soliciting Adequate Appropriations for the Construction of a State Hospital for the Insane, in the State of Mississippi*, Jackson, Miss.: Fall and Marshall, 1850, p. 20.

[83] *The Times*, 5 abr. 1877.

[84] *The Scotsman*, 1 set. 1871.

[85] "Heilungsaussichten in der Irrenstalten", v. 10, set. de 1908, p. 223.

hospícios. Mas a possibilidade de confinar pessoas excêntricas, inconvenientes e até mesmo de trato difícil numa instituição, em vez de sofrer o desespero de tentar lidar com elas e contê-las no ambiente doméstico, oferecia outra fonte inesperada de internos. Quão perturbado alguém precisaria estar antes que a institucionalização parecesse garantida não era algo medido por um padrão fixo e imutável e, com o tempo, as fronteiras do que constituía a "loucura Bedlam" se alargariam e cada vez mais almas desviadas seriam consideradas necessitadas de confinamento. O hospício pequeno e íntimo que William Tuke havia presidido, ou o que Esquirol oferecera para seus pacientes particulares, tinha sido em grande parte substituído, exceto no caso dos muitos ricos, por hospícios para trezentas ou quatrocentas pessoas e, depois, para alguns milhares de internos.

Esses acontecimentos tiveram consequências nefastas para os alienistas, já que a incapacidade deles de efetivar as curas que haviam prometido causou uma inevitável reação negativa – e, com o tempo, uma má vontade por parte das autoridades públicas para gastar somas "extravagantes" de dinheiro naqueles estabelecimentos que pareciam fadados a permanecer para sempre um desperdício do erário público. A própria legitimidade das afirmações dos alienistas quanto à sua capacidade e seu *status* como profissionais da cura foi posta em xeque. De outro lado, esses acontecimentos indesejados produziram uma queda abrupta no moral da profissão, uma busca desenfreada por explicações para o desmoronamento das promessas que tinham acompanhado o nascimento dos hospícios e uma nova justificativa para a perpetuação dos museus da loucura que tinham se multiplicado e agora formavam um atributo tão inconfundível da paisagem do século XIX. Mais uma vez, aquilo que se acreditara ser uma instituição humanitária, lugar de descanso e recuperação, agora se degenerava na mente do público como lugar para "o depósito conveniente de pilhas de detritos sociais"[86], armazéns para os indesejados ou o "quarto do Barba Azul da vizinhança"[87].

---

[86] James Crichton-Browne, *Annual Report of the West Riding Lunatic Asylum*, 1873.
[87] "Lunatic Asylums", *Quarterly Review*, v. 101, 1857.

8

Degeneração e desespero

Os transtornos da existência civilizada

Do início do século XVIII em diante, tornou-se lugar-comum considerar as doenças nervosas mais amenas como parte do preço a pagar pela civilização e, na verdade, como aflições a que os mais refinados e civilizados estavam particularmente propensos. Um século mais tarde, essas ideias começaram a ser expandidas para abarcar as formas mais severas e assustadoras da loucura do tipo Bedlam. A insanidade, argumentavam os alienistas e seus aliados, era uma doença da civilização e dos civilizados. Em contraste, a condição era quase desconhecida entre povos "selvagens" e primitivos. Esses nobres selvagens rousseaunianos eram aparentemente imunes às devastações da loucura. Conforme a civilização avançava, a vida se tornava mais complexa, mais "não natural", mais acelerada, mais incerta, mais estressante, menos estável. As convulsões políticas, dentre as quais as revoluções francesa e americana eram apenas as mais óbvias, exacerbavam paixões e ambições, assim como também as conturbadas mudanças trazidas pela nova ordem econômica baseada em mercados. Antigas crenças e posições hierárquicas eram descartadas. Mentes eram perturbadas por mergulhos de cabeça na busca de riquezas, e ambições fugiam ao controle. A agitação do corpo político reverberava nos corpos e mentes dos cidadãos. As antigas amarras que haviam mantido os apetites e expectativas das pessoas dentro de certos limites – a Igreja, a família, a falta de mobilidade tanto geográfica quanto social, o peso esmagador da tradição – eram postas de lado. Vidas luxuosas e excessos de todo tipo enfraqueciam a fibra moral e mental, ou assim se pensava, e ajudavam a explicar o rápido aumento no número de loucos, que tinham maior probabilidade de ser encontrados, assim como seus colegas doentes dos nervos, entre os homens e as mulheres mais ambiciosos, mais bem-nascidos e mais cultivados da época. Esses eram os temas de muitos dos comentários inquietos daquele tempo.

Philippe Pinel e seu pupilo favorito, Esquirol, sugeriram por um breve período que a eliminação do *ancien régime* poderia ter efeitos salutares sobre a saúde mental de seus compatriotas. Afinal de contas, era uma ordem social "próxima do prazo de validade", com seus elementos mais privilegiados "atolados na indolência e no luxo". Certamente a liberdade que seria introduzida pela revolução não falharia em produzir efeitos salutares, com a substituição

O alienista francês J.-É. D. Esquirol incluiu em seu tratado *Des Maladies mentales* [Das doenças mentais], publicado em 1838, muitos desenhos de pacientes insanos em meio às agonias da própria loucura, como o representado na imagem acima.

do tédio e da ociosidade por "vigor e energia"[1]. Mas o Terror foi rápido em dissuadi-los de suas presunções. Pinel reformulou seu pensamento: as paixões liberadas pela revolução traziam implicações temerosas para a estabilidade não só do Estado, mas de seus cidadãos[2]. Esquirol falou do "nosso tormento revolucionário" como a causa mais poderosa para o rápido crescimento do número de loucos[3]. O tempo confirmou essa lição e reforçou a crença de Esquirol de que "a loucura é produto da sociedade e de influências morais e intelectuais"[4]. Em 1846, Henri Girard de Cailleux (1814-1884), diretor do hospício de Auxerre, deu voz ao que rapidamente se tornava o consenso:

---

1 Philippe Pinel, "Aux auteurs du journal", *Journal de Paris*, 18 jan. 1790, p. 71.

2 Philippe Pinel, "Recherches sur le traitement général des femmes aliénées", *Le Moniteur universel*, v. 281, 30 jun. 1805, p. 1158.

3 J.-É. D. Esquirol, *Des Passions, considérées comme causes, symptômes et moyens curatifs de l'aliénation mentale*, Paris: Thèse de médecin, 1805, p. 15.

4 J.-É. D. Esquirol, *Des Maladies mentales considérées sous les rapports médical, hygiénique et médico-légal*, v. 2, Paris: Baillière, 1838, p. 742.

> O movimento das ideias e instituições políticas fez com que ocupações até então imutáveis e estáveis fossem alteradas [...]. Muitas mentes, superestimuladas por ambições inconsequentes e desenfreadas, tendo se desgastado e pervertido numa luta para além de suas forças, terminaram na loucura [...] [Para] outras [...] o desencorajamento e a miséria as levaram a se desgarrar da luz da razão.[5]

Curiosamente, os devaneios do principal médico estadunidense de sua própria época revolucionária, Benjamin Rush, da Filadélfia, já haviam seguido uma trajetória similar à de Pinel e Esquirol. Para ele, a independência significava que

> seus compatriotas estão constantemente sob a influência revigorante da liberdade. Há uma união indissolúvel entre as felicidades moral, política e física; e, se é verdade que esses governos eletivos e representativos são dos mais favoráveis à prosperidade individual e também nacional, então também é certo que são os mais favoráveis à vida animal.[6]

Esses benefícios só seriam experimentados pelos patriotas que houvessem apoiado a independência. Aqueles que erroneamente haviam se mantido leais à Coroa britânica sofriam de "*Revolutiana*" e estavam amaldiçoados com uma saúde mental e corporal debilitada. Logo, contudo, assim como Pinel e Esquirol, Rush passaria a entoar outra ladainha. O que se descobria, agora, era que

> os excessos da paixão pela liberdade, inflamada pela questão bem-sucedida da guerra, produziram, em muitas pessoas, opiniões e condutas que não poderiam ser dissuadidas pela razão ou contidas pelo governo [...] [e] constituíram uma espécie de insanidade, que tomarei a liberdade de especificar pelo nome de *Anarchia*.[7]

Os neologismos de Rush não receberam aclamação universal – na verdade, foram simplesmente ignorados –, mas o enfoque básico desta última proposição se tornou ortodoxia em meio à geração seguinte de alienistas norte-america-

---

5 H. Girard, "Rapports sur le service des aliénés de l'asile de Fains (Meuse), 1842, 1843 et 1844 par M. Renaudin", *Annales médico-psychologiques*, v. 8, 1846, p. 142-43.

6 Benjamin Rush, *The Selected Writings*, org. Dagobert D. Runes, Nova York: Philosophical Library, 1947, p. 168.

7 *Ibidem*, p. 333.

nos. Samuel B. Woodward, o primeiro superintendente do hospício estatal em Worcester, Massachusetts, inaugurado em 1833, via ameaças em toda parte:

> Conflito político, veleidades religiosas, manobras comerciais, dívida, falência, revezes inesperados, esperanças frustradas [...] todas essas coisas parecem ter se aglomerado nestes tempos e são, em geral, influentes na produção da insanidade.[8]

Isaac Ray (1807-1881), outro dos 13 alienistas que se reuniram na Filadélfia em 1844 para formar uma nova associação profissional (cf. p. 248), insistia que "a insanidade está agora em crescimento na maioria das comunidades civilizadas, senão em todas"[9], e seu colega Pliny Earle (1809-1892), ao notar "o constante paralelismo entre o progresso da sociedade e o aumento dos transtornos mentais", questionou de forma explícita "se a condição de uma cultura mais refinada na sociedade compensa as penalidades que são seu preço"[10]. Eram os mais esforçados, os mais ambiciosos, os mais bem-sucedidos que estavam sob maior risco:

> A insanidade é rara no estado selvagem da sociedade. Uma razão para essa disparidade, sem dúvida, é a substituição do luxuoso e do artificial por modos mais simples e naturais de vida. Outra, mais importante, é o fato de que, entre os ignorantes e incultos, as faculdades mentais permanecem adormecidas e, assim, menos passíveis de perturbações.[11]

Os ingleses viam a França revolucionária como uma lição prática sobre os perigos da instabilidade política (quanto menos se mencionassem seus antigos colonizados do outro lado do Atlântico, melhor), mas era com alegria que os alienistas britânicos se filiavam às opiniões proferidas na Europa continental e na América do Norte. Thomas Beddoes (1760-1808) falava de

---

[8] *Tenth Annual Report of the State Lunatic Hospital at Worcester*, Boston: Dutton and Wentworth, 1842, p. 62.

[9] Butler Hospital for the Insane, *Annual Report*, 1854, p. 13.

[10] Pliny Earle, "Psychologic Medicine: Its Importance as a Part of the Medical Curriculum", *American Journal of Insanity*, XXIV, 1868, p. 272.

[11] *Thirteenth Annual Report of the State Lunatic Hospital at Worcester, 1845*, Boston: Dutton and Wentworth, 1846, p. 7. Cf também Amariah Brigham, *Remarks on the Influence of Mental Cultivation and Mental Excitement upon Health*, Boston: Marsh, Capen & Lyon, 1833, p. 91.

nações "civilizadas o bastante para serem capazes da insanidade"[12] e Alexander Morrison (1779-1866) **(imagem 32)** relatava que a loucura aparentava ser "muito pequena na América do Sul e em meio a tribos indígenas etc.". "É provável", Morrison concluía solenemente, "que o aumento da civilização e do luxo neste país, em cooperação com disposições hereditárias, tenda a aumentar [...] os números proporcionalmente à população"[13]. Assim, longe de a riqueza proporcionar defesas contra as incursões da insanidade, eram as populações agrícolas, em particular os pobres do campo, que "estão em grande medida isentas da insanidade", enquanto a burguesia e os plutocratas não gozavam dessa mesma imunidade, expostos como estavam "a agitações [e] à formação de hábitos de pensamento e de ação hostis à preservação da serenidade e saúde mental"[14].

À medida que essas afirmações sobre a geografia social da loucura conquistavam aceitação pública, ofereciam mais um conjunto de razões para a elite apoiar a construção de hospícios. Eram aqueles que competiam de modo mais acirrado na corrida da vida e que estavam expostos de modo mais constante e direto aos efeitos nocivos da crescente competição, especulação e ambição que seriam, ao que tudo indicava, os que tinham mais a temer do fantasma da loucura. Eram os que se moviam nos níveis mais elevados da sociedade que estavam sujeitos aos maiores riscos:

> Pianos, guarda-sóis, *Edinburgh Reviews*[15] e o desejo de ir a Paris são agora encontrados em meio a uma classe de pessoas que num momento anterior pensavam que essas coisas pertenciam a uma raça diferente; são essas as verdadeiras causas dos padecimentos nervosos e mentais.[16]

---

[12] Thomas Beddoes, *Hygeia*, v. 2, Bristol: J. Mills, 1802, p. 40.

[13] Alexander Morrison, *Outlines of Lectures on Mental Diseases*, Edimburgo: Lizars, 1825, p. 73.

[14] William A. F. Browne, *What Asylums Were, Are, and Ought to Be, op. cit.*, p. 56, 59.

[15] A *Edinburgh Review*, também conhecida como *The Critical Journal*, foi uma revista trimestral escocesa publicada de 1802 a 1929. Frequentemente apontada como uma das responsáveis pelo desenvolvimento dos periódicos e dos padrões modernos de crítica literária, a publicação teve entre seus colaboradores *Sir* Walter Scott e William Hazlitt. [N.T.]

[16] David Uwins, *A Treatise on Those Disorders of the Brain and Nervous System, Which Are Usually Considered and Called Mental*, Londres: Renshaw and Rush, 1833, p. 51.

Mas, onde quer que fosse, essas previsões sobre a localização social da loucura acabaram por se mostrar equivocadas. Era diretamente das classes baixa e média que vinha a maioria esmagadora dos números em franca expansão dos lunáticos certificados. A designação da massa de pacientes que se apinhava em hospícios públicos como lunáticos mendicantes era em certa medida enganosa – de modo algum todos eles provinham do lumpemproletariado. Mas a dependência em qualquer grau do erário público atraía a designação de mendigo, e a loucura fazia com que o trabalho fosse praticamente impossível. A devastação que ela causava significava que todos, salvo os mais ricos, estariam logo ameaçados pela pobreza, uma circunstância agravada pelos desgastes que a presença da insanidade impunha à vida familiar. Mesmo aqueles que, de início, dispunham de alguma segurança e independência econômicas logo se viam empobrecidos e forçados a depender de subsídios públicos. Como resultado, adquiriam uma designação que normalmente fazia as classes "respeitáveis" correr, mas, nas circunstâncias em que se encontravam, não havia muitas alternativas. O desespero fazia com que engolissem o orgulho. Mas o reconhecimento de que o rótulo "louco mendicante" camufla uma razoável heterogeneidade social não altera a realidade fundamental. Já em 1850, poucos poderiam duvidar de que o grosso daqueles oficialmente identificados como loucos provinha das classes mais baixas, aquelas que tinham que trabalhar para sobreviver.

Essas imagens da mania e da melancolia serviram como frontispício da edição de 1826 de *Outlines of Lectures on Mental Disease* [Esboços de conferências sobre doença mental], de Alexander Morison, uma série que por muito tempo foi publicada anualmente para promover sua própria carreira, assim como a reivindicação dos médicos de *expertise* no cuidado dos loucos.

O enfraquecimento da confiança

Nessa mesma época, também um pessimismo quanto ao destino dos loucos voltava a crescer. Os alienistas se mostraram incapazes de entregar as altas taxas de cura que haviam prometido, e o acúmulo de pacientes crônicos inevitavelmente levava à superlotação dos hospícios. Essas hordas de desesperançados e o espectro da cronicidade vieram assombrar a psiquiatria no terço final do século XIX e influenciar a visão da sociedade de forma mais ampla sobre a natureza da loucura. Ao se dirigir a seus alienistas conterrâneos reunidos para a formação de sua própria sociedade de classe, a precursora da atual American Psychiatric Association, Silas Weir Mitchell (1829-1914), um célebre neurologista da Filadélfia, repreendeu os psiquiatras por administrarem uma coleção de "mortos-vivos", pacientes patéticos "que perderam até mesmo a memória da esperança [e] sentam enfileirados, embotados demais para saber o que é o desespero, vigiados por encarregados; máquinas silentes e horripilantes que comem e dormem, dormem e comem"[17]. A loucura, ao que parecia, e apesar dos especialistas, não era algo que pudesse ser curado com o tratamento moral (ou mesmo com uma mistura cuidadosa de tratamento moral e médico); em vez disso, era uma pena perpétua esmagadora e cruel.

O enfraquecimento da confiança dos alienistas nos remédios de que dispunham para oferecer se manifestava por todos os lugares. Aqueles cujas carreiras haviam começado em meio a um grande otimismo se viam obrigados a lidar de algum modo com uma realidade de horizontes profissionais abruptamente restringidos. W. A. F. Browne, por exemplo, havia estado entre os mais proeminentes e eficazes prosélitos dos hospícios reformados. Browne era um administrador dedicado e talentoso que teve a sorte de gerir um dos hospícios mais ricamente favorecidos da Europa, em Dumfries, no sudoeste da Escócia. Ele devotou enormes quantidades de energia ao tratamento daqueles que estavam sob seus cuidados, com o oferecimento de aulas de árabe, hebraico, grego, latim e francês; organizou um teatro e uma revista literária para os quais os pacientes colaboravam; realizou concertos, bailes, leituras e palestras, além de uma série de outras atividades destinadas a afastar o tédio e estimular os internos; e foi um dos pioneiros no uso de gás para iluminar as longas noites do inverno escocês. (Quando as luzes a gás eram acesas, os moradores da cidade se reuniam nos portões do hospício na expectativa de testemunhar o espetáculo

---

[17] Silas Weir Mitchell, "Address Before the Fiftieth Annual Meeting of the American Medico-Psychological Association", *Journal of Nervous and Mental Disease*, v. 21, 1894, p. 413-37.

da explosão do estabelecimento.) A despeito de seus melhores esforços, em cinco anos as curas por ele relatadas caíram para pouco mais de um terço dos pacientes. Antes do final da década, Browne já se lamentava de que, apesar das esperanças utópicas,

> Todos os homens encarregados do cuidado dos insanos devem estar cientes de quão infinitamente inferiores são os benefícios efetivamente alcançados em comparação aos padrões originalmente estabelecidos quanto à eficácia dos medicamentos e aos poderes da tranquilidade e da saúde contra a mente agitada ou corrompida [...] quão intratável a doença revela ser e quão indeléveis são as devastações que ela causa mesmo naqueles casos em que a razão parece ter sido restaurada.[18]

"Parece ter sido restaurada": uma frase reveladora. Com o tempo, as coisas só iriam piorar. Em 1852, Browne fala desesperadamente sobre "quão pouco pode ser feito para restaurar a saúde, para restabelecer a ordem e tranquilidade" e como os resultados de todos os seus esforços "são tão estéreis e ínfimos que, num desafio à comiseração e ao cuidado, levarão a prevalecer a miséria, a violência e a vingança"[19]. Cinco anos mais tarde, depois de finalmente ter abandonado a atmosfera sufocante do hospício em troca de uma sinecura bem remunerada como comissário da loucura que fiscalizava os hospícios escoceses, Browne seria ainda mais contundente:

> Tem sido habitual cobrir com um véu a degradação da natureza que consiste tão frequentemente num sintoma da loucura. Mas é certo que as dificuldades reais na administração de grandes números de insanos deveriam ser expostas: é salutar que as degradações involuntárias, o animalismo e os horrores a que tendem tantos atos voluntários sejam colocados a nu. Nenhuma representação do frenesi cego ou da ferocidade vingativa concretiza de modo tão perfeito ou justifica de modo tão flagrante a antiga teoria da metempsicose, ou crença na possessão demoníaca, como a glorificação maníaca em meio à obscenidade e imundície; a devoração de detritos ou dejetos, superando as brutalidades que para o selvagem podem ser uma herança ou superstição [...] Essas práticas não são implantadas na doença por hábitos vulgares,

---

[18] Crichton Royal Asylum, *9th Annual Report*, 1848, p. 5.
[19] Crichton Royal Asylum, *13th Annual Report*, 1852, p. 40.

formação viciada ou descurada, ou elementos originais do caráter. Elas são encontradas nas porções mais refinadas e polidas da sociedade, nas vidas mais puras, nas sensibilidades mais requintadas. Mulheres bem-nascidas que bebem a própria urina [...] Desenhos das maiores pretensões artísticas que são pintados com excrementos; poesias escritas com sangue ou materiais ainda mais revoltantes [...] É possível encontrar pacientes [...] que emplastram e encharcam as paredes dos modos mais terríveis que suas fantasias perturbadas conseguem sugerir; que se banham e cobrem os próprios corpos, preenchem cada fenda do quarto, suas orelhas, narizes, cabelos, com dejetos; que ocultam esses pigmentos preciosos em seus colchões, luvas, sapatos, e que travarão combates para defender suas propriedades.[20]

Causa pouca surpresa que um dos colegas de Browne ao sul da fronteira, John Charles Bucknill (1817-1897), que estivera à frente do hospício de Devon County, em Exeter, e editava o *Journal of Mental Science* [Revista de ciência mental], tenha se queixado de que os alienistas "gastamos nossas vidas numa atmosfera mental mórbida" e de "alguns médicos da mente que sofreram mais ou menos uma aparente contaminação da doença mental"[21] – noutras palavras, que ficaram loucos eles também.

Há algo particularmente estranho nessa confissão de que uma instituição ainda publicamente apresentada como curativa para seus pacientes pudesse se mostrar tão tóxica para aqueles que a administravam. Os problemas eram similares não só na Inglaterra e Escócia, mas em todos os lugares por onde a solução do hospício se espalhou. A desventura, a monotonia, a violência que mal podia ser contida, a superlotação e a miséria eram inescapáveis, e a elas se somavam as dificuldades de supervisionar um grupo heterogêneo de funcionários (que raramente compartilhavam da perspectiva dos alienistas quanto aos pacientes) e a resistência teimosa, ainda que frequentemente muda, dos internos, que, ali levados de forma involuntária, lutavam, muitas vezes literalmente, contra as restrições e o tédio da vida hospitalar.

---

[20] Crichton Royal Asylum, *18th Annual Report*, 1857, p. 24-26.

[21] John C. Bucknill, "The President's Address to the Association of Medical Officers of Asylums and Hospitals for the Insane", *Journal of Mental Science*, v. 7, 1860, p. 7.

Silenciando os loucos: protestos pictóricos e literários

A era dos hospícios silenciava os pacientes mentais num duplo sentido. Ela os separava da sociedade e, de modo geral, também sufocava e calava suas vozes – isto é, supondo que essas vozes já não tivessem sido caladas para a posteridade em função do analfabetismo ou da profundidade do declínio mental. Ainda que um dos atributos dessa nova rede de hospícios fosse a pletora de estatísticas por ela despejada, esses dados nos falam mais dos confinantes que dos confinados. Anotações de casos clínicos revelam um pouco mais sobre aqueles que eram encarcerados: como vieram a ser confinados; alguma coisa sobre sintomas e comportamento tanto antes quanto depois da certificação como lunático; e um detalhe ou outro sobre as reações ao regime do hospício. Salvo em circunstâncias muito raras, no entanto, nosso conhecimento de como os pacientes reagiam aos hospícios é quase sempre filtrado pelos olhos e ouvidos de seus médicos.

Os relatos sobre o que levara os pacientes ao hospício, registrados nos atestados de loucura que legitimavam o confinamento, eram em geral copiados em livros-razão encadernados, nos quais às vezes eram amplificados por detalhes fornecidos pela família do paciente. Depois disso, entradas eram acrescentadas de tempos em tempos, seja por questão de rotina, seja quando algo fora do comum acontecia. Com o tempo, os registros dos pacientes crônicos eram interrompidos ou, na melhor das hipóteses, tornavam-se padronizados. Em hospícios cada vez mais imensos, os pacientes eram incorporados a uma multidão anônima. Os registros de pacientes de longa estadia eram frequentemente separados em múltiplos volumes, o que dificultava o traçado de um percurso de sua carreira manicomial. Ainda demoraria muito tempo até que os casos fossem registrados em fichas de papel individualizadas e reunidas num mesmo arquivo.

Mas, em parte graças à influência da noção frenológica de que o formato do crânio poderia revelar algo sobre a insanidade subjacente, também havia registros da aparência e das expressões faciais dos pacientes, de início na forma de desenhos e gravuras. Assim que os daguerreótipos e a tecnologia da fotografia avançaram, os pacientes se viram colocados diante das lentes de câmeras. Placas fotográficas de vidro do início desse período ainda podem ser encontradas nos arquivos do hospital de Bethlem e noutros lugares, algumas delas dedicadas ao registro das expressões faciais do paciente no momento da entrada e depois, quando "curado". Mais para o final do século XIX, quando se interessou pela questão que daria título ao seu livro *A expressão das emoções no homem e nos animais*[22], Darwin trocou extensa correspondência com James Crichton-Browne (1840-1938), superintendente do Asilo de Lunáticos de West Riding, em Yorkshire, entre maio de 1869 e dezembro de 1875, e recebeu várias fotografias de pacientes aparentemente à mercê de fortes emoções.

Em raras, raríssimas ocasiões, o jogo virava, e os pacientes registravam as próprias impressões sobre seus médicos, companheiros de internação e o hospício que os confinava. Algumas vezes essas observações eram transpostas para o papel. Uma paciente em Ticehurst registrou a sensação de que era "uma bola de futebol humana" chutada por todas as pessoas[23]. Ebenezer Haskell, que escapou do Hospital para Loucos da Pensilvânia em 1868 e processou a instituição que o havia confinado, denunciou seu cativeiro com a publicação, por conta própria, de um livreto ilustrado que incluía o desenho de uma cena explícita em que um paciente despido, preso com os braços e pernas abertos, é maltratado por funcionários durante o feriado do Dia da Independência nos Estados Unidos. Também acompanhava o folheto uma ilustração do próprio

Ebenezer Haskell foi um dos muitos pacientes que afirmaram terem sido internados à força, mesmo sendo perfeitamente sãos, e depois terrivelmente maltratados. Ele publicou por conta própria um livro em que registrou sua experiência – aqui o vemos recebendo uma punição disfarçada de tratamento.

---

22   Charles Darwin, *A expressão das emoções no homem e nos animais*, São Paulo: Companhia das Letras, 2009. A primeira edição inglesa é de 1872.

23   Charlotte MacKenzie, "'The Life of a Human Football?' Women and Madness in the Era of the New Woman", *The Society for the Social History of Medicine Bulletin*, v. 36, 1985, p. 37-40.

Haskell pulando o grande muro que cercava o estabelecimento com uma cartola firmemente assentada em sua cabeça[24]. Não há muito espaço para dúvida quanto a esse ponto de vista sobre o confinamento ou quanto aos protestos de alguns outros pacientes que discutiremos adiante.

Outros pacientes produziram desenhos que davam algum tipo de materialidade a seus delírios – grosseiros e desajeitados em muitos casos, impactantes e poderosos noutros. Às vezes, os pacientes desenhavam ou pintavam seu entorno, talvez até mesmo o superintendente do hospício que reinava sobre eles. Muitos desses materiais simplesmente desapareceram, ainda que exemplos ocasionais tenham sobrevivido soterrados nos arquivos de hospícios. Quando artistas com formação profissional de alguma estatura vinham a ser confinados, contudo, por vezes produziam obras notáveis e emocionantes que foram preservadas e, em algumas ocasiões, exibidas para um público mais amplo.

Richard Dadd (1817-1886) havia sido considerado um artista altamente promissor no começo dos anos 1840, até o dia em que decapitou o próprio pai e, depois, fugiu para Paris, onde finalmente foi detido pelas autoridades francesas. Confinado no Bedlam (e mais tarde no hospital especializado em loucos criminosos de Broadmoor, inaugurado em 1863), Dadd recebeu autorização para continuar pintando e, ao lado de esboços que representavam pacientes sob as garras da loucura e de cenas fantásticas de mundos oníricos apinhadas de detalhes meticulosos **(imagem 1)**, o artista também produziu em 1852 um retrato particularmente assustador de um exaurido *Sir* Alexander Morison, na época médico-visitante no Bedlam e, presumivelmente, o homem que garantiu que Dadd pudesse continuar a pintar **(imagem 32)**. Em contrapartida, como se descobriu mais tarde, as autoridades do hospício fotografaram Dadd, e assim podemos vê-lo trabalhando enquanto pinta *Contradiction: Oberon and Titania* [Contradição: Oberon e Titânia, 1854-1858].

Quase quatro décadas depois, Vincent van Gogh (1853-1890) pintaria seus próprios retratos: o do alienista que o tratava em Arles, Félix Rey **(imagem 33)**, e o do doutor Paul Gachet, o homem que procurou tratá-lo depois de sua alta do hospício particular em Saint-Rémy. O retrato de Rey foi parte de uma série de pinturas que Van Gogh concluiu durante seu confinamento em Arles. Outras delas oferecem uma vista do jardim do hospício e uma cena da vida dos internos que acentua o isolamento e a introspecção daqueles que ali habitavam **(imagem 35)**, além de um retrato comovente de um paciente deprimido. Van Gogh temia que sua condição mental pudesse estar afetando

---

24 Ebenezer Haskell, *The Trial of Ebenezer Haskell*, Filadélfia: Ed. do Autor, 1869.

seu trabalho e escreveu ao irmão implorando que "não exibisse nada louco demais"[25]. Mas se não soubéssemos de seu confinamento e seu estado mental por tantas vezes angustiado, haveria pouco aqui que poderia sugeri-los. Em contraste, o retrato de Otto Dix do médico de nervos alemão Heinrich Stadelmann, pintado em 1922 por alguém que jamais passou tempo algum num hospício, é uma imagem muito mais perturbada e perturbadora: com as mãos firmemente cerradas, o hipnólogo encara o observador de frente **(imagem 34)**. Um perfeito médico de loucos.

Richard Dadd pintando *Contradiction: Oberon and Titania* [Contradição: Oberon e Titânia], uma imagem, à sua típica maneira rebuscada, da discussão de Oberon e Titânia sobre um menino indiano. Esta fotografia, produzida na fase inicial da tecnologia, é um retrato fabuloso tanto do próprio Dadd quanto da execução do trabalho.

---

25 Vincent van Gogh a Theo van Gogh, maio de 1890.

Mesmo nos casos em que trechos fugazes escritos por pacientes sobreviveram, tais fragmentos consistem nos exemplares que foram preservados pelos captores, e dificilmente podem ser uma base representativa sobre a qual seria possível inferir o que os pacientes pensavam da vida no hospício e como reagiam a ela. Em virtude de sua própria natureza, esses tipos de registro são enviesados e parciais. Enviesados em função da classe, já que os pacientes ricos eram confinados em instituições pequenas e dotadas de um grande número de funcionários obsequiosos e prontos para ministrar os cuidados necessários ainda que não mais capacitados a fazê-los melhorar); e já que, embora a maior taxa médico-paciente pudesse não resultar em mais curas, ao menos revertia em maior atenção e maior disposição a registrar as coisas que se passavam. E, é claro, esses pacientes eram alfabetizados, ao contrário de muitos de seus equivalentes mais pobres. Da grande massa de pessoas loucas trancafiadas em depósitos com milhares de outros lunáticos, sabemos muito menos.

Mas "menos" não quer dizer "nada". Em algumas das cartas que sobreviveram, os pacientes expressam serem gratos pela recuperação de suas faculdades mentais. Mais comum, porém, é uma literatura de protesto, pois nem todos os pacientes sofriam em silêncio. Alguns deram voz a seus tormentos em pinturas ou gravuras, enquanto outros falaram sobre seus meses ou anos de confinamento no hospício – ainda que estes constituíssem sem dúvida uma amostragem enviesada, já que a maioria dos que o faziam também se queixava de terem sido confinados como lunáticos sem motivo, e mesmo aqueles que admitiam sofrer alguma parcela de loucura eram mordazes quanto ao tratamento que recebiam.

Para um raro vislumbre de como devia se sentir um paciente que lutava com os demônios da loucura durante o confinamento num hospício, consideremos os escritos do poeta camponês de Northamptonshire, John Clare (1793-1864). Clare passou quase todos os últimos 27 anos de vida em dois hospícios: primeiro em High Beach, o hospício particular de Matthew Allen em Essex, entre 1837 e o começo de 1841, e então, depois de alguns meses de liberdade roubada, do final daquele ano até a data de sua morte no Asilo Geral de Lunáticos de Northampton. Com pouca educação formal[26] e forçado a garantir muito de sua subsistência como trabalhador agrícola, Clare conseguira atrair um editor e alguns financiadores para sua poesia nos anos 1820. Mas em parte diante de sua propensão à bebida e em parte em função do impacto das turbulências econômicas dos anos 1830, suas necessidades cresceram. Com

---

26 Quando Clare escrevia cartas para jornais, assinava como "Um Camponês de Northamptonshire" e nunca dominou a grafia ou ortografia convencional.

uma esposa e sete filhos para alimentar, seus trabalhos como preparador de feno, espantador de pássaros, rabequista e pau-para-toda-obra estavam começando a ser insuficientes para manter as contas em dia, mesmo com a ajuda de uma pequena anuidade paga por seus patrocinadores literários. Com frequência cada vez maior Clare sofria de depressão e ataques de pânico e se mostrava abatido, delirante e alienado daqueles que o cercavam, e seu estado crescente de agitação mental acabou por levá-lo a uma internação voluntária numa casa de loucos. Trancafiado, continuou a escrever, ainda que não para protestar abertamente contra seu confinamento. Seus poemas famosos desse período são, no entanto, ora assustadores, ora perturbadores, e pareceria uma perversidade não enxergar neles tanto um esforço para conservar um senso de si quanto algumas meditações sobre o que significava estar encarcerado e ser rotulado de lunático.

Consideremos seu "Invitation to Eternity" [Convite à eternidade][27]. Na aparência uma súplica a uma donzela anônima para que venha e compartilhe de sua vida, o poema conjura de forma sinistra imagens de uma vagarosa morte social e um aprisionamento num mundo do qual não há saída – assim como, de fato, Clare não podia escapar do mundo claustrofóbico do hospício. De que outro modo poderíamos ler os versos a seguir?

> ... vens me acompanhar?
> Na estranha morte-em-vida estar,
> Viver na morte e ser igual,
> Sem vida nem nome ou umbral,
> Ser e não ser, e assim restar...[28]

Entregue à "noite e à sombria obscuridade", Clare nos apresenta aqui a uma vida de eterna e imutável

> ... triste não identidade,
> onde pais estão e esquecidos vão
> e irmãs há que nos não reconhecerão?[29]

---

[27] Os textos dos poemas aqui citados são tirados de *The Poems of John Clare*, publicado com uma introdução de J. W. Tibble, Londres: J. M. Dent & Sons Ltd.; Nova York: E. P. Dutton & Co., 1935. Agradeço a ajuda de Linda Curry, presidente da John Clare Society.

[28] No original: "... wilt thou go with me/ In this strange death-in-life to be,/ To live in death and be the same,/ Without this life or home or name,/ At once to be, and not to be...". [N.T.]

[29] No original: "... sad non-identity,/ Where parents live and are forgot,/ And sisters live and know us not?". [N.T.]

A sensação da perda – perda de identidade, do contato com o mundo, com a família, com os amigos, com qualquer comunidade mais ampla, o estranho destino que faz alguém "ser e não ser" – assoma de forma ainda mais intensa em seu poema ligeiramente mais antigo "I Am!" [Eu sou!]. O título parece prometer algo veemente, uma asserção vigorosa de autonomia e individualidade pessoais. O que se segue é tudo menos isso. Trata-se, na verdade, de um lamento, marcado por uma sensação aguda de abandono e desesperança:

> SOU: o quê? Ninguém sabe ou quer saber,
> Aos amigos, sou lembrança esquecida;
> E das próprias misérias vou beber,
> Que se erguem e vão em turba perdida,
> No doce olvido, sou sombra sem liga;
> Eis-me aqui, dos vultos figura amiga
>
> E no vazio do ruído odioso,
> No mar atroz do acordado sonhar,
> Sem noção sequer da vida ou do gozo,
> Só da vida o naufrágio do estimar;
> Os que me eram caros – que amava mais –
> São outros – pior, me são quase rivais.[30]

Muitos internos entregues a hospícios, ainda que consideravelmente menos capazes de dar voz tão poderosa a seus sentimentos, devem ter compartilhado dessa sensação de serem desprezados e abandonados, de viverem num mundo de "acordado sonhar" e misérias, largados e esquecidos, com sua esperança naufragada e sua existência permanentemente atirada à sombra.

---

[30] No original: "I AM: yet what I am none cares or knows,/ My friends forsake me like a memory lost;/ I am the self-consumer of my woes,/ They rise and vanish in oblivious host,/ Like shades in love and death's oblivion lost;/ And yet I am, and live, with shadows tost // Into the nothingness of scorn and noise,/ Into the living sea of waking dreams,/ Where there is neither sense of life nor joys,/ But the vast shipwreck of my life's esteems;/ And e'en the dearest – that I loved the best –/ Are strange – nay, rather stranger than the rest." [N.T.]

Contos góticos

Ser certificado como louco significava perder direitos e a liberdade. Mas, para as famílias, um dos benefícios centrais que as casas de loucos podiam oferecer era a capacidade de cobrir com um véu de silêncio a existência de um parente louco. Essa foi uma das principais razões pelas quais a prosperidade crescente da Inglaterra no século XVIII deu à luz estabelecimentos desse tipo, que permitiam às famílias se livrarem de pessoas intoleráveis e de trato difícil que colocavam vidas, propriedades, paz de espírito e reputações em risco. Mas esse silenciamento dos insanos naquilo que se apresentava como um isolamento terapêutico poderia ser facilmente analisado sob uma luz mais sinistra. Muitos pacientes relacionavam essa experiência à de ser enterrado numa tumba de vivos, um cemitério para aqueles que ainda respiravam. Além disso, os asilos para loucos dessa época, com suas janelas gradeadas, seus muros altos que cercavam toda a propriedade, sua localização afastada da comunidade e o seu sigilo garantido, atiçavam as fantasias góticas do público em geral sobre o que poderia se passar longe da visão de todos. A circulação de contos góticos teve início no século XVIII, tão logo esses estabelecimentos surgiram, e não deu sinais de enfraquecimento quando o número de loucos em confinamento disparou ao longo do século XIX.

Algumas histórias eram declaradamente fictícias. Charles Reade (1814--1884), em seus dias um romancista tão popular quanto Dickens, criou um melodrama escandaloso e enormemente bem-sucedido, *Hard Cash* [Dinheiro vivo, 1863], que remendava versões retrabalhadas de horrores que haviam emergido nas investigações parlamentares e na imprensa a fim de apresentar uma denúncia dos hospícios e daqueles que os administravam. John Conolly, o mais famoso alienista da época, aparece de forma pouco velada como o desastrado doutor Wycherly, que é acusado de conspirar pelo confinamento de Alfred Hardie, o herói perfeitamente são do conto de Reade. Wycherly, como Hardie registra em tom sardônico, "é a alma mesma da humanidade", em cujo hospício não há "torturas, algemas, manilhas ou brutalidade". Mas sua "vasta benevolência de modos" e a "perífrase oleaginosa" de sua conversação ocultavam uma mente de segunda categoria, "cega pelo interesse pessoal" e apta "a encontrar a insanidade onde quer que procurasse". Na sátira feroz de Reade, as pretensões do dúbio doutor ao *status* cavalheiresco são ridicularizadas, e sua tão alardeada perspicácia psicológica é exposta como uma fraude piedosa. "Insípido e careca", esse perito psicocerebral era "um homem de vastas leituras e com o tino para fazê-las subservientes aos próprios interesses" e "um escritor prolífico sobre certos temas médicos". Como "coletor de pessoas loucas [...] [cuja] forma de pensar, em cooperação com seus interesses, levava-o a considerar como lunático qualquer homem cujo intelecto fosse manifestamente superior ao dele", Wycherly é facilmente levado a diagnosticar homens sãos como lunáticos e, depois disso, teima em sua opinião até que o desafortunado interno esteja disposto até mesmo a assegurar que "Hamlet era louco"[31].

Mas outras histórias sobre os horrores de ser capturado pelo negócio da loucura eram reais o bastante, ao menos segundo seus autores. Pois quase imediatamente, após o aparecimento das casas de loucos, uma literatura de denúncia escrita por pacientes se materializou. No século XIX, conforme os reformistas da loucura concretizavam o verdadeiro Grande Confinamento dos insanos e milhares e milhares de pacientes fluíam para dentro dos hospícios em expansão, protestos desse tipo se multiplicaram depressa. Todos os esforços daqueles que agora buscavam se reapresentar como alienistas ou psicólogos médicos ("médico de loucos" era um termo ambíguo e talvez apropriado demais[32]) se mostravam infrutíferos. Eles não eram nem capazes de persuadir o público de que possuíam talentos infalíveis para o diagnóstico da doença, nem conseguiam descreditar as afirmações dos ex-pacientes que estavam fora de seu controle e os acusavam de ser um grupo inescrupuloso e mercenário, sempre disposto a conspirar com parentes mal-intencionados para violar os direitos de ingleses nascidos em liberdade. Em panfletos, nas salas dos tribunais, nas páginas da imprensa popular ou mais séria, os alienistas se viam deturpados, com suas habilidades e motivações expostas ao ridículo e seus meios de subsistência ameaçados.

Os vitorianos desenvolveram um apetite insaciável por essas histórias de pessoas sãs lançadas em meio a lunáticos. Quase sem exceção, os responsáveis por queixas desse tipo eram ricos e, com frequência, de proeminência social. Para o desalento de suas famílias, a maioria escrevia longamente sobre

---

[31] Charles Reade, *Hard Cash: A Matter-of-Fact Romance*, Leipzig: Tachnitz, 1864. Como Reade estava ciente, Conolly havia sido processado pouco tempo antes pelos danos causados pelo confinamento do senhor Ruck, um alcoólatra internado graças a um atestado de loucura assinado por Conolly num hospício do qual ele recebia "honorários de consulta". O júri do caso concluiu que essas somas eram um suborno, e Conolly foi obrigado a pagar uma vultosa indenização de quinhentas libras. O caso gerou enorme repercussão, dada a proeminência de Conolly como responsável pela abolição das formas de constrição física nos hospícios de Londres. Esse não seria o último encontro de Conolly com a lei. Quanto a Hamlet, que o príncipe fosse louco era algo que se sabia ser uma *idée fixe* do doutor Conolly.

[32] No original, o termo "*mad-doctor*" pode ser interpretado tanto como "médico de loucos" quanto como "médico louco", daí a ambiguidade a que o autor faz referência. [N.T.]

o próprio confinamento, ou então era objeto de uma das maravilhosamente intituladas "Inquisições da Loucura" levadas a cabo pelo Tribunal de Chancery quando pessoas de posses eram acusadas de serem loucas. Não só esses julgamentos produziam os tipos desastrosos de textos legislativos tão memoravelmente satirizados por Charles Dickens em *A casa soturna* (1853)[33], mas também aconteciam a portas abertas – e não apenas diante de uma multidão de espectadores empolgados, mas também perante dezenas de milhares de testemunhas potenciais depois que os procedimentos fossem garimpados pelos jornalistas do *The Times* e do *Daily Telegraph* (sem falar na imprensa marrom) que buscavam cenas apetitosas para que os cavalheiros (e mesmo as damas) examinassem durante o café da manhã.

Talvez o contribuinte de maior destaque social para esse tipo de literatura tenha sido John Perceval (1803-1876), filho do único primeiro-ministro britânico a ser assassinado, Spencer Perceval. O jovem Perceval apadrinhara uma prostituta durante seus anos de estudante em Oxford, em 1830. Cristão evangélico devoto, temia ter contraído sífilis e, ao se tratar com mercúrio, logo resvalou para um estado de delírio religioso que levou sua família a trancafiá-lo, primeiro na casa de loucos de propriedade de Edward Long Fox, perto de Bristol, a Brislington House, e depois no que se tornou o hospício favorito da elite inglesa, a Ticehurst House, em Sussex. Por mais elaborados que fossem, esses estabelecimentos não conseguiram oferecer acomodações condizentes com as expectativas de seu ilustre paciente. Perceval reclamava da violência de seus cuidadores e de seus fracassos em demonstrar a necessária deferência devida a seu distinto e cavalheiresco interno. Ele era tratado, conforme afirmava,

> como se fosse uma peça de mobiliário, uma imagem de madeira, incapaz de desejo ou de vontade, assim como de juízo [...] os homens agiam como se meu corpo, alma e espírito houvessem sido em grande parte entregues ao controle deles para que pudessem exercer suas velhacarias e tolices [...] Eu era amarrado à cama; uma dieta modesta era encomendada para mim; a comida e os remédios eram forçados garganta abaixo, ou na direção contrária; minha vontade, meus desejos, minhas repugnâncias, meus hábitos, minha delicadeza, minhas inclinações, minhas necessidades não foram

---

[33] O romance contém, é claro, um retrato memorável de uma personagem levada à loucura obsessiva pelas iterações intermináveis dos advogados de Chancery na pessoa da gentil senhorita Flite.

sequer uma vez consultadas ou, devo dizer, consideradas. Não encontrei o respeito que em geral seria dispensado a uma criança.

Logo que se assegurou de que teria alta e para horror de sua família, escreveu dois relatos sobre o tratamento que recebera, apenas um deles de forma anônima, e se uniu a outros ex-pacientes descontentes e às famílias desses antigos internos para formar a Alleged Lunatics' Friends Society [Sociedade dos Amigos de Supostos Lunáticos][34].

Muitos dos denunciantes mais proeminentes eram mulheres. Nos Estados Unidos, Elizabeth Packard (1816-1897) havia sido internada no hospício público de Illinois, em Jacksonville, pelo marido clérigo em 1860. Na época, as leis de Illinois permitiam que mulheres casadas fossem confinadas por seus maridos sem a apresentação das provas concretas de insanidade que eram exigidas noutros casos. A senhora Packard dizia com amargor que era sã e havia sido confinada simplesmente por defender pontos de vista não ortodoxos sobre a espiritualidade; ao obter alta, lançou uma campanha interestadual pela reforma das leis sobre internação, na qual foi bem-sucedida em persuadir vários estados a aprovar normas que assegurassem que possíveis pacientes fossem julgados diante de um júri. Os alienistas argumentavam em vão que essas modificações significariam igualar doentes mentais e criminosos que aguardavam julgamento, hospícios e prisões. As analogias eram familiares demais.

O reverendo Packard não foi o único homem a viver o bastante para se arrepender de esforços para isolar uma mulher tumultuosa e assertiva através do confinamento num asilo para loucos. O romancista e político *Sir* Edward Bulwer-Lytton (1803-1873; é dele a infame abertura "era uma noite escura e tempestuosa"[35]) tinha uma esposa teimosa e perdulária, *Lady* Rosina (1802-1882), de quem acabou por se cansar. Os romances de Bulwer-Lytton alcançaram enorme sucesso, e o escritor organizou uma agremiação de amantes. A essa altura, a paz doméstica da vida do casal já acabara. Bulwer-Lytton por vezes batia na esposa, e é possível que a sodomizasse. A separação foi oficializada em 1836, nove anos depois do casamento. *Lady* Lytton começou então sua própria carreira como escritora, e muito do que escrevia consistia em críticas

---

34 John T. Perceval, *A Narrative of the Treatment Experienced by a Gentleman During a State of Mental Derangement*, Londres: Effingham, Wilson, 1838, 1840, p. 175-76, 179. Sobre a sociedade, cf. Nicholas Hervey, "Advocacy or Folly: The Alleged Lunatics' Friend Society, 1845-63", *Medical History*, v. 30, 1986, p. 245-75.

35 No original, "It was a dark and stormy night", palavras iniciais do romance *Paul Clifford*, de 1830, consideradas por muitos como exemplo de escrita melodramática e de mau gosto. [N.T.]

quase explícitas contra seu marido distante, comentários carregados de raiva e de uma sensação de que fora traída. Bulwer-Lytton ameaçou arruiná-la caso continuasse a escrever. Uma aventura amorosa em Dublin custou a ela a custódia dos filhos, e todo o processo de luto diante de um casamento vitoriano destroçado acabou por piorar ainda mais quando *Lady* Lytton descobriu que a filha do casal, que estava morrendo de febre tifoide, havia sido exilada numa pensão caindo aos pedaços.

Retrato de *Lady* Rosina Bulwer-Lytton (artista desconhecido, escola irlandesa). A aparência acanhada enganava.

Rosina agora começava a bombardear seu bem-relacionado marido e os amigos poderosos que ele tinha com cartas recheadas de obscenidades e difamações: alegações de adultério e filhos fora do casamento, de incesto e hipocrisia religiosa, além de outras vilanias não especificadas. Ela ameaçava comparecer à noite de abertura da peça de teatro de Bulwer-Lytton, *Not So Bad As We Seem* [Não tão ruins quanto parecemos], e arremessar ovos podres contra a rainha – ou a pessoa a quem ela se referia como "a pequena rainha sensual e birrenta". E finalmente, em 1858, quando Bulwer-Lytton concorreu à reeleição para membro do Parlamento em Hertford, Rosina apareceu diante dos eleitores para denunciar o marido numa arenga que durou quase uma hora.

A resposta do marido irado foi imediata: Bulwer-Lytton cortou a pensão da esposa (que de qualquer modo era paga apenas de modo intermitente e com grande resistência) e negou-lhe acesso ao filho. Mas na sequência deu um passo adicional, do qual depois viria a se arrepender: ao obter atestados de loucura de dois médicos cúmplices, fez com que Rosina fosse levada numa carruagem e despejada numa casa de loucos administrada por Robert Gardiner Hill (1811-1878), o alienista que deveria ter recebido o crédito pela abolição de formas físicas de constrição que, no entanto, foi atribuído a John Conolly, outro amigo de Bulwer-Lytton[36]. (*Lady* Rosina seria ácida ao dizer que Conolly "venderia a própria mãe por dinheiro".)

Se o isolamento de Rosina tivera como objetivo silenciá-la, o efeito causado foi o oposto. Bulwer-Lytton evidentemente pensava que seus muitos conhecidos – sua amizade íntima com um dos comissários da loucura, John Forster (1812-1876), por exemplo, e com o editor do *The Times* (que de fato tentou protegê-lo ao suprimir todas as menções ao escândalo) – conseguiriam abafar todo aquele escarcéu. Mas o grande rival do *The Times*, o periódico *Daily Telegraph* (cuja própria existência, ironicamente, devia muito aos esforços de Bulwer-Lytton para reduzir o imposto do selo que os jornais eram obrigados a pagar), explorou com grande deleite a obscenidade do escândalo. Em questão de semanas, Bulwer-Lytton, alvo de uma avalanche de publicidade negativa, capitulou e libertou a esposa, sob condição que ela se mudasse para outro país – o que Rosina fez por um breve período, ao cabo do qual retornou e passou o resto da vida sujando o nome do marido, sem desistir mesmo após a morte de Bulwer-Lytton por complicações de uma cirurgia no ouvido[37].

Degenerados

Na França, a crise de legitimidade psiquiátrica que decorria tanto do fracasso na concretização de curas quanto da litania dos pacientes queixosos era sentida de modo particularmente agudo. O sentimento antipsiquiatras aumentou ao longo dos anos 1860 e 1870 e emergiu na imprensa popular liberal e

---

36 Cf. a discussão sobre Conolly e Hill em Andrew Scull, Charlotte MacKenzie e Nicholas Hervey, *Masters of Bedlam, op. cit.*, p. 70-72.

37 Cf. Rosina Bulwer Lytton, *A Blighted Life: A True Story*, Londres: London Publishing Office, 1880, para um relato polêmico de suas atribulações; e Sarah Wise, *Inconvenient People: Lunacy, Liberty and the Mad-Doctors in Victorian England*, Londres: Bodley Head, 2012, p. 208-51, para uma análise mais equilibrada do caso.

conservadora, recentemente libertadas da censura estatal; numa série de livros que atacavam a competência dos alienistas e sua propensão a confinar os sãos como se fossem loucos; e também em pressões vindas de políticos. Em 1864, o célebre alienista Jules Falret (1824-1902) se queixava de que "a lei de 1838 e os asilos para lunáticos estão sendo atacados por todos os lados. Propõe-se subverter tudo, destruir tudo"[38]. Muitos praticantes da profissão médica, céticos quanto à alegada *expertise* dos psiquiatras, pareciam dispostos a se unir ao coro dos críticos. Ainda que enfatizassem que os insanos eram imprevisivelmente violentos e representavam uma grande ameaça à sociedade, os alienistas estavam claramente na defensiva.

Foram os alienistas franceses que encontraram uma saída para essa situação – um meio de reforçar as afirmações de que a loucura era um problema médico e, ao mesmo tempo, de apresentar uma nova justificativa para o confinamento dos loucos em hospícios. O atrativo ideológico de suas ideias era tal que logo elas se espalharam por toda a Europa e América do Norte e influenciaram políticas e percepções públicas por várias gerações. Em 1857, Bénédict-Augustin Morel (1809-1873) publicou seu *Traité des dégénérescences physiques, intellectuelles et morales de l'espèce humaine et des causes qui produisent ces variétés maladives* [Tratado sobre as degenerescências físicas, intelectuais e morais da espécie humana e sobre as causas que produzem essas variações doentias]. Dentro de uma década ou década e meia, as ideias de Morel passariam a ser percebidas como lugares-comuns. A loucura – assim como outras formas de patologia social – era agora vista como produto da degeneração e decadência. Assim, longe de serem vítimas da civilização e do estresse a ela relacionado, os loucos eram na verdade sua antítese, a escória da sociedade que compunha um grupo biologicamente inferior. E em muitos casos, senão em todos, essa inferioridade estava inscrita com clareza na fisionomia dos loucos. Nas palavras de Daniel Hack Tuke (1827-1895), bisneto do fundador do Retiro de York, os insanos eram "um tipo enfermo de humanidade [...] No momento da internação, 'imprestável' está gravado nitidamente em suas testas"[39].

A origem das espécies, de Darwin, apareceu em 1859, dois anos depois do tratado de Morel. Não seria, no entanto, à noção darwiniana de seleção natural que os alienistas recorreriam, mas à teoria alternativa, defendida pelo

---

[38] Relatado em *Annales médico-psychologiques*, v. 5, 1865, p. 248. Cf. também Ian Dowbiggin, "French Psychiatry, Hereditarianism, and Professional Legitimacy, 1840-1900", *Research in Law, Deviance and Social Control*, v. 7, 1985, p. 135-65.

[39] Daniel Hack Tuke, *Insanity in Ancient and Modern Life*, Londres: Macmillan, 1878, p. 171.

francês Jean-Baptiste Lamarck (1744-1829), que salientava a hereditariedade das características adquiridas. Ao adotarem esse novo ponto de vista, a loucura poderia ser vista como o preço cobrado pelo pecado – preço por vezes devido não pelo pecador original que praticara a fornicação, excessos com o álcool ou outras violações da moralidade convencional (ou da "lei natural", como seus defensores prefeririam enxergá-la), mas por seus filhos, netos e bisnetos. É comum pensar na evolução como uma força progressiva, mas este era seu suposto lado mais sombrio: uma vez iniciada, a degeneração passaria depressa de geração para geração. A loucura, depois a idiotia e mais tarde a esterilidade: estes eram os passos do percurso rumo à extinção final desses seres inferiores, além de serem a penalidade última a ser paga pelo vício e pela imoralidade, já que, como Henry Maudsley (1835-1918) escreveu no *Journal of Mental Science*, em 1871:

> As assim chamadas leis morais são leis da natureza que [o homem] não é capaz de quebrar, assim como não pode quebrar as leis físicas, sem que se submeta a consequências vingativas [...] Tão certo como a chuva se forma e cai em obediência às leis da física, também é certo que a causalidade e a lei reinam sobre a produção e distribuição da moralidade e da imoralidade [e também, como poderíamos acrescentar, da sanidade e da loucura] na Terra.[40]

O lugar-comum das gerações anteriores sobre o elo entre civilização e insanidade foi assim abruptamente virado de cabeça para baixo: "a maior loucura pode ser encontrada em meio às menores ideias, aos sentimentos mais simples, aos desejos e modos mais grosseiros"[41]. Mas, como manifestação ideológica, a nova teoria da degeneração tinha virtudes incomparáveis para os alienistas, o que talvez ajude a explicar a rapidez com que tais noções se espalharam e foram adotadas. Para a profissão, essas perspectivas sobre a insanidade eram formuladas em termos de patologia física. Em vez de interpretações da loucura que, lastreadas em sintomas, diferenciavam entre melancolia, mania, demência e as várias monomanias (ninfomania, cleptomania e afins) – teorias que as primeiras gerações de alienistas haviam buscado legitimar –, despontava agora

---

[40] Henry Maudsley, "Insanity and its Treatment", *Journal of Mental Science*, v. 17, 1871, p. 323-24.

[41] Henry Maudsley, *The Pathology of Mind, new edition*, Londres e Nova York: Macmillan, 1895, p. 30.

uma explicação multifacetada para todas as formas de loucura, desde as mais amenas até as mais nefastas, que atribuía a enfermidade mental a cérebros defeituosos. Que esses órgãos imperfeitos não pudessem ser observados na natureza era algo que pouco importava. Esse era um problema menor e que certamente tinha como causa as limitações técnicas temporárias da microscopia. A deterioração da aparência física de muitos daqueles que eram confinados em hospícios servia de testemunho eloquente a favor das forças destrutivas que a causavam, e agora era "documentada" com o uso da fotografia moderna. O que importava para os alienistas era que houvesse uma explicação para a loucura que correspondesse de modo mais geral aos desenvolvimentos da teoria médica da época e ancorasse a loucura de forma inequívoca no corpo.

Mais que isso, a teoria da degenerescência oferecia uma nova justificativa para o isolamento dos loucos em hospícios, além de uma explicação para os aparentes fracassos da psiquiatria. O problema não estava na impotência da profissão, mas na própria natureza da loucura. De fato, os "fracassos" da psiquiatria eram na verdade uma bênção disfarçada, uma demonstração de que a própria natureza adotava a astúcia da razão de Hegel. Por mais difícil que fosse confrontar a dura realidade, a ciência psiquiátrica havia agora descoberto que

> a subversão da razão envolve não apenas a incapacidade atual, mas uma suscetibilidade prospectiva à doença, uma proclividade à recaída [...] A mente não passa por suas provações imperturbada [...] A recuperação [...] pode não ser mais que o produto de uma grande astúcia, ou do autocontrole, na ocultação dos indicativos do erro e da extravagância.[42]

E, uma vez desencadeada, seria certamente acompanhada de coisas muito piores. Os loucos eram, afinal de contas, "criaturas corrompidas" que, por definição, não eram providas de força de vontade e autocontrole. Deixados à solta numa sociedade desavisada, estavam propensos a "responder aos chamados de seus instintos e paixões do mesmo modo como o faz uma fera desprovida de razão" e "tornar-se genitores de uma nova geração [...] centros de infecção deliberadamente estabelecidos, e ainda assim nos surpreendemos com o aumento das doenças nervosas"[43].

---

[42] W. A. F. Browne, em: Crichton Royal Asylum, *18th Annual Report*, 1857, p. 12-13.

[43] S. A. K. Strahan, "The Propagation of Insanity and Allied Neuroses", *Journal of Mental Science*, v. 36, 1890, p. 337, 334.

A degeneração era invocada para explicar bem mais que apenas a insanidade. Todas as patologias da vida moderna eram depositadas diante de seus umbrais: prostituição, crime, delinquência, alcoolismo, suicídio, epilepsia, histeria, debilidades mentais, deformações físicas de muitos daqueles que vinham das classes mais baixas (e que na verdade eram resultado de carestia ou desnutrição) – haveria algo que não pudesse ser atribuído a suas devastações? Era uma narrativa que se nutria dos medos do *fin-de-siècle* de decadência e declínio nacionais que eram particularmente poderosos na França, depois da humilhação da derrota para os prussianos em 1870-1871, mas que também eram sentidos por toda parte, mesmo na própria Alemanha, como o livro de Max Nordau, *Entartung* [Degeneração] (1892) reflete e ilustra em riqueza de detalhes[44]. (O livro provocou muita controvérsia – foi ridicularizado por William James, filósofo e psicólogo de Harvard – e ironicamente, já que Nordau era judeu e sionista, suas ideias foram mais tarde tomadas de empréstimo pelos nazistas.) Mas em nenhum lugar a teoria da degeneração foi mais potente que no domínio da loucura, em que a "ciência psiquiátrica" foi mobilizada para revesti-la de aparente autenticidade.

Hugh W. Diamond (1809-1886), superintendente do hospício regional de Brookwood, em Surrey, foi um dos primeiros defensores do uso da fotografia no tratamento de transtornos mentais. Esta imagem faz parte de uma série de retratos que Diamond tirou de pacientes entre 1850 e 1858. A ideia de que a loucura pudesse se manifestar no semblante tinha uma longa história, e fotografias de pacientes psiquiátricos eram fonte de grande fascinação para Darwin.

---

44 Max Nordau, *Entartung*, Berlim: C. Duncker, 1893. O livro de Nordau apareceu em inglês em 1895 e gozou de sucesso internacional, mais notadamente por sua denúncia da arte e dos artistas degenerados.

Licença artística

Nada foi mais eficiente na disseminação dessas ideias de uma ameaça social de origem biológica, cujas manifestações mais extremas consistiam em paixões, violência e loucura incontroláveis, do que a ficção de Émile Zola, mais particularmente seu ciclo de vinte romances *Os Rougon-Macquart*. Ainda que por um lado ecoasse de forma nítida *A comédia humana* de Balzac, o enfoque de Zola era muito mais estreito: não uma varredura geral da sociedade contemporânea, mas a história de uma única família – e uma família, nas palavras lançadas pelo escritor no prefácio de *La Fortune des Rougon* [A fortuna dos Rougon] (1871), marcada e manchada por "um apetite desenfreado" e cujo destino, já predeterminado em seus corpos, Zola planejava traçar "através da lenta sucessão de acidentes relacionados aos nervos ou ao sangue que recaem sobre essa estirpe depois de uma primeira lesão [histérica] orgânica", que por sua vez levaria inevitavelmente à depravação sexual, ao incesto, ao assassinato e à loucura. O excesso e a decadência estão por toda parte, na embriaguez de *O abatedouro* (1877), na prostituição e devassidão de *Naná*, de 1880, no assassinato e na loucura que habitam as páginas de *Thérèse Raquin*. Paixões primitivas e descontroladas transbordam a consciência e as barreiras racionais, e, como marionetes, as personagens de Zola concretizam os destinos inscritos em suas biologias.

Thérèse Raquin, um dos primeiros romances da série, foi publicado em 1867, apenas uma década depois do tratado de Morel sobre a degeneração. O casamento de Thérèse com um primo, Camille, de quem crescera ao lado, mostra-se quase incestuoso e ocorre por ordem de sua tia. Logo Thérèse embarca num tórrido relacionamento com um dos amigos de infância do marido, e quando seus encontros são ameaçados os dois levam Camille numa viagem de barco e o afogam, disfarçando essa morte como um acidente. Pesadelos e alucinações sobre Camille e sua luta pela vida ameaçam levar os dois amantes à loucura. Enquanto isso, a mãe de Camille, com quem o casal vivia, sofre uma sucessão de derrames, o segundo dos quais a deixa com todo o corpo paralisado, a não ser pelos olhos. Os dois amantes brigam diante da mulher e revelam suas culpas, diante das quais a mãe infeliz não pode fazer nada, salvo relampejar ódio pelo olhar. No fim, entretanto, os dois assassinos, torturados pelo remorso, planejam a morte um do outro, percebem o que ambos estão tramando e põem fim a seus tormentos ao se envenenarem em frente à implacável Madame Raquin, que afinal obtém sua vingança.

A violência, a paixão sexual e a loucura que assombram as páginas desse romance são um tema recorrente na série *Rougon-Macquart*, e o caráter explícito da prosa de Zola provocou muitas controvérsias na época. O que passou longe de prejudicar a venda de seus livros, contudo, e assim a ficção de Zola contribuiu muito para articular as abstrações da teoria da degeneração diante de um público mais amplo. Todos os esforços de suas personagens, suas descidas à loucura e seus suicídios podem ao fim e ao cabo serem atribuídos a defeitos mentais aparentemente triviais de uma ancestral do século XVIII, Adelaide Fouque. Geração após geração, essa deficiência original produz, como Morel argumentaria ser o caso, níveis cada vez mais intensos de patologia. A vinda à tona de instintos, paixões e agressões físicas primitivas preenche as páginas dos romances e recebe a companhia inevitável do alcoolismo, dos ataques epilépticos, da histeria, da idiotia, da loucura e da morte.

O próprio título de *A besta humana* (1890) sinaliza o que está por vir. Tiques e convulsões, os espasmos involuntários do corpo têm seus correspondentes psicológicos nas ações instintivas e impulsivas, movidas por paixões que escapam ao controle da razão. Sobre um dos anti-heróis, Jacques Lantier, ficamos sabendo que "o desejo o enlouquecia, fazendo que visse tudo em vermelho". Ao atacar o objeto de seu desejo, Lantier rasga a blusa de sua vítima. "Ele então, resfolegante, parou e olhou para Flore, em vez de possuí-la. Outro tipo de fúria pareceu tomar conta dele". Mas, nessa ocasião, o anti-herói foge. Sua constituição física é tal que ele é incapaz de se controlar: "era de dentro do seu ser que vinham as súbitas perdas de equilíbrio, como se tivesse partes quebradas, buracos pelos quais seu eu escapava, em meio a uma névoa que a tudo deformava. Perdia então todo controle, obedecia apenas aos músculos, à besta furiosa"[45]. No fim, Lantier assassina um dos objetos de seu desejo, mas esse dificilmente seria o único crime desse tipo a ser praticado no livro. Pelo contrário, as personagens devassas e degeneradas que povoam a narrativa trazem destruição em seu encalço, com ciúmes, luxúria, ganância e bebida levando inexoravelmente à violência, ao assassinato, suicídio e morte de inocentes.

Ainda que nenhum outro romancista tenha explorado essas ideias degeneracionistas com a mesma intensidade e atenção do que Zola, temas como esses vieram à tona na ficção e no teatro de toda a Europa. A peça *Vor Sonnenaufgang* [Antes do nascer do Sol] (1889), de Gerhart Hauptmann, colocou em cena a degeneração de uma família camponesa pelo álcool e deu início a uma carreira que traria a seu autor um Prêmio Nobel de Literatura. Ainda

---

[45] Émile Zola, *A besta humana*, trad. Jorge Bastos, São Paulo: Zahar, 2014, cap. 2.

mais explícita era a peça *Reigen* [A ronda] (1900), de Arthur Schnitzler, mais conhecida pelo público anglófono por seu título em francês, *La Ronde*, que representa a vida na Viena da virada do século através de uma série de encontros sexuais: prostituta e soldado; soldado e criada; criada e jovem cavalheiro; jovem cavalheiro e jovem esposa; jovem esposa e marido; marido e jovenzinha; jovenzinha e poeta; poeta e atriz; atriz e conde; e conde de volta na cama com prostituta – com a sugestão implícita de que a sífilis está sendo transmitida de uns para outros. Ainda que a peça tenha vendido muito em forma impressa, os censores vienenses foram rápidos em bani-la dos palcos, e sua apresentação ao público somente ocorreria em dezembro de 1920, em Berlim, e em fevereiro do ano seguinte em Viena. Mesmo passados todos esses anos, seu ponto de vista sardônico sobre a condição humana atraiu reações violentas, e o autor foi acusado de ser um pornógrafo judeu. Schnitzler se sentiu compelido a proibir novas *performances* em países germanófilos, ainda que esse gesto não tenha impedido que viesse a se tornar um dos principais alvos de antissemitas austríacos. (Mais tarde, Hitler viria a exibir a obra de Schnitzler como exemplo da "imundície judia" que se disfarçava de arte.)

A ficção sensacionalista britânica dessa mesma época se inspirava profundamente em exemplos similares de "temas chocantes – instabilidade mental, insanidade moral e doenças venéreas e a ameaça que esses fenômenos representavam para a santidade e pureza do casamento e da família"[46]. Mas os efeitos contaminantes de uma hereditariedade defeituosa e suas duras consequências para os destinos humanos também vinham à tona em trabalhos literários mais sérios, e em nenhum lugar se manifestavam mais que nos romances de Thomas Hardy. Em *Tess dos d'Urbervilles* (1891), por exemplo, os laços de Tess com os degenerados d'Urberville a arrastam implacavelmente para o abismo, rumo ao assassinato e à ruína. "Não posso evitar", grita Tess, e de fato não pode. Quando seu pai, John Durbeyfield, descobre que descende de *Sir John d'Urberville*, o pobre infeliz aceita o fato como um sinal de distinção. Na verdade, sua condição modesta encarna a própria ideia de degeneração, a irresistível perda de riqueza, *status* e poder que leva a uma condição de camponês.

Os d'Urberville estão quase extintos. Tess e seu pai são os últimos da linhagem, exatamente como a teoria do declínio biológico demandava. Tess se parece com os retratos das aristocráticas mulheres d'Urberville, mas sua semelhança está repleta de maus augúrios, já que mascara uma falha mortífera.

---

[46] William Greenslade, *Degeneration, Culture, and the Novel, 1880-1940*, Cambridge: Cambridge University Press, 1994, p. 5.

Na noite de seu casamento com Angel Clare, filho de um clérigo que virara fazendeiro, o noivo confessa um antigo romance, e Tess, por sua vez, revela já ter perdido a virgindade – não por um deslize em seu passado, mas porque fora estuprada por Alec, filho libertino de um homem que comprara o direito ao uso do nome dos d'Urberville. Angel não é capaz de perdoá-la por esse "pecado"; logo a abandona e parte para uma viagem ao Brasil que acabará mal.

Sem dúvida a intenção de Hardy era fazer uma crítica feroz às diferenças no tratamento dispensado a cada um dos sexos nessa parte do enredo. Mas o tema de degeneração corre por todo o romance. Quando o amargurado Angel se dirige à noiva, a seus olhos os problemas emanam, em última instância, da família de Tess. "Famílias decrépitas sugerem vontades decrépitas, conduta decrépita [...] Aqui estava eu pensando que você era uma filha recente da natureza; ali estava você, a semente tardia de uma aristocracia caduca!"[47] E uma família aristocrata com assassinatos em seu passado: Angel sabe que um dos ancestrais de Tess "cometeu um crime terrível em seu coche familiar"[48], e o estuprador de Tess, Alec d'Urberville, mais tarde informa à protagonista que "um antepassado abduziu uma bela mulher que tentou escapar do coche que a levava embora e, na luta, ele a matou – ou ela o matou – esqueci agora"[49]. Tess acaba por ceder às importunações de Alec e às afirmações de que Angel havia partido para sempre e se torna a amante de seu antigo agressor – tudo isso logo antes do retorno de um maltratado Angel.

A mulher condenada "não pode evitar". Para que possa libertar-se, a personagem crava uma faca em Alec e foge para o marido, e o casal mal-ajambrado consegue alguns dias de alegria. Pouco depois, contudo, desesperados e expulsos de um esconderijo temporário, refugiam-se durante a noite em Stonehenge. Como uma vítima sacrificial, Tess se deita para dormir sobre um altar de pedra. Na manhã seguinte, tudo está acabado. Nos caríssimos alojamentos em que assassinou Alec d'Urberville, as provas do crime foram rápidas em se revelar: "o teto retangular, com essa mancha escarlate no meio, tinha a aparência de um gigantesco ás de copas"[50]. A senhoria encontra o corpo. Fugitiva procurada e cercada pela polícia, Tess acorda para enfrentar o próprio destino: o confinamento na prisão de Wintoncester (Winchester) e a morte

---

[47] Thomas Hardy, *Tess dos d'Urbervilles*, trad. Luana Musmanno, Vitória: Pedrazul, 2016, cap. 35.

[48] *Ibidem*, cap. 33.

[49] *Ibidem*, cap. 54.

[50] *Ibidem*, cap. 56.

na forca. Sua execução é anunciada para o mundo inteiro, e também para seu marido, quando a bandeira negra é hasteada para simbolizar a concretização do enforcamento. A morte extingue a linhagem degenerada dos d'Urberville. Seu declínio e queda estão agora completos.

E também temos os *Espectros* (1882) de Ibsen, com foco inabalável na embriaguez, no incesto, na sífilis congênita e na loucura. A peça chocou a sensibilidade de seu público burguês ao deixar a hipocrisia dos espectadores a nu. Os Alving são uma família rica e respeitável. O capitão Alving, ainda que mulherengo cruel, é um homem cuja esposa, como um clérigo local a informa, não pode deixá-lo, sob pena de desgraça social. Diante da morte do capitão, ela decide construir um orfanato. Nas aparências, o ato extravagante de caridade tem como objetivo honrar a memória de seu marido, mas o que ela pretende, na realidade, é dilapidar o patrimônio do falecido, pois deseja que seu filho Oswald herde o mínimo possível de seu pai degenerado, seja do ponto de vista financeiro, seja sob outros aspectos. Mas Oswald já herdara uma outra coisa: sífilis congênita. Além disso, o jovem se apaixona pela criada da família, Regina Engstrand, que, na verdade, é sua meia-irmã, produto de um dos casos extraconjugais do capitão. Corrompido física e moralmente até o âmago de seu ser, Oswald Alving é a encarnação da degenerescência, e sua mãe, mais preocupada com as aparências e a defesa de uma moralidade convencional do que com a verdade, é finalmente forçada a enfrentar os resultados de sua devoção a um "dever".

Deliberadamente ofensiva, a tragédia de Ibsen atraiu as respostas acaloradas que ele deve ter esperado. Numa reunião realizada em honra do autor, um escandalizado rei da Suécia falou na cara de Ibsen que aquela era uma peça muito ruim. O dramaturgo ficou imperturbável. Quando traduzida, um crítico do *Daily Chronicle* a denunciou como "revoltantemente sugestiva e blasfema"; seu colega no *Era* a considerou "a mistura mais vil e imunda a que já se permitiu desgraçar o tablado de um teatro inglês". Para não ficar atrás, o *Daily Telegraph*, sempre o termômetro das sensibilidades burguesas, declarou-se devidamente ultrajado. *Espectros* era uma "representação nojenta [...] de um esgoto a céu aberto, de uma pústula desprezível e exposta, de um ato obsceno realizado em público [...] uma falta grosseira e quase pútrida de decoro [...] uma carniça literária". A teoria da degeneração era excelente, ao que parece, desde que fosse usada para explicar as patologias e loucura das classes baixas – mas não tão maravilhosa assim quando voltava sua mira para a moral da classe média.

Ironicamente, dada sua própria adoção das ideias degeneracionistas, Zola se viu entre a pletora de figuras literárias apontadas por Nordau como artistas degenerados. Alguns deles optaram por glorificar esse rótulo. A perversidade, a impureza e o não natural seriam adotados, e o convencional, desprezado: consideremos os casos de Baudelaire, Rimbaud ou Oscar Wilde, além das evocações de Toulouse-Lautrec da decadência do *demi-monde* parisiense. Muitos as incorporaram. Baudelaire e sua amante, a haitiana Jeanne Duval, morreram ambos de sífilis, assim como Maupassant e Nietzsche, que também terminaram seus dias na loucura[51]. E havia ainda *le Fou Roux*, o ruivo louco, Vincent van Gogh, cujas pinturas de alienistas, pacientes e hospícios já encontramos. Alcoolismo, epilepsia, infecções venéreas recorrentes, envolvimentos em série com prostitutas e bordéis, loucura, confinamento em hospícios, automutilação e suicídio – um garoto-propaganda para os degeneracionistas, cuja arte somente seria apreciada após sua morte prematura.

É claro que a ideia de que a arte moderna e seus artistas eram degenerados sobreviveu até meados do século XX. Hitler odiava a arte expressionista e seus subprodutos, a que denunciava como resultados da impureza racial e da traição da tradição "greco-nórdica". Em 1937, sob ordens do *Führer*, a *entartete Kunst* ("arte degenerada"), tanto pintura como escultura, foi confiscada e levada a Munique. No total, 15.997 peças foram reunidas, dentre as quais foram selecionados e exibidos os trabalhos de 112 artistas na "Exposição de Arte Degenerada" organizada como demonstração do impacto nocivo dos bolcheviques e judeus sobre as artes criativas. Milhares das obras de arte confiscadas, algumas de autoria de Picasso, Braque, Kandinsky, Gauguin, Mondrian e outros, foram na sequência queimadas – ainda que outras tenham sido vendidas com grandes lucros.

Lidando com os depravados

Para o destino dos insanos, a mensagem passada pela mudança rumo às ideias degeneracionistas era clara. William Booth (1829-1912), o primeiro general do Exército da Salvação, anunciou-a em tons adequadamente apocalípticos. Caso, no futuro, fosse

---

[51] Alguns acadêmicos modernos lançaram dúvida sobre a sífilis de Nietzsche. Talvez tenham razão, ainda que os perigos do diagnóstico retrospectivo sejam claros. Na época, os médicos do hospício estavam convencidos de que Nietzsche sofria de paralisia geral do louco, também chamada de sífilis terciária.

> reconhecido que ele próprio havia se tornado um lunático, moralmente desajuizado, incapaz de autogoverno [...] contra ele, assim, deveria ser proferida a sentença de distanciamento permanente de um mundo a que ele de modo geral já não pertencia mais [...] É um crime contra a nossa espécie permitir a loucos inveterados a liberdade de se deslocar no exterior, infectar seus camaradas, atacar a sociedade e se multiplicar.[52]

A construção de gigantescos museus da loucura já era uma realidade antes da teoria da degeneração, mas, com a expansão dessas ideias, os hospícios começaram a ultrapassar seus limites anteriores. As autoridades londrinas construíram edifícios para mais de 2 mil pacientes em Caterham e Laevesden, em Darenth, Sutton e Tooting, para expandir os enormes manicômios que estavam sob sua responsabilidade em Hanwell, Colney Hatch, Banstead e Cane Hill. Quando essas expansões ainda se mostraram insuficientes, ergueram outra vasta constelação de prédios em Claybury, Essex e Bexley. Mesmo assim, ainda parecia haver uma demanda não atendida. Um terreno de 400 hectares perto de Epson foi adquirido, onde um complexo de não menos de cinco hospícios foi erguido para abrigar mais de 12 mil pacientes.

Essas instalações mastodônticas, que tinham seus próprios sistemas de captação de água, forças policiais, brigadas de incêndio, geradores de eletricidade, cemitérios e coisas do gênero – tudo que fosse necessário para atender às necessidades dos pacientes desde a chegada até o túmulo –, certamente não eram uma exclusividade britânica. Em Viena, por exemplo, as autoridades austríacas inauguraram um novo hospício, Am Steinhof, em 1907, com 60 "pavilhões" espalhados por um amplo terreno e projetados para 2.200 pacientes, mas que, em breve, já abrigavam muitos mais. Na Alemanha, era frequente que os hospícios fossem ainda maiores. Bielefeld, na Renânia do Norte-Vestfália, por exemplo, abrigava mais de 5 mil pacientes – "detentos" talvez seja um termo mais apropriado. Nos Estados Unidos, Milledgeville, na Geórgia, assemelhava-se a uma cidade não tão pequena, com mais de 14 mil residentes. Mas mesmo um estabelecimento como esse parecia modesto diante do que se passava em Long Island, em Nova York, onde um agrupamento de hospícios (ou hospitais de saúde mental, como seus administradores agora preferiam chamá-los) estava sendo construído: Central Islip, Kings Park e Pilgrim abrigavam mais de 30 mil loucos novaiorquinos.

---

[52] William Booth, *In Darkest England and the Way Out*, Londres: Salvation Army, 1890, p. 204-05.

De um lado, os psiquiatras (um rótulo que agora podemos usar sem risco de anacronismo) eram os senhores autocráticos desses mundos autocentrados. De outro, contudo, logo descobriram que sua evidente impotência terapêutica e a adoção de ideias degeneracionistas, somadas a um ceticismo popular quanto à sua capacidade de diferenciar com segurança entre loucos e sãos, deixava-os numa posição altamente precária. A medicina tradicional, com o advento da teoria microbiana, da cirurgia asséptica e dos laboratórios, viu seu prestígio e suas perspectivas dispararem. No começo do século XIX, em meio ao otimismo inicial e a segurança que o cargo de superintendente transmitia, cuidar dos enfermos mentais parecia uma carreira atraente. No terço final daquele mesmo século, os prognósticos dessa carreira eram tudo menos isso.

Em vários sentidos, os psiquiatras estavam tão presos a suas instituições de custódia quanto os pacientes, e também compartilhavam do estigma que se aplicava aos enfermos mentais (um estigma que a própria insistência dos psiquiatras na afirmação de que a maioria das doenças mentais era uma ameaça à sociedade com origens biológicas ajudava, é claro, a reforçar). Com a única exceção da Alemanha, onde um modelo diferente prevaleceu (como discutiremos posteriormente), a insularidade da profissão se refletia na ausência de conexões substanciais com escolas de medicina ou os poderosos símbolos da ciência médica moderna. O recrutamento se dava pela formação de aprendizes que desempenhavam a função mal remunerada de médico-assistente (apenas um dos cargos de toda uma hierarquia de assistentes que

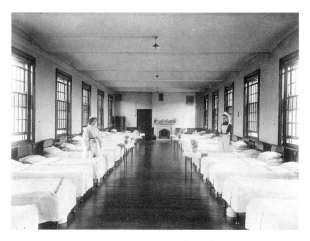

O hospício de Claybury, em Essex, era uma ampla colônia para mais de 2 mil lunáticos, com várias centenas de funcionários. Aqui, em 1893, vemos um dormitório típico, com camas ao longo de ambas as paredes e enfermeiras engomadas em rígida posição de sentido; os pacientes, como se pode notar, estão ausentes.

surgiu conforme os hospícios foram aumentando de tamanho), e essa era uma iniciação numa especialidade administrativa enfadonha que, aos olhos de muitos críticos da época, parecia mais preocupada com questões como a manutenção da horta do hospício e o despejo de esgoto do que com a investigação e o tratamento das enfermidades mentais.

Como em 1878 desdenhava o neurologista de Nova York Edward Spitzka (1852-1914), os psiquiatras eram "especialistas em tudo, menos no diagnóstico, patologia e tratamento da insanidade"[53]. E isso era algo que os próprios líderes da profissão confessavam nos momentos em que baixavam a guarda. Bedford Pierce (1861-1932), superintendente do Retiro de York, falou da "reflexão humilhante" de que "até agora não é possível traçar uma classificação científica para os transtornos mentais"[54]. David Ferrier (1843-1928), que se situava entre os mais importantes estudiosos vitorianos da fisiologia do cérebro e passara os anos de sua juventude no Asilo de Lunáticos de West Riding, em Yorkshire, observou com gravidade que

> muito tem sido escrito sobre a sintomatologia e classificação das várias formas de insanidade, mas acho que na verdade não sabemos nada no que diz respeito às condições físicas subjacentes a essas manifestações [...] não é possível dizer que tenhamos qualquer conhecimento real.[55]

Uma década e meia depois, em 1907, quando se levantou para falar aos psiquiatras norte-americanos na condição de presidente do órgão representativo da classe, Charles Hill foi ainda mais sucinto: "nossa terapêutica", como reconheceu, "é simplesmente um monte de bobagens"[56].

---

[53] Edward Spitzka, "Reform in the Scientific Study of Psychiatry", *Journal of Nervous and Mental Disease*, v. 5, 1878, p. 210.

[54] Retiro de York, *Annual Report*, 1904.

[55] Citado em Henry C. Burdett, *Hospitals and Asylums of the World*, v. 2, Londres: J. & A. Churchill, 1891, p. 186, 230.

[56] Charles G. Hill, "Presidential Address: How Can We Best Advance the Study of Psychiatry", *American Journal of Insanity*, v. 64, 1907, p. 6. Compare-se com comentários similares feitos dois anos mais tarde pelo presidente da American Neurological Association [Associação Neurológica Norte-Americana], Silas Weir Mitchell, em "Address to the American Neurological Association", *Transactions of the American Neurological Association*, v. 35, 1909, p. 1: "Em meio aos enormes ganhos em nossa arte, temos infelizmente que confessar a absoluta encruzilhada em que se encontra a terapia da insanidade e o relativo fracasso, no que concerne ao diagnóstico, nas enfermidades mentais que é experimentado mesmo por aquele que é o mais capacitado dos diagnosticadores, o cirurgião *post-mortem*".

As raízes da loucura

Apenas na Alemanha houvera tentativas sérias de elaboração de um percurso alternativo para a profissão e de condução de pesquisas específicas e continuadas sobre a etiologia da insanidade. Durante a segunda metade do século XIX, a psiquiatria alemã tinha buscado emular a abordagem que servira para projetar a clínica médica daquele país para o proscênio do mundo. A unificação alemã permanecera inconclusa até 1870 e, em meados do século XIX, muitos principados haviam escolhido competir por visibilidade e prestígio através do financiamento de universidades, com o avanço da ciência conferindo brilho àqueles que figuravam como seus mecenas. Ao explorar essa generosidade, essas instituições acadêmicas se transformaram em fábricas de conhecimento e propeliram a ciência e a medicina alemãs para a liderança internacional. Clínicas e institutos localizados em universidades uniram aprendizado e pesquisa de forma inédita e criaram uma cultura que contribuiu muito para revolucionar a compreensão sobre a doença e para estabelecer a centralidade do laboratório e da microscopia na criação de novos conhecimentos.

Foi esse o modelo que a psiquiatria alemã adotou. Os alemães tinham os mesmos complexos manicomiais que todos os outros povos, mas, desde a nomeação de Wilhelm Griesinger (1817-1868) como professor de psiquiatria em Berlim, em 1865, também tinham clínicas menores vinculadas a universidades, nas quais pesquisas intensivas podiam ser realizadas. A maior parte da carreira de Griesinger foi dedicada à clínica médica, ainda que ele também tenha sido autor de um manual influente de psiquiatria em 1845. Uma edição revista desse livro foi publicada com grande sucesso em 1861, e a insistência de Griesinger no fato de que "pacientes que sofrem das assim chamadas 'doenças mentais' são na verdade indivíduos com enfermidades nos nervos e no cérebro"[57] se tornou um dos princípios norteadores da próxima geração. A morte de Griesinger, causada por um apêndice rompido quando tinha apenas 55 anos, não representou nenhum contratempo à disseminação da abordagem de que tinha sido um dos pioneiros.

Nas décadas seguintes, os psiquiatras alemães pareciam estar envolvidos nos mesmos tipos de pesquisas realizadas por seus colegas da clínica médica e, em certos aspectos, seus resultados foram impressionantes – o que talvez tenha ajudado a persuadir os alienistas de outros países a adotarem o termo alemão para a especialidade. Estudos detalhados foram conduzidos sobre a

---

[57] Citado em Edward Shorter, *A History of Psychiatry*, Nova York: Wiley, 1997, p. 76.

anatomia do cérebro e da coluna vertebral e introduziram-se novas técnicas para a fixação e o tingimento de células para exames microscópicos. Por vezes, esses procedimentos levavam a descobertas que demonstravam que alguns habitantes dos amplos hospícios de fato sofriam de doenças originadas em seus cérebros. Em 1906, na Alemanha, Alois Alzheimer (1864-1915) detectou as placas e os emaranhados neurofibrilares que foram associados à forma de demência que hoje ostenta seu nome, e, em 1913, nos Estados Unidos, Hideyo Noguchi (1876-1928) e J. W. Moore demonstraram de modo cabal o que já se suspeitava havia mais de duas décadas: que a paralisia geral do louco era na verdade um estágio terciário da sífilis. A identificação de espiroquetas da sífilis no cérebro dos paréticos, como os que sofriam da doença eram muitas vezes chamados, afastou qualquer sombra de dúvida[58].

Essas ligações entre sintomas mentais e patologias de tecidos subjacentes serviram para reforçar a ideia de que as pesquisas biológicas poderiam ajudar a desvendar a etiologia da loucura, mas, quanto à maioria esmagadora das doenças mentais, as hipotéticas lesões cerebrais continuaram tão ilusórias como sempre. Pior ainda, a descoberta do mal de Alzheimer e das origens sifilíticas da paralisia geral pareceu mais intensificar que aliviar o pessimismo e o abatimento que se apoderavam da profissão psiquiátrica. Assim como os patologistas parisienses que no começo do século XIX haviam sido os pioneiros da medicina hospitalar e ajudado a pôr fim ao longo entusiasmo com que a medicina dos humores foi recebida no Ocidente, esses clínicos alemães tinham pouca disposição para o trabalho tosco de tratar e curar pacientes. Para eles, os hospícios eram apenas uma fonte de espécimes patológicos para as mesas de dissecação e o microscópio. Pacientes vivos não despertavam nenhum interesse e eram basicamente abandonados ao próprio destino.

Há uma exceção importante a essa generalização. Em meio a essa geração de psiquiatras alemães encontramos um médico, Emil Kraepelin (1856-1926), cujos problemas de visão praticamente o proibiam de seguir uma carreira laboratorial. Em vez disso, Kraepelin conquistou fama com a análise do destino dos milhares e milhares de pacientes que lotavam os hospícios da Alemanha, olhando para a doença mental como um historiador natural, em busca de padrões nas patologias e com tentativas de construção indutiva de uma lista ou classificação descritiva – uma nosologia – dos diferentes tipos de loucura. Incorporadas a sucessivas edições de um manual cada vez mais influente, a

---

[58] Hideyo Noguchi and J. W. Moore, "A Demonstration of *Treponema pallidum* in the Brain in Cases of General Paralysis", *Journal of Experimental Medicine*, v. 17, 1913, p. 232-38.

Emil Kraepelin fotografado em 1926: o "grande papa" da psiquiatria, como Freud o apelidara de modo sarcástico.

conclusão que Kraepelin extraiu de seus intermináveis blocos de anotação foi que a loucura podia ser subdividida em dois tipos básicos: uma condição perniciosa e provavelmente permanente que dava lugar a uma gradual deterioração, com quase nenhum prospecto de melhora, a *dementia praecox*; e um diagnóstico residual ligeiramente mais esperançoso – já que consistia numa forma de doença mental às vezes remitente –, a psicose maníaco-depressiva.

Por toda parte, nosologias complexas tinham sido um dos atributos de grande parte da psiquiatria do século XIX. Na tentativa de diferenciarem seus conhecimentos especializados das suposições por tanto tempo correntes de que se valiam implicitamente os membros comuns da sociedade para distinguir entre loucos e sãos, os alienistas inventaram monomanias e conceitos como "insanidade moral". Esta última era uma condição em que o doente mantinha a capacidade de raciocínio, mas exibia "uma perversão mórbida dos sentimentos, afeições, inclinações, temperamento, hábitos, disposições morais e impulsos naturais"[59]. Frequentemente recebidas com ceticismo tanto pelos tribunais quanto pelo público, doutrinas como essas nutriam uma inquietação persistente que se manifestava em espasmos periódicos de ansiedade diante da possibilidade de que as fronteiras amorfas entre loucura e sanidade viessem a ser manobradas de forma a equiparar qualquer desvio dos padrões morais e sociais convencionais à insanidade. Para os clínicos, essas ginásticas verbais causavam um conjunto diferente de problemas: eram quase impossíveis de serem aplicadas na prática. Com a aspereza que lhe era característica, o alienista inglês Henry Maudsley falou de modo mordaz das "numerosas e elaboradas classificações que, em sucessão quase desconcertante, foram formalmente propostas como exaustivas e tacitamente descartadas como inúteis [...] os muitos nomes aprendidos [...] que foram inventados em quantidades pavorosas para denotar coisas simples"[60].

A versão de Kraepelin era diferente, ou afirmava ser, já que declarava derivar de forma indutiva da experiência clínica. Ela logo se tornou mais complexa – a *dementia praecox* foi subdividida nas formas hebefrênica, catatônica e paranoide – e, na prática, era instável. Um paciente que se recuperasse poderia ter seu diagnóstico ajustado para a psicose maníaco-depressiva, enquanto outro que teimasse em não se curar poderia muito bem ser reclassificado como um caso de *dementia praecox*, um rótulo diagnóstico que logo seria modificado pelo psiquiatra suíço Eugen Bleuler (1857-1939), que, em 1910, introduziria o termo "esquizofrenia" – literalmente, uma "cisão da mente". Aí estava um transtorno cujos sintomas característicos eram um desfile de desastres: incoerência, agitação, incapacidade de estabelecer relacionamentos com os outros, processos de pensamento gravemente desorganizados que se desenvolviam em delírios e alucinações antes de um declínio gradual num universo mental grosseiramente desnudado – a demência a que Kraepelin aludia em seu nome inicial para o transtorno. Não havia nada aqui que pudesse iluminar as trevas que recaíam sobre a psiquiatria e seus pacientes.

A própria linguagem utilizada para fazer referência àqueles que sofriam da loucura é um indicativo da rispidez com que eram tratados. Um psiquiatra britânico lamentava que os degenerados nascessem a cada ano "com *pedigrees* que teriam condenado filhotinhos a [serem afogados] num lago"[61]. Os en-

---

[59] James Cowles Prichard, *A Treatise on Insanity, and Other Disorders Affecting the Mind*, Londres: Sherwood, Gilbert, and Piper, 1835, p. 6.

[60] Henry Maudsley, *The Pathology of Mind*, *op. cit.*, p. vi.

[61] S. A. K. Strahan, "The Propagation of Insanity and Allied Neuroses", *op. cit.*, p. 334.

fermos mentais eram identificados como "pessoas corrompidas", "leprosos", "dejetos morais", "dez vezes mais viciosos e nocivos, e infinitamente mais incapazes de aprimoramento, do que os selvagens da barbárie primitiva" e a eles se atribuíam "caracteres repulsivos especiais"[62] – e isso pelas mesmas pessoas que afirmavam estar na profissão para tratar deles. Havia alguns comentários não tão velados que lamentavam que os corações amolecidos que surgiram com o desenvolvimento da civilização tivessem interferido na "operação daquelas leis que podam e exterminam os doentes e aqueles de modo geral inaptos em todos os níveis da vida natural"[63]. Outros falavam de modo sombrio na "expulsão dos venenos vivos [que afligem o] sangue das raças"[64].

Uma das consequências da entrada em voga desse tipo de pensamento foi a ascensão da eugenia, o esforço para conter a propensão dos pobres e imperfeitos a se reproduzirem e para encorajar a reprodução dos melhores exemplares. Essa foi uma ideia que atraiu intelectuais proeminentes, incluindo Francis Galton (primo de Darwin), George Bernard Shaw, H. G. Wells e John Maynard Keynes, assim como o célebre economista norte-americano Irving Fisher, sem falar em Winston Churchill e Woodrow Wilson. Muitos estados norte-americanos aprovaram leis que tentavam proibir o casamento de mentalmente incapazes e, em alguns casos, ordenavam sua esterilização forçada a fim de evitar o nascimento de ainda mais pessoas imperfeitas. Passado algum tempo, em 1927, uma ação contra essas esterilizações, o caso *Buck v. Bell*, chegou à Suprema Corte dos Estados Unidos. Uma maioria de 8 contra 1 declarou de modo retumbante que não havia obstáculos constitucionais à esterilização forçada de um cidadão norte-americano. Oliver Wendell Holmes Jr., amplamente reconhecido como um dos maiores juristas da história dos Estados Unidos, recebeu a tarefa de escrever um parecer, no qual defendeu em alto e bom som a posição do Estado: "seria melhor para o mundo inteiro", Holmes Jr. escreveu, "se, em vez de esperarmos para executar esses filhos pela prática de crimes ou deixarmos que morram de fome em razão da própria imbecilidade, a sociedade pudesse impedir que aqueles que são manifestamente incapazes perpetuem a sua espécie. O princípio que sustenta a vacina compulsória é amplo o bastante para permitir o corte das trompas de Falópio [...] Três gerações

---

[62] Henry Maudsley, *Body and Will*, Londres: Kegan Paul and Trench, 1883, p. 241, 321.

[63] S. A. K. Strahan, "The Propagation of Insanity and Allied Neuroses", *op. cit.*, p. 331.

[64] Relatado em *Annales médico-psychologiques*, n. 12, 1868, p. 288, *apud* Ian Dowbiggin, "French Psychiatry, Hereditarianism, and Professional Legitimacy, 1840-1900", *op. cit.*, p. 193.

Degeneração e desespero

A equipe de funcionários de Hadamar, ca. 1940-1942, hospital psiquiátrico usado no programa de eutanásia Aktion T4. Todos felizes e relaxados depois de um dia de trabalho duro eliminando aqueles que os nazistas consideravam "indignos de viver".

de imbecis já são o suficiente"[65]. Dos então 48 estados norte-americanos, 40 viriam a promulgar leis de esterilização compulsória até 1940, ainda que apenas alguns deles as tenha implementado com alguma seriedade – com o estado progressista da Califórnia se destacando dentre eles.

Em outros lugares, a oposição de grupos religiosos e o sistema de freios e contrapesos da política democrática inibiriam a promulgação e aplicação de leis similares. Esse, no entanto, não foi o caso na Alemanha nazista. Como é óbvio, ideias de "pureza" racial estavam no âmago da ideologia nazista. Notáveis psiquiatras alemães haviam sido defensores entusiasmados da eugenia nos anos 1920 e não haviam hesitado em extrair de suas crenças a conclusão lógica de que os pacientes de saúde mental eram espécimes biológicos inferiores e incorrigíveis. Já em 1920, o psiquiatra alemão Alfred Hoche (1863-1943) e seu colega jurista Karl Binding (1841-1920) haviam defendido a supressão

---

[65] *Buck v. Bell*, 247 US 200, 1927.

de "vidas indignas de serem vividas". Quase imediatamente após chegar ao poder, em julho de 1933, Hitler assegurou a aprovação da *Erbgesundheitsgesetz* [Lei para a prevenção de doenças hereditárias], que tirava inspiração explícita de precedentes da Califórnia e da Virgínia[66]. Com a participação ativa e entusiasta de muitos dos principais psiquiatras alemães, de 300 a 400 mil pessoas foram esterilizadas entre 1934 e 1939[67]. Depois disso, em outubro de 1939, Hitler publicou o decreto que iniciava a assim chamada Aktion T4. Mais uma vez, os psiquiatras foram entusiásticos ao se unirem à implementação da nova política: os enfermos mentais – "bocas inúteis", na terminologia nazista – eram reunidos e mandados para hospitais psiquiátricos. Lá, eram "desinfectados", isto é, exterminados, de início com injeções letais ou armas de fogo; quando esse processo se mostrou lento e trabalhoso demais, foram construídas câmaras de gás, e os doentes eram pastoreados até "chuveiros" para serem mortos com monóxido de carbono. Mais de 70 mil pereceram num ano e meio, e cerca de 250 mil até o final da guerra – na verdade, até depois da guerra, já que mesmo após a queda do regime nazista, e sem o conhecimento das forças de ocupação, alguns psiquiatras continuaram a matar mais daqueles que consideravam "pessoas corrompidas"[68]. Loucura na civilização mesmo!

[66] Para uma discussão sobre os elos entre os defensores nazistas da "higiene racial" e os eugenistas estadunidenses, cf. Stefan Kühl, *The Nazi Connection: Eugenics, American Racism, and German National Socialism*, Nova York: Oxford University Press, 1994. De acordo com Margaret Smyth, graduada na escola de medicina de Stanford e superintendente do hospital público da Califórnia, em Stockton, "os líderes do movimento alemão de esterilização afirmavam repetidamente que suas leis haviam sido formuladas depois de um estudo cuidadoso do experimento californiano" (Margaret Smyth, "Psychiatric History and Development in California", *American Journal of Psychiatry*, v. 94, 1938, p. 1234).

[67] Cf. Robert Proctor, *Racial Hygiene: Medicine Under the Nazis*, Cambridge, Mass.: Harvard University Press, 1988; Aly Götz, Peter Chroust e Christian Pross, *Cleansing the Fatherland: Nazi Medicine and Racial Hygiene*, trad. Belinda Cooper, Baltimore: Johns Hopkins University Press, 1994.

[68] Cf. M. von Cranach, "The Killing of Psychiatric Patients in Nazi Germany between 1939 and 1945", *The Israel Journal of Psychiatry and Related Sciences*, v. 40, 2003, p. 8-18; Michael Burleigh, *Death and Deliverance: 'Euthanasia' in Germany, c. 1900-1945*, Cambridge e Nova York: Cambridge University Press, 1994.

9

Os *demi-fous*

Evitando o hospício

As primeiras casas de loucos lucrativas encontraram sua clientela principal em meio aos ricos e bem-sucedidos. Isso não é nenhuma surpresa. Nas imortais, ainda que possivelmente apócrifas, palavras do ladrão de bancos norte-americano Willie Sutton, era lá que o dinheiro estava. Ainda assim, a situação era paradoxal, já que até o final do século XIX e o advento dos avanços associados ao desenvolvimento das técnicas cirúrgicas assépticas, os ricos evitavam o tratamento hospitalar para doenças físicas como o diabo foge da cruz. Eram os pobres e aqueles reduzidos à condição de pobreza que eram tratados em hospitais gerais, enquanto os ricos optavam por serem tratados em casa.

Essa repulsa pelo tratamento institucional não desaparecia quando se tratava do cuidado da loucura. Cartas, diários e autobiografias do período vitoriano estão repletos de evidências de que seus autores temiam os hospícios e tinham poucas expectativas quanto ao tipo de cuidado que seus parentes receberiam em tais lugares. O dinheiro podia pagar alternativas, e havia uma tentação considerável a recorrer a elas: a construção de uma cabana para o confinamento de um parente insano numa parte mais afastada de uma propriedade aristocrática e a contratação dos funcionários necessários; a alocação dos perturbados em alojamentos individuais (St. John's Wood, em Londres, tornou-se o lugar favorito para estabelecimentos desse tipo, com a vantagem adicional do fácil acesso ao aconselhamento com os discretos médicos da alta sociedade, e sua reputação como porto seguro para confinamentos ilícitos desse tipo foi explorada por Wilkie Collins em seu romance *A mulher de branco*, de 1859)[1]; ou então os pacientes podiam ser simplesmente mandados para países que, fora do alcance dos curiosos olhos oficiais, ofereciam alguma proteção contra a possibilidade de fofocas, escândalos e estigmas[2]. Hospícios franceses e suíços, por exemplo, faziam propagandas bem claras em Londres e Paris numa tentativa de atrair esse tipo de cliente.

---

1 Akihito Suzuki, "The State, Family, and the Insane in Japan, 1900-1945", *op. cit.*, p. 103.

2 Cf., por exemplo, a discussão da prática psiquiátrica doméstica de Morison em Andrew Scull, Charlotte MacKenzie e Nicholas Hervey, *Masters of Bedlam, op. cit.*, cap. 5.

Talvez o exemplo mais impactante da utilização desses expedientes nos seja fornecido pelo caso de Anthony Ashley-Cooper, que a partir de 1851 se tornou o sétimo conde de Shaftesbury. Shaftesbury serviu como diretor da Comissão Inglesa da Loucura desde a fundação, em 1845, até sua morte, em 1885, e nessa condição promoveu o hospício como a única resposta apropriada para os casos de insanidade. Ao testemunhar perante uma investigação parlamentar em 1859 a respeito da eficácia das leis inglesas sobre a loucura, Ashley-Cooper observou que, caso sua esposa ou filha viesse a desenvolver perturbações mentais, providenciaria sua internação num hospício moderno, que proporcionaria o melhor ambiente possível para o cuidado e a cura humanizada. Talvez a escolha de parentes em seu exemplo tenha sido deliberada, porque suas ações reais não correspondiam a essas declarações públicas. Seu terceiro filho, Maurice, era epiléptico e mentalmente perturbado. Apesar de sua duradoura e vociferante oposição à prática, Shaftesbury fez com que o doente fosse confinado em segredo numa instituição privada e, quando surgiu a perspectiva de que o caso pudesse vir a público, mandou o filho para confinamento no exterior, primeiro nos Países Baixos e depois em Lausanne, na Suíça, onde o pobre rapaz acabou por morrer em 1855, com apenas 20 anos de idade.

Era comum que famílias ricas estivessem dispostas a evitar ao máximo o confinamento de seus membros que sofriam de transtornos mentais. Dois exemplos tirados do livro de casos do hospício privado mais exclusivo da Inglaterra, Ticehurst, devem bastar para comprovar essa afirmação[3]. Em 1844, a senhora Anne Farquhar, descrita como fidalga, sofreu uma queda durante a gravidez. Aos poucos, começou a se colocar no papel de inválida e, finalmente, passou à condição de acamada em tempo integral em algum momento entre 1854 e 1855. A doente agora desenvolvera um medo mórbido de cair da cama "muito larga" a que havia se recolhido. Por isso, os empregados eram ordenados a empilhar "mesas, sofás, cadeiras etc." ao redor da cama para impedir um acidente. Essa não era sua única excentricidade:

> Ela permaneceu deitada pelos últimos três anos e não permitiu que fosse adequadamente lavada ou cuidada – as roupas de corpo e de cama não eram trocadas por vários meses – mãos e braços encardidos de fezes ressecadas – venezianas e janelas bem trancadas – cortinas fechadas ao redor da cama – o fogo da lareira bastante intenso em temperaturas

---

3 Para exemplos comparáveis na Suíça, cf. os casos citados em Edward Shorter, "Private Clinics in Central Europe, 1850-1933", *Social History of Medicine*, v. 3, 1990, p. 178.

> mais quentes, e apagado no frio – coberta com xales e velhas anáguas de flanela [...] dorme a maior parte do dia e permanece acordada à noite, agarra a comida, que come em todas as horas da noite e do dia mais como um animal do que como um ser humano – normalmente mastiga sua ração e depois a cospe.

E assim por diante. Por anos, "ela foi visitada ou esteve sob os cuidados dos médicos mais célebres da Inglaterra", e isso tudo sem que nunca tenha sido oficialmente diagnosticada como louca. Para além da complacência com o estado mental da senhora Farquhar, os médicos da alta sociedade não contribuíram muito para a saúde física da paciente: ao dar entrada em Ticehurst, a doente estava imunda, coberta de furúnculos, com icterícia e constipada[4]. Até mesmo a equipe de Ticehurst, acostumada com o trato de pacientes com incontinência, considerou esse um caso difícil. Três dias depois do evento, os atendentes que a haviam apanhado em casa, em Blackheath, no sudeste de Londres, ainda reclamavam das náuseas causadas pela experiência de entrar em seu quarto.

Ou tomemos ainda o caso de Charles de Vere Beauclerk, ex-aluno da universidade de Eton que descendia de um filho ilegítimo de Carlos II e Nell Gwyn. Quando tinha pouco mais de 20 anos, Beauclerk começou a sofrer de ilusões paranoides de que seus pais estavam tentando envenená-lo. Quando um especialista em saúde mental o declarou "em mau estado psíquico", seus pais empregaram o expediente corriqueiro de enviá-lo para as colônias, onde acumulou grandes dívidas de jogo. Depois de ir parar na Austrália, seus genitores compraram para ele um posto no oficialato militar e, pensando que o filho em alguma medida se recuperava, usaram suas conexões para que o jovem fosse transferido para servir como ajudante de ordens de lorde Elgin, vice-rei da Índia. Esse se mostrou um erro enorme de avaliação, já que as particularidades evidentes do estado mental de Beauclerk ameaçavam causar um escândalo, e seus pais logo providenciaram para que voltasse para a Inglaterra. Logo, Charles começou a atrair atenções indesejadas quanto tentou processar o próprio pai, o décimo duque de St. Albans, por ser o responsável por sua calvície. As excentricidades se multiplicavam: Charles passou ao sedentarismo absoluto e comia quatro ou cinco porções a cada refeição; num gesto de misericórdia, contudo, dormia a maior parte do tempo. Protegida por uma grande riqueza,

---

[4] *Ticehurst Asylum Casebook*, n. 5, 2 jul. 1858, Contemporary Medical Archives, Wellcome Medical Library, Londres.

a família conspirava para mantê-lo em casa, até que a morte do duque, em 1898, obrigou-a a agir. Charles, agora o décimo primeiro duque, foi formalmente diagnosticado como louco e enviado para o Hospício de Ticehurst, onde permaneceu até a morte, em 1934, "sem que tenha deixado descendentes", como delicadamente afirmou o guia da aristocracia *Debrett's Peerage*.

A violência, o medo de que parentes loucos dilapidassem o dinheiro das famílias, a exaustão pura e simples diante das tentativas de lidar com familiares difíceis ou de mau temperamento e a ocorrência de algum evento que ameaçasse expor um segredo familiar, tudo isso podia acabar levando mesmo as famílias mais ricas a adotar a alternativa institucional ao cuidado doméstico. Conforme a doença mental passou a ser explicada pelos alienistas como produto da degeneração e inferioridade biológica, a necessidade de ocultar a presença da mancha da insanidade no sangue familiar se tornou mais urgente, ainda que difícil de assegurar. Daí também a tentação da escolha por tudo, menos um hospício: sanatórios, clínicas privadas ou hidropáticas, casas de repouso ou abrigos para ébrios – qualquer coisa que oferecesse um paliativo contra a imputação de insanidade. Apesar da profundidade da perturbação da romancista Virginia Woolf (1882-1941) e de períodos anteriores em que se soube de suas tendências suicidas, o psiquiatra George Savage (1842-1921) a encaminhou para Burley, uma casa de repouso em Twickenham, em vez de submetê-la ao estigma de ser internada num hospício. Woolf voltaria para lá em muitas outras ocasiões, quando seu estado de perturbação não podia mais ser administrado em casa mesmo com a ajuda das quatro enfermeiras que ela e seu marido, Leonard, haviam contratado para lidar com a anorexia, insônia e depressão da escritora. Esse tipo de estabelecimento para o cuidado dos doentes dos nervos proliferou por toda a Europa durante o século XIX, particularmente em cidades balneárias como Lamalou-les-Bains, na França, e Baden-Baden, na Alemanha, onde havia a possibilidade de dizer que os pacientes "nervosos" repousavam nas águas termais[5]. A rainha Vitória, o *kaiser* Guilherme I, Napoleão III, Hector Berlioz, Fiódor Dostoiévski, Johannes Brahms e Ivan Turguêniev foram apenas os mais célebres dentre as muitas celebridades que foram a Baden-Baden.

Estabelecimentos similares também começaram a aparecer nos Estados Unidos. O maior e mais bem-sucedido deles estava localizado em Battle Creek, no Michigan. O Sanitarium de Battle Creek (a grafia diferenciada era um dispositivo deliberado de *marketing*) tivera um início pouco auspicioso.

---

[5] Edward Shorter, "Private Clinics in Central Europe", *op. cit.*, p. 190-92.

Os *demi-fous*

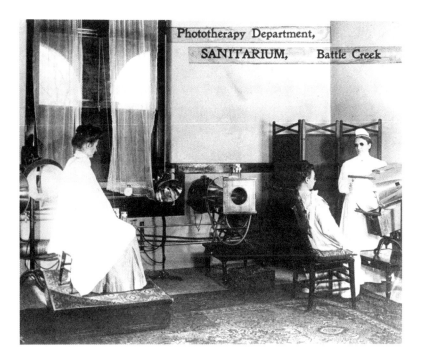

Fototerapia aplicada no Sanitarium de Battle Creek, uma das muitas terapias que eram ali oferecidas.

Criado com o nome de Western Health Reform Institute [Instituto Ocidental de Reforma da Saúde] por Ellen White, fundadora da Igreja Adventista do Sétimo Dia, uma das diversas novas religiões e denominações religiosas que brotavam nos Estados Unidos durante o século XIX, a instituição passou por dificuldades até ser assumida pelos irmãos Kellogg, John Harvey e William, dois seguidores de White. Ainda que o prédio original tenha sido consumido pelo fogo em 1902, sua estrutura foi reerguida e bastante ampliada **(imagem 36)**. Os 106 pacientes que o estabelecimento havia recebido até 1866 foram superados de longe pelos 7.006 que o frequentavam já em 1906. Com o tempo, o local passou a atrair todo tipo de pacientes ricos e doentes dos nervos, que vinham recarregar suas baterias graças a uma dieta purificadora vegetariana, enemas frequentes, hidroterapia e eletroterapia aplicada com auxílio de elaboradas máquinas de eletricidade estática, além de massagens e exercícios prolongados ao ar livre. Junto a uma multidão de luminares menores, os Kellogg atraíam pacientes que iam da viúva de Abraham Lincoln, Mary Todd Lincoln, à ilustre aviadora Amelia Earhart; de Alfred Dupont a John D. Rockefeller; do presidente Warren G. Harding a Irving Fischer, um dos principais economistas norte-americanos da primeira metade do século XX; de Henry Ford a Johnny Weissmuller (mais conhecido como Tarzan) – todos vinham se beneficiar dos tratamentos dos Kellogg e acalmar os nervos. E, por fora, os irmãos fundaram um império de cereais matinais que buscava ajudar seus clientes a se manterem bem nutridos e em estado "normal", um negócio maravilhosamente bem-sucedido que sobreviveu por muito mais tempo do que o próprio Sanitarium – cujo destino foi selado com uma mal planejada expansão no final dos anos 1920, logo antes da Grande Depressão.

Regiões fronteiriças da loucura

É claro que os muito agitados, os suicidas, aqueles que já não possuíam sequer uma aparência de autocontrole ou tinham propensão à violência dificilmente seriam adequados ao Sanitarium ou à maioria das instituições análogas. Mas havia uma profusão de outros candidatos para esses estabelecimentos e até mesmo um mercado crescente para o tratamento ambulatorial. Um dos atributos mais dramáticos da história da loucura no século XIX foi o crescimento explosivo do número de pacientes em hospícios. Não se tratava apenas da saturação de instituições por pacientes crônicos, mas de um aumento nas taxas de admissão que causava grande preocupação entre observadores da época e que, desde então, vem provocando controvérsias acadêmicas. Alguns se viram tentados a enxergar as populações crescentes como sintoma de um aumento real no número de loucos, talvez até mesmo como produto de um novo vírus misterioso à solta pelo mundo[6]. Outros, entre os quais me posiciono, apontaram para o fato de que essas teorias se fundamentam apenas em especulações vazias e indicaram provas de que o que estava em jogo era um constante alargamento dos critérios pelos quais a doença mental era caracterizada, um processo de "desvirtuamento diagnóstico" [*diagnostic creep*] de que George Cheyne já se aproveitara para persuadir pacientes ricos de que sofriam da "doença inglesa". É um processo que tem sido igualmente evidente, como veremos adiante, ao longo pelo menos do último quarto de século, um período que vem testemunhando a proliferação de novas categorias oficiais de enfermidade mental e deu origem a epidemias de quadros como transtorno

---

[6] Edward Hare, "Was Insanity on the Increase?", *British Journal of Psychiatry*, v. 142, 1983, p. 439-55; Edwin Fuller Torrey, *The Invisible Plague: The Rise of Mental Illness from 1750 to the Present*, New Brunswick, NJ: Rutgers University Press, 2002.

bipolar e autismo, conforme casos mais ambíguos foram sendo acrescentados à população nuclear que, no passado, serviu para a identificação dessas afecções[7].

Os franceses falavam em *demi-fous*, os meio loucos, e os alienistas ingleses começaram a fazer referência àqueles que vagavam pelas zonas fronteiriças da loucura e habitavam os domínios da Terra dos Labirintos, da Torporlândia e de Derivalópolis[8]. Esses "lunáticos incipientes", portadores de uma "doença cerebral latente", incluíam todo um conjunto de neuróticos, histéricos, anoréxicos e pessoas acometidas por um transtorno recém-enunciado, a "neurastenia" ou fraqueza dos nervos, termo popularizado pelo neurologista norte-americano George M. Beard (1839-1883), que não só deu um nome à doença como se autoproclamou uma de suas primeiras vítimas. Esses doentes formavam a base a partir da qual certa parcela daquilo que já podemos chamar de psiquiatria se aventurou a sair da sombria e isolada "noite de Valpúrgis" em que consistia o mundo dos hospícios[9] e inventar novas formas ambulatoriais de prática médica baseadas numa clientela financeiramente lucrativa, ainda que terapeuticamente frustrante, que sofria de formas brandas de transtornos nervosos – aqueles que "pairavam", como dizia o ginecologista da Filadélfia William Goodell (1829-1894), "na estreita zona fronteiriça que separa a histeria da insanidade"[10].

Aqueles que sofriam de "nervos em frangalhos" não eram apenas criação de um grupo imperialista de médicos propensos a expandir os parâmetros de suas práticas médicas. Pelo contrário, provou-se haver uma clientela ansiosa por esses *Nervenarzten* [médicos de nervos], como os membros alemães dessa fraternidade se apresentavam. Os Estados Unidos não foram exceção a essa tendência e, de certo modo, apontaram o caminho. Um dos primeiros exemplares desse

---

7 Andrew Scull, "Was Insanity Increasing? A Response to Edward Hare", *British Journal of Psychiatry*, v. 144, 1984, p. 432-36; David Healy, *Mania: A Short History of Bipolar Disorder*, Baltimore: Johns Hopkins University Press, 2008; Michael A. Taylor, *Hippocrates Cried: The Decline of American Psychiatry*, Nova York: Oxford University Press, 2013; Gary Greenberg, *The Book of Woe: The DSM and the Unmaking of Psychiatry*, Nova York: Blue Rider Press, 2013.

8 Andrew Wynter, *The Borderlands of Insanity*, Londres: Hardwicke, 1875; J. Mortimer Granville, em: Andrew Wynter, *The Borderlands of Insanity*, 2. ed., Londres: Hardwicke, 1877, p. 276 (Granville contribuiu com cinco capítulos para essa segunda edição).

9 John C. Bucknill, "The President's Address", *op. cit.*, p. 7, em que o autor reclama que o médico de hospícios é forçado a habitar "uma atmosfera mórbida de pensamentos e sensações [...] de delírios sinistros [que o deixam sob o grave risco] do aparente contágio da doença mental". Mas e os pacientes? (A noite de Valpúrgis, a propósito, era tradicionalmente um evento em que as bruxas se reuniam.)

10 William Goodell, "Clinical Notes on the Extirpation of the Ovaries for Insanity", *Transactions of the Medical Society of the State of Pennsylvania*, v. 13, 1881, p. 640.

recém-industrializado campo de batalha foi a Guerra Civil Americana (1861-
-1865). Em meio a toda a carnificina – bem mais de meio milhão de soldados
morreram, e as vítimas totais passaram de um milhão – estava uma pletora de
homens que haviam sofrido lesões no cérebro e no sistema nervoso e ofereciam uma ampla oportunidade para que aqueles que os tratavam aprendessem
com o que podia ser observado. O texto clássico em que se descrevem os casos
que então apareceram, além de suas implicações para a medicina, era *Gunshot
Wounds, and Other Injuries of Nerves* [Ferimentos com armas de fogo e outras
lesões de nervos], publicado em 1864 por S. W. Mitchell, G. R. Morehouse e
W. W. Keen. Terminada a guerra, muitos cirurgiões se estabeleceram em cidades ao longo da costa leste como neurologistas – especialistas no tratamento
de doenças do sistema nervoso. E ali encontraram salas de espera lotadas. Para
lá se dirigiam não só aqueles que haviam sofrido ferimentos físicos bastante
graves, mas também soldados que se queixavam de problemas nervosos mais
difusos. E não apenas soldados. As placas de latão que anunciavam "Weir Mitchell, neurologista" ou "William Alexander Hammond, neurologista" também
atraíam grandes quantidades de civis, tanto homens como mulheres. Na verdade, possivelmente mais mulheres do que homens.

Mitchell e seus colegas consideravam o atendimento desses pacientes
exaustivo. Mais de uma vez, o médico falou da histeria como a "incumbência
odiosa" dos neurologistas. As queixas daqueles que enchiam suas salas de
espera eram múltiplas, mas difíceis de definir ou relacionar à imagem do sistema nervoso que ele e seus colegas haviam começado a esboçar. Frustrado,
Mitchell observou que a histeria – a condição da qual concluiu que muitos
desses inválidos nervosos sofriam – devia ser renomeada *"mysteria"* [misterio-
sa]. Mas, ao fim e ao cabo, nem ele nem seus companheiros de profissão podiam
se dar ao luxo de dispensar essas pessoas. Tais pacientes eram lucrativos demais e
igualmente insistentes em suas demandas de que os médicos de nervos reconhe-
cessem a realidade somática por trás de suas queixas difusas. O termo "histeria"
possui antigas raízes históricas, como vimos no capítulo 2[11]. E a ele os neurologistas norte-americanos adicionavam agora um novo transtorno, a neurastenia.

O nervosimo norte-americano, assim como a doença inglesa antes dele,
eram retratados como o produto e o preço a ser pago pelo maior avanço
da civilização nos Estados Unidos. O ritmo da vida moderna, com seus te-
légrafos elétricos, os trens de alta velocidade, a batalha frenética pelo sucesso
material – e mesmo com suas decisões duvidosas de permitir que algumas

---

[11] Andrew Scull, *Hysteria, op. cit.*

mulheres obtivessem educação superior –, impunha desgastes extraordinários ao sistema nervoso, e em nenhum lugar com mais intensidade do que entre os homens de negócios e as classes profissionais. Tratava-se de uma doença que se manifestava de forma esmagadora, ainda que não exclusiva, nos ricos e refinados. O sobrepreço cobrado do sistema nervoso, o descarregamento das baterias, a exaustão das próprias reservas psíquicas, a falência do equilíbrio mental pelo saque a descoberto de sua própria conta corrente – as metáforas usadas para descrever o que se passava com aqueles que lotavam as salas de espera ao mesmo tempo bajulavam esses pacientes e asseguravam a eles que aquilo de que sofriam era uma doença real, ancorada em seus corpos, que quase podia ser exibida como uma condecoração, e não escondida como uma fonte de vergonha. Mitchell escreveu um livro de aconselhamento que virou um *best-seller* e resumia toda a questão nas três palavras de seu título: os neurastênicos eram vítimas de *Wear and Tear* [Desgaste e ruptura] (1871). E a solução para essa exaustão estava ao alcance de cada um deles. Como informava o título do livro que deu sequência a esse, essas pessoas precisavam se concentrar no acúmulo de *Fat and Blood* [Gordura e sangue] (1877) a fim de nutrir e restaurar suas reservas esgotadas de força e energia.

    O diagnóstico de Beard para a neurastenia explicava a fadiga, a ansiedade, as dores de cabeça, a insônia, a impotência, a neuralgia e a depressão de que os pacientes com problemas nervosos reclamavam sofrer. De forma crucial para o estabelecimento do estatuto médico dessa condição e a atração de potenciais pacientes, Beard enfatizava que "o nervosismo é um estado físico, não mental, e seus fenômenos não decorrem do excesso ou excitabilidade emocional"[12]. Mas foi Mitchell quem concebeu o tratamento mais prático para a condição. Ou "prático" para aqueles que fossem suficientemente ricos: por definição, sua assim chamada "cura do descanso" dificilmente poderia ser uma solução prática para homens e mulheres trabalhadores. Para aqueles que podiam bancá-la, prometia ser uma terapia que, ao que tudo indicava, podia restaurar os corpos exaustos dos homens de negócios ou de outros profissionais, assim como os de suas esposas que faziam parte da alta sociedade.

    Virginia Woolf foi uma das que se submeteram ao tratamento de Mitchell, ainda que aplicado pelas mãos de uma série de psiquiatras e neurologistas britânicos, já que, acompanhado pelo termo "neurastenia", o tratamento se espalhou rapidamente pela Europa – algo que era bastante incomum para

---

[12] George M. Beard, *American Nervousness; its Causes and Consequences*, Nova York: G. P. Putnam's Sons, 1881, p. 17.

a época, pois a medicina dos Estados Unidos era (corretamente) vista como atrasada e seus médicos eram em geral ridicularizados por sua inferioridade[13]. E ainda que a sátira contundente de Woolf quanto àquilo que o tratamento envolvia refletisse a fúria provocada pela experiência da escritora, nela também estão fidedignamente capturados os elementos principais do tratamento: "tem-se de invocar a medida; prescrever repouso na cama; repouso na solidão; silêncio e repouso; repouso sem amigos, sem livros; sem mensagens; seis meses de repouso; até que um homem que chega com cinquenta quilos saia pesando oitenta"[14]. Gordura e sangue estourando; isolamento social e físico completo; massagens no lugar de exercícios; ociosidade física forçada; dieta hipercalórica. Woolf não estava sozinha em seus protestos[15], mas outros pacientes pareciam ter uma opinião mais favorável do processo[16]. O tratamento era certamente popular entre os médicos, para quem oferecia uma abordagem baseada na ciência e no corpo e que, talvez não por coincidência, tinha certo toque punitivo e disciplinar[17].

A eletricidade foi um dos elementos do tratamento de Mitchell, uma intervenção terapêutica já amplamente utilizada por seus colegas de profissão. Não a eletricidade usada para induzir convulsões; esta seria uma invenção do

---

[13] De fato, em 1893, a doença de Beard recebeu a maior honraria da época, uma aparição no *Handbuch der Neurasthenie* [Manual da neurastenia], organizado por Franz Carl Müller.

[14] Virginia Woolf, *Mrs. Dalloway*, trad. Mário Quintana, Rio de Janeiro: Nova Fronteira, 2006, p. 95. *Sir* Bradshaw é uma representação brutal de *Sir* George Savage, cuja prática psiquiátrica gravitava em torno dos ricos e famosos.

[15] Compare-se com *O papel de parede amarelo*, de Charlotte Perkins Gilman, conto em que um mal disfarçado Mitchell (que ministrara pessoalmente a cura de repouso em Gilman) leva sua paciente à loucura. Edith Wharton era outra paciente de Mitchell, e seu tratamento chegou ao fim um ano antes da publicação de seu primeiro romance.

[16] Anne Stiles (página da internet). Suzanne Poirier, em "The Weir Mitchell Rest Cure: Doctor and Patients" (*Women's Studies*, v. 10, 1983, p. 15-40), afirma que "antigas pacientes inundavam a caixa de correio de Mitchell com cartas de agradecimento e de admiração" (p. 21-22).

[17] Ainda que homens também recebessem a cura de repouso, eles raramente eram tão completamente imobilizados quanto suas colegas femininas. Os escritos de Mitchell sobre o tema usam os pronomes femininos de forma predominante quando falam de pacientes com problemas nervosos. Como cirurgião na Guerra Civil, Mitchell era severo com homens que suspeitava estarem fingindo. Seus comentários sobre mulheres neurastênicas e histéricas sugerem que esse sentimento permanecia também aqui, apenas ligeiramente encoberto pelo verniz de médico cuidadoso. Ao insistir que os pacientes fossem removidos de suas casas, por exemplo, Mitchell ressalta que "para a mais acentuada capacidade de tornar um lar miserável não há receita humana mais completa que uma mulher tola que sofre dos nervos e é fraca no pior grau, que anseia por piedade e gosta do poder". Cf. Silas Weir Mitchell, *Doctor and Patient*, Filadélfia: J. B. Lippincott, 1888, p. 117. Mais tarde, Freud cunharia o termo "ganho secundário". Como é evidente, Mitchell já estava ciente de como o papel de doente podia ser explorado como fonte de poder.

século XX. Mas a eletricidade de baixa voltagem e estática, descarregada com estalidos e faíscas por um maquinário impressionante e complexo, coberto de cromo e latão polidos. Se os impulsos nervosos eram elétricos, haveria outro modo melhor de tratamento a ser empregado? As maravilhas da física moderna eram assim mobilizadas para assegurar aos pacientes nervosos o estatuto físico de seus transtornos e manter afastado o espectro do fingimento. O caráter inegavelmente somático do tratamento oferecia uma objeção eloquente a qualquer um inclinado a lançar dúvidas sobre o estatuto moral dos neurastênicos.

O nervosismo não era um monopólio norte-americano, e é exatamente por isso que a neurastenia e a cura pelo repouso se espalharam como um raio através do Atlântico e se firmaram como indispensáveis nas práticas especializadas dos médicos de nervos, fossem eles psiquiatras buscando a cessação dos horrores da vida nas casas de loucos ou neurologistas tentando estabelecer um ainda vago especialismo alternativo, sob a afirmação de que eram especialistas no tratamento dos transtornos nervosos e mentais. Os superintendentes de hospícios não gostavam da competição com os neurologistas, que, por sua vez, de início, viam seus irmãos institucionais com desprezo. "O que vocês fazem", dizia Mitchell com rispidez, "não é o que nós fazemos". Os médicos de hospícios haviam se isolado de seus colegas de profissão e perdido todo o contato com o progresso da medicina científica[18].

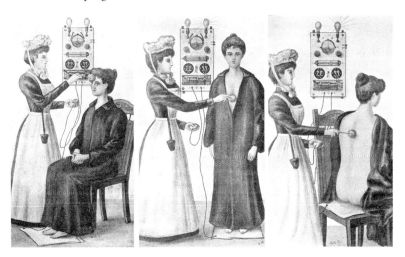

Tratamento com aparelho elétrico (1900): uma enfermeira aplica corrente farádica numa paciente.

---

[18] Silas Weir Mitchell, "Address Before the Fiftieth Annual Meeting of the American Medico--Psychological Association", *Journal of Nervous and Mental Disease*, 21, 1894, p. 413-37.

Com o tempo, entretanto, houve uma espécie de reaproximação entre eles. Esse tipo de disputa pública ameaçava a reputação de ambos os lados, e, de qualquer forma, dois modos distintos de prática médica acabariam por emergir. Os hospícios persistiriam como os principais centros para o tratamento das perturbações mais graves por ainda mais de meio século. E aqueles neurologistas que começavam a se especializar no tratamento das formas "funcionais" da doença mental logo se veriam incorporados aos empreendimentos de saúde mental por alienistas desencantados com a monotonia da prática institucional – muitos deles vindos da elite psiquiátrica e ansiosos para ganhar sua parte de um conjunto de pacientes mais lucrativos, menos perturbados e possivelmente mais tratáveis[19].

Histeria em cena

Ainda que a neurastenia tenha se mostrado um diagnóstico popular dos dois lados do Atlântico, a histeria foi o transtorno nervoso que alcançou o lugar de maior destaque na Europa do *fin-de-siècle*. De início, adquiriu seu maior reconhecimento em Paris, onde o célebre neurologista francês Jean-Martin Charcot (1825-1893) produziu um longevo espetáculo num palco particularmente parisiense: suas *Leçons du Mardi* [Aulas de terça-feira] no hospital da Salpêtrière. Lá ele era encarregado de enfermarias que abrigavam um grupo eclético de pacientes que sofriam de todo tipo de disfunções neurológicas, mesmo que não tivesse contato direto com a medicina de saúde mental do sistema manicomial. (Ainda demoraria para que a histeria alcançasse uma proeminência ainda maior em Viena, onde o antigo pupilo de Charcot, Sigmund Freud, construiu um modelo alternativo para a etiologia dos transtornos mentais e uma nova terapêutica, de aspectos puramente psicológicos, baseada nos contatos que manteve com uma série de pacientes similares, como discutiremos a seguir.)

A fama precoce de Charcot como neurologista era devida a seus trabalhos sobre a esclerose, a ataxia locomotora (uma das complicações da sífilis terciária),

---

[19] Para uma discussão sobre estes últimos acontecimentos, cf. Andrew Scull, Charlotte MacKenzie e Nicholas Hervey, *Masters of Bedlam, op. cit.*, cap. 7-9. Pelo menos no início, "funcional" não significava "psicológico". Em vez disso, referia-se a mudanças fisiológicas e não estruturais do sistema nervoso. Ou, como George Beard, *A Practical Treatise on Nervous Exhaustion*, Nova York: E. B. Treat, 1880, p. 114, formulou a distinção: "o que o microscópio consegue ver, chamamos estrutural – o que o microscópio não pode ver, chamamos de funcional". Ambas eram condições somáticas.

o mal de Parkinson e outros transtornos do cérebro e da coluna vertebral[20]. Sua mudança de rumo em direção à histeria foi gradual e em grande parte resultado fortuito de uma reorganização interna na Salpêtrière. De todo o vasto repositório de espécimes patológicos vitimados pela pobreza de que o hospital era constituído, Charcot ficou responsável por uma enfermaria mista de epilépticos e pacientes que, na época, eram chamados de histero-epilépticos. Saída das fileiras dos parisienses pobres, essa parte da clientela de Charcot não poderia contrastar de modo mais gritante com os tipos de pacientes que corriam para os consultórios dos neurologistas norte-americanos. (Mas não nos preocupemos: a clínica particular extremamente lucrativa de Charcot lhe trazia pacientes de toda a Europa, incluindo figuras como a baronesa Anna von Lieben, de Viena, uma das mulheres mais ricas da época, além de uma grande variedade de milionários russos, alemães e espanhóis, sem falar de um ou outro norte-americano.)

Desde o início, e ao longo de toda a sua carreira, Charcot estava convencido de que o lugar da histeria era ao lado da esclerose e de todas as outras afecções similares. Tratava-se de um transtorno neurológico real, originado num conjunto ainda misterioso de lesões no cérebro e sistema nervoso – uma posição a que Charcot se agarrou com unhas e dentes, mesmo quando suas observações clínicas demonstraram que algumas das paralisias histéricas seguiam rumos que estavam em conflito direto com o conhecimento estabelecido sobre neuroanatomia e refletiam noções leigas equivocadas sobre como os corpos eram formados. Três anos antes de sua morte, ele continuava a insistir que "as lesões anatômicas a ela relacionadas ainda eludem nossos meios de investigação, mas se expressam de formas inconfundíveis ao observador atento através de transtornos tróficos análogos àqueles observados em lesões orgânicas do sistema nervoso central". E expressava sua convicção de que "algum dia o método anatomoclínico acrescentará mais um sucesso à sua coleção ao finalmente descobrir a causa primordial, a causa anatômica, que hoje é conhecida graças a inúmeros efeitos materiais diferentes"[21].

Assim, desde seus primeiros contatos com a histeria, Charcot colocou sua já considerável autoridade profissional a favor da afirmação de que esse transtorno

---

[20] A carreira médica de Jean-Martin Charcot foi analisada na biografia magistral escrita por Christopher Goetz, Michael Bonduelle e Toby Gelfand, *Charcot: Constructing Neurology*, Nova York e Oxford: Oxford University Press, 1995.

[21] Jean-Martin Charcot, "Preface", em: Alex Athanassio, *Des Troubles trophiques dans l'hystérie*, Paris: Lescrosnier et Babé, 1890, p. i.

não era um fingimento ou atuação, mas uma perturbação real e somática (ainda que com óbvios matizes psicológicos). E a histeria retribuiu o favor. Talvez não imediatamente, mas a decisão de Charcot de defender a legitimidade científica da hipnose – essa versão em novo rótulo do mesmerismo que foi apresentada pela primeira vez pelo cirurgião escocês James Braid (1795-1860) alguns anos mais cedo[22] – e suas demonstrações públicas de pacientes histéricos nas *Leçons du Mardi* causaram sensação. Todos vinham ver o circo dos doentes, e a fama de Charcot crescia de forma exponencial.

Apesar das associações gerais da histeria com o sexo feminino (uma ligação incorporada ao próprio nome do transtorno), Charcot estava convencido de que, assim como a neurastenia, essa era uma afecção que atacava do mesmo modo homens e mulheres. E alguns de seus pacientes masculinos eram a antítese dos tipos de homens histéricos afeminados retratados em *A mulher de branco*, de Wilkie Collins (em que a delicada regulação do sistema nervoso de Frederick Fairlie está estreitamente relacionada a um interesse lascivo por

Jean-Martin Charcot, o "Napoleão das Neuroses", embalando seu macaco de estimação.

---

22 James Braid, *Neurypnology: or the Rationale of Nervous Sleep Considered in Relation with Animal Magnetism*, Londres: Churchill, 1843.

jovens garotos): ferreiros, por exemplo, e outros trabalhadores vigorosos. Não eram os homens histéricos que atraíam o público para as demonstrações clínicas de Charcot, no entanto, mas as mulheres atraentes e seminuas que, sob a influência mesmerizante do olhar masculino, encenavam repetidamente os vários estágios do ataque histérico: as convulsões e aparentemente impossíveis contorções do corpo, é claro, mas também, o que era fonte de um entretenimento ainda maior, as *attitudes passionnelles* [atitudes passionais], os gestos, gritos e sussurros emocionais que eram marcados por inconfundíveis insinuações eróticas. Um jornalista relatou ter assistido a uma exibição particular, na qual Charcot realizou compressões ovarianas "numa jovem e bela garota com formas magníficas e abundante cabelo louro". Depois disso, começou a apresentação no palco para o público mais amplo, com "a maca da paciente disposta de modo que ela pudesse ser observada de todos os cantos da sala com a ajuda de um holofote" e de tal forma que "suas exclamações pudessem ser ouvidas [por todos]"[23].

Algumas críticas feministas da época protestavam contra esse "tipo de vivissecção de mulheres a pretexto de estudar uma doença da qual o médico não conhece nem a causa nem o tratamento"[24]. Charcot era acusado de ser o orquestrador de

> experimentos desprezíveis praticados em pacientes lunáticas e histéricas na Salpêtrière. Os enfermeiros arrastam essas mulheres desafortunadas, não obstante seus gritos e resistência, diante de homens que as fazem cair em catalepsia. Jogam com esses organismos fora de equilíbrio, nos quais o experimento exaure o sistema nervoso e agrava as condições mórbidas, como se ele fosse um instrumento que devesse fornecer toda uma gama de aberrações mentais e paixões depravadas. Uma de minhas amigas me contou que ela e a duquesa de P... haviam visto um médico de grande reputação fazer com que uma paciente infeliz passasse, sem transição, de uma beatitude celestial para uma condição de infame sensualidade. E isso diante de um agrupamento de homens da literatura, artistas e homens do mundo.[25]

---

[23] Citado em Christopher Goetz, Michel Bonduelle e Toby Gelfand, *Charcot*, op. cit., p. 235-36.

[24] Celine Renooz, "Charcot Dévoilé", *Revue Scientifique des Femmes*, v. 1, dez. 1888, p. 241-47.

[25] Anônimo, "Madame Huot's Conference on Vivisection", *The Animal's Defender and Zoophilist*, v. 7, 1887, p. 110 (transcrição do discurso feito por ela numa conferência de agosto de 1887 sobre vivissecção).

Figuras literárias masculinas como Tolstói e Maupassant se intrometeram no assunto para manifestar o próprio desdém. Mas, como é tantas vezes o caso, essas críticas parecem só ter aumentado a procura pela apresentação.

Em seu autobiográfico *The Story of San Michele* [A história de São Miguel], o médico Axel Munthe (1857-1949) nos oferece uma reconstrução vívida de uma cena que observou e de que participou: "o enorme anfiteatro estava lotado até o último lugar com um público multicolorido da alta sociedade parisiense, escritores, jornalistas, atores e atrizes ilustres, *demi-mondaines* elegantes" – todos reunidos para o espetáculo. Eis que entraram as estrelas, o sisudo Charcot vestido de cinza, o mestre de cerimônias do evento, depois as mulheres que cumpririam suas ordens, aparentemente sob influência de um transe hipnótico:

> Algumas delas cheiravam com deleite uma garrafa de amônia quando ouviam se tratar de água de rosas, outras comiam pedaços de carvão que lhes eram entregues como se fossem chocolates. Uma outra se arrastava de quatro pelo chão e latia furiosamente quando lhe diziam que ela era um cachorro, abanava os braços como se tentasse voar quando virava uma pomba, levantava a saia com um grito de horror quando uma luva era lançada a seus pés sob a sugestão de que se tratava de uma cobra. Outra andava com uma cartola nos braços, embalando-a para lá e para cá e beijando-a com ternura quando lhe diziam que aquele era seu bebê.[26]

A dominação masculina, a tolice e a fragilidade das mulheres – era isso, claramente, que se colocava em exibição.

As pacientes que se entregavam aos espasmos de seu transtorno também eram registradas pelas lentes de câmeras. As *Iconographies* [Iconografias], coleções de fotografias das intérpretes que compunham o circo, tinham ampla circulação e disseminavam a visão charcotiana da histeria para uma audiência que só podia testemunhar a cena parisiense de forma virtual. Esses retratos contribuíram muito para fixar a imagem da histeria na percepção pública e talvez espalhar de modo sugestivo aquilo que se afirmava ser um registro neutro e naturalista de um transtorno neuropático. A fotografia (ao menos antes da era da manipulação digital) transmitia a ilusão de que trazia a verdade, um retrato direto e não mediado ou mesmo um espelho da natureza, a representação instantânea do que se passava diante das lentes do fotógrafo.

---

[26] Axel Munthe, *The Story of San Michele*, Londres: John Murray, 1930, p. 296, 302-03.

Os *demi-fous*

Mas as limitações da iluminação e as exigências técnicas do registro de imagens em placas umedecidas com colódio (e mesmo depois, quando passaram a ser revestidas com gelatina de prata) impunham a necessidade de longas exposições, algumas vezes de até vinte minutos por placa. Talvez de forma apropriada, já que os críticos póstumos de Charcot (que, como veremos, incluíam até mesmo – ou melhor, especialmente – seus colaboradores e protegidos) viam suas demonstrações clínicas como farsas, as fotografias "objetivas" que registravam as patologias eram elas próprias construções necessariamente encenadas, forjadas e fabricadas, cuja factualidade é tão duvidosa quanto as demonstrações ao vivo que pretensamente representavam[27].

Planche XXIII.

ATTITUDES PASSIONNELLES
EXTASE (1878).

Atitudes passionais: êxtase (1878). As conotações eróticas dos retratos feitos por Charcot de suas pacientes histéricas na Salpêtrière são aqui mais do que evidentes.

---

27 Com algumas modificações, os últimos dois parágrafos foram extraídos de Andrew Scull, *Hysteria*, *op. cit.*, p. 122-23.

Com a importante exceção de Hippolyte Bernheim (1840-1919), as críticas que Charcot recebeu em vida vinham em sua maior parte de outros países, já que o médico, igualmente poderoso e melindroso, era perfeitamente capaz de arruinar a carreira dos homens menos importantes que cruzassem seu caminho. Não à toa, vangloriava-se de sua reputação de "Napoleão das Neuroses". Depois de sua morte, contudo, em 1893, as coisas mudaram bastante. Mesmo seus protegidos mais próximos se voltaram contra ele e negaram a realidade do teatro que haviam ajudado a encenar. As *Leçons du Mardi* eram, dizia Axel Munthe, "uma farsa absurda, um emaranhado irremediável de verdades e enganação"[28].

Freud e o nascimento da psicanálise

Mas, no ápice da fama de Charcot, em 1885, em meio ao turbilhão de estrangeiros que buscavam esclarecimento e talvez patrocínio vindos do grande homem, um jovem médico austríaco cuja carreira estava desmoronando apareceu para trabalhar sob sua supervisão por cinco meses, numa tentativa desesperada de ressuscitar sua sorte no retorno a Viena. Sigmund Freud (1856-1939) não havia planejado voltar a atenção para a histeria. O jovem possuía formação tradicional em neuroanatomia e neurologia, além de aspirações nessas áreas. Mas foi a histeria que o atraiu, assim como a muitos outros. Depois de seu regresso a Viena e do abandono relutante das esperanças de uma vida acadêmica em favor da prática médica particular, Freud continuou a tratar casos neurológicos tradicionais, em especial de crianças com paralisia cerebral. Mas havia muito poucas delas para garantir o sustento de sua esposa, com quem se casara recentemente, e de uma quantidade de filhos que crescia rapidamente, por isso era uma sorte que sua clínica também atraísse alguns pacientes que sofriam de histeria. Assim como no caso dos neurologistas estadunidenses, talvez os desejos de Freud fossem outros, mas os histéricos ofereciam uma fonte indispensável de renda, e foi neles que começou a concentrar suas energias.

Freud fez todos os esforços possíveis para assegurar um lugar no círculo privado de Charcot enquanto esteve em Paris e ganhou a gratidão do grande homem ao se voluntariar para traduzir o terceiro volume das *Leçons sur les maladies du système nerveux* (Lições sobre as doenças do sistema nervoso) para o alemão – e isso apesar de suas confessadas limitações no uso do francês.

---

[28] Axel Munthe, *The Story of San Michele, op. cit.*, p. 302.

O jovem vienense levara consigo a ênfase dada por Charcot às raízes semânticas da histeria, assim como o uso da hipnose em seu tratamento. Desses elementos, a primeira continuaria uma parte essencial de seu pensamento até o final dos anos 1890, quando abandonou a contragosto seu grande "projeto para uma psicologia científica", cuja ambição era relacionar as complexidades da experiência interior aos processos neurais básicos. Já a hipnose fora abandonada um pouco mais cedo. Freud nunca dominou a técnica, e seus colegas vienenses, que a consideravam pouco mais que "mera" sugestão, seguiam a liderança do poderoso neuropatologista Theodor Meynert (1833-1892) e viam toda a abordagem como charlatanismo.

Charcot tentara argumentar o contrário. Insistia que apenas aqueles com sistema nervoso defeituoso eram suscetíveis ao transe hipnótico. A defesa dessa posição permitia-lhe empregar o que para outras pessoas parecia ser uma terapia psicológica baseada na sugestão, ao mesmo tempo que persistia na afirmação de que a histeria era em essência uma doença somática. Essa mesma posição foi adotada por muitos de seus admiradores britânicos, para os quais flertar com explicações psicológicas para o transtorno mental significava romper com a disciplina da ciência médica em favor do charlatanismo, do autoengano e da fraude. Daí o consenso, articulado pelo médico de nervos e neurologista britânico Horatio Donkin (1845-1927), de que "é certo, a partir da experiência geral, que os seres humanos são hipnotizáveis em proporção direta à sua instabilidade nervosa"[29].

Foi essa posição que o trabalho de Hippolyte Bernheim colaborou para descreditar, já que seus experimentos pareciam mostrar que mesmo os "psicologicamente normais" podiam ser hipnotizados[30]. Os pontos de vista de Charcot também encontravam pouca simpatia entre os médicos austríacos. Por isso, talvez o abandono da hipnose por Freud tenha sido sobredeterminado. Ele já traduzira Bernheim para o alemão em 1888 e salpicara o texto com comentários editoriais que sinalizavam sua discordância, mas, em questão de meses, já não defendia mais a posição de Charcot quanto ao assunto e, como seria razoável suspeitar, começava a reconsiderar como reformular as conexões entre processos psicológicos e doença mental.

---

29 Horatio Donkin, "Hysteria", em: Daniel Hack Tuke (org.), *A Dictionary of Psychological Medicine*, Londres: J. & A. Churchill, 1892, p. 625-26. Charcot já articulara suas próprias opiniões sobre a questão para uma audiência anglófona um pouco antes nesse mesmo e influente livro: J.-M. Charcot e Gilles de la Tourette, "Hypnotism in the Hysterical", p. 606-10.

30 Cf. Hippolyte Bernheim, *De la Suggestion et de ses applications à la thérapeutique*, Paris: L'Harmattan, 1886.

Quando suas esperanças de uma carreira acadêmica acabaram frustradas e precisou então se voltar para a clínica particular como neurologista, Freud percebeu que teria dificuldades em ganhar a vida. No início da década de 1890, o médico dependia de modo considerável de indicações (e mesmo de empréstimos) do célebre clínico vienense Josef Breuer (1842-1945), um homem quase uma década e meia mais velho que ele, que fora abençoado com uma prática médica cuja expansão lhe trazia mais pacientes do que podia tratar. Era uma dependência que incomodava, e depois que os dois homens cortaram relações, em meados daquela mesma década, Freud passou a desprezar Breuer. Mas foi por meio dele que Freud veio a receber seus primeiros pacientes com histeria, e foi *Estudos sobre a histeria*, o volume que publicaram em conjunto em 1895, que assentou as bases da carreira de Freud como psicoterapeuta e levou, num curtíssimo período, à criação da psicanálise, uma nova abordagem da terapêutica dos transtornos mentais e, ao mesmo tempo, uma conceituação inédita de suas etiologias.

Sigmund Freud em 1891, com 35 anos.

"Anna O.", provavelmente a mais famosa de todos os pacientes da história da psicanálise, era na verdade tratada por Breuer e não por Freud. Seu nome real era Bertha Pappenheim (1859-1936) e, como muitos pacientes de Breuer (e de Freud), vinha de uma família judia rica e de destaque entre a *haute bourgeoisie* de Viena. Seu caso chamara a atenção de Breuer em 1880, quando se tornou sua paciente. Anna/Bertha se devotara por meses ao cuidado do pai agonizante. Após a morte dele, passou a exibir alguns dos sintomas enigmáticos e assustadores que na época normalmente levavam a um diagnóstico de histeria. Desenvolveu uma tosse persistente, insônia, depois espasmos que se assemelhavam a convulsões, seguidos de paralisia das extremidades do lado direito do corpo. Sua visão começou a falhar. A mulher até então bem-comportada passou a manifestar episódios de raiva descontrolada. Seu domínio do idioma alemão começou a deteriorar, e logo a doente somente conseguia falar e compreender o inglês. Havia períodos em que se recusava a comer ou beber.

"Anna O.", na verdade Bertha Pappenheim (1882), a paciente prototípica da psicanálise, numa fotografia tirada no Sanatório de Bellevue, em Kreuzlingen, em que esteve confinada como paciente de saúde mental depois do suposto sucesso do tratamento de Joseph Breuer.

O tratamento de Breuer consistia em conversas frequentes e prolongadas. Com o tempo, Anna começou a peneirar sua notável memória e se lembrar de episódios traumáticos que estavam associados a cada um de seus sintomas – e a lembrança dessas cenas, como Breuer relatava, tinha um efeito catártico. Uma a uma, as graves patologias desapareceram. De acordo com Breuer, foi a própria Anna quem apelidou seu tratamento de "cura pela fala"[31]. Uma década mais tarde, Breuer indicaria uma série de pacientes femininas com sintomas histéricos a seu jovem amigo e protegido, e Freud afirmaria ter alcançado uma descoberta similar:

> Pois vimos, para nossa grande surpresa inicial, *que cada sintoma histérico desaparecia de imediato e sem retorno quando conseguíamos despertar com toda clareza a lembrança do acontecimento motivador, assim avivando igualmente o afeto que o acompanhava, e quando, em seguida, o doente descrevia o episódio da maneira mais detalhada possível, pondo o afeto em palavras.*[32]

Foram essas histórias de casos clínicos – Anna O., Emmy von N., Elisabeth von R., Lucy R., Katherina e Cäcile M. – que levaram Freud a propor a Breuer que escrevessem e publicassem um livro sobre a histeria e a sugerir seu formato: uma série de relatos psicologicamente carregados que pudessem ser lidos como narrativas curtas ou histórias de detetive. Pois a mensagem central dos *Estudos sobre a histeria* era que "*o histérico sofre sobretudo de reminiscências*"[33], memórias que permaneciam, de algum modo, para além das lembranças conscientes, envenenando a mente e produzindo os sintomas intrigantes que haviam se mostrado tão frustrantes para os muitos médicos que tentaram tratar pacientes desse tipo. Memórias semiassassinadas precisavam ser trazidas de volta à vida, pois, quando isso acontecia, seus poderes patológicos desapareciam e, com eles, a histeria do paciente.

Como reconhecido por ele mesmo, no início da década de 1890 Breuer já não tinha interesse em continuar o tratamento de casos de histeria[34]. Sua bem-sucedida atuação como clínico geral lhe trouxera uma boa situação financeira

---

[31] Acadêmicos modernos mostraram que esse relato do tratamento de Anna O. é em grande parte falso. Não só o método catártico de Breuer fracassou em curá-la, como Anna continuou perturbada por mais de uma década depois de ter deixado as mãos do médico e precisou de vários períodos prolongados de confinamento num sanatório na Suíça. Quando finalmente se recuperou, não tinha nada de bom a dizer sobre a cura pela fala. O caso protótipico da psicanálise é um mito – e, em diversos níveis, uma série de ficções.

[32] Josef Breuer e Sigmund Freud, "Sobre o mecanismo psíquico dos fenômenos histéricos – Comunicação preliminar", em: Sigmund Freud, *Obras completas, vol. 2: Estudos sobre a histeria (1893-1895), em coautoria com Josef Breuer*, trad. Laura Barreto, São Paulo: Cia. das Letras, 2016, p. 18.

[33] *Ibidem*, p. 19.

[34] Cf. prefácio à segunda edição inglesa de *Studies on Hysteria*, publicada em *The Standard Edition of the Complete Psychological Works of Sigmund Freud*, v. 2, Londres: Hogarth Press, 1981.

e, além disso, ele estava ocupado demais para o demorado método catártico. Freud, contudo, deu as boas-vindas aos neuróticos, "que também pareciam multiplicar-se" e agora começavam a se amontoar em seu consultório, o que prontamente o levou a "renunciar ao tratamento das doenças nervosas orgânicas"[35]. Quase no mesmo fôlego, também rejeitou a hipnose; descartou o método catártico, que considerou simplista demais; rompeu os laços sociais e intelectuais com Breuer e começou a elaborar uma terapêutica alternativa que gravitava em torno da "livre associação" por parte do paciente; abandonou os esforços voltados a reduzir eventos psicológicos a neuropatologias subjacentes e optou, em vez disso, por uma explicação psicodinâmica cada vez mais complexa para as origens do transtorno mental.

Repressão

Foi uma série incrivelmente arriscada de ações, agravada ainda pela adoção quase simultânea de uma nova explicação para a origem dos sintomas dos pacientes. As perturbações deles, como Freud passou a acreditar, tinham suas raízes no sexo, ou mais especificamente no trauma sexual – memórias reprimidas de abuso sexual e violação incestuosa na infância. Esses episódios, segundo afirmava, estavam sempre e onde quer que fosse na origem da histeria. Essa afirmação foi rapidamente ridicularizada mesmo pelo principal psiquiatra e sexólogo de Viena, Richard von Krafft-Ebing (1840-1902). As ideias de Freud, anunciou Krafft-Ebing, eram "um conto de fadas científico"[36].

Um ano depois, Freud se reposicionou numa outra tangente: o sexo ainda era fundamental para sua explicação, mas, em vez de traumas e abusos concretos, o que estava em jogo eram fantasias infantis e as repressões a elas relacionadas. Por mais de uma década, ele refinou seu modelo, argumentando que a libido, a energia fornecida pelas pulsões sexuais inconscientes, era a fonte de todos os tipos de desconforto e conflito psicológico complexos. A vida mental, afirmava ele, seguia uma lógica determinista que, em todos os seus aspectos, era tão suscetível ao estudo e à análise científica quanto os fatos fisiológicos que outros médicos examinavam em laboratórios. Diligentemente trazidas à tona a partir dos sonhos, atos falhos e livres associações que seus

---

[35] Sigmund Freud, "Autobiografia", em: *Obras completas, vol. 16: O eu, o id, "Autobiografia" e outros textos (1923-1925)*, trad. Paulo César de Souza, São Paulo: Cia. das Letras, 2011, p. 76-77.

[36] Citado em Jeffrey Masson, *The Assault on Truth*, Nova York: Penguin, 1985, p. 9.

pacientes eram encorajados a praticar, as origens de problemas subjacentes podiam ser desnudadas e, no processo de tornar o inconsciente consciente, o paciente podia ser levado a curar a si mesmo.

Da forma como Freud o retratava, o inconsciente era um lugar assustador. Era constituído (e em geral avariado) desde as primeiríssimas semanas e meses de vida pela presença assombrosa das figuras materna e paterna no universo mental do recém-nascido, e o quadro se tornava ainda mais sombrio ao longo da infância. A família era a arena para uma enormidade de psicodramas terríveis e perigosos que povoavam o inconsciente da criança, fomentavam suas repressões e criavam suas psicopatologias. Forçada a reprimir desejos inaceitáveis e negar suas fantasias edípicas de possuir o genitor do sexo oposto e eliminar o do mesmo sexo, ou de mergulhá-los ainda mais no inconsciente, a criança vivia num mundo de conflitos psíquicos ocultos. Aí estava uma nova explicação para os elos entre as patologias da mente e o progresso da civilização. Desejos e supressões, a busca de gratificações substitutivas e de maneiras de sublimar aquilo que não podia ser reconhecido de forma segura, o falso esquecimento: todas as limitações deformadoras da moralidade "civilizada" criavam um campo minado do qual poucos emergiam ilesos e sem cicatrizes.

A maioria esmagadora dos psiquiatras contemporâneos de Freud considerava os desvarios, as percepções alteradas e as emoções descontroladas que pareciam exercer um domínio tão cerrado sobre seus pacientes como nada além de ruído. A única relevância desses processos era sua condição de sintomas de cérebros fora de ordem. Ou então eram puramente epifenomênicos e não mereciam atenção. Para Freud e seus seguidores, por outro lado, essas manifestações eram essenciais. A loucura estava ao mesmo tempo ancorada nos significados e nos símbolos e devia ser tratada no nível da interpretação. Ações, cognições e emoções conturbadas eram da maior importância, e a tarefa extremamente difícil com que médicos e pacientes se confrontavam era filtrar as pistas ali apresentadas e exumar aquilo que a psique havia investido tanta energia para enterrar. Era inevitável que essas escavações fossem um processo intenso e inquietante. Segundo se afirmava, era um movimento que exigia meses, quando não anos, de sondagens para que fosse possível ultrapassar as barreiras e resistências internas e forçar o inconsciente para dentro do consciente.

Um dos maiores atrativos do edifício intelectual erguido por Freud estava no fato de que seu modelo da mente e sua técnica para o tratamento das manifestações das perturbações estavam intimamente entrelaçados e se reforçavam mutuamente. Ainda que desenvolvido de início para diagnosticar e tratar pacientes que continuavam (quase) funcionais – ainda que perturbados ou angustiados –, classificados como padecentes de enfermidades neuróticas, esse modelo demonstrava potencial para ser (como de fato foi, anos mais tarde) expandido para explicar as psicoses. E, do outro lado do espectro, suas afirmações forneciam uma leitura para a personalidade "normal". Emil Kraepelin (o "grande papa" da psiquiatria, como Freud o chamava de maneira ácida) erigira uma barreira aparentemente impenetrável entre a maioria dos cidadãos sãos e os espécimes biologicamente degenerados e fisicamente inferiores que lotavam as alas mais escondidas dos asilos de lunáticos. Freud, por outro lado, negava que a loucura fosse apenas problema do Outro. Ao que parecia, a insanidade espreitava todos nós pelo menos em algum grau. As mesmas forças que conduziam uma pessoa à invalidez mental permitiam que outra produzisse conquistas de elevada importância cultural. O mal-estar e a civilização, Freud proclamava, estavam inevitável e irrecuperavelmente enlaçados num abraço indissolúvel.

10

Medidas desesperadas

As provações da guerra total

Em 28 de julho de 1914, o mundo enlouqueceu. Ou melhor, a Europa enlouqueceu e logo garantiu que o resto do mundo compartilhasse sua insanidade. A loucura, como o *kaiser* alemão assegurou a suas jovens tropas, já teria terminado até o Natal – e assim foi, mas quatro natais depois. O assassinato em 28 de junho do displicente e profundamente impopular arquiduque Francisco Ferdinando, herdeiro do trono austro-húngaro, pelo sérvio-bósnio Gavrilo Princip levou rapidamente à declaração de uma guerra que logo consumiria o continente e acabaria por arrastar o conflito para o resto do mundo. Era uma guerra em grande, ou melhor, apavorante escala, com a enorme potência industrial do mundo moderno dedicada à tarefa da destruição. As forças rivais logo se atolaram nas trincheiras lamacentas de Flandres. O norte da Europa foi transformado em terra arrasada. Trincheiras eram cavadas, cercas de arame farpado erguidas, e uma guerra de posição se instaurava. Ambos os lados afirmavam lutar em defesa da civilização. Tanques, artilharia, metralhadoras e baionetas se desincumbiam de seus trabalhos sangrentos e dilacerantes e, como se isso já não fosse suficiente, cientistas forneceram gases venenosos para que os guardiães da civilização pudessem despejar seus horrores sobre o campo de batalha. Milhões pereceram. Outros milhões sofreram lesões terríveis – perda de membros e visão, paralisia, desfiguramento. Generais de ambos os lados, aparentemente desprovidos de consciência, enviaram oficiais subalternos e outras patentes menores aos milhões em direção àquele moedor de carne e destruíram, física ou mentalmente, quase uma geração inteira de jovens. Motins, a queda do regime czarista na Rússia, a escala da carnificina, a futilidade total da luta, nada parecia dissuadir os políticos. A loucura devia continuar para que a civilização não perecesse. E de perecer ela chegou perto.

Durante quatro anos, homens se encolheram em trincheiras enquanto a morte e a destruição tempesteavam sobre eles. Metralhadoras ceifavam as tropas que avançavam como se fossem pés de milho submetidos aos cuidados de uma colheitadeira. Homens a perder de vista tombavam gravemente feridos, gritando e gemendo em agonia, até que a morte colocasse fim a seus lamentos. À custa de uma vasta perda de vidas, uma centena de metros de território desolado era de tempos em tempos conquistada apenas para ser mais uma vez perdida na próxima ofensiva do inimigo. Lama e sangue, sangue e lama. E então veio o gás, com seu espetáculo de camaradas morrendo sufocados conforme seus pulmões se enchiam de sangue e água, suas vísceras eram reduzidas a gosma, seus olhos queimando se cobriam de bolhas, e espuma escorria de suas bocas; o que se seguia era uma morte lenta e agonizante. Não havia escapatória desse pesadelo. A deserção significava ser capturado e morto como covarde. A perseverança significava vivenciar traumas diários, testemunhar e participar de atos inenarráveis, ouvir gemidos, soluços e berros de agonia vindos dos amputados e moribundos, ver corpos despedaçados deixados para apodrecer: inchados, malcheirosos, escurecidos e distendidos.

Tropas alemãs vão alegremente para a guerra em 1914, "de Munique, via Metz, em direção a Paris". A luta toda já teria terminado até o Natal, assegurara-lhes o *kaiser*: venceriam com um pé nas costas.

Era mais do que muitos podiam suportar. Antes do Natal de 1914 – data em que se dizia que a gloriosa aventura já teria terminado – estrategistas militares estavam tendo que lidar com um problema agudo e completamente imprevisto. Os acontecimentos em questão não deveriam ser algo completamente inesperado, dado o que poderia ter sido aprendido com a Guerra Civil Americana e a Guerra dos Bôeres que os ingleses haviam travado na África do Sul na virada do século. Mas esses sinais de alerta haviam sido ignorados; já os problemas que vinham à tona em meio às tropas no começo da Grande

Guerra não podiam sê-lo. Como o poeta inglês Wilfred Owen (1893-1914) escreveu em seu poema "Mental Cases"[1]:

> Desses homens as mentes os Mortos dominaram.
> Por suas jubas de assassinatos passeiam os dedos da memória,
> múltiplos assassinatos por eles já testemunhados.
> Arrastando-se por lodaçais de carne, esses miseráveis vagueiam,
> Pisoteando o sangue de pulmões que outrora amaram o riso.
> E sempre que veem e escutam essas coisas,
> O espocar das armas e o espedaçar de músculos esparramados,
> Carnificina incomparável e desperdício humano
> Corrugados demais para que possam esses homens serem resgatados.
>
> Portanto seus olhos ainda se recolhem atormentados
> Para dentro de seus cérebros, pois, ao que podem perceber
> a luz do sol se assemelha a um borrão de sangue; a noite chega rubra;
> o alvorecer irrompe como uma ferida que volta a se abrir.
> E assim suas cabeças trajam esta hilariante, temerária,
> horrível falsidade de cadáveres a que se faz sorrir.
> E assim suas mãos depenam umas às outras;
> empunhando os látegos de suas flagelações;
> Buscando nos arrebatar a nós que os derrubamos, irmão,
> Esgadanhando-nos a nós que lhes infligimos guerra e loucura.[2]

Ao testemunhar aqueles "que morrem como gado"[3], a maioria deles silenciada para sempre, alguns soldados forjavam palavras e imagens para registrar com alguma verossimilhança os horrores da guerra. Sua poesia e sua arte servem

---

[1] Wilfred Owen, "Mental Cases", 1918.

[2] No original: "These are men whose minds the Dead have ravished./ Memory fingers in their hair of murders,/ Multitudinous murders they once witnessed./ Wading sloughs of flesh these helpless wander,/ Treading blood from lungs that had loved laughter./ Always they see these things and hear them,/ Batter of guns and shatter of flying muscles,/ Carnage incomparable, and human squander/ Rucked too thick for these men's extrication. // Therefore still their eyeballs shrink tormented/ Back into their brains, because on their sense/ Sunlight seems a blood-smear; night comes blood-black;/ Dawn breaks open like a wound that bleeds afresh./ Thus their heads wear this hilarious, hideous,/ Awful falseness of set-smiling corpses./ Thus their hands are plucking at each other;/ Picking at the rope-knouts of their scourging;/ Snatching after us who smote them, brother,/ Pawing us who dealt them war and madness. [N.T.]

[3] Wilfred Owen, "Anthem for Doomed Youth", 1917.

como lembretes brutais da carnificina e loucura que engoliu seus companheiros de armas e, muitas vezes, também a eles. Alguns pereceram – Owen morreria nas últimas horas da guerra, apenas uma semana antes do armistício de 11 de novembro. Outros, incluindo o artista alemão Max Beckmann (1884-1950), que se voluntariara como médico de combate, juntaram-se às fileiras das baixas mentais do conflito: já em 1915, ele foi hospitalizado e considerado incapaz para o serviço. *Die Nacht* [*A noite*], pintado imediatamente após a violência militar, evoca de forma poderosa o espectro da aleatoriedade e do terror da violência, do estupro, do assassinato e da tortura **(imagem 38)**.

Em tons de marrom e vermelho, esvaziada das convenções "civilizadas" da arte representativa, a imagem oferece uma louca distorção da realidade, um senso estilhaçado de perspectiva, serrilhado, anguloso, pesadelar: a visão de um inferno psicótico do qual não há escapatória. A paleta de cores do cubismo, seu uso da fragmentação e sua geometria marcada forneceram um novo conjunto de recursos artísticos de que Beckmann podia se valer ao lado da natureza "selvagem" e dos contornos frenéticos dos *Fauves* (que em francês significa "feras"). O panorama achatado e caótico da pintura, violento e desprovido de qualquer sugestão de profundidade, dá a impressão de que seus temas foram esmagados na tela, assim como a guerra esmagou os seres humanos e sua civilização, todos espremidos num mesmo plano louco[4]. Não existe saída, não há rota concebível para a fuga. Estamos condenados.

Se a visão de Beckmann é uma alegoria, seu contemporâneo Otto Dix (1891-1969), por outro lado, apresenta um vislumbre das "obras do Diabo" – os "piolhos, ratos, arames-farpados, pulgas, explosões, bombas, cavernas subterrâneas, cadáveres, sangue, bebidas alcoólicas, ratos, gatos, gás, artilharia, imundície, balas, morteiros, fogo, aço: eis o que é a guerra!". Dix lutou como metralhador em Artois, Champagne e na Batalha do Somme. Viveu a experiência de "como alguém ao meu lado de repente cai e está morto e foi acertado em cheio por uma bala"[5]. Essas memórias o atormentavam, e mais de uma década depois do final da guerra Dix produziu uma série de águas-fortes, *Der Krieg* [*A guerra*], e um monumental tríptico a óleo de mesmo nome que representavam, primeiro na crueza do preto e branco e depois em cores vívidas, aquilo que felizmente nunca foi testemunhado pela maioria de nós.

---

4 Aqui, em particular, como em vários outros lugares de meu texto, devo muito às reflexões e sugestões de minha amiga Amy Forrest.

5 Otto Dix, *War Diary*, 1915-1916, apud Eva Karcher, *Otto Dix*, Nova York: Crown, 1987, p. 14; Dix citado no catálogo da exposição *Otto Dix 1891-1969*, Tate Gallery, 1992, p. 17-18.

Otto Dix produziu uma série de retratos cruéis da realidade da guerra de trincheiras, *Der Krieg* [A guerra] – imagens desagradáveis, cenas de pesadelo que constituem um lembrete visual dos efeitos da guerra sobre os seres humanos. O título desta gravura é *Nachtliche Begegnung mit einem Irrsinnigen* [Encontro noturno com um louco].

"*Gott mit uns*" [Deus está conosco], proclamavam as fivelas dos uniformes alemães. Estava mais para inferno na Terra, visões de homens "retalhados que se asfixiavam, se afogavam [...] o sangue/ gargarejando dos pulmões corrompidos pela espuma"[6] e de seus corpos infestados de larvas e vermes, cobertos de moscas, que apodreciam para revelar ossos embranquecidos e crânios risonhos.

Os mutilados e os mortos, esses os generais haviam esperado encontrar. Mas e os outros? Soldados emudecidos. Que tremiam sem parar. Que eram assombrados por pesadelos nas noites que passavam em claro. Que se decla-

---

[6] Wilfred Owen, "Dulce et Decorum Est" (1917-18).

ravam cegos da noite para o dia, ainda que certamente não tivessem perdido a visão. Que reclamavam de palpitações – o assim chamado "coração de soldado". Que se autoproclamavam paralisados, ainda que nenhum evento físico parecesse ter provocado suas paralisias. Cujos corpos se contorciam e se deslocavam com um andar peculiar e não natural. Que choravam e gritavam sem cessar. Que clamavam ter perdido toda a memória. Os generais achavam saber o que estava em jogo: fingimento, fraqueza de vontade. Esses homens eram covardes que se furtavam do exercício de seu dever patriótico. Deviam ser fuzilados. E alguns de fato eram, *pour encourager les autres*[7].

Neurose de guerra

Os médicos do exército chegavam a uma conclusão diferente: esses homens estavam mentalmente doentes, algo havia se rompido dentro deles. Eram seus nervos que haviam sido baleados, e não eles que mereciam sê-lo. Os médicos alemães concluíram que esses homens sofriam de *Schreckneurose*, ou neurose do horror. Os ingleses chamavam a doença de *shell shock*[8], um termo que encapsulava as primeiras teorias médicas sobre o que se passara de errado: os efeitos concussivos dos potentes explosivos traumatizavam o cérebro e o sistema nervoso e infligiam ferimentos invisíveis àqueles que de resto aparentavam estar fisicamente ilesos. Rompimentos da coluna vertebral e hemorragias mínimas no cérebro não podiam ser detectados, ao menos nos corpos dos vivos, mas eram a causa real dos multifacetados sintomas com que os médicos agora se confrontavam.

Nem todos estavam convencidos. A disposição inicial de muitos médicos foi colocar a culpa no inimigo tradicional, a degeneração. Logo antes de a guerra estourar, Charles Mercier (1815-1919), um dos principais médicos britânicos, insistira que crises "não ocorrem em pessoas de constituição mental sólida. [A doença mental], ao contrário da varíola e da malária, não ataca fra-

---

[7] Referência à célebre frase de *Cândido, ou O otimismo*, de Voltaire ("'Isso é incontestável', replicaram-lhe; 'mas neste país é bom matar de vez em quando um almirante para encorajar os outros'", em tradução de Mário Laranjeira (São Paulo: Penguin Classics Companhia das Letras, 2012, p. 102), em que o filósofo e escritor francês se refere a eventos ocorridos durante a Guerra dos Sete Anos (1756-1763), no contexto da Batalha de Minorca, em 1756, ao cabo da qual, ao falhar na defesa de uma guarnição britânica "com o máximo de seus esforços", o almirante inglês Byng foi executado por um pelotão de fuzilamento. [N.T.]

[8] Em tradução literal, "choque de bombardeio". Em português fala-se em "neurose de guerra", termo que será utilizado daqui em diante. [N.T.]

cos e fortes sem distinção. Ela ocorre principalmente naqueles cuja constituição mental é desde o começo deficiente e cujos defeitos se manifestam na falta de capacidade de autocontrole e renúncia à satisfação imediata"[9]. Escorados nos ensinamentos de Charcot, os neuropsiquiatras franceses concordavam: todos esses soldados que manifestavam sintomas mentais eram degenerados problemáticos, fracos, apavorados, almas decrépitas cujas crises eram completamente previsíveis e tinham pouco a ver com as demandas da guerra[10]. A maioria dos psiquiatras alemães era da mesma opinião.

Um aprofundamento da experiência com a neurose de guerra ajudou a colocar em dúvida as afirmações de que seus sintomas eram produtos de eventos concussivos que chacoalhavam o sistema nervoso. Soldados lotados a quilômetros de distância do *front* desenvolviam sintomas do transtorno. Os doentes físicos e mutilados pareciam gozar de uma imunidade impressionante contra suas depredações. E os prisioneiros de guerra, removidos do risco do confronto, eram milagrosamente poupados de suas devastações. Não era preciso ser cínico – ou militar de alta patente – para duvidar das especulações iniciais quanto às origens da neurose de guerra.

Se não se tratava de danos ao cérebro e sistema nervoso central, então o que poderia explicar o que se passava com esses soldados? Se seus problemas fossem apenas fingimento, era estranho que mesmo pressões extremas não os fizessem abandonar seus sintomas. Os soldados "cegos", por exemplo, não piscavam mesmo quando uma vela acesa era aproximada de seus olhos. Os "surdos" não reagiam a barulhos súbitos e inesperados. O mutismo persistia apesar das aplicações de estímulos dolorosos. A noção de que a neurose de guerra pudesse ser uma forma de histeria era atraente para muitos. E que os estresses mentais do combate pudessem ser o gatilho capaz de destruir o estoicismo usual era algo que parecia cada vez mais provável.

Psiquiatras de todos os lados podiam combinar com poucas dificuldades essas teorizações com a preservação da fidelidade à noção de que os doentes mentais faziam parte de um grupo biologicamente inferior. Era a visão que Charcot e sua escola haviam desenvolvido em Paris, mas foi um sentimento igualmente comum entre *Nervenarzten* alemães e austríacos. Havia, no en-

---

[9] Charles Mercier, *A Text-Book of Insanity and Other Nervous Diseases*, 2. ed., Londres: George Allen & Unwin, 1914, p. 17.

[10] Tentando capitalizar o prestígio maior da neurologia, alguns psiquiatras usavam o termo híbrido "neuropsiquiatria", que reforçava num nível simbólico a percepção de que a doença mental era sem dúvida uma afecção do corpo.

tanto, algum desconforto na rotulação daqueles que lutavam por *la patrie* ou pela *Vaterland* como degenerados, em especial porque a neurose de guerra também se materializava em meio aos oficiais e noutras patentes e porque soldados que haviam demonstrado grande bravura ao longo de vários meses mais tarde sucumbiam ao transtorno. Um número cada vez maior de médicos do exército era atraído pela ideia de que, sob estresse suficiente, mesmo as mentes mais fortes podiam sucumbir. A loucura e o trauma mental pareciam intimamente ligados entre si e, ainda que esse trauma não fosse aquele de origem sexual que Freud enfatizava, as noções psicanalíticas de conflito inconsciente e transformação de perturbações mentais em sintomas corporais pareciam pelo menos parcialmente comprovadas por essas experiências de guerra. Um acesso de loucura diante de perigos infernais era algo que fazia bastante sentido. Aqui estavam dezenas de milhares, centenas de milhares de pessoas até então "normais" agora amaldiçoadas com memórias traumáticas e que tentavam desesperadamente reprimir o que haviam visto e feito, assombradas por seus sonhos e pesadelos; e aqui estava uma abundância de provas de como essas pressões e conflitos psicológicos vinham à tona na forma de sintomas físicos.

Em alguns casos, esse movimento em direção a uma ênfase mais elevada nas raízes psicológicas da perturbação mental estava associado à adoção de um tratamento baseado na psicologia. O carismático psiquiatra alemão Max Nonne (1861-1959) utilizou a hipnose com o que dizia ser um grande sucesso. W. H. R. Rivers (1864-1922), neurologista de Cambridge lotado no hospital para oficiais em Craiglockhart (convertido de uma instituição hidropática próxima a Edimburgo), tratava os pacientes, entre os quais se incluíam os poetas de guerra Siegfried Sassoon (1886-1967) e Wilfred Owen, com técnicas psicoterapêuticas que se aproximavam das de Freud e com grandes doses de compaixão[11]. Sassoon apelidou sua nova casa de "Dottyville"[12] **(imagem 37)**.

Mas seria algo bastante equivocado supor que, ao atribuir um peso maior aos fatores psicológicos para a origem da neurose de guerra, os psiquiatras eram necessariamente mais compassivos. Pelo contrário, se os sintomas desses

---

[11] Para um relato do próprio Rivers, cf. seu artigo "An Address on the Repression of War Experience", *Lancet*, v. 96, 1918. O trabalho de Rivers em Craiglockhart é essencial para a trilogia de romances de Pat Baker *Regeneration* (1991), *The Eye in the Door* (1993) e *The Ghost Road* (1995), e o médico aparece identificado por seu próprio nome nas memórias semificcionais de Sassoon, *Sherston's Progress*, de 1936.

[12] O termo coloquial "*dotty*" era usado no final do século XIX para se referir a pessoas ligeiramente desviantes ou tidas como tolas. Phil May (1864-1903), célebre caricaturista do período, produziu uma série de desenhos para a revista satírica semanal *Punch* em que retratava o cotidiano de um hospício chamado Dottyville. [N.T.]

homens fossem produto de sua própria sugestibilidade – de sua vulnerabilidade psicológica –, então conclusões muito diferentes poderiam ser tiradas. O psiquiatra alemão Karl Bonhöffer (1868-1948) não tinha ilusões quanto ao que pensava estar acontecendo:

> [As] reações histéricas [dos neuróticos de guerra] são resultado de um desejo mais ou menos consciente de autopreservação. A diferença de comportamento entre alemães que vieram diretamente da linha de frente para a unidade hospitalar e os prisioneiros franceses era gritante. Entre os alemães, as formas familiares de reação histérica podiam ser vistas com grande frequência, enquanto entre os franceses, que vieram das mesmas circunstâncias de batalha, nenhum traço de histeria podia ser encontrado [...] *"Ma guerre est finie"* [minha guerra terminou] era a expressão mais ouvida. Não havia, portanto, mais nenhuma razão para que a doença se desenvolvesse.[13]

Havia apenas uma linha tênue entre essas ideias e a convicção dos altos escalões de que as "vítimas" da neurose de guerra não eram dignas desse título, de que não passavam de vadios e covardes que não mereciam compaixão alguma, apenas castigos. E os tipos de tratamento aplicados a muitos soldados sugerem que a quantidade de compaixão dispensada pelos psiquiatras estava alinhada com as opiniões de seus superiores militares. O sadismo e o componente punitivo da prática médica eram bastante evidentes. Tanto as paralisias histéricas dos neuróticos de guerra quanto as paralisias simuladas dos fingidores eram desvinculadas de qualquer transtorno neurológico real, e ambas eram tidas como manifestações de uma vontade enfraquecida. Havia, além disso, enormes pressões para que os pacientes fossem devolvidos para a linha de frente, além de pouca preocupação oficial com a saúde psicológica de longo prazo daqueles cujo papel era ser bucha de canhão. A amenização temporária dos sintomas seria suficiente. Causa pouca surpresa que tantos tenham recorrido a métodos autocráticos e por vezes brutais de tratamento e encontrado maneiras de racionalizar o que faziam como uma forma de terapia.

---

13 Citado em Paul Lerner, "From Traumatic Neurosis to Male Hysteria: The Decline and Fall of Hermann Oppenheim, 1889-1919", em: Mark S. Micale e Paul Lerner (org.), *Traumatic Pasts: History, Psychiatry and Trauma in the Modern Age, 1870-1930*, Cambridge: Cambridge University Press, 2001, p. 158.

De forma separada e aparentemente autônoma, psiquiatras alemães, austríacos e franceses fizeram uso de correntes elétricas poderosas para infligir grandes sofrimentos a seus pacientes numa tentativa de forçá-los a abandonar seus sintomas – de fazer os mudos falarem, os cegos ouvirem e os paralíticos andarem. O mais famoso dentre os alemães foi Fritz Kaufmann (1875-1941), inventor da cura de Kaufmann, que combinava, de um lado, choques elétricos extremamente dolorosos aplicados por várias horas de cada vez sobre o membro aparentemente paralisado e, de outro, gritos que passavam comandos de atividades militares. O objetivo era fazer o paciente ceder, abandonar o apego aos próprios sintomas e voltar aos campos de matança. No exército austro-húngaro, Julius Wagner-Jauregg (1857-1940), o distinto professor de psiquiatria da Universidade de Viena, não se permitiu aplicar ele mesmo um tratamento similar, mas supervisionou de perto um subalterno, o doutor Kozlowski, enquanto aplicava fortes choques elétricos à boca e aos testículos de um homem. Outros soldados neuróticos de guerra eram forçados a assistir enquanto esperavam sua própria vez de deitar na mesa de tratamento.

Quem poderia se surpreender com o fato de que tratamentos tão bárbaros fossem aplicados por aqueles a quem os ingleses chamavam desdenhosamente de "hunos"? Acontece, no entanto, que também os neuropsiquiatras franceses e britânicos se entusiasmavam com o uso de uma abordagem idêntica. Em Tours, o neurologista francês Clovis Vincent (1879-1947) empregou um tratamento elétrico farádico a que chamava *torpillage* [torpedeamento]. Eletrodos cuidadosamente projetados para descarregar uma corrente galvânica assustadoramente alta eram presos ao corpo do paciente com o propósito declarado de encorajá-lo a mover o membro "paralisado", e esse processo era acompanhado por outras técnicas que buscavam aumentar o medo do paciente. O tratamento precisava ser rápido e impiedoso. Vincent vigiava de perto, absolutamente implacável, e repetia que a dor continuaria até que o doente desistisse. Nas palavras de um jovem e entusiasmado discípulo, André Gilles, "esses pseudoimpotentes da voz, dos braços ou das pernas na verdade só são impotentes da vontade; o trabalho do médico é querer no lugar deles"[14]. Numa ocasião memorável, mas apenas uma vez, essas "intervenções terapêuticas" levaram Vincent a ser atacado por um de seus pacientes, Baptiste Deschamps. Deschamps foi levado à corte marcial por seu sofrimento.

---

14 Citado em Marc Roudebush, "A Battle of Nerves: Hysteria and Its Treatment in France During World War I", em: Mark S. Micale e Paul Lerner (org.), *Traumatic Pasts: History, Psychiatry and Trauma in the Modern Age, 1870-1930*, Cambridge: Cambridge University Press, 2001, p. 269.

Lewis Yealland (1884-1954), jovem neurologista canadense, estava vinculado ao mais importante hospital britânico para doenças nervosas, em Queen Square, Londres. Junto com seu colega Edgar Adrian (1889-1977, que mais tarde ganharia um Prêmio Nobel), também adotou uma abordagem autoritária. Durante o tratamento, o paciente neurótico de guerra "não é perguntado se consegue levantar o braço paralisado ou não; ele é ordenado a levantá-lo e informado que será perfeitamente capaz de fazê-lo caso tente. A rapidez e severidade dos modos são os fatores principais no processo de reeducação"[15]. Infelizmente, esses fatores não eram sempre suficientes, e então o recurso a medidas alternativas era necessário.

Um soldado mudo é trazido para dentro de uma sala escura. Ele é atado a uma cadeira e um depressor lingual é inserido em sua boca. Ele é informado de maneira categórica de que, quando sair daquele recinto, sua voz terá sido restaurada. Silêncio. Eletrodos são afixados à sua língua. A força da corrente faz com que seu corpo se curve para trás, um movimento tão violento que

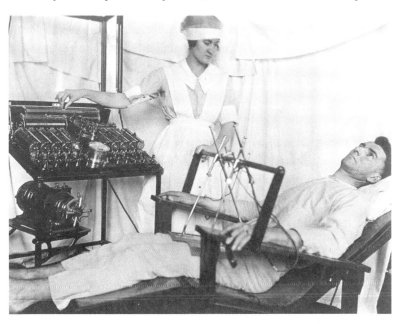

Tratamento elétrico da neurose de guerra. Eletrodos foram afixados às coxas do homem e, em seguida, a eletricidade será usada para tratar os tremores ou a paralisia de sua perna.

---

[15] E. D. Adrian e L. R. Yealland, "The Treatment of Some Common War Neuroses", *Lancet*, v. 189, 1917, p. 867-72, *apud* Ben Shephard, *A War of Nerves: Soldiers and Psychiatrists in the Twentieth Century*, Londres: Jonathan Cape; Cambridge, Mass.: Harvard University Press, 2000, p. 77.

arranca os eletrodos de sua língua. Mais silêncio. O paciente falha em atender à ordem que exige que fale. O processo se repete. Depois de uma hora, profere um quase inaudível "ah". Implacavelmente, Yealland continua. As horas passam. O soldado começa a balbuciar e chorar. Mais choques. Finalmente fala, mas deve então dizer "obrigado" a seu terapeuta e carrasco antes de ser autorizado a sair[16].

Vincent e Yealland estavam do lado dos vencedores quando a guerra se arrastou para seu desfecho. Não importa quantos pacientes possam ter detestado seus tratamentos, os fatos estavam consumados. No caos da Viena do pós-guerra, com a derrocada do império austro-húngaro e no amargo rescaldo da derrota, Julius Wagner-Jauregg encarava a possibilidade de um destino bastante diferente. Veteranos descontentes forçaram a denunciação dos crimes de guerra praticados por ele e citavam a crueldade com que seus pacientes eram tratados e as torturas a que eram submetidos. O médico insistia que seus motivos haviam sido bem-intencionados. Ele só queria ajudar. Chamou Sigmund Freud para testemunhar a seu favor – e Freud assim o fez, absolvendo o colega das transgressões que lhe eram atribuídas. A classe profissional cerrou fileiras. Os juízes absolveram. Wagner-Jauregg voltou triunfal para sua cátedra[17].

Febre

Wagner-Jauregg especulava havia muito tempo que o aumento da temperatura corporal daqueles afligidos pela insanidade poderia levar à cura da condição e, no final da década de 1880, iniciou experiências com uma variedade de meios de produção de estados febris, inclusive com a infecção de pacientes com *Streptococcus pyogenes*, uma bactéria que causa erisipela (uma tática muito perigosa numa época pré-antibióticos)[18]. Os resultados terapêuticos desani-

---

[16] Citado em Elaine Showalter, *The Female Malady*, Nova York: Pantheon, 1985, p. 176-77.

[17] Quando os nazistas completaram o Anschluß em 1938, anexando o que restara da Áustria ao Terceiro Reich, o antissemita Wagner-Jauregg se filiou ao partido que logo conduziria Freud ao exílio e faria de tudo para exterminar a psicanálise e os psicanalistas, esses praticantes de uma ciência judia degenerada. Como presidente da Liga Austríaca pela Regeneração Racial e pela Hereditariedade, Wagner-Jauregg também buscou com vigor a esterilização daqueles que pertenciam aos "grupos sociais inferiores".

[18] Ao lado da infecção dermatológica de rápido desenvolvimento conhecida como "fogo de Santo Antônio", essa infecção estreptocócica era associada a dores, calafrios e tremores e podia causar danos linfáticos duradouros ou até mesmo a morte.

madores não pareciam desencorajá-lo, e quando, nos meses finais da guerra, encontrou um prisioneiro de guerra italiano que sofria de malária terçã, o médico aproveitou a oportunidade para conduzir uma nova rodada de experimentos, dessa vez limitando suas atenções a pacientes que sofriam de paralisia geral do louco. Wagner-Jauregg extraía o sangue do paciente com malária e depois o injetava no paciente com paralisia geral, o que produzia as febres altas e repentinas que, como estava convencido, resultariam na cura.

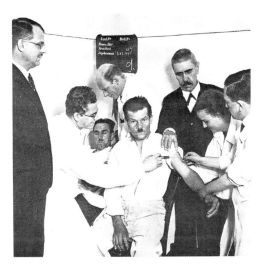

Julius Wagner-Jauregg supervisiona a injeção de sangue contaminado com malária num paciente (1934). O sangue tirado de um paciente com malária (*ao fundo*) passa por transfusão para o paciente com sífilis terciária (*ao centro*). Wagner-Jauregg é a figura de terno escuro parada às costas do paciente com paralisia geral.

O diagnóstico de paralisia geral havia sido umas das poucas conquistas genuínas da psiquiatria no século XIX e, nos anos que levaram à Primeira Guerra Mundial, a já antiga suspeita de que as espantosas consequências neurológicas e psiquiátricas dessa condição tinham suas origens numa infecção anterior por sífilis foi confirmada de modo definitivo (cf. p. 291)[19]. À parte o infortúnio singular que um diagnóstico como esse anunciava, a paralisia geral era uma grande preocupação porque afligia uma porção bastante substancial

---

19 August von Wassermann desenvolveu um exame de sangue para a sífilis em 1906, no Instituto Robert Koch de Doenças Infecciosas; sete anos mais tarde, Hideyo Noguchi e J. W. Moore publicaram seu clássico artigo no *Journal of Experimental Medicine* (1913), em que demonstravam que o cérebro daqueles atingidos por paralisia geral do louco estava infectado por *Treponema pallidum*, o organismo em formato de saca-rolhas que causa a sífilis.

da população nuclear de pacientes, talvez até mesmo algo entre 15% a 20% das internações masculinas em hospícios no começo do século XX (mas uma fração consideravelmente menor de internações femininas). Em termos simbólicos e também práticos, qualquer coisa que oferecesse uma esperança de interrupção da espiral descendente a que eram submetidas suas vítimas seria naturalmente de enorme importância[20].

E era exatamente esse resultado que Wagner-Jauregg reivindicava para seu tratamento à base de malária. Segundo especulava, o método de alguma forma quebrava a barreira hematoencefálica que, em geral, impede que as medicações cheguem ao cérebro, o que, por sua vez, permitia que a arsfenamina e o mercúrio (usados no tratamento do estágio inicial da infecção sifilítica) chegassem ao sistema nervoso central. Outros médicos apontavam para a vulnerabilidade da espiroqueta da sífilis quando submetida ao calor num tubo de ensaio e especulavam que a febre associada à malária destruiria o parasita[21]. O debate nunca foi concluído, mas, poucos anos depois do final da guerra, a invenção de Wagner-Jauregg se espalhou por todo o mundo. Logo hospitais estariam usando pacientes com malária como fonte de sangue infectado, e esse líquido precioso seria repassado entre diferentes instituições através de bolsas térmicas enviadas pelo correio[22]. Uma análise de 35 estudos sobre o tratamento publicada em 1926 sugere que pouco mais de um quarto dos tratados, 27,5%, alcançava uma remissão completa dos sintomas[23], e clínicos e pacientes

---

[20] Frederick Mott, patologista de hospitais mentais londrinos, dizia encontrar regularmente pacientes em estado final da doença, "destroços humanos sentados em fila, as cabeças caídas sobre o peito, os dentes rangendo, a saliva escorrendo em ângulo pela boca, alheios aos arredores, com rostos inexpressivos e mãos geladas, lívidas". Citado em Hugh Pennington, "Can You Close Your Eyes Without Falling Over?", *London Review of Books*, 11 set. 2003, p. 31.

[21] Cf. Honorio F. Delgado, "The Treatment of Paresis by Inoculation with Malaria", *Journal of Nervous and Mental Disease*, v. 55, 1922, p. 376-89; Nolan D. C. Lewis, Lois D. Hubbard e Edna G. Dyar, "The Malarial Treatment of Paretic Neurosyphilis", *American Journal of Psychiatry*, v. 4, 1924, p. 176-21; Julius Wagner-Jauregg, "The History of the Malaria Treatment of General Paralysis", *American Journal of Psychiatry*, v. 102, 1946, p. 577-82.

[22] Essa prática levantava questões éticas sérias. O exame de Wasserman não é específico para a sífilis. Uma reação positiva pode ocorrer, por exemplo, em pacientes com lúpus eritematoso sistêmico, tuberculose e (ironicamente) malária. Daí a possibilidade não desprezível de que, além de contrair malária, um paciente mal diagnosticado também pudesse receber sífilis. Entre os poucos psiquiatras preocupados com essa possibilidade estava William Alanson White, superintendente do hospital mental federal em Washington. White baniu o uso do tratamento naquele estabelecimento, mas foi quase o único a fazê-lo.

[23] R. Driver, J. A. Gammel e L. J. Karnosh, "Malaria Treatment of Central Nervous System Syphilis. Preliminary Observations", *Journal of the American Medical Association*, v. 87, 1926, p. 1821-27.

celebravam a nova "cura". Se no passado haviam sido duplamente estigmatizados – ao mesmo tempo loucos e acometidos de um transtorno sexualmente transmissível – agora os pacientes neurossifilíticos se redefiniam como fisicamente doentes e ativamente em busca de tratamento. Seus terapeutas responderam na mesma moeda e substituíram sua antiga categorização desses pacientes como degenerados "intratáveis", "imorais" e "estúpidos" por uma abordagem mais empática e positiva[24]. A malarioterapia trouxe a Wagner-Jauregg um Prêmio Nobel em 1927, o primeiro de apenas dois a serem entregues por intervenções psiquiátricas.

Sob qualquer ângulo que seja encarada, a malarioterapia era uma experiência aterrorizante e fisicamente brutal. As febres altas e repentinas e os calafrios que causavam eram sentidos por muitos pacientes como experiências de quase morte. Mas aqueles que emergiam do outro lado (e não era todo paciente que respondia ao quinino que deveria colocar a malária sob controle) estavam convencidos de que valera a pena, assim como os médicos. Não temos como saber com certeza. A malarioterapia nunca foi submetida aos rigores de um estudo controlado com pacientes, e o curso natural incerto da paralisia geral complica o panorama mais amplo. Períodos em que a deterioração desacelerava ou atingia por algum tempo um platô eram uma característica da doença, e a simples convicção de médicos e pacientes de que o tratamento funcionava é sugestiva, mas não decisiva[25]. Afinal de contas, sangrias, purgações e vômitos foram defendidos por milênios como formas supremas de tratamento para todos os tipos de doença. Dentro de uma década e meia, por acaso, o advento da penicilina tornaria essas questões inúteis, já que o novo antibiótico era, de fato, uma bala de prata quando administrado naqueles acometidos pela sífilis.

Aceitemos ou não o veredito de "não comprovado" quando se trata da malarioterapia para a paralisia geral, duas consequências essenciais decorrem das descobertas médicas do início do século XX sobre a etiologia da doença e da subsequente inovação terapêutica formulada por Wagner-Jauregg. Em primeiro lugar, o trabalho laboratorial que revelou a causa infecciosa da doença

---

[24] Cf. Joel Braslow, *Mental Ills and Bodily Cures: Psychiatric Treatment in the First Half of the Twentieth Century*, Berkeley e Londres: University of California Press, 1997, p. 71-94.

[25] A *Treponema pallidum* é vulnerável *in vitro* a temperaturas próximas a 41ºC, o que sugere um possível mecanismo que poderia ter levado o tratamento a funcionar, mas se isso acontecia *in vivo* não está claro. Wagner-Jauregg argumentava que a infecção pela malária estimulava o sistema imunológico e isso de algum modo explicava por que o tratamento funcionava, mas essa afirmativa é pura especulação e não está fundada em nenhuma prova.

que acometia uma fração significativa daqueles que abarrotavam as apinhadas enfermarias dos hospícios ofereceu um estímulo considerável para a noção de que a insanidade tinha suas origens no corpo e, em algumas correntes, até mesmo para a ideia mais específica de que, conforme uma série de outras doenças passassem a ter suas origens atribuídas a infecções bacteriológicas, também a loucura revelaria decorrer de uma causa similar. Em segundo lugar, pela primeira vez o tratamento de Wagner-Jauregg parecia sugerir que esse transtorno presumivelmente biológico poderia ser curado por algum tipo de intervenção terapêutica biológica.

Uma crise de legitimidade

Para muitos, os problemas daqueles que acabavam confinados em hospitais de saúde mental pareciam ser de um tipo qualitativamente diferente das queixas daqueles que se dirigiam para as salas de espera dos médicos de nervos e psicanalistas. Os "loucos como os de Bedlam" internados à força nos hospícios eram em muitos casos pacientes que demonstravam alterações intensas e duradouras de comportamento, emoção e intelecto – sinais que indicavam uma perda total de contato com a realidade do senso comum que é compartilhada pelo resto de nós. Agarravam-se a crenças que as outras pessoas viam como completamente delirantes. Alucinavam, viam e ouviam coisas que não possuíam materialidade exterior. Exibiam um afastamento social de extrema intensidade, com frequência acompanhado de uma perda profunda da capacidade de resposta emocional, e muitos terminavam por cair num estado de demência.

Essas eram as pessoas a que os vitorianos chamavam de lunáticos ou insanos. No começo do século XX, esses termos eram cada vez mais vistos como anacrônicos. Em vez disso, aqueles que haviam sido chamados de "médicos de loucos", "alienistas" ou "médico-psicólogos" (e cada vez mais preferiam atender pelo título de "psiquiatra") agora se referiam a seus pacientes como "psicóticos". Alguns começaram a adotar a nomenclatura proposta pelo psiquiatra alemão Emil Kraepelin (cf. p. 291) e falavam de pessoas acometidas de *dementia praecox* ou doença maníaco-depressiva. Durante as primeiras quatro décadas do século XX e além, esses se tornaram os termos preferidos para descrever essas formas de perturbação mental – ainda que pacientes *praecox* tenham gradativamente sido rotulados como esquizofrênicos depois que o psiquiatra suíço Eugen Bleuler cunhou o termo em 1908, principalmente porque parecia sugerir um prognóstico menos desesperado que a identificação de alguém como "demente precoce". Mas as coleções confusas de sintomas reunidas sob cada um desses dois principais guarda-chuvas diagnósticos e uma separação nítida entre ambos os rótulos eram estabelecidas com mais facilidade na teoria que na prática. Também não eram todos que estavam convencidos de que essas eram duas formas radicalmente distintas de perturbação psiquiátrica, e pacientes maníaco-depressivos que não conseguissem se recuperar eram suscetíveis de serem reclassificados como esquizofrênicos. Na pior das hipóteses, no entanto, a criação de novos nomes para a loucura parecia ao menos conferir alguma ordem ao caos e oferecer uma base sobre a qual a profissão poderia tentar aprender a lidar com as patologias que buscava tratar.

Tanto numérica quanto politicamente, o ramo da psiquiatria que cuidava das necessidades de pacientes como esses ocupava a posição dominante dentro da profissão. Por décadas, essa facção preponderante adotara um ponto de vista profundamente pessimista e biologicamente reducionista da doença mental. A loucura, pensavam seus representantes, era a expressão inevitável e irreversível de um defeito mórbido de constituição corporal. Essa ideia absolvia a profissão da culpa por sua própria incapacidade de curar e permitia que os psiquiatras se apresentassem como prestadores de uma função social de valor inestimável, o "sequestro" das "variedades mórbidas de degeneração da espécie humana", que poderiam até mesmo ser "extirpadas com violência"[26]. Mas, ao se redefinir a missão desses profissionais como a tarefa de colocar em quarentena os incuráveis em vez de restaurar os temporariamente enlouquecidos à sanidade, o que restou foi um especialismo, dentro da profissão de cura, que se viu numa posição bastante desconfortável. Desempenhar o papel de um ilustre zelador de uma casa de pensão certamente não era compatível com as aspirações ao *status* profissional, e os problemas que essa situação representava tornaram-se ainda mais prementes conforme as comparações traçadas com o resto da profissão médica passaram a ser ainda mais pungentes e ingratas.

Pois, nas últimas décadas do século XIX e primeiros anos do novo século, a medicina passara por uma transformação. Foi uma revolução lenta, atrasada pelo conservadorismo da maioria dos médicos e seu compromisso com modelos de doenças que vinham persistindo havia séculos. Mas as descobertas de homens como Louis Pasteur (1822-1895) e Robert Koch (1843-1910) acabaram por forçar mesmo os elementos mais reacionários a adotar a teoria microbiana da doença. De início, o trabalho laboratorial parecia distante da realidade da cabeceira da cama e em muitos círculos houve uma resistência

---

[26] Henry Maudsley, *The Pathology of Mind*, Londres: Macmillan, 1879, p. 115.

encarniçada aos novos conhecimentos[27]. Quando, por exemplo, Koch anunciou em 1884 que havia descoberto a bactéria responsável pela cólera, uma das enfermidades mais devastadoras do século XIX, no intestino e nas fezes de vítimas da doença em Calcutá, esses achados foram recebidos com ceticismo na Alemanha e prontamente repudiados por uma comissão científica oficial britânica composta por treze médicos célebres, um dos quais denunciou o trabalho de Koch como "um fiasco infeliz"[28].

Mas o ceticismo cedeu quando vacinas foram desenvolvidas contra doenças tão mortais como a raiva e a difteria e conforme uma nova geração de médicos aprendia o valor de recorrer à autoridade da ciência laboratorial para legitimar suas práticas. Joseph Lister[29] (1827-1912) usara as pesquisas de Pasteur para justificar o uso de ácido carbólico como antisséptico nas mesas de operação, mas também ele percebeu que seus relatos de diminuição de mortalidade e origem bacteriana das infecções em feridas eram recebidos com desprezo por seus colegas. A médio prazo, contudo, o valor da cirurgia asséptica veio a ser amplamente reconhecido, e o resultado foi uma expansão impressionante dos tipos de cirurgia que eram tecnicamente possíveis, assim como uma enorme diminuição da mortalidade e da morbidade pós-cirúrgicas. De fato, já no começo do século XX, o prestígio da cirurgia e da medicina generalista estava nas alturas. As perspectivas de seus praticantes foram transformadas, e parecia garantido que a ciência médica logo expandiria seus domínios para dimensões ainda mais amplas de doenças e debilidades. Os lucros concretos da revolução bacteriológica pareciam ilimitados.

A psiquiatria não contava com triunfos parecidos – pelo menos não antes que Wagner-Jauregg tenha começado a se vangloriar do caráter revolucionário da malarioterapia. A impotência terapêutica da disciplina podia ser justificada apontando para a hereditariedade defeituosa, mas isso se dava às custas da marginalização profissional da psiquiatria e de um profundo sentimento de desilusão entre seus praticantes mais ambiciosos. Não causa surpresa, assim, que alguns deles, ainda agarrados à crença de que a doença mental tinha suas raízes na biologia, tenham buscado uma escapatória para o beco sem saída em

---

[27] Christopher Lawrence, "Incommunicable Knowledge: Science, Technology and the Clinical Art in Britain 1850-1914", *Journal of Contemporary History*, v. 20, 1985, p. 503-20.

[28] John B. Sanderson, "The Cholera and the Comma-Bacillus", *British Medical Journal*, v. 1, n. 1273, 1885, p. 1076-77.

[29] Joseph Lister (1827-1912), médico e cirurgião britânico conhecido como o "pai da cirurgia moderna", foi o fundador da medicina antisséptica e um dos pioneiros da prática da medicina preventiva. [N.T.]

que se encontravam. Em alguns círculos, as buscas logo se direcionaram para formas de intervenção e teorias alternativas sobre as origens das enfermidades mentais que pudessem levar a caminhos mais promissores.

O próprio Kraepelin flertara com uma possível etiologia alternativa para a loucura e se convencia cada vez mais da importância dela. Como ponderava em sucessivas edições de seu influente manual, seria possível que a *dementia praecox* e a doença maníaco-depressiva fossem na verdade resultado da autointoxicação, do autoenvenenamento do cérebro por infecções crônicas que espreitam em algum outro lugar do corpo?[30] Algumas das figuras de maior proeminência na medicina generalista começavam a adotar ideias parecidas conforme lutavam para trazer uma variedade de afecções crônicas – artrite, reumatismo, doença cardiovascular e doença renal – para o paradigma bacteriológico que agora exercia uma influência global sobre a medicina. Para muitos psiquiatras, a confirmação da origem sifilítica da paralisia geral do louco parecia apontar para uma hipótese mais geral sobre as raízes da enfermidade mental.

O germe da loucura

Uma figura de destaque entre esses psiquiatras era Henry Cotton (1876-1933), um jovem norte-americano com um currículo acadêmico espetacular. Adolf Meyer (1866-1950), um psiquiatra formado na Suíça que imigrara para os Estados Unidos em 1892, organizara um programa de formação extremamente seletivo no Worcester State Hospital, em Massachusetts, em 1896, destinado a preparar uma nova geração de médicos que pudessem servir como tropa de choque para uma psiquiatria nova e científica que fosse capaz de trazer as ferramentas e técnicas de laboratório para influenciar o problema recalcitrante do tratamento da loucura. Cotton trabalhara sob supervisão de Meyer e, mais tarde, com o apoio de seu mentor, viajou para a Alemanha em 1906 para estudar diretamente com aqueles homens que eram amplamente reconhecidos como as figuras mais importantes da época, entre os quais se incluíam Alois Alzheimer e o próprio Kraepelin. De volta aos Estados Unidos, e mal entrado nos 30 anos de idade, Cotton então garantiu um dos troféus mais vistosos de sua profissão: a superintendência de um hospital público.

---

30 Cf., por exemplo, Emil Kraepelin, *Psychiatrie: Ein Lehrbuch für Studierende und Ärzte*, 5. ed., Leipzig: Barth, 1896, p. 36-37, 439; e também 6. ed., p. 154; 8. ed., v. 3, p. 931.

Uma vez estabelecido em Trenton, Nova Jersey, em 1907, Cotton estava determinado a transformar seu hospício num hospital moderno. Em menos de uma década, instalou uma nova sala de cirurgia, melhorou laboratórios e acumulou uma biblioteca profissional substanciosa e repleta da literatura médica mais recente. E, o que era mais importante do seu ponto de vista, seguindo dicas que Kraepelin havia fornecido, Cotton se convenceu de ter descoberto a etiologia da loucura. Todas as formas de enfermidade mental, enunciava ele, das mais amenas às mais severas, eram manifestações de um único transtorno subjacente: "Não creio que haja uma diferença fundamental nas psicoses funcionais. Quanto mais estudamos nossos casos, [mais] somos forçados a concluir que entidades clínicas distintas no grupo funcional [...] não existem"[31]. O próprio nome "enfermidade mental" era enganoso, já que o que acometia todos os pacientes mentais era uma doença como qualquer outra, originada em perturbações do corpo. Felizmente, as patologias em questão não eram consequência de uma hereditariedade defeituosa, como a maioria de seus colegas erroneamente acreditava, mas causadas pelos mesmos germes que a ciência médica moderna implicara na etiologia de tantas outras doenças. A presença desses germes poderia ser demonstrada em laboratório, e seus efeitos perniciosos poderiam ser interrompidos pela prática daquilo que Cotton chamava de "bacteriologia cirúrgica".

Infecções crônicas, como o médico defendia, espreitavam em várias partes do corpo e criavam toxinas que, espalhadas pela corrente sanguínea, envenenavam o cérebro. Originalmente convencido de que os dentes e as amídalas eram as fontes primárias do problema, Cotton buscou removê-los em grande escala. Quando esse processo não se mostrou suficiente para produzir curas, a solução foi buscada noutros lugares. "Os métodos modernos de diagnóstico clínico", anunciava Cotton, "como o raio X e os exames bacteriológicos e sorológicos – em conjunto com uma cuidadosa análise histórica e um criterioso exame físico –, jogarão, na maioria dos casos, luz sobre essas infecções ocultas de que o paciente é em geral misericordiosamente ignorante"[32]. Estômagos, baços, cérvices e principalmente cólons eram as prováveis causas do problema, e todos poderiam ter que ser cirurgicamente extirpados, no todo ou em parte. Alguns médicos talvez se preocupassem com os efeitos desse programa de evis-

---

31 Henry A. Cotton, "The Relation of Chronic Sepsis to the So-Called Functional Mental Disorders", *Journal of Mental Science*, v. 69, 1923, p. 444-45.

32 Henry A. Cotton, "The Relation of Oral Infection to Mental Diseases", *Journal of Dental Research*, v. 1, 1919, p. 287.

ceração cirúrgica. Cotton se apressava em apaziguar esse tipo de reserva: "O estômago é para todos nós como a betoneira que com tanta frequência é utilizada na construção de um grande edifício, e tão útil quanto ela. O intestino grosso serve, do mesmo modo, para o armazenamento, e podemos dispor dele com a mesma liberdade com que lidamos com o estômago"[33]. Tratamentos agressivos como esses, defendia o médico, curavam até 85% dos loucos.

Cotton não estava sozinho na perseguição da meta de curar a doença mental pela eliminação de infecções crônicas. Na Inglaterra, Thomas Chivers Graves (1883-1964), o responsável por todos os hospitais de saúde mental em Birmingham e arredores, chegara de forma independente a conclusões similares – e ainda que lhe tenham faltado recursos para a realização de cirurgias abdominais, Graves removia agressivamente dentes e amídalas, abria e limpava seios faciais e removia matéria fecal de corpos através de prolongadas irrigações intestinais. Quando Cotton visitou a Inglaterra em duas ocasiões, nos anos 1920, ambos os homens desfrutavam da aprovação dos luminares do *establishment* médico britânico. Na ocasião da primeira visita de Cotton, em 1923,

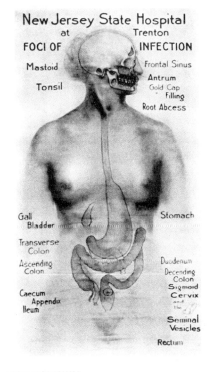

Focos de infecção: diagrama que Henry Cotton usava repetidas vezes e que revelava todos os esconderijos onde a sepse focal poderia espreitar sem ser detectada, envenenando traiçoeiramente o corpo e o cérebro.

---

33 Henry A. Cotton, *The Defective Delinquent and Insane*, Princeton: Princeton University Press, 1921, p. 66.

Sir Frederick Mott (1853-1926), membro da Royal Society e patologista de todos os hospitais de saúde mental de Londres, elogiou seu trabalho de forma extravagante, assim como fez o recém-instalado presidente da principal associação psiquiátrica da Inglaterra, Edwin Goodall (1863-1944)[34]. Quatro anos mais tarde, depois de comparecer a uma reunião conjunta da British Medical Association [Associação Médica Britânica] e da Medico-Psychological Association [Associação Médico-Psicológica], Cotton foi laureado pelo presidente do College of Surgeons [Colégio de Cirurgiões], *Sir* Berkeley Moynihan (1865-1936), como o "Lister da psiquiatria". "No futuro", Moynihan previa, "nenhum hospital de saúde mental poderá ser considerado adequadamente equipado a menos que esteja aparelhado com um laboratório de raio X e um bacteriologista habilidoso e possa se valer dos serviços de um cirurgião esclarecido"[35].

Apesar de Cotton e Graves atraírem alguns admiradores de destaque – que nos Estados Unidos incluíam John Harvey Kellogg, o magnata do café da manhã e superintendente do famoso Sanitarium de Battle Creek (cf. capítulo 9), Hubert Work (1860-1942), presidente da American Medical Association [Associação Médica Norte-Americana], e Stewart Paton (1865-1942), autor do mais influente manual norte-americano de psiquiatria do começo do século XX – também eram alvo de críticas vociferantes. Curiosamente, nenhum de seus opositores aproveitou a confissão de Cotton de que as cirurgias abdominais por ele praticadas eram acompanhadas de taxas de mortalidade que se aproximavam de um terço daqueles a elas submetidas[36]. Os psiquiatras se queixavam de estar sob ataque constante das famílias, que os pressionavam a empregar a cura milagrosa que o tratamento de Cotton prometia, e manifestavam preocupação com as afirmações extravagantes do médico e suas

---

34 Em "Notes and News", *Journal of Mental Science*, v. 69, 1923, p. 553-59, Goodall elogia o trabalho de Work como um antídoto para as doutrinas perniciosas propagadas por Sigmund Freud: a obra do norte-americano "deveria ter servido para atrair membros das paragens encantadoras e tentadoras da psicogênese para os rumos estreitos, íngremes, mais acidentados e árduos, ainda que mais retilíneos, da medicina generalista".

35 *Sir* Berkeley Moynihan, "The Relation of Aberrant Mental States to Organic Disease", *British Medical Journal*, v. 2, 1927, p. 815, 817. Moynihan não estava sozinho na comparação do trabalho de Cotton ao pioneirismo de Lister na cirurgia antisséptica, e o público foi lembrado tanto do fato de que o ano de 1927 marcava o centenário do nascimento de Lister quanto do ceticismo com que o trabalho daquele médico fora originalmente recebido por seus colegas cirurgiões.

36 "A colectomia total foi realizada [...] em 133 casos, com 33 recuperações e 44 mortes. A ressecção parcial do lado direito foi aplicada em 148 casos, com 44 recuperações e 59 mortes" – resultados que Cotton alegremente clamava serem "em grande parte devidos às péssimas condições físicas da maioria dos pacientes". Cf. Henry A. Cotton, "The Relation of Chronic Sepsis to the So-Called Functional Mental Disorders", *op. cit.*, p. 454, 457.

"estimativas otimistas demais sobre o que pode ser feito em termos cirúrgicos e bacteriológicos"[37]. Mas quase ninguém questionava a legitimidade dos atos de colegas que praticavam esse tipo de experimentação de grande escala em corpos capturados, nem considerava apropriado colocar em dúvida os grandes números de pacientes mutilados ou mesmo mortos que essas operações produziam. O psiquiatra mais poderoso e proeminente dos Estados Unidos, Adolf Meyer, que aceitara a tarefa eticamente questionável de supervisionar uma investigação sobre os resultados alcançados pelo trabalho de seu protegido Henry Cotton (e descobriu que as verdadeiras taxas de mortalidade da cirurgia se aproximavam de 45%), simplesmente ocultou suas descobertas e preferiu evitar um possível escândalo em vez de intervir para proteger a vida dos pacientes[38].

Terapia de choque

Os experimentos de Wagner-Jauregg com a malária e a empreitada obstinada de Cotton e Graves contra a ameaça da sepse crônica marcaram o início de uma onda de experimentações com os corpos vulneráveis daqueles que estavam confinados em hospitais de saúde mental. Por toda a Europa e América do Norte, os anos 1920 e 1930 testemunharam a introdução de um conjunto bastante impressionante de tratamentos somáticos destinados a extirpar a loucura e restaurar a sanidade dos lunáticos. Por toda parte, o desespero sentido pelas famílias daqueles cujas mentes estavam perturbadas, as ambições profissionais de psiquiatras ansiosos por deixar para trás o papel de curadores de museus de loucos a que estavam destinados e as pressões fiscais que o fardo da loucura crônica infligia sobre o corpo político encorajaram a experimentação terapêutica, e não havia forças compensatórias aptas a agir em sentido contrário. Os pacientes certamente tinham pouco poder sobre a questão. Moral, social e fisicamente removidos das fileiras da humanidade, trancafiados em instituições impermeáveis ao olhar de curiosos, privados do estatuto de agentes morais e com presumida falta de capacidade de tomar decisões infor-

---

[37] Cf. A. T. Hobbs, "A Survey of American and Canadian Psychiatric Opinion as to Focal Infections (or Chronic Sepsis) as Causative Factors in Functional Psychoses", *Journal of Mental Science*, v. 70, 1924, p. 550.

[38] Para um relato detalhado sobre o episódio da sepse focal, cf. Andrew Scull, *Madhouse: A Tragic Tale of Megalomania and Modern Medicine*, Londres e New Haven: Yale University Press, 2005.

madas sobre si mesmos em virtude de seu estado mental, os pacientes eram praticamente incapazes de resistir àqueles que controlavam até mesmo suas existências, ainda que alguns tenham conseguido fazê-lo.

Muitas das intervenções mais extravagantes se apagaram de nossa memória coletiva. Quem hoje se lembra que barbitúricos foram utilizados para produção de um estado profundo e prolongado de sono que tinha como objetivo criar uma desconexão entre a pessoa com transtorno mental e seus pensamentos enlouquecidos?[39] E quem se recorda da injeção de soro equino nos canais medulares a fim de causar meningite, e assim provocar febres elevadas e mobilizar o sistema imunológico do corpo, de modo que "a ação de varredura dessas células livraria o sistema nervoso central das toxinas que eram deletérias a seu funcionamento adequado"?[40] Ou das experiências dos psiquiatras de Harvard no McLean Hospital, o refúgio privado dos Boston Brahmins[41] perturbados, onde as temperaturas corporais eram deliberadamente reduzidas para menos de 29° C, patamares que mal seriam propícios à vida (e por vezes, como se descobria, de fato não eram)?[42] Ou da aplicação de injeções de estricnina, cálcio coloidal ou cianeto?[43]

Se essas intervenções gozaram de limitada popularidade e vida breve, outras como a lobotomia e a terapia eletroconvulsiva perduraram, disseminaram-se de modo muito mais amplo e produziram um impacto dramático sobre a percepção pública da enfermidade mental e seu tratamento. Como ainda veremos, em última análise, quando, a partir dos anos 1960, alguns psiquiatras rebeldes adotaram a "antipsiquiatria", essas técnicas encontraram um

---

[39] Introduzida por Jakob Kläsi, um dos subalternos de Eugen Bleuler em Zurique, a *Dauernarkose* produzia um sono artificial que durava de seis a oito dias. Sua taxa de mortalidade relatada era de 6%.

[40] Robert S. Carroll, "Aseptic Meningitis in Combating the Dementia Praecox Problem", *New York Medical Journal*, 3 out. 1923, p. 407-11; E. S. Barr e R. G. Barry, "The Effect of Producing Aseptic Meningitis upon Dementia Praecox", *New York State Journal of Medicine*, v. 26, 1926, p. 89.

[41] Termo cunhado na segunda metade do século XIX para designar a classe alta tradicional de Boston, que descenderia diretamente dos primeiros colonos a chegar aos Estados Unidos a bordo do navio Mayflower. Seus membros são em geral associados à Universidade de Harvard e aos assim chamados WASPs, sigla em inglês para "anglo-saxão branco e protestante". [N.T.]

[42] J. H. Talbott e K. J. Tillotson, "The Effects of Cold on Mental Disorders", *Diseases of the Nervous System*, v. 2, 1941, p. 116-26. Dois dos dez pacientes desses médicos morreram durante o "tratamento".

[43] Illinois Department of Public Welfare, *Annual Report*, n. 11, 1927-28, p. 12, 23; 1928-29, p. 23; T. C. Graves, "A Short Note on the Use of Calcium in Excited States", *Journal of Mental Science*, v. 65, 1919, p. 109.

novo reflexo na cultura popular. Os psiquiatras seriam invocados em riqueza de detalhes em romances e filmes de Hollywood como parte do retrato de uma profissão descontrolada que empregava com sadismo o que fingia serem tratamentos, mas não passavam de armas para subjugar os loucos. Quando esses novos tratamentos surgiram, contudo, foram quase uniformemente saudados pela profissão psiquiátrica e pela nova categoria de jornalistas da ciência como demonstrações de como o progresso da medicina estava finalmente produzindo resultados na terapêutica dos transtornos mentais.

Já no final do século XIX e começo do século XX, a revolução laboratorial na medicina se expandiu para além da investigação das origens bacteriológicas das doenças. Uma das descobertas terapêuticas mais dramáticas que resultou de investigações sobre o sistema endócrino ocorreu no Canadá, em 1922, quando Frederick Banting (1891-1941) e Charles Best (1899-1978) conseguiram isolar a insulina e a utilizaram para trazer uma enfermaria inteira de crianças em estado de coma e à beira da morte de volta à vida. De que outras formas esse composto mágico poderia ser útil?

Nascido em Nadwórna, no que era então uma província do império austro-húngaro (mas parte da Polônia no entreguerras e hoje território da Ucrânia), no final dos anos 1920 Manfred Sakel (1900-1957) atendia no Hospital Lichterfelde, em Berlim, um estabelecimento psiquiátrico particular onde tratava viciados em morfina e heroína. Em busca de alívio para os sintomas da abstinência e de estímulo ao apetite de seus pacientes, Sakel começou a usar o novo hormônio. Por vezes, os pacientes caíam num coma hipoglicêmico. Após mudar para Viena em 1933, o médico foi designado para uma enfermaria de esquizofrênicos e começou a fazer experiências com o que chamava de "terapia por choque insulínico". Em novembro daquele mesmo ano, Sakel relatava os primeiros resultados à Verein für Neurológia und Psychiatrie [Sociedade para a Neurologia e Psiquiatria]. Suas taxas de remissão relatadas logo chegariam a 70%, enquanto muitos outros pacientes, de acordo com Sakel, apresentavam melhoras consideráveis. No momento em que a Sociedade Psiquiátrica Suíça se reuniu em 1937[44], havia relatos favoráveis sobre a eficácia do tratamento vindos da quantidade expressiva de 22 países. Confrontado com uma maré crescente de antissemitismo na Áustria, no entanto, Sakel se mudou para

---

44 Nessa reunião, a que compareceram psiquiatras de todo o mundo ocidental, houve 68 apresentações sobre tratamentos com insulina diante de uma plateia que passava de duzentas pessoas. Cf. a discussão em Edward Shorter e David Healy, *Shock Treatment: A History of Electroconvulsive Treatment in Mental Illness*, New Brunswick: Rutgers University Press, 2007, cap. 4.

Nova York, onde ocupou um cargo no hospital estadual de Harlem Valley, permanecendo nos Estados Unidos até sua morte, de ataque cardíaco, em 1957. Sakel era um prosélito enérgico de sua descoberta e observava que

> ela consiste basicamente na produção de consecutivos choques diários com uma dose altíssima de insulina; em alguns casos, isso provoca convulsões epilépticas, mas mais frequentemente produz sonolência ou coma acompanhados de transpiração intensa – em ambos os casos um quadro clínico que normalmente seria considerado alarmante [...] Considerando, contudo, que os pacientes que vêm até nós em busca de tratamento são em geral desprezados como casos perdidos ou gravemente doentes de um modo ou de outro, penso que há uma ótima justificativa para tentarmos uma terapia, não importa quão perigosa ela seja, que ofereça alguma promessa de sucesso.[45]

E o tratamento sem dúvida era perigoso e intenso. A atenção do corpo médico e da enfermagem precisava ser constante e incansável, já que os pacientes se equilibravam à beirada da morte. E mesmo diante da atenção mais dedicada, entre 2% e 5% daqueles que eram tratados morriam. O resto era ressuscitado com injeções de glicose. Dezenas de tratamentos como esse eram administrados num único caso, e o procedimento era adotado de forma generalizada[46], ainda que sua dependência de recursos difíceis de encontrar tenha feito com que apenas uma pequena minoria de pacientes o tenha recebido.

O próprio Sakel pensava que "o modo de ação das convulsões epilépticas é, de um lado, como um aríete que destrói as barreiras erguidas em casos resistentes, de modo que as 'tropas comuns' da hipoglicemia possam marchar para dentro"[47]. Estudos controlados acabariam por demonstrar que a terapia do coma insulínico era inútil, ainda que a reação inicial de muitos psiquiatras

---

45 Manfred Sakel, "A New Treatment of Schizophrenia", *American Journal of Psychiatry*, v. 93, 1937, p. 830.

46 Em 1941, por exemplo, uma pesquisa norte-americana revelou que 72% das 365 instituições privadas de saúde mental usavam a terapia do coma insulínico. Cf. US Public Health Service, *Shock Therapy Survey*, Washington, D.C.: Government Printing Office, 1941. A escassez de insulina na Inglaterra nos tempos de guerra comprometeu o uso do tratamento e forçou a aplicação de fécula de batata como meio substituto de reanimação dos pacientes. Muitos hospitais abandonaram temporariamente o tratamento conforme a escassez de pessoal foi tornando impossível administrá-lo.

47 Benjamin Wortis, tradução de uma palestra dada por Manfred Sakel em Paris, em 21 jul. 1937; St. Elizabeth's Hospital Treatment File, Entry 18, National Archives, Washington, D.C.

de destaque a essa contestação tenha sido a fúria[48] e em alguns lugares o tratamento tenha sido utilizado até o começo dos anos 1960. No hospital estadual de Trenton, por exemplo, o matemático de Princeton John Nash (que em 1994 recebeu o Nobel por suas contribuições à teoria dos jogos) ainda teve sua esquizofrenia tratada com terapia do coma insulínico em 1961[49].

Se as limitações de recursos sempre impuseram restrições ao uso dos comas insulínicos, esses problemas não inibiram o uso de outras formas de terapia de choque desenvolvidas nos anos 1930. Apenas um ano após Sakel ter anunciado seu novo tratamento, um médico húngaro que clinicava em Budapeste, Ladislas Meduna (1896-1964), começou a fazer experimentos com formas de induzir convulsões em seus pacientes. Seu raciocínio frágil tinha como base a (falsa) afirmação de que a esquizofrenia e a epilepsia não podiam coexistir. Meduna primeiro se valeu de injeções de óleo de cânfora, mas a substância era muito pouco tolerada e se mostrava uma maneira pouco confiável de induzir convulsões, além de estar relacionada à "ansiedade [que] se transforma em pânico e está associada a um comportamento agressivo e suicida"[50]. Incansável, Meduna fez testes com estricnina e, quando também estes se mostraram insatisfatórios, resolveu-se por injeções de pentilenotetrazol (que logo seria conhecido como metrazol nos Estados Unidos).

Ainda que seus efeitos fossem em alguma medida mais previsíveis, dificilmente seria possível dizer que o metrazol produzia consequências menos cruéis que a cânfora para aqueles que o recebiam. O próprio Meduna falava do uso "da força bruta [...] como dinamite, empenhando-se em explodir em pedaços as sequências patológicas e restaurar o organismo doente a seu funcionamento normal [...] um massacre violento [...] porque atualmente nada menos que um choque como esse aplicado ao organismo é poderoso o bastante para interromper a sequência de processos nocivos que leva à esquizofrenia"[51]. Um observador da época comentou que "dentre as outras reações bastante pronunciadas, as mais impressionantes são as expressões faciais e

---

[48] Cf. Harold Bourne, "The Insulin Myth", *Lancet*, v. 262, 1953, p. 964-68, e a discussão sobre a reação dos profissionais em Michael Shepherd, "Neurolepsis and the Psychopharmacological Revolution: Myth and Reality", *History of Psychiatry*, v. 5, 1994, p. 90-92.

[49] Sylvia Nasar, *A Beautiful Mind*, Nova York: Simon and Schuster; Londres: Faber, 1998, p. 288-94.

[50] L. von Meduna e Emerick Friedman, "The Convulsive-Irritative Therapy of the Psychoses", *Journal of the American Medical Association*, v. 112, 1939, p. 509.

[51] L. von Meduna, "General Discussion of the Cardiazol [Metrazol] Therapy", *American Journal of Psychiatry*, v. 94, 1938, p. 50 (cardiazol era o nome comercial do metrazol na Europa).

verbais dos pacientes, que dão testemunho de seus sentimentos de estarem num estado excessivo de terror, torturados e tomados pelo medo da morte iminente"[52]. E esse terror existencial não era o único, nem mesmo o mais grave, dos efeitos colaterais. Como outro psiquiatra relatou,

> o inconveniente mais sério desse tratamento é a ocorrência de complicações como luxações, fraturas, danos cardíacos, lesões cerebrais permanentes e mesmo mortes ocasionais. Em função do medo e apreensão extremos exibidos pela maioria dos pacientes diante do tratamento e dadas as convulsões violentas e sérias complicações que por vezes acontecem, há uma busca em andamento por um substituto adequado.[53]

E a descoberta desse substituto foi bastante rápida. Em Roma, dois médicos italianos, Ugo Cerletti (1877-1963) e Lucio Bini (1908-1964), vinham realizando experimentos com a aplicação de correntes elétricas em cachorros para observar seus efeitos fisiológicos. Muitos animais morriam, mas então uma visita fortuita a um abatedouro onde porcos eram atordoados com a aplicação de uma corrente elétrica em sua cabeça antes de terem a garganta cortada sugeriu que o uso de uma técnica similar em humanos (excluído o abate) talvez resultasse em possibilidades terapêuticas. Em abril de 1938, médicos realizaram o primeiro teste humano com o que veio a ser chamado de terapia eletroconvulsiva, ou ECT, e, depois de inicialmente terem usado uma corrente muito baixa, conseguiram induzir uma convulsão tônico-clônica em seus pacientes. A ECT, como se via, era mais barata e mais confiável do que o metrazol, e seus efeitos eram basicamente instantâneos: nenhum período prolongado ou incerto de terror à espera da convulsão e, após a recuperação, segundo afirmava Cerletti, o paciente não retinha memórias do que havia acabado de acontecer. Prática e barata de ser aplicada, a ECT logo foi adotada no plano internacional[54]. Também ela estava associada a fraturas, especialmente no encaixe da articulação do quadril e na coluna, e em 1942 começou a ser

---

[52] Solomon Katzenelbogen, "A Critical Appraisal of the Shock Therapies in the Major Psychoses and Psychoneuroses, III – Convulsive Therapy", *Psychiatry*, v. 3, 1940, p. 412, 419.

[53] Nathaniel J. Berkwitz, "Faradic Shock in the Treatment of Functional Mental Disorders: Treatment by Excitation Followed by Intravenous Use of Barbiturates", *Archives of Neurology and Psychiatry*, v. 44, 1940, p. 351.

[54] Sobre a rápida adoção internacional da ECT, cf. Edward Shorter e David Healy, *Shock Treatment, op. cit.*, p. 73-82.

administrada em associação com um relaxante muscular para evitar esses problemas, primeiro curare e depois suxametônio, o que exigia o uso de anestesia e oxigenação[55].

Ugo Cerletti testemunhou quando porcos eram atordoados com eletrodos como estes num abatedouro em Roma, o que forneceu a inspiração para a administração do eletrochoque em pacientes psiquiátricos.

Controvérsias pululavam quanto à afirmação de que o funcionamento das novas terapias de choque se devia a danos causados ao cérebro. Stanley Cobb (1887-1968), neurologista de Harvard, conduziu uma série de experimentos em animais e concluiu que "os efeitos terapêuticos da insulina e do metrazol podem ser devidos à destruição de um grande número de células nervosas no córtex cerebral. Essa destruição é irreparável [...] O uso dessas medidas no tratamento das psicoses e neuroses, que pode resultar em recuperações, parece-me inteiramente injustificável"[56]. Sakel chegou à conclusão oposta: enquanto admitia que a retirada do suprimento de oxigênio do cérebro durante os comas insulínicos levava a danos cerebrais, especulava, sem nenhuma prova nesse sentido, que as únicas células que morriam eram malignas e

---

[55] Ainda que algumas vezes confundida com tratamentos elétricos como a cura de Kaufmann usada na Primeira Guerra Mundial, a ECT era bastante diferente dessas formas de causação deliberada de dor, já que seu uso é voltado à indução de convulsões e perdas temporárias de consciência, não de dor, medo ou aversão em pacientes conscientes.

[56] Stanley Cobb, "Review of Neuropsychiatry", *Archives of Internal Medicine*, v. 62, 1938, p. 897.

responsáveis pela psicose[57]. Os defensores da ECT não demonstravam a mesma propensão a adotar a ideia de que a utilidade do tratamento por eles empregado poderia estar ligada a efeitos prejudiciais ao cérebro, e ainda que alguns críticos tenham feito e continuem a fazer afirmações desse tipo, as declarações de tais detratores eram recebidas com desdém pelos partidários do procedimento[58].

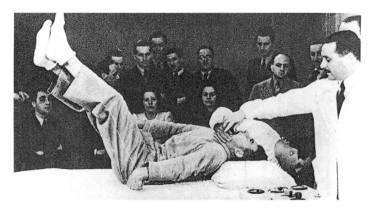

Um paciente convulsiona depois de receber uma ECT não modificada (1948): Lucio Bini é a figura à direita, checando o protetor bucal do paciente.

Cérebros na mira

Ninguém contesta, no entanto, que o outro grande tratamento desenvolvido na segunda metade da década de 1930 causava danos cerebrais, já que a ideia central dessa abordagem consistia justamente no ataque cirúrgico direto contra os lobos frontais do cérebro. A leucotomia (ou lobotomia, como seus principais defensores norte-americanos preferiam chamá-la) foi uma ideia desenvolvida pelo neurologista português Egas Moniz (1874-1955). Em meados da década de 1930, Portugal era um país atrasado e empobrecido, governado por um ditador de direita, António Salazar, e, no curso natural das coisas, um experimento de pequena escala que fosse ali conduzido poderia

---

[57] M. J. Sakel, "The Classical Sakel Shock Treatment: A Reappraisal", em: Arthur M. Sackler (org.), *The Great Physiodynamic Therapies in Psychiatry*, Nova York: Hoeber-Harper, 1956, p. 13-75.

[58] Para uma discussão recente proposta por dois defensores da ECT, cf. Edward Shorter e David Healy, *Shock Treatment, op. cit.*, p. 132-35. Nem todos compartilham da perspectiva otimista desses autores.

ter tido poucas consequências. Moniz, cujas mãos estavam incapacitadas pela artrite, não podia realizar suas operações por conta própria, por isso dependia de um colega, Pedro Almeida Lima (1903-1986), para realizar o procedimento. As primeiras operações consistiram na abertura de buracos no crânio e na injeção de álcool nos lobos frontais para destruir o tecido cerebral. Os resultados foram encorajadores, ao menos para Moniz, ainda que em cirurgias subsequentes um pequeno equipamento similar a uma faca tenha sido usado para separar porções da matéria branca dos lobos frontais. Entre novembro de 1935 e fevereiro de 1936, a cirurgia foi efetuada em vinte pacientes, alguns dos quais estavam "doentes" havia pouco mais de quatro semanas. Ainda que o acompanhamento pós-cirúrgico fosse superficial, Moniz reconheceu que era frequente que os pacientes exibissem incontinência, apatia e desorientação. Mas o médico insistia que esses efeitos se mostrariam transitórios, que 35% daqueles que eram tratados melhoravam substancialmente e que outros 35% melhoravam ao menos um pouco. Essas afirmações foram contestadas por Sobral Cid (1877-1941), o psiquiatra que fornecera os pacientes de Moniz. Aqueles que eram operados, afirmava Cid, ficavam profundamente danificados, e não melhores, por isso se recusou a enviar qualquer novo paciente para compartilhar desse mesmo destino.

Ainda assim, Moniz rapidamente publicou uma monografia em Paris em que reiterava a afirmação de que havia garantido a melhora em 70% dos esquizofrênicos que operara[59]. Essa declaração impressionou Walter Freeman (1895-1977), um neurologista de Washington, e, em setembro de 1936, Freeman e seu colega neurocirurgião James Watts (1904-1994) realizaram a primeira operação nos Estados Unidos. No ano seguinte, os dois homens haviam modificado a cirurgia e agora perfuravam o crânio antes de inserir um instrumento que se assemelhava a uma faca de manteiga para fazer cortes extensos ao longo dos lobos frontais que tinham como objetivo separar as conexões cerebrais e que, segundo defendiam os médicos, produziam resultados impressionantes. A nova operação foi chamada lobotomia "padrão" ou "de precisão", ainda que não houvesse nada de preciso na causação aleatória de danos nos cérebros dos pacientes.

Freeman e Watts encontraram dificuldades para decidir a quantidade exata de tecido cerebral a ser destruída: muito pouco, e o paciente continuava louco; demais, e o resultado era um vegetal humano, ou mesmo a morte na mesa de operações. Eles se convenceram de que a solução estava em cortar até

---

[59] Egas Moniz, *Tentatives opératoires dans le traitement de certaines psychoses*, Paris: Masson, 1936.

que o paciente demonstrasse sinais de desorientação. Isso significava, é claro, a realização da cirurgia sob anestesia local. Watts cortava enquanto Freeman perguntava uma série de questões e mantinha uma transcrição das respostas. Os registros datilográficos são uma leitura perturbadora, sobretudo uma conversa em que Freeman pergunta à pessoa que está na mesa de operações o que passava pela cabeça dela e, depois de uma pausa, o paciente responde: "uma faca".

Tais operações foram declaradas um sucesso retumbante pelos cirurgiões, com o resgate de vários pacientes de uma vida de doenças crônicas nas alas mais isoladas dos hospitais de saúde mental. Muitos médicos não estavam convencidos. De fato, quando, numa reunião da Southern Medical Society [Sociedade Médica Sulista], em Baltimore, Freeman anunciou pela primeira vez o que ele e Watts vinham fazendo, foi recebido com "críticas ferrenhas e gritos alarmados [...] um coro de [...] interrogatórios hostis que só diminuiu quando Adolf Meyer, o célebre professor de psiquiatria da vizinha Universidade Johns Hopkins, interveio para incitar a audiência a permitir que os experimentos prosseguissem"[60]. E prosseguiram.

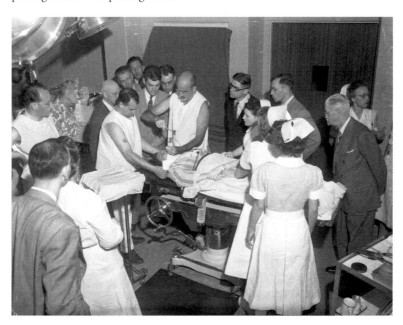

Walter Freeman realiza uma lobotomia transorbital no hospital Fort Steilacoom, no estado de Washington, em 8 de julho de 1948. Um picador de gelo está sendo inserido no cérebro do paciente através da parte superior da órbita do olho.

---

[60] *Baltimore Sun*, 21 nov. 1936.

Com a tempo, a insistência de Freeman na afirmação de que a operação fazia milagres começou a render frutos, e os hospitais de saúde mental nos Estados Unidos começaram a utilizá-la[61]. William Sargant (1907-1988), um psiquiatra britânico que compartilhava muito do zelo evangelista de Freeman e das convicções de que a loucura estava ancorada no cérebro e que recebera uma bolsa da Fundação Rockefeller para passar um tempo em Harvard, fez uma visita para conferir os resultados. Logo depois, Sargant partiu para a Inglaterra, onde realizou ele mesmo muitas lobotomias e encorajou seus colegas a acompanhá-lo[62]. A Segunda Guerra Mundial reduziu o ritmo das coisas, e um problema mais urgente era que, naquela época, havia muito poucos neurocirurgiões e a cirurgia "de precisão" levava até duas horas para ser concluída.

Em busca de uma forma de acelerar o processo e permitir que a operação causasse uma baixa considerável nos quase meio milhão de loucos que lotavam as enfermarias dos hospitais de saúde mental dos Estados Unidos, Freeman topou com um artigo na literatura médica italiana que esboçava uma forma muito mais simples de acesso ao lobo frontal[63] – tão simples, de fato, que ele mais tarde se vangloriou de poder ensinar em vinte minutos qualquer simplório, até mesmo um psiquiatra, a fazer uma lobotomia. (A psiquiatria era a profissão que Freeman, formado em neurologia, tinha em menor estima.) A lobotomia transorbital, como Freeman intitulou sua nova abordagem, foi algo de início experimentado em tratamentos ambulatoriais. Dois ou três eletrochoques eram aplicados em rápida sucessão para deixar o paciente inconsciente. Um picador de gelo era introduzido sob a pálpebra e um martelo era usado para ultrapassar a órbita do olho e penetrar os lobos frontais. Um movimento de varredura era usado para separar o tecido cerebral, o paciente recebia óculos de sol para encobrir o olho roxo resultante e, depois de recuperar a consciência, segundo Freeman, estava pronto para retomar suas atividades normais num prazo surpreendentemente curto.

O surgimento de controvérsias sobre a lobotomia transorbital foi imediato. James Watts, o parceiro de longa data de Freeman, ficou horrorizado, e

---

[61] O interesse crescente pela lobotomia em hospitais públicos "progressistas" no começo dos anos 1940 foi mapeado em Jack D. Pressman, *Last Resort: Psychosurgery and the Limits of Medicine*, Cambridge: Cambridge University Press, 1998, cap. 4.

[62] Wylie McKissock, um colega de profissão, realizou sua 500ª operação em abril de 1946, e em 1950 já passara de 1.300.

[63] A. M. Fiamberti, "Proposta di una tecnica operatoria modificata e semplificata per gli interventi alla Moniz sui lobi prefrontali in malati di mente", *Rassegna di Studi Psichiatrici*, v. 26, 1937, p. 797-805.

um cisma profundo se instaurou entre os dois homens. O mentor de Watts na escola de medicina de Yale, John Fulton (1899-1960), tornou seu descontentamento público ao escrever para Freeman ameaçando-o de violência física caso o médico se aproximasse de New Haven. Mas Freeman não se sentiu nem um pouco desencorajado. Ele insistia que a nova operação era mais eficiente e menos prejudicial ao cérebro do que outros procedimentos mais elaborados que estavam sendo desenvolvidos por neurocirurgiões. Freeman percorreu os Estados Unidos para demonstrar a facilidade com que as operações transorbitais podiam ser realizadas. Ao passo que uma lobotomia "de precisão" tradicional demorava de duas a quatro horas, Freeman demonstrava ser capaz de operar uma dezena de pacientes numa única tarde[64]. Junto com Watts, realizara 625 intervenções entre 1936 e 1948. Em 1957, Freeman sozinho já havia concluído outras 2.400 operações transorbitais, e hospitais públicos de todo o país haviam adotado o procedimento já no final da década de 1940[65].

A adoção dessas várias formas de tratamento físico era motivo de grande orgulho para psiquiatras, administradores de hospitais de saúde mental e políticos. Aí estavam símbolos visíveis da reconexão da psiquiatria com a medicina científica, além do rompimento com seu isolamento anterior e sua impotência terapêutica. O periódico oficial da gigantesca rede de hospitais de saúde mental de Nova York (dezoito instituições, no total) as alardeava como um sinal inconfundível de progresso:

> As terapias físicas enfatizaram a unidade essencial entre mente e corpo. O fato de que as enfermidades mentais estejam em certo grau sujeitas a procedimentos facilmente compreendidos por todos como "formas de tratamento" contribui muito para estabelecer uma atitude segundo a

---

64 Para o relato de uma testemunha sobre uma dessas demonstrações de lobotomias em série, cf. Alan W. Scheflin e Edward Opton Jr., *The Mind Manipulators*, Nova York: Paddington, 1978, p. 247-49. Numa carta a Moniz, Freeman se gaba de num único dia ter "operado 22 pacientes em 135 minutos, com cerca de seis minutos por operação" enquanto estivera na Virgínia Ocidental. Em doze dias, operou 228 pacientes (Walter Freeman a Egas Moniz, 9 set. 1952, Psychosurgery Collection, George Washington University, Washington D.C.).

65 Freeman relatava orgulhoso que um certo doutor J. S. Walen tinha conseguido realizar quase duzentas operações transorbitais em Evanston, no hospital público de Wyoming, com base apenas em suas instruções escritas, e que, no Hospital Público Número 4 (um nome revelador por si só), o doutor Paul Schrader tinha "praticamente resolvido os problemas da enfermaria de perturbados naquela instituição em particular" ao realizar mais de duzentas operações transorbitais. Cf. Walter Freeman, "Adventures in Lobotomy", manuscrito não publicado, George Washington University Medical Library, Psychosurgery Collection, cap. 6, p. 59.

qual essas são realmente doenças como quaisquer outras, e não reações incompreensíveis que apartam suas vítimas do resto da humanidade e de outros conceitos comuns de doença e tratamento.[66]

Em estratos culturais menos restritos, o tratamento físico das psicoses encontrava uma recepção igualmente laudatória. A revista *Time* enalteceu Sakel, "um jovem psiquiatra vienense, que cura [...] juízos desorientados com o uso da insulina"[67], e alguns anos mais tarde William Lawrence, repórter de ciências do *The New York Times*, referiu-se a Sakel como "o Pasteur da psiquiatria"[68]. Quando, depois da guerra, Hollywood retratou os esforços dos hospitais de saúde mental, o eletrochoque foi apresentado a uma vasta audiência sob luzes favoráveis e retratado como algo essencial para a

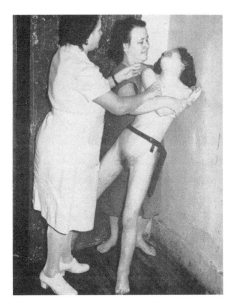

Uma paciente resiste em vão enquanto é conduzida para uma lobotomia. Freeman não fazia segredo de sua predisposição a lobotomizar pacientes que resistiam à psicocirurgia – como eram loucos, suas preferências podiam ser desconsideradas. Esta imagem consta da segunda edição do livro *Psychosurgery* [Psicocirurgia], de autoria de Freeman e Watts.

---

[66] *Mental Hygiene News*, *apud* Jack D. Pressman, *Last Resort*, *op. cit.*, p. 182-83.

[67] "Medicine: Insulin for Insanity", *Time*, 25 jan. 1937. O jornal *The New York Times* também fez comentários favoráveis. Cf. o editorial publicado em 14 jan. 1937, p. 20.

[68] "Insulin Therapy", *The New York Times*, 8 ago. 1943, E9.

aceleração da cura de Virginia Cunningham, heroína do filme *A cova da serpente* (interpretada por Olivia de Havilland). Foi a terapia pela fala administrada por seu belo psiquiatra, o Dr. Kirk, que acabou por curá-la, mas o tratamento de choque desempenhou um papel indispensável no processo de torná-la acessível para análise. Filme de maior bilheteria de 1948, *A cova da serpente* só pôde ser exibido na Inglaterra com um aviso, inserido por insistência de um conselho de censores, que lembrava as plateia britânicas que aquele era um filme estadunidense e as condições nos hospitais de saúde mental nacionais eram maravilhosas – muito distantes das chocantes alas médicas isoladas que eram retratadas na tela.

A lobotomia e seu principal protagonista, Walter Freeman, eram apresentados em termos ainda mais favoráveis. Já nos primeiros anos da prática, o *Washington Evening Star* informou a seus leitores que a lobotomia "provavelmente consiste numa das maiores inovações cirúrgicas desta geração [...] parece inacreditável que uma tristeza incontrolável possa ser transformada numa resignação natural com a ajuda de uma broca e uma faca"[69]. Mais tarde, o repórter de ciências Waldemar Kaempffert escreveu um ensaio hagiográfico para o *Saturday Evening Post* ilustrado com fotografias de Freeman e Watts realizando operações – um artigo que alcançou um público ainda mais amplo quando foi sintetizado e publicado na *Reader's Digest*, que gozava de gigantesca circulação nacional[70]. E uma matéria igualmente positiva da Associated Press se referia à lobotomia como "um rejuvenescedor de personalidades" que extirpava os "nervos da preocupação" e era quase totalmente seguro – "apenas um pouco mais perigoso que uma operação para remover um dente infectado"[71]. Pouco depois, a operação recebeu o que foi o apoio mais inequívoco a seus méritos quando o comitê do Prêmio Nobel entregou a láurea de 1949 de medicina ou fisiologia para Egas Moniz[72]. O prêmio de Moniz promoveu

---

[69] *Washington Evening Star*, 20 nov. 1936.

[70] Waldemar Kaempffert, "Turning the Mind Inside Out", *Saturday Evening Post*, n. 213, 24 maio 1941, p. 18-19, 69, 71-72, 74. Kaempffert repetiu seus elogios para um público mais refinado na edição do *The New York Times* de 11 jan. 1942. As imagens que identificavam Freeman e Watts – e não, cabe ressaltar, a cirurgia cerebral – quase levaram os médicos a perderem sua licença profissional por elas se caracterizarem como formas proibidas de "publicidade médica".

[71] Stephen McDonough, "Brain Surgery Is Credited with Cure of 50 'Hopelessly' Insane Persons", *Houston Post*, 6 jun. 1941.

[72] Com o prêmio anterior a Wagner-Jauregg pela malarioterapia da paralisia geral, estes permanecem os únicos prêmios Nobel entregues até hoje à área da psiquiatria, ainda que Eric Kandel, neuropsiquiatra de Columbia, tenha ganhado o Nobel de 2000 em medicina ou fisiologia por seu trabalho sobre a fisiologia da memória.

um aumento explosivo no número de lobotomias. Só nos Estados Unidos, o número de operações realizadas nos últimos quatro meses de 1949 foi mais que o dobro daquelas realizadas nos oito meses anteriores. Em 1953, mais 20 mil norte-americanos haviam sido lobotomizados[73], ao lado de outros milhares ao redor do globo.

Repercussões negativas

Ainda assim, o entusiasmo profissional e popular por essas soluções desesperadas não durou muito tempo. O apoio a elas já refluía de modo regular a partir dos anos 1950 e, chegados os anos 1960, comas insulínicos, terapias de choque e psicocirurgias foram atacados como símbolos da opressão psiquiátrica. Psiquiatras rebeldes, que logo viriam a ser indistintamente amontoados sob o rótulo de "antipsiquiatras" – entre os quais se incluíam os opostos políticos Thomas Szasz (1920-2012) e R. D. Laing (1927-1989) –, faziam críticas contra esses tratamentos nos círculos fechados (ainda que nem tanto) da profissão, e, pelo menos nesse assunto, muitos de seus colegas médicos concordavam com eles. Ainda mais elevado, contudo, era o volume crescente de críticas nos círculos literários e na cultura popular.

A depressão cada vez mais intensa de Ernest Hemingway (1899-1961) levou à admissão do escritor na Mayo Clinic [Clínica Mayo] em dezembro de 1960, onde recebeu uma série de ECTs. Liberado em meados de janeiro de 1961, o estado mental de Hemingway permaneceu frágil até sua readmissão em abril, quando foi mais uma vez tratado com terapia de choque. Recebida a alta em 30 de junho, o escritor cometeria suicídio dois dias depois, com um tiro de escopeta que explodiu sua cabeça. Hemingway deixou uma denúncia contra seu tratamento:

> O que esses médicos de choques não conhecem é o que são escritores [...] e o que estão fazendo com eles [...] Qual o sentido de arruinar minha cabeça e apagar minha memória, que são meu capital, e me tirar do mercado? Foi uma cura brilhante, mas perdemos o paciente.[74]

---

[73] Elliot Valenstein, *Great and Desperate Cures: The Rise and Decline of Psychosurgery and Other Radical Treatments for Mental Illness*, Nova York: Basic Books, 1985, p. 229.

[74] Hemingway fez essa observação a seu biógrafo. Cf. A. E. Hotchner, *Papa Hemingway: A Personal Memoir*, Nova York: Random House, 1966, p. 280.

Se o hiperviril Hemingway foi autor de tal condenação da terapia de choque, a poeta e símbolo feminista Sylvia Plath (1932-1963) nos oferece mais uma denúncia. Seu *A redoma de vidro* é um *roman-à-clef* mal disfarçado que contém um retrato vívido das experiências da escritora com a ECT, utilizada (em conjunto com a terapia do coma insulínico) em seu tratamento para depressão e uma tentativa frustrada de suicídio:

> Tentei sorrir, mas minha pele tinha ficado dura como pergaminho. O dr. Gordon colocou duas placas de metal nas minhas têmporas, prendeu-as com uma tira que apertava minha testa, e me deu um fio para morder. Fechei os olhos. Houve um breve silêncio, como uma respiração suspensa. Então alguma coisa dobrou-se sobre mim e me dominou e me sacudiu como se o mundo estivesse acabando. Ouvi o guincho, *iiii-ii-ii-ii*, o ar tomado por uma cintilação azulada, e a cada clarão algo me agitava e moía e eu achava que meus ossos se quebrariam e a seiva jorraria de mim como uma planta partida ao meio.
> Fiquei me perguntando o que é que eu tinha feito de tão terrível.[75]

Que Plath tenha se matado pouco mais de um mês depois de seu primeiro e único romance ser publicado em 1963 era algo que, segundo todas as aparências, não estava em nada relacionado com o tratamento recebido uma década antes. O suicídio logo se vinculou a acusações que outros lançaram contra o marido da escritora, Ted Hughes. Mas assim como Plath passou a ser considerada, ainda que de forma simplista, como símbolo do desespero de uma dona de casa e jovem mãe, traída por um marido pérfido e incapacitada de concretizar o próprio talento, também seu tratamento psiquiátrico anterior podia ser visto como mais um exemplo de sua opressão pela sociedade patriarcal.

Defensores da ECT (e muitos psiquiatras e pacientes contemporâneos continuam a defendê-la com entusiasmo, ainda que outros tentem se defender dela com igual paixão) se queixariam com razão de que casos como os de Hemingway e Plath não passam de exemplos isolados e sem relação, contra ou a favor, com o valor clínico desse tipo de terapia. Mas esses testemunhos ao mesmo tempo contribuíram para e formaram parte de uma mudança de maré nas atitudes culturais diante da psiquiatria, mais particularmente diante dos tratamentos físicos que uma geração anterior havia estado disposta a reconhe-

---

[75] Sylvia Plath, *A redoma de vidro*, trad. Chico Mattoso, 2. ed., Rio de Janeiro: Biblioteca Azul, 2019, p. 160-61.

cer como evidência de progresso científico. Com exceção de flertes de certos círculos da medicina com a noção de que a sepse focal envenenava o cérebro e, assim, produzia a enfermidade mental (cf. p. 344), nenhum dos conjuntos de tratamentos físicos introduzidos nos anos 1920 e 1930 tinha como base um raciocínio plausível sobre seus modos de funcionamento. Eles funcionavam, e isso bastava. E depois se descobriu que não funcionavam. Quando a fé nos comas insulínicos, nas convulsões induzidas por eletricidade e no valor da aplicação de danos irreversíveis ao cérebro como forma de "curar" a enfermidade mental foi perdida, as reações negativas foram severas.

Romances como *Um estranho no ninho* (1962), de Ken Kesey, e *Faces in the Water* [Rostos na água] (1961), de Janet Frame, lançam sombras devastadoras sobre a psiquiatria. Kesey trabalhara como auxiliar num hospital de saúde mental em Menlo Park, na Califórnia, e retratou uma instituição arrogante que aplicava o eletrochoque para disciplinar e subjugar seus pacientes. Quando esse tratamento não consegue conter o herói irrepreensível do romance, Randle P. McMurphy, a arma final é colocada em funcionamento, e a personagem é lobotomizada. Frame, uma romancista neozelandesa, tivera um encontro muito mais próximo com a administração de um tipo de psiquiatria somaticamente orientada. Internada numa série de hospitais de saúde mental desumanizadores durante vários anos, a começar em meados dos anos 1940, Frame foi tratada com comas insulínicos e mais de duzentos eletrochoques, e estava a dias de ser lobotomizada no hospital psiquiátrico de Seacliff quando a mão do cirurgião foi detida pelo recebimento pela escritora do Hubert Church Memorial Award, um dos principais prêmios literários do país. Durante os anos que se seguiriam, Frame alcançou grande reputação internacional, e seus romances, salpicados de referências autobiográficas ao severo tratamento recebido das mãos de psiquiatras incompetentes e sádicos, só foram superados em impacto pela publicação de uma autobiografia em três volumes, adaptada para o cinema pela diretora neozelandesa Jane Campion com o título *Um anjo em minha mesa*, de 1990.

Se o filme de Campion foi um sucesso de crítica e reconhecimento artístico e recebeu vários dos maiores prêmios do setor, a adaptação de Miloš Forman para *Um estranho no ninho*, lançada quinze anos mais cedo, em 1975, alcançou extraordinário sucesso de público. A adaptação ganhou cinco Oscars e, quarenta anos após sua estreia, continua a ser um filme icônico e bastante assistido. Mas está longe de ser o único retrato hollywoodiano da lobotomia como uma operação brutal e criminosa realizada por médicos sádicos e descuidados. *Frances*, filme de 1982 de Graeme Clifford protagonizado por

Jessica Lange no papel da estrela de Hollywood Frances Farmer, é igualmente impiedoso. A protagonista é torturada com a aplicação de comas insulínicos e recebe uma série de eletrochoques, é repetidamente estuprada enquanto está acorrentada a uma cama e, então, passa casualmente por uma lobotomia realizada por alguém que, não por coincidência, tem aparência idêntica à de Walter Freeman. Mas a interpretação de Lange, ainda que poderosa, não se compara com o retrato de Randle P. McMurphy por Jack Nicholson. Tendo arquitetado a própria admissão num hospital de saúde mental por acreditar que uma "casa de doidos" seria um lugar mais agradável para matar o tempo do que a prisão, onde cumpria a parte final de uma condenação por violação sexual de uma garota de 15 anos, McMurphy cria o caos. Respondão, desobediente, desafiador, de início incita em vão seus colegas de internação, cujos espíritos estão destroçados, a se unir a ele numa rebelião, mas só para descobrir que a data de sua própria libertação está agora nas mãos de seus captores psiquiátricos. Recusando-se a ceder ao que o filme apresenta como opressão psiquiátrica pura e simples, McMurphy é então encaminhado para um tratamento com eletrochoque cujo objetivo é claramente punitivo. Os resultados esperados não são alcançados. Apenas uma lobotomia, uma operação que o reduzirá ao estado de vegetal humano, será capaz de esmagar seu espírito. E esse será seu destino.

Essas imagens alteraram de modo indelével a percepção do público quanto ao estatuto dos vários tratamentos somáticos da psiquiatria e acabaram por manchar a própria reputação da profissão. Na época em que os filmes foram produzidos, apenas a ECT ainda não havia sido abandonada pelos psiquiatras, que agora tinham à sua disposição uma variedade de remédios psicofarmacêuticos para a esquizofrenia e a depressão, sem falar numa pletora de enfermidades mentais menores (como discutiremos no capítulo 12). Os psiquiatras convencionais podiam até continuar com protestos no sentido de que o tratamento por eletrochoque merecia um lugar em seus arsenais terapêuticos contra as formas malignas de depressão que resistissem a tratamentos químicos. Mas, na cultura popular, o veredito já estava definido: a ECT era uma prática perigosa e desumana, uma intervenção que fritava os cérebros das pessoas e destruía suas memórias. Quanto à lobotomia, alguns historiadores profissionais buscaram recentemente reabilitá-la, ao menos em parte. Um empreendimento fadado ao fracasso. Não só entre os cientologistas – para os quais o tema é um presente que não deixa de render frutos – mas também em meio ao público em geral, o consenso é claro: a lobotomia é um crime, e seu principal perpetrador, Walter Freeman, não é nada menos que um monstro moral.

Medidas desesperadas

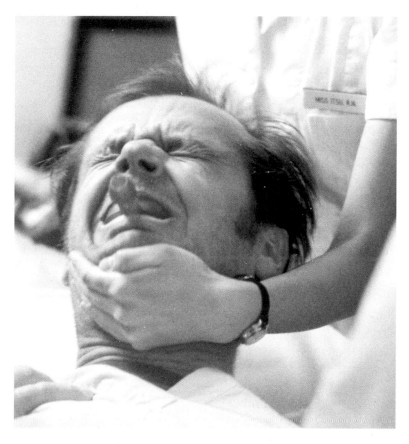

Jack Nicholson (como Randle P. McMurphy) no filme de 1975 *Um estranho no ninho*, enquanto recebe uma ECT como punição por perturbar a rotina da enfermagem e como forma de fazê-lo se comportar. Quando a ECT fracassava, a lobotomia era o último recurso.

11

Um interlúdio cheio de significados

A busca por sentido

A psiquiatria institucional e seu entusiasmo por tratamentos voltados para o corpo foram responsáveis pelos cuidados dispensados à maioria esmagadora dos pacientes de saúde mental na primeira metade do século XX. De fato, nesse período os hospitais de saúde mental e as terapias que seus administradores defendiam se espalharam por todo o globo. Os franceses e ingleses levaram tais emblemas da civilização ocidental para suas colônias, mesmo que os nativos por vezes não parecessem nem um pouco interessados nessas marcas do progresso e da modernidade. Na Índia e na África[1], sem falar nos países que obtiveram grande sucesso na eliminação ou marginalização de suas populações

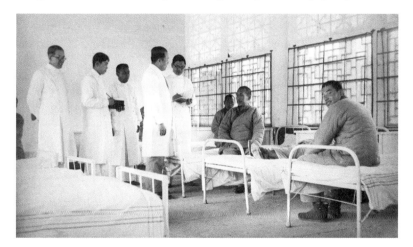

Médicos e pacientes no hospício de Beijing, na década de 1930. Investimentos da Fundação Rockefeller ajudaram a levar o modelo ocidental do hospício para a China.

---

[1] Cf., por exemplo, Jonathan Sadowsky, *Imperial Bedlam: Institutions of Madness in Colonial Southwest Nigeria*, Berkeley: University of California Press, 1999; Jock McCulloch, *Colonial Psychiatry and "the African Mind"*, Cambridge: Cambridge University Press, 1995; Waltraud Ernst, *Mad Tales from the Raj: The European Insane in British India, 1800-1858*, Londres: Routledge, 1991 e *Colonialism and Transnational Psychiatry: The Development of an Indian Mental Hospital in British India, c. 1925-1940*, Londres: Anthem Press, 2013.

nativas – Austrália, Nova Zelândia, Argentina[2] –, os hospitais de saúde mental proliferaram, assim como os comas insulínicos, o eletrochoque, o metrazol e as lobotomias que faziam parte do repertório da psiquiatria moderna e científica. Mesmo a China, não totalmente colonizada pelas potências ocidentais, mas que encontrava dificuldades em seu *status* de semissubordinação, viu-se confrontada com a imposição de um punhado de hospitais de saúde mental ao estilo ocidental. Contudo, estabelecimentos como esses coexistiram de forma desconfortável com pontos de vista e abordagens da loucura que estavam profundamente arraigados na essência das tradições médicas antigas da China[3].

Mas outro tipo muito diferente de psiquiatria estava agora ganhando tração. Nos anos do entreguerras, as teorias e abordagens terapêuticas de Freud para a enfermidade mental passaram a gozar de uma popularidade cada vez maior, ainda que seus ensinamentos nunca tenham deixado de ser preferência de uma minoria. De vários modos diferentes, a experiência da guerra de trincheiras e das crises que ela trazia a reboque ajudou a emprestar plausibilidade à ideia de que o trauma e a loucura estavam intimamente ligados entre si. Nas primeiras décadas do século XX, os pacientes que antes corriam para as cidades balneárias ou eram submetidos às curas de repouso e máquinas de eletricidade estática dos psiquiatras, agora pareciam inclinados a tentar, em vez disso, a psicoterapia. E, em termos organizacionais, ainda que não fosse desprovida de seus próprios conflitos e cismas, a psicanálise também era dotada de algumas forças distintivas e fontes de atração que a ajudavam a sobreviver e desabrochar. A trajetória seguida pela psicanálise ao longo de grande parte do século XX é, portanto, digna de uma análise mais geral antes que nos voltemos a uma exploração mais detalhada de seu destino.

---

2 Catharine Coleborne, *Insanity, Identity and Empire*, Manchester: Manchester University Press, no prelo; Roy Porter e David Wright (org.), *The Confinement of the Insane: International Perspectives, 1800-1965*, Cambridge: Cambridge University Press, 2003.

3 Emily Baum, "Spit, Chains, and Hospital Beds", *op. cit.*; Neil Diamant, "China's 'Great Confinement'?: Missionaries, Municipal Elites and Police in the Establishment of Chinese Mental Hospitals", *Republican China*, v. 19, n. 1, 1993, p. 3-50, enfatiza a limitação com que os chineses adotaram os hospitais de saúde mental, a dependência continuada da família como locus primário para o tratamento que os enfermos mentais recebiam e a cooperação entre a polícia e os hospícios em Guangzhou e Beijing, com os pequenos hospitais de saúde mental usados principalmente como forma de controle e contenção de alguns indivíduos problemáticos e perturbadores da ordem social. Para argumentos em grande parte similares, cf. Veronica Pearson, "The Development of Modern Psychiatric Services in China, 1891-1949", *History of Psychiatry*, v. 2, 1991, p. 133-47.

Os tipos de problemas mentais que levavam um número crescente de pacientes abastados para o divã psicanalítico eram, via de regra, profundamente angustiantes para aqueles que os experimentavam. Para o observador externo, muitas dessas pessoas pareceriam narcisistas abençoados ou amaldiçoados com muito dinheiro e muito tempo livre, indivíduos que viviam vidas esvaziadas de propósito e propensos a formas exageradas de autoabsorção que resultavam em algo que era pouco mais que uma hipocondria[4]. Outros, no entanto, passavam àqueles que os encontravam a aparência de uma incapacitação genuína: sobrecarregados por uma sensação de desespero; devastados por tormentos paralisantes que provinham não se sabia de onde; ou com comportamentos que pareciam desconcertantes e quase intoleráveis para aqueles com quem conviviam. Como decidir exatamente quem pertencia a qual categoria era, em casos individuais, assunto aberto a alguma discussão. O que era evidente, no entanto, era que as queixas desses pacientes não necessariamente prejudicavam sua capacidade de pensar de forma coerente na maior parte do tempo ou exibir alguma medida de controle sobre suas próprias ações, não importa quão precário o domínio da razão pudesse por vezes parecer. Se tais pacientes possuíssem meios suficientes, poderiam formar uma clientela capaz de oferecer a base para um modelo diferente de prática psiquiátrica.

Em muitos aspectos, a psicanálise floresceu como nunca nas duas décadas que se seguiram ao armistício de 1918, especialmente em países germanófonos. Sob o aspecto econômico, eram tempos difíceis. A derrota deixara as potências do Eixo em ruínas, sobrecarregadas pelo fardo das indenizações de guerra aplicadas como sanções por terem se alinhado ao lado perdedor e com alguns de seus territórios anexados – no caso da Áustria, que agora não era mais que uma sombra de seus dias de glória imperial, várias porções de seu território foram arrancadas e transformadas em novos Estados-nação. A grandiosidade de Viena sobreviveu, ainda que a cidade fosse agora um arremedo diminuto e estilhaçado de sua versão anterior. Uma hiperinflação desastrosa

---

[4] O neurologista americano Silas Weir Mitchell denunciou essas pessoas como "as pestes de muitos lares, que constituem o desespero dos médicos", e o alienista britânico James Crichton-Browne resmungava de modo sombrio sobre "os psicopatas ou neuróticos [...] não diagnosticáveis, que conseguem se passar por seres humanos autorregulados e com frequência se apresentam como pessoas feridas ou incompreendidas, mas que de tempos em tempos são em maior ou menor grau anormais, difíceis, irritáveis, deprimidas, desconfiadas, caprichosas, excêntricas, impulsivas, imponderadas, resmungonas, delirantes e sujeitas a todo tipo de doenças imaginárias e agitações nervosas". Ambos são citados em Janet Oppenheim, *"Shattered Nerves": Doctors, Patients, and Depression in Victorian England*, Nova York e Oxford: Oxford University Press, 1991, p. 293.

deu lugar ao colapso econômico global de 1929. Mas, ao longo de grande parte desse período, o empreendimento intelectual de Freud se fortaleceu. Seus atrativos eram limitados por questões de classe e, em certa medida, de etnia – seus pacientes e praticantes continuaram a ser desproporcionalmente judeus –, além de encontrarem obstáculos em cisões sectárias e disputas que haviam começado antes da Primeira Guerra Mundial, com a defecção do antigo herdeiro do trono, Carl Gustav Jung (1875-1961), que fora ungido pelo próprio Freud. Cismas subsequentes assombrariam o empreendimento psicanalítico por décadas.

Se a psicanálise fora utilizada apenas de forma rara e excepcional nos tratamentos da neurose de guerra, sua ênfase no conflito psíquico, no trauma e na repressão como fontes do turbilhão mental parecia aos olhos de muitos fornecer a explicação mais plausível para os colapsos mentais em massa que foram um atributo tão perceptível do conflito. Vítimas neuróticas de guerra não desapareceram de uma hora para outra depois da guerra, mas se viram desprezadas e ignoradas. Promessas de pensões foram rompidas, salvo nos Estados Unidos, que, por ingressar tarde no conflito, sofreu menos baixas e, desde sua própria guerra civil, desenvolvera o hábito de oferecer a seus soldados da reserva um conjunto de benefícios que ainda hoje são negados à população como um todo. Mas em geral esses homens, assim como seus camaradas que carregavam cicatrizes mais óbvias como lembretes daquilo por que haviam passado, eram um constrangimento e um fardo. Sua coragem havia sido explorada durante a guerra, sua saúde e vida haviam sido arruinadas. Agora eles eram em grande medida largados à própria sorte.

A ênfase de Freud nos símbolos, nos conflitos e nas representações psicológicas, nos sentidos ocultos e nas complexidades da cultura da época levou artistas, escritores, dramaturgos e cineastas a utilizarem suas ideias de uma multiplicidade de formas. As noções freudianas se infiltraram na publicidade, e não só em função dos esforços do sobrinho de Freud, Edward Bernays (1891-1995), que fundou as relações públicas modernas em Nova York e persuadiu donos de negócios de que a publicidade subliminar poderia fazer maravilhas para as vendas. A psicanálise também veio a exercer uma enorme influência no movimento modernista e na ascensão da cultura de massas, sem falar em seu impacto universal, pelo menos por algum tempo, nas práticas de educação de crianças e em nossa linguagem e conversas cotidianas. Mesmo hoje, a julgar pelo desfile de tirinhas de jornal de pacientes deitados em divãs, a imagem pública da psiquiatria permanece de muitas formas ligada à cura pela fala e aos altos sacerdotes da "ciência" psicanalítica. Livros sobre Freud e a psicanálise são publicados em números espantosos – e, ainda que poucos tenham algo de novo a dizer, muito presumivelmente com geração de lucros para os envolvidos.

Isso é muito curioso. Curioso porque a maioria dos pacientes de saúde mental do século XX e começo do XXI nunca chegou perto de um psicanalista. Curioso porque, a não ser por um intervalo comparativamente breve na Europa central germanófona antes da ascensão de Hitler, nos Estados Unidos por um quarto de século depois da Segunda Guerra Mundial e, de forma mais duradoura, na Argentina, a psiquiatria convencional considerou de modo geral a obra de Freud com indiferença, hostilidade ou desdém. Curioso porque a psicologia acadêmica não tem tempo para as ideias freudianas, cujo lugar nas fábricas modernas de conhecimento a que chamamos universidades tem sido quase exclusivamente limitado aos departamentos de literatura, antropologia e, em algumas ocasiões, filosofia. E curioso porque, fora das fileiras de um pequeno grupo de crentes fiéis, poucas pessoas ainda se voltam à psicanálise em busca da reconstrução das próprias vidas mentais – como se os contabilistas que administram os custos da saúde moderna fossem permitir algo do tipo, de qualquer forma. Uma audiência letrada continua a ser atraída por esse complexo edifício intelectual que mantém a promessa perpétua de colocar a nu os mecanismos ocultos da psicologia humana ao mesmo tempo que faz desfilar contos fascinantes sobre nosso eu inconsciente e nossa vida interna. Na Inglaterra e na França, assim como em algumas poucas grandes cidades dos Estados Unidos, uma pequena minoria continua a frequentar o divã psicanalítico. Mas, na maior parte do mundo, a psicanálise está praticamente moribunda como intervenção terapêutica.

O movimento psicanalítico

Se a psicanálise atraiu seguidores nas primeiras três décadas e meia do século XX, isso se deu de modo geral em áreas germanófonas da Europa – na Áustria-Hungria, em Zurique e partes da Suíça e durante a República de Weimar, criada após a Primeira Guerra Mundial, na própria Alemanha, especialmente em Berlim. Por um curto período, nos primeiros anos do novo século, Freud conseguiu atrair a atenção e simpatia de Eugen Bleuler, diretor do hospital Burghölzli, em Zurique (o homem que cunhou o termo "esquizofrenia", cf. p. 293). Assim como a maior parte dos psiquiatras de sua geração, Bleuler estava profundamente comprometido com uma explicação somática das origens da enfermidade mental, porém mais disposto que a maioria de seus contemporâneos a aceitar uma preocupação com as dimensões psicológicas dos transtornos mentais. Depois de ter feito uma resenha favorável dos *Estudos sobre a histeria* de Freud e Josef Breuer, Bleuler encorajou membros de sua equipe, inclusive um jovem Carl Jung, a explorar a literatura psicanalítica. Alguns deles se converteram à abordagem de Freud, mesmo que o próprio Bleuler passasse agora a se distanciar da psicanálise, que era dogmática demais para o gosto dele. Em 1911, Bleuler se desvinculou da International Psychoanalytic Association [Associação Psicanalítica Internacional], ocasião em que informou Freud de maneira contundente que suas tendências ao sectarismo, "esse 'tudo ou nada' é, na minha opinião, necessário para as comunidades religiosas e útil para partidos políticos [...] mas para a ciência considero-o prejudicial"[5].

A apostasia de Bleuler não pareceu dissuadir seus subordinados. Homens como Karl Abraham (1877-1925), Max Eitingon (1881-1943) e o próprio Jung continuaram a proclamar as virtudes da psicanálise. Os trabalhos iniciais de Jung usavam estudos de associação de palavras para tentar descobrir complexos inconscientes. O uso que ele fazia de laboratórios e de técnicas quantitativas conferiu um ar de ciência a um empreendimento que até então dependera de estudos de casos clínicos e aparentava vincular a psicanálise a uma psicologia empírica. Jung atraiu atenção considerável daqueles que estavam fora das fileiras da própria psicanálise, e sua crescente proeminência, somada à sua ligação com um grande hospital de saúde mental que tratava aqueles que sofriam de transtornos severos, era um ativo considerável para Freud. Assim, suas ideias ganharam ao menos alguma consideração entre alguns psiquiatras que poderiam de outra forma tê-las ignorado, e as noções de Freud foram absorvidas por psiquiatras estrangeiros que vieram estudar em Burghölzli. Mas os convertidos que Jung ajudou a atrair eram, apesar de tudo, uma pequena minoria. Liderada por Emil Kraepelin, a maior parte da tradição profissional na Alemanha e na Áustria continuou a ver a psicanálise com suspeita, quando não com desprezo.

Enquanto isso, a psiquiatria francesa não queria saber das teorias de Freud, uma posição que não mudou de forma significativa até os anos 1960. O nacionalismo parece ter desempenhado um papel importante na rejeição francesa inicial à psicanálise. A guerra franco-prussiana de 1870-1871 e os horrores da Primeira Guerra Mundial criaram uma antipatia por tudo que viesse da Alemanha e, ironicamente, considerando o que viria a acontecer nos anos

---

[5] Citado em Peter Gay, *Freud: uma vida para nosso tempo*, trad. Denise Bottmann, 2. ed., São Paulo: Cia. das Letras, 2012, p. 226.

1930, Freud foi atingido por essas reações antiteutônicas. Os franceses diziam que todas as ideias interessantes que Freud tivera já haviam sido antecipadas por homens (franceses) como Pierre Janet (1859-1947), um antigo aluno de Charcot. Na realidade, as teorias e a abordagem de Janet eram muito menos desenvolvidas e elaboradas que as de Freud, e a atração que elas exerciam sobre uma clientela abastada era bastante prejudicada pela insistência de Janet de que a suscetibilidade à psicoterapia comprovava uma degeneração biológica subjacente. Ainda assim, as ideias de Freud tiveram dificuldade em chamar muita atenção nos círculos franceses.

Na Inglaterra, o mais célebre recruta freudiano nos anos iniciais do século XX foi Ernest Jones (1879-1958), que depois viria a ser biógrafo de Freud e um de seus colaboradores mais próximos. Mas quando Jones e David Eder (1865-1936) tentaram falar à British Medical Association a respeito da psicanálise, em 1911, o público inteiro abandonou o auditório antes que as pesquisas dos dois pudessem ser discutidas. Para piorar, Jones em breve teria que fugir da Inglaterra diante de acusações de assédio sexual a pacientes[6]. A maioria dos psiquiatras parecia compartilhar da opinião de *Sir* James Crichton-Browne sobre Freud (ou Fraude, como alguns passaram a chamá-lo). A obra de Freud, queixava-se Crichton-Browne, tinha como fundamento a "cavoucação deliberada de reminiscências verminosas" que deveriam continuar reprimidas[7]. Homens como *Sir* Thomas Clifford Allbutt (1836-1925) e Charles Mercier, que se encontravam entre os mais influentes escritores sobre doenças nervosas da era eduardiana, opunham-se com veemência à tendência psicanalítica de encorajar "homens e mulheres a chafurdar nas piores misérias que os obcecavam. A psicanálise ou revolve lembranças que deveriam continuar sedimentadas, ou permite que as sugestões poderosas do médico criem supostas memórias que atormentam os pacientes com mais crueldade do que seus próprios pensamentos seriam capazes de fazê-lo"[8].

---

[6] Jones foi para Toronto, onde permaneceu por cinco anos antes de voltar para a Inglaterra. O escândalo sexual irrompeu mais uma vez durante sua estadia no Canadá: Jones pagara para que uma mulher que o acusava de assédio sexual ficasse calada, e se falava muito de seu relacionamento irregular (ou seja, não oficializado pelo casamento) com uma antiga paciente, Loe Kann, que era viciada em morfina. Esses são apenas alguns de seus pecadilhos, já que Jones era um sedutor inveterado. Mas também foi um defensor incansável das ideias freudianas durante esses anos e contribuiu muito para atrair vários norte-americanos para a perspectiva psicanalítica.

[7] James Crichton-Browne, *What the Doctor Thought*, Londres: E. Benn, 1930, p. 228.

[8] Janet Oppenheim, *"Shattered Nerves"*, op. cit., p. 307.

Em essência, a maioria dos psiquiatras britânicos das primeiras décadas do século XX acreditava que a psicanálise encorajava um tipo mórbido de introspecção, quando o necessário era engolir o choro[9]. Desse modo, as principais figuras britânicas da área cerraram fileiras contra o que estavam convencidas ser um absurdo germano-judaico, e, quando Hugh Crichton-Miller (1877-1959) constituiu a Tavistock Clinic [Clínica Tavistock], nos anos 1920, para oferecer um norte para psicanalistas britânicos, o diretor do Institute of Psychiatry [Instituto de Psiquiatria], Edward Mapother (1881-1940), usou de sua força política para garantir que Crichton-Miller não conseguisse afiliação acadêmica, ligações com a Universidade de Londres ou acesso a fundos públicos[10]. Uma complicação adicional estava no fato de que a Clínica Tavistock era eclética demais para o gosto dos analistas ortodoxos, que por isso se mantinham à distância.

Freud e os norte-americanos

Mais uma vez, as coisas eram diferentes no Novo Mundo. A meros cinco anos da eclosão da Primeira Guerra Mundial, Freud fora convidado para visitar os Estados Unidos como um dos 21 palestrantes de uma conferência organizada para celebrar o vigésimo aniversário da criação da Universidade Clark, em Massachusetts. Freud não tinha os norte-americanos em alta conta e, de início, recusou o convite. Mudou de ideia em parte por insistência de seu então discípulo mais próximo, Carl Jung, mas também depois que o pagamento que lhe fora oferecido foi aumentado e a data do evento foi alterada para um dia mais conveniente para ele. O título de doutor *honoris causa* que Freud recebeu seria sua única honraria acadêmica atribuída em vida, e a visita serviu para

---

9 Michael Clark, "'Morbid Introspection', Unsoundness of Mind, and British Psychological Medicine c. 1830-c. 1900", em: William F. Bynum, Roy Porter e Michael Shepherd (org.), *The Anatomy of Madness*, v. 3, Londres: Routledge, 1988, p. 71-101. O primeiro professor de psiquiatria da Inglaterra, Joseph Bolton, da Universidade de Leeds, desprezava a psicanálise como "um veneno insidioso" (1926), e Charles Mercier, em "Psychoanalysis" (*British Medical Journal*, v. 2, 1916, p. 897-900), previra que o sistema de Freud logo "se uniria aos sapos macerados e ao leite azedo no limbo dos tratamentos descartados".

10 O sucessor de Mapother como diretor do Instituto de Psiquiatria de Londres, Aubrey Lewis, estava igualmente determinado a marginalizar a psicanálise. Político acadêmico habilidoso e implacável, Lewis se obstinou em garantir que nenhum departamento de psiquiatria na Inglaterra tivesse um psicanalista como diretor. E nenhum teve. Cf. David Healy, *The Creation of Psychopharmacology*, Cambridge, Mass.: Harvard University Press, 2002, p. 297.

estabelecer uma pequena mas importante base de operações para a psicanálise na América do Norte.

Ainda assim, foi uma ocasião agridoce. Freud certamente não era visto como um participante especialmente importante do evento – seus colegas palestrantes incluíam dois médicos vencedores do Nobel, assim como psicólogos e psiquiatras acadêmicos com uma posição de muito maior relevo que a dele[11]. E, afinal de contas, o reconhecimento recebido vinha de norte-americanos, e os Estados Unidos, como Freud mais tarde ressaltaria, "eram gigantescos – um engano gigantesco"[12]. O país inteiro, como informou a Arnold Zweig (1887-1968), era um "antiparaíso" povoado por "selvagens" e vigaristas desprovidos de qualquer coisa que se assemelhasse a uma cultura intelectual. Seria o caso de renomear o país para "Dollaria", em homenagem ao deus adorado por seus habitantes. Antes de sua visita, Freud confidenciara a Jung: "Creio que, assim que descobrirem o núcleo sexual de nossas teorias psicológicas, seremos abandonados"[13]. E o tempo não abrandou esse ódio: "De que servem os americanos", Freud perguntava de modo beligerante a Ernest Jones, em 1924, "se não rendem dinheiro? Eles não servem para mais nada". É uma grande ironia histórica, portanto, que tenha sido nos Estados Unidos que a psicanálise encontrou seu maior sucesso, ainda que um sucesso que Freud não tenha vivido para ver.

---

[11] Na brochura de dez páginas que anunciava a conferência, Freud é quase um adendo. Seu inimigo declarado, William Stern, recebeu o maior destaque dentre os convidados estrangeiros, e só nos últimos parágrafos do texto há alguma menção à participação de Freud, a quem se concedera a enorme quantidade de duas linhas.

[12] Freud a Ferenczi, *apud* Peter Gay, *Freud: uma vida para nosso tempo, op. cit.*, p. 565 (Gay discute o antiamericanismo feroz de Freud de maneira detalhada nas páginas 556-573, de onde tirei as citações que seguem). Sándor Ferenczi, o psicanalista húngaro que também acompanhara Freud na jornada a Clark, estava completamente ciente da ironia da situação. Ele imaginou os devaneios de Freud sobre o tema ("Como pude extrair tanto prazer nas honras com que os norte-americanos me cobriram, quando sinto tanto desprezo por eles?"). Ao que Ferenczi então comentou: "Não irrelevante foi a emoção que causou até mesmo a mim, espectador reverente, uma impressão algo ridícula, quando, quase com lágrimas nos olhos, Freud agradeceu ao presidente da universidade pelo doutorado honorário". Cf. Sándor Ferenczi, *The Clinical Diary of Sándor Ferenczi*, org. J. Dupont, Cambridge, Mass.: Harvard University Press, 1985, p. 184.

[13] Zweig era um escritor e pacifista alemão de fama internacional que se correspondeu longamente com Freud por mais de uma década. Ele emigrou para a Palestina logo após a ascensão de Hitler ao poder e lá foi psicanalisado, tendo sido, por algum tempo, o principal elo entre a comunidade psicanalítica da região e o próprio Freud. Cf. Freud a Jung, 17 jan. 1909, em William McGuire (org.), *The Freud/Jung Letters: The Correspondence between Sigmund Freud and C. G. Jung*, Princeton: Princeton University Press, 1974, p. 196.

A visita de Freud aos Estados Unidos veio num momento oportuno. Aquele era um país de novidades, e uma das novidades que os norte-americanos inventaram foram novas religiões ou variantes de religiões antigas: mormonismo, ou a Igreja de Jesus Cristo dos Santos dos Últimos Dias, como seus fiéis preferem; Adventistas do Sétimo Dia (o grupo que fundou o sanatório de Battle Creek); e Testemunhas de Jeová, para citar apenas algumas. Certas novas religiões, ou novas denominações protestantes, autoproclamavam estarem no negócio da cura do corpo e da mente, e nenhuma delas com mais insistência que a Igreja de Cristo Cientista, fundada por Mary Baker Eddy em 1879. Detratores dos preceitos de Eddy consideraram os cristãos-cientistas como membros de um culto de cura mental, mas muitas pessoas, incluindo aqueles que se queixavam de problemas nervosos, acorreram a seus ensinamentos. Talvez parcialmente em resposta a isso, igrejas protestantes mais convencionais entraram na briga. Uma delas, liderada pelo reverendo Elwood Worcester (1862-1940), da elitista Boston Emmanuel Church, buscava combinar consolo religioso e psicoterapia com um verniz de supervisão médica. De início, Worcester garantiu a participação de homens como os professores de Harvard William James e Jackson Putnam (cf. a seguir), que depois se afastaram do

A conferência na Universidade Clark, 10 de setembro de 1909. Freud (fileira da frente, quarto a partir da direita) posou ao lado de outros participantes do evento, entre os quais se incluíam G. Stanley Hall, à sua direita, e Carl Jung, à sua esquerda. William James é o terceiro a partir da esquerda, também na fileira da frente.

monstro de Frankenstein que perceberam tarde demais ter talvez ajudado a criar. A psicoterapia, como pareceu por um momento, poderia escorregar das mãos dos médicos e voltar para o domínio da religião. E isso seria completamente inaceitável. A rejeição brutal de Freud a essas afrontas à "ciência e à razão" durante sua palestra em Clark foi de fato bem recebida pelos homens da medicina que o ouviram falar, e Freud buscou transmitir sua mensagem para uma audiência mais ampla numa entrevista com Adelbert Albrecht que apareceu no *Boston Evening Transcript*: "O instrumento da alma", afirmava solenemente Freud, "não é tão simples de ser tocado, e minha técnica é muito trabalhosa e enfadonha. Tentativas amadoras podem produzir as consequências mais terríveis"[14].

Edith Rockefeller McCormick, a filha imperiosa e perdulária de John D. Rockefeller, foi a primeira *Dollar Tante* [tia dos dólares] de Carl Jung.

Durante sua estadia, Freud conseguiu cativar James Jackson Putnam (1846-1918), que, além de professor de neurologia em Harvard, era membro de uma família Boston Brahmin cuja proeminência vinha de antes da revolução americana. Foi uma conversão essencial, já que a bênção de Putnam ajudou tanto a apaziguar algumas das preocupações a respeito da psicanálise e da sexualidade quanto a atrair alguns pacientes ricos. Também foi Putnam que fundou a Boston Psychoanalytic Society [Sociedade Psicanalítica de Boston]. William James (1842-1910), colega de Putnam e irmão do escritor Henry James, ficou menos impressionado. Ele só compareceu a uma das palestras de Freud, ainda que ambos tenham conversado longamente durante uma

---

14 *Boston Evening Transcript*, 11 set. 1909.

caminhada, numa discussão interrompida de quando em quando pela angina de James, uma condição cardíaca que logo o mataria. O colega de conversa de Freud se declarou não convencido e considerou o psicanalista "um homem obcecado com ideias fixas. Suas teorias do sonho não são de utilidade para o meu caso particular e o 'simbolismo' é evidentemente um método bastante perigoso". Numa carta posterior, James seria ainda mais contundente: "Tenho fortes suspeitas de que Freud [...] seja um *halluciné* contumaz"[15].

O saldo da visita de Freud passou longe de se manifestar numa enxurrada de convertidos às teorias psicanalíticas. A publicação de uma tradução para o inglês de suas palestras em Clark, que haviam sido originalmente apresentadas em alemão, fez com que suas ideias básicas se tornassem pela primeira vez acessíveis a uma audiência anglófona – e provavelmente foi isso, junto com seus *Três ensaios sobre a teoria da sexualidade* (1905), que mais contribuiu no longo prazo para a disseminação de suas ideias nos círculos norte-americanos. A epidemia de neurose de guerra também ajudou a tornar as concepções sobre as raízes psicológicas da perturbação mental mais plausíveis para alguns norte-americanos, assim como aconteceu noutros países. Mas a psiquiatria estadunidense tradicional continuou a adotar uma postura hostil e enxergar a terapia pela fala como algo irrelevante – ou pior – quando se tratava de cuidar de pacientes que eram vistos como vítimas de doenças mentais firmemente ancoradas em perturbações do corpo.

Alguns membros das classes ricas e tagarelas, por outro lado, sentiam-se atraídos pelas ideias de Freud e procuravam tratamento psicanalítico. Para desgosto de Freud, porém, as duas representantes mais ricas desse grupo, Edith Rockefeller McCormick (1872-1932) e Mary Mellon (falecida em 1946) foram atraídas para o apóstata Carl Jung e investiram grande parte de sua fortuna numa tentativa – em grande parte vã – de fomentar a disseminação das ideias junguianas[16]. As relações entre Freud e Jung se degradaram depois da viagem aos Estados Unidos e, em 1912, tornaram-se efetivamente

---

15 Citado em Ralph B. Perry, *The Thought and Character of William James*, Boston: Little, Brown, 1935, p. 122, 123.

16 Edith Rockefeller McCormick, filha perdulária de John D. Rockefeller e esposa de um dos herdeiros de uma grande fortuna proveniente da invenção de colheitadeiras, mudou-se para Zurique a fim de ser tratada por Jung depois de não conseguir suborná-lo para que se instalasse nos Estados Unidos. Edith se "qualificou" como analista junguiana, embarcou numa série de romances e financiou um centro de treinamento junguiano com 250 mil dólares. Mary Mellon, casada com Paul Mellon, herdeiro da fortuna bancária da família, converteu o marido à causa e, juntos, estabeleceram a Fundação Bollingen, que até hoje promove a versão mística de Jung para a psicanálise.

venenosas. Em janeiro de 1913, os dois homens romperam todas as relações, e já no ano seguinte o cisma era irreversível. Aquele que no passado havia sido o herdeiro do trono da psicanálise cortou a totalidade dos elos que ainda mantinha com o movimento freudiano e começou a desenvolver sua própria marca de psicologia analítica. A partir daí, Jung e os jungianos eram anátema para Freud e seus seguidores, e o inverso valia para os jungianos[17].

Mas Freud conseguiu atrair seus próprios norte-americanos ricos para Viena[18], ainda que nenhum com os vastos recursos financeiros de que dispunham Edith Rockefeller McCormick ou Mary Mellon. As comparações desagradáveis com o sucesso de Jung em atrair *Dollar Onkels* [tios do dólar] – ou melhor, *Dollar Tanten* [tias do dólar] – intensificaram ainda mais o ódio pelo antigo discípulo. E, como é muito provável, exacerbou a aversão profunda de Freud pelos norte-americanos.

Ironicamente, contudo, a psicanálise começava a gozar de algum sucesso nos Estados Unidos. Psiquiatras que achavam a existência nos hospícios sufocante e ansiavam por uma prática clínica começaram a adotar a psicoterapia, assim como acontecia com neurologistas insatisfeitos com aquela subespecialidade que unia a precisão diagnóstica para a sífilis e a esclerose com a impotência terapêutica. Havia alguns territórios novos que poderiam ser colonizados por essa estirpe que agora se formava, como as clínicas de aconselhamento conjugal e parental que começavam a surgir depois da Primeira Guerra Mundial. E o apetite público pelas explicações da psicanálise sobre o inconsciente também parece ter crescido, a julgar pelo espaço que as revistas populares passaram a dar ao tema. Mas a medicina convencional permanecia cética e até mesmo hostil a uma prática que muitos viam como uma espécie de charlatanismo. E ainda havia a questão do que "psicanálise" queria dizer.

Os norte-americanos nunca foram particularmente apaixonados pelo lado mais sombrio da visão de Freud. Como seus livros da década de 1920 passaram a adotar um retrato cada vez mais lúgubre das tensões fundamentais entre civilização e indivíduo e sugerir que repressões e sentimentos perpé-

---

17 George Makari, no capítulo 7 de seu *Revolution in Mind: The Creation of Psychoanalysis*, (Nova York: Harper Collins; Londres: Duckworth, 2008), oferece uma discussão útil sobre esses acontecimentos.

18 Freud considerava a situação humilhante e desagradável. Confidenciou a Heinrich Meng que "infelizmente sou forçado [...] a com muito sacrifício vender o resto de meu esparso tempo de trabalho. Teria que cobrar 250 marcos por hora de um alemão e, assim, prefiro ingleses ou norte-americanos, que pagam valores de hora equivalentes aos de seus próprios países. Quer dizer, não os prefiro, só sou obrigado a acolhê-los" (Freud a Meng, 21 abr. 1921, Library of Congress, Washington, D.C.)

tuos de mal-estar eram talvez o preço a se pagar pela existência civilizada, os norte-americanos começaram a procurar alternativas menos desagradáveis. A proclamação inicial de Freud em *O futuro de uma ilusão*, de 1927, de que a religião era uma neurose e Deus era a criação de um anseio infantil por uma figura paterna, fez pouco para torná-lo mais palatável para muitos daqueles que faziam parte de uma sociedade repleta de pessoas religiosas. Isso não importou muito de início, já que os norte-americanos que diziam seguir Freud tinham pouca dificuldade em descartar as porções do seu pensamento de que não gostavam.

Ninguém pregava a ortodoxia, de modo que, em sua roupagem estadunidense, a psicanálise foi diluída, distorcida e reformulada de forma totalmente eclética, recriada sob uma perspectiva muito mais positiva e otimista diante dos problemas mentais e da possibilidade de curá-los. O otimismo estava na ordem do dia. Um exemplo célebre dessa mudança é a obra do refugiado vienense Heinz Hartmann (1894-1970), um dos favoritos do próprio Freud, que começou a desenvolver o que chamou de "psicologia do ego" – uma postura teórica que diminuía a importância dos conflitos psicológicos e instintos e, no lugar deles, enfatizava o ego e seu papel na promoção de adaptações para a realidade. Aí estava uma abordagem que muitos estadunidenses consideravam mais amigável que os pronunciamentos profundamente pessimistas de Freud. De modo mais amplo, a psicanálise em suas muitas manifestações norte-americanas prometia alívio para ansiedades e tribulações mentais, e essas promessas atraíram vários pacientes ricos e consternados que nunca teriam considerado tratamentos em hospitais de saúde mental.

Hollywood, onde o negócio do cinema estava se expandindo a passos largos, estava visivelmente maravilhada com as ideias freudianas, como veremos mais adiante neste capítulo. Isso era válido tanto para aqueles que atuavam diante das câmeras quanto para os que os contratavam, e, no pós-1945, a paixão pela psicanálise viria à tona de forma bastante explícita em muitos dos filmes mais exitosos daquela era[19]. Também na costa leste, mais particularmente entre os membros mais bem-sucedidos da considerável comunidade judaica mais ao nordeste, a psicanálise encontrou consumidores ansiosos por suas mercadorias. Era um mercado bem menor que as centenas de milhares

---

[19] Cf., por exemplo, Stephen Farber e Marc Green, *Hollywood on the Couch: A Candid Look at the Overheated Love Affair Between Psychiatrists and Moviemakers*, Nova York: W. Morrow, 1993; e Krin Gabbard e Glen O. Gabbard, *Psychiatry and the Cinema*, Chicago: University of Chicago Press, 1987. Examinarei esse fenômeno de forma mais detida ao final deste capítulo.

de doentes mentais graves que apinhavam as enfermarias dos superlotados e decadentes hospitais públicos de saúde mental. Mas era um grupo educado e de proeminência social, dotado de um considerável capital social e cultural, sem falar dos amplos recursos que eram essenciais para custear os encontros terapêuticos de uma hora de duração várias vezes ao longo da semana, que se estendiam por meses e anos e eram a condição necessária do tratamento analítico clássico. Ambulatorial, opulento, articulado e, ainda assim, queixoso de ansiedades e neuroses profundamente instaladas e que, por resistirem a curas simples, exigiam tratamentos extensos: aí estava um grupo de pacientes bem mais atrativo do que aquele formado pelas pessoas às margens da sociedade, frequentemente empobrecidas e sem educação formal, que sobrecarregavam os hospitais de saúde mental – delirantes, alucinadas, profundamente deprimidas e distanciadas da sociedade ou simplesmente loucas.

Os desvios e diluições que ajudavam a espalhar a boa nova da psicanálise para uma audiência norte-americana mais ampla preocupavam bastante os discípulos mais ortodoxos de Freud, mas a supressão dessas manifestações estava longe do alcance deles. Já em 1921, Isador Coriat (1875-1943), que viera ouvir Freud na Universidade Clark, brincou que tentara entoar "não há psicoterapia, mas psicanálise, e Freud é seu profeta", mas que o encantamento caíra em ouvidos moucos[20]. Em vez disso, uma ênfase no crescimento e nas possibilidades psicológicas entrou na ordem do dia, tanto em meio a analistas nascidos nos Estados Unidos, como os irmãos Menninger (instalados num negócio familiar que oferecia psicoterapia em Topeka, no Kansas), como entre alguns dos analistas estrangeiros que viviam na costa leste – seres superiores (pelo menos segundo eles mesmos se consideravam) que de resto desprezavam seus irmãos estadunidenses por serem apóstatas materialistas com quase nenhuma centelha de compreensão do grandioso edifício freudiano.

No exílio

E então veio Hitler. A ascensão dos nazistas ao poder logo pôs fim à psicanálise na Alemanha e deu início ao que viria a ser uma enxurrada de refugiados, alguns para Londres, muitos outros para as cidades ao leste dos Estados Unidos, mais especificamente para Nova York. O Berliner Psychoanalytisches

---

[20] Isador Coriat a Ernest Jones, 4 abr. 1921, *Otto Rank Papers*, Sala de Livros Raros, Columbia University, Nova York.

Institut [Instituto de Psicanálise de Berlim], composto em grande parte de judeus, foi o primeiro a sofrer perseguições, e seus líderes fugiram para os Estados Unidos logo no começo dos anos 1930. Nos anos finais da década, foram acompanhados por austríacos e húngaros[21]. De fato, Viena se reconstruiu em Manhattan assim que os émigrés rapidamente se assenhorearam da New York Psychoanalytic Society [Sociedade Psicanalítica de Nova York].[22]

O *Anschluß*, a anexação da Áustria pela Alemanha, aconteceu em 12 de março de 1938. Freud, que sofria de um grave câncer na boca com que estivera lutando por uma década e meia, encontrava-se diante de um perigo mortal, assim como toda sua família – algo que forçosamente chegou à sua porta quando a Gestapo convocou sua filha Anna (1895-1982) para um interrogatório assustador. Com a ajuda de Ernest Jones e uma subvenção de seu anjo financeiro de longa data, a princesa Maria Bonaparte (1882-1962), que pagou o imposto de partida que os nazistas exigiam, o enfermo Freud conseguiu fugir para Londres com sua esposa Martha, sua filha Anna, uma camareira e um médico.

Em seu exílio em Hampstead, a família recriou o consultório que Freud mantivera em Viena numa casa localizada no número 20 da rua Maresfield Gardens, e ali ele continuou a receber pacientes **(imagem 41)**. Mas suas condições físicas pioravam cada vez mais e a dor se tornou insuportável. O câncer corroía seu corpo. A carne cheirava tão mal que mesmo seu cachorro fugia dele. O sofrimento aumentava, e mesmo para o estoico Freud aquilo já era demais. Seu médico de longa data, Max Schur (1897-1969) foi lembrado da promessa que fizera de ajudar Freud *in extremis*. "Agora não passa de tortura e já não faz mais sentido." Em 21 de setembro de 1939, Schur administrou morfina em Freud pela primeira vez. Em 22 de setembro, repetiu o procedimento. No dia seguinte, Freud estava morto.

A morte de Freud veio menos de um mês após os disparos iniciais da Segunda Guerra Mundial. Muitos analistas haviam fugido da Europa continental. A maioria daqueles que não o fizeram pereceram na carnificina que acompanhou o domínio nazista. Inevitavelmente, o fluxo interno de refugiados nos Estados Unidos expandiu de forma considerável o número de

---

21   A tendência de concentração em Nova York e num punhado de outros centros urbanos não estava ancorada apenas no padrão comum e duradouro que se manifesta em todos os grupos de imigrantes, mas também no fato de que apenas meia dúzia dos então 48 estados permitiam que médicos estrangeiros exercessem a profissão.

22   Sobre esses acontecimentos, cf. George Makari, "Mitteleuropa on the Hudson: On the Struggle for American Psychoanalysis after the Anschluß", em: John Burnham (org.), *After Freud Left: A Century of Psychoanalysis in America*, Chicago: University of Chicago Press, 2012, p. 111-24.

psicanalistas que buscavam exercer sua profissão. Ao mesmo tempo, contudo, também intensificava as tensões. Os europeus vindos da parte central do continente tinham pouca consideração por seus colegas norte-americanos, mesmo por aqueles que haviam se mantido razoavelmente próximos da ortodoxia freudiana. Consideravam os norte-americanos intelectual e culturalmente inferiores e os tratavam como tal. As emoções voavam alto, e os sentimentos sectários, sempre presentes no interior da psicanálise, tornaram-se cada vez mais salientes. Rachas e rixas irromperam, ainda que tenham atraído pouca atenção além das fileiras dos convertidos. E, ironicamente, a guerra, enquanto destruía a psicanálise lá onde havia sido sua terra natal, na Europa central, acabaria por levar a uma expansão dramática de suas perspectivas nos Estados Unidos, apesar das lutas internas nos institutos psicanalíticos.

Em vida, Freud fizera suas próprias contribuições para a existência de cismas. Sua intolerância à dissidência e sua gigantesca capacidade para o ódio eram lendárias, e aqueles que discordavam dele eram em geral expulsos dos círculos internos e lançados ao ostracismo[23]. Mas, aos olhos da maioria do público externo, disputas como essas pareciam pouco relevantes no quadro geral das coisas. Na época da morte de Freud, o mundo se encontrava mais uma vez engolido por anos de guerra que chegariam ao fim com a detonação do horrível poder do átomo sobre cidadãos desavisados. Depois de terem feito o máximo possível para exterminar os pacientes de saúde mental da Alemanha, os nazistas deram início ao processo de transferência de pessoal e equipamento para campos designados para extermínio de judeus, outros grupos de "raças inferiores" e oponentes políticos. O verniz da civilização estava no processo de ser lixado. Forças sombrias e destrutivas estavam mais uma vez em ação e, a seu serviço, os poderes da medicina e da ciência modernas eram distorcidos para criar um inferno – ou, mais precisamente, uma multiplicidade de infernos – projetado por humanos.

---

23 Um de seus seguidores disse "daß Freud allzeit ein grimmer Hasser war. Stets hat er weitaus mächtiger hassen als lieben können" [Freud sempre foi um grande odiador. Ele era capaz de odiar com mais intensidade do que era capaz de amar]. Cf. Isidor Sadger, *Recollecting Freud*, org. Alan Dundes e trad. Johanna Jacobsen, Madison: University of Wisconsin Press, 2005 (publicado originalmente como *Sigmund Freud: Persönliche Erinnerungen*, 1929). Discípulo devotado, Sadger assistia às palestras de Freud já em 1895 – fora uma das primeiras três pessoas a fazê-lo – e, mais tarde, foi um participante fiel da assim chamada Sociedade Psicológica das Quartas-Feiras. Ele foi um dos que não conseguiram escapar da ameaça nazista, tendo sido assassinado no campo de concentração de Theresienstadt, em 21 de dezembro de 1942.

A guerra total e suas consequências

É possível que mesmo Freud, o profeta do pessimismo, ficasse perplexo caso houvesse vivido o bastante para testemunhar a barbárie que agora recaía sobre o mundo. E, ainda assim, foi essa guerra terrível, mais do que qualquer outra coisa, que ajudou no avanço da causa psicanalítica – de forma mais limitada na Grã-Bretanha, mas em escala muito mais ampla e duradoura nos Estados Unidos, onde uma versão das ideias de Freud veio a dominar a psiquiatria norte-americana por mais de um quarto de século e as ideias e conceitos psicanalíticos vieram a invadir até mesmo a cultura popular. Para muitos, parecia evidente que a loucura fosse dotada de sentido e, na verdade, houvesse sentidos na própria raiz da loucura – sentidos capazes de explicar de onde a loucura vinha e apontar para uma forma de curá-la.

O novo conflito que engolia o assim chamado mundo civilizado oferecia provas adicionais, se é que ainda se precisava de provas, de que a guerra industrializada e mecanizada e a estabilidade psicológica das tropas eram frequentemente incompatíveis. A lição seria dolorosamente reaprendida na Guerra da Coreia, no Vietnã, na série incontável de conflitos militares que marcaram e mancharam a mal nomeada Guerra Fria e seu rescaldo e nas duas guerras do Golfo. Depois do Vietnã, a influência política dos veteranos norte-americanos resultaria na construção de uma nova categoria nosológica, o transtorno de estresse pós-traumático, ou TEPT, uma enfermidade que logo viria a se espalhar para agarrar também as vítimas de outras formas de violência, principalmente do tipo sexual.

Nervos em tempos de guerra. Antecipando uma abundância de transtornos nervosos trazidos pelas pressões do conflito, a companhia farmacêutica Burroughs Wellcome se apressava em oferecer tratamentos químicos.

Mas os problemas psiquiátricos em meio às tropas não esperaram a politização da psiquiatria no final do século XX. Eles eram uma realidade inescapável que confrontava os militares durante a Segunda Guerra Mundial.

Os nazistas tinham uma solução simples para o problema. Assim como não tinham escrúpulos em assassinar pacientes de saúde mental, também não se furtavam a adotar medidas drásticas quando combatentes pareciam desmontar. Os soldados da Wehrmacht que enlouqueciam podiam esperar ser disciplinados, quando não fuzilados[24]. O consenso entre os psiquiatras alemães era que as vítimas de neurose de guerra da Primeira Guerra Mundial haviam sido fingidoras e covardes e que o engano de tratá-las como homens doentes não seria repetido. Era uma visão aprovada com entusiasmo pelo alto comando alemão. Crises ainda aconteciam, especialmente no front oriental, mas não eram oficialmente reconhecidas, ainda que fossem tratadas com penalidades selvagens, pelotões de fuzilamento e a devolução dos neuróticos de guerra ao campo de batalha.

Os ingleses eram menos propensos a atirar em seus próprios homens, mas estavam igualmente determinados a evitar uma repetição da epidemia de neurose de guerra. A política oficial, desenvolvida pelos principais psiquiatras britânicos, era a eliminação de "qualquer perspectiva de recompensa [pela exibição de sintomas de neurose]: ninguém deveria ser dispensado das forças armadas devido à neurose, e pensão alguma seria paga"[25]. Tratamentos complicados deviam ser evitados, já que isso apenas encorajava o soldado a ver a si mesmo como doente; em vez disso, o combatente devia ser mantido próximo das linhas de frente e devolvido à sua unidade assim que possível.

Ao longo da guerra, contudo, as vítimas psiquiátricas se acumulavam. Em média, em todos os teatros de operações, entre 5% e 30% dos doentes e feridos evacuados das batalhas eram vítimas psiquiátricas. Era rotineiro que as estatísticas oficiais subestimassem o tamanho do problema e, onde quer que a luta fosse mais atroz, a incidência de crises psiquiátricas era mais acentuada. Nos registros oficiais, o "estresse de combate" foi responsável por apenas 10% daqueles admitidos para tratamento médico durante a retirada de Dunquerque[26], mas essa é provavelmente uma subestimação grave da escala real do problema, já que muitos dos evacuados foram admitidos em enfermarias psiquiátricas militares logo depois de voltarem à Inglaterra[27]. Ao longo da guerra,

---

[24] Apenas 48 soldados alemães foram fuzilados durante a Primeira Guerra Mundial. Em contraste, 10 mil foram executados até o final de 1944, e mais 5 mil foram mortos como medida disciplinar nos primeiros quatro meses de 1945. Cf. Ben Shephard, *A War of Nerves, op. cit.*, p. 305. "Curas" dolorosas de Kaufmann também estavam mais uma vez na ordem do dia.

[25] *Ibidem*, p. 166.

[26] R. J. Phillips, "Psychiatry at the Corps Level", Wellcome Library for the History of Medicine, Londres, GC/135/B1/109.

[27] Edgar Jones e Simon Wessely, "Psychiatric Battle Casualties: An Intra- and Interwar Comparison", *British Journal of Psychiatry*, v. 178, 2001, p. 242-47.

40% dos soldados britânicos dispensados como inadequados ao serviço foram isentados por razões psiquiátricas[28].

Na Itália, em 1944, uma divisão canadense participou de combates brutais em duas batalhas consecutivas. As taxas de vítimas psiquiátricas variavam entre as nove unidades que compunham a divisão: de 17,4% a 30,5% no primeiro combate e de 14,6% a 30% no segundo. Mas ainda que os comandantes houvessem sido instruídos antes da segunda luta "a adotar uma atitude disciplinar severa diante de vítimas psiquiátricas com base na crença de que seus estados mentais se deviam à frouxidão e fraqueza", o percentual de vítimas psiquiátricas da divisão como um todo na verdade subiu de 22,1% para 23,2%. As vítimas psiquiátricas entre as tropas britânicas e canadenses durante a invasão da Normandia foram no mínimo igualmente altas, e apenas uma pequena fração dos soldados que receberam tratamento – menos de 20% do total – voltou para o combate[29]. Spike Milligan (1918-2002), que viria a se tornar o famoso comediante britânico, foi uma dessas vítimas. Combates intensos em Monte Cassino, na Itália, levaram-no à sua primeira crise. Milligan foi tratado em território inimigo por três dias e depois enviado de volta a sua unidade. Mas por semanas o soldado chorava, balbuciava e se encolhia ao som da batalha, até que seus comandantes se cansaram. Dessa vez ele foi mandado para longe da luta, de volta para o acampamento de base, onde trabalhou como – quem disse que exércitos não têm senso de ironia? – auxiliar psiquiátrico. A guerra de Milligan tinha chegado ao fim e, assim como outras vítimas psiquiátricas, ele "nunca superou aquele sentimento [de vergonha]" e considerava o dia de sua evacuação como "o dia mais triste da minha vida"[30].

As coisas seriam muito diferentes para os norte-americanos, que ficaram de fora da guerra até que o ataque japonês a Pearl Harbor, em 7 de dezembro de 1941, forçou-os a agir. Todos, salvo os isolacionistas mais míopes, sabiam, no entanto, que a guerra era inevitável, e a psiquiatria norte-americana se mobilizou para persuadir os poderes militares de que a forma mais garantida de evitar os problemas da Primeira Guerra Mundial era examinar todos os potenciais recrutas e eliminar os psiquiatricamente inaptos. Dessa forma, os problemas logísticos e de moral associados com as imensas quantidades de vítimas de problemas mentais seriam evitados. A nova política foi considerada um enor-

---

28 Ben Shephard, *A War of Nerves*, op. cit., p. 328.
29 Edgar Jones e Simon Wessely, "Psychiatric Battle Casualties", op. cit., p. 244-45.
30 Spike Milligan, *Mussolini: His Part in My Downfall*, Harmondsworth: Penguin, 1980, p. 276-88, *apud* Ben Shephard, *A War of Nerves*, op. cit., p. 220.

me sucesso. Podou recrutas potenciais cujo número chegava a quase 1 milhão e 750 mil – uma quantia assustadora, mas pelo menos as forças armadas podiam ter certeza de que estariam livres dos problemas associados às crises no *front*.

Mas não estavam. Já em 1942, apenas alguns meses depois da entrada dos Estados Unidos na guerra, as vítimas psiquiátricas começaram a subir em meio às tropas como se os exames preliminares nunca tivessem acontecido. Os horrores do campo de batalha, e algumas vezes até mesmo a perspectiva desses horrores, criavam massas de novas vítimas psiquiátricas e, é claro, demandas igualmente maciças por psiquiatras e psicólogos para responder à ameaça que assomava contra o moral e a eficiência do exército. Não a neurose de guerra, mas a "fadiga de combate" e o "esgotamento de combate" proliferavam depressa[31]. Nos anos da guerra, houve mais de um milhão de admissões em hospitais norte-americanos causadas por problemas neuropsiquiátricos. Em meio às unidades de combate no teatro de operações da Europa em 1944, as internações chegavam a 250 para cada mil homens por ano, um percentual extraordinário[32]. E na campanha da Sicília em 1943, por exemplo, as vítimas psiquiátricas norte-americanas eram evacuadas para serem tratadas no norte de África; apenas 3% delas voltava para a luta[33]. Enquanto isso, "[d]as vítimas graves o bastante para exigir a evacuação no verão e outono de 1942, durante a intensa campanha norte-americana no Pacífico, em Guadalcanal 40% eram psiquiátricas"[34]. E o surto de incapacitados psiquiátricos em meio às fileiras de soldados não mostrou sinais de diminuição na sequência imediata do conflito. Em 1945, 50.662 vítimas neuropsiquiátricas enchiam as enfermarias dos hospitais militares, e aos institucionalizados devemos acrescentar ainda 475.397 soldados dispensados que recebiam pensões da Veterans' Administration [Departamento de Veteranos] em função de sua incapacidade psiquiátrica já em 1947[35].

Estranhamente, dada a posição marginal dos freudianos na psiquiatria do pré-guerra, tanto o exército britânico quanto o norte-americano confiaram o comando dos serviços psiquiátricos durante os combates a homens simpáticos à psicanálise: J. R. Rees (1890-1969), da Tavistock Clinic, para os britânicos,

---

[31] Roy S. Grinker e John P. Spiegel, *War Neuroses*, Filadélfia: Blakiston, 1945; Abram Kardiner e Herbert Spiegel, *War Stress and Neurotic Illness*, Nova York: Hoeber, 1947.

[32] Gerald Grob, "World War II and American Psychiatry", *Psychohistory Review*, v. 19, 1990, p. 54.

[33] Ben Shephard, *A War of Nerves, op. cit.*, p. 219.

[34] Ellen Herman, *The Romance of American Psychology: Political Culture in the Age of Experts, 1940-1970*, Berkeley: University of California Press, 1995, p. 9.

[35] Ben Shephard, *A War of Nerves, op. cit.*, p. 330.

e William Menninger (1899-1966), da Menninger Clinic, em Topeka, no Kansas, para os norte-americanos. Talvez fosse um eco das lições aprendidas na Primeira Guerra Mundial de que as vítimas psiquiátricas eram produto de estresse psicológico. Qualquer que tenha sido a razão, a grave escassez de mão de obra psiquiátrica (havia apenas 2.295 membros na American Psychiatric Association em 1940, a maioria deles lotada em hospitais de saúde mental, e o exército viria a empregar, sozinho, esse mesmo número em 1945) significava que os médicos precisavam ser rapidamente treinados e colocados para trabalhar, e esse treinamento, liderado por Menninger, tinha como foco a psicoterapia, e não terapias físicas. Dado o grande número de vítimas, a psicoterapia individual era impossível, por isso tratamentos em grupo entraram em cena.

Psicanálise ao estilo norte-americano

Terminada a guerra, os psiquiatras ingleses mais ecléticos extraíram de suas experiências a ideia de uma comunidade terapêutica e buscaram remodelar os hospitais civis de saúde mental de acordo com essa diretriz. A ênfase estava no social e no psicológico, assim como na mobilização de pacientes e da equipe médica para criar um ambiente que promovesse a recuperação. Não obstante o papel de destaque desempenhado por alguns psicanalistas britânicos no desenvolvimento da abordagem – Wilfred Bion (1897-1979), John Rickman (1891-1951), Harold Bridger (1909-2005) e S. H. Foulkes (1898-1977) – a psicoterapia que seria oferecida tinha como base a realização de sessões em grupo, não a análise individual. O *ethos* mais "democrático" da comunidade terapêutica – que se propunha a apagar ou minimizar as distinções de hierarquia e *status*, ainda que isso fosse um ideal, não a realidade – combinava bem com a cultura mais igualitária da Inglaterra do pós-guerra, e a psicoterapia em grupos era, claro, muito mais barata que a psicanálise individual[36].

De modo geral, a guerra castigara a psiquiatria britânica, e a história oficial da Tavistock Clinic admitia que "dificilmente fizemos alguma grande contribuição nova ao tratamento das neuroses traumáticas" durante a luta[37]. Era

---

36 Cf. D. W. Millard, "Maxwell Jones and the Therapeutic Community", em: Hugh Freeman e German E. Berrios (org.), *150 Years of British Psychiatry, vol. 2: The Aftermath*, Londres: Athlone, 1996, p. 581-604; T. P. Rees, "Back to Moral Treatment and Community Care", *British Journal of Psychiatry*, v. 103, 1957, p. 303-13; Edgar Jones, "War and the Practice of Psychotherapy: The UK Experience 1939-1960", *Medical History*, v. 48, 2004, p. 493-510.

37 H. V. Dicks, *Fifty Years of the Tavistock Clinic*, Londres: Routledge & Kegan Paul, 1970, p. 6.

uma análise sóbria e inteiramente compartilhada por seus antigos superiores militares. No final da guerra, o oficialato britânico considerava os *trick cyclists*[38], como se referiam de maneira depreciativa aos psiquiatras, "ingênuos, inexperientes, ignorantes das realidades militares e hiperdogmáticos"[39]. Já sem tanta necessidade ou desejo de serviços psiquiátricos agora que os combates estavam encerrados, o antigo desdém dos militares pela profissão psiquiátrica ressurgia.

Os equivalentes norte-americanos da psiquiatria britânica, por outro lado, abençoados como eram por um mercado mais afluente e obsequioso, e talvez mais hábeis na divulgação de suas conquistas diante de um público crédulo, começaram seus próprios negócios na prática da psicoterapia individual. Já em 1947, numa ruptura impressionante de precedentes do pré-guerra, mais da metade de todos os psiquiatras norte-americanos trabalhava em clínicas particulares ou com pacientes ambulatoriais; em 1958, o número de médicos que atendiam em hospitais públicos tradicionais mal chegava a 16%. Além disso, essa rápida mudança no centro gravitacional da profissão ocorreu no contexto de uma expansão extraordinária no tamanho absoluto da profissão.

William Menninger em seu escritório na Menninger Clinic, em Topeka, Kansas.

---

38 O termo *"trick cyclist"*, que em tradução literal significa "ciclista de truques" (ou "ciclista acrobático", em tradução mais livre), é uma corruptela proposital da palavra *"psychiatrist"* (psiquiatra). [N.T.]

39 Ben Shephard, *A War of Nerves, op. cit.*, p. 325.

De menos de 5 mil em 1948, os membros da American Psychiatric Association passaram a mais de 27 mil em 1976[40]. Em 1948, o (agora) brigadeiro William Menninger foi eleito presidente da APA, o primeiro de muitos psicanalistas a assumir o posto, e a revista *Time* celebrou a ocasião com a publicação de um retrato de Menninger em sua capa, acompanhado da imagem de um cérebro humano em que se via um buraco de fechadura e uma chave. Agora seria possível esperar um avanço veloz na abertura dos segredos da loucura.

Nos anos 1960, a maioria dos chefes de departamentos de psiquiatria nas universidades norte-americanas era composta de analistas por formação e convicção[41], e os principais manuais da disciplina davam uma ênfase enorme às perspectivas psicanalíticas[42]. (Nenhuma mudança comparável aconteceu na Europa.) A psiquiatria norte-americana atraía cada vez mais candidatos a bolsas e residências, e os melhores dentre eles complementavam suas formações acadêmicas com análises didáticas em institutos psicanalíticos poderosos que se mantiveram separados e a certa distância das faculdades de medicina. A formação psicanalítica era, senão a condição *sine qua non*, ao menos o bilhete de entrada para uma carreira de sucesso como psiquiatra acadêmico nos Estados Unidos, e a prática médica de maior *status* consistia em grande medida na psicoterapia realizada em consultórios. Os pacientes com formas severas e crônicas de transtornos mentais eram em sua maior parte marginalizados e ignorados pela elite profissional, que tinha uma preferência acentuada pelos pacientes ambulatoriais mais prósperos.

Era preciso dinheiro – uma boa quantidade de dinheiro – para arcar com um tratamento psicanalítico clássico. Ainda assim, por algum tempo, grandes

---

40 Nathan Hale Jr., *The Rise and Crisis of Psychoanalysis in the United States: Freud and the Americans, 1917-1985*, Nova York: Oxford University Press, 1998, p. 246.

41 Os psicanalistas dominaram os cargos mais prestigiosos na área. Em 1961, mantinham 32 dos 44 postos profissionais nas faculdades médicas da região de Boston, e isso era parte de uma tendência nacional. Das 91 faculdades de medicina do país, 90 ensinavam psicanálise; praticamente todos os melhores residentes procuravam formação psicanalítica; e, em 1962, dos 89 departamentos de psiquiatria, 52 eram comandados por alguém que estava filiado a um instituto psicanalítico. Cf. Nathan G. Hale Jr., *The Rise and Crisis of Psychoanalysis in the United States*, op. cit., p. 246-53.

42 O mais usado deles era o *Modern Clinical Psychiatry*, de Arthur P. Noyes e Lawrence Kolb (Filadélfia: W. B. Saunders, 1935), seguido pelo *Practical Clinical Psychiatry*, de Jack R. Ewalt, Edward A. Strecker e Franklin G. Ebaugh (Nova York: McGraw-Hill, 1957). – um texto que antes dos anos 1950 refletira os ensinamentos de Adolf Meyer, mas que agora adotava a posição freudiana. O *American Handbook of Psychiatry*, editado por Silvano Arieti e que teve sua primeira aparição, em dois volumes, em 1959, incluía referências a outras teorias e abordagens, mas, em essência, era apenas mais um texto psicanalítico.

porções da *haute bourgeoisie* norte-americana se convenceu de que o investimento valia a pena e, em Nova York, Boston, Chicago, Los Angeles, São Francisco e outras cidades, pacientes corriam para o divã psicanalítico em números suficientes para sustentar seus terapeutas em grande estilo. Mais tarde, ao menos em teoria, o tratamento psicanalítico foi visto como potencialmente relevante mesmo no caso das psicoses, e em alguns estabelecimentos privados mais chiques – como a Menninger Clinic, o Chestnut Lodge, o Austen Riggs e o McLean Hospital – houve esforços para tratar esquizofrênicos com a cura pela fala[43].

Foram os anos dourados dos psicanalistas nos Estados Unidos. Seguros do próprio *status*, olhavam do alto do nariz para os psiquiatras "diretivo-orgânicos" que ainda espreitavam em hospitais públicos, muitos dos quais agora precisavam recrutar médicos de outros países. Enquanto em 1954 o rendimento médio de seus colegas lotados em hospitais públicos consistia em meros 9 mil dólares, entre os analistas o montante comparativo era mais que o dobro: 22 mil dólares. E os atrativos não eram apenas financeiros. Os psiquiatras institucionais, com exceção daqueles que trabalhavam em meia dúzia de instituições que contemplavam os muito ricos, estavam presos a um sistema sobrecarregado pelos vultosos números de pacientes crônicos das classes baixas, em hospitais de saúde mental rurais e isolados que fediam, de forma bastante literal, a fracasso e decadência. Seus colegas da psicanálise lidavam com multidões abastadas, articuladas e educadas que compartilhavam sua formação cultural e viviam naquilo que, para eles, talvez por presunção, eram os centros urbanos mais vibrantes e atraentes dos Estados Unidos.

Mamães patológicas

As perspectivas psicanalíticas também gozavam de ampla respeitabilidade na cultura em geral. A mobilidade geográfica do pós-guerra deixou muitas mães desesperadas por conselhos para a educação de seus filhos. Foi para dentro desse vácuo que se deslocou o doutor Benjamin Spock (1903-1998), o primeiro pediatra com formação psicanalítica. Seu *The Common Sense Book of Baby and Child Care* [O livro do bom senso para o cuidado de bebês e crianças] apareceu em 1946 e vendeu meio milhão de cópias nos primeiros seis meses.

---

43 Nathan G. Hale Jr., *The Rise and Crisis of Psychoanalysis in the United States*, op. cit., especialmente cap. 14; Joel Paris, *The Fall of an Icon: Psychoanalysis and Academic Psychiatry*, Toronto: University of Toronto Press, 2005.

Quando da morte de Spock, em 1998, o livro já vendera mais de 50 milhões de cópias e fora traduzido para mais de trinta línguas. Era o mais vendido nos Estados Unidos do pós-guerra, atrás apenas da Bíblia. Suas abordagens da educação e do amadurecimento das crianças eram fortemente inspiradas pelas noções freudianas e, apresentadas de um modo popular e amigável, se tornaram parte de um conjunto comum de entendimentos culturais[44].

Os ingleses não aceitaram o doutor Spock com tanta empolgação, mas dois psicanalistas célebres, John Bowlby (1907-1990) e Donald Winnicott (1896-1971), eram influentes, de modo que também entre eles as ideias psicanalíticas produziram um grande impacto sobre as práticas de educação das crianças e mesmo sobre as ideias acerca das origens da delinquência juvenil. A obra de Bowlby girava em torno do conceito da ligação entre a mãe e a criança e dos problemas que a privação materna parecia causar[45]. Durante a guerra, muitas crianças foram evacuadas de Londres e outros centros urbanos para escapar dos bombardeios alemães; outras foram colocadas em berçários comunitários para permitir que suas mães contribuíssem para o esforço de guerra; e havia ainda as crianças judias refugiadas que escapavam dos horrores da "solução final".

Winnicott, que trabalhara com a remoção de crianças, atribuía muita importância às brincadeiras e ao afeto para a produção de uma boa infância. O pensamento freudiano clássico retratava as relações entre os pais e a criança como inquietantes e repletas de conflitos, borbulhantes de desejos e sentimentos sexuais inconscientes e mal reprimidos. Em oposição, Winnicott era reconfortante: a mãe (e as figuras parentais, de modo geral) deveria se contentar em ser "dedicada como de costume" e "suficientemente boa", e não buscar uma perfeição inalcançável. Genitores como esses, insistia Winnicott, seriam capazes de guiar seus filhos para uma independência e uma vida adulta saudáveis. A ênfase em dar a "mães jovens [...] apoio para que confiem em suas tendências naturais"[46] era compreensivelmente popular.

Por outro lado, ao diminuir a importância dos elementos eróticos e menos palatáveis das teorias de Freud, Winnicott nem sempre era tão popular

---

[44] Cf. A. Michael Sulman, "The Humanization of the American Child: Benjamin Spock as a Popularizer of Psychoanalytic Thought", *Journal of the History of the Behavioral Sciences*, v. 9, 1973, p. 258-65.

[45] Bowlby escreveu um relatório bastante influente encomendado pela Organização Mundial da Saúde (OMS), *Maternal Care and Mental Health* [Cuidado materno e saúde mental], publicado em 1951.

[46] Donald Winnicott, *The Child, the Family and the Outside World*, Londres: Penguin, 1964, p. 11.

entre os psicanalistas mais tradicionais. O saldo final, no entanto, foi que, enquanto a psicanálise adulta estava relegada às margens da psiquiatria inglesa, sua versão modificada (e, ouso dizer, domesticada) – a psicanálise infantil – teve uma influência surpreendente, ajudada pela predisposição ocasional do National Health Service [Serviço Nacional de Saúde] a subvencionar psicoterapeutas infantis de orientação analítica[47]. Talvez o impacto continuado dessas obras também ajude a explicar o respeito que muitos leigos educados na Inglaterra ainda mantêm pelas ideias da psicanálise.

Nem todos os retratos psicanalíticos da vida familiar eram tão positivos, no entanto. Era nesse ambiente que as teorias de Freud haviam encontrado as raízes da psicopatologia, e seus seguidores nos Estados Unidos depositavam uma gama de problemas aos pés da família. Mais especificamente, os analistas denunciavam as mães norte-americanas como origem, ao que tudo indicava, de um conjunto em constante expansão de enfermidades e debilidades – e até mesmo como ameaças à saúde da nação.

Não satisfeita com o tratamento do que até então vinha sendo considerado uma doença mental, a psicanálise começou a sugerir que seus conselhos também poderiam ser úteis para a compreensão e o tratamento de uma classe ainda mais ampla de transtornos. Assim como a histeria antes delas, a neurose de guerra e a fadiga de combate frequentemente envolviam a aparente transformação dos desgastes mentais numa sintomatologia física. Nos anos 1930, o psicanalista Franz Alexander (1894-1964), que trocara Berlim por Chicago, começou a falar de transtornos psicossomáticos. A ideia de que mente e corpo pudessem de algum modo se sobrepor e interpenetrar acabou por ser de grande atração para as pessoas, principalmente para a Fundação Rockefeller, cujos encarregados estavam decididos, no começo da década, a fazer da psiquiatria um dos focos principais de sua filantropia médica. Por um breve período, Alexander foi agraciado com essa generosidade, mas deixou de sê-lo quando descobriram que a maior parte do dinheiro que lhe enviavam havia sido transferido para os bolsos do próprio *Herr Doktor Professor* Alexander, que aspirava à vida de um aristocrata alemão. Mas o Chicago Institute for Psychology [Instituto para a Psicologia de Chicago] sobreviveu, e nos anos que se seguiram à Segunda Guerra Mundial as ideias de Alexander sobre as enfermidades psicossomáticas entraram cada vez mais em voga. A quantidade de transtornos com origens psicossomáticas proliferou depressa, e os analistas

---

47   E. Rous and A. Clark, "Child Psychoanalytic Psychotherapy in the UK National Health Service: An Historical Analysis", *History of Psychiatry*, v. 20, 2009, p. 442-56.

produziram um modelo ainda mais elaborado para explicar como os problemas da mente vinham à tona como sintomas corporais. "Sintomas neuróticos gástricos", proclamava Alexander, "possuem uma psicologia muito diferente daqueles da diarreia emocional ou da constipação; casos cardíacos diferem de casos asmáticos por seus contextos emocionais."[48]

Diferentes, talvez, mas a constante era sempre a "Mãe". Por trás das cenas, era ela quem realizava as devastações. Consideremos a asma, por exemplo. Suas origens, pensavam os analistas, estavam numa "mãe asmagênica" – ambivalente, assolada pela culpa, hostil e incapaz de acolher, ainda que negasse alegremente seus sentimentos inconscientes e os transformasse num simulacro de mãe protetora (mas na verdade uma superprotetora patológica)[49]. E ainda mais devastador era o papel desempenhado pelos genitores, em particular pelas mães, na gênese de transtornos mentais com manifestações perceptíveis: crianças "limítrofes" (aquelas que pairavam entre as fronteiras do neurótico e do psicótico), esquizofrênicas e autistas – estas últimas vítimas do transtorno identificado pela primeira vez por Leo Kanner (1896-1961), professor de psiquiatria infantil na Johns Hopkins University, em 1943[50].

Todos esses transtornos eram percebidos como originários de uma mãe perversa ou, talvez, de uma combinação de genitores inadequados: uma mãe controladora, não receptiva e agressiva que escolhera um homem psicologicamente inadequado, passivo e apático como parceiro. Kanner sugere em 1949 que as crianças autistas estavam capturadas numa teia de relacionamentos familiares patológicos e, através de seus genitores, eram expostas "desde cedo à frieza, obsessão e atenção mecânica voltada apenas às necessidades materiais [...] eram mantidas cuidadosamente em geladeiras que nunca descongelavam"[51]. Essa seria uma metáfora a que Kanner retornaria mais de uma década depois, quando proclamou numa entrevista de grande repercussão que crian-

---

[48] Franz Alexander, "Fundamental Concepts of Psychosomatic Research: Psychogenesis, Conversion, Specificity", *Psychosomatic Medicine*, v. 5, 1943, p. 209; para ideias iniciais sobre o tema, cf. Franz Alexander "Functional Disturbances of Psychogenic Nature", *Journal of the American Medical Association*, v. 100, 1933, p. 469-73.

[49] Compare-se com Franz Alexander, *Psychosomatic Medicine*, Nova York: Norton, 1950, p. 134-35; Margaret Gerard, "Bronchial Asthma in Children", *Nervous Child*, v. 5, 1946, p. 327-31, p. 331; e Harold Abramson (org.), *Somatic and Psychiatric Treatment of Asthma*, Baltimore: Williams and Wilkins, 1951, esp. p. 632-54.

[50] Leo Kanner, "Autistic Disturbances of Affective Contact", *Nervous Child*, v. 2, 1943, p. 217-50.

[51] Leo Kanner, "Problems of Nosology and Psychodynamics of Early Infantile Autism", *American Journal of Orthopsychiatry*, v. 19, 1949, p. 416-26.

ças autistas eram produto de pais emocionalmente congelados que por azar "calharam de descongelar por tempo suficiente para produzirem uma criança"[52]. Suas opiniões foram adotadas com entusiasmo e colocadas em prática pelo psicanalista vienense expatriado Bruno Bettelheim (1903-1990) na Escola Ortogênica da Universidade de Chicago. Assim como seus colegas de inclinação psicanalítica do Chestnut Lodge Mental Hospital, em Maryland, que estavam tratando esquizofrênicos tidos por eles como produtos de mães-geladeira, Bettelheim buscava uma "parentectomia", a exclusão total dos genitores da criança em tratamento. E em livros campeões de vendas, entre os quais *A fortaleza vazia* (1967), o médico denunciava as mães e os pais que, segundo ele, tinham proporcionado um ambiente doméstico que se assemelhava a nada menos do que um campo de concentração[53].

Peter Gay (1923-2015), historiador de Yale estudioso do Iluminismo e admirador de Freud, foi às páginas da *The New Yorker* para chamar Bettelheim e seus associados de "heróis" e pronunciar com ar de autoridade que "a teoria de Bettelheim sobre o autismo infantil é, sob todos os aspectos, muito superior às de seus rivais"[54]. Muitos anos mais tarde, contudo, James D. Watson (1928-), geneticista vencedor do Nobel, um dos autores do modelo de "dupla hélice" do DNA e pai de um filho esquizofrênico, representou sem sombra de dúvida a opinião de muitos genitores quando denunciou Bettelheim como, "depois de Hitler, a pessoa mais maligna do século XX"[55]. Mas era raro que esse tipo de raiva fosse demonstrado no passado, já que Bettelheim falava com a autoridade de uma ciência psicanalítica que naquela época se encontrava no ápice de sua popularidade. Os genitores, que se desdobravam

---

[52] "The Child is Father", *Time*, 25 jul. 1960. Anos mais tarde, Kanner rejeitaria essas posições e clamaria ter sempre acreditado que o autismo era de certa forma um transtorno "inato".

[53] Bruno Bettelheim, *The Empty Fortress: Infantile Autism and the Birth of the Self*, Nova York: Free Press, 1967 [ed. bras.: *A fortaleza vazia*, São Paulo: Martins Fontes, 1987] e *A Home for the Heart*, Nova York: Knopf, 1974. Após sua morte, em 1990, a reputação de Bettelheim passou a sofrer ataques constantes. Ele foi acusado de ser um abusador de crianças perverso e violento, alguém que falsificara a própria formação acadêmica, um mentiroso habitual. A comunidade acadêmica que o cercara e apoiara foi acusada de cumplicidade com um reinado de terror. Por mais de três décadas, no entanto, Bettelheim gozou da reputação global de grande clínico e bastião da humanidade.

[54] Peter Gay, "Review of Bruno Bettelheim, *The Empty Fortress*", *The New Yorker*, 18 maio 1968, p. 160-72.

[55] Citado em Andrew Solomon, *Far From the Tree: Parents, Children and the Search for Identity*, Nova York: Simon & Schuster; Londres: Chatto and Windus, 2012, p. 22 [ed. bras.: *Longe da árvore: pais, filhos e a busca da identidade*, trad. Donaldson M. Garschagen, Luiz Antônio de Araújo, Pedro Maia Soares, São Paulo: Companhia das Letras, 2013 (N.T.)].

sob o duplo estigma de cuidarem de uma criança mentalmente doente e serem responsabilizados pela loucura, eram em sua maior parte mantidos em silêncio pela vergonha.

Hegemonia freudiana

Ernest Jones, o discípulo indispensável que ajudara a preparar a guarda pretoriana que defenderia Freud em vida, começou a publicar a biografia em três volumes de seu mestre em 1953; o último volume apareceu em 1957. Hagiógrafo competente, Jones se valeu de seu acesso sem paralelo às cartas e papéis de Freud para acertar uma miríade de contas com aqueles que haviam "traído" seu mestre e, portanto, eram considerados em lote como heréticos psicóticos – mas foi o retrato de Freud como intelectual solitário e heroico, como gigante da ciência da mente que pertencia ao mesmo panteão de Copérnico, Galileu e Darwin, que capturou a imaginação dos contemporâneos de Jones. A declaração da *The New Yorker* de que esse relato da vida de Freud era "a maior biografia de nossa época"[56] refletia ainda uma noção inflada da importância do retratado, mas era também uma opinião amplamente compartilhada nos círculos intelectuais da época.

Após a morte de Freud, W. H. Auden (1903-1973) celebrou sua memória: "já não é mais uma pessoa/ para nós, mas um clima de opinião/ dentro do qual vivemos nossas diferentes vidas"[57]. Essa era uma reflexão adequada sobre o *status* que Freud adquirira em certos círculos literários e artísticos. Em *Estudos sobre a histeria*, o texto fundador da psicanálise publicado por ele e Breuer, Freud reconhecera que os estudos de caso com que contribuía para o volume, uma série de relatos psicologicamente carregados, podiam ser lidos "como novelas". Dessa forma, lamentava, faltava a eles o "cunho austero da cientificidade"[58]. Pensamentos como esse causavam incômodo, e imediatamente Freud buscou neutralizar as acusações com a asserção de que "evidentemente a responsabilidade por tal efeito deve ser atribuída à natureza da matéria, e não à minha predileção". Mas era uma observação reveladora, não importa quão

---

[56] *The New Yorker*, v. 32, 28 abr. 1956, p. 34.

[57] W. H. Auden, *Poemas*, trad. José Paulo Paes e João Moura Jr., São Paulo: Companhia das Letras, 2013, p. 119-21.

[58] Sigmund Freud, *Obras completas, vol. 2: Estudos sobre a histeria (1893-1895), em coautoria com Josef Breuer*, trad. Laura Barreto, São Paulo: Cia. das Letras, 2016, p. 121.

dolorosa pudesse ser. E foi talvez a origem de parte do entusiasmo com que alguns daqueles cujo *métier* era contar histórias – em prosa, poesia ou pintura – vieram a considerar a obra freudiana. Isso e a fascinação com a linguagem, os símbolos, a memória, os sonhos, as distorções e o sexo, sem falar nos excessos e repressões que Freud afirmava marcarem a vida mental e nos significados que conseguia investir em comportamentos, pensamento e emoções que outros estudiosos já haviam descartado como ruídos sem sentido.

Auden se viu atraído de forma bastante direta a esse tipo de narrativa logo após o final da Segunda Guerra Mundial, quando o compositor russo em exílio, Igor Stravinsky (1882-1971), escolheu-o para escrever o libreto de uma ópera sobre loucura e excesso. Stravinsky visitara uma exposição sobre *A carreira do libertino* de Hogarth em Chicago, em 1947. O compositor ficou impactado com a impressão de que a série de gravuras lembrava nada menos que *storyboards* que em meados do século XX poderiam ter servido para traçar as linhas gerais de um filme de Hollywood. Stravinsky foi tomado pela ideia de transformar o conto de Tom Rakewell numa ópera. Esta, que seria sua única ópera completa, foi encenada pela primeira vez em 1951 e se tornou uma das poucas óperas do pós-guerra a serem interpretadas com alguma regularidade – uma popularidade que talvez deva muito a sua partitura neoclássica, maravilhosamente apropriada para uma história do século XVIII[59].

Mas a visibilidade e atração contemporâneas da ópera decerto também deverão muitíssimo à escolha de Stravinsky da pessoa que escreveria seu libreto: W. H. Auden, amplamente reconhecido como um dos maiores escritores do século XX[60] (e que o escreveu em conjunto com seu amante infiel, Chester Kallman); e noutro *front* (ainda que um quarto de século mais tarde) também à associação com outra grande figura das artes, David Hockney (1937-), cujos cenários para a produção de *A carreira do libertino* em Glyndebourne, em 1975, parecem ter alcançado um *status* icônico quase comparável aos originais de Hogarth **(Imagem 40)**. Hockney escolheu de forma deliberada se inspirar nas gravuras de Hogarth, e não nas versões pintadas da queda de Tom Rakewell: usou hachuras e outras técnicas próprias àquela forma de impressão como base para o desenho dos cenários e do figurino e, mais tarde, acrescentou citações de outras obras de Hogarth. Essas escolhas são bastante evidentes

---

[59] A obra é uma das grandes favoritas de James Levine e da Metropolitan Opera, que encena com regularidade a produção de Jonathan Miller para a partitura.

[60] Nas palavras de um crítico teatral do *Guardian* (6 nov. 2009), Philip Hensher, Auden "agora parece ser, de forma nítida, o maior poeta em língua inglesa desde Tennyson".

no cenário da cena final no Bedlam, com os loucos arquetípicos de Hogarth transformados num conjunto de cabeças lunáticas que espiam a audiência a partir de seus cubículos ou celas individuais, enquanto acima delas, ao alto e à esquerda, paira uma versão retrabalhada do mapa do inferno de Hogarth, que Hockney tomou emprestada de uma sátira posterior de Hogarth que relacionava o zelo religioso à loucura (cf. p. 195)[61]. Assim como a partitura de Stravinsky e o libreto de Auden, aos quais a linearidade das imagens de Hockney aponta com sutileza, o resultado é uma arte visivelmente moderna e ao mesmo tempo em débito com sua inspiração do século XVIII.

Mas a obra de Stravinsky não foi a única ópera escrita no imediato pós-guerra a flertar com as fronteiras da Desrazão. *Peter Grimes*, de Benjamin Britten (1913-1976), composta durante a guerra e encenada pela primeira vez em Londres, em 7 de junho de 1945, entre o final do conflito na Europa e a rendição japonesa, foi um sucesso inesperado. Escrita por um pacifista sabidamente homossexual numa época em que ser qualquer uma dessas duas coisas era um convite à censura moral e repressão legal, a ópera foi no entanto instantaneamente aclamada como uma obra-prima e, passados três anos, já havia sido encenada em Budapeste, Hamburgo, Estocolmo, Milão, Nova York, Berlim e em pelo menos outras oito cidades ao redor do mundo.

A repressão, no sentido freudiano da palavra, era um *leitmotiv* do libreto, com suas sugestões de sadismo e pederastia e uma denúncia quase explícita contra a homofobia da época. O próprio Britten crescera na costa de Suffolk, em Aldeburgh, e concebera a ópera enquanto ele e seu parceiro, Peter Pears, viviam em Escondido, na Califórnia, nostálgicos da Inglaterra que haviam deixado. A história do pescador de Suffolk, mentalmente instável já de início e levado a uma loucura furiosa e, finalmente, à morte pela hostilidade dos aldeões em meio aos quais vivia ("Aquele que nos despreza nós destruiremos", canta a turba que sai no encalço do protagonista e o ataca no clímax da ópera) sem dúvida foi inspirada pela própria sensação de assombro de Britten com a alteridade e marginalização que sentia – seu relacionamento mais íntimo, afinal de contas, poderia a qualquer momento causar seu isolamento, perseguição e condenação judicial por aqueles que louvavam sua arte.

Já em idade mais avançada e com o coração enfraquecido, Britten iria mais uma vez enfrentar os temas da morte e de anseios, afeições e obsessões homossexuais reprimidas numa versão da novela semiautobiográfica escrita por Thomas Mann em 1912, *Morte em Veneza*, que se tornaria sua última

---

[61] Hogarth, *Credulity, Superstition and Fanaticism: A Medley* (1762); cf. p. 195.

ópera, encenada pela primeira vez em 1973. Naquela época, as leis britânicas haviam afastado em parte a ameaça legal que pairava sobre as relações homossexuais através da *Sexual Offenses Act* [Lei dos delitos sexuais] de 1967, mas a condenação pública de relações entre pessoas do mesmo sexo permaneceu quase tão feroz quanto antes – um preconceito que também vinha à tona nas afirmações de muitos psiquiatras daquela época, principalmente freudianos, de que ser *gay* significava, *ipso facto*, ter uma doença mental. Cheia de simbolismos, a partitura entretece mais uma vez a tentação e a repressão, dessa vez unidas pelo medo agonizante da humilhação, pelos custos da dissimulação e por uma obsessão ardente por um belo garoto que termina inevitavelmente em frustração e morte. Os ecos dos anseios aparentemente nunca consumados de Britten por adolescentes são evidentes para uma audiência bem informada e contribuem talvez para uma identificação maior com as tensões e elementos autodilacerantes que marcam a música – ora lírica, ora agitada, ora agoniada, ora selvagem, ora sinistra[62]. Talvez aqui a loucura seja menos explícita e com uma presença menos insistente do que em *Peter Grimes* (ou mesmo noutra ópera de Britten relacionada a Veneza, *A volta do parafuso*, encomendada pela bienal daquela cidade e ali encenada em 1954), mas a insanidade está à espreita como contraparte sombria da inquietação e da desgraça que acompanham o retrato do amor impossível. A paixão e a Desrazão combatem ao longo de toda a ópera com a razão e o intelecto, e o resultado é a morte – talvez um eco inconsciente de uma tradição operática anterior, o conceito wagneriano de *Liebestod* (morte de amor)[63], e da ênfase crescente dada por Freud no final de sua vida a *Eros* e *Todestrieb* ou *Tânatos*, a pulsão ou instinto de morte[64].

A psicanálise ofereceu um novo e riquíssimo baú de tesouros de conceitos com os quais seria possível abordar os mistérios da vida também no domínio

---

[62] Donald Mitchell (org.), *Benjamin Britten: Death in Venice*, Cambridge: Cambridge University Press, 1987, contém uma série de ensaios excepcionais sobre essa ópera – muitos deles escritos por aqueles que colaboraram com Britten enquanto a partitura era composta ou se envolveram em sua primeira encenação.

[63] A loucura também espreita nas óperas finais de Wagner, e não é por acaso que o compositor deu à sua *villa* em Bayreuth o nome de *Wahnfried* ("livre da loucura" [mais literalmente "loucura apaziguada" – N.E.]). Em suas próprias palavras, "*Hier wo mein Wähnen Frieden fand – Wahnfried – sei dieses Haus von mir benannt*" ("Aqui, onde meus delírios encontraram a paz – que esta casa seja chamada Livre da Loucura").

[64] O contraste apareceu pela primeira vez no ensaio de 1920 "Além do princípio do prazer" (Freud, 1922) e foi posteriormente desenvolvido em *O mal-estar na civilização*, de 1930 (Freud, 1961). O próprio Freud não empregou o termo *Tânatos*. A introdução do conceito se deve a seu discípulo Wilhelm Stekel (1868-1940) e, desde então, passou a ser a forma padrão para o estabelecimento do contraste pelos freudianos.

artístico. Nas artes visuais e na literatura, a influência de Freud era generalizada: artistas surrealistas exploravam sonhos com pinturas encharcadas de distorções e referências subliminares ao sexo e ao inconsciente[65]; havia uma proliferação de experimentos com a pintura e a escrita "automáticas" que colocavam em xeque conceitos dominantes de ordem e realidade e borravam as fronteiras entre o sonho e a vigília; e romancistas e dramaturgos adotavam uma ênfase maior na introspecção psicológica, com uma sinceridade e franqueza crescentes no emprego de temas sexuais. Mas nem todos esses acontecimentos podem ser diretamente atribuídos à influência de Freud. D. H. Lawrence (1885-1930), que levou os temas sexuais para além dos limites da tolerância dos censores britânicos, não tinha nada além de desprezo pela psicanálise e declarou ter repulsa pela abordagem[66]. Já em muitos outros escritores, a influência freudiana precisava ser inferida, mesmo que fosse fácil de ser notada. Nem todos eram tão explícitos como James Joyce (1882-1941), que falou do mestre como um *"traumconductor"* [maquinistraum], chamou o incesto de um *"freudful mistake"* [engano freudível] e retratou uma de suas personagens como *"yung and easily freudened"* [freudelhas e 'ungueais][67].

As melhores obras de Tennessee Williams (1911-1983) entre os anos 1940 e 1950 estavam atravessadas de referências autobiográficas a traumas da infância: o abandono paterno; a mãe neurótica e histérica; Rose, a irmã mentalmente frágil que viria a ser diagnosticada como esquizofrênica e (desastrosamente) lobotomizada. Sua própria homossexualidade numa era de intolerância não ajudava em nada e, em conjunto com uma depressão recorrente, sem falar de uma dependência crescente de drogas e álcool, deixou suas marcas na escrita de Williams. Turbilhões emocionais, mães insuportáveis, repressões familiares, violências físicas e simbólicas, tendências sexuais subterrâneas de um tipo completamente inusual e estupro são *leitmotive* de suas peças, de *O zoológico de vidro* (1944) até *Um bonde chamado desejo* (1947), *A rosa tatuada* (1951) e *Gata em teto de zinco quente* (1955). Quem poderia esquecer Blanche Dubois, por exemplo? Uma criatura que veste uma aparência de esnobismo social e recato sexual e que provoca seu cunhado Stanley ao chamá-lo de gorila.

---

[65] Cf., por exemplo, David Lomas, *The Haunted Self: Surrealism, Psychoanalysis, Subjectivity*, New Haven: Yale University Press, 2000.

[66] Cf., por exemplo, as cartas de 4 dez. 1921 e 19 fev. 1934, publicadas em *The Letters of D. H. Lawrence*, Warren Roberts, James T. Boulton e Elizabeth Mansfield (org.), v. 4., Cambridge: Cambridge University Press, 1987.

[67] James Joyce, *Finnegan's Wake*, Nova York: Viking, 1939, p. 378, 411 (tradução do autor).

Na realidade, Dubois se refugiou em meio aos Kowalski para escapar do escândalo do suicídio do marido, que tirou a própria vida ao ser surpreendido pela esposa enquanto fazia sexo com um homem – e a vergonha social da personagem é exacerbada pelo recurso a uma série de casos amorosos insignificantes que leva seus vizinhos a rotulá-la como uma "moralmente incapacitada". Ou seu destino terrível: estuprada por um Stanley embriagado enquanto a irmã dá à luz fora de cena, Dubois é arrastada para um hospício, de início sob resistência e, depois de perder contato com a realidade, anunciando que "eu sempre dependi da gentileza de estranhos"[68].

Entretanto, conforme suas peças a partir de *Orpheus Descending* [A descida de Orfeu] (1957) se mostravam fracassos comerciais e sua popularidade afundava[69], Williams começou a fazer análise. O processo não foi bem-sucedido, principalmente porque o escritor fora indicado a Lawrence Kubie (1896-1973), célebre analista de Nova York que fez fortuna graças a seus clientes do *show business* e encarava a homossexualidade como uma doença a ser curada de modo psicanalítico. (Kubie havia apresentado dois de seus outros pacientes do *show business* um ao outro: Kurt Weill e Moss Hart, e o musical que os dois então escreveram, *A mulher que não sabia amar*, apresentou ninguém menos que o próprio Sigmund Freud à Broadway.) Mas, durante sua análise, Williams escreveu *De repente, no último verão* (1958), uma peça em que uma temível matrona de Nova Orleans, Violet Venable, conspira para aplicar uma lobotomia na própria sobrinha, que ameaça revelar um segredo sombrio da velha mulher: sua relação quase incestuosa com o filho Sebastian, agora morto, e o papel desempenhado pela mulher na atração de jovens garotos com os quais Sebastian desejava dormir. Violet espera que a operação vá "cortar essa história horrorosa do cérebro dela!". A referência à lobotomia da irmã de Williams, Rose, é inconfundível, mas tons psicanalíticos aparecem por toda a peça. Essas referências se estendem até o próprio nome do psiquiatra que ameaça apagar as memórias de Catherine, o doutor Cukrowicz, um patronímico que, como o médico conta à plateia, corresponde à palavra polonesa para "açúcar". Doutor Açúcar/doutor Kubie: William está se divertindo, e seu próprio psicanalista é a piada[70].

---

[68] Tennessee Williams, *Um bonde chamado desejo*, trad. Vadim Nikitin, São Paulo: Peixoto Neto, 2004, p. 193 e 227.

[69] *Orpheus Descending* saiu de cartaz da Broadway depois de apenas 68 encenações.

[70] O jogo de palavras entre "açúcar" e "Kubie" se dá a partir da proximidade fonética entre o sobrenome do psicanalista de Williams com a palavra inglesa para cubo, "*cube*". Desse modo, o autor brinca com a ideia de um "*sugar cube*", ou cubo de açúcar. [N.T.]

Vivian Leigh como Blanche Dubois e Marlon Brando como Stanley Kowalski na versão filmada de *Um bonde chamado desejo* (1951). A crítica cinematográfica Pauline Kael comentou que "Vivien Leigh nos oferece uma daquelas raras *performances* verdadeiramente capazes de evocar pena e terror".

Se escritores aproveitavam muitos temas freudianos, era com entusiasmo ainda maior que os estudiosos de literatura os adotavam. Pesquisadores em busca de uma "teoria" para justificar a superioridade de suas próprias ideias sobre literatura se assenhorearam da obra de Freud. Freud já havia se antecipado a eles em discussões sobre Hamlet e Lear, por exemplo, sem falar da apropriação do Édipo de Sófocles, que, por inspiração em sua personagem principal e no tema do incesto entre mãe e filho, dá nome ao complexo que se tornou a peça central das teorias posteriores de Freud sobre o desenvolvimento psicossexual humano. Toda uma leva de críticos importantes, entre os quais se incluem I. A. Richards (1893-1979), Kenneth Burke (1897-1993) e Edmund Wilson (1895-1972), valeram-se do pensamento psicanalítico, e, a partir da década de 1950, também Lionel Trilling (1905-1975) e Steven Marcus (1928--2018), figuras centrais nos círculos literários nova-iorquinos, adotaram avidamente as ideias do médico vienense. Trilling se apaixonou pelo *Mal-estar na civilização* (1929) de Freud e por sua adoção mais tardia da *Todestrieb* [pulsão de morte]. Marcus ofereceu uma interpretação freudiana para muitas obras de Dickens[71] e um estudo sobre a pornografia vitoriana que deve muito às ideias

---

[71] Steven Marcus, *Dickens: From Pickwick to Dombey*, Nova York: Basic Books; Londres: Chatto & Windus, 1965.

da psicanálise[72]. E os investimentos pesados desses dois homens na psicanálise se refletiam na colaboração de ambos como coeditores da biografia de Freud escrita por Ernest Jones. Do outro lado dos Estados Unidos, na costa oeste, o formidável Frederick Crews (1933-) certa vez declarou que: "a psicanálise é a única psicologia que conseguiu alterar de modo significativo a forma como lemos literatura [...] A literatura é escrita a partir e a respeito de motivos, e a psicanálise é a única teoria meticulosa sobre motivos que a humanidade já desenvolveu"[73]. (Mais tarde, Crews se arrependeria e rejeitaria Freud como um falso profeta e a psicanálise como pseudociência.[74])

Não só críticos literários, mas outros intelectuais públicos dos anos 1950 e 1960 também adotaram abertamente a psicanálise. Norman O. Brown (1913-2002) buscou psicanalisar a história e atraiu multidões de estudantes ansiosos a Santa Cruz, onde palestrava sem cessar. Seu livro *Life Against Death: The Psychoanalytical Meaning of History* [A vida contra a morte: o sentido psicanalítico da história] (1959), um sucesso de vendas, propunha a noção de que os indivíduos e a sociedade eram aprisionados por repressões freudianas das quais tinham que se libertar através da afirmação da vida. A continuação do livro, *Love's Body* [O corpo do amor] (1966), dava ênfase à luta entre o erotismo e a sociedade. Brown se uniu a R. D. Laing, o antipsiquiatra escocês, na sugestão de que esquizofrênicos talvez fossem mais saudáveis do que pessoas sem a doença. A contracultura dos anos 1960 se esbaldava[75].

Na direita conservadora, Philip Rieff (1922-2006) falava do advento do homem psicológico e do triunfo da terapia[76]. Na esquerda radical, Herbert Marcuse (1898-1979) proferia seu amálgama particular de Marx e Freud[77]. Talvez em nenhum outro lugar a acolhida intelectual da psicanálise tenha sido

---

[72] Steven Marcus, *The Other Victorians: A Study of Sexuality and Pornography in Mid-Nineteenth Century England*, Nova York: Basic Books; Londres: Weidenfeld & Nicolson, 1974.

[73] Frederick C. Crews, *Out of My System: Psychoanalysis, Ideology, and Critical Method*, Nova York: Oxford University Press, 1975, p. 4.

[74] Frederick C. Crews (org.), *Unauthorized Freud: Doubters Confront a Legend*, Nova York: Viking, 1998.

[75] Norman O. Brown, *Life Against Death: The Psychoanalytical Meaning of History*, Middletown, Conn.: Wesleyan University Press, 1959; e *Love's Body*, Nova York: Random House, 1966.

[76] Philip Rieff, *Freud: The Mind of the Moralist*, Nova York: Viking, 1959; e *The Triumph of the Therapeutic: Uses of Faith After Freud*, Nova York: Harper and Row, 1966.

[77] Herbert Marcuse, *Eros and Civilization: A Philosophical Inquiry into Freud*, Boston: Beacon Press, 1955 [ed. bras.: *Eros e civilização: uma interpretação filosófica do pensamento de Freud*, trad. Álvaro Cabral, 3. ed., Rio de Janeiro: Zahar, 1968. (N.T.)].

mais calorosa do que entre os antropólogos, em meio aos quais figuras como Margaret Mead (1901-1978), Ruth Benedict (1887-1948), Clyde Kluckhohn (1905-1960) e Melford Spiro (1920-2014) consideravam as ideias de Freud essenciais para seus trabalhos. Até aquele momento, as críticas de Karl Popper (1902-1994), que do alto de sua cátedra na London School of Economics [Escola de Economia de Londres] dizia que a psicanálise não era falseável e, portanto, consistia numa pseudociência que explicava tudo e nada ao mesmo tempo, encontravam poucos ouvintes receptivos fora das fileiras de seus colegas filósofos da ciência.

A loucura e os filmes

Se o impacto cada vez maior das ideias psicanalíticas na psiquiatria norte-americana no pós-guerra tinha, desse modo, seus correspondentes em amplos setores da alta cultura e das artes, há ainda uma arena final cuja importância ultrapassava a de todas as outras no que se refere à introdução de ao menos uma versão sanitizada da teoria psicanalítica para as massas. Uma das maiores inovações culturais do século XX foram os filmes e, como tema, a loucura mostrou ter sido feita sob medida para o cinema. Imediatamente após a Primeira Guerra Mundial, o primeiro filme mudo clássico que gravitava em torno da enfermidade mental foi feito na Alemanha. *O gabinete do doutor Caligari* (1920, dirigido por Robert Wiene) tinha uma premissa chocante: um médico de hospício enlouquecido emprega a hipnose para criar um paciente sonâmbulo, que vaga pela cidade e mata sob o comando do doutor. O senso de desorientação do espectador era potencializado pela filmagem da ação diante de um cenário pintado que incorporava ângulos agudos e perspectivas distorcidas para criar um mundo de pesadelo, no qual a loucura violenta e indômita florescia. A deformidade moral e física ecoava uma à outra de forma surreal numa cascata visual ameaçadora, disforme e bizarra capaz de evocar o estado mental enlouquecido dos protagonistas do filme. E então, nos momentos finais (e essa não era a ideia inicial), o enredo inteiro é virado de cabeça para baixo: nos é revelado que toda a história, com seu psiquiatra selvagem e desprovido de consciência no centro da narrativa, não passa de um delírio, uma representação cinematográfica da imaginação louca de um dos pacientes do hospício.

A indústria cinematográfica norte-americana começara sua migração para o sul da Califórnia em 1910 e, na década de 1920, os filmes de Hollywood

Um interlúdio cheio de significados

O gabinete do doutor Caligari (1920): Cesare é hipnotizado e colocado de volta num baú parecido com um caixão, onde é mantido entre um ataque homicida e outro.

arrecadavam mais dinheiro do que os que eram feitos em qualquer outro lugar do mundo. Nos anos que se seguiriam, a indústria norte-americana de filmes se tornaria uma força comercialmente, mesmo que não artisticamente, dominante em todo o planeta. E, já de saída, os magnatas do cinema que construíram fortunas gigantescas a partir do entretenimento das massas, as pessoas por eles empregadas (e que por décadas foram controladas pelo sistema dos estúdios) e muitos filmes por eles produzidos foram afetados de uma forma ou de outra pelas ideias freudianas. Já no outono do hemisfério norte de 1924, Samuel Goldwyn (1879-1974) atravessou o Atlântico e foi parar em Viena com o talão de cheque em mãos. Goldwyn planejava oferecer 100 mil dólares para que Sigmund Freud fosse para Hollywood "comercializar seus estudos e escrever uma história para a tela". Quem melhor do que Freud para escrever "uma história de amor realmente excelente"? Seu pedido de reunião foi recusado, e Goldwyn foi enxotado para fora[78].

Os magnatas de Hollywood compunham um grupo grosseiro e mercenário. Puritanos ao menos em público (no particular as histórias de jovens es-

---

[78] Ernest Jones, *The Life and Work of Sigmund Freud*, v. 3, Nova York: Basic Books, 1953-57, p. 114. Num dos relatos, a rejeição dessa generosa oferta teria causado sensação em Nova York. Aparentemente, o desejo bem documentado de Freud por dólares tinha seus limites, ou talvez ele tenha percebido, como evidentemente não era o caso de Goldwyn, que dificilmente corresponderia ao típico roteirista de Hollywood.

trelas e testes do sofá estavam firmemente ancoradas numa realidade sombria de exploração), eles sabiam que sexo e violência vendiam, desde que fossem mantidos dentro dos limites do decoro. Mas também havia os talentos que eles usavam e descartavam como se fossem lixo humano intercambiável, valiosos apenas enquanto o retorno de bilheteria fosse satisfatório. As carreiras em atuação e direção, com todo seu narcisismo e incertezas, criavam uma cultura de isolamento em que neuroses e vícios proliferavam. Produtores, diretores, roteiristas, atores, todos os integrantes da *Tinsel Town*[79] logo se convenceram de que precisavam de um analista. Foi assim que a psicanálise estabeleceu o mais lucrativo de todos os seus enclaves. Aqueles que tratavam os apetites vorazes dos magnatas e as psiques feridas que criavam ilusões de celuloide descobriram que seus rendimentos excediam até mesmo as somas auferidas pelos profissionais que haviam capturado as *grandes dames* da sociedade nova-iorquina.

Em Hollywood, ao que parece, todos tinham um analista. Mesmo o magnata ocasional que não optasse ele mesmo pelo divã enviava filhos negligenciados e esposas traídas para que ali despejassem seus problemas e talvez ganhassem alguma medida de consolo para suas vidas pintadas de ouro, mas perturbadas[80]. O dinheiro fluía como água na indústria cinematográfica e uma grande quantidade dele acabou indo parar em bolsos freudianos, ainda que não nos do próprio Freud. Mas muito desse lado da cena hollywoodiana permanecia uma província exclusiva para iniciados, a não ser quando colunistas de fofoca, por vezes incitados pelos estúdios, vazavam um pouco do que acontecia ali para a arena pública.

David O. Selznick (1902-1965), viciado em anfetaminas, apostador, mulherengo compulsivo e um homem obcecado em controlar os outros, entrou por um breve período em análise quando ficou prostrado pela depressão na sequência da produção de *E o vento levou* (1939), o filme financeiramente mais bem-sucedido da época. Selznick logo insistiu para que sua esposa Irene (1907-1990), filha de seu antigo parceiro, rival feroz e magnata ainda mais

---

[79] Um dos apelidos dados a Hollywood, *Tinsel Town*, que em tradução literal significa "cidade de ouropel", é um termo pejorativo que denota o caráter superficial e de falso esplendor daquela região. [N.T.]

[80] Magnatas como Samuel Goldwyn e Joseph Mankiewicz buscavam absolvição para uma miríade de pecados no divã de analistas, ainda que seu comportamento não parecesse mudar nem um pouquinho. Diretores também eram consumidores notáveis. A lista de atores, de Cary Grant a Jason Robards, passando por Montgomery Clift e Judy Garland, Jennifer Jones e Vivien Leigh (sem esquecer Marilyn Monroe), parece quase interminável. Cf. Stephen Farber e Marc Green, *Hollywood on the Couch, op. cit.*, para alguns detalhes sórdidos.

poderoso, Louis B. Mayer (1884-1957), começasse ela também a fazer análise com sua analista, May Romm. Selznick logo se cansou da experiência e parou de ir às consultas. Irene não, e talvez, como resultado, desenvolveu alguma perspectiva sobre sua própria situação, deixou o marido e embarcou numa nova carreira como *impresaria* teatral. A resposta de Selznick foi se casar com seu caso extraconjugal mais recente, a atriz Jennifer Jones, que primeiro teve de se divorciar do marido que traía. A senhorita Jones logo se revezaria com Irene no divã da doutora Romm. O pai de Irene, Louis B. Mayer, tomou parte na *ronde* por um breve período, e sua esposa Margaret, que oscilou pelas beiradas de uma crise nervosa, foi depois colocada num hospital de saúde mental e divorciada. Armada de endossos tão poderosos como esses, a doutora Romm logo trataria um grande número de senhoras e senhores proeminentes, incluindo estrelas de sucesso como Ava Gardner, Joan Crawford, Robert Taylor e Edward G. Robinson.

Enquanto isso, os rivais de Romm estavam cuidando das feridas psíquicas de uma lista semelhante de iniciados de Hollywood. De tempos em tempos, Karl Menninger (1893-1990, irmão de William) voava de Omaha para Hollywood para bajular estrelas. De Nova York, Lawrence Kubie reuniu uma agremiação de "artistas criativos". Na Califórnia, figuras como Ernst Simmel (1882-1947), Martin Grotjahn (1904-1990), Judd Marmor (1910-2003), Ralph Greenson (1911-1979) e um nome particularmente dickensiano, Frederick Hacker[81] (1914-1989), fizeram fortuna com as celebridades e os mercenários de quem eram fantoches.

Não é de surpreender que uma terminologia aparentemente psicanalítica tenha começado a aparecer nas telas de cinema e que o evangelho segundo Freud (ou sua versão hollywoodiana) tenha entrado no inconsciente coletivo de todos os Estados Unidos e aonde quer que a indústria cinematográfica cada vez mais globalizada conseguia estender seu alcance. Da década de 1940 até a de 1960, e até mesmo na de 1970, as imagens do analista e dos poderes da profissão eram quase sempre extremamente favoráveis. As ideias de Freud e suas aplicações clínicas eram rotineiramente simplificadas para se adequarem às necessidades de Hollywood, mas, de maneira bastante diferente do que acontecia com o retrato que se pintava de psiquiatras somáticos como psicopatas terríveis e manipuladores que davam choques em seus pacientes e os mutilavam a fim de mantê-los na linha, os psicanalistas sempre recebiam uma cobertura midiática benéfica.

---

[81] Em inglês, o termo "*hack*" pode ser utilizado para se referir a profissionais cuja principal motivação é o dinheiro, e não sua própria reputação, crenças ou princípios. [N.T.]

A mulher que não sabia amar, filme baseado no sucesso da Broadway de 1941 de Moss Hart (que escreveu o libreto, enquanto Ira Gershwin cuidou da letra e Kurt Weill da música), cuja estreia aconteceu em 1944, mostrou-se a primeira de toda uma série de obras cinematográficas voltadas para a psicanálise. O onipresente Joseph Mankiewicz (1909-1993) fez o que pôde para criar uma profecia autorrealizável a partir da própria previsão que fizera a Karl Menninger de que "o próximo intervalo de anos trará a psiquiatria de modo geral e a psicanálise em particular para uma grande proeminência como fontes de material literário, dramático e cinematográfico"[82], mas não lhe faltaram ajudantes. *Luar perigoso*, um filmeco de 1941 da produtora RKO, retrata um personagem cuja fadiga de combate é tão grave que não consegue se lembrar de absolutamente nada. E uma série de outros filmes da época – *Alucinação*; *A estranha passageira*; *Em cada coração, um pecado*; e *O clamor humano* – colocava os psiquiatras no centro da ação. Fred Astaire chegou até mesmo a representar um analista sapateador em *Dance comigo* (1938)[83]. David O. Selznick – que produzira *Ver-te-ei outra vez* (1944), um retrato sentimental das feridas psicológicas que Zach Morgan, um veterano que volta para casa, sofrera em combate – contratou Alfred Hitchcock e, um ano mais tarde, lançou a talvez mais explícita de todas as tentativas de levar Freud para as massas.

Quando fala o coração reuniu Ingrid Bergman, que interpretava uma analista freudiana frígida, a doutora Constance Petersen, e Gregory Peck, que chega ao hospital de saúde mental de Green Manors como doutor Anthony Edwardes, mas acaba por se revelar John Ballantyne, um veterano de guerra amnésico e possivelmente homicida. Conforme os créditos iniciais vão passando, o público é informado que o mistério que está prestes a assistir demonstra o poder da psicanálise, a "ciência moderna" que finalmente conseguiu "destrancar todas as portas fechadas" da mente. O que será revelado é como, "uma vez que os complexos que perturbam o paciente são descobertos e interpretados, a enfermidade e a confusão desaparecem [...] e os demônios da desrazão são expulsos da alma humana".

A música aumenta de intensidade e o melodrama começa. Para conferir um verniz de ciência ao que se seguia, Selznick contratou e creditou sua própria analista, May Romm, como consultora. E, sempre de prontidão

---

[82] Joseph Menninger a Karl Menninger, 13 jul. 1944, em: Karl A. Menninger, *The Selected Correspondence of Karl A. Menninger, 1919-1945*, org. Howard J. Faulkner e Virginia D. Pruitt, New Haven: Yale University Press, 1988, p. 402.

[83] Devo estas referências a Stephen Farber e Marc Green, *Hollywood on the Couch*, op. cit., p. 36.

para sobrepor sentimentalismo barato ao que supunha serem formas elevadas de arte, Selznick chamou o artista surrealista Salvador Dalí para construir as sequências de sonho que, repletas de símbolos psicanalíticos, aparecem no filme – tesouras, olhos, cortinas, cartas de baralho, asas e uma roda (sem falar de alguns outros que foram descartados quando seus "significados" foram explicados a Selznick, especialmente um plano fechado de um alicate que representava a castração). A verdade sobre o passado é descoberta quando Peck recupera as memórias reprimidas de um trauma de infância e volta a sofrer os efeitos do combate sobre sua pisque. As analogias entre a psicanálise e a busca por sentidos ocultos, de um lado, e a investigação e o desvendamento de crimes, de outro, são um elemento comum nos filmes *noir* que foram tão característicos de Hollywood nas décadas de 1940 e 1950[84], e aqui elas ganham um toque característico adicional quando, borbulhando de ardor sexual (pelo menos até onde os códigos de produção da época permitiam), Constance tira seus óculos e, com o glamour restabelecido de Ingrid Bergman, abandona sua *persona* até então gélida para beijar seu amado.

Salvador Dalí examina um desenho para a sequência de sonhos em *Quando fala o coração* (1945).

---

[84] Cf. Edward Dimendberg, *Film Noir and the Spaces of Modernity*, Cambridge, Mass. e Londres: Harvard University Press, 2004.

Estranhamente, alguns psicanalistas, com Karl Menninger em destaque entre eles, protestaram contra o retrato que o filme fazia da profissão, irritados com as simplificações que ele trazia mas também com a representação de outro analista finalmente desmascarado como o vilão assassino pela incansável Constance Petersen. Uma reação tola e exagerada, já que o filme havia sido um sucesso retumbante de bilheteria e contribuiu muito para disseminar a ideia de que a psicanálise possuía as chaves para os segredos da loucura e para sua cura. Foi o primeiro de todo um conjunto de filmes que retratavam a análise e o analista sob luzes favoráveis. O ápice da homenagem deveria ter sido a biografia cinematográfica *Freud*, de John Huston. Huston filmara um documentário sobre soldados neuróticos de guerra, *Que se faça luz*, em 1946. Mas mesmo que o filme desse a impressão (completamente falsa) de uma cura milagrosa, o Departamento de Guerra dos Estados Unidos decidiu que seus efeitos sobre o recrutamento militar seriam devastadores e, por trinta e cinco anos, baniu toda e qualquer exibição do filme.

Huston agora buscava louvar Freud[85] e, como um gigante intelectual merecia outro, contratou o filósofo existencialista Jean-Paul Sartre para escrever o roteiro e planejou escalar Marilyn Monroe como a paciente *Frau* Cäcilie. Mas o roteiro de Sartre passava das 1.500 páginas e era absolutamente infilmável, enquanto Anna Freud, que estava determinada a não deixar Hollywood aviltar o legado de seu pai, usou de suas conexões com o analista de Marilyn, Ralph Greenson (1911-1979), para inviabilizar a participação da senhorita Monroe no filme. Huston o filmou assim mesmo, e sua dedicação garantiu que, ao ser distribuído em 1962, o filme fosse um fracasso de público e crítica. Ainda assim, a adoração de Hollywood pela psicanálise continuou por muitos anos, chegando até *I Never Promised You a Rose Garden* [Nunca te prometi um jardim de rosas], de 1977, e a estreia de Robert Redford na direção, em 1980, com *Gente como a gente*.

Baseado no *roman-à-clef* de 1964 de Joanne Greenberg e passado numa versão fictícia do Chestnut Lodge, um hospital de saúde mental em Maryland para os muitos ricos de quem as psicoses eram tratadas com psicanálise, *I Never Promised You a Rose Garden* segue a história de uma adolescente suicida e delirante que sofre de alucinações e se automutila, interpretada por Kath-

---

[85] O filme, como Houston anunciou, era "uma antiga obsessão de dezoito anos de idade baseada na convicção firme de que pouquíssimas aventuras do homem, nem mesmo suas viagens para além do horizonte terrestre, podem apequenar a jornada de Freud rumo às profundezas desconhecidas da alma humana". John Huston, "Focus on Freud", *The New York Times*, 9 dez. 1962.

leen Quinlan, que é aos poucos trazida de volta para a realidade nua e crua por uma analista compassiva, a doutora Fried (na vida real, a pequena Frieda Fromm-Reichmann, aqui interpretada pela alta atriz sueca Bibi Andersson). Ainda que haja alguns retratos dilacerantes de abusos praticados contra pacientes, a mensagem arrebatadora passada sobre a cura pela fala nos mostra como a persistência e habilidade da doutora Fried permitem que as raízes traumáticas das perturbações de sua paciente sejam descobertas e fazem com que a jovem retorne para as fileiras da sociedade. *Gente como a gente*, que trata da morte acidental de um dos filhos de uma família de classe média alta, do colapso mental do irmão sobrevivente e da resposta gélida da mãe, que lamenta a morte do filho errado, retrata mais uma vez o analista que desenreda as repressões subjacentes e origens da psicopatologia e ajuda o garoto a se recuperar, ainda que sua mãe permaneça uma geladeira e troque tanto o marido inútil quanto o filho a quem rejeita pelo conforto insensível da família de que proviera.

O retrato extremamente positivo dos analistas nesses e em filmes anteriores dificilmente poderia apresentar um contraste mais profundo com a imagem da psiquiatria institucional que encontramos em *Um estranho no ninho* (1975) e *Frances* (1982), dois filmes hollywoodianos que lidam com o que os produtores e diretores de cinema retratavam como uma brigada de choques e mutilação composta pelos psiquiatras biológicos que examinamos no capítulo anterior. Mas era a biologia, e não a psicologia, que logo triunfaria. O período de três décadas e meia em que a psicanálise dominou a psiquiatria e a cultura norte-americanas – uma era em que a loucura foi definida e tratada por, e através de, seus supostos sentidos – logo chegaria a um fim surpreendentemente abrupto. O romance com Freud estava praticamente terminado.

12

Uma revolução psiquiátrica?

O fim da era dos hospícios

Ao visitar Veneza, o visitante endinheirado tem a opção de escapar das multidões de turistas por meio de uma viagem de vinte minutos de barco através da lagoa e em direção à ilha de San Clemente **(imagem 43)**. Lá o aguarda um hotel cinco estrelas completo, com corredores e escadarias de mármore e todos os apetrechos da hotelaria de luxo, instalado num prédio anunciado como um antigo monastério – e de fato o fora, mas só até sua ordem de fechamento junto com outras instituições religiosas por Napoleão no começo do século XIX. Os donos da propriedade se gabam da "atmosfera de antigas origens, com afrescos e uma impressionante fachada renascentista" e prometem a seus hóspedes que "todos os traços da história da ilha foram preservados [e compõem] um oásis acolhedor e pacífico com vista para a cidade de Veneza".

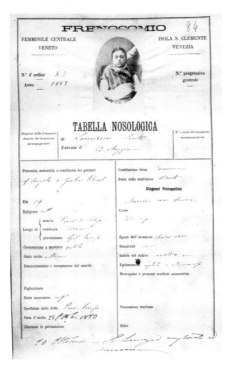

Ficha de admissão de paciente no hospício de San Clemente, em Veneza, em 1880. O complexo de prédios é hoje um hotel de luxo.

Como em muitas peças de *marketing*, o que se informa não é toda a verdade. O palácio de San Clemente desempenhou um papel muito diferente na vida veneziana entre 1844 e 1992, e esse é um período do passado que seus proprietários anseiam por esconder – na verdade, por eliminar da história. Em nenhum dos materiais resplandecentes que promovem os encantos do hotel, a única estrutura (fora a capela) a agraciar a ilha, não há a menor menção ao fato de que ali funcionou, em anos mais recentes, o hospício de Veneza para mulheres loucas, a contraparte da casa de loucos de San Servolo que em dado momento foi visitada por Shelley e Byron:

> Acabando de falar,
> Os criados anunciaram que a gôndola estava pronta.
> Em meio à forte chuva e o mar agitado
> Rumamos à ilha do manicômio.
> Desembarcamos. Mãos torturadas batiam palmas,
> Gritos ferozes, uivos e lamentos viscerais,
> E gargalhadas mais lúgubres que pesares,
> Gemidos, guinchos, palavrões e preces blasfemas
> Atingiram-nos. Subimos os degraus cheios de limo
> E entramos no velho pátio [...][1]

O hospício feminino tinha uma reputação igualmente assustadora. Para os venezianos, "ir para San Clemente" se tornou sinônimo de enlouquecer, e quando Mussolini se cansou de Ida Dalser, sua amante, fez com que a pobre mulher lá fosse encarcerada em meio a loucas, onde permaneceu trancafiada pelo resto da vida[2]. Abandonado em 1992, o hospício desempenhou um papel temporário como casa para gatos de rua de Veneza antes que especuladores o comprassem e transformassem num rival do hotel Cipriani, na Giudecca. Recentemente adquirido por incorporadores turcos quando os primeiros donos do empreendimento foram à falência, suas dependências estão sendo reformadas para atender padrões ainda mais suntuosos. Ao que parece, o exorcismo dos fantasmas azarados do passado está se mostrando um pouco difícil.

---

1   Percy Bysshe Shelley, "Julian e Maddalo: uma Conversação", em: *Sementes aladas*, trad. Alberto Marsicano e John Milton, São Paulo: Ateliê Editorial, 2010, p. 123-124.

2   Na verdade, muitos acreditam que ambos foram casados e que Mussolini não poupou esforços para destruir todas as provas disso.

Uma revolução psiquiátrica?

Em 2010, aqueles que procurassem acomodações de luxo mais permanentes ao norte de Londres tinham à disposição a chance de comprar um *flat* num novo empreendimento, Princess Park Manor, nomeado em homenagem à princesa Diana. Aspirantes a compradores eram assegurados de que poderiam viver "numa obra-prima vitoriana que vem deleitando e inspirando aficionados pela alta arquitetura há várias gerações [...] uma residência de suprema elegância [...] de esplendor italianizante [que] ao longo de sua história a manteve envolta numa aura de grandiosidade". Foi um sucesso retumbante. Para além do desfile usual de compradores ricos vindos do outro lado do oceano que se enfileiram para comprar propriedades-troféu na Londres de hoje, o anúncio atraiu membros da *boy band* One Direction e um bom número de jogadores de futebol de elite prodigamente remunerados.

A incorporadora alardeava que aquela era uma oportunidade para ocupar um prédio que havia sido criado como resultado de um concurso de que participaram mais de trinta dos principais arquitetos de Londres em meados do século XIX, mas seus divulgadores eram tímidos quanto ao porquê da realização desse concurso. Princess Park Manor nada mais é que a conversão de Colney Hatch, o segundo hospício público de Middlesex, inaugurado com grande fanfarra em 1851 pelo príncipe Albert e, por vários anos, lar de dezenas de milhares dos loucos da capital. Os visitantes da Grande Exposição de 1851, que chegavam para testemunhar aquele que era um evento em tributo às conquistas da Inglaterra industrial moderna, recebiam um guia sobre as maravilhas do novo hospício e um convite para visitar suas instalações, uma invenção arquitetônica tida como quase tão espetacular quanto o Palácio de Cristal que acolhia a exposição em si. Colney Hatch logo adquiriu uma reputação mais triste, com seus quase dez quilômetros de corredores que conectavam alas gravemente superlotadas nas quais hordas de desesperançados eram abrigados – e "descer pela escotilha [*going down the Hatch*]" se tornou uma

A grande extensão do Colney Hatch, o segundo hospício público de Middlesex.

gíria local para "enlouquecer". Tudo isso foi omitido, já que dificilmente se harmonizaria com a tentativa de vender o local para os *nouveaux riches* de Londres.

Mas o palácio de San Clemente e Princess Park Manor são exceções, não a regra. A maioria dos hospícios vitorianos encontrou um destino muito diferente. Suas ruínas abandonadas, assombrosas e assombradas, estão por toda parte, espalhadas não só pela Europa e América do Norte, mas até mesmo em cantos antes remotos do mundo que o Ocidente colonizou no passado. Prédios vultosos desmoronam em enormes terrenos baldios e prestam depoimentos mudos sobre o abandono do entusiasmo das gerações precedentes. Localizados como a maioria deles estava em comunidades rurais isoladas – para economizar no custo do terreno –, há poucos incentivos para readaptá-los. Tão abandonados, dilapidados e decadentes como o punhado de almas perdidas que ainda chamam esses lugares de lar, os museus vitorianos da loucura estão desaparecendo depressa.

"Pois tu és pó e ao pó tornarás", somos informados pelo livro do Gênesis (3:19). Ao longo dos últimos cinquenta anos, mais ou menos, o enorme investimento de capital – intelectual e também financeiro – que desde antes do século passado financiou a expansão aparentemente ilimitada dos hospícios chegou ao fim, ou logo chegará, assim que as dilacerações do clima, de insetos e animais tiverem terminado o trabalho de demolição **(imagem 42)**.

Ainda na década de 1960, o Hospital Público Central de Milledgeville, na Geórgia, continuava a abrigar mais de 12 mil pacientes, o que o tornava o maior hospital de saúde mental do mundo[3]. Agora, seus duzentos prédios, espalhados por quase 810 hectares, permanecem vazios, e muitos deles desabam sobre si mesmos. No futuro, ninguém poderá se deparar com as visões e barulhos que no passado saudaram aqueles que se arriscavam por seus saguões – ou com os cheiros característicos que marcavam hospícios como esse: o odor inesquecível de corpos e mentes em decadência, de alas impregnadas por décadas de dejetos humanos, do grude servido como comida para várias gerações, da mistura repugnante que se agarra como um miasma imundo ao material físico do prédio. Do lado de fora, nos jardins malcuidados, túmulos

---

3   O Pilgrim State Hospital, em Long Island, Nova York, era o detentor do recorde na década anterior, com 13.875 internos e um *campus* que se estendia pelas fronteiras de quatro municipalidades. Os vizinhos Kings Park State Hospital e Central Islip State Hospital continham outros 9.303 e 10 mil pacientes, respectivamente. Neste último hospício, os pacientes costumavam chegar num trem especial que transitava por um ramal ferroviário da Long Island Railroad, com seus vagões equipados com barras nas janelas para evitar fugas. Mas o estado de Nova York começou a esvaziar esses hospitais mais cedo que na Geórgia, o que permitiu que o hospital de Milledgeville mantivesse, por algum tempo, o questionável privilégio de ser o maior hospício do mundo.

quase escondidos, com placas de metal numeradas, sinalizam o destino final de muitos daqueles que no passado haviam sido confinados por anos sem fim.

Centenas de quilômetros ao norte, encontramos o antigo Trenton State Hospital, em Nova Jersey, a meca da exodontia e da evisceração, onde Henry Cotton se lançara impiedosamente no encalço da sepse focal que dizia ser responsável pela enfermidade mental. Também esse hospital está hoje em grande medida vazio, ainda que um pequeno remanescente de pessoas ainda se amontoe em algumas partes das instalações. As belas árvores que no passado adornavam os jardins estão agora emaranhadas, descuidadas e cobertas de vegetação. Suas sombras sepulcrais projetam uma atmosfera úmida e triste sobre o prédio que recobrem. Por toda parte há mofo e putrefação. As barras de ferro nas janelas depositam manchas marrons de ferrugem na pedra e nos tijolos sobre os quais se mantêm. Reinam o vazio e um silêncio sinistro. Biombos de metal apodrecidos com sujeiras e imundícies inomináveis obscurecem parcialmente as vidraças quebradas mais abaixo, pelas quais visitantes que invadem a propriedade podem espiar enfermarias vazias e desprovidas de mobiliário e ocupantes. A guarita que antes mantinha os curiosos afastados agora não abriga mais guarda nenhum. Ninguém mais se esforça para preservar as anteriormente invioláveis fronteiras entre o mundo dos loucos e o dos sãos. Cenas como essa são replicadas por todo esse mundo que se autodenomina civilizado.

Na Inglaterra e no País de Gales, mais de 150 mil pacientes podiam ser encontrados trancafiados em hospitais de saúde mental em qualquer período do ano durante a década de 1950; nos Estados Unidos, o número era quase quatro vezes maior. Por toda a Europa, o confinamento em massa dos loucos foi a regra a partir de meados do século XIX, e esse padrão foi reproduzido onde quer que o Ocidente marcasse presença. O mesmo aconteceu com o declínio da era dos hospícios. Essa queda começou na Inglaterra e na América do Norte e teve lugar décadas antes que outras sociedades europeias viessem a acompanhá-las.

Quase um caso único, o Japão ainda não começou, ou mal começou, a seguir essa tendência. De uma baixíssima taxa de hospitalização em 1945, a população dos hospitais de saúde mental japoneses cresceu de forma dramática ao longo dos cinquenta anos seguintes. Enquanto a taxa de pacientes hospitalizados em 1945 era de aproximadamente 2 a cada 10 mil pessoas, em 1995 já era dez vezes mais elevada, e diminuiu de forma muito pouco pronunciada nos dez anos seguintes: de 29 para 27 a cada 10 mil pessoas[4]. Em 1989, os pacien-

---

4 Agradeço a Akihito Suzuki, da Universidade Keio, pelo fornecimento desses números, que foram compilados por Ando Michihito e Goto Motoyuk.

tes ficavam internados em hospitais de saúde mental japoneses em média 496 dias – uma quantia superior a quarenta vezes o tempo comum de internação dos Estados Unidos. Mais de duas décadas depois, os pacientes japoneses ainda continuam hospitalizados em média por mais de um ano, ainda que em 2011 o governo tenha anunciado planos controversos para diminuir em 70 mil o número de internos ao longo da próxima década. Como a enfermidade mental ainda é vista como um grande estigma, parece que muitos continuam a preferir uma política de cuidado em custódia. A cultura japonesa privilegia a ordem pública em detrimento de direitos individuais, e as famílias buscam o confinamento como forma de esconder alguém cuja loucura é vista como ameaça para as perspectivas matrimoniais de seus parentes e como fonte de vergonha e constrangimento profundos. O governo japonês, entretanto, teme os custos crescentes da institucionalização, em especial conforme um número sem precedentes de idosos passa a ser confinado em hospitais de saúde mental[5]. De que forma essas pressões conflitantes se resolverão é algo que continua indefinido, mas há sinais de que o Japão, que adotou o hospício praticamente um século depois da Europa e América do Norte, esteja agora, cinquenta anos depois delas, começando a ver o começo do declínio dessas instituições[6].

De forma quase imperceptível, de início, os censos em hospitais de saúde mental começaram a mostrar uma diminuição de populações no Reino Unido e nos Estados Unidos a partir de meados dos anos 1950. O ritmo dessa queda acelerou dramaticamente a partir de meados da década de 1960 e, na sequência, o número de internos em ambos os países declinou quase a ponto de desaparecer. Se em 2013 os Estados Unidos ainda continuassem a abrigar seus enfermos mentais mais graves na mesma taxa em que o faziam em 1955, seus hospitais de saúde mental conteriam quase 1,1 milhão de pessoas em qualquer momento do ano. Em vez disso, apenas um remanescente muito pequeno, bem abaixo de 50 mil pacientes, habita as instituições que ainda permanecem.

Sob qualquer ângulo, essa é uma *volte-face* extraordinária. Quando o hospício subsidiado pelo governo entrou em cena no século XIX, a população confinada nesse tipo de lugar aumentou implacavelmente ano após ano. Os poucos recuos temporários nessa tendência ocorreram em tempos de guerra.

---

[5] E. Landsberg, "Japan's Mental Health Policy: Disaster or Reform?", *Japan Today*, 14 out. 2011. Cf. também Hiroto Ito e Lloyd I. Sederer, "Mental Health Services Reform in Japan", *Harvard Review of Psychiatry*, v. 7, 1999, p. 208-15.

[6] A ocultação de pacientes por famílias na Europa no começo do século XIX era algo que suscitava comentários dos reformistas da época, e também nesse aspecto as práticas médicas japonesas do século XX espelham seus análogos históricos mais antigos.

Uma revolução psiquiátrica?

A unidade de hidroterapia de um hospital público abandonado em Grafton, Massachusetts. No passado, as pesadas coberturas de lona mantinham os pacientes mais recalcitrantes imersos na água de forma segura, com apenas a cabeça de fora, por meio de aberturas no tecido resistente.

Durante a Primeira Guerra Mundial, por exemplo, os hospitais de saúde mental ingleses foram despojados de seus funcionários, e seus orçamentos já magros foram cortados. Previsivelmente, os pacientes sofreram; muitos passaram fome. Números do condado inglês de Buckinghamshire, por exemplo, mostram que as taxas de mortalidade aumentaram de forma contínua enquanto os combates eram travados, até que, em 1918, um terço dos pacientes dos hospitais havia morrido. Aqueles que administravam os hospitais "cortaram as rações dos pacientes abaixo do nível de sobrevivência numa tentativa de poupar dinheiro [...] Tão logo o [regime] de dieta foi aprimorado (ainda que a um custo considerável), em 1919, a taxa de óbitos despencou"[7].

Durante a Segunda Guerra Mundial, na França ocupada, um número estimado em 45 mil internos psiquiátricos morreu de fome e doenças infecciosas, com taxas de mortalidade em hospitais de saúde mental que quase tripli-

---

[7] John Crammer, *Asylum History: Buckinghamshire County Pauper Lunatic Asylum – St John's*, Londres: Gaskell, 1990, p. 127-28.

caram durante os anos de guerra – um processo que alguns chamaram de programa de "extermínio suave"[8]. O número de internos caiu rapidamente, ainda que de forma temporária, de 115 mil para 65 mil pessoas. Os nazistas agiam de forma mais direta e assassinavam aqueles a que se referiam como "bocas inúteis".

Deixadas de lado essas circunstâncias extraordinárias, contudo, o padrão histórico de aumento inexorável no tamanho das populações institucionalizadas foi um atributo arraigado da paisagem psiquiátrica de meados do século XX. Além disso, no final da Segunda Guerra Mundial, todos os sinais pareciam indicar a continuidade daquilo que havia se tornado a resposta padrão para a psicose em quase todos os lugares. Na sequência imediata da guerra, a maioria dos estados norte-americanos renomeara os *insane* [insanos] como *mentally ill* [doentes mentais]; a legislação inglesa de 1930 substituíra o termo *lunatic* [lunático] por um mais desajeitado *person of unsound mind* [pessoa em más condições mentais]; em 1948, o Ministério de Saúde Pública francês abandonou o termo *aliénés* [alienados] (que estivera em uso em documentos oficiais desde 1838) e o substituiu por *malades mentaux* [doentes mentais]; e os italianos escolheram *infirmi di mente* [enfermos da mente] para tomar o lugar de *alienati di menti* [alienados da mente]. Hospícios, casas de loucos, établiss*ements d'aliénés* [estabelecimentos de alienados] e similares seriam a partir de agora chamados de hospitais de saúde mental[9]. Mas o compromisso com a afirmação de que aqueles que haviam perdido o juízo deviam ser institucionalizados permanecia, apesar dos adornos verbais.

No imediato pós-guerra, o governo britânico afirmou que "um dos maiores problemas que se impõe ao serviço de saúde mental é o suprimento de mais acomodações em hospitais de saúde mental"[10]. Governos estaduais por todos os Estados Unidos chegavam a conclusões similares. Jornalistas investigativos e objetores de consciência enviados para servir como auxiliares em hospitais públicos como forma de punição por sua recusa em participar da guerra competiam uns com os outros para expor as deficiências dos estabelecimentos de saúde

---

[8] F. Chapireau, "La mortalité des malades mentaux hospitalisés en France pendant la deuxième guerre mondiale: étude démographique", *L'Encéphale*, v. 35, 2009, p. 121-28; Marc Masson e Jean-Michel Azorin, "La surmortalité des malades mentaux à la lumière de l'Histoire", *L'Évolution Psychiatrique*, v. 67, 2002, p. 465-79.

[9] Simon Goodwin, *Comparative Mental Health Policy: From Institutional to Community Care*, Londres: Sage, 1997, p. 8.

[10] Ministry of Health, 1952, p. iv.

mental[11]. A mais famosa dessas críticas veio de Albert Deutsch (1905-1961), o jornalista que escreveu a primeira história dos tratamentos de saúde mental nos Estados Unidos e foi aceito como membro honorário da American Psychiatric Association em sinal de gratidão. Seus ensaios sobre as condições que encontrou em hospitais de saúde mental norte-americanos, acompanhados de fotografias com riqueza de detalhes, apareceram nas primeiras páginas do jornal ativista nova-iorquino *PM* e foram depois republicados em forma de livro sob o título de *The Shame of the States* [A vergonha dos Estados Unidos, 1948].

Muitos outros ensaios foram escritos por pessoas que haviam acabado de visitar os campos de extermínio alemães, e o artigo de Harold Orlansky, "An American Death Camp" [Um campo de extermínio norte-americano], comparava de forma explícita o estado das alas mais escondidas dos hospícios dos Estados Unidos a Dachau, Belsen e Buchenwald. Enquanto isso, Deutsch descrevia a enfermaria de pacientes masculinos com incontinência do hospital público de Byberry, na Filadélfia, como "uma cena saída do Inferno de Dante. Trezentos homens nus de pé, acocorados ou esparramados nessa sala vazia, em meio a berros, gemidos e risos que não eram deste mundo [...] Alguns se deixavam cair no chão nu e sobre as próprias excretas. As paredes recobertas de sujeira estavam em processo de apodrecimento"[12].

Ainda assim, e mesmo confrontados com as realidades devastadoras da vida em muitos hospitais públicos de saúde mental, essa geração de reformistas não clamou pela abolição dessas instituições. Essas pessoas estavam convencidas de que os problemas que observavam eram produto da ignorância do público e da parcimônia dos políticos. Relatos de primeira mão como esses tinham como objetivo despertar cidadãos sonolentos através da revelação dos horrores que estavam sendo perpetrados em nome da vontade popular e fazer com que os eleitores exigissem que os hospitais de saúde mental recebessem recursos suficientes para cuidar de forma adequada dos enfermos mentais. Nas palavras escritas por Alfred Maisel (1909-1978) nas páginas da revista *Life*, a meta ao trazer a verdade para fora das sombras era constranger os estados a oferecer os repasses orçamentários necessários. Isso seria suficiente "para pôr fim aos campos de concentração que se disfarçam de hospitais e para fazer da cura, e não do encarceramento, o objetivo a ser alcançado"[13].

---

[11] Para relatos sobre objetores de consciência, cf. Frank L. Wright (org.), *Out of Sight, Out of Mind*, Filadélfia: National Mental Health Foundation, 1947.

[12] H. Orlansky, "An American Death Camp", *Politics*, v. 5, 1948, p. 162-68.

[13] Alfred Q. Maisel, "Bedlam 1946", *Life*, v. 20, 6 maio 1946, p. 102-18.

A ala de pacientes masculinos com incontinência do hospital público de Byberry, na Filadélfia, Pensilvânia. Esta e outras imagens foram produzidas em 1944 de forma sorrateira por Charles Lord, um objetor de consciência quacre enviado para trabalhar como auxiliar médico. Na sala ao lado ficava a ala dos homens violentos, conhecida entre Lord e seus colegas como "casa da morte".

Na Europa do pós-guerra, o compromisso com a solução manicomial parecia inabalado. A maioria dos psiquiatras alemães que havia colaborado na Aktion T4 de Hitler manteve seus cargos, e uma nova geração de pacientes com perturbações mentais apareceu para encher os hospícios. Na década de 1960, a Alemanha ocidental mantinha 68 hospitais de saúde mental, com uma média de 1.200 leitos em cada um deles. Na França, os hospitais de saúde mental eram ainda maiores, alguns deles contendo até 4 mil leitos, enquanto em 1982 na Itália vinte hospitais de saúde mental abrigavam mais de mil pacientes cada um. Nas décadas de 1950 e 1960, era com urgência que as autoridades francesas buscavam aliviar a superpopulação das instalações já existentes com a construção de novos estabelecimentos. E mesmo mais tarde nesse período, o governo francês planejou criar mais 20 mil leitos psiquiátricos. Sob o regime fascista de Franco e por mais alguns anos após sua morte em 1975, a Espanha continuou a expandir o setor hospitalar de saúde mental e duplicou o número de instituições, que passou de 54 em 1950 para 109 em 1981, com o aumento da população de internos de 24.586 para 61.474. Do lado oposto do espectro político, sob os regimes social-democratas da Suécia e Dinamarca, as populações dos hospitais de saúde mental cresceram ao longo dos anos 1970.

Ainda assim, em todos esses países – e também noutros – a desinstitucionalização acabaria por se tornar realidade. Como essa enumeração deixa claro, no entanto, o declínio do hospício foi mais demorado, se visto sob uma perspectiva comparada mais ampla, do que a simples análise do rápido progresso da desinstitucionalização em países anglófonos poderia levar a crer.

Uma solução tecnológica?

A queda nas populações dos hospitais de saúde mental norte-americanos e ingleses começou em meados dos anos 1950 e coincidiu quase de modo exato com a introdução dos primeiros tratamentos farmacológicos modernos para as principais enfermidades mentais. A clorpromazina, vendida como Thorazine nos Estados Unidos e Largactil (ou "ação em larga escala") na Europa e alguns outros países, teve sua comercialização aprovada pela Food and Drug Administration [Departamento de Alimentos e Medicamentos dos Estados Unidos] em 1954 (para um aprofundamento sobre o tema, ver a seguir). Treze meses depois, já era administrada em mais de 2 milhões de pessoas só naquele país. A maioria dos psiquiatras louvou a revolução terapêutica que, na visão deles, esse tratamento representava. Em vez da dependência de tratamentos empíricos grosseiros que incluíam várias terapias de choque ou a ainda mais grosseira intervenção cirúrgica da lobotomia, a profissão médica agora poderia prescrever e administrar os clássicos acessórios simbólicos do médico moderno: as drogas farmacológicas.

Para observadores ingleses e americanos, a coincidência cronológica entre a introdução do Thorazine e a reversão na tendência de aumento das populações hospitalares de saúde mental oferece uma explicação tecnológica simples para o fim da era dos hospícios. Em 1961, a Joint Commission on Mental Illness and Health [Comissão Conjunta para as Enfermidades e Saúde Mentais] que cinco anos antes fora organizada pelo Congresso dos Estados Unidos relatava que "drogas tranquilizantes revolucionaram a administração de pacientes psicóticos nos hospitais de saúde mental norte-americanos e provavelmente merecem os créditos principais pela reversão da espiral ascendente da carga de internos em hospitais públicos"[14]. Duas décadas mais tarde, *Sir* Keith Joseph, secretário de Estado de Serviços Sociais no primeiro governo

---

[14] Joint Commission on Mental Illness and Health, *Action for Mental Health*, Nova York: Basic Books, 1961, p. 39.

de Margaret Thatcher, era ainda mais enfático. Ao apresentar o livro branco intitulado *Hospital Services for the Mentally Ill* [Serviços hospitalares para os enfermos mentais], Joseph afirmou que "os tratamentos da psicose, neurose e esquizofrenia vêm sendo totalmente mudados pela revolução dos remédios. As pessoas vão para o hospital com transtornos mentais e são curadas"[15]. Mas se as coisas realmente fossem tão simples assim (remédios = desinstitucionalização), então os franceses (aqueles que de fato desenvolveram a clorpromazina), alemães, italianos, holandeses, espanhóis, suecos e finlandeses teriam rapidamente seguido pelo mesmo caminho. Mas levou mais de um quarto de século até que os sistemas de saúde mental da Europa continental começassem a esvaziar seus hospitais. Ao que parece, os remédios não bastaram, sozinhos, para causar a desinstitucionalização.

É fácil se deixar seduzir por estatísticas, especialmente quando elas parecem reforçar uma conclusão desejada noutras áreas. Todo neófito das estatísticas é alertado contra a tentação de confundir correlação e causação, mas esse é um impulso que constantemente faz muitas vítimas. Ainda que a capacidade da psicofarmacologia moderna em influenciar o curso das enfermidades mentais tenha sido enormemente exagerada – o Thorazine e as drogas que surgiram a reboque dele não são nenhuma penicilina psiquiátrica –, os medicamentos de uso controlado de fato revolucionaram a prática da psiquiatria e têm influenciado cada vez mais o entendimento cultural mais amplo das enfermidades mentais. No mundo todo, muitos milhões de pessoas consomem medicações psicotrópicas diariamente. A indústria farmacêutica aufere grandes lucros com a venda desses medicamentos e propagandeia de forma ostensiva a eficácia de seu uso e a noção de que seus resultados "comprovam" as origens biológicas da enfermidade mental. Não surpreende, portanto, que a ideia de que a introdução de medicamentos psicotrópicos foi o combustível para a liberação de pacientes psiquiátricos tenha sido engolida com tanta facilidade pelos círculos anglo-norte-americanos.

Ainda assim, mesmo sem o contraexemplo de outras sociedades, um olhar mais cuidadoso sobre os fatos norte-americanos e ingleses teria bastado por si só para sugerir que a contribuição da revolução dos medicamentos para as altas hospitalares foi brutalmente exagerada. Embora seja verdade que em nível agregado e nacional as populações dos hospitais de saúde mental somente tenham começado a tender para baixo em meados dos anos 1950, em

---

[15] Department of Health and Social Security [Inglaterra], *Better Services for the Mentally Handicapped*, Cmnd 4683, Londres: HMSO, 1971.

muitos lugares esses declínios são observáveis já em 1947 e 1948, bem antes que os novos medicamentos entrassem em cena. Como o psiquiatra britânico Aubrey Lewis (1900-1975) apontou, consideradas de modo isolado, cifras nacionais sobre populações de hospitais de saúde mental podem ser sinais bastante enganosos para verificar quando o processo de desinstitucionalização teve início[16]. Esses números tendem a esconder as mudanças iniciais em nível local e ocultar em que medida a queda em quantitativos gerais, no momento em que ocorreu, representa uma continuação, e não alteração, de tendências já existentes. Tampouco pode a introdução de novos remédios explicar por que, mais de uma década mais tarde, os idosos passaram de forma repentina a receber altas em números altíssimos nos Estados Unidos ou por qual razão, cinco anos depois disso, o padrão de reduções drásticas no número de internos se espalhou para abarcar também grupos etários mais jovens. Podemos dizer com confiança que os medicamentos psicotrópicos não se tornaram mais eficientes de uma hora para outra mais de dez ou quinze anos depois de terem sido introduzidos. Do mesmo modo, não houve uma introdução de novos compostos mais eficientes no final da década de 1960 para o tratamento de idosos ou no começo dos anos 1970 para a obtenção de resultados melhores em pacientes jovens.

Na primeira década depois da introdução desses remédios, alguns hospitais os usaram de forma extensiva e outros com mais parcimônia. Pacientes que diferiam em idade, gênero ou diagnóstico tinham propensões diferentes para o recebimento de tratamentos medicamentosos. Ainda assim, mesmo os psiquiatras nova-iorquinos Henry Brill (1906-1990) e Robert E. Patton (1921-2007), cujas obras são em geral citadas para solidificar as conexões entre os medicamentos e o declínio das populações hospitalares, reconheceram em 1957 que "nenhuma correlação quantitativa pôde ser demonstrada entre o percentual de pacientes que receberam terapia medicamentosa em hospitais particulares ou noutra categoria específica e a melhora no número de altas hospitalares"[17]. Cinco anos depois, um estudo retrospectivo nos hospitais públicos da Califórnia, que de início variavam muito no grau de prescrição de

---

[16] Aubrey Lewis, "The Impact of Psychotropic Drugs on the Structure, Function and Future of the Psychiatric Services", em: P. Bradley, P. Deniker e C. Radouco-Thomas (org.), *Neuropsychopharmacology*, v. 1, p. 207-12, Amsterdã: Elsevier, 1959.

[17] Henry Brill e Robert E. Patton, "Analysis of 1955-56 Population Fall in New York State Mental Hospitals in First Year of Large-Scale Use of Tranquilizing Drugs", *American Journal of Psychiatry*, v. 114, 1957, p. 509-17. Tanto neste quanto em seus artigos seguintes, Brill e Patton jamais foram capazes de mostrar mais que apenas uma coincidência temporal entre a introdução dos tratamentos com remédios e a queda do número de internações.

fenotiazinas (das quais a clorpromazina foi a primeira), fez uma comparação direta entre pacientes que recebiam tratamentos medicamentosos e aqueles que não recebiam. A conclusão foi que os tratamentos com remédios estavam na verdade associados a maiores períodos de internação hospitalar, e descobriu-se que os hospitais de saúde mental que tinham tratado com Thorazine o maior percentual de seus pacientes esquizofrênicos na primeira internação tinham taxas de alta inferiores quando comparados com instituições onde o uso de remédios era muito mais baixo[18]. Logo depois disso, a prescrição de fenotiazinas se tornou tão rotineira que estudos posteriores desse mesmo tipo passaram a ser difíceis ou impossíveis de executar, mas vários acadêmicos que analisaram de forma sistemática as provas disponíveis chegaram a conclusões similares: a influência de novos remédios sobre a desinstitucionalização era, na melhor das hipóteses, indireta e limitada, e mudanças conscientes na política social eram um determinante muito mais importante para o esvaziamento dos hospitais de saúde mental[19].

Instituições condenadas

Ao falar diante da National Association for Mental Health [Associação Nacional para a Saúde Mental] em 1961, Enoch Powell, que havia sido ministro da Saúde no governo Macmillan, na Inglaterra, foi franco como de costume. Os hospitais de saúde mental eram, anunciou ele, "instituições condenadas". O governo planejava reduzi-los e, para fazê-lo, Powell propunha "pecar pelo excesso de agressividade". Os hospícios tradicionais tinham sobrevivido para além de sua utilidade, e ele se dizia ansioso "para baixar a tocha sobre a pira funerária"[20]. Uma circular do Ministério da Saúde apareceu em seguida com

---

[18] Leon J. Epstein, Richard D. Morgan e Lynn Reynolds, "An Approach to the Effect of Ataraxic Drugs on Hospital Release Dates", *American Journal of Psychiatry*, v. 119, 1962, p. 36-47. Estudos de dados contemporâneos feitos por outros estudiosos em Washington e Connecticut ecoaram essas descobertas.

[19] Andrew Scull, *Decarceration: Community Treatment and the Deviant: A Radical View*, Englewood Cliffs, NJ: Prentice-Hall, 1977; Paul Lerman, *Deinstitutionalization and the Welfare State*, New Brunswick, NJ: Rutgers University Press, 1982; William Gronfein, "Psychotropic Drugs and the Origins of Deinstitutionalization", *Social Problems*, v. 32, 1985, p. 437-54; Gerald Grob, *From Asylum to Community: Mental Health Policy in Modern America*, Princeton: Princeton University Press, 1991.

[20] Enoch Powell, como relatado em National Association for Mental Health (atualmente MIND), *Annual Report*, 1961.

instruções para que as diretorias dos hospitais regionais "garantissem que nenhum dinheiro seja gasto com a melhora ou o recondicionamento de hospitais de saúde mental que em dez ou quinze anos não sejam mais necessários [...] para os prédios enormes, isolados e insatisfatórios, o fechamento será quase sempre a resposta certa"[21]. E, inevitavelmente, o corte de gastos com as estruturas físicas garantiu que muitos outros hospitais de saúde mental viessem a se unir às fileiras daqueles que seriam considerados "insatisfatórios" e, assim, deveriam ser fechados.

O cuidado dos enfermos mentais nos Estados Unidos foi tradicionalmente de responsabilidade individual dos estados, não do governo federal. Desse modo, os precários hospitais públicos de saúde mental variavam muito tanto em suas práticas como em dimensão, já que nem todos os estados se movimentavam no mesmo ritmo. Também outros atributos da forma específica com que a desinstitucionalização aconteceu nos Estados Unidos foram influenciados pela estrutura política do país. Os complexos manicomiais decrépitos que os norte-americanos herdaram do século XIX estavam num estado especialmente perigoso quando esse processo começou. A Grande Depressão havia sido acompanhada pela internação de mais pacientes, enquanto as exigências da guerra haviam drenado o escasso pessoal qualificado, fossem médicos ou enfermeiros, que atendia nesses ambientes que se afirmavam terapêuticos[22].

Estados "progressistas" como Nova York, Massachusetts, Illinois e Califórnia haviam investido de forma mais intensa na solução manicomial, mas se viam diante de um potencial desafio fiscal maior quando havia uma demanda por melhorias nos hospitais[23]. Para piorar as coisas, o mercado de trabalho mais restrito do pós-guerra e a formação de sindicatos de servidores públicos estaduais (muito mais comuns nos estados do norte) aumentavam drasticamente os custos dessas instituições, conforme as jornadas semanais de trabalho caíam das 65 ou 70 horas que haviam sido comuns nos anos 1930

---

[21] Circular do Ministério da Saúde britânico, 1961, *apud* Kathleen Jones, *A History of the Mental Health Services*, Londres: Routledge and Kegan Paul, 1972, p. 322.

[22] A conferência de governadores, que reuniu os chefes dos poderes executivos estaduais, encomendou um relatório que documentou o tamanho do problema. Cf. Council of State Governments, *The Mental Health Programs of the Forty-Eight States*, Chicago: Council of State Governments, 1950.

[23] No estado de Nova York, em 1951, um terço das quantias gastas em operações estaduais foi destinado ao financiamento dos custos dos hospitais estaduais de saúde mental, em comparação com uma média nacional de 8%. Cf. Gerald Grob, *From Asylum to Community, op. cit.*, p. 161. Os estados sulistas eram os que menos gastavam e, via de regra, foram os mais lentos em desinstitucionalizar.

para 45 horas ou menos. Cada vez mais convencidos de que os custos imensos de capital e os gastos necessários para a manutenção das operações diárias não seriam realizáveis e de que as condições dos hospitais provavelmente continuariam terríveis, aqueles em posição de autoridade começaram a explorar alternativas. Milton Greenblatt (1914-1994), que serviu como comissário de saúde mental em Massachusetts entre 1967 e 1972, ofereceu uma análise contundente do "pegar ou largar" com que ele e seus colegas se confrontavam: "De certo modo, estamos acuados. Temos que *suprimi-los gradativamente* antes que *entremos em falência*"[24].

De formas importantes, o movimento de alta dos pacientes de saúde mental nos Estados Unidos foi facilitado e encorajado por mudanças mais amplas nas políticas sociais em nível federal que, talvez inadvertidamente, criaram novos incentivos para que os estados se deslocassem nessa direção. A expansão dos programas de assistência social e a aprovação do Medicare e do Medicaid como parte dos programas incluídos na iniciativa Grande Sociedade de Lyndon Johnson no final dos anos 1960 garantiram pela primeira vez uma renda a alguns dos pacientes que recebiam alta. Essas subvenções federais, no entanto, não estavam disponíveis para aqueles que ainda se encontravam confinados em hospitais de saúde mental, que continuavam a ser drenos para os orçamentos estaduais. Conforme os estados começaram a perceber que poderiam transferir custos graças à alta de pacientes de saúde mental, rapidamente começaram a liberá-los. Essas iniciativas explicam em grande medida tanto o declínio cada vez mais pronunciado nos censos hospitalares que se iniciou no final da década de 1960 quanto o fato de que a maioria esmagadora daqueles que recebiam alta eram no início pacientes geriátricos, transferidos de hospitais estaduais para enfermagens privadas e asilos (residenciais) cujas mensalidades eram pagas com dólares federais. Um pico adicional nas taxas de altas médicas ocorreu em meados dos anos 1970, dessa vez em meio a pacientes mais jovens, depois que a administração Nixon introduziu mudanças no Social Security Program [Programa de Seguridade Social] com a Supplemental Security Income [Renda de Seguridade Suplementar], que estendeu benefícios federais aos incapacitados e incluiu os incapazes mentais[25].

---

24 Milton Greenblatt, "Historical Factors Affecting the Closing of State Hospitals", em: Paul I. Ahmed e Stanley C. Plog (org.), *State Mental Hospitals: What Happens When They Close*, Nova York e Londres: Plenum Medical Book Company, 1974, p. 8. Ênfase no original.

25 As taxas de alta médica aumentaram duas vezes e meia no período entre 1964-1972 em comparação com 1960-1964, dobrando mais uma vez entre 1972-1977.

Ao retratar o movimento que ia do hospício para a "comunidade" como um passo revolucionário adiante – uma "reforma" beneficente – os defensores dessa mudança receberam apoio de uma enxurrada de críticas acadêmicas e polêmicas sobre os hospitais de saúde mental tradicionais, muitas delas de autoria de cientistas sociais, mas, noutros casos, elaboradas por psiquiatras renegados, em particular o norte-americano Thomas Szasz e o escocês R. D. Laing (ver a seguir). O tom desses estudos era universalmente pessimista.

Ivan Belknap (1914-1984), que estudou um hospital estadual grosseiramente subfinanciado no Texas, concluiu que os hospitais de saúde mental "são provavelmente em si mesmos obstáculos para o desenvolvimento de um programa eficiente para o tratamento dos enfermos mentais" e proclamou que "no longo prazo, o abandono dos hospitais públicos pode ser uma das maiores reformas humanitárias e a maior economia financeira já alcançadas"[26]. H. Warren Dunham (1906-1985) e S. Kirson Weinberg (1912-2001), cujo objeto de pesquisa fora o hospital público de Cleveland, em Ohio, eram igualmente sombrios[27]. Ali estava um "ambiente [...] em que qualquer pessoa normal teria apresentado dificuldades de adaptação [...] [uma organização] marcada por conflitos em sua estrutura, sua equipe e sua população de pacientes que levavam à negligência, e até mesmo destruição, do objetivo terapêutico"[28]. Apesar da propaganda oficial, o hospital de saúde mental era um lugar onde "qualquer comportamento por parte do paciente, razoável ou não, revestido de carga emocional ou não, positiva ou negativamente orientado tende a ser considerado evidência de perturbações mentais"; e um estabelecimento onde "o controle é enfatizado às custas da melhora do paciente"[29].

A mais famosa e amplamente lida dessas críticas sociológicas dos hospitais de saúde mental foi escrita por Erving Goffman (1922-1982), sociólogo

---

[26] Ivan Belknap, *Human Problems of a State Mental Hospital,* Nova York: McGraw-Hill, 1956, p. xi, 212.

[27] H. Warren Dunham e S. Kirson Weinberg, *The Culture of the State Mental Hospital,* Detroit: Wayne State University Press, 1960. Curiosamente, a pesquisa que essa monografia propunha fora realizada mais de uma década antes e financiada não pelo National Institute of Mental Health, mas pelo departamento estadual de doenças mentais de Ohio, supostamente em razão do peso fiscal que esses hospitais de saúde mental representavam e das controvérsias que então pairavam sobre eles. Um esboço completo do relatório sobre esse trabalho foi concluído em junho de 1948 e reapareceu quase inalterado na forma da publicação de 1960. Depois de relatar esses fatos (cf. p. 260-61), os autores não oferecem nenhuma explicação para o longo atraso na impressão do livro.

[28] *Ibidem,* p. xiii, 4.

[29] *Ibidem,* p. 248.

formado em Chicago. Seu *Manicômios, prisões e conventos* (1961) foi em parte produto de três anos passados na equipe do laboratório de estudos socioambientais do National Institute of Mental Health [Instituto Nacional de Saúde Mental], incluindo um ano de trabalho de campo custeado por essa instituição no hospital St. Elizabeth, em Washington, outrora considerado um dos melhores do país e o único hospital de saúde mental operado diretamente pelo governo federal. *Manicômios, prisões e conventos* foi em vários sentidos um livro idiossincrático – uma obra que se valeu de uma variedade eclética de fontes, inclusive romances e autobiografias, e evitou deliberadamente qualquer tentativa de oferecer uma descrição etnográfica de um hospital de saúde mental em particular. De fato, sem consultar os agradecimentos que prefaciam o livro, poucos poderiam adivinhar que o único trabalho de campo do autor tinha acontecido em St. Elizabeth e que essa seria sua única experiência em primeira mão num hospital de saúde mental. Goffman buscou produzir algo muito diferente das densas descrições comuns a outros sociólogos; em vez disso, tentou demonstrar que os hospitais de saúde mental como gênero se caracterizavam como aquilo que chamou de "instituições totais", lugares onde trabalho, sono e diversão aconteciam todos num mesmo ambiente restritivo. A vida sob tais circunstâncias, defende Goffman, mostrava-se enormemente prejudicial aos confinados. Comportamentos que pareceriam patológicos para alguém de fora eram, pelo contrário, reações compreensíveis ao impacto profundamente deformador da existência nos hospitais de saúde mental. A residência prolongada em lugares como esses tendia inexoravelmente a danificar e desumanizar os internos, que eram "esmagados pelo peso" do que, sob inspeção mais cuidadosa, era em essência uma "servidão moral autoalienadora"[30]. O jornalismo de denúncia havia visto o fracasso dos hospitais de saúde mental como remediável, desde que mais dinheiro fosse investido, mas Goffman desdenhava dessa ideia, que considerava uma ilusão romântica. Os defeitos dos hospícios eram estruturais e inevitáveis. Nada poderia mudá-los.

Uma década mais tarde, Goffman não seria mais bondoso ao se referir a esses mesmos lugares. Como afirmaria o autor, eles eram

> aterros sanitários atrozes decorados com papéis de parede psiquiátricos. Serviram para extrair o paciente do ambiente de seu comportamento

---

[30] Erving Goffman, *Manicômios, prisões e conventos*, trad. Dante Moreira, São Paulo: Perspectiva, 1974, p. 312. Outros exemplos de instituições totais eram as prisões e os campos de concentração.

sintomático [...] mas essa função também já foi desempenhada por cercas, não por médicos. E o preço que esse paciente tem que pagar por um serviço como esse vem sendo o deslocamento considerável da vida civil, a alienação das pessoas queridas que providenciaram a internação, a mortificação devido à arregimentação e vigilância hospitalares, a estigmatização pós-hospitalar permanente. Não é apenas um mau negócio; é um negócio grotesco.[31]

Thomas Szasz, o psicanalista norte-americano nascido na Hungria que ensinava psiquiatria na Universidade Estadual de Nova York, em Syracuse, fez o célebre anúncio, em 1961, de que a enfermidade mental era "um mito"[32]. Doenças reais tinham suas origens no corpo e podiam ser detectadas em testes e varreduras laboratoriais, ou na mesa de autópsia. Em oposição, declarava Szasz, as enfermidades mentais eram tipos meramente metafóricos de "doenças" e, na verdade, não passavam de rótulos depreciativos que permitiam que o Estado e seus agentes (os psiquiatras) empregassem uma retórica terapêutica a fim de confinar as pessoas problemáticas sem necessidade de observar processos judiciais ou as proteções conferidas aos acusados de crimes. A psiquiatria institucional, aos olhos de Szasz, era apenas um instrumento de opressão. Seus praticantes eram carcereiros, não profissionais da cura, apesar de protestos em sentido contrário, e os hospitais de saúde mental eram prisões mal disfarçadas. Szasz lutou de forma contínua para abolir o confinamento involuntário e eliminar as próprias instituições psiquiátricas, e, em 1969, uniu forças com a Igreja da Cientologia para formar a Citizens Commission on Human Rights [Comissão Cidadã de Direitos Humanos], que denunciava a psiquiatria como "uma indústria da morte".

Se Szasz era um homem da direita libertária que batalhava contra a tirania do Estado moderno, o psiquiatra escocês Ronald (mais conhecido como R. D.) Laing era um marxista autodeclarado. Essa não era a única grande diferença entre os dois. Laing via a enfermidade mental como real o bastante, mas ressaltava que a loucura era produto da sociedade, mais especificamente de relacionamentos familiares. O comportamento aparentemente estranho e a fala confusa do paciente mental, interpretados por muitos como desprovidos

---

31 Erving Goffman, "Appendix: The Insanity of Place", em: *Relations in Public: Microstudies of the Public Order*, Nova York: Basic Books, 1971, p. 336.

32 Thomas Szasz, *The Myth of Mental Illness*, Nova York: Harper and Row, 1961 [ed. bras.: *O mito da doença mental*, Rio de Janeiro: Zahar, 1979 (N.T.)].

de sentido, eram na verdade ricos em significado e expressavam a angústia experimentada e os "duplos-vínculos"[33] impostos pelas pessoas no entorno do indivíduo – pais, por exemplo, que ao mesmo tempo forçam e rejeitam a intimidade emocional com seus filhos e se recusam a reconhecer o que estão fazendo. Mas, assim como Szasz, Laing se opunha veementemente aos hospitais de saúde mental, que via como lugares destrutivos. A esquizofrenia, como defendia, era uma forma de super-sanidade diante daquilo que afirmava ser um mundo louco[34]. Os pacientes precisavam ser deixados em comunidade e persuadidos a concluir suas próprias jornadas terapêuticas[35], não ser institucionalizados e subjugados com o uso de remédios.

Szasz e Laing foram ostracizados por seus colegas de profissão, reunidos sob o mesmo rótulo de "antipsiquiatras" e rejeitados como ideólogos anticientíficos. Mas a ferocidade da perspectiva crítica que eles e outras figuras como Goffman promoveram quanto ao impacto dos hospitais de saúde mental sobre os internos encontrou pelo menos alguma ressonância em meio aos psiquiatras convencionais. O britânico Russell Barton (1924-2002), superintendente no Severalls Mental Hospital, em Kent, e, mais tarde, do Rochester Psychiatric Center, em Nova York, cunhou o termo "neurose institucional" para descrever o impacto do confinamento sobre o paciente mental de longa internação, e J. K. Wing (1923-2010) e George Brown (1930-), no Instituto de Psiquiatria de Londres, escreveram uma bem-recebida monografia sobre institucionalismo e esquizofrenia[36]. Psiquiatras norte-americanos também se uniram ao coro. Fritz Redlich (1910-2004), diretor do departamento de psiquiatria de Yale, ponderava se "os pacientes são infantis [...] porque nós os infantilizamos"[37]. O psiquiatra Werner Mendel, da Califórnia, era ainda mais

---

33 O conceito de "duplo-vínculo" (*double bind*, em inglês), desenvolvido nos anos 1950 por um grupo de pesquisas dirigido pelo antropólogo e cientista social Gregory Bateson (1904-1980), descreve dilemas comunicacionais em que um indivíduo (ou coletivo) recebe duas ou mais mensagens conflitantes e mutuamente excludentes. Em determinados contextos de maior investimento emocional, como o familiar, o surgimento da contradição pode levar a grandes sofrimentos psíquicos, já que a inevitável incapacidade de atender a uma das mensagens gera a sensação de fracasso. [N.T.]

34 R. D. Laing, *The Politics of Experience*, Nova York: Ballantine, 1967, p. 107.

35 R. D. Laing e Aaron Esterson, *Sanity, Madness and the Family*, Londres: Tavistock, 1964.

36 Russell Barton, *Institutional Neurosis*, 2. ed., Bristol: J. Wright, 1965; John K. Wing e George W. Brown, *Institutionalism and Schizophrenia; A Comparative Study of Three Mental Hospitals 1960-1968*, Cambridge: Cambridge University Press, 1970.

37 F. C. Redlich, prefácio a William Caudill, *The Psychiatric Hospital as a Small Society*, Cambridge, Mass.: Harvard University Press, 1958, p. xi.

enfático: "o hospital como forma de tratamento para pacientes psiquiátricos gravemente doentes sempre é dispendioso e ineficiente, muitas vezes é antiterapêutico e nunca deve ser o tratamento escolhido"[38].

Com algum atraso, esses sentimentos anti-institucionais foram acolhidos por psiquiatras da Europa continental. A Itália, por exemplo, aprovou de forma repentina uma lei em 1978, a *Legge 180*, que bania todas as futuras internações em hospitais de saúde mental tradicionais, assim como impedia a construção de novas instituições desse tipo. A legislação ficou informalmente conhecida como Lei Basaglia, em homenagem ao carismático psiquiatra de esquerda Franco Basaglia (1924-1980), seu principal autor e figura declaradamente influenciada por Erving Goffman e outros críticos norte-americanos das instituições totais[39]. Essa mudança atraiu atenção generalizada, em parte diante da notoriedade de Basaglia nos círculos intelectuais europeus e em parte diante da impressionante simplicidade da abordagem a que a lei dava corpo. Basaglia morreu apenas dois anos depois da entrada em vigor da nova legislação, mas a implementação do texto continuou, ainda que de forma controversa. Mesmo antes de 1978, já havia ocorrido alguma diminuição no número de internações na Itália, mas a interrupção no fornecimento de novos pacientes resultou, como era a intenção dos autores da lei, numa queda adicional constante, de 78.538 pessoas em 1978 para apenas 11.803 em 1996. Quatro anos mais tarde, todos os hospitais de saúde mental que ainda restavam fecharam oficialmente suas portas[40]. A Itália se unia ao resto do mundo ocidental na transferência dos loucos para fora dos hospícios e de volta para a comunidade.

O destino das pessoas com enfermidade mental crônica

Mas, como também foi o caso em todos os outros lugares, os italianos fecharam seus hospitais de saúde mental sem se preocupar com o oferecimento de estruturas alternativas para lidar com os problemas colocados

---

[38] Werner Mendel, "Mental Hospitals", *Where Is My Home*, mimeo., Scottsdale: NTIS, 1974.

[39] G. de Girolamo *et al.*, "Franco Basaglia, 1924-1980", *American Journal of Psychiatry*, v. 165, 2008, p. 968.

[40] Marco Piccinelli *et al.*, "Focus on Psychiatry in Italy", *British Journal of Psychiatry*, v. 181, 2002, p. 538-44; Giovanna Russo e Francesco Carelli, "Dismantling Asylums: The Italian Job", *London Journal of Primary Care*, v. 2, abr. 2009; G. de Girolamo *et al.*, "The Current State of Mental Health Care in Italy: Problems, Perspectives, and Lessons to Learn", *European Archives of Psychiatry and Clinical Neuroscience*, v. 257, 2007, p. 83-91.

pela enfermidade mental severa. Muito desse fardo foi deslocado para as famílias, que têm se mostrado vociferantes quanto às dificuldades sociais com que se defrontam[41]. Outros pacientes foram simplesmente transferidos de hospitais de saúde mental públicos para estabelecimentos residenciais privados, sobre os quais as autoridades afirmam saber pouco[42]. E outros ainda se viram em prisões ou nas ruas.

Problemas desse tipo já haviam vindo à tona na Inglaterra e nos Estados Unidos bem antes que os italianos começassem a desinstitucionalização. Em meio a todo o entusiasmo com a substituição dos hospitais de saúde mental e às proclamações esbaforidas sobre as virtudes da comunidade, parece que poucas pessoas perceberam em que medida o novo programa não ia além daquilo que era apenas fruto da imaginação de seus idealizadores. E tampouco pareceram perceber, por um tempo considerável, que, apesar de toda a retórica de ambos os lados do Atlântico sobre "melhores serviços para as pessoas com deficiências mentais" (título de uma declaração oficial das políticas públicas britânicas que naquela época já contava com mais de um quarto de século de idade)[43], a realidade eram os muito mais sombrios cortes orçamentários ou mesmo a eliminação de programas custeados pelo governo para as vítimas de formas severas e crônicas de transtornos mentais. O cuidado pela comunidade era um jogo de cartas marcadas[44].

Alguns dos que receberam alta de hospitais de saúde mental sem dúvida se beneficiaram da mudança de política social. Vítimas de uma tendência anterior ao que muitos chamaram de "superinternação" [*overhospitalization*], essas pessoas tiveram poucos problemas em conseguir empregos e moradia, em estabelecer laços sociais e coisas do gênero e acabaram se misturando de forma quase imperceptível à população em geral. Mas esse tipo de resultado positivo está longe de ser a regra.

Dentre aqueles com debilidades continuadas e mais perceptíveis, não é de surpreender que os ex-pacientes devolvidos a suas famílias sejam os que parecem ter se saído melhor como um todo. Seria um erro grave, contudo, supor que mesmo nesses casos a desinstitucionalização tenha se processado

---

[41] G. B. Palermo, "The Italian Mental Health Law – A Personal Evaluation: A Review", *Journal of the Royal Society of Medicine*, v. 84, 1991, p. 101.

[42] G. de Girolamo *et al.*, "The Current State of Mental Health Care in Italy", *op. cit.*, p. 88.

[43] Department of Health and Social Security [Inglaterra], *Better Services for the Mentally Handicapped, op. cit.*

[44] P. Sedgwick, "Psychiatry and Liberation", artigo não publicado, Leeds University, 1981, p. 9.

sem maiores percalços e se mostrado indubitavelmente benéfica[45]. Uma parte considerável da angústia e do sofrimento continuou escondida em razão da reticência das famílias em reclamarem – uma tendência natural mas que ajuda a manter um falso otimismo sobre os efeitos da mudança para o tratamento comunitário[46]. Ainda assim, sejam quais forem as dificuldades encontradas por esses antigos pacientes e suas famílias, elas não podem ser comparadas com as experiências do número muito maior de indivíduos que não têm família ou cuja família se recusa a aceitar a responsabilidade de tratá-los. O psicótico de sarjeta virou um atributo conhecido da paisagem urbana: sem teto, louco e abandonado[47]. Aglomeradas em sua maioria nas partes menos atraentes das cidades, onde os moradores existentes são pobres e politicamente impotentes demais para resistir, essas pessoas vivem em meio a outros grupos marginalizados

O psicótico de sarjeta: no rescaldo da desinstitucionalização, muitos dos pacientes com transtornos mentais passaram a morar nas ruas.

45 Cf. os estudos iniciais de Jacqueline Grad de Alarcon e Peter Sainsbury, "Mental Illness and the Family", *Lancet*, v. 281, 1963, p. 544-47; e Clare Creer e John K. Wing, *Schizophrenia at Home*, Londres: Institute of Psychiatry, 1974.

46 G. W. Brown *et al.*, *Schizophrenia and Social Care*, Londres e Nova York: Oxford University Press, 1966, p. 59. Para queixas italianas desse tipo, cf. A. M. Lovell, "The Paradoxes of Reform: Re-Evaluating Italy's Mental Health Law of 1978", *Hospital and Community Psychiatry*, v. 37, 1986, p. 807. Para a situação no Canadá, cf. E. Lightman, "The Impact of Government Economic Restraint on Mental Health Services in Canada", *Canada's Mental Health*, v. 34, 1986, p. 24-28.

47 H. Richard Lamb (org.), *The Homeless Mentally Ill*, Washington, D.C.: American Psychiatric Press, 1984; Richard C. Tessler e Deborah L. Dennis, "Mental Illness Among Homeless Adults", em: James R. Greenley e Philip J. Leaf (org.), *Research in Community and Mental Health*, v. 7, Greenwich, Conn.: JAI Press, 1992, p. 3-53. Sobre a Dinamarca, cf. M. Nordentoft, H. Knudsen e F. Schulsinger, "Housing Conditions and Residential Needs of Psychiatric Patients in Copenhagen", *Acta Psychiatrica Scandinavica*, v. 85, 1992, p. 385-89.

– criminosos, viciados, alcoólatras, depauperados – e levam a duras penas uma existência precária. Nos Estados Unidos, como já mencionado, a disponibilidade mesmo de pagamentos reduzidos de benefícios sociais encorajou o crescimento de casas de repouso e asilos residenciais em que, do final dos anos 1960 em diante, grandes números de pessoas vieram a ser confinadas. Uma indústria de empreendimentos surgiu – uma indústria que lucra com essa forma de sofrimento humano e é quase completamente livre de regulamentação por parte das autoridades públicas.

Pesquisas de caráter nacional sugerem que mais de 50% daqueles que foram colocados em casas de repouso nos Estados Unidos estavam em instalações com mais de cem residentes e que outros 15% se encontravam em lugares com mais de duzentas pessoas. Em Nova York, por exemplo, denúncias veiculadas pela mídia revelaram enormes concentrações de pacientes que haviam recebido alta em hotéis esquálidos e em más condições de conservação e em "casas" nos arredores de Pilgrim e Central Islip, os agora fechados hospitais de saúde mental de Long Island. Numa ironia que hoje pode passar despercebida nas almas enlouquecidas daqueles que no passado assombraram os saguões daqueles prédios, essas novas instalações voltadas ao lucro são frequentemente administradas por antigos funcionários dos velhos hospícios. Os estados ignoraram ou mesmo facilitaram esses desdobramentos. O Havaí, por exemplo, viu-se diante de uma escassez gritante de acomodações quando os burocratas dos hospitais de saúde mental decidiram acelerar as altas. O problema foi resolvido com o incentivo explícito da proliferação de instalações não licenciadas. De início, Nebraska evitou uma abordagem *laissez-faire* como essa e decidiu que alguma forma de acomodação seria necessária. De modo coerente, numa variação esplendidamente criativa da prática antiga de tratar loucos como gado, as autoridades estatais colocaram o licenciamento e a fiscalização de casas para enfermos mentais nas mãos do departamento estadual de agricultura. Quando escândalos começaram a irromper, licenças foram tiradas – mas não os pacientes – de 320 dessas residências e os internos foram abandonados ao próprio destino. Outros estados, ainda, como Maryland e Oregon, optaram talvez pela rota mais segura de todas: nenhum acompanhamento para aqueles que recebiam alta e, assim, a bênção da ignorância sobre seus destinos prováveis. Como acontece com excessiva frequência, os mentalmente perturbados são deixados à mercê de especuladores que têm todos os incentivos para armazenar aqueles que são suas mercadorias da forma mais barata possível, já que o volume de lucro é inversamente proporcional ao dinheiro gasto com os internos.

A rede desconjuntada de estabelecimentos desse tipo, pensada como uma alternativa barata para o hospital público e para a presença crescente dos gravemente incapacitados por problemas mentais em meio aos sem-teto, serve como denúncia da atual política de saúde mental norte-americana. Essas instalações constituem talvez o exemplo mais extremo do que se tornou a nova ortodoxia, uma "abdicação quase unânime da tarefa de propor e assegurar qualquer arranjo para uma forma humana e contínua de cuidado para aqueles pacientes de saúde mental que precisam de algo mais que uma terapia de curto prazo para uma fase aguda de suas doenças"[48]. Aqui, ecologicamente separados e isolados do resto de nós, os segmentos mais inúteis e indesejados de nossa sociedade podem ser deixados para se decompor em silêncio e, a não ser por uma ou outra denúncia midiática, de forma quase invisível.

A Inglaterra tem suas próprias experiências deploráveis e deprimentes com o cuidado em comunidade. Em 1973 e 1974, por exemplo, enquanto 300 milhões de libras eram gastos com os enfermos mentais que ainda recebiam tratamento institucional, meros 6,5 milhões eram gastos com serviços residenciais e ambulatoriais para aqueles "na comunidade". Uma década depois, uma investigação oficial sobre o estado dos serviços de saúde mental descobriu que a situação era quase a mesma: o cuidado em comunidade continuava "um primo pobre: parente distante de todos, mas bebê de ninguém"[49].

Salvo por essa exceção, os sucessivos governos britânicos, assim como seus correspondentes norte-americanos, evitaram de forma bastante deliberada o financiamento de qualquer estudo sistemático do que estava acontecendo. De fato, parecem ter feito o máximo que podiam para impedir metodicamente estudos como esses, sobretudo pela restrição de acesso a informações estatísticas básicas: uma tática justificada com a invocação da notável recomendação do Relatório Rayner, de 1981, de que "informações não devem ser coletadas com vistas à publicação [...] [mas] porque o governo precisa delas para seus próprios negócios"[50]. Como é evidente, o governo decidira que não precisava saber (ou preferia não saber) o que suas políticas nessa área significavam na prática – o que acontecia com aqueles que já não estavam mais confinados em hospitais de saúde mental, quando e como os arranjos existentes fracassavam em atender a necessidades básicas e assim por diante. Afinal de contas, na falta

---

48 Peter Sedgwick, "Psychiatry and Liberation", *op. cit.*, p. 213.

49 *Community Care: Agenda for Action: A Report to the Secretary of State*, 1988. Ação [*action*], não é preciso dizer, era a última coisa que se poderia esperar.

50 *Government Statistical Services*, Cmnd. 8236, 1981, Anexo 2, parágrafo 17.

de dados sistematizados, escândalos individuais poderiam ser minimizados como "anedóticos"; e os protestos de autoridades locais quanto ao fato de que estavam sendo responsabilizadas por um fardo impossível de carregar e de que não recebiam recursos adicionais para enfrentar sequer uma parte das demandas poderiam ser respondidos de forma vaga ou com conselhos sobre como evitar a aparente obrigação legal provinda da *Chronically Sick and Disabled Persons Act* [Lei dos doentes crônicos e das pessoas com deficiência] de 1970[51].

Mas alguns enfermos mentais se comportavam de formas que criavam perturbações quase insuportáveis na textura da vida diária. Suas infrações às regras de decoro público, sua violência potencial ou concreta e a desordem e o caos que sua presença anunciava excediam os limites da tolerância da comunidade. Sem os hospícios que no passado haviam funcionado para remover essas pessoas das ruas, uma alternativa teria que ser encontrada. E essa alternativa frequentemente é a cadeia. Nos Estados Unidos, por exemplo, a maior de todas as concentrações de doentes mentais graves está na prisão do condado de Los Angeles; em todo o país, estimativas publicadas em 2006 diziam que "15% dos presos mantidos em presídios e 24% daqueles que se encontram em centros de detenção provisória [...] [atendem] os critérios do transtorno psicótico"[52]. Na França, estimativas registram em mais de 12 mil o número de enfermos mentais em prisões, numa população carcerária total de 63 mil[53]. Também na Inglaterra o diretor-geral do serviço prisional se queixou de que "a proporção da população carcerária que mostra sinais de enfermidade mental subiu sete vezes [entre o final dos anos 1980 e 2002]. Para eles, o cuidado em comunidade se transformou em cuidado atrás das grades [...] o problema é quase sufocante"[54]. O confinamento dos loucos em prisões chocou a consciência dos reformistas no século XIX e ajudou a dar início à era dos hospícios. O fechamento desses estabelecimentos do século XIX, ao que parece, levou-nos de volta ao começo de tudo.

---

[51] Cf. o memorando de um dos burocratas ligados à senhora Bottomley, que integrou o Parlamento britânico de 1984 a 2005, citado e discutido em Kathleen Jones, *Asylums and After*, Londres: Athlone Press, 1993, p. 251-252. (Virginia Bottomley foi secretária da Saúde do Reino Unido no gabinete conservador de John Major, no começo dos anos 1990.)

[52] *Mental Health Problems of Prison and Jail Inmates*, US Dept. of Justice, Bureau of Justice Statistics, 2006, p. 1.

[53] *The Economist*, 14 maio 2009.

[54] HM Prison Service, *The Mental Health of Prisoners*, Londres: out. 2007, p. 5.

A revolução dos medicamentos

Se os novos remédios psicotrópicos não foram a primeira causa para a desinstitucionalização, seu advento no entanto revolucionou a psiquiatria e também as concepções culturais mais amplas sobre a loucura. A introdução do Thorazine em 1954 dificilmente pode ser considerada a primeira vez em que fármacos foram usados para tratar enfermos mentais e aliviar sintomas psiquiátricos. Alguns psiquiatras do século XIX, por exemplo, fizeram experimentos com administração de maconha a seus pacientes, ainda que a maior parte deles logo tenha abandonado a prática. O ópio foi utilizado como soporífero nos casos de mania. Mais tarde, ainda no século XIX, o hidrato de cloral e os brometos tiveram seus entusiastas e seu uso continuou século XX adentro.

Em excesso, os brometos produziam sintomas psicóticos e seu uso disseminado fora dos hospícios deu lugar a reações tóxicas que conduziram um número substancial de pacientes para os hospitais de saúde mental sob diagnóstico de loucura; e o cloral, ainda que eficiente como sedativo, gerava dependência e, com uso prolongado, resultava em alucinações e sintomas similares aos do *delirium tremens*. O livro *The Ordeal of Gilbert Pinfold* [A provação de Gilbert Pinfold, 1957], de Evelyn Waugh, oferece um relato pouco ficcionalizado das alucinações e perturbações mentais que podiam acontecer. Viciado em álcool e fenobarbital, Waugh era bastante liberal nas doses de brometos e cloral que ingeria e, como admitia, o retrato que o romance faz de um escritor católico de meia-idade que se equilibra na fronteira da loucura e, depois, acaba por cair no abismo da desrazão reflete o que acontecera com ele próprio durante sua "insanidade tardia".

Sais de lítio pareciam acalmar a agitação de pacientes maníacos e alguns estabelecimentos hidroterapêuticos os utilizavam para o tratamento de pacientes dos nervos. Mas o lítio podia facilmente se mostrar tóxico e causar anorexia, depressão e até falência cardiovascular e morte. Depois da Segunda Guerra Mundial, seus méritos seriam defendidos pelo psiquiatra australiano John Cade (1912-1980), e a existência de efeitos calmantes sobre a mania levaria a algum interesse clínico continuado por esse composto na Europa e América do Norte.

A década de 1920 testemunhou experimentos com barbitúricos, inclusive com tentativas de colocar pacientes de saúde mental em períodos quimicamente induzidos de animação suspensa na expectativa de que isso produziria uma cura (como mencionado na p. 347). Mas também os barbitúricos tinham grandes desvantagens: eram viciantes, doses excessivas facilmente podiam se mostrar fatais e os sintomas de abstinência que surgiam com sua descontinuação eram bastante desagradáveis e mesmo perigosos. Além disso, assim como medicamentos anteriores prescritos por psiquiatras, seu uso causava confusão mental, redução da capacidade de entendimento e incapacidade de concentração, além de todo um espectro de problemas físicos.

Os novos antipsicóticos eram diferentes, segundo afirmavam seus defensores, e com o tempo viriam a se tornar a tábua de salvação da psiquiatria moderna. A psicoterapia psicanalítica estava nos píncaros da psiquiatria norte-americana em meados do século XX, e uma atenção eclética voltada a um composto vago de fatores sociais, psicológicos e biológicos constituía a ortodoxia noutros países. Meio século mais tarde, poucos psiquiatras se importariam muito com a psicoterapia, e seus financiadores, fosse o governo ou planos de saúde particulares, mostrariam pouca disposição para reembolsá-los por tratamentos desse tipo.

Curas pela fala de um novo tipo, como as intervenções comparativamente breves características da terapia cognitivo-comportamental (TCC), tornaram-se o domínio das profissões altamente feminizadas (e de pior remuneração) da psicologia clínica e do serviço social. Hoje, a própria identidade da psiquiatria está estreitamente relacionada com seu monopólio na prescrição de remédios e, nas mãos do psiquiatra, os comprimidos substituíram a conversa como a principal resposta para as perturbações da cognição, da emoção e do comportamento. Pacientes e famílias se voltam a seus médicos em busca de poções mágicas capazes de produzir vidas melhores graças à química. Pode ser que no futuro essas ideias venham a revelar fundações sólidas e duradouras, ainda que, atualmente, estejam lastreadas mais na fé que na ciência. Ou talvez não revelem. O mais provável é que sejam apenas parte da solução e, em todo caso, também é possível que as dimensões social e psicológica da enfermidade mental tenham recebido um enterro prematuro.

É completamente possível que a loucura acabe, no final das contas, por ter algumas de suas raízes no mundo dos significados – talvez não nos significados freudianos, mas em algum tipo de significado. Acima de tudo, a loucura continua incrivelmente misteriosa e difícil de compreender, ainda que isso não seja o que a ideologia dominante da psiquiatria gostaria que o resto de nós acreditasse. O reducionismo biológico reina supremo. Não por coincidência, a indústria farmacêutica enriquece.

A clorpromazina – a primeira das fenotiazinas a dar início à revolução da prática psiquiátrica – foi sintetizada em 11 de dezembro de 1950 por uma pequena casa farmacêutica francesa, a Rhône-Poulenc. Suas aplicações psi-

Uma revolução psiquiátrica?

quiátricas foram obra do mero acaso. As primeiras experiências da empresa consistiam no uso da droga como forma de redução da dosagem de anestésicos necessários durante cirurgias, como antiemético e, depois, como tratamento para irritações na pele. Naqueles dias, o controle sobre a distribuição de remédios e sobre os experimentos terapêuticos com novos compostos era incrivelmente brando. Um cirurgião naval francês, Henri Laborit (1914-1995), que recebera um pequeno suprimento da droga para se divertir, aplicou-a em alguns pacientes psiquiátricos e ficou espantado com os efeitos causados neles. Os pacientes pareciam perder todo o interesse ao que acontecia à sua volta, e os sintomas espalhafatosos eram mitigados sem muitos sinais de sonolência. Pierre Deniker (1917-1998) e Jean Delay (1907-1987), psiquiatras no Hospital de Saint-Anne, em Paris, ouviram sobre esse caso e começaram a oferecer a droga a seus próprios pacientes. Dentro de poucos meses, o remédio já estava sendo vendido na França sob o nome de Largactil.

Um dos primeiros anúncios das virtudes do Thorazine, que promove o poder do remédio de refrear a inclinação do marido agitado a bater na própria esposa. A ênfase na capacidade da droga de tornar o paciente mais acessível à psicoterapia é uma tentativa óbvia de atrair os psicanalistas que, na época, dominavam a psiquiatria norte-americana – um grupo que de outro modo estaria pouco propenso a receitar produtos químicos para o tratamento de transtornos mentais.

Apesar disso, os médicos norte-americanos eram muito céticos quanto à pesquisa médica europeia, e a Rhône-Poulenc escolheu, assim, vender o direito de comercialização da droga para uma empresa estadunidense, a Smith, Kline & French. Ao rotular a droga como Thorazine, a revendedora garantiu a aprovação da Food and Drug Administration dos Estados Unidos para venda em 1954. Com um investimento inicial em pesquisa e desenvolvimento de apenas 350 mil dólares, a empresa auferiu lucros enormes. Um ano depois de sua introdução comercial, o Thorazine tinha aumentado o volume de vendas da empresa num terço, e uma grande porção do crescimento subsequente da Smith, Kline & French, que passou de vendas líquidas de 53 milhões de dólares em 1953 para 347 milhões em 1970, podia ser direta ou indiretamente atribuído a esse produto extremamente lucrativo.

Esse padrão de crescimento explosivo não foi por acaso. Ele refletia um enorme, continuado e dispendioso esforço de venda por parte da companhia. Num período de sete anos, tanto os legislativos estaduais quanto as equipes dos hospitais públicos foram bombardeados com uma salva de materiais sofisticados de *marketing*, projetados para convencê-los das vantagens do uso da droga como uma forma barata e eficiente de tratamento que era adequada para uso massificado em pacientes de hospitais de saúde mental. Foi um dos primeiros remédios chamados de "arrasa-quarteirão" [*blockbuster drug*], e outras companhias farmacêuticas correram para ter sua parte na bonança produzindo versões marginalmente diferentes do medicamento original que podiam patentear como próprias. A revolução psicofarmacológica estava finalmente lançada.

Deprimida? Temos a solução! Um anúncio do "pequeno ajudante da mamãe" – um comprimido para a dona de casa mantida no cárcere da vida doméstica.

O Thorazine e seus derivados deram à psiquiatria, pela primeira vez, uma modalidade terapêutica que era fácil de aplicar e se aproximava bastante da abordagem terapêutica que cada vez mais formava a base de sustentação da autoridade cultural atribuída à medicina como um todo. O contraste com a lobotomia e a terapia de choque era claro, e a Smith, Kline & French quase imediatamente divulgou que uma das vantagens principais dessa nova poção era que o "Thorazine reduz a necessidade de terapias de eletrochoque"[55]. Apesar de todo o entusiasmo inicial que rondou a introdução desses remédios, no entanto, as novas drogas eram, na melhor das hipóteses, um tratamento que reduzia os sintomas psiquiátricos. Era um atrativo considerável. Mas elas não curavam a doença subjacente.

Logo depois, a indústria farmacêutica trouxe outras classes de remédios psicoativos para o mercado. Primeiro houve os chamados tranquilizantes menores. O Miltown e o Equanil (meprobamato), que deixam os usuários sonolentos e, mais tarde, o Valium e o Librium (as benzodiazepinas), que supostamente não o fazem. Com o advento desses remédios, problemas comuns da vida diária foram redefinidos sem maiores esforços como enfermidades psiquiátricas. Aí estavam os comprimidos que ofereciam uma solução para o tédio da vida em cativeiro da dona de casa, a tristeza das mães sobrecarregadas e o embotamento da meia-idade em ambos os gêneros. Em 1956, as estatísticas sugeriam que um em cada vinte norte-americanos tomava tranquilizantes em qualquer mês de referência. Ansiedade, tensão e infelicidade, parecia que tudo poderia ser dissolvido com medicamentos. Mais uma vez, no entanto, essas vantagens eram asseguradas a um custo: muitos daqueles que usavam os remédios se tornavam fisicamente habituados a eles a ponto de acharem difícil ou impossível deixar de usá-los, já que o abandono dos comprimidos significaria flertar com sintomas e dores psíquicas piores que aqueles que os haviam levado a tomar a decisão inicial de se medicar. Os Rolling Stones cantavam de forma agourenta sobre o "*little yellow pill*" [o comprimidinho amarelo], o "*mother's little helper*" [o pequeno ajudante da mamãe], que "*helps [the housewife] on her way*" [ajuda a dona de casa a seguir adiante] até o "*busy dying day*" [atarefado dia de sua morte]. Mas os consumidores clamavam pelos remédios, e os medicamentos de uso controlado, fossem estimulantes ou depressivos, logo deixaram de ser uma exclusividade de pessoas casadas e de meia-idade. Também estrelas do *rock* e adolescentes os tomavam.

---

55 Anúncio do Thorazine em *Diseases of the Nervous System*, v. 16, 1955, p. 227.

Outros compostos que mudavam o humor das pessoas foram desenvolvidos no final dos anos 1950, a começar pela iproniazida, um inibidor da monoamina oxidase, em 1957, e pela imipramina e amitriptilina, os assim chamados antidepressivos tricíclicos, em 1958 e 1961, respectivamente[56]. Talvez em parte porque muitas das pessoas deprimidas sofrem em silêncio, havia uma persistência da crença de que a depressão era comparativamente mais rara. O sucesso do Prozac na década de 1990 mudou completamente essa mentalidade. A depressão passou a ser uma doença de proporções epidêmicas. Em alusão à famosa observação de Auden sobre Freud (cf. p. 396), o psiquiatra norte-americano Peter Kramer (1948-) comentou que, "com o tempo, suspeito que iremos descobrir que a psicofarmacologia moderna se tornou, como Freud em sua época, todo um clima de opinião dentro do qual conduzimos nossas diferentes vidas"[57]. E assim ela tem se mostrado.

A re-constituição da psiquiatria

Antes da Segunda Guerra Mundial, como vimos no capítulo anterior, a maioria dos psiquiatras norte-americanos, assim como seus colegas de outros países, exercia a profissão em hospitais de saúde mental. E ainda que o século XX tenha visto o crescimento de um número menor de médicos que ganhavam a vida com o cuidado ambulatorial de pacientes menos perturbados, em 1940 os psiquiatras constituíam uma especialidade marginal e desprezada e, em grande parte, ainda confinada pelas paredes dos hospícios.

---

[56] A iproniazida foi introduzida em 1952 como tratamento para a tuberculose, porém, mais tarde, seu efeito estimulante sobre o sistema nervoso central foi percebido e o remédio passou a ser utilizado para a melhora do humor. Segundo hipóteses que surgiram na época, sua ação terapêutica no tratamento da enfermidade psiquiátrica derivava de sua capacidade de aumentar os níveis de monoaminas no cérebro pela inibição de sua reabsorção. A iproniazida e outros remédios similares foram chamados de inibidores da monoamina oxidase, ou IMOs. Seu uso por vezes causa aumentos extremos na pressão sanguínea e até mesmo hemorragias intracranianas fatais, algo que foi mais tarde atribuído à interação dessas drogas com dietas ou outras medicações. Os tricíclicos são uma classe diferente de remédios com uma estrutura química de três anéis – daí o nome. Sua descoberta também se deveu em grande parte ao acaso. Seu modo de ação era diferente, com a inibição da recaptação dos neurotransmissores norepinefrina (noradrenalina) e serotonina, e vinham com um conjunto diferente de efeitos colaterais: sudorese, constipação e por vezes confusão mental. Ambas as classes de remédios foram substituídas nos anos 1990 por inibidores seletivos de recaptação de serotonina (ISRSs), como o Prozac, em grande medida graças ao *marketing* habilidoso da indústria farmacêutica, já que a eficácia superior dos ISRSs é um mito.

[57] Peter Kramer, *Listening to Prozac*, Nova York: Viking, 1993.

Tudo mudou rapidamente durante a guerra e no período imediatamente posterior. Já em 1947, numa reviravolta impressionante, mais da metade de todos os psiquiatras norte-americanos trabalhava em clínicas particulares ou com tratamentos ambulatoriais; em 1958, o número de médicos que exerciam seus ofícios em hospitais públicos tradicionais mal chegava a 16%. Além disso, essa rápida mudança no centro de gravidade da profissão ocorreu no contexto de uma expansão extraordinária no tamanho da especialização como um todo[58]. E muitos desses profissionais praticavam a psicanálise, fosse em suas formas mais ortodoxas ou simplificadas.

A divisão entre os profissionais identificados como "psiquiatras dinâmicos" e aqueles que formavam a nova elite da profissão, chamados de forma zombeteira de "diretivo-orgânicos" (isto é, aqueles que diziam a seus pacientes que entrassem em forma e complementavam suas instruções com terapias de choque e outras formas de intervenção física), não espelhava completamente a divisão entre a psiquiatria institucional e a praticada em clínicas particulares. Mas chegava bastante perto de fazê-lo. Além de serem mais afluentes, os enfermos mentais que buscavam tratamentos ambulatoriais naturalmente sofriam, em sua maior parte, de perturbações muito menores. Como responderiam os freudianos e seus companheiros de viagem a todo aquele burburinho sobre novos remédios?

No início, a resposta de muitos foi ignorar os remédios farmacêuticos. Como então afirmavam, essas drogas estavam apenas tratando os sintomas psiquiátricos, mas não alcançavam o núcleo psicodinâmico dos problemas dos pacientes. Eram um curativo, não uma cura. Mas conforme os remédios proliferavam tanto em quantidade quanto em diversidade, essa tática foi se tornando mais difícil de sustentar, e muitos adotaram uma abordagem alternativa dos desafios farmacológicos: os remédios, admitiam esses médicos, eram um complemento útil, um meio de fazer com que os pacientes perturbados, alucinados e delirantes se acalmassem e, assim, ficassem mais acessíveis à psicoterapia. Era a partir daí que o verdadeiro trabalho terapêutico começaria. As empresas farmacêuticas, alertas às preferências e aos preconceitos daqueles a quem precisavam vender seus produtos, adaptaram suas peças publicitárias e, dessa forma, os anúncios de remédios passaram a enfatizar o uso de antipsicóticos como complementos da psicoterapia.

---

[58] Nathan G. Hale Jr., *The Rise and Crisis of Psychoanalysis in the United States: Freud and the Americans, 1917-1985*, Nova York: Oxford University Press, 1998, p. 246.

Para a maioria dos analistas norte-americanos que clinicavam nos anos 1960, a hegemonia de suas práticas clínicas sobre a profissão psiquiátrica deve ter parecido garantida. Eles tratavam os pacientes mais desejáveis e lucrativos e tinham rendimentos bem maiores que a outra fração mais inculta da profissão que ainda se agarrava aos hospitais de saúde mental – rendimentos maiores até mesmo que os de muitos de seus colegas noutras especialidades médicas. Suas ideias estavam presentes em todos os aspectos da cultura mais ampla e eram ansiosamente adotadas por artistas, escritores e eruditos. O retrato que Freud fez de si próprio como um gigante intelectual que revolucionara o entendimento humano era amplamente respeitado. Os lados humanista e intelectual da psicanálise atraíam recrutas talentosos para a psiquiatria, e os departamentos universitários em que esses estudantes eram formados estavam dominados por professores alinhados com a psicanálise. Como algo poderia sair do controle? O que seria capaz de perturbar essa dominância? Uma posição assim tão sólida certamente não poderia desmanchar no ar. Mas desmanchou.

De forma inusitada, a própria ambição da psicanálise de se tornar uma ciência geral da mente criou uma espécie de vulnerabilidade. Enquanto outras formas de psiquiatria pensavam de modo categórico sobre as enfermidades mentais – os mundos do são e do insano eram discreta e radicalmente opostos entre si –, a psicanálise fazia uma abordagem dimensional dos transtornos mentais. Em vez de descontinuidades agudas entre o louco e o resto de nós, todos seríamos em alguma medida criaturas patológicas e falhas, e as origens das perturbações da mente estariam ancoradas em nossas psiques. As críticas da psiquiatria como instrumento de controle social se dirigiam originalmente contra o hospital de saúde mental, que, como era evidente, era vulnerável às afirmações de que aqueles estabelecimentos não passavam de prisões ou campos de concentração disfarçados. Mas essa tendência cada vez maior que os psicanalistas demonstravam de medicalizar as diferenças humanas e ampliar as fronteiras da patologia mental – de afirmar que o criminoso, por exemplo, era doente e não mau, e que as falhas de personalidade eram um tipo de enfermidade mental – fundava-se em proposições que suscitavam preocupações quanto ao papel da psiquiatria. Se a diferença e a excentricidade fossem definidas como problemas médicos e submetidas a tratamentos compulsórios, o que isso representava para a liberdade humana?

Os psicanalistas nunca tinham levado muito a sério distinções diagnósticas como a famosamente elaborada por Kraepelin e por outros. Hebefrenia ou esquizofrenia desorganizada, esquizofrenia paranoide, esquizofrenia indiferenciada, psicose maníaco-depressiva e afins: essas eram apenas categorias brutas que pouco ajudavam. O que importava para o analista era a psicopatologia do indivíduo específico que estava em tratamento, e não algum conjunto arbitrário de rótulos. Mas outras pessoas pensavam que rótulos como esquizofrenia e doença maníaco-depressiva se referiam a enfermidades reais e, quando se tornou patente que os psiquiatras não conseguiam concordar de forma alguma sobre diagnósticos, o constrangimento e a ameaça à legitimidade da profissão se mostraram profundos.

Uma sequência de estudos ao longo do final da década de 1960 e da década de 1970 demonstrara a extraordinária falta de fiabilidade dos diagnósticos psiquiátricos[59]. Mesmo quanto ao que era considerado as formas mais sérias de perturbação psiquiátrica, psiquiatras diferentes só concordavam em seus diagnósticos em cerca de 50% das vezes. Muitas dessas análises foram conduzidas pela própria profissão, incluindo um estudo pioneiro de autoria do psiquiatra britânico John Cooper e seus associados sobre o diagnóstico diferencial num contexto transnacional[60]. Essa pesquisa mostrou que havia uma tendência dos psiquiatras norte-americanos de chamar aquilo que seus colegas britânicos diagnosticavam como "depressão maníaca" de "esquizofrenia" e vice-versa.

A obra que mais chamou a atenção do público, no entanto, e causou mais prejuízos à imagem pública da psiquiatria, foi um experimento que usava pseudopacientes, conduzido por David Rosenhan (1929-2012), psicólogo social de Stanford, cujos resultados apareceram em 1973 na *Science*, uma das duas publicações científicas mais lidas no mundo[61]. Os participantes do experimento foram para um hospital de saúde mental local sob a afirmação de que ouviam vozes. Conforme as instruções recebidas, passaram a se comportar de modo perfeitamente normal após a internação. A maioria foi diagnosticada como esquizofrênica, e sua conduta posterior foi interpretada através dessas

---

59 Aaron T. Beck, "Reliability of Psychiatric Diagnoses: 1. A Critique of Systematic Studies", *American Journal of Psychiatry*, v. 119, 1962, p. 210-16; Aaron T. Beck *et al.*, "Reliability of Psychiatric Diagnoses: 2. A Study of Consistency of Clinical Judgments and Ratings", *American Journal of Psychiatry*, v. 119, 1962, p. 351-57; R. E. Kendell *et al.*, "Diagnostic Criteria of American and British Psychiatrists", *Archives of General Psychiatry*, v. 25, 1971, p. 123-30; R. E. Kendell, "The Stability of Psychiatric Diagnoses", *British Journal of Psychiatry*, v. 124, 1974, p. 352-56.

60 John E. Cooper, Robert E. Kendell e Barry J. Gurland, *Psychiatric Diagnosis in New York and London: A Comparative Study of Mental Hospital Admissions*, Londres: Oxford University Press, 1972. Para citar um exemplo especialmente impactante de suas descobertas, psiquiatras britânicos e norte-americanos foram levados a assistir a gravações de vídeo de dois pacientes britânicos e convidados a diagnosticar o que estava de errado com eles: 85 (69%) dos psiquiatras norte-americanos diagnosticaram esquizofrenia; 7 (2%) de seus colegas britânicos fizeram o mesmo.

61 David Rosenhan, "On Being Sane in Insane Places", *Science*, v. 179, 1973, p. 250-58.

lentes, de modo que o histórico de um desses participantes, que mantinha anotações sobre o dia a dia da enfermaria, continha a informação de que "o paciente apresenta padrões de escrita". Os colegas de internação conseguiam perceber que os pseudopacientes estavam fingindo, mas os médicos não; quando os pseudopacientes acabaram recebendo alta, muitos foram classificados como "esquizofrênicos em remissão".

Assim que o artigo de Rosenhan apareceu, psiquiatras se queixaram a altos brados que o estudo era antiético e sua metodologia era falha. Essas reclamações não eram infundadas, mas "On Being Sane in Insane Places" [Sobre ser são em lugares insanos] foi amplamente considerado mais uma nódoa para a profissão. Acadêmicos da área do direito passaram a zombar abertamente das pretensões de competência clínica da psiquiatria. Um artigo publicado numa célebre publicação jurídica sugeria que os depoimentos de um "*expert*" em psiquiatria não eram produto de uma especialidade, mas se assemelhavam a "tirar cara ou coroa na sala de audiências" – e elencava uma abundância de referências para prová-lo[62].

Havia outra razão talvez mais importante pela qual a imprecisão diagnóstica criava problemas cada vez maiores para a profissão no começo dos anos 1970. A indústria farmacêutica percebera que a descoberta de novos tratamentos para enfermidades mentais oferecia enormes lucros potenciais. Para que o desenvolvimento dos remédios continuasse, contudo, e as autoridades regulatórias concedessem licenças para a entrada de novos remédios no mercado, era vital ter acesso a grupos homogêneos de pacientes. A demonstração de que um tratamento era estatisticamente superior a outro exigia que um número cada vez maior de pacientes pudesse ser distribuído entre os grupos de experimento e controle necessários para os estudos duplo-cego[63]. Mas, a não ser que houvesse uma garantia de que os pacientes compartilhavam um mesmo diagnóstico, como seria possível estabelecer comparações? E, caso se notasse que um novo composto produzia efeitos sobre alguns pacientes mas não sobre outros, também isso levava a uma preocupação maior com a preci-

---

62 Bruce J. Ennis e Thomas R. Litwack, "Psychiatry and the Presumption of Expertise: Flipping Coins in the Courtroom", *California Law Review*, v. 62, 1974, p. 693-752.

63 A significância estatística, que era tudo que os reguladores exigiam, é muito diferente da significância clínica (isto é, a verificação de que uma droga produz uma diferença genuína e significativa no bem-estar do paciente). Quanto menos significativa a diferença concreta produzida por uma terapia em particular, mais necessário será empregá-la em um espaço amostral maior para ajudar a gerar significância estatística (ou seja, uma "melhoria" mais significativa que o simples acaso, seja lá como for que isso seja medido). Essa é uma das razões por que testes de larga escala e em vários lugares diferentes se tornaram a regra.

são diagnóstica, já que a distinção entre subpopulações era essencial para criar a prova necessária da eficácia.

Como decidir quem é louco e quem é são? Era uma pergunta que exigia resposta. Nenhum raio X, ressonância magnética, exame de sangue ou descoberta laboratorial oferece auxílio para aqueles que devem traçar essa que é uma distinção das mais básicas. Alguns, seguindo a liderança de Thomas Szasz, concluíram que, sem que haja critérios fundados na biologia, a enfermidade mental é praticamente uma ficção, um rótulo enganoso imposto àqueles que nos causam problemas. Mas a maior parte dos psiquiatras enxerga para além disso: certos de nossos colegas de espécie – delirantes, enlouquecidos, deprimidos ou que sofrem de demência – estão tão alienados da realidade que o resto de nós parece compartilhar, que a loucura deles (ou, de forma mais polida, sua enfermidade mental) parece uma conclusão inescapável. No que se refere aos casos mais severos de alienação, estaríamos provavelmente tentados a questionar a sanidade de alguém que divergisse do consenso. Onde traçar as fronteiras, no entanto, em casos menos evidentes? Podemos rir quando lemos o depoimento judicial de John Haslam, um dos mais famosos (ou infames) médicos de loucos que clinicavam no começo do século XIX: "Nunca vi sequer um ser humano que possuísse uma mente sã". Mas, na verdade, para além do núcleo duro das perturbações comportamentais ou mentais facilmente reconhecíveis, as fronteiras entre o normal e o patológico permanecem extraordinariamente vagas e indeterminadas. Ainda assim, linhas são traçadas e vidas são colocadas na balança. Louco ou apenas excêntrico? A diferença é grande.

Tomadas em seu conjunto, as questões que revolvem em torno da competência diagnóstica da psiquiatria levaram a American Psychiatric Association a dar início a esforços de padronização diagnóstica. Uma força-tarefa foi montada e recebeu um mandato para criar uma nosologia mais confiável. Os psicanalistas bocejaram e ignoraram essas tentativas. A força-tarefa foi liderada por Robert Spitzer (1932-2015), psiquiatra da Universidade de Columbia, que foi rápido em recrutar almas semelhantes à dele para compor o painel, a maioria delas vindas da Universidade Washington em St. Louis, no Missouri[64]. Os membros da força-tarefa eram bastante enviesados a favor de modelos biológicos para as enfermidades mentais e gostavam de se referir a si próprios como DOPs, ou "pessoas orientadas por dados" [*data-oriented people*], ainda que

---

[64] Ronald Bayer e Robert L. Spitzer, "Neurosis, Psychodynamics, and DSM III", *Archives of General Psychiatry*, v. 42, 1985, p. 187-96.

na verdade seus trabalhos envolvessem mais negociatas políticas que ciência[65]. Eles prefeririam comprimidos a conversas, e, em suas mãos, uma nova abordagem totalmente distinta do processo diagnóstico se tornou uma arma decisiva na batalha para a reorientação da profissão.

Incapaz de demonstrar correntes causais convincentes para qualquer forma de transtorno mental, a força-tarefa de Spitzer abandonou toda pretensão de fazê-lo. Em vez disso, concentrou-se em maximizar a confiabilidade entre examinadores para garantir que psiquiatras que diagnosticassem um mesmo paciente concordassem sobre o que estava errado. Isso resultou no desenvolvimento de listas de sintomas que supostamente caracterizavam formas de perturbação mental e na sua aplicação a uma abordagem diagnóstica do tipo "selecione as opções que se aplicam". Diante de um novo paciente, os psiquiatras registrariam a presença ou ausência de um dado conjunto de sintomas e, uma vez que um número mínimo deles fosse alcançado, a pessoa em exame receberia um rótulo diagnóstico específico, com "comorbidades" que poderiam ser invocadas para justificar situações em que mais de uma "doença" pudesse ser diagnosticada. Discussões quanto ao que deveria integrar o manual foram solucionadas por votações em comitês, assim como aconteceu com a decisão arbitrária sobre onde situar limites de corte – isto é, quantos sintomas enumerados um paciente deveria exibir antes que fosse declarado como acometido por um tipo específico de doença. Questões de validade – se o novo sistema classificatório de "doenças" listadas correspondia de alguma forma às distinções que davam forma ao sentido etiológico – foram simplesmente colocadas de lado. Se os diagnósticos pudessem ser mecânicos e previsíveis, consistentes e replicáveis, isso já seria mais que suficiente. Por sua vez, as manifestações "superficiais" das doenças mentais, que por tanto tempo haviam sido descartadas pelos psicanalistas como meros sintomas de transtornos psicodinâmicos subjacentes da personalidade, tornaram-se marcadores científicos, elementos em si mesmos capazes de definir as diferentes formas de transtorno mental. E o controle de sintomas como esses, de preferência por meios químicos, passou a ser o novo cálice sagrado da profissão.

Com o tempo, uma nova edição do *Manual diagnóstico e estatístico de transtornos mentais* (DSM) teve que ser colocada em votação diante dos

---

[65] Stuart A. Kirk e Herb Kutchins, *The Selling of DSM: The Rhetoric of Science in Psychiatry*, Nova York: Aldine de Gruyter, 1992; Herb Kutchins e Stuart A. Kirk, *Making Us Crazy: DSM: The Psychiatric Bible and the Creation of Mental Disorders*, Nova York: Free Press, 1999; Allan V. Horwitz, *Creating Mental Illness*, Chicago: University of Chicago Press, 2002.

membros da American Psychiatric Association. Os psicanalistas perceberam tarde demais que a negligência com que tratavam o assunto tinha sido um erro catastrófico. Mesmo a categoria de doença em que a maioria dos pacientes da psicanálise se enquadrava, a neurose, estava prestes a desaparecer do sistema oficial de nomenclatura da profissão, com efeitos previsíveis sobre os rendimentos desses profissionais. Mas as tentativas de resgate da posição anteriormente ocupada foram bloqueadas por uma reação astuciosa e cínica de Robert Spitzer: num gesto de aparente concessão, Spitzer permitiu a inserção do termo "reação neurótica" entre parênteses ao final de certos diagnósticos. A associação votou a favor dessa ideia, e em 1980 a terceira edição do *Manual diagnóstico e estatístico* apareceu (na verdade, sua primeira edição substancial e significativa), produzindo efeitos dramáticos sobre o futuro da psiquiatria e as concepções mais gerais sobre enfermidades mentais[66]. Fora da América do Norte, muitos psiquiatras prefeririam um sistema classificatório diferente, parte de uma Classificação Internacional de Doenças, ou CID, publicada pela Organização Mundial da Saúde – e alguns continuam a preferir. Mas os elos rapidamente forjados pelas multinacionais farmacêuticas entre as categorias diagnósticas do DSM e os novos tratamentos medicamentosos em psiquiatria ajudaram a garantir que a influência do manual fosse mais profunda e que psiquiatras de todos os lugares acabassem por se curvar à autoridade de sua sistematização. As categorias da CID e do DSM vêm convergindo cada vez mais, e uma aproximação ainda maior entre os dois sistemas *já aparece na décima primeira* edição da CID, em vigor desde janeiro de 2022.

Não muito tempo depois da publicação da terceira edição do manual, quando uma versão revisada apareceu em 1987, o estratagema que Spitzer

---

[66] Como seu título indica, o DSM III teve alguns predecessores. Os psiquiatras norte-americanos haviam construído dois sistemas diagnósticos oficiais próprios anteriores – pequenos panfletos que apareceram em 1952 e 1968. Ambos estabeleciam uma distinção mais ampla entre psicoses e neuroses (de forma simplificada, entre transtornos mentais que envolviam uma ruptura com a realidade e aqueles que, de forma menos grave, envolviam uma visão distorcida da realidade) e categorizavam cerca de uma centena de variedades de enfermidades mentais que eram reconhecidas de acordo com suas supostas etiologias psicodinâmicas. Nesse aspecto, o esforço refletia a dominância das perspectivas psicanalíticas na psiquiatria norte-americana do pós-Segunda Guerra Mundial. Mas as diferenciações diagnósticas mais amplas e genéricas que essas duas primeiras edições impulsionaram eram pouco relevantes para a maioria dos analistas, focados como estavam nas dinâmicas individuais do paciente em particular que estavam tratando. Assim, os primeiros dois DSMs raramente eram consultados e eram vistos como pouco mais do que peso para papel – e não muito eficientes nessa função. O DSM II era uma brochura pequena com encadernação em espiral que não passava de 134 páginas e mal chegava a cem diagnósticos diferentes, acompanhados das mais superficiais descrições. O volume era vendido por apenas 3,50 dólares, o que era mais do que a maioria dos profissionais da psiquiatria estava disposta a pagar.

havia oferecido aos psicanalistas desapareceu, como era seu plano desde o início[67]. Quando a quarta edição foi publicada, em 1994, o DSM passava das novecentas páginas, identificava quase trezentas enfermidades psiquiátricas e, num dado momento, vendeu centenas de milhares de cópias a 85 dólares. Era um item que não podia faltar nas estantes dos profissionais de saúde mental dos Estados Unidos e, com o tempo, revelou-se o aríete que garantia a hegemonia mundial da nova psiquiatria norte-americana. A própria linguagem e as categorias que usamos para descrever desgastes mentais, as fronteiras oficiais estabelecidas para a determinação de onde se situa a patologia e até mesmo a experiência existencial dos próprios pacientes de saúde mental, tudo isso foi afetado por esse documento de forma indelével.

O triunfo do DSM III marcou o advento de um sistema classificatório que cada vez mais vincula as categorias diagnósticas a tratamentos medicamentosos específicos. Também levou à aceitação dos profissionais e do público quanto à conceituação das enfermidades mentais como doenças específicas e perceptivelmente diferentes, com cada uma delas propensa a tratamento com um remédio próprio. Mais importante, desde que a indústria dos planos de saúde começou a exigir diagnósticos do DSM como condição para que concordasse em custear o tratamento de seus segurados (e o percurso e a duração preferíveis de tratamento vieram a se relacionar com categorias diagnósticas individuais), o DSM III se tornou um documento impossível de ignorar e inviável de rejeitar. Se um profissional de saúde mental quiser ser pago (e não tiver condições de operar fora dos domínios do reembolso das seguradoras, como a maioria obviamente não tem), então não há alternativa a não ser adotá-lo.

Nos anos que se seguiram, e particularmente depois que as drogas antidepressivas alçaram voo na década de 1990, a linguagem biológica passou a saturar as discussões profissionais e públicas sobre as enfermidades mentais. Steven Sharfstein (1942-), então presidente da American Psychiatric Association, referiu-se ao resultado desse processo como uma transição do "modelo biopsicossocial [da enfermidade mental] para [...] o modelo bio-bio-bio". Praticamente desde o início dessa transformação, os psicanalistas norte-americanos se viram em grande parte privados de pacientes e expulsos dos pináculos da profissão psiquiátrica.

---

[67] Robert Spitzer, "Values and Assumptions in the Development of DSM-III and DSM-IIIR", *Journal of Nervous and Mental Disease*, v. 189, 2001, p. 558.

Essa queda foi acelerada por outra decisão fatídica que os analistas haviam tomado no começo do processo, quando organizaram a formação das novas gerações da profissão nos Estados Unidos. Ansiosos por manter o controle absoluto sobre as avaliações profissionais e sobre quem poderia ser iniciado na profissão, os psicanalistas começaram a fundar institutos que operavam completamente fora do sistema universitário. Mas a ascensão da pesquisa universitária moderna, o papel por ela desempenhado como repositório da ciência pura e seu prestígio crescente como fábrica em que o conhecimento era produzido e disseminado colaboraram para as fraquezas estruturais de grupos a que faltava essa forma de legitimação. A exclusão da psicanálise dos salões sagrados da universidade – um destino voluntário e até mesmo avidamente buscado numa época em que esses fatos não pareciam ter importância – facilitou o rebaixamento da profissão à condição de seita, e não de ciência.

Paradoxalmente, então, foi no mesmo país em que havia gozado de maior sucesso – os Estados Unidos – que a psicanálise chegou mais perto de cair no esquecimento profissional. Uma vez perdida essa hegemonia, a psiquiatria biológica que ressurgia não tinha interesse no empreendimento freudiano e logo buscou deixá-lo de escanteio. Se a psicanálise fosse sobreviver de algum modo nos Estados Unidos, a tendência era que isso se daria nos corredores dos departamentos de literatura e antropologia, e nos estudos de um ou outro filósofo. Ainda existia um mercado residual muito diminuto para seus serviços terapêuticos, em sua maioria judeu e limitado a alguns poucos grandes centros urbanos, mas a psicanálise como empreendimento terapêutico logo se tornaria uma espécie em risco de extinção[68].

Em outros lugares, seu destino não foi tão lúgubre. Nunca dominante em termos profissionais em países como a Inglaterra e a França, a psicanálise reteve uma parte mais substancial do limitado séquito de que antes gozava e continuou a exercer sobre muitos intelectuais um fascínio que não mostrava sinais de enfraquecimento. Até recentemente, é verdade, o Freud francês era quase uma caricatura. De modo geral, a psicanálise parisiense era uma versão idiossincrática derivada da obra de Jacques Lacan (1901-1981). Lacan começara a atrair atenção nos anos 1960 e, em alguns círculos, tornou-se objeto de

---

[68] Foram sintomáticos dessa mudança de ambiente a falência e o fechamento daqueles que por décadas haviam sido os principais centros de tratamento psicanalítico de formas severas de transtornos mentais, o Chestnut Lodge, em Maryland, e a Menninger Clinic, no Kansas, no passado verdadeiras plataformas de lançamento da dominação psicanalítica sobre a psiquiatria norte-americana.

quase veneração até sua morte[69]. (Sua versão da psicanálise era tão peculiar que Lacan já havia sido ejetado das fileiras da análise freudiana ortodoxa. Sua "hora analítica", por exemplo, em algumas ocasiões durava apenas alguns minutos, às vezes até menos – e uma única *parole* (palavra) sussurrada a um paciente na sala de espera contava (e era cobrada) como uma sessão terapêutica. Dessa forma, Lacan podia receber (e cobrar) até dez pacientes numa única hora.)[70] Na pior das hipóteses, no entanto, a popularidade de Lacan de fato serviu para encorajar os intelectuais franceses a abordar o próprio Freud, e algum desse interesse mais pronunciado persistiu mesmo após o desaparecimento do legado lacaniano. Do outro lado do canal da Mancha, na Inglaterra, apesar de divisões internas e sectarismos cujas origens podem ser traçadas até a Segunda Guerra Mundial (e do cisma que emergia entre os freudianos ortodoxos, liderados pela filha de Freud, Anna, e a facção renegada capitaneada por Melanie Klein), a psicanálise continuou a manter uma presença pública bastante visível. Nunca tendo desfrutado a mesma proeminência e o mesmo poder de seus colegas norte-americanos no interior da profissão psiquiátrica, os psicanalistas britânicos são talvez menos assombrados pela sensação de declínio e colapso iminente.

Terapeuticamente, a marginalização da psicanálise pode não ter sido uma grande perda, particularmente quanto ao tratamento das enfermidades mentais severas. Ainda que alguns analistas norte-americanos, como Harry Stack Sullivan (1892-1949) e Frieda Fromm-Reichmann (1889-1957), e o psiquiatra italiano Silvano Arieti (1914-1981) tenham afirmado que haviam alcançado algum tipo de sucesso no tratamento da psicose[71], e, na Europa, os seguidores de Melanie Klein (1882-1960) e Jacques Lacan também tenham mencionado a possibilidade de adaptação das técnicas psicanalíticas para o tratamento de pacientes profundamente perturbados, poucos médicos de fora

---

[69] Para uma versão acrítica de Lacan e as maquinações de autoria dos discípulos que o adoravam, cf. Elisabeth Roudinesco, *Jacques Lacan and Co.: A History of Psychoanalysis in France, 1925-1985*, trad. Jeffrey Mehlman, Londres: Free Association Books, 1990; e para uma declaração ferina e esplendidamente divertida sobre esse livro e o homem nele descrito, cf. Raymond Tallis, "The Shrink from Hell", *Times Higher Education Supplement*, 31 out. 1997, p. 20. Cf. também o capítulo final de Sherry Turkle, *Psychoanalytic Politics*, 2. ed., Londres: Free Association Books, 1992, para uma discussão sobre a dissolução do empreendimento lacaniano em querelas sectaristas.

[70] Na verdade, há relatos de que Lacan recebia uma *média* de dez pacientes por hora em sua clínica particular entre 1970 e 1980, o que significa que numa parte considerável desse período ele deve ter transitado por números muito maiores do que esse.

[71] Silvano Arieti, *The Interpretation of Schizophrenia*, Nova York: Brunner, 1955. A edição revisada de 1974 ganhou o National Book Award de ciência.

das fileiras dos convertidos atribuíam muita credibilidade a essas declarações, tanto na época como agora[72].

Mas a afirmação dos psicanalistas de que a loucura tinha significado de fato promoveu uma atenção sobre o indivíduo, encorajou psiquiatras a buscar e aprender o significado psicológico dos transtornos mentais daqueles que deles sofriam e foi associada com uma insistência no valor da observação cuidadosa dos sofrimentos dessas pessoas. Na era dos diagnósticos rápidos do DSM e da predisposição quase universal para os tratamentos medicamentosos, a fenomenologia da psicopatologia vem sendo vítima de um descuido quase terminal – e essa, com certeza, é uma grande perda. A situação atingiu tal ponto que a célebre neurocientista e editora de longa data da *American Journal of Psychiatry* [Revista Norte-Americana de Psiquiatria], Nancy Andreasen (1938-), sentiu-se compelida a publicar um alerta de que "tem havido um declínio constante no aprendizado de avaliações clínicas cuidadosas voltadas aos problemas e ao contexto social do indivíduo [...] Estudantes são ensinados a memorizar o DSM em vez de aprenderem as complexidades" da enfermidade mental com que se defrontam. O manual diagnóstico, lamenta Andreasen, "tem produzido um efeito desumanizador na prática da psiquiatria"[73]. Não mencionado, mas certamente ainda mais importante, é o impacto desumanizador desses acontecimentos sobre os destinatários da atenção profissional: os pacientes.

No ímpeto de produzir uma classificação universal e objetiva e oferecer um leito de Procusto em que as psicopatologias de todos os indivíduos possam e devam caber, as metas centrais daqueles que trabalham segundo o paradigma do DSM são a eliminação, tanto quanto possível, do juízo clínico individual, com todas as diferenças de opinião que inevitavelmente fluem a partir da dependência de algo tão mutável; e a abolição da subjetividade humana de

---

[72] Cf., por exemplo, Kim T. Mueser e Howard Berenbaum, "Psychodynamic Treatment of Schizophrenia: Is There a Future?", *Psychological Medicine*, v. 20, 1990, p. 253-62. A conclusão dos autores é claramente negativa. Ao analisar tentativas de testagem desses efeitos, Mueser e Berenbaum não encontraram nenhuma prova de que os métodos funcionavam, apenas algumas sugestões de que o tratamento estava na verdade piorando os sintomas – o que os levou a afirmar que, "se um medicamento apresentasse o mesmo 'perfil de eficácia' da psicanálise, certamente não seria prescrita e ninguém teria a menor reserva quanto a relegá-la à 'lata de lixo da história'". Para uma visão divergente de uma paciente que insiste que a psicanálise foi a chave para curá-la da loucura, cf. Barbara Taylor, *The Last Asylum: A Memoir of Madness in Our Times*, Londres: Hamish Hamilton, 2014.

[73] Nancy Andreasen, "DSM and the Death of Phenomenology in America: An Example of Unintended Consequences", *Schizophrenia Bulletin*, v. 33, 2007, p. 108-12.

modo mais geral. Esse enfoque dos psiquiatras possibilita a rotulação rápida, rotineira e replicável. Os problemas dos pacientes são tipicamente diagnosticados em meia hora – uma conquista impressionante, ainda que, para alguns, bastante ambígua, quando consideradas as consequências definitivas que com tanta frequência decorrem desse tipo de decisão. A própria lógica da abordagem do DSM interdita de forma bastante deliberada qualquer tentativa de atenção mais séria à complexidade e aos atributos particulares de um caso específico. Essa é sua virtude como dispositivo para a estabilização das decisões profissionais – e também seu vício, se questionarmos a validade de uma perspectiva tão crua e mecanizada a respeito do vasto leque de sofrimentos humanos que caracterizam a loucura.

A biologia mostra os dentes

No final do século XIX, os psiquiatras de todo o mundo estavam convencidos de que a enfermidade mental era uma doença de cérebros e corpos fora de ordem. Pacientes de saúde mental eram espécimes inferiores da humanidade, a encarnação de processos degenerativos que explicavam seus defeitos: embotamento emocional; perturbações de pensamento e fala; falta de iniciativa ou seu oposto, uma falta alarmante de controle sobre o próprio comportamento; delírios; alucinações; mania frenética ou depressão profunda. O final do século XX testemunhou um ressurgimento similar da biologia como origem da enfermidade mental e um crescente descuido quanto a suas outras dimensões. O discurso presidencial de George H. W. Bush em 1991 em nome do National Institute of Mental Health, declarando que os anos 1990 eram "a década do cérebro", apenas ratificava uma transformação que já lançara raízes profundas na psiquiatria, e não apenas no Estados Unidos.

Os pacientes e suas famílias aprendiam a atribuir a enfermidade mental a uma bioquímica cerebral deficiente, a defeitos de dopamina ou escassez de serotonina[74]. Era uma conversa fiada biológica tão enganosa quanto a conversa fiada psiquiátrica que foi substituída por ela – na realidade, as origens das principais formas de loucura continuaram tão misteriosas como antes –, mas

---

[74] Sobre dopamina e esquizofrenia, cf. Solomon H. Snyder, "Schizophrenia", *Lancet*, v. 320, 1982, p. 970-74; Arvid Carlsson, "The Current Status of the Dopamine Hypothesis of Schizophrenia", *Neuropsychopharmacology*, v. 1, 1988, p. 179-86; para serotonina e depressão, cf. Jeffrey R. Lacasse e Jonathan Leo, "Serotonin and Depression: A Disconnect between the Advertisements and the Scientific Literature", *PLoS Medicine*, v. 2, 2005, p. 1211-16.

como peça publicitária seu valor era inestimável[75]. Enquanto isso, a profissão psiquiátrica era seduzida e comprada com quantias enormes de financiamento para pesquisa. Se no passado os psiquiatras existiam numa zona cinzenta às margens da respeitabilidade profissional (suas curas pela fala e obsessões com a sexualidade na infância apenas amplificavam o desdém com que a maioria dos médicos convencionais os considerava), agora eles eram os queridinhos dos diretores das faculdades de medicina, e os milhões e milhões em bolsas e restituições indiretas de despesas ajudavam a financiar a expansão desse complexo médico-industrial que se apresenta como um desenvolvimento tão característico dos anos posteriores à Segunda Guerra Mundial.

Muito desse financiamento é proveniente de uma indústria farmacêutica que passou por um processo de amadurecimento ao longo dos últimos três quartos de século. Hoje a Big Pharma é um fenômeno internacional. Seus músculos publicitários alcançam todos os cantos do globo. Sua busca por novos compostos lucrativos ignora fronteiras nacionais, a não ser nos casos frequentes em que suas operações recuam para a periferia do planeta a fim de conduzir pesquisas onde é mais fácil escapar de restrições éticas e onde os dados colhidos em ensaios clínicos multicêntricos são mantidos sob controle da empresa com maior facilidade[76]. E seus lucros são espantosos e excedem de longe aqueles auferidos por muitos outros segmentos da economia. Que o grosso deles seja proveniente do vale-tudo rico e não regulamentado que são os Estados Unidos é uma das razões principais para a hegemonia global crescente da psiquiatria norte-americana[77].

Isso porque os remédios psiquiátricos têm sido uma parte central da expansão e dos lucros da Big Pharma. E não porque possuamos uma penicilina psiquiátrica. Muito pelo contrário: apesar de todo o entusiasmo publicitário

---

[75] Cf. especialmente a obra do psiquiatra anglo-irlandês David Healy: *The Anti Depressant Era*, Cambridge, Mass.: Harvard University Press, 1997; *The Creation of Psychopharmacology*, Cambridge, Mass.: Harvard University Press, 2002; e *Pharmaggedon*, Berkeley: University of California Press, 2012.

[76] Adriana Petryna, Andrew Lakoff e Arthur Kleinman (org.), *Global Pharmaceuticals: Ethics, Markets, Practices*, Durham, NC: Duke University Press, 2006; Adriana Petryna, *When Experiments Travel: Clinical Trials and the Global Search for Human Subjects*, Princeton: Princeton University Press, 2009.

[77] Em 2002, a venda global de remédios de uso controlado correspondeu a aproximadamente 400 bilhões de dólares, e mais da metade desse valor veio apenas dos Estados Unidos. Há dez empresas farmacêuticas na lista "Fortune 500" das maiores corporações. Naquele ano, os lucros dessas dez companhias (35,7 bilhões de dólares) excederam os lucros totais somados das outras 490 empresas (33,7 bilhões de dólares).

em torno da psicofarmacologia, seus comprimidos e poções são paliativos, não curativos – e, muitas vezes, sequer chegam a tanto. Mas, por ironia, foi precisamente a relativa impotência terapêutica dos remédios psicotrópicos que os tornou tão valiosos e os lançou com tanta regularidade nas listas dos chamados "remédios arrasa-quarteirão", aqueles que representam mais de 1 bilhão de dólares em lucros para a indústria. Medicamentos que curam são ótimos – para os pacientes. Para as empresas farmacêuticas, nem sempre é assim. Antibióticos, por exemplo, ao menos até que seu uso excessivo na pecuária intensiva os torne ineficazes, curam infecções bacterianas em pouco tempo. Doenças que um século atrás eram eventos graves e até fatais são agora curadas rotineiramente com um único tipo de tratamento. Uma vez passada a empolgação inicial, não há tanto dinheiro envolvido aí, ainda que os volumes de vendas rendam lucros que não podem ser desprezados. Por isso, doenças que possam ser administradas, mas não curadas, são ideais: diabetes tipo 1 e 2; hipertensão, o acúmulo de lipídios na corrente sanguínea e o entupimento de artérias pelo colesterol; artrite; asma; refluxo gastroesofágico; infecções por HIV – essas são condições clínicas que se arrastam por anos e são fonte de lucros potencialmente imensos caídos do céu. É claro que os lucros diminuem conforme as patentes expiram, mas há sempre a possibilidade de fazer pequenos ajustes na fórmula para criar variantes de uma patente ou talvez até mesmo toda uma nova classe de remédios para serem prescritos. Condições crônicas são cronicamente lucrativas.

E aí entra em cena a psiquiatria, cujos transtornos podem ser ambíguos e por vezes controversos, com etiologias ainda misteriosas e pouco compreendidas, e que muitas vezes são persistentes, debilitantes e angustiantes. Seus sintomas são impossíveis de ignorar, por mais difícil que possa ser entendê-los e tratá-los. Assim que surgiram novas classes de remédios que ofereciam alguma medida de alívio psíquico (ou afirmavam fazê-lo), o mercado potencial era enorme.

E esse potencial se concretizou. Antipsicóticos e antidepressivos figuram com regularidade no topo das listas de remédios mais lucrativos do planeta. Os tranquilizantes não estão muito atrás. O Abilify (antipsicótico fabricado pela Bristol-Meyers Squibbs) vende a uma taxa de 6 bilhões de dólares por ano. O Cymbalta (antidepressivo e ansiolítico produzido pela Eli Lilly) tem projeções de vendas globais na casa dos 5,2 bilhões de dólares. Zoloft, Effexor, Seroquel, Zyprexa e Risperdal, todos remédios usados para o tratamento da depressão ou da esquizofrenia, tiveram vendas entre 2,3 e 3,1 bilhões de dólares em 2005 e geraram lucros estratosféricos ao longo de períodos mais longos.

Tanto antipsicóticos como antidepressivos figuram com regularidade entre as cinco maiores classes de medicamentos em termos de volume de vendas nos Estados Unidos[78]. Em 2010, as vendas globais de remédios antipsicóticos totalizaram 22 bilhões de dólares; as de antidepressivos, 20 bilhões de dólares; as de ansiolíticos, 11 bilhões de dólares; as de estimulantes, 5,5 bilhões de dólares; e as de remédios usados para o tratamento da demência, 5,5 bilhões de dólares. E esses números não levam em consideração o fato de que muitos remédios anticonvulsivos são receitados para pacientes diagnosticados com transtorno bipolar[79].

Mas, nas palavras imortais tão frequentemente (e erroneamente) atribuídas ao economista Milton Friedman, "não existe almoço grátis", e precisamos nos lembrar que tratamentos médicos de todo tipo, mesmo os mais eficazes, trazem consigo o risco de efeitos colaterais **(imagem 44)**. Essa ressalva precisa ser mantida em mente ao tentarmos avaliar a revolução psicofarmacológica e os impactos por ela produzidos na psiquiatria. Comportar-se como um ludita e ridicularizar ou rejeitar os progressos que vêm sendo alcançados não seria uma resposta adequada. Mas, ainda assim, os problemas que vieram à tona na arena psiquiátrica são múltiplos e profundamente perturbadores. O almoço que está servido se mostrou na verdade bastante caro e, para uma boa quantidade de consumidores, não parece valer o preço cobrado.

Infelizmente, tratamentos medicamentosos na psiquiatria nem sempre são particularmente eficazes, e a eficácia que de fato possuem é constantemente exagerada por psiquiatras e na literatura científica que é publicada. O preço que os pacientes podem pagar pelos benefícios efetivamente oferecidos, por outro lado, vem com frequência sendo subestimado e ativamente escondido. Parte do problema, em especial nos anos iniciais da psicofarmacologia, era uma abundância de estudos mal projetados que enviesava sistematicamente os resultados numa direção mais favorável. Nos últimos anos, o poder crescente da indústria farmacêutica e os esforços por ela empenhados em busca do lucro levaram observadores informados a se preocuparem com o fato de que o que parece ser uma "psiquiatria baseada em provas" poderia mais adequadamente ser chamado de "psiquiatria enviesada por provas".

---

[78] Nos Estados Unidos, a venda de antidepressivos aumentou de 5,1 bilhões de dólares em 1997 para 12,1 bilhões de dólares em 2004.

[79] Steven E. Hyman, "Psychiatric Drug Discovery: Revolution Stalled", *Science Translational Medicine*, v. 4, 155, 10 out. 2012.

Ainda que tenha demorado longos vinte anos para que a profissão psiquiátrica reconhecesse o fato[80], a primeira geração de antipsicóticos, as fenotiazinas, eram muitas vezes associadas a efeitos colaterais graves e debilitantes. Alguns pacientes desenvolviam sintomas semelhantes aos do mal de Parkinson. Outros ficavam em estado de constante agitação, incapazes de ficar sentados. E também havia aqueles que, pelo contrário, permaneciam imóveis por períodos prolongados de tempo. A mais grave de todas era uma condição que veio a ser conhecida como "discinesia tardia", um transtorno que, frequentemente mascarado durante o uso do remédio, produzia movimentos de sucção e contração dos lábios, balanço do tronco e espasmos nas extremidades – que, ironicamente, muitas vezes eram interpretados pelos não iniciados como sinais de perturbação mental. A discinesia tardia, em particular, afetava uma grande porção de pacientes em tratamentos de longo prazo (as estimativas variam muito, de 15% a 60% desses pacientes) e, na maioria dos casos, era uma condição iatrogênica (isto é, causada por médicos) de difícil reversão.

Em muitos pacientes, a primeira geração de fenotiazinas de fato reduziu uma sintomatologia bastante pronunciada e fez com que a vida dessas pessoas fosse mais suportável e tolerável para aqueles que as rodeavam. Noutros, contudo, e esses têm sido uma porção muito significativa do todo, os remédios não causaram nenhuma resposta terapêutica. Para uma série de pacientes daquele primeiro grupo, mas não para todos, o saldo entre efeitos colaterais e alívio de sintomas valia a pena. Para os que não respondiam ao tratamento, evidentemente não valia, e os efeitos colaterais que vários pacientes em ambos os grupos experimentavam eram graves, debilitantes, estigmatizantes e muitas vezes permanentes.

O reconhecimento gradual desses efeitos colaterais mais graves levou alguns a denunciar aquilo que passou a ser conhecido como "psiquiatria tóxica"[81], e a cientologia (que divulga suas próprias formas bizarras de terapia) organizou um museu em Hollywood a que atribuiu o nome "Psychiatry: An Industry of Death" [Psiquiatria: uma indústria da morte]. Poucos observadores têm o sangue-frio necessário para aceitar uma hipérbole como essa. Nem deveriam ter. Argumentar que os novos tratamentos medicamentosos nunca trazem vantagens e na verdade são sempre prejudiciais é absurdo. Tais afirmações exigem que ignoremos muitas provas persuasivas em sentido con-

---

[80] George Crane, "Clinical Psychopharmacology in Its Twentieth Year", *Science*, v. 181, 1973, p. 124-28.

[81] Peter Breggin, *Toxic Psychiatry: Why Therapy, Empathy, and Love Must Replace the Drugs, Electroshock, and Biochemical Theories of the "New Psychiatry"*, Nova York: St. Martin's Press, 1991.

trário. Isso não quer dizer, no entanto, que devamos engolir de forma acrítica as declarações unilaterais e exageradas da indústria farmacêutica e seus aliados dentro da profissão psiquiátrica.

O padrão estabelecido pela primeira geração de medicamentos psicotrópicos se manteve para todos os remédios que vieram mais tarde: os vários antidepressivos, cuja introdução deu início a uma enorme expansão no número de diagnósticos de depressão, que se tornou uma espécie de resfriado da psiquiatria; e os assim chamados "antipsicóticos atípicos" que entraram no mercado duas décadas atrás, um conjunto heterogêneo de comprimidos dotados de diferentes propriedades químicas que supostamente evitariam muitos dos efeitos colaterais mais graves que assombravam as fenotiazinas. O Prozac deixava as pessoas "melhores em vez de bem" – depois, descobriu-se que não era bem assim. Tanto ele como antidepressivos semelhantes, conhecidos como ISRSs (inibidores seletivos de recaptação de serotonina), são tudo menos panaceias. Quaisquer que sejam os efeitos positivos que possam produzir, os problemas que causam são muitas vezes mais pronunciados[82], principalmente porque alguns estudos sugerem que, salvo em depressões severas, esses medicamentos são quase tão eficientes quanto placebos, e isso quando o são[83]. Como sintetiza Steven E. Hyman, psiquiatra de Harvard, a situação continua desoladora: mesmo que "muitos remédios antidepressivos tenham sido desenvolvidos desde a década de 1950 [...] nenhum deles teve ganhos de eficácia [em comparação com a primeira geração desses remédios], o que deixa muitos pacientes com benefícios modestos ou sem benefício algum"[84].

Quando os ISRSs passaram a ser utilizados no tratamento de crianças, o aumento do risco de ideação suicida e cometimento de suicídios (um efeito colateral escondido e negado pelos fabricantes dos remédios) foi inicialmente divulgado não por psiquiatras, mas por jornalistas investigativos que traba-

---

[82] Esses problemas podem incluir disfunção sexual, insônia, agitação e perda de peso, entre outros.

[83] NICE, *Depression. The NICE Guide on the Treatment and Management of Depression in Adults*, Londres: Royal College of Psychiatry Publications, 2010; A. John Rush *et al.*, "Bupropion-SR, Sertraline, or Venlafaxine-XR after Failure of SSRIs for Depression", *New England Journal of Medicine*, v. 354, 2006, p. 1231-42. J. C. Fournier *et al.*, "Antidepressant Drug Effects and Depression Severity", *Journal of the American Medical Association*, v. 303, 2010, p. 47-53; Irving Kirsch *et al.*, "Initial Severity and Antidepressant Benefits: A Meta-Analysis of Data Submitted to the Food and Drug Administration", *PLoS Medicine*, v. 5, 2008, p. 260-68; J. Horder, P. Matthews e R. Waldmann, "Placebo, Prozac, and PLoS: Significant Lessons for Psychopharmacology", *Journal of Psychopharmacology*, v. 25, 2011, p. 1277-88; Irving Kirsch, *The Emperor's New Drugs: Exploding the Antidepressant Myth*, Nova York: Basic Books, 2010.

[84] Steven E. Hyman, "Psychiatric Drug Discovery: Revolution Stalled", *op. cit.*

lhavam para a BBC no Reino Unido[85]. O National Institute for Health and Care Excellence [Instituto Nacional para a Excelência em Saúde e Cuidado] (NICE), um *órgão* governamental britânico encarregado da avaliação do valor clínico de novos tratamentos, estava às vésperas de aprovar o uso de ISRSs em crianças. Seus representantes mudaram de ideia e, em 2004, se manifestaram contra seu uso. Conforme novos dados negativos de ensaios clínicos vazavam para o domínio público, a Food and Drug Administration dos Estados Unidos foi levada a exigir frases de advertência nas caixas dos remédios [*black box warnings*] sobre o elevado risco do uso dessas medicações – o sinal de cautela mais grave antes da remoção do remédio do mercado – e se recusou a autorizar o uso de medicamentos como o Paxil e o Zoloft em jovens. Depois disso, ainda foi revelado que, embora os estudos publicados sugerissem que os ISRSs eram eficazes no tratamento da depressão em crianças e adolescentes, tais pesquisas "haviam sido manipuladas de modo que estudos essencialmente negativos fossem transformados em estudos positivos, ocultando o fato de que os remédios não funcionavam e mascarando os problemas do tratamento"[86]. E, o que é ainda mais grave, vieram à tona provas da quantidade de ensaios sobre os ISRSs que haviam sido suprimidos – todos negativos, e nenhum deles vira a luz do dia até que as pressões externas os fizeram aparecer[87].

Os antipsicóticos atípicos são frequentemente identificados como antipsicóticos de segunda geração. Esse é um rótulo enganoso, já que é possível dizer que o mais poderoso deles, a clozapina, não é de forma alguma um remédio novo. Ela foi sintetizada pela empresa alemã Wander em 1958, submetida a uma série de ensaios clínicos nos anos 1960 e vendida pela primeira vez em 1971, mas retirada do mercado por seus produtores quatro anos mais tarde, já que seu uso era ocasionalmente associado à agranulocitose, uma queda perigosa

---

[85] O resultado foi uma série de programas *Panorama*, a maioria deles baseada nas pesquisas de Shelley Joffre, uma jornalista sem formação médica que escavou ensaios clínicos e expôs algo que os produtores do Paxil, a empresa GlaxoSmithKline, fizera um enorme esforço para esconder: que essa classe de remédios não produzia nenhum benefício que justificasse os riscos que traziam a reboque. Cf. David Healy, *Pharmaggedon, op. cit.*

[86] David Healy, *Pharmaggedon, op. cit.*, p. 146.

[87] E. H. Turner *et al.*, "Selective Publication of Antidepressant Trials and Its Influence on Apparent Efficacy", *New England Journal of Medicine*, v. 358, 2008, p. 252-60; C. J. Whittington *et al.*, "Selective Serotonin Reuptake Inhibitors in Childhood Depression: Systematic Review of Published Versus Unpublished Data", *Lancet*, v. 363, 2004, p. 1341-45.

e às vezes fatal no número de leucócitos[88]. Mais de uma década mais tarde, em 1989, o remédio foi reinserido no mercado de forma gradual como terapia para esquizofrênicos que não respondiam a outras medicações, um tratamento a ser usado como último recurso e que era acompanhado de precauções rigorosas de segurança. Seu preço era alto. A Sandoz cobrava 9 mil dólares por um suprimento anual, enquanto um estoque anual de clorpromazina (Thorazine) custava cerca de 100 dólares. Ainda assim, o uso da clozapina proliferou depressa, em parte em função das afirmações de que efeitos colaterais como discinesia tardia eram muito menos frequentes do que com outros remédios antipsicóticos.

Em pouco tempo, sua venda incentivou o desenvolvimento de outros comprimidos "atípicos" que poderiam receber novas patentes, como Risperdal, Zyprexa e Seroquel. Ainda que fossem um grupo quimicamente heterogêneo, era uma boa estratégia de *marketing* chamá-los todos de antipsicóticos de segunda geração, e o rótulo pegou. Considerados em conjunto e vendidos como remédios com benefícios adicionais e muito menos efeitos colaterais, esses medicamentos geraram lucros enormes. Psiquiatras de todos os lugares os adotaram, apesar de seu preço bem mais alto. Não demorou muito para que essas medicações fossem propagandeadas como tratamentos também para o transtorno bipolar. Uma década depois, contudo, um editorial na revista *Lancet* os denunciava como uma "invenção espúria": "os remédios de segunda geração não apresentam nenhuma característica atípica especial que os separe dos antipsicóticos típicos ou de primeira geração. Considerados em conjunto, não são mais eficazes, não melhoram sintomas específicos, não demonstram perfis claros e diferentes de efeitos colaterais em comparação com os antipsicóticos de primeira geração e possuem menor custo-benefício"[89]. De todos eles, apenas a clozapina não estava associada, por exemplo, a nenhum caso relatado de discinesia tardia, mas a criação de uma categoria de antipsicóticos "atípicos" permitiu que a indústria farmacêutica ocultasse o fato de que isso não se aplicava aos outros remédios enquadrados nessa classe criada de modo artificial.

---

[88] Também há potencial para uma série de outros efeitos colaterais que colocam a vida em risco, incluindo obstruções intestinais, convulsões, depressão da medula espinhal, problemas cardíacos e diabetes.

[89] Peter Tyrer e Tim Kendall, "The Spurious Advance of Antipsychotic Drug Therapy", *Lancet*, v. 373, 2009, p. 4-5. Para conclusões similares, cf. J. A. Lieberman *et al.*, "Effectiveness of Antipsychotic Drugs in Patients with Chronic Schizophrenia", *New England Journal of Medicine*, v. 353, 2005, p. 1209-23.

Epílogo

Como seres humanos civilizados, gostamos de nos consolar com vislumbres de progresso, por mais ilusório que esse conceito possa tantas vezes se mostrar. Talvez não tenhamos testemunhado o progresso nos domínios da arte e literatura (ainda que alguns possam contestar essa afirmação), mas a ciência certamente caminha para a frente – assim como a medicina, na medida em que se caracteriza como ciência, não como arte. Ao menos no mundo desenvolvido, hoje gozamos de uma vida mais longa e, sem dúvida, mais abundante materialmente, mesmo que nem sempre culturalmente mais rica e mais feliz. Quer dizer, exceto quando somos loucos. Apesar da medicina moderna e das poções por ela preparadas, uma das realidades mais graves sobre a enfermidade mental severa no século XXI é o fato de que aqueles por ela acometidos não só, em média, morrem muito mais jovens que o resto de nós (até 25 anos mais cedo), mas também de que a incidência de enfermidades mentais severas e a mortalidade em meio a essa população aceleraram nas últimas décadas[90]. Neste que é um dos níveis mais básicos parecemos estar regredindo.

A psiquiatria também parece estar em apuros. De início, a abordagem neo-kraepeliana adotada quando o DSM III foi publicado em 1980 lhe foi útil. A confiabilidade e replicabilidade dos diagnósticos psiquiátricos aumentou, e conflitos constrangedores sobre o que ia mal com determinado paciente ficaram no passado. Os freudianos perderam em definitivo a guerra fratricida travada dentro da profissão, e os psiquiatras adotaram mais uma vez explicações biológicas para os transtornos mentais que, na superfície, faziam sentido para seus colegas de outras especializações, não importa quão esquemáticas elas tenham continuado a ser. E essa nova abordagem se mostrou extraordinariamente atrativa para as empresas farmacêuticas, que financiaram o empreendimento da pesquisa psiquiátrica e, conforme os anos foram passando, influenciaram cada vez mais os próprios termos em que a enfermidade mental era discutida e até mesmo as categorias de doença que supostamente existem no mundo.

---

[90] Estimativas britânicas são de que, a depender da natureza da enfermidade mental severa, a expectativa de vida masculina é em média reduzida em 8 a 14,6 anos, a feminina em 9,8 a 17,5 anos. C.-K. Chang *et al.*, "Life Expectancy at Birth for People with Serious Mental Illness and Other Disorders from a Secondary Mental Health Care Register in London", *PLoS One*, 18 maio 2011. Nos Estados Unidos, as discrepâncias entre os enfermos mentais e a população em geral são consideravelmente maiores. Cf. J. Parks *et al.* (org.), *Morbidity and Mortality in People with Serious Mental Illness*, Alexandria, VA: National Association of State Mental Health Program Directors, 2006.

Todas as novas edições do manual – a terceira edição revisada (III R, de 1987), a quarta edição (IV, de 1994) e sua "revisão de texto" (IV TR, de 2000) – aderiram à mesma abordagem fundamental que a psiquiatria adotou em 1980, ainda que novas "doenças" fossem acrescentadas sempre que havia oportunidade, as definições de psicopatologia sofressem alguns ajustes e o número de páginas crescesse. Mas, conforme as "doenças" proliferavam de uma edição para outra e os critérios para a fixação de um diagnóstico em particular eram mais alargados, o problema em si que levara à invenção das novas versões do DSM reaparecia e novas grandes ameaças à legitimidade psiquiátrica vinham à tona.

O alargamento dos critérios diagnósticos levou a uma expansão extraordinária do número de pessoas definidas como enfermas mentais. Isso tem sido especialmente perceptível entre os mais jovens, mas de forma alguma apenas entre eles. O número de casos de "transtorno bipolar juvenil", por exemplo, aumentou quarenta vezes em apenas uma década, entre 1994 e 2004. Uma epidemia de autismo irrompeu, conforme essa condição clínica até então rara, vista em menos de 1 a cada 500 crianças no início dessa mesma década, passou a ser encontrada em 1 a cada 90 crianças, apenas dez anos mais tarde. A história da hiperatividade, depois renomeada TDAH, é similar, com 10% das crianças de sexo masculino dos Estados Unidos agora medicadas diariamente em função de sua "doença". Entre adultos, 1 a cada 66 norte-americanos se enquadrava em 2007 nos critérios para pagamento de benefícios sociais destinados à incapacidade mental.

Se a incapacidade dos psiquiatras de concordar entre si sobre os diagnósticos ameaçava torná-los motivo de piada nos anos 1970, a nova rotulação de uma miríade de eventos da vida comum como patologias psiquiátricas prometia mais do mesmo. Assim, quando a psiquiatria norte-americana embarcou em mais uma revisão do manual no começo do século XXI, esperava-se que o DSM 5 que daí resultaria seria diferente de seus predecessores. (O abandono do antigo sistema de numeração romano foi projetado para permitir a atualização constante do manual, assim como nos lançamentos de *softwares*: DSM 5.1, 5.2 e assim por diante.) Os responsáveis pelo empreendimento anunciaram que a lógica que havia sustentado as duas edições anteriores era profundamente falha e que iriam consertar as coisas. Valendo-se das descobertas da neurociência e da genética, os organizadores do manual se distanciariam do sistema baseado em sintomas, que agora reconheciam ser inadequado, e construiriam um guia que relacionasse transtornos mentais a funções cerebrais. Eles também considerariam o fato de que o transtorno mental pertence a um tipo dimensional de coisas, e não categorial: uma questão de ser são em maior ou menor grau, e não um mundo em preto e branco em que a sanidade fica deste lado e a enfermidade mental daquele. A ambição era grande. O único problema é que era um objetivo impossível de alcançar. Ao se baterem em busca dessa quimera, aqueles que tocavam o projeto foram obrigados a reconhecer a derrota e, em 2009, voltaram a explorar a abordagem descritiva.

Conforme o trabalho progredia, parecia que a fobia social, o transtorno desafiador de oposição, a fobia escolar e os transtornos de personalidade narcisista e limítrofe seriam reunidos com coisas como o jogo patológico, o transtorno de compulsão alimentar periódica, o transtorno hipersexual, o transtorno da desregulação do humor, o transtorno misto ansioso e depressivo, o transtorno neurocognitivo leve e a síndrome dos sintomas psicóticos atenuados. Ainda assim, estamos quase tão afastados como nunca da compreensão das raízes etiológicas dos principais transtornos psiquiátricos, e mais ainda no caso de diagnósticos mais controversos (que muitas pessoas afirmariam que sequer se relacionam com a arena médica). E tais diagnósticos oferecem, no entanto, novos mercados lucrativos para produtos psicofarmacológicos, o que levou alguns críticos a se questionarem se as preocupações comerciais estão ilegitimamente conduzindo a expansão do universo psiquiátrico – e esses mesmos críticos estão fazendo a festa ao apontar para o fato de que a grande maioria dos membros da força-tarefa do DSM são beneficiários da generosidade das empresas farmacêuticas.

Ao confiar exclusivamente em sintomas e comportamentos para construir suas doenças e no aval dos órgãos oficiais para impor suas categorias negociadas tanto à profissão quanto ao público, a psiquiatria quase imediatamente se viu diante de uma revolta que estourou dentro de seus próprios quadros. Robert Spitzer, o principal arquiteto do DSM III, e Allen Frances (1942-), o coordenador do DSM IV, começaram a atacar a credibilidade científica da edição mais recente anos antes de sua publicação[91]. Spitzer e Frances argumentaram que o manual patologizava atributos cotidianos da existência humana comum e que sua aplicação ameaçava criar novas epidemias de doenças psiquiátricas espúrias. Ao contrário dos cientologistas, críticos como esses

---

[91] Para um relato sobre a controvérsia que se desenrolou, cf. Gary Greenberg, *The Book of Woe*, op. cit.

não eram fáceis de rebater[92], e Spitzer e Frances conseguiram atrasar o lançamento do DSM 5 em duas ocasiões.

Em maio de 2013, o DSM 5 finalmente se materializou. Sua estreia não foi promissora. Pouco antes da publicação, dois psiquiatras enormemente influentes lançaram seus próprios veredictos. Steven E. Hyman, o antigo diretor do National Institute of Mental Health dos Estados Unidos, condenou todo o empreendimento. A obra, declarou Hyman, era "totalmente errada de um modo [que seus autores] não podiam sequer imaginar. O que eles realmente produziram foi um pesadelo científico total. Muitas pessoas que são diagnosticadas recebem cinco diagnósticos, mas não sofrem de cinco doenças – têm apenas uma condição subjacente". Thomas R. Insel (1951-), atual diretor do NIMH, publicou um veredicto similar. O manual, afirmou Insel, sofria de uma "carência de validade [científica] [...] Enquanto a comunidade acadêmica tomar o DSM como uma Bíblia, jamais faremos progressos. As pessoas pensam que tudo tem um critério correspondente no DSM, mas quer saber? A biologia nunca leu esse livro". O NIMH, disse Insel, iria "reorientar suas pesquisas para longe das categorias do DSM, [porque] os pacientes com enfermidades mentais merecem coisa melhor"[93].

Alguns meses antes disso, numa conversa particular que provavelmente percebeu que se tornaria pública, Insel verbalizara um pensamento ainda mais herético. Seus colegas psiquiatras, como disse com desdém, "realmente acreditam [que as doenças que diagnosticam com o DSM] são reais. Mas não existe realidade. Esses são apenas constructos. Não há realidade na esquizofrenia ou depressão [...] talvez seja preciso parar de usar termos como depressão e esquizofrenia, palavras que estão atrapalhando nosso caminho e confundindo as coisas"[94]. Insel está inclinado a substituir a psiquiatria descritiva por um sistema diagnóstico construído sobre fundações biológicas. Mas, no estado atual de conhecimento, essa fórmula é uma fantasia ociosa. Por mais que a psiquiatria (e muitos daqueles que sofrem de enfermidades mentais) possa de-

---

[92] Suas queixas foram, no entanto, recebidas com ataques *ad hominem* vindos dos principais psiquiatras norte-americanos, que diziam que Spitzer e Frances eram movidos pelo ressentimento de verem suas criações serem deixadas de lado ou talvez até mesmo, como essas figuras sugeriam, pela perda dos títulos nobiliárquicos que o coordenador do DSM IV sofreria quando a versão dele do sistema classificatório se tornasse obsoleta. Cf. Alan Schatzberg *et al.*, "Setting the Record Straight: A Response to Frances [*sic*] Commentary on DSM-V", *Psychiatric Times*, 1 jul. 2009.

[93] Ambos citados em Pam Belluck e Benedict Carey, "Psychiatry's Guide Is Out of Touch with Science, Experts Say", *The New York Times*, 6 maio 2013.

[94] Entrevista com Gary Greenberg, citada em Gary Greenberg, *The Book of Woe, op. cit.*, p. 340.

467

sejar o oposto, a loucura permanece um enigma, um mistério que parecemos incapazes de solucionar. Suas depredações continuam a ser algo que podemos, na melhor das hipóteses, mitigar. Nos últimos cinquenta anos, a expansão da neurociência tem sido impressionante e suas descobertas são numerosas. Infelizmente, nenhuma delas se mostrou de muito uso clínico até agora para o tratamento das enfermidades mentais. E tampouco os neurocientistas descobriram, até o momento, as raízes etiológicas da loucura. Nas últimas décadas, novas tecnologias de imagem floresceram. Imagens por ressonância magnética funcional (RMf) têm sido utilizadas, com suas leituras digitais transformadas pela alquimia eletrônica moderna em retratos do cérebro que ganham vida numa abundância de cores. Certamente essas maravilhas da ciência moderna finalmente revelarão o germe de loucura, não?

Ainda não, e não é provável que o façam no futuro próximo. Apesar de importantes avanços em nossa compreensão, estamos realmente muito distantes de poder relacionar mesmo as ações mais simples a estruturas e funções subjacentes do cérebro humano. Estamos a décadas de distância, afinal de contas, de conseguir mapear o cérebro de uma drosófila, quanto mais de enfrentar a tarefa infinitamente mais complexa de desvendar os bilhões e bilhões de conexões que formam nossos próprios cérebros.

Alguns entusiastas da neurociência dão bastante importância ao fato de que regiões específicas do cérebro mostram níveis elevados de atividade em RMf quando as pessoas fazem escolhas ou contam mentiras, por exemplo. Nem mesmo o filósofo idealista George Berkeley ficaria surpreso com isso. Quando me movo, falo, penso, sinto uma emoção, tudo isso está presumivelmente correlacionado com mudanças físicas em meu cérebro, mas essas correlações não demonstram mais sobre os processos causais do que a existência de uma sequência particular de eventos comprova que qualquer um de seus elementos constitutivos é causa inafastável do evento final. *Post hoc ergo propter hoc* ("depois disso, logo, por causa disso") é uma falácia lógica elementar. O que as RMfs estão medindo de forma grosseira é o fluxo de sangue no cérebro, e a demonstração de um aumento de atividade como esse está longe de nos oferecer um ponto de vista privilegiado sobre o conteúdo dos pensamentos das pessoas – isso sem falar na inconstância e ambiguidade dos resultados quando esses experimentos são replicados.

Como os pobres homens esperando Godot (que, ao que parece, estavam muito provavelmente esperando por um louco), ainda esperamos que essas causas neuropatológicas misteriosas e tão rumorejadas venham à tona. Essa tem sido uma espera longa e, em mais de um nível, creio eu, mal orientada, caso a expectativa seja a de que aí, e apenas aí, encontraremos a explicação definitiva para a loucura.

Por que penso assim? Não faz sentido considerar o cérebro (como os reducionistas biológicos o fazem) como um órgão associal e pré-social, já que, em aspectos importantes, sua própria estrutura e funções são um produto do ambiente social. Pois o atributo mais impressionante do cérebro humano é o quão profunda e extremamente sensível ele é a estímulos psicossociais e sensoriais. O que isso significa, nas palavras do neurocientista Bruce Wexler (1974-), é que "nossa biologia é social de forma tão fundamental e total que falar de uma relação entre os dois sugere uma distinção injustificável"[95].

Numa escala sem precedentes em qualquer outra parte do reino animal, o cérebro dos humanos continua a se desenvolver após o nascimento, e os elementos ambientais que afetam com maior intensidade a estrutura desse cérebro são, eles mesmos, uma criação humana. Ao menos durante a adolescência, os seres humanos exibem uma neuroplasticidade impressionante e, assim, não podemos perder de vista a importância essencial de fatores não biológicos para a transformação das estruturas neurais com que nascemos e que, ao agirem, criam o cérebro maduro. A própria forma do cérebro, as conexões neurais que se desenvolvem e constituem a sustentação física das nossas emoções e cognições são profundamente influenciadas por estímulos sociais e pelo ambiente cultural, sobretudo familiar, dentro do qual esse desenvolvimento acontece. É nesses contextos que a estrutura e a organização do cérebro são afinadas. De modo bastante simples, para citar Bruce Wexler mais uma vez, "a natureza humana [...] permite e exige estímulos ambientais para o desenvolvimento normal"[96] – e, seria imediatamente possível acrescentar, também para o desenvolvimento anormal. E esse desenvolvimento, que aumenta a conectividade e altera a organização do cérebro, especialmente nos lobos parietal e frontal, continua por muito tempo, até quase o final da terceira década de vida. As especulações de Freud sobre como esse primeiro ambiente psicossocial se conectava com a psicopatologia podem já não parecer mais nem mesmo remotamente plausíveis para a maioria de nós, mas a noção fundamental de que algumas raízes da loucura precisam ser buscadas fora do nosso corpo certamente não é despropositada.

Do meu ponto de vista, a melhor neurociência moderna ressalta que, em vez de estarem localizados em regiões específicas do cérebro ou serem atri-

---

[95] Bruce E. Wexler, *Brain and Culture: Neurobiology, Ideology, and Social Change*, Cambridge, Mass., e Londres: MIT Press, 2006, p. 3, 13.

[96] *Ibidem*, p. 16. Estes parágrafos se valem bastante das ideias de Wexler.

butos de neurônios individuais, o pensamento, a sensação e a lembrança são produtos de redes e interconexões complexas que se formam enquanto amadurecemos. Estas, por sua vez, dependem da sobrevivência e do crescimento seletivo das células e da poda de conexões entre essas células – processos altamente dependentes do ambiente interacional em que a criança humana é criada e que são particularmente importantes para o desenvolvimento do córtex cerebral (cujo tamanho em nós excede, proporcionalmente, o de qualquer outra espécie). De forma inédita na natureza, a criação desses ambientes é produto da ação humana, e muito dela se concretiza por meio da linguagem. O desenvolvimento humano nem sempre acontece de forma tranquila e sem falhas, e as razões da loucura podem ser encontradas em algum lugar no meio dessa mistura turva entre biológico e social.

Sob muitos aspectos, a aposta metafísica que muito da medicina ocidental aceitou séculos atrás, segundo a qual as raízes da loucura estão no corpo, ainda precisa ser saldada. Talvez, como sugeri, nunca o seja totalmente.

Detalhe de *Dulle Griet* [Mulher louca], de Pieter Bruegel, o Velho. A mulher louca precipita-se contra a boca do próprio Inferno em meio a um mundo insano e monstruoso consumido pela violência.

É difícil imaginar, ao menos para as formas mais graves de aberração mental, que a biologia não se mostrará parte importante de sua gênese. Mas será a loucura, essa que é a mais solitária das aflições e a mais social das enfermidades, redutível, afinal, à biologia e nada além da biologia? Eis onde devemos ter dúvidas significativas. As dimensões social e cultural dos transtornos mentais, uma parte tão indispensável da história da loucura na civilização ao longo dos séculos, dificilmente se dissiparão ou se mostrarão mais que atributos epifenomenais de uma característica tão universal da existência humana. A loucura de fato tem seus significados, por mais enganosas e evanescentes que nossas tentativas de capturá-los tenham se mostrado. Ela continua a ser um enigma fundamental, uma crítica à razão, uma parte integrante da própria civilização.

Referências bibliográficas

ABLARD, Jonathan. "The Limits of Psychiatric Reform in Argentina,1890-1946". Em: PORTER, Roy; WRIGHT, David (org.). *The Confinement of the Insane: International Perspectives, 1800-1965*. Cambridge: Cambridge University Press, 2003. p. 226-47.

ABRAMSON, Harold (org.). *Somatic and Psychiatric Treatment of Asthma*. Baltimore: Williams and Wilkins, 1951.

ADRIAN, E. D.; YEALLAND, L. R. "The Treatment of Some Common War Neuroses". *Lancet*, v. 189, 1917, p. 867-72.

AFRICANO, Leão, o. *The History and Description of Africa Done into English in the Year 1600 by John Pory, and now edited, with an introduction and notes, by Dr. Robert Brown*. Londres: Hakluyt Society, 1896. 3 v.

ALEXANDER, Franz. "Functional Disturbances of Psychogenic Nature". *Journal of the American Medical Association*, v. 100, 1933, p. 469-73.

ALEXANDER, Franz. "Fundamental Concepts of Psychosomatic Research: Psychogenesis, Conversion, Specificity". *Psychosomatic Medicine*, v. 5, 1943, p. 205-10.

ALEXANDER, Franz. *Psychosomatic Medicine*. Nova York: Norton, 1950.

ANDREASSEN, Nancy. "DSM and the Death of Phenomenology in America: An Example of Unintended Consequences". *Schizophrenia Bulletin*, v. 33, 2007, p. 108-12.

ANKARLOO, Bengt; CLARK, Stuart (org.). *Witchcraft and Magic in Europe: The Eighteenth and Nineteenth Centuries*. Filadélfia: University of Pennsylvania Press, 1999.

ANÔNIMO. "Review of *What Asylums Were, Are, and Ought to Be*". *Phrenological Journal*, v. 10, n. 53, 1836-1837, p. 687-97.

ANÔNIMO. "Lunatic Asylums". *Quarterly Review*, v. 101, 1857, p. 353-93.

ANÔNIMO. "Madame Huot's Conference on Vivisection". *The Animal's Defender and Zoophilist*, v. 7, 1887.

ARIETI, Silvano. *The Interpretation of Schizophrenia*. Nova York: Brunner, 1955.

ARIETI, Silvano. *American Handbook of Psychiatry*. Nova York: Basic Books, 1959. 2 v.

ARNOLD, William. *Observations on the Nature, Kinds, Causes, and Prevention of Insanity, Lunacy, or Madness*. Leicester: Robinson and Caddell, 1786. 2 v.

ATHANASSIO, Alex. *Des Troubles trophiques dans l'hystérie*. Paris: Lescrosnier et Babé, 1890.

BAKEWELL, Thomas. *The Domestic Guide in Cases of Insanity*. Stafford: Ed. do Autor, 1805.

BAKEWELL, Thomas. *A Letter Addressed to the Chairman of the Select Committee of the House of Commons, Appointed to Enquire into the State of Mad-houses*. Stafford: Ed. do Autor, 1815.

BALBO, E. A. "Argentine Alienism from 1852-1918". *History of Psychiatry*, v. 2, 1991, p. 181-92.

BARR, E. S.; BARRY, R. G. "The Effect of Producing Aseptic Meningitis upon Dementia Praecox". *New York State Journal of Medicine*, v. 26, 1926, p. 89-92.

BARTON, Russell. *Institutional Neurosis*. 2. ed. Bristol: J. Wright, 1965.

BAUM, Emily. "Spit, Chains, and Hospital Beds: A History of Madness in Republican Beijing, 1912-1938". Tese de doutorado não publicada, University of California, San Diego, 2013.

BAYER, Ronald; SPITZER, Robert L. "Neurosis, Psychodynamics, and DSM III". *Archives of General Psychiatry*, v. 42, 1985, p. 187-96.

BEARD, George M. *A Practical Treatise on Nervous Exhaustion*. Nova York: E. B. Treat, 1880.

BEARD, George M. *American Nervousness: Its Causes and Consequences*. Nova York: G. P. Putnam's Sons, 1881.

BECK, Aaron T. "Reliability of Psychiatric Diagnoses: 1. A Critique of Systematic Studies". *American Journal of Psychiatry*, v. 119, 1962, p. 210-16.

BECK, Aaron T. et al. "Reliability of Psychiatric Diagnoses: 2. A Study of Consistency of Clinical Judgments and Ratings". *American Journal of Psychiatry*, v. 119, 1962, p. 351-57.

BEDDOES, Thomas. *Hygeia*. v. 2. Bristol: J. Mills, 1802.

BELCHER, William. *Belcher's Address to Humanity: Containing a receipt to make a lunatic, and seize his estate*. Londres: Ed. do Autor, 1796.

BELKNAP, Ivan. *Human Problems of a State Mental Hospital*. Nova York: McGraw-Hill, 1956.

BELLUCK, Pam; CAREY, Benedict. "Psychiatry's Guide Is Out of Touch with Science, Experts Say". *The New York Times*, 6 maio 2013.

BERKWITZ, Nathaniel J. "Faradic Shock in the Treatment of Functional Mental Disorders: Treatment by Excitation Followed by Intravenous Use of Barbiturates". *Archives of Neurology and Psychiatry*, v. 44, 1940, p. 760-75.

BERNHEIM, Hippolyte. *De la Suggestion et de ses applications à la thérapeutique*. Paris: L'Harmattan, 1886.

BETTELHEIM, Bruno. *The Empty Fortress: Infantile Autism and the Birth of the Self*. Nova York: Free Press, 1967 [ed. bras.: *A fortaleza vazia*. São Paulo: Martins Fontes, 1987].

BETTELHEIM, Bruno. *A Home for the Heart*. Nova York: Knopf, 1974.

BLACK, William. *A Dissertation on Insanity*. 2. ed. Londres: D. Ridgeway, 1811.

BLACKMORE, Richard. *A Treatise of the Spleen and Vapours; or Hypochondriacal and Hysterical Affections*. Londres: J. Pemberton, 1726.

BOERHAAVE, Hermanni. *Praelectiones academicae de morbis nervorum*. ed. Jakob Van Eems, Leiden, 1761. 2 v.

BOLTON, Joseph Shaw. "The Myth of the Unconscious Mind". *Journal of Mental Science*, v. 72, 1926, p. 25-38.

BOORDE, Andrew. *The Breviary of Helthe*. Londres: W. Middleton, 1547.

BOOTH, William. *In Darkest England and the Way Out*. Londres: Salvation Army, 1890.

BOSWELL, James. *Boswell's Column*. Introdução e notas de Margery Bailey. Londres: Kimber, 1951.

BOURNE, Harold. "The Insulin Myth". *Lancet*, v. 262, 1953, p. 964-68.

BOWLBY, John. *Maternal Care and Mental Health*. Genebra: World Health Organization, 1951.

BRAID, James. *Neurypnology: or the Rationale of Nervous Sleep Considered in Relation with Animal Magnetism*. Londres: Churchill, 1843.

BRANT, Sebastian. *Daß Narrenschyff ad Narragoniam*. Basileia, 1494.

BRASLOW, Joel. *Mental Ills and Bodily Cures: Psychiatric Treatment in the First Half of the Twentieth Century*. Berkeley; Londres: University of California Press, 1997.

BREGGIN, Peter. *Toxic Psychiatry: Why Therapy, Empathy, and Love Must Replace the Drugs, Electroshock, and Biochemical Theories of the "New Psychiatry"*. Nova York: St. Martin's Press, 1991.

BREUER, Josef; FREUD, Sigmund. *Studies on Hysteria*, trad. e org. James Strachey. Nova York: Basic Books; Londres: Hogarth Press, 1957 [ed. bras.: *Obras completas, vol. 2: Estudos sobre a histeria (1893-1895), em coautoria com Josef Breuer*, trad. Laura Barreto. São Paulo: Cia. das Letras, 2016].

BRIGHAM, Amariah. *Remarks on the Influence of Mental Cultivation and Mental Excitement upon Health*. Boston: Marsh, Capen & Lyon, 1833.

BRIGHT, Timothie. *A Treatise of Melancholie*. Londres: Vautrollier, 1586.

BRILL, Henry; PATTON, Robert E. "Analysis of 1955-56 Population Fall in New York State Mental Hospitals in First Year of Large-Scale Use of Tranquilizing Drugs". *American Journal of Psychiatry*, v. 114, 1957, p. 509-17.

BROWN, George W. et al. *Schizophrenia and Social Care*. Londres; Nova York: Oxford University Press, 1966.

BROWN, Julie V. "The Professionalization of Russian Psychiatry, 1857-1911". Tese de doutorado não publicada, University of Pennsylvania, 1981.

BROWN, Norman O. *Life Against Death: The Psychoanalytical Meaning of History*. Middletown, Conn.: Wesleyan University Press, 1959.

BROWN, Norman O. *Love's Body*. Nova York: Random House, 1966.

BROWN, Peter. *The World of Late Antiquity*. Londres: Thames & Hudson; Nova York: Harcourt, Brace, Jovanovich, 1971.

BROWN, Peter. *Religion and Society in the Age of Saint Augustine*. Londres: Faber and Faber; Nova York: Harper & Row, 1972.

BROWN, Peter. *The Cult of the Saints: Its Rise and Function in Latin Christianity*. Chicago: University of Chicago Press, 1981.

BROWN, Peter. *Power and Persuasion in Late Antiquity: Towards a Christian Empire*. Madison: University of Wisconsin Press, 1992.

BROWN, Thomas. "'Living with God's Afflicted': A History of the

Provincial Lunatic Asylum at Toronto, 1830-1911". Tese de doutorado não publicada, Queen's University, Kingston, Ontário, 1980.

BROWN-MONTESANO, Kristi. *Understanding the Women of Mozart's Operas*. Berkeley: University of California Press, 2007.

BROWNE, William A. F. *What Asylums Were, Are, and Ought to Be*. Edimburgo: A. & C. Black, 1837.

BROWNE, William A. F. "The Moral Treatment of the Insane". *Journal of Mental Science*, v. 10, 1864. p. 309-37.

BRYDALL, John. *Non Compos Mentis: or, the Law Relating to Natural Fools, Mad-Folks, and Lunatick Persons*. Londres: Isaac Cleave, 1700.

BUCKNILL, John C. "The President's Address to the Association of Medical Officers of Asylums and Hospitals for the Insane". *Journal of Mental Science*, v. 7, 1860, p. 1-23.

BURDETT, Henry C. *Hospitals and Asylums of the World*. v. 2. Londres: J. & A. Churchill, 1891.

BURLEIGH, Michael. *Death and Deliverance: "Euthanasia" in Germany, c. 1900-1945*. Cambridge e Nova York: Cambridge University Press, 1994.

BURNEY, Fanny. *Diary and Letters of Madame D'Arblay*, org. Charlotte F. Barrett. Londres: Colburn, Hurst and Blackett, 1854.

BURNHAM, John C. (org.). *After Freud Left: A Century of Psychoanalysis in America*. Chicago: University of Chicago Press, 2012.

BURROWS, George Man. *Commentaries on the Causes, Forms, Symptoms, and Treatment, Moral and Medical, of Insanity*. Londres: T. & G. Underwood, 1828.

BURTON, Robert. *The Anatomy of Melancholy* [1621]. Nova York: Tudor, 1948 [ed. bras.: *A anatomia da melancolia*, trad. Guilherme Gontijo Flores. Curitiba: Editora UFPR, 2011].

BUTLER, Alban. *The Lives of the Primitive Fathers, Martyrs, and Other Principal Saints*. 3. ed. Edimburgo: J. Moir, 1799. 12 v.

BYNUM, William F. "Rationales for Therapy in British Psychiatry, 1780--1835". *Medical History*, v. 18, 1974, p. 317-34.

BYNUM, William F.; PORTER, Roy (org.). *Companion Encyclopedia of the History of Medicine*. Londres: Routledge, 1993. 2 v.

BYNUM, William F.; PORTER, Roy; SHEPHERD, Michael (org.). *The Anatomy of Madness*. Londres: Routledge, 1985-88. 3 v.

CABANIS, Pierre. *Rapports du physique et du moral de l'homme* [1802], reimpresso em suas póstumas *Oeuvres complètes*. Paris: Bossagen Frères, 1823-25.

CAIRNS, David. *Mozart and His Operas*. Berkeley: University of California Press; Londres: Allen Lane, 2006.

CARLSSON, Arvid. "The Current Status of the Dopamine Hypothesis of Schizophrenia". *Neuropsychopharmacology*, v. 1, 1988, p. 179-86.

CARROLL, Robert S. "Aseptic Meningitis in Combating the

Dementia Praecox Problem". *New York Medical Journal*, 3 out. 1923, p. 407-11.

CARTLEDGE, Paul. "'Deep Plays': Theatre as Process in Greek Civic Life". Em: EASTERLING, Patricia E. (org.). *The Cambridge Companion to Greek Tragedy*. Cambridge: Cambridge University Press, 1997. p. 3-35.

CASTEL, Robert. *The Regulation of Madness: The Origins of Incarceration in France*. Berkeley: University of California Press; Cambridge: Polity, 1988.

CATÁLOGO DE EXPOSIÇÃO. *Otto Dix 1891-1969*. Londres: Tate Gallery, 1992.

CAUDILL, William. *The Psychiatric Hospital as a Small Society*. Cambridge, Mass.: Harvard University Press, 1958.

CHANG, C. K. *et al*. "Life Expectancy at Birth for People with Serious Mental Illness and Other Disorders from a Secondary Mental Health Care Register in London". *PLoS One*, 18 maio 2011, v. 6, n. 5. Disponível em: https://doi.org/10.1371/journal.pone.0019590. Acesso em: 28 out. 2022.

CHAPIREAU, F. "La mortalité des malades mentaux hospitalisés en France pendant la deuxième guerre mondiale: étude démographique". *L'Encéphale*, v. 35, 2009, p. 121-8.

CHARCOT, J.-M.; TOURETTE Gilles de la. "Hypnotism in the Hysterical". Em: TUKE, Daniel Hack (org.). *A Dictionary of Psychological Medicine*. Londres: J. & A. Churchill, 1892. p. 606-10. 2 v.

CHEYNE, George. *The English Malady*. Londres: G. Strahan, 1733.

CLARK, Michael. "'Morbid Introspection', Unsoundness of Mind, and British Psychological Medicine *c*. 1830-*c*. 1900". Em: BYNUM,William F.; PORTER, Roy; SHEPHERD, Michael (org.). *The Anatomy of Madness*, v. 3. Londres: Routledge, 1988. p. 71-101.

CLARK, Stuart. *Thinking with Demons: The Idea of Witchcraft in Early Modern Europe*. Oxford: Clarendon Press, 1997.

COBB, Stanley. "Review of Neuropsychiatry". *Archives of Internal Medicine*, v. 62, 1938. p. 883-99.

COLEBORNE, Catherine. "Making 'Mad' Populations in Settler Colonies: The Work of Law and Medicine in the Creation of the Colonial Asylum". Em: KIRKBY, Diane; COLEBORNE, Catharine (org.). *Law, History, Colonialism: The Reach of Empire*. Manchester: Manchester University Press, 2001. p. 106-24.

COLEBORNE, Catharine. *Insanity, Identity and Empire*. Manchester: Manchester University Press, no prelo.

COLTON, C. W.; MANDERSCHEID, R. W. "Congruencies in Increased Mortality Rates, Years of Potential Life Lost, and Causes of Death Among Public Mental Health Clients in Eight States". *Preventing Chronic Disease*, 3:26, *on-line*, 2006, PMCID: PMC1563985.

CONOLLY, John. *An Inquiry Concerning the Indications of Insanity*. Londres: John Taylor, 1830.

CONOLLY, John. *The Construction and Government of Lunatic Asylums and Hospitals for the Insane*. Londres: John Churchill, 1847.

CONRAD, Lawrence. "Arabic-Islamic Medicine". Em: BYNUM William F.; PORTER, Roy (org.). *Companion Encyclopedia of the History of Medicine*. v. 1. Londres: Routledge, 1993. p. 676-727.

COOPER, John E.; KENDELL, Robert E.; GURLAND, Barry J. *Psychiatric Diagnosis in New York and London: A Comparative Study of Mental Hospital Admissions*. Londres: Oxford University Press, 1972.

COTTA, John. *A Short Discoverie of the Unobserved Dangers of Several Sorts of Ignorant and Unconsiderate Practisers of Physicke in England*. Londres: Jones and Boyle, 1612.

COTTA, John. *The Triall of Witch-craft, Shewing the True and Right Methode of the Discovery*. Londres, 1616.

COTTON, Henry A. "The Relation of Oral Infection to Mental Diseases". *Journal of Dental Research*, v. 1, 1919, p. 269-313.

COTTON, Henry A. *The Defective Delinquent and Insane*. Princeton: Princeton University Press, 1921.

COTTON, Henry A. "The Relation of Chronic Sepsis to the So-Called Functional Mental Disorders". *Journal of Mental Science*, v. 69, 1923, p. 434-65.

COUNCIL of State Governments. *The Mental Health Programs of the Forty-Eight States*. Chicago: Council of State Governments, 1950.

COX, Joseph Mason. *Practical Observations on Insanity*. 3. ed. Londres: R. Baldwin and Thomas Underwood, 1813.

CRAMMER, John. *Asylum History: Buckinghamshire County Pauper Lunatic Asylum – St John's*. Londres: Gaskell, 1990.

CRANACH, M. von. "The Killing of Psychiatric Patients in Nazi Germany between 1939 and 1945". *The Israel Journal of Psychiatry and Related Sciences*, v. 40, 2003, p. 8-18.

CRANE, George E. "Clinical Psychopharmacology in Its Twentieth Year". *Science*, v. 181, 1973, p. 124-8.

CREER, Clare; WING, John K. *Schizophrenia at Home*. Londres: Institute of Psychiatry, 1974.

CREWS, Frederick C. *Out of My System: Psychoanalysis, Ideology, and Critical Method*. Nova York: Oxford University Press, 1975.

CREWS, Frederick C. (org.). *Unauthorized Freud: Doubters Confront a Legend*. Nova York: Viking, 1998.

CRICHTON-BROWNE, James. *What the Doctor Thought*. Londres: E. Benn, 1930.

CRUDEN, Alexander. *The London-Citizen Exceedingly Injured: Or, a British Inquisition Display'd Addressed to the Legislature, as Plainly Shewing the Absolute Necessity of Regulating Private Madhouses*. Londres: Cooper and Dodd, 1739.

DANEAU, Lambert. *A Dialogue of Witches*. Londres: R. Watkins, 1575.

DANTE Alighieri. *The Divine Comedy of Dante Alighieri: Inferno*, trad. Allen Mandelbaum. Nova York:

Random House [ed. bras.: *A divina comédia: Inferno*, trad. Ítalo Eugenio Mauro. São Paulo: Editora 34, 1998].

DARNTON, Robert. *Mesmerism and the End of the Enlightenment in France*. Cambridge, Mass.: Harvard University Press, 1968.

DEACON, Harriet. "Insanity, Institutions and Society: The Case of Robben Island Lunatic Asylum, 1846-1910". Em: PORTER, Roy; WRIGHT, David (org.). *The Confinement of the Insane: International Perspectives, 1800-1965*. Cambridge: Cambridge University Press, 2003. p. 20-53.

DEFOE, Daniel. *Augusta Triumphans: Or, the Way to Make London the Most Flourishing City in the Universe*. Londres: J. Roberts, 1728.

DE GIROLAMO, G. et al. "Franco Basaglia, 1924-1980". *American Journal of Psychiatry*, v. 165, 2008, p. 968.

DE GIROLAMO, G. et al. "The Current State of Mental Health Care in Italy: Problems, Perspectives, and Lessons to Learn". *European Archives of Psychiatry and Clinical Neuroscience*, v. 257, 2007, p. 83-91.

DELGADO, Honorio F. "The Treatment of Paresis by Inoculation with Malaria". *Journal of Nervous and Mental Disease*, v. 55, 1922, p. 376-89.

DELLA SETA, Fabrizio. *Not Without Madness: Perspectives on Opera*, trad. Mark Weir. Chicago: University of Chicago Press, 2013.

DEPARTMENT OF HEALTH AND SOCIAL SECURITY [Inglaterra]. *Better Services for the Mentally Handicapped*. Cmnd 4683, Londres: HMSO, 1971.

DIAMANT, Neil. "China's 'Great Confinement'?: Missionaries, Municipal Elites and Police in the Establishment of Chinese Mental Hospitals". *Republican China*, v. 19, n. 1, 1993, p. 3-50.

DICKS, H. V. *Fifty Years of the Tavistock Clinic*. Londres: Routledge & Kegan Paul, 1970.

DIMENDBERG, Edward. *Film Noir and the Spaces of Modernity*. Cambridge, Mass.; Londres: Harvard University Press, 2004.

DIX, Dorothea Lynde. *Memorial to the Legislature of Massachusetts*. Boston: Monroe and Francis, 1843.

DIX, Dorothea Lynde. *Memorial to the Legislature of New Jersey*. Trenton, 1845: n.p.

DIX, Dorothea Lynde. *Memorial Soliciting a State Hospital for the Insane, Submitted to the Legislature of Pennsylvania*. Harrisburg: J. M. G. Lescure, 1845.

DIX, Dorothea Lynde. *Memorial Soliciting Adequate Appropriations for the Construction of a State Hospital for the Insane, in the State of Mississippi*. Jackson, Miss.: Fall and Marshall, 1850.

DODDS, Eric R. *The Greeks and the Irrational*. Berkeley: University of California Press, 1951.

DOLS, Michael W. "Insanity and its Treatment in Islamic Society". *Medical History*, v. 31, p. 1-14, 1987.

DOLS, Michael W. "The Origins of the Islamic Hospital: Myth and Reality". *Bulletin of the History of Medicine*, v. 61, 1987, p. 367-90.

DOLS, Michael W. *Majnun: The Madman in Medieval Islamic Society*. Oxford: Clarendon Press, 1992.

DONKIN, Horatio B. "Hysteria". Em: TUKE, Daniel Hack (org.). *A Dictionary of Psychological Medicine*. Londres: J. & A. Churchill, 1892. p. 618-27. 2 v.

DOOB, Penelope. *Nebuchadnezzar's Children: Conventions of Madness in Middle English Literature*. New Haven: Yale University Press, 1974.

DOWBIGGIN, Ian. "French Psychiatry, Hereditarianism, and Professional Legitimacy, 1840-1900". *Research in Law, Deviance and Social Control*, v. 7, 1985, p. 135-65.

DOWBIGGIN, Ian. "Degeneration and Hereditarianism in French Mental Medicine, 1840-1890 – Psychiatric Theory as Ideological Adaptation". Em: BYNUM William F.; PORTER, Roy; SHEPHERD, Michael (org.). *The Anatomy of Madness*. v. 1. Londres: Tavistock, 1985. p. 188-232.

DRIVER, J. R., GAMMEL, J. A.; KARNOSH, L. J. "Malaria Treatment of Central Nervous System Syphilis. Preliminary Observations". *Journal of the American Medical Association*, v. 87, 1926, p. 1821-27.

DUNHAM, H. Warren; WEINBERG, S. Kirson. *The Culture of the State Mental Hospital*. Detroit: Wayne State University Press, 1960.

EARLE, Pliny. "Psychologic Medicine: Its Importance as a Part of the Medical Curriculum". *American Journal of Insanity*, v. XXIV, 1868, p. 257-80.

EASTERLING, Patricia E. (org.). *The Cambridge Companion to Greek Tragedy*. Cambridge: Cambridge University Press, 1997.

EDELSTEIN, Emma J.; EDELSTEIN, Ludwig. *Asclepius: A Collection and Interpretation of the Testimonies*. Baltimore: Johns Hopkins University Press, 1945. 2 v.

EDINGTON, Claire. "Going In and Getting Out of the Colonial Asylum: Families and Psychiatric Care in French Indochina". *Comparative Studies in Society and History*, v. 55, 2013. p. 725-55.

EICHHOLZ, D. E. "Galen and His Environment". *Greece and Rome*, v. 20, n. 59, 1950, p. 60-71.

ELGOOD, Cyril. "Tibb ul-Nabbi or Medicine of the Prophet, Being a Translation of Two Works of the Same Name". *Osiris*, v. 14, 1962, p. 33-192.

ELIOT, T. S. *Selected Essays*. Londres: Faber and Faber; Nova York: Harcourt, Brace, 1932.

ELLENBERGER, Henri F. *The Discovery of the Unconscious: The History and Evolution of Dynamic Psychiatry*. Nova York: Basic Books, 1970.

ENGSTROM, Eric J. *Clinical Psychiatry in Imperial Germany: A History of Psychiatric Practice*. Ithaca: Cornell University Press, 2003.

ENNIS, Bruce J.; LITWACK, Thomas R. "Psychiatry and the Presumption of Expertise: Flipping Coins in the Courtroom". *California Law Review*, v. 62, 1974, p. 693-752.

EPSTEIN, Leon J.; MORGAN, Richard D.; REYNOLDS, Lynn. "An

Approach to the Effect of Ataraxic Drugs on Hospital Release Dates". *American Journal of Psychiatry*, v. 119, 1962, p. 36-47.

ERASMO DE ROTERDÃ. *The Praise of Folly* [1511], org. Clarence Miller. New Haven: Yale University Press, 1979 [ed. bras.: *Elogio da loucura*, trad. Paulo M. Oliveira. Rio de Janeiro: Nova Fronteira, 2011].

ERNST, Edzard. "Ayurvedic Medicines". *Pharmacoepidemiology and Drug Safety*, v. 11, 2002, p. 455-56.

ERNST, Waltraud. *Mad Tales from the Raj: The European Insane in British India, 1800-1858*. Londres: Routledge, 1991.

ERNST, Waltraud. *Colonialism and Transnational Psychiatry: The Development of an Indian Mental Hospital in British India, c. 1925-1940*. Londres: Anthem Press, 2013.

ESQUIROL, J.-É. D. *Des Passions, considérées comme causes, symptômes et moyens curatifs de l'aliénation mentale*. Paris: Thèse de médecin, 1805.

ESQUIROL, J.-É. D. "Maison d'aliénés", *Dictionnaire des sciences médicales*, v. 30. Paris: Panckoucke, 1818, p. 47-95.

ESQUIROL, J.-É. D. *Des Établissements des aliénés en France et des moyens d'améliorer le sort de ces infortunés*. Paris: Huzard, 1819.

ESQUIROL, J.-É. D. *Des Maladies mentales considérées sous les rapports médical, hygiénique et médico-légal*. Paris: Baillière, 1838. 2 v.

EWALT, Jack R.; STRECKER Edward A.; EBAUGH, Franklin G. *Practical Clinical Psychiatry*. 8. ed. Nova York: McGraw-Hill, 1957.

FAHD, Toufic. "Anges, démons et djinns en Islam". *Sources orientales*, v. 8, 1971, p. 153-214.

FARBER, Stephen; GREEN, Marc. *Hollywood on the Couch: A Candid Look at the Overheated Love Affair Between Psychiatrists and Moviemakers*. Nova York: W. Morrow, 1993.

FERENCZI, Sándor. *The Clinical Diary of Sándor Ferenczi*, org. J. Dupont. Cambridge, Mass.: Harvard University Press, 1985.

FEROS, Antonio. *Kingship and Favoritism in the Spain of Philip III, 1598-1621*. Cambridge e Nova York: Cambridge University Press, 2006.

FERRIAR, John. *Medical Histories and Reflections*. v. 2. Londres: Cadell and Davies, 1795.

FIAMBERTI, A. M. "Proposta di una tecnica operatoria modificata e semplificata per gli interventi alla Moniz sui lobi prefrontali in malati di mente". *Rassegna di Studi Psichiatrici*, v. 26, 1937, p. 797-805.

FINUCANE, Ronald C. *Miracles and Pilgrims: Popular Beliefs in Medieval England*. Londres: J. M. Dent, 1977.

FLAHERTY, Gloria. "The Non-Normal Sciences: Survivals of Renaissance Thought in the Eighteenth Century". Em: FOX, Christopher; PORTER, Roy; WOKLER, Robert (org.). *Inventing Human Science: Eighteenth-Century Domains*. Berkeley: University of California Press, 1995. p. 271-91.

FLETCHER, Richard. *The Barbarian Conversion: From Paganism to Christianity*. Nova York: Holt, 1997.

FOUCAULT, Michel. *Madness and Civilization: A History of Insanity in the Age of Reason*. Nova York: Pantheon; Londres: Tavistock, 1964.

FOUCAULT, Michel. *History of Madness*, org. Jean Khalfa, trad. Jonathan Murphy. Londres: Routledge, 2006 [ed. bras.: *História da loucura: na Idade clássica*, trad. José Teixeira Coelho Neto. 9. ed. São Paulo: Perspectiva, 2010].

FOURNIER, J. C. *et al.* "Antidepressant Drug Effects and Depression Severity", *Journal of the American Medical Association*, v. 303, 2010, p. 47-53.

FREEMAN, Hugh; BERRIOS, German E. (org.). *150 Years of British Psychiatry, vol. 2: The Aftermath*. Londres: Athlone, 1996.

FREUD, Sigmund. *Beyond the Pleasure Principle*. Londres e Viena: The International Psycho-Analytical Press, 1922 [ed. bras.: *Além do princípio de prazer*, trad. Maria Rita Salzano Moraes. Belo Horizonte: Autêntica, 2020].

FREUD, Sigmund. *Civilization and Its Discontents*, trad. e org. James Strachey. Nova York: W. W. Norton, 1961 [ed. bras.: *O mal-estar na civilização*, trad. Paulo César de Souza. São Paulo: Penguin Classics Companhia das Letras, 2011].

FREUD, Sigmund. *An Autobiographical Study*, trad. James Strachey. Nova York: W. W. Norton, 1963 [ed. bras.: *Obras completas, vol. 16: O eu, o id, "Autobiografia" e outros textos (1923-1925)*, trad. Paulo César de Souza, São Paulo: Penguin Classics Companhia das Letras, 2011].

GABBARD, Krin; GABBARD, Glen O. *Psychiatry and the Cinema*. Chicago: University of Chicago Press, 1987.

GALL, Franz; SPURZHEIM, Johann. *Anatomie et physiologie du système nerveux en général*. v. 2. Paris: F. Schoell, 1812.

GARDNER, Edmund G. (org.). *The Dialogues of Saint Gregory the Great*. Merchantville, NJ: Evolution Publishing, 2010.

GARTON, Stephen. *Medicine and Madness: A Social History of Insanity in New South Wales, 1880-1940*. Kensington NSW: New South Wales University Press, 1988.

GAY, Peter. "Review of Bruno Bettelheim, *The Empty Fortress*". *The New Yorker*, 18 maio 1968, p. 160-72.

GAY, Peter. *Freud: A Life for Our Time*. Nova York: Norton, 1988 [ed. bras.: *Freud: uma vida para nosso tempo*, trad. Denise Bottmann. 2. ed. São Paulo: Cia. das Letras, 2012].

GERARD, Margaret W. "Bronchial Asthma in Children". *Nervous Child*, v. 5, 1946, p. 327-31.

GIFFORD, George. *A Discourse of the Subtill Practises of Devilles by Witches and Sorcerers*. Londres: Cooke, 1587.

GILMAN, Sander L. *Seeing the Insane*. Nova York e Londres: John Wiley, 1982.

GILMAN, Sander L. *et al. Hysteria Beyond Freud*. Berkeley: University of California Press, 1993.

GIRARD [de Cailleux], H. "Rapports sur le service des aliénés de l'asile de Fains (Meuse), 1842, 1843 et 1844 par M. Renaudin". *Annales médico-psychologiques*, v. 8, 1846, p. 136-48.

GLANVILL, Joseph. *Sadducismus triumphatus: or, a full and plain evidence concerning witches and apparitions*. Londres, 1681.

GOETZ, Christopher G.; BONDUELLE, Michel; GELFAND, Toby. *Charcot: Constructing Neurology*. Nova York e Oxford: Oxford University Press, 1995.

GOFFMAN, Erving. *Asylums: Essays on the Social Situation of Mental Patients and Other Inmates*. Garden City, Nova York: Anchor Books, 1961 [ed. bras.: *Manicômios, prisões e conventos*, trad. Dante Moreira. São Paulo: Perspectiva, 1974].

GOFFMAN, Erving. *Relations in Public: Microstudies of the Public Order*. Nova York: Basic Books, 1971.

GOLDSTEIN, Jan. *Console and Classify: The French Psychiatric Profession in the Nineteenth Century*. ed. rev. Chicago: University of Chicago Press, 2001.

GOLLAHER, David. *Voice for the Mad: The Life of Dorothea Dix*. Nova York: Free Press, 1995.

GOODELL, William. "Clinical Notes on the Extirpation of the Ovaries for Insanity". *Transactions of the Medical Society of the State of Pennsylvania*, v. 13, 1881, p. 638-43.

GOODWIN, Simon. *Comparative Mental Health Policy: From Institutional to Community Care*. Londres: Sage, 1997.

GÖTZ, Aly; CHROUST, Peter; PROSS, Christian. *Cleansing the Fatherland: Nazi Medicine and Racial Hygiene*, trad. Belinda Cooper. Baltimore: Johns Hopkins University Press, 1994.

GRAD DE ALARCON, Jacqueline; SAINSBURY, Peter. "Mental Illness and the Family". *Lancet*, v. 281, 1963, p. 544-47.

GRANVILLE, Joseph Mortimer. *The Care and Cure of the Insane*. Londres: Hardwicke and Bogue, 1877. 2 v.

GRAVES, Thomas C. "A Short Note on the Use of Calcium in Excited States". *Journal of Mental Science*, v. 65, 1919, p. 109.

GRAY, John P. *Insanity: Its Dependence on Physical Disease*. Utica e Nova York: Roberts, 1871.

GREEN, John R. *Theatre in Ancient Greek Society*. Londres: Routledge, 1994.

GREENBERG, Gary. *The Book of Woe: The DSM and the Unmaking of Psychiatry*. Nova York: Blue Rider Press, 2013.

GREENBLATT, Milton. "Historical Factors Affecting the Closing of State Hospitals". Em: AHMED, Paul I.; PLOG, Stanley C. (org.). *State Mental Hospitals: What Happens When They Close*. Nova York e Londres: Plenum Medical Book Company, 1974. p. 9-20.

GREENSLADE, William. *Degeneration, Culture, and the Novel, 1880-1940*. Cambridge: Cambridge University Press, 1994.

GREVILLE, Robert F. *The Diaries of Colonel the Hon. Robert Fulke Greville*. org. Frank M. Bladon. Londres: John Lane, 1930.

GRINKER, Roy S.; SPIEGEL, John P. *War Neuroses*. Filadélfia: Blakiston, 1945.

GROB, Gerald. "World War II and American Psychiatry". *Psychohistory Review*, v. 19, 1990, p. 41-69.

GROB, Gerald. *From Asylum to Community: Mental Health Policy in Modern America*. Princeton: Princeton University Press, 1991.

GRÖGER, Helmut; EBERHARD, Gabriel; KASPER, Siegfried (org.). *On the History of Psychiatry in Vienna*. Viena: Verlag Christian Brandstätter, 1997.

GRONFEIN, William. "Psychotropic Drugs and the Origins of Deinstitutionalization". *Social Problems*, v. 32, 1985, p. 437-54.

GUARNIERI, Patrizia. "The History of Psychiatry in Italy: A Century of Studies". Em: MICALE, Mark S.; PORTER, Roy (org.). *Discovering the History of Psychiatry*. Nova York e Oxford: Oxford University Press, 1994. p. 248-59.

GUISLAIN, Joseph. *Traité sur l'aliénation mentale*. Amsterdã: J. van der Hey, 1826.

GUTAS, Dimitri. *Greek Thought, Arabic Culture: The Graeco-Arabic Translation Movement in Baghdad and Early Abbasid Society*. Londres: Routledge, 1998.

HALE, Nathan G. Jr. *Freud and the Americans: The Beginnings of Psychoanalysis in the United States, 1876-1917*. Oxford: Oxford University Press, 1971.

HALE, Nathan G. Jr. *The Rise and Crisis of Psychoanalysis in the United States: Freud and the Americans, 1917-1985*. Nova York: Oxford University Press, 1998.

HALLARAN, William Saunders. *An Enquiry into the Causes Producing the Extraordinary Addition to the Number of Insane*. Cork: Edwards and Savage, 1810.

HALLARAN, William Saunders. *Practical Observations on the Causes and Cure of Insanity*. Cork: Hodges and M'Arthur, 1818.

HALLIDAY, Andrew. *A General View of the Present State of Lunatics, and Lunatic Asylums in Great Britain and Ireland*. Londres: Underwood, 1828.

HAMEED, Hakim A.; BARI, A. "The Impact of Ibn Sina's Medical Work in India". *Studies in the History of Medicine*, v. 8, 1984, p. 1-12.

HARCOURT, Condessa de. "Memoirs of the Years 1788-1789 by Elizabeth, Countess of Harcourt". Em: Edward W. Harcourt (org.). *The Harcourt Papers*. v. 4. Oxford: Parker, 1880. p. 25-28.

HARE, Edward. "Was Insanity on the Increase?". *British Journal of Psychiatry*, v. 142, 1983, p. 439-55.

HARSNETT, Samuel. *A Discovery of the Fraudulent Practises of John Darrel, Bachelor of Artes, In His Proceedings Concerning the Pretended Possession and Dispossession of William Somers Detecting in Some Sort the Deceitful Trade in These Latter Dayes of Casting Out Deuils*. Londres: Wolfe, 1599.

HARSNETT, Samuel. *A Declaration of Egregious Popish Impostures, to Withdraw the Harts of Her Maiesties Subjects from the Truth of the Christian Religion Under the Pretence of Casting out Deuils*. Londres: Roberts, 1603.

HASKELL, Ebenezer. *The Trial of Ebenezer Haskell*. Filadélfia: Ed. do Autor, 1869.

HASLAM, John. *Observations on Madness and Melancholy*. Londres: J. Callow, 1809.

HAYWOOD, Eliza. *The Distress'd Orphan, or Love in a Mad-house*. 2. ed. Londres: Roberts, 1726.

HEALY, David. *The Anti-Depressant Era*. Cambridge, Mass.: Harvard University Press, 1997.

HEALY, David. *The Creation of Psychopharmacology*. Cambridge, Mass.: Harvard University Press, 2002.

HEALY, David. *Mania: A Short History of Bipolar Disorder*. Baltimore: Johns Hopkins University Press, 2008.

HEALY, David. *Pharmaggedon*. Berkeley: University of California Press, 2012.

HEALY, David et al. "Lifetime Suicide Rates in Treated Schizophrenia: 1875-1924 and 1994-1998 Cohorts Compared". *British Journal of Psychiatry*, v. 188, 2006, p. 223-28.

HEARTZ, Daniel. *Mozart's Operas*. Berkeley: University of California Press, 1992.

HERMAN, Ellen. *The Romance of American Psychology: Political Culture in the Age of Experts, 1940--1970*. Berkeley: University of California Press, 1995.

HERSHKOWITZ, Debra. *The Madness of Epic: Reading Insanity from Homer to Statius*. Oxford e Nova York: Oxford University Press, 1998 [ed. bras.: *Odisseia*, trad. Christian Werner. São Paulo: Ubu, 2018].

HERVEY, Nicholas. "Advocacy or Folly: The Alleged Lunatics' Friend Society, 1845-63". *Medical History*, v. 30, 1986, p. 245-75.

HILL, Charles G. "Presidential Address: How Can We Best Advance the Study of Psychiatry". *American Journal of Insanity*, v. 64, 1907, p. 1-8.

HILL, Robert Gardiner. *Total Abolition of Personal Restraint in the Treatment of the Insane. A Lecture on the Management of Lunatic Asylums*. Londres: Simpkin, Marshall, 1839.

HIPÓCRATES. *The Genuine Works of Hippocrates*, org. Francis Adams. v. 2. Nova York: William Wood, 1886.

HIPÓCRATES. *The Medical Works of Hippocrates*, trad. John Chadwick e W. N. Mann. Oxford: Blackwell, 1950.

HOARE, Frederick R. (trad. e org.). *The Western Fathers*. Nova York e Londres: Sheed and Ward, 1954.

HOBBES, Thomas. *Leviathan*. Harmondsworth: Penguin, 1968 [ed. bras.: *Leviatã, ou Matéria, palavra e poder de uma República eclesiástica e civil*, trad. Gabriel Lima Marques e Renan Marques Birro. Petrópolis, RJ: Vozes, 2020].

HOBBS, A. T. "A Survey of American and Canadian Psychiatric Opinion as to Focal Infections (or Chronic Sepsis) as Causative Factors in Functional Psychoses". *Journal of Mental Science*, v. 70, 1924, p. 542-53.

HORDER, J.; MATTHEWS, P.; WALDMANN, R. "Placebo, Prozac, and PLoS: Significant Lessons for Psychopharmacology".

Journal of Psychopharmacology, v. 25, 2011, p. 1277-88.

HORWITZ, Allan V. *Creating Mental Illness*. Chicago: University of Chicago Press, 2002.

HUME, David. *A Treatise of Human Nature*, Oxford: Clarendon, 2007 [ed. bras.: *Tratado da natureza humana: uma tentativa de introduzir o método experimental de raciocínio nos assuntos morais*, trad. Déborah Danowski. 2. ed. São Paulo: Unesp, 2009].

HUNTER, Richard; MACALPINE, Ida. *Three Hundred Years of Psychiatry, 1535-1860*. Londres: Oxford University Press, 1963.

HYMAN, Steven E. "Psychiatric Drug Discovery: Revolution Stalled". *Science Translational Medicine*, v. 4, 155, 10 out. 2012.

ITO, Hiroto; SEDERER, Lloyd I. "Mental Health Services Reform in Japan". *Harvard Review of Psychiatry*, v. 7, 1999, p. 208-15.

JACKSON, Stanley W. *Melancholia and Depression: From Hippocratic Times to Modern Times*. New Haven: Yale University Press, 1986.

JOINT COMMISSION ON MENTAL ILLNESS AND HEALTH. *Action for Mental Health*. Nova York: Basic Books, 1961.

JONES, Colin. "The Treatment of the Insane in Eighteenth- and Early Nineteenth-Century Montpellier". *Medical History*, v. 24, 1980, p. 371-90.

JONES, Edgar. "War and the Practice of Psychotherapy: The UK Experience 1939-1960". *Medical History*, v. 48, 2004, p. 493-510.

JONES, Edgar; WESSELY, Simon. "Psychiatric Battle Casualties: An Intra- and Interwar Comparison". *British Journal of Psychiatry*, v. 178, 2001, p. 242-47.

JONES, Ernest. *The Life and Work of Sigmund Freud*. Nova York: Basic Books, 1953-57. 3 v.

JONES, Kathleen. *A History of the Mental Health Services*. Londres: Routledge and Kegan Paul, 1972.

JONES, Kathleen. *Asylums and After*. Londres: Athlone Press, 1993.

JORDEN, Edward. *A Briefe Discourse of a Disease Called the Suffocation of the Mother*. Londres: Windet, 1603.

JOYCE, James. *Finnegan's Wake*. Nova York: Viking, 1939.

KAEMPFFERT, Waldemar. "Turning the Mind Inside Out". *Saturday Evening Post*, v. 213, 24 maio 1941, p. 18-74.

KANNER, Leo. "Autistic Disturbances of Affective Contact". *Nervous Child*, v. 2, 1943, p. 217-50.

KANNER, Leo. "Problems of Nosology and Psychodynamics of Early Infantile Autism". *American Journal of Orthopsychiatry*, v. 19, 1949, p. 416-26.

KARCHER, Eva. *Otto Dix*. Nova York: Crown, 1987.

KARDINER, Abram; SPIEGEL, Herbert. *War Stress and Neurotic Illness*. Nova York: Hoeber, 1947.

KATZENELBOGEN, Solomon. "A Critical Appraisal of the Shock Therapies in the Major Psychoses and Psychoneuroses, III – Convulsive Therapy". *Psychiatry*, v. 3, 1940, p. 409-20.

KELLER, Richard. *Colonial Madness: Psychiatry in French North Africa*. Chicago: University of Chicago Press, 2007.

KELLY, Henry A. *The Devil at Baptism: Ritual, Theology and Drama*. Ithaca: Cornell University Press, 1985.

KENDELL, R. E. "The Stability of Psychiatric Diagnoses". *British Journal of Psychiatry*, v. 124, 1974, p. 352-56.

KENDELL, R. E. *et al*. "Diagnostic Criteria of American and British Psychiatrists". *Archives of General Psychiatry*, v. 25, 1971, p. 123-30.

KIRK, Stuart A.; KUTCHINS, Herb. *The Selling of DSM: The Rhetoric of Science in Psychiatry*. Nova York: Aldine de Gruyter, 1992.

KIRSCH, Irving. *The Emperor's New Drugs: Exploding the Antidepressant Myth*. Nova York: Basic Books, 2010.

KIRSCH, Irving *et al*. "Initial Severity and Antidepressant Benefits: A Meta-Analysis of Data Submitted to the Food and Drug Administration". *PLoS Medicine*, v. 5, 2008, p. 260-68.

KRAEPELIN, Emil. *Psychiatrie: Ein Lehrbuch für Studierende und Ärzte*. 5. ed. Leipzig: Barth, 1896.

KRAMER, Peter D. *Listening to Prozac*. Nova York: Viking, 1993.

KÜHL, Stefan. *The Nazi Connection: Eugenics, American Racism, and German National Socialism*. Nova York: Oxford University Press, 1994.

KURIYAMA, Shigehisa. *The Expressiveness of the Body and the Divergence of Greek and Chinese Medicine*. Nova York: Zone Books, 1999.

KUTCHINS, Herb; KIRK, Stuart A. *Making Us Crazy: DSM: The Psychiatric Bible and the Creation of Mental Disorders*. Nova York: Free Press, 1999.

LACASSE, Jeffrey R.; LEO, Jonathan. "Serotonin and Depression: A Disconnect between the Advertisements and the Scientific Literature". *PLoS Medicine*, v. 2, 2005, p. 1211-16.

LAING, R. D. *The Politics of Experience*. Nova York: Ballantine, 1967.

LAING, R. D.; ESTERSON, Aaron. *Sanity, Madness and the Family*. Londres: Tavistock, 1964.

LAMB, H. Richard (org.). *The Homeless Mentally Ill*. Washington, D.C.: American Psychiatric Press, 1984.

LANDSBERG, E. "Japan's Mental Health Policy: Disaster or Reform?". *Japan Today*, 14 out. 2011.

LANTERI-LAURA, Georges. *Histoire de la phrénologie*. Paris: Presses Universitaires de France, 2000.

LAURENTIUS, A. *A Discourse of the Preservation of the Sight: of Melancholike Diseases; of Rheumes, and of Old Age*, trad. Richard Surphlet. Londres: Theodore Samson, 1598.

LAWLOR, Clark. *From Melancholia to Prozac: A History of Depression*. Oxford: Oxford University Press, 2012.

LAWRENCE, Christopher. "Incommunicable Knowledge: Science, Technology and the Clinical Art in Britain 1850-1914". *Journal of Contemporary History*, v. 20, 1985, p. 503-20.

LAWRENCE, D. H. *The Letters of D. H. Lawrence*. v. 4. Warren Roberts,

James T. Boulton e Elizabeth Mansfield (org.). Cambridge: Cambridge University Press, 1987.

LAWRENCE, William. *Lectures on Physiology, Zoology, and the Natural History of Man*. Londres: J. Callow, 1819.

LE GOFF, Jacques. *La civilisation de l'Occident médiéval*. Paris: Arthaud, 1967.

LERMAN, Paul. *Deinstitutionalization and the Welfare State*. New Brunswick, NJ: Rutgers University Press, 1982.

LERNER, Paul. "From Traumatic Neurosis to Male Hysteria: The Decline and Fall of Hermann Oppenheim, 1889-1919". Em: MICALE, Mark S.; LERNER, Paul (org.). *Traumatic Pasts: History, Psychiatry and Trauma in the Modern Age, 1870-1930*. Cambridge: Cambridge University Press, 2001. p. 140-71.

LEWIS, Aubrey. "The Impact of Psychotropic Drugs on the Structure, Function and Future of the Psychiatric Services". Em: BRADLEY, P.; DENIKER, P.; RADOUCO-THOMAS, C. (org.). *Neuropsychopharmacology*. v. 1. Amsterdã: Elsevier, 1959. p. 207-12.

LEWIS, Nolan D. C.; HUBBARD Lois D.; DYAR, Edna G. "The Malarial Treatment of Paretic Neurosyphilis". *American Journal of Psychiatry*, v. 4, 1924, p. 175-225.

LIEBERMAN, J. A. *et al*. "Effectiveness of Antipsychotic Drugs in Patients with Chronic Schizophrenia". *New England Journal of Medicine*, v. 353, 2005, p. 1209-23.

LIGHTMAN, E. "The Impact of Government Economic Restraint on Mental Health Services in Canada". *Canada's Mental Health*, v. 34, 1986, p. 24-28.

LLOYD, G. E. R. *Magic, Reason and Experience: Studies in the Origin and Development of Greek Science*. Cambridge e Nova York: Cambridge University Press, 1979.

LLOYD, G. E. R. *In the Grip of Disease: Studies in the Greek Imagination*. Oxford: Oxford University Press, 2003.

LLOYD, Geoffrey; SIVIN, Nathan. *The Way and the Word: Science and Medicine in Early China and Greece*. New Haven: Yale University Press, 2002.

LOCKE, John. *Educational Writings of John Locke*, org. James L. Axtell. Cambridge: Cambridge University Press, 1968.

LOMAS, David. *The Haunted Self: Surrealism, Psychoanalysis, Subjectivity*. New Haven: Yale University Press, 2000.

LOVELL, A. M. "The Paradoxes of Reform: Re-Evaluating Italy's Mental Health Law of 1978". *Hospital and Community Psychiatry*, v. 37, 1986, p. 802-08.

LYTTON, Rosina Bulwer. *A Blighted Life: A True Story*. Londres: London Publishing Office, 1880.

MACALPINE, Ida; HUNTER, Richard. *George III and the Mad-Business*. Londres: Allen Lane, 1969.

MCCULLOCH, Jock. *Colonial Psychiatry and "the African Mind"*. Cambridge: Cambridge University Press, 1995.

MACDONALD, Michael. *Mystical Bedlam: Madness, Anxiety, and*

Healing in Seventeenth-Century England. Cambridge e Nova York: Cambridge University Press, 1981.

MACDONALD, Michael. (org.). *Witchcraft and Hysteria in Elizabethan London: Edward Jorden and the Mary Glover Case*. Londres: Routledge, 1991.

MCDONOUGH, Stephen. "Brain Surgery Is Credited with Cure of 50 'Hopelessly' Insane Persons". *Houston Post*, 6 jun. 1941.

MCGUIRE, William (org.). *The Freud/ Jung Letters: The Correspondence between Sigmund Freud and C. G. Jung*. Princeton: Princeton University Press, 1974.

MCKENDRICK, Neil; BREWER, John; PLUMB, J. H. *The Birth of a Consumer Society: The Commercialization of Eighteenth--Century England*. Bloomington: Indiana University Press, 1982.

MACKENZIE, Charlotte. "'The Life of a Human Football'? Women and Madness in the Era of the New Woman". *The Society for the Social History of Medicine Bulletin*, v. 36, 1985, p. 37-40.

MACKENZIE, Henry. *The Man of Feeling*. Londres: Cadell, 1771.

MAHONE, Sloan; VAUGHAN, Megan (org.). *Psychiatry and Empire*. Basingstoke: Palgrave Macmillan, 2007.

MAISEL, Alfred Q. "Bedlam 1946". *Life*, 20, 6 maio 1946, p. 102-18.

MAKARI, George. *Revolution in Mind: The Creation of Psychoanalysis*. Nova York: Harper Collins; Londres: Duckworth, 2008.

MAKARI, George. "Mitteleuropa on the Hudson: On the Struggle for American Psychoanalysis after the Anschluß". Em: BURNHAM, John. (org.). *After Freud Left: A Century of Psychoanalysis in America*. Chicago: University of Chicago Press, 2012. p. 111-24.

MARCUS, Steven. *Dickens: From Pickwick to Dombey*. Nova York: Basic Books; Londres: Chatto & Windus, 1965.

MARCUS, Steven. *The Other Victorians: A Study of Sexuality and Pornography in Mid-Nineteenth Century England*. Nova York: Basic Books; Londres: Weidenfeld & Nicolson, 1974.

MARCUSE, Herbert. *Eros and Civilization: A Philosophical Inquiry into Freud*. Boston: Beacon Press, 1955 [ed. bras.: *Eros e civilização: uma interpretação filosófica do pensamento de Freud*, trad. Álvaro Cabral. 3. ed. Rio de Janeiro: Zahar, 1968].

MASSON, Jeffrey. *The Assault on Truth*. Nova York: Penguin, 1985.

MASSON, Marc; AZORIN, Jean--Michel. "La surmortalité des malades mentaux à la lumière de l'Histoire". *L'Évolution Psychiatrique*, v. 67, 2002, p. 465-79.

MAUDSLEY, Henry. "Insanity and Its Treatment". *Journal of Mental Science*, v. 17, 1871, p. 311-34.

MAUDSLEY, Henry. *The Pathology of Mind*. Londres: Macmillan, 1879.

MAUDSLEY, Henry. *Body and Will*. Londres: Kegan Paul and Trench, 1883.

MAUDSLEY, Henry. *The Pathology of Mind, new edition*. Londres e Nova

York: Macmillan, 1895.

MEAD, Richard. *Medical Precepts and Cautions*, traduzido do latim por Thomas Stack. Londres: Brindley, 1751.

MEDUNA, L. von. "General Discussion of the Cardiazol [Metrazol] Therapy". *American Journal of Psychiatry*, v. 94, 1938, p. 40-50.

MEDUNA, L. von; FRIEDMAN, Emerick. "The Convulsive-Irritative Therapy of the Psychoses". *Journal of the American Medical Association*, v. 112, 1939, p. 501-09.

MENDEL, Werner. "Mental Hospitals". *Where Is My Home*, mimeo. Scottsdale: NTIS, 1974.

MENNINGER, Karl A. *The Selected Correspondence of Karl A. Menninger, 1919-1945*, org. Howard J. Faulkner e Virginia D. Pruitt. New Haven: Yale University Press, 1988.

MERCIER, Charles. *A Text-Book of Insanity and Other Nervous Diseases*. 2. ed. Londres: George Allen & Unwin, 1914.

MERCIER, Charles. "Psychoanalysis". *British Medical Journal*, v. 2, 1916, p. 897-900.

MICALE, Mark S.; LERNER, Paul (org.). *Traumatic Pasts: History, Psychiatry and Trauma in the Modern Age, 1870-1930.* Cambridge: Cambridge University Press, 2001.

MICALE, Mark S.; PORTER, Roy (org.). *Discovering the History of Psychiatry*. Nova York e Oxford: Oxford University Press, 1994.

MIDELFORT, H. C. Erik. *A History of Madness in Sixteenth-Century Germany*. Stanford: Stanford University Press, 1999.

MIDELFORT, H. C. Erik. *Exorcism and the Enlightenment: Johann Joseph Gassner and the Demons of Eighteenth-Century Germany*. New Haven: Yale University Press, 2005.

MILLARD, David W. "Maxwell Jones and the Therapeutic Community". Em: FREEMAN, Hugh; BERRIOS, German E. (org.). *150 Years of British Psychiatry Vol. 2: The Aftermath*. Londres: Athlone, 1996. p. 581-604.

MILLER, Timothy S. *The Birth of the Hospital in the Byzantine Empire*. Baltimore: Johns Hopkins University Press, 1985.

MILLIGAN, Spike. *Mussolini: His Part in My Downfall*. Harmondsworth: Penguin, 1980.

MITCHELL, Donald (org.). *Benjamin Britten: Death in Venice*. Cambridge: Cambridge University Press, 1987.

MITCHELL, Silas Weir. *Doctor and Patient*. Filadélfia: J. B. Lippincott, 1888.

MITCHELL, Silas Weir. "Address Before the Fiftieth Annual Meeting of the American Medico-Psychological Association". *Journal of Nervous and Mental Disease*, v. 21, 1894, p. 413-37.

MITCHELL, Silas Weir. "Address to the American Neurological Association". *Transactions of the American Neurological Association*, v. 35, 1909, p. 1-17.

MONIZ, Egas. *Tentatives opératoires dans le traitement de certaines psychoses*. Paris: Masson, 1936.

MORISON, Alexander. *Outlines of Lectures on Mental Diseases*. Edimburgo: Lizars, 1825.

MOYNIHAN, Berkeley. "The Relation of Aberrant Mental States to Organic

Disease". *British Medical Journal*, v. 2, 1927, p. 815-17 [reunido em *Addresses on Surgical Subjects*, Filadélfia e Londres: W. B. Saunders, 1928].

MUESER, Kim T.; BERENBAUM, Howard. "Psychodynamic Treatment of Schizophrenia: Is There a Future?". *Psychological Medicine*, v. 20, 1990, p. 253-62.

MUIR, Kenneth. "Samuel Harsnett and King Lear". *Review of English Studies*, v. 2, 1951, p. 11-21.

MÜLLER, Franz Carl (org.). *Handbuch der Neurasthenie*. Leipzig: Vogel, 1893.

MUNTHE, Axel. *The Story of San Michele*. Londres: John Murray, 1930.

NASAR, Sylvia. *A Beautiful Mind*. Nova York: Simon and Schuster; Londres: Faber, 1998.

NEWNHAM, William. "Essay on Superstition". *The Christian Observer*, v. 29, 1829, p. 265-75.

NG, Vivien W. *Madness in Late Imperial China: From Illness to Deviance*. Norman: University of Oklahoma Press, 1990.

NICE. *Depression: The NICE Guide on the Treatment and Management of Depression in Adults*. Londres: Royal College of Psychiatry Publications, 2010.

NIZAMI. *The Story of Layla and Majnun*, trad. do persa e org. por R. Gelpke. Oxford: Bruno Cassirer, 1966 [ed. bras.: *Laila e Majnun: a clássica história de amor da literatura persa*, trad. Marissom Ricardo Roso. Rio de Janeiro: Jorge Zahar, 2002].

NOGUCHI, Hideyo; MOORE, J. W. "A Demonstration of *Treponema pallidum* in the Brain in Cases of General Paralysis". *Journal of Experimental Medicine*, v. 17, 1913, p. 232-38.

NORDAU, Max. *Entartung*. Berlim: C. Duncker, 1893.

NORDENTOFT, M.; KNUDSEN, H.; SCHULSINGER, F. "Housing Conditions and Residential Needs of Psychiatric Patients in Copenhagen". *Acta Psychiatrica Scandinavica*, v. 85, 1992, p. 385-89.

NOYES, Arthur P.; KOLB, Lawrence. *Modern Clinical Psychiatry*. Filadélfia: W. B. Saunders, 1935.

NUTTON, Vivian. "Healers in the Medical Marketplace: Towards a Social History of Graeco-Roman Medicine". Em: WEAR, Andrew (org.). *Medicine in Society: Historical Essays*. Cambridge: Cambridge University Press, 1992. p. 15-58.

OPPENHEIM, Janet. *"Shattered Nerves": Doctors, Patients, and Depression in Victorian England*. Nova York e Oxford: Oxford University Press, 1991.

ORLANSKY, Harold. "An American Death Camp". *Politics*, v. 5, 1948, p. 162-68.

OSLER, William. *The Evolution of Modern Medicine: A Series of Lectures Delivered at Yale University on the Silliman Foundation in April 1913*. New Haven: Yale University Press; Londres: Oxford University Press, 1921.

PADEL, Ruth. *In and Out of the Mind: Greek Images of the Tragic Self*. Princeton: Princeton University Press, 1992.

PADEL, Ruth. *Whom Gods Destroy:*

Elements of Greek and Tragic Madness. Princeton: Princeton University Press, 1995.

PAGET, George E. *The Harveian Oration*. Cambridge: Deighton, Bell and Co., 1866.

PALERMO, G. B. "The Italian Mental Health Law – A Personal Evaluation: A Review". *Journal of the Royal Society of Medicine*, v. 84, 1991, p. 101.

PARGETER, William. *Observations on Maniacal Disorders*. Reading: Ed. do Autor, 1792.

PARIS, Joel. *The Fall of an Icon: Psychoanalysis and Academic Psychiatry*. Toronto: University of Toronto Press, 2005.

PARK, Katherine. "Medicine and Society in Medieval Europe 500--1500". Em: WEAR, Andrew (org.). *Medicine in Society: Historical Essays*. Cambridge: Cambridge University Press, 1992. p. 59-90.

PARKER, Robert. *Miasma: Pollution and Purification in Early Greek Religion*. Oxford: Clarendon Press, 1983.

PARKS, Joe et al. (org.). *Morbidity and Mortality in People with Serious Mental Illness*. Alexandria, VA: National Association of State Mental Health Program Directors, 2006.

PARRY-Jones, William Ll. *The Trade in Lunacy*. Londres: Routledge, 1972.

PARRY-Jones, William Ll. "The Model of the Geel Lunatic Colony and its Influence on the Nineteenth-Century Asylum System in Britain". Em: SCULL, Andrew (org.). *Madhouses, Mad-Doctors, and Madmen*. Filadélfia: University of Pennsylvania Press, 1981. p. 201-17.

PATTIE, Frank. "A Mesmer-Paradis Myth Dispelled". *American Journal of Clinical Hypnosis*, v. 22, 1979, p. 29-31.

PEARSON, Veronica. "The Development of Modern Psychiatric Services in China, 1891-1949". *History of Psychiatry*, v. 2, 1991, p. 133-47.

PENNINGTON, Hugh. "Can You Close Your Eyes Without Falling Over?". *London Review of Books*, 11 set. 2003, p. 30-31.

PERCEVAL, John T. *A Narrative of the Treatment Experienced by a Gentleman During a State of Mental Derangement*. Londres: Effingham, Wilson, 1838, 1840. 2 v.

PERRY, Ralph B. *The Thought and Character of William James*. Boston: Little, Brown, 1935.

PESCHEL, Enid; PESCHEL, Richard. "Donizetti and the Music of Mental Derangement: *Anna Bolena*, *Lucia di Lammermoor*, and the Composer's Neurobiological Illness". *Yale Journal of Biology and Medicine*, v. 65, 1992, p. 189-200.

PETRYNA, Adriana. *When Experiments Travel: Clinical Trials and the Global Search for Human Subjects*. Princeton: Princeton University Press, 2009.

PETRYNA, Adriana; LAKOFF, Andrew; KLEINMAN, Arthur (org.). *Global Pharmaceuticals: Ethics, Markets, Practices*. Durham, NC: Duke University Press, 2006.

PICCINELLI, Marco; POLITI, Pierluigi; BARALE, Francesco.

"Focus on Psychiatry in Italy". *British Journal of Psychiatry*, v. 181, 2002, p. 538-44.

PINEL, Philippe. *Traité médico-philosophique sur l'aliénation mentale ou La manie*. Paris: Richard, Caille et Ravier, 1801.

PINEL, Philippe. "Recherches sur le traitement général des femmes aliénées". *Le Moniteur universel*, v. 281, 30 jun. 1805, p. 1158-60.

PINEL, Philippe. *Medico-Philosophical Treatise on Mental Alienation. Second Edition: Entirely Reworked and Extensively Expanded* [1809], trad. Gordon Hickish, David Healy e Louis C. Charland. Oxford: Wiley, 2008.

PLATÃO. *The Symposium*, org. Frisbee Sheffield, trad. M. Howatson. Cambridge: Cambridge University Press, 2008 [ed. bras.: *Banquete*. Em: Platão, *Diálogos I*, trad. Jorge Paleikat. Rio de Janeiro: Ediouro, 1996].

PLATH, Sylvia. *The Bell Jar*. Nova York: Harper, 2005 [ed. bras.: *A redoma de vidro*, trad. Chico Mattoso. 2. ed. Rio de Janeiro: Biblioteca Azul, 2019].

PLATTER, Felix; COLE, Abdiah; CULPEPER, Nicholas. *A Golden Practice of Physick*. Londres: Peter Cole, 1662.

PLUMB, J. H. "The New World of Children in Eighteenth Century England". *Past and Present*, v. 67, 1975, p. 64-95.

POIRIER, Suzanne. "The Weir Mitchell Rest Cure: Doctor and Patients". *Women's Studies*, v. 10, 1983, p. 15-40.

PORTER, Roy. "Witchcraft and Magic in Enlightenment, Romantic and Liberal Thought". Em: ANKARLOO, Bengt; CLARK, Stuart (org.). *Witchcraft and Magic in Europe, vol. 5: The Eighteenth and Nineteenth Centuries*. Filadélfia: University of Pennsylvania Press, 1999. p. 191-282.

PORTER, Roy; WRIGHT, David (org.). *The Confinement of the Insane: International Perspectives, 1800-1965*. Cambridge: Cambridge University Press, 2003.

PRESSMAN, Jack D. *Last Resort: Psychosurgery and the Limits of Medicine*. Cambridge: Cambridge University Press, 1998.

PRICHARD, James Cowles. *A Treatise on Insanity, and Other Disorders Affecting the Mind*. Londres: Sherwood, Gilbert, and Piper, 1835.

PRIORESCHI, Plinio. *A History of Medicine: Byzantine and Islamic Medicine*. Omaha, Nebraska: Horatius Press, 2001.

PROCTOR, Robert. *Racial Hygiene: Medicine Under the Nazis*. Cambridge, Mass.: Harvard University Press, 1988.

READE, Charles. *Hard Cash. A Matter-of-Fact Romance*. Leipzig: Tachnitz, 1864.

REES, T. P. "Back to Moral Treatment and Community Care". *British Journal of Psychiatry*, v. 103, 1957, p. 303-13.

RENOOZ, Céline. "Charcot Dévoilé". *Revue Scientifique des Femmes*, v. 1, dez. 1888, p. 241-47.

RICHARDSON, Samuel. *Letters*

Written to and for Particular Friends, on the Most Important Occasions. Londres: Rivington, 1741.

RIEFF, Philip. *Freud: The Mind of the Moralist*. Nova York: Viking, 1959.

RIEFF, Philip. *The Triumph of the Therapeutic: Uses of Faith After Freud*. Nova York: Harper and Row, 1966.

RIVERS, William H. R. "An Address on the Repression of War Experience". *Lancet*, v. 96, 1918, p. 173-77.

ROBINSON, Michael. *Time in Western Music*. [*e-book*]: Acorn Independent Press, 2013.

ROBINSON, Nicholas. *A New System of the Spleen, Vapours, and Hypochondriack Melancholy*. Londres: Bettesworth, Innys, and Rivington, 1729.

ROSEN, George. *Madness in Society: Chapters in the Historical Sociology of Mental Illness*. Nova York: Harper and Row, 1968.

ROSENHAN, David. "On Being Sane in Insane Places". *Science*, v. 179, 1973, p. 250-58.

ROSENTHAL, Franz. *The Classical Heritage in Islam*, trad. E. e J. Marmorstein. Londres e Nova York: Routledge, 1994.

ROUDEBUSH, Marc. "A Battle of Nerves: Hysteria and Its Treatment in France During World War I". Em: MICALE, Mark S.; LERNER, Paul (org.). *Traumatic Pasts: History, Psychiatry and Trauma in the Modern Age, 1870-1930*. Cambridge: Cambridge University Press, 2001. p. 253-79.

ROUDINESCO, Elisabeth. *Jacques Lacan and Co.: A History of Psychoanalysis in France, 1925-1985*, trad. Jeffrey Mehlman. Londres: Free Association Books, 1990.

ROUS, E.; CLARK, A. "Child Psychoanalytic Psychotherapy in the UK National Health Service: An Historical Analysis". *History of Psychiatry*, v. 20, 2009, p. 442-56.

ROUSSEAU, George. "A Strange Pathology: Hysteria in the Early Modern World, 1500-1800". Em: GILMAN, Sander *et al*. *Hysteria Beyond Freud*. Berkeley: University of California Press, 1993. p. 91-223.

RUNCIMAN, Steven. *A History of the Crusades*. v. 3. Cambridge: Cambridge University Press, 1966 [ed. bras.: *História das cruzadas, vol. III: o Reino de Acre e as últimas cruzadas*, trad. Cristiana de Assis Serra. Rio de Janeiro: Imago, 2003].

RUSH, Benjamin. *The Selected Writings*, org. Dagobert D. Runes. Nova York: Philosophical Library, 1947.

RUSH, Benjamin. *The Letters of Benjamin Rush*, org. Lyman H. Butterfield. v. 2. Princeton: Princeton University Press, 1951.

RUSH, A. John *et al*. "Bupropion-SR, Sertraline, or Venlafaxine-XR After Failure of SSRIs for Depression". *New England Journal of Medicine*, v. 354, 2006, p. 1231-42.

RUSSO, Giovanna; CARELLI, Francesco. "Dismantling Asylums: The Italian Job". *London Journal of Primary Care*, v. 2, abr. 2009.

SADGER, Isidor. *Recollecting Freud*, org. Alan Dundes e trad.

Johanna Jacobsen. Madison: University of Wisconsin Press, 2005 [publicado originalmente como *Sigmund Freud: Persönliche Erinnerungen* em 1929].

SADOWSKY, Jonathan. *Imperial Bedlam: Institutions of Madness in Colonial Southwest Nigeria*. Berkeley: University of California Press, 1999.

SAKEL, Manfred. "A New Treatment of Schizophrenia". *American Journal of Psychiatry*, v. 93, 1937, p. 829-41.

SAKEL, Manfred. "The Classical Sakel Shock Treatment: A Reappraisal". Em: SACKLER, Arthur M. (org.) *The Great Physiodynamic Therapies in Psychiatry*. Nova York: Hoeber--Harper, 1956, p. 13-75.

SANDERSON, John B. "The Cholera and the Comma-Bacillus". *British Medical Journal*, v. 1, n. 1273, 1885, p. 1076-77.

SAPER, R. B. *et al.* "Lead, Mercury, and Arsenic in US- and Indian--Manufactured Ayurvedic Medicines Sold via the Internet". *Journal of the American Medical Association*, v. 300, 2008, p. 915-23.

SASSOON, Siegfried. *Sherston's Progress.* Londres: Faber and Faber, 1936.

SCHATZBERG, Alan F. *et al.* "Setting the Record Straight: A Response to Frances [*sic*] Commentary on DSM-V". *Psychiatric Times*, 1 jul. 2009.

SCHEFLIN, Alan W.; OPTON, Edward, Jr. *The Mind Manipulators*. Nova York: Paddington, 1978.

SCULL, Andrew. *Decarceration: Community Treatment and the Deviant: A Radical View*. Englewood Cliffs, NJ: Prentice-Hall, 1977.

SCULL, Andrew (org.). *Madhouses, Mad-Doctors, and Madmen: The Social History of Psychiatry in the Victorian Era*. Filadélfia: University of Pennsylvania Press, 1981

SCULL, Andrew. "The Discovery of the Asylum Revisited: Lunacy Reform in the New American Republic". Em: SCULL, Andrew (org.). *Madhouses, Mad-doctors, and Madmen: The Social History of Psychiatry in the Victorian Era*. Filadélfia: University of Pennsylvania Press, 1981. p. 144-65.

SCULL, Andrew. "Was Insanity Increasing? A Response to Edward Hare". *British Journal of Psychiatry*, v. 144, 1984, p. 432-36.

SCULL, Andrew. *Madhouse: A Tragic Tale of Megalomania and Modern Medicine*. Londres e New Haven: Yale University Press, 2005.

SCULL, Andrew. *Hysteria: The Disturbing History*. Oxford: Oxford University Press, 2011.

SCULL, Andrew; MACKENZIE, Charlotte; HERVEY, Nicholas. *Masters of Bedlam: The Transformation of the Mad--Doctoring Trade*. Princeton: Princeton University Press, 1996.

SEAVER, Paul S. *Wallington's World: A Puritan Artisan in Seventeenth--Century London*. Palo Alto. Stanford University Press, 1988.

SEDGWICK, Peter. "Psychiatry and Liberation", artigo não publicado. Leeds University, 1981.

SEDGWICK, Peter. *Psychopolitics*. Londres: Pluto Press, 1982.

SHEPHARD, Ben. *A War of Nerves: Soldiers and Psychiatrists in the Twentieth Century*. Londres:

Jonathan Cape; Cambridge, Mass.: Harvard University Press, 2000.

SHEPHERD, Michael. "Neurolepsis and the Psychopharmacological Revolution: Myth and Reality". *History of Psychiatry*, v. 5, 1994, p. 89-96.

SHORTER, Edward. "Private Clinics in Central Europe, 1850-1933". *Social History of Medicine*, v. 3, 1990, p. 159-95.

SHORTER, Edward. *A History of Psychiatry*. Nova York: Wiley, 1997.

SHORTER, Edward; HEALY, David. *Shock Treatment: A History of Electroconvulsive Treatment in Mental Illness*. New Brunswick: Rutgers University Press, 2007.

SHOWALTER, Elaine. *The Female Malady*. Nova York: Pantheon, 1985.

SIMONIS, Fabien. "Mad Acts, Mad Speech, and Mad People in Late Imperial Chinese Law and Medicine". Tese de doutorado não publicada, Princeton University, 2010.

SLACK, Paul. *The Impact of Plague in Tudor and Stuart England*. Londres e Boston: Routledge & Kegan Paul, 1985.

SMYTH, Margaret H. "Psychiatric History and Development in California". *American Journal of Psychiatry*, v. 94, 1938, p. 1223-36.

SNAPE, Andrew. *A Sermon Preach'd before the Right Honourable the Lord--Mayor... and Gouvenors of the Several Hospitals of the City of London*. Londres: Bowyer, 1718.

SNYDER, Solomon H. "Schizophrenia". *Lancet*, v. 320, 1982, p. 970-74.

SOLOMON, Andrew. *Far From the Tree: Parents, Children and the Search for Identity*. Nova York: Simon & Schuster; Londres: Chatto and Windus, 2012 [ed. bras.: *Longe da árvore: pais, filhos e a busca da identidade*, trad. Donaldson M. Garschagen, Luiz Antônio de Araújo, Pedro Maia Soares. São Paulo: Companhia das Letras, 2013].

SOUTHERN, Richard. *The Making of the Middle Ages*. New Haven: Yale University Press; Londres: Hutchinson, 1953.

SPITZER, Robert L. "Values and Assumptions in the Development of DSM-III and DSM-IIIR". *Journal of Nervous and Mental Disease*, v. 189, 2001, p. 351-59.

SPITZKA, Edward. "Reform in the Scientific Study of Psychiatry". *Journal of Nervous and Mental Disease*, v. 5, 1878, p. 201-29.

SPURZHEIM, Johann. *Observations on the Deranged Manifestations of Mind, or Insanity*. Londres: Baldwin, Craddock and Joy, 1813.

STEVENSON, Christine. *Medicine and Magnificence: British Hospital and Asylum Architecture, 1660-1815*. New Haven: Yale University Press, 2000.

STILES, Anne. "The Rest Cure, 1873-1925". *BRANCH: Britain, Representation and Nineteenth--Century History*, org. Dino Franco Felluga. Extensão de *Romanticism and Victorianism on the Net*. 2 nov. 2012. Página acessada em 9 set. 2013.

STRAHAN, S. A. K. "The Propagation of Insanity and Allied Neuroses". *Journal of Mental Science*, v. 36, 1890, p. 325-38.

STRICKMANN, Michel. *Chinese Magical Medicine*. Palo Alto: Stanford University Press, 2002.

SULMAN, A. Michael. "The Humanization of the American Child: Benjamin Spock as a Popularizer of Psychoanalytic Thought". *Journal of the History of the Behavioral Sciences*, v. 9, 1973, p. 258-65.

SUZUKI, Akihito. "The State, Family, and the Insane in Japan, 1900-1945". Em: PORTER, Roy; WRIGHT, David (org.). *The Confinement of the Insane: International Perspectives, 1800-1965*. Cambridge: Cambridge University Press, 2003. p. 193-225.

SUZUKI, Akihito. *Madness At Home: The Psychiatrist, the Patient, and the Family in England, 1820-1860*. Berkeley: University of California Press, 2006.

SWAIN, Gladys. *Le sujet de la folie: Naissance de la psychiatrie*. Toulouse: Privat, 1977.

SYDENHAM, Thomas. *The Entire Works of Dr Thomas Sydenham, Newly Made English from the Originals*, org. John Swan. Londres: Cave, 1742.

SZASZ, Thomas. *The Myth of Mental Illness*. Nova York: Harper and Row, 1961 [ed. bras.: *O mito da doença mental*. Rio de Janeiro: Zahar, 1979].

TALBOTT, J. H.; TILLOTSON, K. J. "The Effects of Cold on Mental Disorders". *Diseases of the Nervous System*, v. 2, 1941, p. 116-26.

TALLIS, Raymond. "The Shrink from Hell". *Times Higher Education Supplement*, 31 out. 1997, p. 20.

TARGA, Leonardo (org.). *Aur. Cor. Celsus on Medicine*, trad. A. Lee. v. 1. Londres: Cox, 1831.

TAYLOR, Barbara. *The Last Asylum: A Memoir of Madness in Our Times*. Londres: Hamish Hamilton, 2014.

TAYLOR, Michael A. *Hippocrates Cried: The Decline of American Psychiatry*. Nova York: Oxford University Press, 2013.

TEMKIN, Oswei. *The Falling Sickness: A History of Epilepsy from the Greeks to the Beginnings of Modern Neurology*. Baltimore: Johns Hopkins University Press, 1994.

TENON, Jacques. *Mémoires sur les hôpitaux de Paris*. Paris: Pierres, 1778.

TESSLER, Richard C.; DENNIS, Deborah L. "Mental Illness Among Homeless Adults". Em: GREENLEY, James R.; LEAF, Philip J. (org.). *Research in Community and Mental Health*, v. 7, Greenwich, Conn.: JAI Press, 1992, p. 3-53.

TONNINI, Silvio. "Italy, Historical Notes upon the Treatment of the Insane in". Em: TUKE, Daniel Hack (org.). *A Dictionary of Psychological Medicine*. Londres: J. & A. Churchill, 1892, p. 715-20. 2 v.

TORREY, Edwin Fuller. *The Invisible Plague: The Rise of Mental Illness from 1750 to the Present*. New Brunswick, NJ: Rutgers University Press, 2002.

TUKE, Daniel Hack. *Insanity in Ancient and Modern Life*. Londres: Macmillan, 1878.

TUKE, Daniel Hack (org.). *A Dictionary of Psychological Medicine*. Londres: J. & A. Churchill, 1892. 2 v.

TUKE, Samuel. *Description of the Retreat: An Institution near York for Insane Persons of the Society of Friends*. York: Alexander, 1813.

TURKLE, Sherry. *Psychoanalytic Politics*. 2. ed. Londres: Free Association Books, 1992.

TURNER, E. H. et al. "Selective Publication of Antidepressant Trials and Its Influence on Apparent Efficacy". *New England Journal of Medicine*, v. 358, 2008, p. 252-60.

TWAIN, Mark. *The Autobiography of Mark Twain*. org. Benjamin Griffin e Harriet Elinor Smith. v. 2. Berkeley: University of California Press, 2013.

TYRER, Peter; KENDALL, Tim. "The Spurious Advance of Antipsychotic Drug Therapy". *Lancet*, v. 373, 2009, p. 4-5.

ULLMANN, Manfred. *Islamic Medicine*, trad. Jean Watt. Edimburgo: Edinburgh University Press, 1978.

UNSCHULD, Paul D. *Medicine in China: A History of Ideas*. Berkeley: University of California Press, 1985.

US PUBLIC HEALTH SERVICE. *Shock Therapy Survey*. Washington, D.C.: Government Printing Office, 1941.

UWINS, David. *A Treatise on Those Disorders of the Brain and Nervous System, Which Are Usually Considered and Called Mental*. Londres: Renshaw and Rush, 1833.

VALENSTEIN, Elliot. *Great and Desperate Cures: The Rise and Decline of Psychosurgery and Other Radical Treatments for Mental Illness*. Nova York: Basic Books, 1985.

VEITH, Ilza. *Hysteria: The History of a Disease*. Chicago: University of Chicago Press, 1970.

WAGNER-Jauregg, Julius. "The History of the Malaria Treatment of General Paralysis". *American Journal of Psychiatry*, v. 102, 1946, p. 577-82.

WAKEFIELD, Edward. "Extracts from the Report of the Committee Employed to Visit Houses and Hospitals for the Confinement of Insane Persons. With Remarks. By Philanthropus". *The Medical and Physical Journal*, v. 32, 1814, p. 122-28.

WATT, W. Montgomery. *The Influence of Islam on Medieval Europe*. Edimburgo: Edinburgh University Press, 1972.

WEAR, Andrew (org.). *Medicine in Society: Historical Essays*. Cambridge: Cambridge University Press, 1992.

WEINER, Dora. "'Le geste de Pinel': The History of a Psychiatric Myth". Em: MICALE, Mark S.; PORTER, Roy (org.). *Discovering the History of Psychiatry*. Nova York e Oxford: Oxford University Press, 1994. p. 232-47.

WESLEY, John. *The Journal of John Wesley*, org. Ernest Rhys. Londres: Everyman, 1906.

WEXLER, Bruce E. *Brain and Culture: Neurobiology, Ideology, and Social Change*. Cambridge, Mass., e Londres: MIT Press, 2006.

WHITTINGTON, C. J. et al. "Selective Serotonin Reuptake Inhibitors in Childhood Depression: Systematic Review of Published Versus

Unpublished Data". *Lancet*, v. 363, 2004, p. 1341-45.
WILLIAMS, Tennessee. *Um bonde chamado desejo*, trad. Vadim Nikitin. São Paulo: Peixoto Neto, 2004.
WILLIS, Thomas. *Cerebri anatome*. Londres: Jo. Martyn, 1674.
WILLIS, Thomas. *An Essay of the Pathology of the Brain and Nervous Stock*, trad. Samuel Pordage. Londres: Dring, Harper and Leigh, 1681.
WILLIS, Thomas. *Two Discourses Concerning the Soul of Brutes*, trad. Samuel Pordage. Londres: Dring, Harper and Leigh, 1683.
WILLIS, Thomas. *The Practice of Physick*, trad. Samuel Pordage. Londres: Dring, Haper, Leigh and Martyn, 1684 [tradução de *Cerebrianatome*].
WING, John K.; BROWN, George W. *Institutionalism and Schizophrenia: A Comparative Study of Three Mental Hospitals 1960-1968*. Cambridge: Cambridge University Press, 1970.
WINNICOTT, Donald. *The Child, the Family and the Outside World*. Londres: Penguin, 1964.
WINTER, Alison. *Mesmerized: Powers of Mind in Victorian Britain*. Chicago: University of Chicago Press, 1998.
WISE, Sarah. *Inconvenient People: Lunacy, Liberty and the Mad-Doctors in Victorian England*. Londres: Bodley Head, 2012.
WRIGHT, Frank L. (org.). *Out of Sight, Out of Mind*. Filadélfia: National Mental Health Foundation, 1947.
WUJASTYK, Dominik. "Indian Medicine". Em: BYNUM, William F.; PORTER, Roy (org.). *Companion Encyclopedia of the History of Medicine*, v. 1. Londres: Routledge, 1993. p. 755-78.
WYNTER, Andrew. *The Borderlands of Insanity*. Londres: Hardwicke, 1875.
WYNTER, Andrew. *The Borderlands of Insanity*. 2. ed. Londres: Hardwicke, 1877.

Índice remissivo

Números de páginas em *itálico* se referem a legendas de ilustrações ao longo do texto; números em **negrito** se referem à numeração das imagens coloridas presentes no final deste livro.

Abraham, Karl 372
acupuntura 53-4, *54*
Addington: Anthony; Henry 157-8
Adrian, Edgar 335
Adventista do Sétimo Dia, Igreja 303
África do Sul 224, 326
África e psiquiatria ocidental 225-6
agranulocitose 462
Alá 76
Albrecht, Adelbert 377
alcoolismo 280, 282, 286
Alemanha 15, 66, 85-6, 197, 199, 279-80, 283, 290-1, 302, 342-3, 371, 382, 404; fragmentação política e hospícios 218, *220*, 248-9, 422; nazista 280, 295-6, 336, 382-4, 420, **39**; e psicanálise 372, 381-3
Alexander, Franz 393
Alexander, Henry 214
Alexandre, o Grande 44, 63
algarismos arábicos 66
alienismo 15, 213, 216, 242, 245-6, 261; aceitação do corpo 328-9; desafios do 235-40, 248-50, 252, 261-3, 271-3, 276, 287, 392 (nota 45); e hospícios 248-52; origem do termo 250 (nota 79); e paralisia geral do louco 246
Alleged Lunatics' Friend Society 274
al-Majusi 58, 95
al-Rhazi *ver* medicina alternativa de Rasis
altares: e curas no cristianismo; na Grécia 27-30
alucinações 14, 24, 28, 30, 55, 77, 106, 111, 127, 281, 293, 340, 381, 410, 439, 445, 456
Alzheimer, Alois 29, 343
Alzheimer, mal de 291
Am Steinhof 287
ambulatorial, tratamento 304
American Journal of Psychiatry 248, 455
American Psychiatric Association; e padronização de diagnósticos 16, 451 (nota 66), 454-5; perda de legitimidade de 461-4; edições de 450-1, 464-6, 467 (nota 92)
amitriptilina 442
Amsterdã 139, 145, 147, 172, **19**
Ana, rainha (Inglaterra) 182, 185

anatomia 39, 41, 45, 105, 169, 186-7, 205, 244, 291, 311, 316
Anatomia da melancolia, A 106-9; *ver também* Burton, Robert
anatomia patológica e medicina 244, 291; e psiquiatria 246
Andreasen, Nancy 455
Anjo em minha mesa, Um 363
Anna O. *ver* Pappenheim, Bertha
anorexia 302, 439
anotações de caso 110, 264
ansiolíticos 459
antibióticos 336, 458
anticonvulsionantes 459
antidepressivos 442-3, 459, 461; e crianças 461; efeitos colaterais 444 (nota 56), 460-1, **44**
antipsicóticos 440-4, 461-4; atípicos 464; efeitos colaterais 461-4; técnicas de *marketing* 463; *ver também* fenotiazinas e Thorazine
antipsiquiatria 348, 361, 404, 429
antissemitismo 283, 349
ansiedade 188, 293, 307, 351, 380-1, 443
Aquiles 28
árabe, medicina *ver* islâmica, medicina
árabes 61-6, 68; influência sobre a Europa ocidental 65-6; tolerância quanto a judeus e a cristãos 63-4, 66-7; *ver também* islã
Areteu 37
Argentina 226, 368, 371
Arieti, Silvano 454
Ariosto, Ludovico 126
Arles 266, **33**
arte degenerada 286
artes visuais e loucura 19, 77, 85-8, 117-8, 122-3, 129--32, 138-9, 143-4, 151-2, 168, 266-8, 286-7, 314-5, 328-9, 363, 398, 400-2, 404-11
artistas em hospícios 265
Asclépio 38, 81
asma 238, 458
Astaire, Fred 408
astrologia *39*, *107*, 110, **15**, **25**
ataxia locomotora 310
Atenas 29, 33, 46-7, 106
atestado de insanidade 264, 271-2
Auden, W. H. 397-8
Austin Riggs Mental Hospital 391
Austrália 224, 301, 368, 439
Áustria 213, 217-8, 336, 349, 369, 371-2, 382

503

autismo 305
automutilação 26, 286
Avicena 58, 68-9, 73-4, 92-4, 104
ayurveda 55, 57-8
Awl, William 233

Baden *220*, 302
Bagdá 64, 66, 68
bailes de lunáticos *234*
Bakewell, Thomas 177-8
Balzac, Honoré de 281
banhos mornos como tratamento 106
baquet (a banheira de Mesmer) 205, 251
barbitúricos 348, 439
barras nas janelas 132, 161, 217, 229, 271, 416 (nota 3)
Barton, Russell 432
Basaglia, Franco; Lei Basaglia 433
bases biológicas da doença mental 237, 287, 291, 340, 343-5, 449, 456, 464
Battie, *Sir* William 157
Battle Creek Sanitarium 302-3, 346, 376, **36**
Baudelaire, Charles 286
Bayle, Antoine 246
Beard, George M. 305, 307, 308 (nota 13), 310 (nota 19)
Beauclerk, Charles de Vere 301
Becket, Tomás 83-4
Beckmann, Max 328, **38**
Bedlam 95-6, 122, 130-2, 140, 170, 191-2, 237-8, 397-8, **1**, **36**; em cena 122, 397, **40**; escândalos no século XIX 215; na ficção 168; fotografia em 264; e Hogarth 151-2; e os loucos criminosos 266; em Moorfields, 143, 159, **22**
Beijing, hospício de 226, *367*, 368 (nota 3)
Belcher, William 162
Belknap, Ivan 429
Bell, Luther 250
benzodiazepinas 443
Berlim 283, 349, 393; clínicas psiquiátricas 290; hospital Charité 176; instituto psicanalítico 381
Bernays, Edward 370
Bernheim, Hippolyte 314, 317
Besta humana, A 282
Bethlem Hospital *ver* Bedlam 95, **264**, 1
Bettelheim, Bruno 395
Bicêtre, Paris 149 (nota 7), 178-9, 230
Bielefeld, hospício de 287
bílis amarela 35, 105
bílis negra 35, 71, 73, 105, 107-8, 132
Binding, Karl 295
Bini, Lucio 352, 354

bipolar, transtorno 18, 305, 459; juvenil 465
Bizâncio 63
Blackmore, *Sir* Richard 182-3, 191-2, 199
Bleuler, Eugen 293, 340, 348 (nota 39), 371-2
Bloomingdale, hospício de 230, 236-7
Bôeres, Guerra dos 326
Boerhaave, Hermann 172, 193-4
Bonaparte, Napoleão 149, 158, 218, 246 (nota 77), 413
Bonde chamado desejo, Um (peça e filme) 400, 401 (nota 68), *402*
Bonhöffer, Karl 333
Boorde, Andrew 104, 109
Booth, William 286, 287 (nota 52)
Bosch, Hieronymus 140, **3**, **20**
Boston 221, 230, 391
Boswell, James 190
Bowlby, John 392
Braid, James 312
Breuer, Josef 318-21, 372, 396
Brigham, Amariah 242, 248, 258 (nota 11)
Bright, Timothie 105, 109
Brill, Henry 425
Brislington House 178, 273
Bristol-Meyers Squibb 458
British Medical Association 373
Britten, Benjamin 398-9
brometos 439
Brontë, Charlotte 165, 166 (nota 28)
Brown, George 432, 435 (nota 46)
Brown, Norman O. 403
Brown, Peter 57
Browne, William Alexander Francis 230, 233-4, 239, 242, 261-3
Bruegel, Pieter (o Velho) 131, *470*
bruxas 99, *100*, 101-4, 108, 113, 186, 199-200; na Europa, caça às 99-101, 99 (nota 1)
Brydall, John 168
Buck v. Bell 294, 295 (nota 65)
Bucknill, John Charles *17*, 263, 305 (nota 9)
Bulwer Lytton *ver* Lytton
Burghölzli, hospital 371-2
Burroughs Wellcome *384*
Burton, Robert 107-9
bustos frenológicos **30**
Byberry State Hospital 421, *422*
Byron, Lord George Gordon 218, 414

Cabanis, Pierre 238
Cade, John 439
cadeira giratória 173, 175

Cairo 64, 73
Califórnia; e esterilização forçada 296; e hospitais de saúde mental 427
Calígula 118
Callot, Jacques *103*
calvinistas 65 (nota 5), 138-9
Cambises II 32-3
camisa de força 162, 171, 231
Campanella, Tommaso 116, 116 (nota 39)
Campion, Jane 363
Canadá 224, 349
cânfora 351
Cânone da medicina, O (Avicena) 68, 93-4
Carpenter, William 244
casa de correção 144, 144 (nota 1), 146
Casa soturna, A [*Bleak House*] 273
casas de loucos 146, *147*, 165, 413; em cena 122-3; loterias para 144-5; reputação das 167; para os ricos 247; surgimento das 140, 143-6, 156-8, 226, 249; temor do falso confinamento em 150, 161-2; tratamentos ríspidos em 170, 213-5; *ver também* negócio da loucura
casas de repouso 433-6
casas de trabalho 220
Catedral da Cantuária 81, 83-4, **12-14**
católica, Igreja 68, 79, 81, 99, 134-8, 155, 197-9; e bruxas 99-101; e exorcismo 115-6
Celso 37
cegueira 84, 197, 203-5; histérica 328, 331-2
Central Islip State Hospital 287, 416 (nota 3), 436
Central State Hospital, Milledgeville 416-7, 416 (nota 3)
cérebro: doenças do 311, *345*; lesões do 306; localização das funções, 241, **30**; e enfermidades mentais 42-3, 105, 109, 185-7, 191, 211-2, 237-8, 244-6, 279, 290-1, 456-7, 468-9; como órgão da mente 239; plasticidade do 469; pesquisas sobre a fisiologia do 244, 290, 468-9
Cerletti, Ugo 352, *353*
Cervantes 127-8
cérvix, como local de infecção 344
Changeling, The 122
Charcot, Jean-Martin 25 (nota 18), 312, 331, 373, **30**; críticas contra 313, 316; e hipnose 312, 314-5, 317; e histeria 311-4, 316-7
Charenton 149, 235-6, 246
Château de Vincennes 149
Chestnut Lodge Mental Hospital 391, 395, 410; falência de 453 (nota 68)

Cheyne, George 182, 185-6, 188-91, 199, 304
Chiarugi, Vincenzo 219
China 45-7, 57-8, 65, 193; e hospícios 226, 367-8, 368 (nota 3)
chinesa, medicina 48-53, 56, 368; e loucura 52 (nota 64)
choque, terapia de 172-6, 193, 347-51, 357-63, 406, 411, 422, 442, 444; *ver também* terapia do coma insulínico; terapia eletroconvulsiva; metrazol
cianeto, como forma de tratamento 348
Cibber, Caius Gabriel 143, *145*
Cid, Sobral 355
ciência cristã 376-7
cientologia 431, 460
civilização: e loucura 187-9, 255, 279-80, 293, 321-3; e neurastenia 306-7; e psicanálise 321-3, 380-1
Clare, John 268
Clark University 374, 376-81
classe social: e enfermidade mental 106, 111, 158-9, 188-9, 192, 199, 206, 211, 255, 257-60, 266-7, 285, 299-300, 312 e psicanálise 368-9, 391
Classificação Internacional de Doenças (CID) 451
Claybury, hospício de *288*
Cleômenes 32-4
cleptomania 278
clorpromazina 423-4, 426, 440, 463; *ver também* antipsicóticos; Thorazine
clozapina 462-3
Cobb, Stanley 353
cognitivo-comportamental, terapia (TCC) 440
colectomias 346
cólera 29, 342
Colijns, David 139, **19**
Collins, Wilkie 208, 299, 312
Colney Hatch Asylum 287, 415, *415*
cólon e enfermidade mental 346-7
Colônia do Cabo 224
comissários da loucura: na Inglaterra 217, 223, 276, 300; na Escócia 261
confinamento indevido, afirmações de 150, 162-5, 265
Conolly, John 233, 239, 271, 272 (nota 37), 276
Conques, abadia de 83, **10**
Constantinopla 57, 61-2, 64, 66-7; cerco de 62-3, 82
constrições mecânicas 228, 272 (nota 31), 276; *ver também* correntes e camisa de força
Contrarreforma 99, 115, 134, 138, **18**
conversa fiada biológica 456
Cooper, John 447
Corão 66, 75-6
Coriat, Isador 381

corrente farádica 309, 334-5
correntes 26-7, 72, 72 (nota 26), 73, 77, 85, *107*, 112,
    131, *131*, 143, 145, 148, 151, 160-2, 163-4,
    168-9, 171, 214-5, 217, 219, 221, 364, **8**; abolição
    de 179, 228, 231, **24**
Cotta, John 112
Cotton, Henry; e Lister 343-7, 417
Coulmier, François Simonet de 236
Cova da serpente, A 360
Cox, Joseph Mason 157, 173, 174 (nota 46), *175*, 176
Craiglockhart, hospital militar de 332, **37**
Credulity, Superstition and Fanaticism: A Medley
    [Credulidade, superstição e fanatismo: uma
    mistura] *195*, 197
crenças populares 30-1, 38, 40, 50, 67, 74-5, 83-4, 86,
    88, 99-100, 187, 197-9, 201, 228, **10, 20**
Crews, Frederick 403
criação de crianças, mudanças na 177; e o dr. Spock
    391-2; e a psicanálise 392
Crichton Royal Asylum 261-2
Crichton-Browne, *Sir* James 252 (nota 86), 265, 373
Crichton-Miller, Hugh 372
crime e degeneração 280
crimes de guerra 336
cristianismo 27, 44, 75, *87*, 101, 137 (nota 66), 194,
    239; e cura 67; disseminação inicial do 74,
    79, 114; evangélico 273; e hospitais 72; e o
    império romano 79; e intolerância 79, 92; pecado
    e doença 93-4; perseguição contra o 79, 82, *87*; e
    visões positivas da loucura 44, 133-4
crônicos, pacientes 252, 261, 264, 305
Cruden, Alexander 161-2
cuidado em comunidade, fracasso do 433-8
cura catártica 319-20
cura pela água 302
curas religiosas para a loucura 26, 38, 40-1, 81-3, 84,
    96, 108-10, 194, 196-7, *198*, 227, 376
custo da institucionalização 418, 427 (nota 23)

Dadd, Richard 266-7, **1, 32**
Daily Telegraph 273, 276, 285
Dalí, Salvador 409
Dalser, Ida 414
Dance comigo [*Carefree*] 408
Daneau, Lambert 103
Dante Alighieri 89, 91
Darwin, Charles 173, 265
Darwin, Erasmus 173
Daumier, Honoré 128, **16**
Davi (rei de Israel) 21, 23, 139

De repente, no último verão 401
debilidades mentais 280
década do cérebro 456
Defoe, Daniel 162
degeneração: e doença mental 277-83, 285-6, 293-4,
    302, 339, 456; e neurose de guerra 330
Dekker, Thomas 123
Delay, Jean 441
delinquência 280
delinquência juvenil e psicanálise 392
delírios 42
demência 239, 246, 278, 293, 340, 449, 459
dementia praecox 291-3, 340, 343; *ver também*
    esquizofrenia
demônios 66-7, 74-5, 80, 85, 100-2, 115-6,
    197-8, 201, **11**
demônios e loucura 26, 31, 50, 80, 101, 109, **18**;
    ponto de vista chinês 52; *ver* demônios
Deniker, Pierre 441
depressão 18, 43, 107, 182 (nota 1), 211, 269, 302,
    307, 361-2, 364, 400, 406, 439, 444, 447, 456,
    456 (nota 74), 458, 461-2, 463 (nota 88), 467;
    ver também melancolia
Der Krieg 328, *329*
Descartes, René 167
desinstitucionalização 423, 427, 434, *435*;
    e medicamentos 423-6, 439
Deutsch, Albert 421
Deutscher Verein für Psychiatrie (Sociedade Alemã
    de Psiquiatria) 249
diabo *ver* satã
*Diagnostic and Statistical Manual of the American
    Psychiatric Association* (DSM); 16, 451
    (nota 66), 455-6; desprezo psicanalítico pelo
    449-51, 451 (nota 66); edições do 450-2, 464-6,
    467 (nota 92); expansão do 452, 464; força-
    tarefa do 451-2; importância profissional do
    450; e a indústria farmacêutica 451, 464, 466;
    e pagamentos de planos de saúde 452; perda
    de legitimidade do 465-7; relações com
    tratamentos medicamentosos 451-2
diagnóstico: confiabilidade do 449-51, 464;
    desvirtuamento [*diagnostic creep*] 304;
    importância crescente do 447-50; incertezas
    do 272, 289, 292-3, 341, 447-8, 465-6;
    insegurança do 289; retrospectivo 18;
    rotinização do 451-2; transnacional 447, 447
    (nota 60); *ver também* nosologia
Diamond, Hugh W. 280
Dickens, Charles 208, 271, 273, 402

Índice remissivo

dieta e enfermidade mental 106, 108
Dinamarca 422
discinesia tardia 460, 463
dissecação 41, *45*; de cérebros 237, 241, 244, 291
Distress'd Orphan, The, or Love in a Mad-House
    [A órfã em apuros, ou Amor numa casa
    de loucos] 164
Dix, Dorothea 221-3, *222*, 230, 233, 251
Dix, Otto 267, 328-9
doença, como castigo divino 91, 200; e o mercado
    da medicina 93
doença inglesa 182, 188, 199, 304
Doente imaginário, O 182-3
dolhuis ver casas de loucos
Dom Quixote 127-8, **16**
Donizetti, Gaetano 166-7
Donkin, Horatio 317
dopamina 456
doshas 57-8
Dostoiévski, Fiódor 302
Dryden, John 106
Dublin 184
Dulle Griet [Mulher louca] 131, *470*
Dunham, H. Warren 429
Dunquerque 385
Dürer, Albrecht 106, 132, **25**

Earle, Pliny 258
Eder, David 373
edipianos, conflitos 322
Édipo 27, 30, 118, 402
Egito; pragas do 22
ego, psicologia do 380
Eitingon, Max 372
eletrochoque *ver* terapia eletroconvulsiva
eletroterapia 303, 308, 368; para neurose de guerra
    334-5, *335*
Eli Lilly 458
Eliot, T. S. 84 (nota 60)
Elogio da loucura 133-4, 137 (nota 69)
enemas 303
enfermidade mental: aumento da 251, 255-6, 304,
    465; diagnóstico da 16, 446-50; como doença
    da civilização 186-8, 259-60, 277; etiologia da
    16, 186, 446, 450, 456; fenomenologia da 455;
    como mito 14, 114, 431, 449; visões categoriais
    da 452, 466; visões dimensionais da 450, 452, 466
ensaios clínicos 447, 448 (nota 63), 457, 461, 462
Entartung [Degeneração] 280

entusiasmo religioso 199-200; e loucura 194, *195*,
    196, 398
epilepsia 34, 37-8, 50, 71, 203, 280, 286, 351
Equanil 443
erisipela 336
Eros 399, 403 (nota 77)
escarificação 106
esclerose 310-1, 379
Escócia 223 (nota 24), 242, 261, 263
escravidão 222
escultura e loucura 130
Espanha 31, 63-5, 73, 86, 116 (nota 39), 117, 226, 422;
    expulsão dos mouros e judeus 64, 65 (nota 5),
    92; e os Países Baixos 139, 65 (nota 5);
    primeiros hospícios *73*, 96
Espectros 285
espíritos malignos 23, 26, 49, 200
espirituais, curas 67, 74, 108, 110, 115
Esquirol, Jean-Étienne Dominique 214, 216, 232,
    242, 246, 250 (nota 79), 252, 255-7
esquizofrenia 18, 293, 340-51, 364, 371, 394, 400,
    424, 426, 446-7, 447 (nota 60), 458, 467;
    e antipsicóticos de segunda geração 462-3; e a
    cura falada 391; como forma de super-sanidade
    403, 432; tratada com a cura pela fala 391;
    ver também dementia praecox
Estados Unidos 82 (nota 53), 207, 265, 291, 294,
    305, 343, 346, 420, 423; como atoleiro médico
    308; e desinstitucionalização 418, 423, 425, 427,
    434, 436; e a frenologia 242; e hospícios 213,
    220-3, 227, 236-7, 248, 274, 287, 417-21, 427-8;
    e leis de internação 287; e lobotomia
    357-8, 360-1; e lucros de empresas farmacêuticas
    457-9, 457 (nota 77), 459 (nota 78); e
    a psicanálise 371, 374-5, 379, 381-2, 384, 390-2,
    453; e *sanitariums* 302-3; e a Segunda Guerra
    Mundial 387; e veteranos de guerra 370
estatísticas e insanidade 264, 448 (nota 63)
esterilização forçada 294
estigma 14, 16, 146, 156, 232, 247, 293-4, 299,
    302, 339, 396, 418
Estranho no ninho, Um (romance e filme) 363,
    365, 411
estresse pós-traumático, transtorno de (TEPT) 384
estricnina, como cura 348, 351
Estudos sobre a histeria 318, 320, 372, 396
estupro 284, 328, 400-1, **38**; de pacientes 215, 364
etiologia: da paralisia geral do louco 246, 337;
    da enfermidade mental 170, 186, 255, 259,

507

290-1, 310, 318, 343-4, 457, 466; origens bacterianas 343-5, 362, 458; médica ou religiosa 91-7, 99-115, 122-4; como mistério 16, 468; origens virais 304

eugenia 294-5, 296 (nota 66)

Eurípides 28-9, 118

exorcismo 53, 67, 74-5, 79, *88*, 101, *103*, 104, 113-6, 138, 197, 199-201, 414, **11**; críticas ao 138

expectativa de vida 78; e as enfermidades mentais 16, 464 (nota 90)

extermínio de pacientes de saúde mental 294-6, 420, 422

Ezequiel 24, 25 (nota 18)

Faces in the Water [Rostos na água] 363

faculdades de medicina e a psiquiatria 287

fadiga de combate 384-6

Falret, Jules 277

família: na China 368 (nota 3); críticas da 231-2; e o cuidado dos enfermos mentais 85, 96, 140, 144, 148-9, 156, 158, 217, 220, 223-4, 227, 271, 299-303, 434; e explicações biológicas para a enfermidade mental 456; no Japão 227, 418, 418 (nota 6); e o negócio da loucura 156-8, 381; como origem da patologia 302, 322, 393-4, 400, 411, 431

Fanon, Frantz 225-6

fantasmas 50, 101-2

Farmer, Frances 364

febre 336-40; terapia de 348; *ver também* malarioterapia

fenotiazinas 440; venda das 339; efeitos colaterais 460-1; *ver também* antipsicóticos *e* Thorazine

Ferranese, Luigi 242

Ferriar, John 177-8, 228 (nota 37)

Ferrier, David 289

ferro, usado em tratamentos 76, 203, 205, *205*

ficção e loucura 128, 163-7, 271, 278-85, 349, 361-5

Filadélfia 230, 236, 248, 258, 421-2

filmes e loucura 19, 349, 360-5, 370, 380, 397, *402*, 404-11; *ver também* Hollywood

fingimento 114, 185, 211, 309, 312, 330-1, 333, 385, 308 (nota 17); e a resposta nazista 385 (nota 24); *ver também* loucura fingida

fisionomia e enfermidades mentais *17*, *260*, 264-5, 277, 279-80

Fletcher, John 123

Florença: hospital de 219, **28**; catedral de 130 (nota 57); e as origens da ópera de 152

Flourens, Jean Pierre 244

Food and Drug Administration (FDA) 442, 462

Forman, Miloš 363

Forster, John 276

fotografia e enfermidades mentais *248*, 264-5, *267*, 279-80, 314, 319, *319*

fototerapia 303

Foucault, Michel 132, 147, 233

Fowler, Lorenzo N. *243*, 245

Fox, Edward Long 178, 273

Frame, Janet 363

França 64, 81, 85-6, 117, 145, 147, 149, 176, 199, 207, 213-4, 242, 258, 276, 302, 419, 422, 438, 441; construção de hospícios 216-7; hospícios clericais na 235-6; e hospícios coloniais 225; e a noção de decadência nacional 280; e a psicanálise 371-3, 453; *ver também* Revolução Francesa

Frances 363, 411

Frances, Allen 466

Frank, Johann Peter 159

Frankford, Retiro de 230, 236-7

Franklin, Benjamin 202, 207

Frau Cäcilie M. 410

Freeman, Walter 355-60, 364

frenesi 15, 29, 43, 71, 78, 83, 122, 153, 262

frenologia 240-5, 264, **30**; perda da credibilidade 245-6

Freud, Anna 410

Freud, Sigmund 27, 318, *318*, 321, 346 (nota 34), 395-6, 401, 403, 444, 446, 454, 469; e Bernheim 317; e Bleuler 371-2; o divã de **41**; e os Estados Unidos 374-7, 374 (nota 9), 375 (nota 11), *376*, 378-80; exílio 336 (nota 17), 381-3; como "Fraude" 373; e a hipnose 317-21; e a histeria 317-20; e Hollywood 405 (nota 78), 405-8, 410, 410 (nota 85); influência crescente de 368, 400; e Jung 370, 377-8, *377*; e a literatura 402; morte de 382-3; Museu de **41**; como neurologista 316-7; em Paris 310, 316; e a psicanálise 318, 320-2; como rancoroso 383 (nota 23); e a religião 380; e o trauma sexual 321; e Viena 379 (nota 18); e Wagner-Jauregg 336; e William James 376-7, *376*

Fromm-Reichmann, Frieda 411, 454

Fulton, John 358

funcionários dos hospícios 263, 273-4

Gabinete do dr. Caligari, O 404, *405*

Galeno 35, 37, 41, 45-7, 63, 68-70, 70 (nota 16), 73, 104, 106 (nota 14), 108 (nota 20), 170, 185;

Índice remissivo

disseca um porco 45; reinserção de sua obra na Europa ocidental 92, 95-6
galênica, medicina *ver* hipocrática, medicina
Galileu 110, 116 (nota 39), 187, 396
Gall, Franz Joseph 240-2, **30**, **31**
gás venenoso 325-6
Gassner, Johann Joseph 197-202
Gay, Peter 372 (nota 5), 375 (nota 12), 395
Geel 84-5
gênero: e loucura 36-7, 111; segregação por *234*
genética e transtornos mentais 16, 465
Gente como a gente 410-1
Gifford, George 101, 101 (nota 2)
Gilman, Charlotte Perkins 308 (nota 15)
Giotto di Bondone 85
Girard de Cailleux, Henri 256
Glanvill, Joseph 102
Glover, Mary 112-4
Glyndebourne 397, **40**
Goffman, Erving 429-33; *Manicômios, prisões e conventos*, de 430
Goldwyn, Samuel 405-6
Goodall, Edwin 346
Goodell, William 305
góticos, romances 163-6, 271-3
Goya, Francisco **29**
Grafton State Hospital **42**
Granada; hospital de 73, *73*
grande confinamento 147, 179, 213, 223, 228, 272
Grande Depressão 304, 427, **36**
Graves, Thomas Chivers 345-8
Gray, John 240
Greenberg, Joanne 410
Greenblatt, Milton 428
Green, Robert 127
Greenson, Ralph 407, 410
grega, medicina *ver* hipocrática, medicina *e* dos templos, medicina
gregos e a loucura, os 23 (nota 9), 27-36, 43-4
Griesinger, Wilhelm 290
Grotjahn, Martin 407
Grub Street 151, 163
Guerra Civil Americana 306, 308 (nota 17), 326, 370
Guerra Civil Inglesa *ver* Revolução Inglesa
guerra e enfermidade mental 384-8; *ver também* fadiga de combate *e* neurose de guerra
Guilherme III 182
Guillotin, Joseph 207
Guislain, Joseph 172 (nota 44)

Haarlem 145
Hacker, Frederick 407
Hadamar 295
Hádice 76
Hallaran, William Saunders 175, 176 (nota 49)
Hamlet 119, 123-6, 154 (nota 14), 211 (nota 1), 272, 402
Hammond, William Alexander 306
Händel 153-5
Hanwell County Lunatic Asylum 287
Hard Cash [Dinheiro vivo] 271, 272 (nota 31)
Hardy, Thomas 283-4
Harlem Valley State Hospital 350
Harsnett, Samuel 115-6
Hartford, Retiro 230
Hartmann, Heinz 380
Harvard, Universidade de 280, 348, 353, 357, 376-7, 461
Haskell, Ebenezer 265-6
Haslam, John 196 (nota 30), 237, 449
Hauptmann, Gerhart 282
Havaí 436
Haydn, Joseph 202
Haywood, Eliza 164-5
Heartz, Daniel 155
hebefrênica, esquizofrenia 293, 446; *ver também* esquizofrenia
Heitor (*Ilíada*) 28
Helleborus 74
Hemingway, Ernest 361
Henrique VIII 84, 88, 133, 144 (nota 1)
Héracles 29, **4**
herbais, remédios 58, 74, 192, 224, **26**, **27**
Hércules *ver* Héracles
Hercules Furens 119 (nota 43)
Herodes 88-9
Heródoto 32-4
hidrato de cloral 439
hidroterapia 303
Hill, Charles 289
Hill, Robert Gardiner 250 (nota 80), 276
hiperatividade (TDAH) 52 (nota 64), 465
hipnose 267, 312, **34**; e Charcot 312, 313, 314, 317; como charlatanismo 317; e Freud 317, 321; em tempos de guerra 332
Hipócrates 34, 36, 40 (nota 46), 41 (nota 47), 42, 69, 170, 185, 193
hipocrática, medicina 34-42, 50, 63, 69, 83, **6**; reintrodução na Europa ocidental 83, 93, 96; *ver também* medicina humoral

509

hipocondria 105, 182, 184-6, 190; no sentido moderno 369
histeria 15, 36, 43, 71, 113-4, 182, 185-6, 197, 280-1, 305-6, 308 (nota 17), 400; como doença somática 186, 305-6, 310-1, 316-20; feminina 36, 113-4, 306, 312; masculina 182, 306, 312; e a psicanálise 316-20
Hitchcock, Alfred 408
Hoche, Alfred 295
Hockney, David 397-8
Hogarth, William 151-3, 183, 195-7, 397-8
Holbein, Hans (o Jovem) 133, *136*
Hollywood, 359, 363-5, 397, 404, 460; e Freud 380, 404, 405 (nota 78), 406, 406 (nota 80), 407, 410 (nota 85); *ver também* filmes e loucura
Holmes Jr., Oliver Wendell 294
Homero 28-9
homofobia 398-9
homossexualidade 398-401; considerada doença 401
Hooke, Robert 143
hospícios: adoção no século XIX 213-23; arquitetura dos 158-61, 250-1; atrativos dos 251-2; como berço da psiquiatria 248-52; como campos de extermínio 421; e a civilização 223, 226; como creches da loucura 263, 305 (nota 9), 428-32; crescimento dos 250-2, 265-6, 287, *288*, 289-90; decadência dos 416-8, **42**; desenvolvimento do controle médico dos 245; destino dos 423-6; como estabelecimentos curativos 250-1; como estabelecimentos para a quarentena de loucos 278-80; evitamento dos 299-300; expectativas utópicas para os 223, 230-3, 261; internações em 264; pessimismo sobre 261-3; reputação em declínio dos 252, 261; no século XVII 143-4; no século XVIII 158-61, 271; superpopulação dos hospitais 263, na Europa medieval e no começo do período moderno 95-6
hospitais de saúde mental: censo dos 417-8, 421-4, 426, 429, 432; críticas do final do século XX aos 426-31, 446
Hughes, Ted 362
Hume, David 100, 190
humoral, medicina 35-7, 41, 43, 50-1, 71, 96, 185-6, **6**; e a loucura 41 (nota 47), 103, 105-6, 140, 170, 194, 291
Hunayn ibn Ishaq 69, 95
Huston, John 410

Huys, Pieter 140
Hyman, Steven 459 (nota 79), 461, 467

I Never Promised You a Rose Garden 410
Ibn Sina *ver* Avicena
Ibsen, Henrik 285; *Espectros* 285
idiotia 278, 282
Idomeneo (Mozart) 153 (nota 12), 154, 155 (nota 15)
idosos, liberados de hospitais de saúde mental 425, 428
Illenau, hospício de 218, *220*
Illinois, e hospitais de saúde mental 274
iluminismo 99, 177, 199, 395
imipramina 444
imperialismo ocidental 71; e hospícios 223-8, 367, *367*
império romano 27, 35, 46-7, 57-8, 61; e o cristianismo 27, 74, 78-9, 82; e hospitais 72; e loucura 40-5, 140; e médicos gregos 45; queda do 57, 61-2, 79, 93; teatro 117-8
império romano (do Oriente) ver Bizâncio
imprensa, e cultura 99, 140; e a cultura médica 93-5
incesto 84, 90, 118, 275, 281, 285, 400, 402
inconsciente freudiano 321-2, 371-2, 379, 399
Índia 45, 59, 63, 76, 225, 301, 367
indústria farmacêutica 424, 443, 444 (nota 56), 448, 452, 457; lucros da 457-9, 457 (nota 77), 461, 463; e ocultação de provas 459, 461, 463
infecção e doença mental *ver* sepse focal
Inferno 89, 421; *ver também* Dante Alighieri
Inglaterra 81, 84, *100*, 115, 117, 119, 123, 133, 144, 150, 169 (nota 35), 172-3, 176, 189, 194, 213, 214 (nota 8), 217, 221, 224, 228, 237-8, 242, 247, 263, 300-1, 345-6,357, 371, 373, 373 (nota 6), 374 (notas 9 e 10), 385, 388, 393, 417, 426, 434, 4378, 453-4; hospícios do século XIX 217-8
inibidores da monoamina oxidase 444, 444 (nota 56)
inibidores seletivos de recaptura de serotonina (ISRSs) 444 (nota 56), 461-2
inquisições da loucura 273
insanidade: como morte social 268-9; tipos de **13**; *ver também* loucura *e* enfermidade mental
Insel, Thomas 467
institucionalismo 432
Institute of Psychiatry (Londres) 374, 374 (nota 10), 432
insulina 349; coma insulínico 349 (nota 44), 350, 350 (nota 46), 351, 353, 360-4, 368; perda de legitimidade como tratamento 350, 359
internações: atestados de 413; aumento em 304;

Índice remissivo

banimento das 433; sífilis terciária 18, *248*, *337*; em tempos de guerra 387
introspecção mórbida 374
iproniazida 444
Irã *ver* Pérsia
Ishaq ibn Imran 71
Islã 57, 63, 65; na Índia 58; influência no Ocidente 65-6, 68; e a loucura 66-7, 71-2, 72 (nota 26), *73*, 74-5, 95
islâmica, medicina 37, 63-6, 68-70; e os hospitais 72, *73*, 95-6; e os lunáticos 96
Itália: e o declínio dos hospícios 433-4; fragmentação política e hospícios 218-9; e o nascimento da ópera 152
italiana, psiquiatria 250

Jackson, Elizabeth 112-4
James, Billiam **44**
James, William 280, 376-8
Jane Eyre 165
Janet, Pierre 373
Japão 386, 398; e o confinamento residencial *227*, 418 (nota 6); e hospícios 227, 417-8
Javé 21-2, 25, **5**
Jeremias 24-5
Jesus 76, 89; e a expulsão de demônios 26, 75, 101, 110, 139, **11**
Jesus Cristo dos Santos dos Últimos Dias, Igreja de 376
jinn 66-7, 76-7
Johnson, Samuel 163 (nota 25)
Jones, Ernest; como biógrafo de Freud 373, 375, 381 (nota 20), 382, 396, 403, 405 (nota 78)
Jorden, Edward 113
Jorge III, a loucura de 171, 172 (nota 43), 212
Josefo 23, 23 (nota 9)
Joseph, *Sir* Keith 423
Journal of Mental Science 263, 278, 346 (nota 34)
Joyce, James 400
Judeus: e os nazistas 206, a perseguição de 382-3, 392; e a psicanálise 318, 370, 380
Jung, Carl Gustav 370, 372, 374-9

Kanner, Leo 394, 395 (nota 52)
Kaufmann, a cura de 334
Kaufmann, Fritz 334, 353 (nota 55), 385 (nota 24)
Keen, W. W. 306
Kellogg, John Harvey 303-4, 346
Kellogg, William 303-4
Kerr, John C. 226
Kesey, Ken 363

Kings Park State Hospital 416 (nota 3)
Klein, Melanie 454
Koch, Robert 337 (nota 19), 341 (nota 26), 342
Kraepelin, Emil 291-3, 323, 340, 343-44, 372, 446; e a psicanálise 372, 446
Krafft-Ebing, Richard von 321
Kramer, Peter 444
Kubie, Lawrence 401, 407
Kyd, Thomas 118-9

laboratórios e medicina 341; e a psiquiatria 344, 346
Laborit, Henri 441
Lacan, Jacques 453-4
Laing, R. D. 44, 361, 403, 429, 431-2
Lancet 332 (nota 11), 335 (nota 15), 351 (nota 48), 435 (nota 45), 456 (nota 74), 462 (nota 87), 463
Lange, Jessica 364
Largactil *ver* Thorazine
Laurentius, Andrea 105
Lavoisier, Antoine 207
Lawrence, D. H. 400
Lawrence, *Sir* William 238, 359
Leçons du Mardi 310, 312, 316
legitimidade da psiquiatria, ameaças à 276, 464-5
Leiden 145, 157, 193
Leigh, Vivien 402, 406 (nota 80)
leis sobre internação 274
lepra 78, 84, 91, **9**
lettres de cachet 148; abolição da 149 (nota 7)
leucotomia *ver* lobotomia
Lewis, *Sir* Aubrey 374 (nota 10), 425
Librium 443
Lichterfelde, hospital de (Berlim) 349
Liebestod (morte de amor) 399
Life 421
Lima, Pedro Almeida 355
Lister, Joseph 342, 346
lítio 439
livro associação 321
lobotomia 348, 354-61, 363-4, *365*, 368, 400-1, 423, 443; efeitos colaterais 354-5; perda de legitimidade 360; precisão 355, 357-8; resistência dos pacientes à *359*; transorbital 356, *356*, 357-8, 358 (notas 64 e 65)
Locke, John 177
Londres 84, 95, 112-3, 122, 127, 143, 151, 153, 169, 244, 301, 374, 382, 392, 398, 404, 415-6, 432; e as casas de loucos *157*, 158-9, 162, 215, 223, 299, **22**; e os hospícios 287, 335, 338 (nota 20), 345-6, 381; e a medicina 183; e o teatro 126-7

511

Lord, Charles 422
Los Angeles, cadeia do condado de 438
louco sagrado 44, 133-9, 137 (nota 66)
loucura: e assassinato 56, 147, 164, 281-5; como castigo divino 21-6, 34, 86, 89, 104, 124, 152, **3**; e castigos corporais 169-70; e o corpo 96, 109, 239, 279, 331 (nota 10), 340, 343; e dependência 143, 145; explicações naturalísticas da 15, 34-5, 41, 43, 67, 113, 115, 140, 195-6, 211, 314; como forma alternativa de percepção 44; como incurável 278, 341-2; e infecção 340; e literatura 19, 77; como manifestação animalesca 26, 77, 90, 165-6, 169, 173, 262, 279, 282, 301, **2**; e mudança social 255-60; mudanças de rótulos para a 420, 65, 467; e pecado 90, 90 (nota 70), *152*, 152, 188, 195, 278; perda da respeitabilidade como termo 237; e possessão demoníaca 40, 50, 52, 96, 100-2, *103*, 104, 109, 113-4, 116, 138, 196, **18**; e religião 26-30, 38, 40, 43, *87-8*, 96-7, 101-3, 108-11, 194-7, 376-7; e sífilis 285-6, *337*, 337-40; e significado 322, 370, 411, 440, 455, 471; e o sobrenatural 34, 38, 40, 43, 49, 67, 100, 103, 111, 113, 116, 140; e violência 89-90, 166-7, 227, 281-3, 304
loucura fingida 115, 116 (nota 39), 154 (nota 14); *ver também* fingimento
Lucia di Lammermoor 155 (nota 17), 166-7, *167*
Luís XVI 150
Lytton, *Lady* Rosina Bulwer 274-6
Lytton, *Sir* Edward Bulwer 274-6

Macbeth 124, 154 (nota 14), 155 (nota 17)
MacDonald, Michael 110-1, 114 (nota 35)
Mackenzie, Henry 167, 168 (nota 31)
McCormick, Edith Rockefeller 377-9
McLean, hospício 230, 391
maconha 439
mãe asmagênica 394
"mãe", como figura tóxica 393-4
mãe-geladeira 395, 411
Magendie, François 244
mágica 80, 111, 124, 195
magnetismo animal 201-2, 205; descrédito do 203; *ver também* mesmerismo
Maisel, Alfred 421
Majnun; *majnun*: como personagem literária 77, **8**; como termo para designar a loucura 76-7
malarioterapia 339, 342, 360 (nota 72)
Man of Feeling, The 167, 168 (nota 31)
Mandeville, Bernard de 191

mania 15, 34, 43, 71, 108, 118, 130, 143, 154, 213, 228, 238, 244; e lítio 439
maníaco-depressiva, psicose 292-3, 340-1, 343, 446-7
Mankiewicz, Joseph 406 (nota 80), 408
Mansuri, hospital de (Cairo) 73
Maomé 63, 76
Mapother, Edward 374
Marcus, Steven 402, 403 (nota 72)
Marcuse, Herbert 403
Maria Teresa (imperatriz) 200, 203-4
Marmor, Judd 407
Marston, John 124
mártires 79, 81-4
Maryland 395
Mason, Joseph 156-7
Massachusetts 221, 258, 343, 374, 419, 427-8
materialismo 238, 241-2, 244
Maudsley, Henry 278, 293, 294 (nota 62), 341 (nota 26)
Maupassant, Guy de 286, 314
Mayer, Louis B.; Margaret 407
Medeia; *Medeia* 29, 30, 118, 155 (nota 17)
Medicaid e Medicare 428
Medico-Psychological Association 247, 346
médicos de loucos 15, 74, 162, 165, *195*, 196, 272, 449; abandono do termo 237, 340
medo, durante o tratamento 169-70, 171-3, 176-7
Meduna, Ladislas 351
melancolia 34, 38, 43, 71, 123 (nota 47), 132, 186, 213, *260*; como doença da moda 104, 106; e intelecto 106; no Renascimento 104, 106
Mellon, Mary 378-9
memória: criação da 373; perda da 330; e loucura 319-20, 332
Mendel, Werner 432
meningite, indução deliberada de 348
Menninger Clinic 388, *389*, 391, 453 (nota 68)
Menninger, Karl 407-8, 410
Menninger, William 388, *389*, 390
mente: e corpo 91, 109, 238-40, 358; e alma 239, 242
meprobamato 443
Mercier, Charles 330, 331 (nota 9), 373, 374 (nota 9)
mercúrio 193, 338
Mesmer, Franz Anton 201-4, *204*, 205-8, 251
mesmerismo 202-3, 206-8; investigações sobre o 206-8; ridicularização do 202-4; utilização clínica 206-8; *ver também* magnetismo animal
magnetismo animal 201-3; descrédito do 207
metodismo 194-5, *195*, 196, 199
metrazol 351-3, 368

Índice remissivo

Meyer, Adolf 343, 347, 356, 390 (nota 42)
Meynert, Theodore 317
microscopia e enfermidades mentais 279, 290
Middleton, Thomas 122
milagrosas, curas 38, 74, 76, 79-83, 85-6, 115-6, 199, **9, 10**; crítica de Erasmo de Roterdã das 134
Miles, *Sir* Jonathan 158
Milledgeville State Asylum *ver* Central State Hospital
Milligan, Spike 386
Miltown 443
misticismo e loucura 44
Mitchell, Silas Weir 261, 289 (nota 56), 306-9, 369 (nota 4)
mitos: gregos 40; e a loucura 30, 130
Moisés 22
Molière (Jean-Baptiste Poquelin) 170 (nota 38), 182-4
monastérios 78, 92-3, 95, 218-9
Moniz, Egas 354, 355 (nota 59), 358 (nota 64)
monomania 244, 278, 292
Monro, Thomas 162
Monroe, Marilyn 406, 410
Montpellier 93, 105, 147-8
Moore, J. W. 291, 337 (nota 19)
Moorfields 143, 158-60
Morus, Thomas 133-5
Morehouse, G. R. 306
Morel, Bénédict-Augustin 277, 281-2
Morison, *Sir* Alexander 259 (nota 13), 260, 266
mortalidade e enfermidade mental 419-20; *ver também* expectativa de vida
Morte em Veneza 398
Moscou 220
Mott, *Sir* Frederick 338 (nota 20), 346
Moynihan, *Sir* Berkeley 346
Mozart, Wolfgang Amadeus 153 (nota 12), 154-5
Mulher de branco, A 299
Mulher que não sabia amar, A 401, 408
mulheres e loucura 36, *39*, 74, 111, *161*, 183, 196, 219, 274-6, 308 (nota 17), 313-4, 362, 414, **43**
Munthe, Axel 314, 316
museus da loucura 252, 287, 347, 416
música e loucura; *ver também* ópera e loucura
mutismo 331, 334-5

Nabucodonosor 21, 25-6, 86, **2**
Nacht, Die 328, **38**
Napier, Richard 110-2, **15**
Napoleão *ver* Bonaparte, Napoleão
Nápoles 93; e a sífilis 181
narcisismo 369, 406, 466

Nash, John 351
National Institute for Health and Care Excellence (NICE) 462
National Institute of Mental Health (NIHM) 430, 456, 467
Nau dos loucos: Bosch; Brant 132, **3**
nazistas: e as artes 285-6, **39**; e a degeneração 281, 294; e o extermínio de judeus 383; e o extermínio de pacientes de saúde mental 383; e a psicanálise 381-2, 336 (nota 17), **41**
Nebraska 436
negócio da loucura 151, 156-7, 196, 247, 272; reputação do 162-3, 168, 248-9, 271-4
Nero 79, 118
nervos: e enfermidades mentais 170, 183-94, 211-2, 238, 244-5, 255, 259, 267, 279, 281, 290, 302-7, 308 (nota 17), 309-10, 310 (nota 19), 311-3, 316-7, 321, 330-1, 334, 338, 348, 369 (nota 4), 373, 376, 439, **34**; na guerra 335, *348*, 384; a natureza do sistema nervoso 194; o tratamento de Mesmer para os 202-8
neurastenia 305-10, 312
neurociência 465, 468-9
neurocirurgia 357-8
neurologia 169, 261, 289, 305-7, 309-11, 316-8, 331 (nota 10), 332-4, 337, 349, 355, 357; e a psicanálise 377
neuropatologia 321
neuropsiquiatria 331 (nota 10)
neurose 400, 451 (nota 66); institucional 432; e os militares 385
neurose de guerra 330-6, *335*, 385, 387, 410; destino das vítimas no pós-guerra 370; como histeria 331-2; primeiras teorias sobre 331; e psicanálise 370; sintomas iniciais de 331-2
neuroses 312, 316, 353, 381, 388, 406, 451, 451 (nota 66)
neurotransmissores e enfermidade mental 16
New Yorker, The 395-6
Newnham, William 239
Newton, Isaac 110, 187, 194, 201
Nicholson, Jack 364-5
Nietzsche, Friedrich 286
Nigéria 224
ninfomania 278
Nixon, Richard 428
Nizami 77 (nota 39), **8**
Noguchi, Hideyo 291, 337 (nota 19)
Nonne, Max 332
Nordau, Max 280, 285
nosologia 291-2, 449

Nova York 230, 236, 287, 350; hospitais de saúde mental 358, 427
Nova York, Asilo de Lunáticos do estado de (em Utica) 248
Nova Zelândia 224, 368
nudez e loucura 27, 77, 90, *129*, 130, *131*, 133, 151, 214-5, 221, **18**
Nutton, Vivian 45

objetores de consciência, e hospitais de saúde mental 420-1, 421 (nota 11)
Odisseu 28
Ofélia 124-5, 154 (nota 14), **17**
"On Being Sane in Insane Places" 447 (nota 61), 448
ópera e loucura 152-5, 153 (nota 12), 154 (nota 14), 155 (nota 17), 166, *167*, 397-9, 399 (nota 63), **40**
ópio 58, 73, 192, 439
Ordeal of Gilbert Pinfold, The 439
Oregon 436
Orlando (Händel) 153
Orlando furioso 126-7, 129, 153-5
Orlansky, Harold 421
Osler, *Sir* William 69 (nota 12)
Otomanos 62, 67-8
Owen, Wilfred 327-9, 332, **37**
Oxford, Universidade de 110, 169, 273

Paget, *Sir* James 223
paixões e loucura 91, 105-6, 108, 113, 118, 124, 153, 168, 173, 186, 188, 239, 257, 279, 281-2, 399
Pappenheim, Bertha 318, *319*
Paracelso 110 (nota 27)
Paradis, Maria Theresia 203-4, 208
parentectomia 395
Pargeter, William 162, 163 (nota 24), 196 (nota 30), 212 (nota 4)
Paris 93, 95, 116 (nota 39), 134, 146, 148-50, 159, 178, 214, 241, 286, 441; casas de loucos 149 (nota 8), 235-6, 299; e Charcot 310-6, 331; e a frenologia 241-2; e histeria 310-1, *312*; medicina hospitalar 146, 159, 246, 291; a e medicina medieval 93; e o mesmerismo 205-8, 213-4; e a psicanálise 453; e o tratamento moral 230
Parkinson, mal de 311, 460
Pascal, Blaise 169
Pasteur, Louis 341-2, 359
pacientes: assassinato de, na Alemanha nazista 294, *295*, 296, 419-20; descuido com os 291; desprezo psiquiátrico pelos 293-4, 456; desumanização dos 455-6; a fome dos, na França e na Inglaterra 419; internação *265*; maus-tratos aos 265-6, *265*; dos nervos 306; e psicanálise 380-1, 388, 391, 445, 455 (nota 72); resistência dos 264-6, 273-6, 330, *359*; visões sobre os hospícios 265-70; vulnerabilidade dos 330
Países Baixos/Holanda 65, 65 (nota 5), 86, 139, 144, 146, 176, 300
Papa: Alexandre II 92; como anticristão 101; Gregório I 81; Paulo IV 134; Pio VI 200; Urbano II 92
paralisia cerebral 316
paralisia geral do louco 246, *247*, 246 (nota 77), 286 (nota 51), 337, *337*, 338 (nota 20), 339; origens sifilíticas 286 (nota 51), 291, 337, 337 (nota 19); proporção com relação às internações 247, 337
Paton, Stewart 346
Pátroclo 28
Patton, Robert E. 425
peças de milagres 86-7, 88 (nota 64)
pedras nos rins ou na vesícula 343, remoção cirúrgica de 140, **20**
penicilina 339, 424, 457
pequeno ajudante da mamãe *442*, 443
Perceval, John 273, 274 (nota 34)
peregrinos 66, 81-5, 95, 132
Pérsia 32, 61, 63, 68, 76, **7**, **8**
perturbações de afeto 105-6, 109, 456
pessimismo: de Freud 380, 384; terapêutico 261-3, 291, 293, 341
Peste Negra 78
Peter Grimes 398-9
Pierce, Bedford 289
Pilgrim, The [O peregrino] 123
Pilgrim State Hospital 287, 416, 436
Pinel, Philippe 178-9, 214, 230-2, 234-5, 237, 250 (nota 79), 255-7, **24**
Platão 44, 57, 63, 137-8, **3**
Plath, Sylvia 362
Platter, Felix 109
Plauto 117
poesia e enfermidades mentais 268-70, 286, 327
Pontigny, abadia de 81
Pope, Alexander 163 (nota 25), 184, 196
Popper, Karl 404
porco geraseno 26
pornografia vitoriana 402
Portugal 99 (nota 1), 354
possessão 74-7, 80, 100, *103*, 104, 109, 113, 127, 138-9, 197, *198*, 201

Índice remissivo

povos "primitivos" como livros de loucura 188, 255, 258
Powell, Enoch 426
Primeira Guerra Mundial 353 (nota 55), 370-2, 374, 379, 385-6, 388, 404, 419
Princípios de medicina interna do Imperador Amarelo 53
prisões e os enfermos mentais 438
profetas judaicos 24-5, 44
prostitutas 145, 151, 246 (nota 77), 286
protestantismo 134
Prozac 444, 461
pseudopacientes 447-8
psicanálise: e a antropologia 403-4; e as artes 370, 397, 398-402; os atrativos da 322, 370, 445-6, 453-4; como ciência geral da mente 446; cismas da 370, 379, 383, 454; o começo da 318-21, 368-70; e a crítica literária 402; declínio da 371, 451-4, 451 (nota 66), 464; e diagnóstico 448-51, 464; na Europa germanófona 369-70, 381-2; e os Estados Unidos 373 (nota 6), 374-84, 387, 390-3, 403, 407, 410, 440, *441*, 445, 453; a expansão da 370, 384, 389, 390 (notas 41 e 42); na França 453; e Hollywood 404-11; hostilidades diante da 371-3, 379-80; influência cultural da 371, 384, 391-404, 446; na Inglaterra 453-4, 374 (notas 9 e 10); institutos 382, 393, 439; a norte-americanização da 381-2, 388-91, 446; pacientes de 318-20, 340; como pseudociência 404; e psicose 391, 454, 455 (nota 72); e publicidade 370, 442; e a Segunda Guerra Mundial 384, 393, 397; e tratamentos medicamentosos 445; e as universidades 453, 348 (nota 41)
psicofarmacologia 16, 424, 440-3, 457-9, 466; e a percepção das enfermidades mentais 424, 439-41
psicologia: acadêmica 371; clínica 440
psicológicas, explicações para a enfermidade mental 332-3; como charlatanismo 317, 346 (nota 34), 380
psicoses 16, 323, 344, 353, 359, 391, 410, 451 (nota 66)
psicossomáticas, doenças 394
psicoterapia 368, 373, 376-7, 379, 381, 388-90, 440, *441*, 445
psicóticos de sarjeta 435
psicotrópicos, medicamentos *ver* antidepressivos *e* antipsicóticos
psiquiatria 14-6, 18, 101, 110, 224, 457; na Alemanha 290-4; colonial 224-8, 368; e controle social 446; críticas jurídicas à 448; críticas neurológicas da 289, 310-1; diretiva-orgânica 391, 445; estado precário da 287, 341-2, 445, 447-8, 454; expansão para além do hospício 305, 309, 367-71, 378-9, 444-5; como forma de opressão 364, *365*, 429-30; formação 390, 446; uma indústria da morte 431, 460; e medicamentos 439-45, 58; e medicina generalista 358; militar 330-3, 384-8; norte-americana, expansão da 387-8; origens do termo 250; recrutamento para a 287-9; e tratamentos físicos 361; uso do termo na cultura anglófona 292
psiquiatria dinâmica *ver* psicanálise
psiquiatria infantil 394
psiquiatria norte-americana: expansão pós-Segunda Guerra Mundial 388-90, 444-5; hegemonia global 452, 457; e psicanálise 390-1, 404, 439-41, 451 (nota 66), 453 (nota 68)
publicações psiquiátricas 247-50
purgações 36, 73, 76, 83, 106, 108, 110, 191, 206, 339
puritanos 113-5, 123 (nota 47), 405
Pussin, Jean-Baptiste e Marguerite 179, 230
Putnam, James Jackson 376-7

qi 50, 53
quacres 221, 228, 230
Quando fala o coração 408

racial, consequências psicológicas da dominação 226
Radcliffe, John 183
Rake's Progress (*A carreira do libertino*): Hogarth 151, *152*, 153, 397; Stravinsky 397-8, **40**
Rasis (al-Rhazi) 58, 95
Rauwolfia serpentina 225, 225 (nota 30), **27**
Ray, Isaac 258
Reade, Charles 271, 272 (nota 31)
reconquista cristã 64
Redlich, Fritz 432
Redoma de vidro, A 362
reducionismo biológico 110
Rees, T. P. 387
reformistas 168, 217, 221, *227*, 227-30, *229*, 233, *234* 242, 272, 418 (nota 6), 421, 438
Rei Lear 115, 116 (nota 40)
Reigen 283
Reil, Johann Christian 250
Reino Unido 166-7, 176, 214, 223, 225, 238-9, 242, 247-8, 258, 263, 271, 273, 300-1, 304-5, 326, 345-6, 357, 360, 367, 415, 425, 447; e a desinstitucionalização 417, 426, 433, 437,

515

438; e psicanálise 371, 373, 453-4; *ver também*
    Inglaterra *e* Escócia
religião como neurose 380
relíquias 82 (notas 53 e 54); poder das 81, 82
remédios populares 43, 83, 227, **27**
repouso, cura de 307, 308 (notas 15 e 17), 309, 368
repressão 321-3, 370, 398-9
reserpina *ver Rauwolfia serpentina*
resfriamento artificial do corpo 348
ressonância magnética funcional (RMf) 468
revoluções: Americana 255, 257-8, 377;
    bacteriológica 341-2; científica 99, 194;
    Francesa 146, 147 (nota 3), 150, 212 (nota 4),
    238, 255-6; Inglesa 196, **22**
Rey, dr. Félix 266
Rhône-Poulenc 440, 442
Richardson, Samuel 167 (nota 30), 190, 212
Rieff, Philip 403
Risperdal 458, 463
Rivers, W. H. R. 332
Robben, ilha 224
Robinson, Nicholas 168 (nota 32), 170, 191-2, 212
    (nota 4)
Rockefeller, John D. 303, 377, 378 (nota 16)
Rockefeller Foundation 357, 367, 393
Rogers, John 215
Rolling Stones 443
Roma 31, 45-7, 57, 61-2, 72 (nota 26), 82, 92, 117-8,
    130 (nota 57), 134, 200, 218
Romm, May 407-8
Rosen, George 24, 33 (nota 36)
Rosenhan, David 447-8
Roterdã, Erasmo de 44, 133-8, *136*
Rowlandson, Thomas 161
Royer-Collard, Antoine-Athanase 246
Rubens, Peter Paul 36, 132, 138-9, **18**
Rufo de Éfeso 71, 104, 106 (nota 14)
Rush, Benjamin 172, 173 (nota 45), 174, 257
Rússia: hospícios 193, 220; queda do regime czarista
    325; psiquiatria na 220

Sade, Marquês de 148-9, 235-6
Sakel, Manfred 349-51, 353-4, 359
Salpêtrière 146, 214; histeria na 310-1, 313, *315*;
    insanos na 146, 178-9, **23, 24**
Salvarsan 337-8
Samuel 21-2
San Bonifacio, hospital (Florença) 219
San Clemente, hospício 219, 413-4, **43**
San Clemente Palace Hotel **43**

San Servolo, hospício 218, 414
Sandoz 463
sangrias 36, 39, 73, 83, 106, 108, 110, 191, 206,
    235, 339
sanguessugas 108
santos: Catarina de Siena 82, 82 (nota 56); Dimpna
    84-5; Inácio 139, **18**; Martinho de Tours 80;
    Zenão, bispo de Verona 85, *88*
santos cristãos 25 (nota 18), 44, 81-5, 135 (nota 63);
    túmulos como lugares de peregrinação 81-4
São Vito, dança de 197
Sargant, William 357
Sartre, Jean-Paul 410
Sassoon, Siegfried 332, **37**
Satã 89, 101-2, 109, 111
Saul 21-4, 86, 139
Savage, *Sir* George 302, 308 (nota 14)
Schnitzler, Arthur 283
Schröder, Paul 251
Schur, Max 382
Science 447
Scotsman, The 251; Scott, *Sir* Walter 166, 259
    (nota 15)
Segunda Guerra Mundial 357, 371, 382, 384, 393,
    397, 419-20, 444, 451 (nota 66), 454, 457
Selznick, David O. 406-9
Selznick, Irene 407
Sêneca 117-8
senso comum 13 (nota 1)
sepse focal *345*, 347 (nota) 363, 417
Seroquel 458, 463
serotonina 444 (nota 56), 456, 461
serviço social psiquiátrico 440
sexo e loucura 281-2, 285-6, 321-2, 398-9, 457
Shaftesbury, Lord, e seu filho, Maurice 300
Shakespeare, William 44, 115-8, 118 (nota 42), 119,
    120, 122-3; e loucura 116-7, 124, 211
Sharfstein, Steven 452
Shelley, Percy Bysshe 218, 414
's-Hertogenbosch, hospício de 143-4, 146
Shirley, James 124
Sicília 66, 219, 387
sífilis 166 (nota 29), 184, 193, *248*, 285-6, 378;
    origens da 181; terciária 18, 166 (nota 29), 286
    (nota 51), 310, *337*; tratamentos para *181*,
    336-40, 338 (nota 22)
símbolos e loucura 130, 154, 322, 370, 378, 397,
    399-400, 409, 423
Simmel, Ernst 407
sintomas, como marcadores diagnósticos 450, 465-6

Índice remissivo

Síria 61, 70 (nota 16), **5**
Smith, Kline & French 442-3
Smollett, Tobias 163
Snape, Andrew 169, 211, 211 (nota 2)
sociedade de consumo, nascimento da 150-1
Sociedade Psiquiátrica Suíça 349
sociologia e enfermidade mental 429-31
Sócrates 44, 137
Sófocles 28, 57, 132, 402
Sorano 37
Spanish Tragedy, The 119
Spitzer, Robert 425 (nota 57), 449-51, 466-7
Spitzka, Edward 289
spleen 182, 184
Spock, Benjamin 391-2
Spurzheim, Johann 240-2, **30**
St Elizabeth's Hospital 338 (nota 22), 430
St Luke's Hospital for Lunatics 158-9, *160*, *161*
Stadelmann, doutor Heinrich 267, **34**
Stekel, William 399 (nota 64)
Stravinsky, Igor 397-8, **40**
Streptococcus pyogenes 336
Suécia 285, 422
suicídio 280, 282, 286, 302, 304, 351, 361-2, 401; e antidepressivos 461
Sullivan, Harry Stack 454
superintendentes de hospícios 15, 229, 232-3, 236, 242, 248-51, 258, 265-6, *280*, 288-9, 296 (nota 66), 309, 338 (nota 22), 343, 346, 432; na visão dos pacientes 265
Suprema Corte (Estados Unidos) 294
surdez, histérica 331
surrealista, arte 398
Swift, Jonathan 131, 184, 185 (nota 9), 196
Sydenham, Thomas 186-8
Szasz, Thomas 14, 361, 429, 431-2, 449; e a Igreja da Cientologia 431

Tânatos (pulsão de morte) 399, 399 (nota 64), 402
Tavistock Clinic 374, 387-8
taxas de cura, afirmadas 233, 244; declínio das 261
taxas de hospitalização 227
TDAH *ver* hiperatividade
Tenon, Jacques 146, 149 (nota 8)
teoria microbiana da doença 288; *ver também* revolução bacteriológica
terapia eletroconvulsiva (TEC) 348, 352-4, 361-5, 443, 353 (nota 55); afirmações de danos cerebrais 353-4; e Hollywood 360, 363-5; e a lobotomia 357-9; origens 352-3; perda de legitimidade da 362-5
Tess dos d'Urbervilles 283
testemunhas de Jeová 376
Texas 429
Thérèse Raquin 281
Thorazine 423-4, 426, 439, 441-3, 463; *ver também* fenotiazinas
Ticehurst, hospício de 265, 273, 300-2
Time 359, 390
Times, The 251, 273, 276
Tito Andrônico 119, *120*, 120-2
Todestrieb ver Tânatos
Tolstói, Liev 44, 314
torpillage 334
tortura 79, 100, 109, 118-9, 226, 328, 382, **38**
Toulouse-Lautrec, Henri de 286
tóxica, psiquiatria 460
traduções: de textos em árabe e siríaco 93; de textos gregos e latinos 69
tragédias e loucura 285; como alívio cômico 124; elisabetanas 117-26; na Grécia Clássica 27-30, 152; e introspecção psicológica 400; romanas 117-8
Tranquilizante, o 172-3, 174
tranquilizantes 443, 458
Tratado da lesão por frio 53
tratamento moral 179, 219, 221, debates sobre 233-4; e frenologia 242-4; origens do 177, 228-35; papel do superintendente 232-3; e tratamento médico 233-8, 245-7, 261
trauma, e loucura 97, 104, 319, 321, 326, 330, 332, 368, 370, 384, 388, 400, 409, 411; físico 97, 306; *ver também* neurose de guerra
Trenton State Hospital 351, 417
trepanação 140
Treponema pallidum 291 (nota 58)
Três ensaios sobre a teoria de sexualidade 378
Très riches heures du duc de Berry 86, **11**
triagens psiquiátricas na Segunda Guerra Mundial 386-7
trick cyclists 389
Trilling, Lionel 402
tuberculose 184, 215, 237, 238 (nota 22), 444 (nota 56)
Tuke, Daniel Hack 17, 219 (nota 20), 277, 317 (nota 29)
Tuke, Samuel 175 (nota 54), 228 (nota 38), 236

517

Tuke, William 178, 215 (nota 11), 228-30, 234, 252
Twain, Mark 244, 245, 245 (nota 76)

validade dos diagnósticos psiquiátricos 450, 452, 456
Valium 443
van Gogh, Vincent 266-7, 286, **33**, **35**
vapores 182-5, 189, 191, 196
Veneza *45*, 85, 93, *94*, 152, 399; hospícios 218, 413, *414*, 414
ventosas 73, 83, 106, 108
viagens, como remédio para enfermidades mentais 193
Viena 201-4, 208, 217-8, 283, 287, 334, 349; e Freud 310-1, 316, 318, 321, 336, 369, 379, 382, 405
Vietnã, Guerra do 384
Vincent, Clovis 334
Virgem Maria 86, *103*
Virgílio 89-90, 137 (nota 69)
Vitória (rainha da Inglaterra) 223, 239, 275, 302
Voltaire (François-Marie Arouet) 99, 100, 330 (nota 7)
vômitos 173, 191, 206, 238, 339

Wagner, Richard 399, 399 (nota 63)
Wagner-Jauregg, Julius 334, 336-40, 342, 347, 360 (nota 72)
Walpole, Horace 196
Warburton, Thomas 157-8, 215
Warren, Richard 212
Washington, D.C. 355, 430
Wasserman, teste de 337 (nota 19), 338 (nota 22)
Watson, James D. 395

Watts, James 355-60
Waugh, Evelyn 439
Weill, Kurt 401, 408
Weinberg, S. Kirson 429
Wesley, John 194, 196-7
West Riding Lunatic Asylum *248*, 265, 289
Wexler, Bruce 469
Wharton, Edith, 308 (nota 15); e curas de repouso 308 (nota 15)
White, Ellen 303
Whitefield, George 194-7
Williams, Tennessee 400-1
Willis, reverendo Francis 171-2
Willis, Thomas 169-70, 186-7, 192-3
Wing, John K. 432, 435 (nota 45)
Winnicott, Donald 392
Winslow, Forbes 247-8
Wollstonecraft, Mary 164
Woodward, Samuel 242, 258
Woolf, Virginia 302, 307-8
Work, Hubert 346

Yale, escola de medicina de 358, 432
Yealland, Lewis 335-6
yin-yang 51, 52 (nota 64)
York, Asilo de 215, 215 (nota 11), 221 (nota 23)
York, Retiro de 178, 215 (nota 11), 221, 228, *229*, 237, 277, 289
Yunani 58

Zola, Émile 281-2, 285
Zurique 348, 371, 378 (nota 16)
Zweig, Arnold 375
Zyprexa 458, 463

Créditos das imagens

Imagens em preto e branco

akg-images: © DACS 2015 p. 329 (Dix); DeAgostini Picture Library p. 88; Imagno p. 312; Erich Lessing p. 470; Prisma/Kurwenal/Album p. 87; ullstein bild p. 326

Amsterdam City Archives p. 147

Cortesia do Bethlem Art & History Collections Trust p. 145, 267

Cortesia da U.S. National Library of Medicine, Bethesda, Maryland p. 174

British Library (12403.11.34.(2.)) p. 165

United States Holocaust Memorial Museum. Cortesia da National Archives and Records Administration, College Park, Maryland p. 295

© Ian Ference 2010 p. 419

Chicago History Museum/Getty Images p. 377

De *Gespräch über die heilsamen Beschwörungen und Wunderkuren des Herrn Gassners*, 1775 p. 198

Fotografia Tonee Harbert p. 435

Kansas State Historical Society p. 389

Knebworth Estates (www.knebworthhouse.com) p. 275

Kobal Collection: Selznick/United Artists © Salvador Dalí, Fundación Gala-Salvador Dalí, DACS, 2015 p. 409; United Artists/Fantasy Films p. 365; Warner Bros p. 402

© Drew Farrell/Lebrecht Music & Arts p. 167

Bernard Lens e John Sturt, 'Digression on Madness', de Jonathan Swift, *A Tale of the Tub*, 1710 p. 131

London Borough of Hackney Archives, Londres p. 157

National Gallery, Londres p. 136

Fotografia Charles Lord © The Estate of Charles Lord p. 422

Beinecke Rare Book and Manuscript Library, Yale University, New Haven p. 120, 129

Harvey Cushing/John Hay Whitney Medical Library, Yale University, New Haven p. 265, 315

New Jersey State Archives p. 345

China Medical Board, Inc. Photograph Collection. Cortesia do Rockefeller Archive Center, Nova York p. 367

Da *Sapere*, n. 154 (Maio 1941) p. 353

Science Photo Library: Jean-Loup Charmet p. 204; Otis Historical Archives, National Museum of Health and Medicine, Maryland p. 335

NMPFT/Royal Photographic Society/Science & Society Picture Library p. 280

Seattle Post-Intelligencer Collection, Museum of History & Industry (MOHAI), Seattle. Fotografia Ken Harris (1986.5.25616) p. 356

Arquivos da cidade, 's-Hertogenbosch, Países Baixos p. 144

Da *Tempo* (mar. 1948) p. 354

De Kure Shuzo e Kalda Goro, *The situation of the home-confinement of the mentally ill and the statistical observation*, Tóquio, Home Office, 1920. Fotografia Kure Shuzo, Komine Archive, Tóquio p. 227

Universitätsarchiv Tübingen p. 319

Fondazione San Servolo IRSESC, Veneza p. 413

Institute of the History of Medicine, University of Vienna p. 337

521

Baseado numa litogravura de
J. Vollweider/C. Kiefer, 1865 p. 220
Library of Congress, Washington, D.C.
(LC-USZ62-9797) p. 222
Wellcome Library, Londres p. 17, 36, 39,
44-45, 54, 55, 73, 94, 100, 107, 152, 160,
161, 175, 181, 189, 195, 205, 229, 234,
243, 248, 256, 260, 288, 292, 309, 318,
359, 384, 415, 441
Willard Library Photo Archive, Evansville,
IN p. 303
Archives and Special Collections, Clark
University, Worcester, MA p. 376

Imagens coloridas

Indicadas por suas numerações correspondentes.

© Guy Christian/hemis/agefotostock 43
akg-images 25; © DACS 2015 38
(Beckmann), 39 (Dix); Florilegius
26; Erich Lessing 3, 18, 23, 28
Rijksmuseum, Amsterdã 21
Art Archive: Ashmolean Museum
15; British Library 8; CCI/
Private Collection 30; Electa/
Mondadori Portfolio/ Pushkin
Museum, Moscou 33
Walters Art Museum, Baltimore 9
The Tichnor Brothers Collection, Boston
Public Library 36
Bridgeman Art Library: Bibliothèque des
Arts Décoratifs, Paris, France/Archives
Charmet 24; Photo © Zev Radovan 5

Musée Condé, Chantilly 11
© Peter Aprahamian/Corbis 41
Meadows Museum, Dallas 29
Scottish National Portrait Gallery,
Edinburgh 32
© Ian Ference 2010 42
© Sonia Halliday fotografias 12, 13, 14
Coleção The David Hockney Foundation
© David Hockney. Fotografia de Richard
Schmidt 40
© 2014 Billiam James 44
Wellcome Library, Londres 7, 22, 27, 31
J. Paul Getty Museum, Los Angeles (Ms.
33, fol. 215v) 2
Museo del Prado, Madri 20
Museo Arqueológico Nacional, Madri
(N.I. 11094). Fotografia de Antonio
Trigo Arnal 4
The Bodleian Library, University of
Oxford. Com a generosa permissão
dos curadores de Wilfred Owen
Estate 37
Scala, Florence: DeAgostini Picture Library
10; National Gallery, Londres 16
NYPL/Science Source/Science Photo
Library 6 Tate, Londres 1, 17
Art Gallery of Ontario, Toronto.
Dix © DACS 2015 34 Museum
Catharijneconvent, Utrecht 19
Oskar Reinhart Collection,
Winterthur 35

522

Agradecimentos

Loucura na civilização é de muitas formas produto de meu trabalho de mais de quarenta anos sobre a história da loucura. Durante esse tempo, acumulei mais dívidas de gratidão com mais pessoas do que seria possível listar aqui. Além disso, arrisco-me neste livro na tarefa de superar a *chutzpah*[1], e, ao fazê-lo, fico inevitavelmente em débito com o trabalho de inúmeros estudiosos – um débito parcialmente, ainda que insuficientemente, reconhecido nas notas e na bibliografia que acompanham o texto.

Contudo, algumas pessoas foram tão extraordinariamente bondosas e generosas ao ajudar durante a escrita deste livro em particular que me sinto feliz por poder agradecê-las aqui. Ainda que estes agradecimentos sejam uma recompensa pouco valiosa por tudo o que fizeram por mim, gostaria primeiro de agradecer a cinco pessoas que se mostraram tão graciosas a ponto de lerem o texto inteiro e de me encaminharem comentários detalhados e sugestões de melhorias. São poucos aqueles cujo conhecimento sobre a história da medicina se iguala ao de William Bynum, que me salvou de cometer uma profusão de pecados, além de também ter oferecido o encorajamento tão necessário ao longo do caminho. Meus amigos Stephen Cox e Amy Forrest fizeram uma leitura atenta e empática de cada um dos capítulos. Eles fizeram várias sugestões penetrantes quanto ao estilo e à substância e não hesitaram em apontar onde minha escrita tropeçava ou meus argumentos pareciam se perder. Não tenho como agradecê-los o bastante. Todo escritor deveria ser sortudo o suficiente de ter amigos tão generosos. Meu maravilhoso editor na Thames & Hudson, Colin Ridler, tem sido o tipo de profissional dos sonhos de todo autor: receptivo, infinitamente disposto a ajudar e cheio de entusiasmo pelo projeto. Do mesmo modo, sua colega Sarah Vernon-Hunt editou a versão final do texto com cuidado e atenção excepcionais. Foram inúmeras as formas de que me beneficiei de suas maravilhosas habilidades como editora. Como todos esses leitores podem atestar, às vezes posso ser teimoso, e ainda que em muitas vezes tenha ouvido seus sábios conselhos, por vezes me recusei a fazê-lo. Assim, nenhum deles pode ser de modo algum responsabilizado pelos erros por comissão e por

---

1 Palavra iídiche que significa "ousadia", "audácia" ou um tipo de autoconfiança excessiva, o termo pode ser utilizado tanto de forma positiva (como na coragem para fazer o bem diante de dificuldades), negativa (como arrogância) ou de forma ambivalente (como ambição). [N.T.]

omissão que permaneceram no livro. A eles, no entanto, cabe em grande medida o crédito por quaisquer virtudes que o texto possa manifestar.

Outras pessoas leram porções substanciais de vários capítulos ou responderam a interrogatórios inoportunos dos mais variados tipos. Eu gostaria de agradecer particularmente a meu cunhado, Michael Andrews, e a meus colegas e amigos Emily Baum, Joel Braslow, Helen Bynum, Colin Gale, Gerald Grob, Miriam Gross, David Healy, John Marino e Akihito Suzuki. Também sou grato às várias organizações que ajudaram a tornar este livro possível. A reitoria da Universidade da Califórnia forneceu por diversas ocasiões o financiamento que permitiu que eu passasse algum tempo em acervos distantes. Essa assistência foi de valor inestimável para alguém envolvido com o passado da loucura, já que era raro que as fontes primárias que precisavam ser consultadas estivessem disponíveis na Califórnia, apesar da atual reputação do estado como lar dos excêntricos. Ao longo dos anos, bolsas e apoio da parte da Fundação Guggenheim, do American Council of Learned Societies, da American Philosophical Society, do Commonwealth Fund, do Shelby Cullom Davis Center for Historical Studies da Universidade de Princeton e de duas bolsas Presidential Humanities da Universidade da Califórnia custearam grandes porções da minha pesquisa. A todos eles sou muito agradecido, já que todo o trabalho inicial nos arquivos contribuiu de várias formas tanto para a expansão quanto para a condensação do trabalho sintético que este volume representa.

Em minha editora britânica, Thames & Hudson, um time inteiro de pessoas para além das já mencionadas ofereceu uma assistência inestimável para a preparação deste livro, incluindo as equipes de *design*, de produção e de *marketing*, que transformaram imagens e texto crus neste exemplar tão bonito. Gostaria de agradecer a todos eles. Tenho uma dívida de gratidão especial com minha editora de imagem, Pauline Hubner. Pauline me ajudou a localizar e a obter a permissão de uso para as imagens que fazem tanto para aprimorar e enriquecer o texto e as análises que virão a seguir. Do lado norte-americano, é um grande prazer, ainda, ter outro livro publicado pelo estimável Peter Dougherty da Princeton University Press. Peter é um diretor-modelo para uma editora universitária e manifestou um profundo interesse pessoal no sucesso do livro. Gostaria igualmente de agradecer a publicação *History of Psychiatry* [História da psiquiatria] e seu editor de longa data, German Berrios, pela permissão para republicar alguns dos textos que primeiro apareceram na edição de aniversário de 25 anos e agora fazem parte do capítulo 11.

Agradecimentos

Amo escrever, e a dedicatória deste livro reflete o quanto devo à minha esposa, Nancy, por tudo o que ela fez para criar as condições que tornaram a escrita possível ao longo dos anos. Mais importante, devo a ela mais do que minhas capacidades permitem expressar por todo o amor e companheirismo recebidos por tantas décadas. Aqueles que são avós sabem a alegria que os netos trazem, e este livro é dedicado também aos netos que Nancy e eu já somos afortunados o bastante para ter – e também para aqueles que esperamos acolher e adorar nos anos por vir.

Andrew Scull
La Jolla, Califórnia

Sobre o autor

Mestre pela Princeton University, doutor pela Oxford University e pós-doutor pela University College London, o sociólogo britânico Andrew T. Scull, nascido em 1947, já ministrou aulas na própria Princeton University e na University of Pennsylvania. Atualmente, é professor de sociologia e de estudos científicos na University of California, em San Diego, nos Estados Unidos.

Nos anos 1990, presidiu a Sociedade para a História Social da Medicina. Em 2015, recebeu a Medalha Roy Porter pelo conjunto de suas pesquisas para a história da medicina e, em 2016, foi contemplado com o Prêmio Eric T. Carlson por suas contribuições para a história da psiquiatria.

As pesquisas do sociólogo sobre a história cultural da loucura tiveram início nos anos 1970. Hoje, ele é autor de mais de uma dezena de livros, e suas obras já foram traduzidas para mais de quinze idiomas.

A obra de Michel Foucault, *Madness and Civilization: A History of Insanity in the Age of Reason* (1961), publicada em português em 1978 sob o título *História da loucura na Idade Clássica*, serviu-lhe de inspiração para o título deste *Loucura na civilização: uma história cultural da insanidade*.

1. (*Página anterior*)
The Fairy Feller's Master-Stroke [O golpe de mestre do lenhador mágico] (1855-1864), de Richard Dadd. Dadd era um jovem e promissor artista que foi confinado no Bethlem Royal Hospital depois de ter assassinado o próprio pai. A atenção microscópica aos detalhes e as qualidades surreais são típicas de muitos de seus trabalhos.

2. (*Abaixo*)
Nabucodonosor como animal selvagem, com os cabelos crescidos e as unhas em forma de garras. Esta imagem impactante da narrativa bíblica sobre a loucura do rei babilônico é um detalhe de um manuscrito pintado por um artista desconhecido em Regensburg, na Alemanha (ca. 1400-1410).

3. (*Página seguinte, canto superior esquerdo*)
Hieronymus Bosch, *A nau dos loucos* (ca. 1510-1515). Platão comparava a democracia a um navio de loucos; em 1494, Sebastian Brant, um teólogo alemão, usou a mesma alegoria para satirizar os pecados de seus contemporâneos. A pintura de Bosch mostra um navio que, carregado de todos os tipos de loucos, vaga sem destino.

4. (*Página seguinte, canto superior direito*)
Nesta cerâmica de figuras vermelhas pintada por Asteas por volta de 340 a.C., Héracles, representado em sua fúria louca, está prestes a jogar um de seus filhos sobre uma pilha de objetos domésticos destruídos. Sua esposa assiste com horror, incapaz de detê-lo.

5. (*Abaixo*)
Neste mural do século III na sinagoga de Dura Europos, na Síria, Deus intervém para proteger o povo escolhido: as mãos de Javé descem dos céus para dividir o mar Vermelho e fazer passar os judeus, enquanto os perseguidores são afogados.

6.
A teoria dos quatro humores – fleumático, sanguíneo, colérico e melancólico –, que formava a base da medicina galênica, é aqui ilustrada por um artista medieval. O desequilíbrio criava enfermidades corporais e mentais.

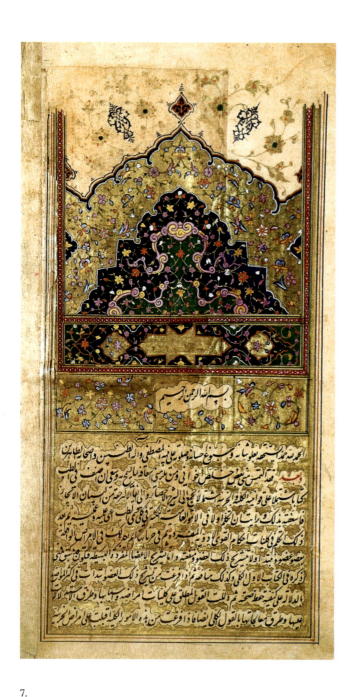

7.
Iluminura do *Cânon da medicina* de Ibn Sina (Avicena), pintada em Isfahan, Pérsia, em 1632. Concluído em 1025, o *Cânon* foi uma compilação muitíssimo influente dos conhecimentos médicos até então existentes e abarca todas as formas de doenças e debilidades.

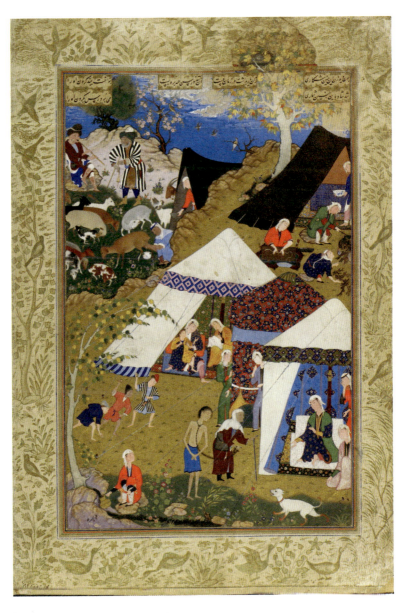

8.
Nesta cena do conto de Nizami sobre os amantes desafortunados Laila e Majnun, pintada em Tabriz (1539-1543), o louco Majnun é levado acorrentado à tenda de Laila. As crianças arremessam pedras no homem, contra o qual também se atiça um cachorro – para a maioria dos muçulmanos, um animal ritualmente impuro.

9. (*À esquerda*)
Representação em cores vívidas do assassinato de Tomás Becket, de um códice de meados do século XIII. Considerava-se que o sangue do santo curava a insanidade, a cegueira, a lepra e a surdez, além de inúmeras outras doenças.

10. (*Canto inferior esquerdo*)
Na Europa medieval, havia uma crença profunda na eficácia das relíquias dos santos. O crânio de Santa Fé, ao qual se atribuíam poderes milagrosos, foi alojado em um suntuoso relicário na abadia de Conques, na França.

11. (*Abaixo*)
Um demônio foge enquanto Cristo abençoa uma jovem possuída, do livro de horas *Très riches heures du duc de Berry* [As riquíssimas horas do duque de Berry] (ca. 1412-1416).

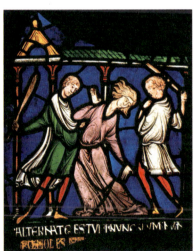
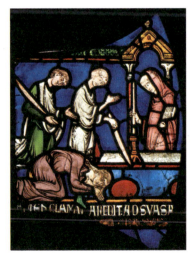

12-14.
Estes vitrais da capela da Trindade, na catedral da Cantuária, contam a história de Matilda, a louca de Colônia, que matou o próprio bebê. Matilda foi uma das muitas peregrinas trazidas, ou arrastadas, a Cantuária em busca de uma cura milagrosa. No terceiro painel (*canto inferior direito*), a pobre mulher recupera a razão.

15.
Retrato de Richard Napier (1559-1634), de autoria desconhecida. Napier foi o pároco de Great Linwood, em Buckinghamshire, na Inglaterra, e era astrólogo, alquimista, mágico e médico de loucos. Pacientes furiosos e enlouquecidos vinham de grandes distâncias para ser tratados por ele com artes sacerdotais e purgantes administrados em momentos astrologicamente propícios.

16. (*Imagem de cima*)
Dom Quixote, de lança em punho, ataca o rebanho de ovelhas que ele, em estado de delírio, acredita serem uma tropa de inimigos, enquanto Sancho Pança repousa sobre seu burro cansado; esboço a óleo de Daumier (1855).

17. (*Imagem de baixo*)
Ofélia (1851-1852), de John Everett Millais. O plano de fundo meticulosamente pintado para a figura trágica de Ofélia, levada à perda do juízo, custou a Millais horas intermináveis de trabalho e observação.

18.
Os milagres de Santo Inácio (ca. 1617-1618), de Peter Paul Rubens. A enorme escala do quadro e sua riqueza de detalhes foram pensadas para impressionar os devotos com os poderes da santidade a serviço da Contrarreforma. Em primeiro plano, vemos um homem seminu deitado. Outros sofredores ocupam a cena, e acima deles se desprendem pequenos demônios aéreos que buscam escapar das exortações de Inácio.

19.
Capa para órgão pintada por David Colijns por volta de 1635-1640, originalmente destinada à Nieuwezijds Kapel, em Amsterdã, em que vemos Davi tocar sua harpa numa tentativa de tranquilizar a alma atormentada do rei Saul – neste caso, sem sucesso, já que Saul arremessa uma lança contra ele. Os calvinistas holandeses eram profundamente hostis a qualquer sinal de idolatria, por isso essa tela pintada era um objeto incomum.

20.
A extração da pedra da loucura, de Hieronymus Bosch (ca. 1494). Um médico, ou possivelmente um curandeiro, usa um bisturi para remover a suposta causa da loucura da cabeça de um paciente. A crença popular numa "pedra da loucura" era bastante disseminada.

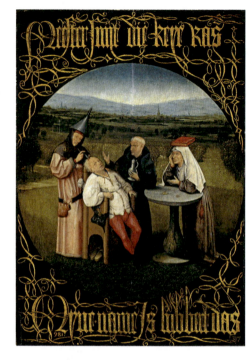

21.
Twee kranksinnigen [Dois loucos], escultura em terracota de 1673 de Pieter Xavery, provavelmente feita para uma casa de loucos. Como muitas obras de Xavery, esta é uma peça pequena, mas repleta de detalhes reveladores e movimento.

22.
Gravura do Hospital de Bethelem. Bedlam, como é geralmente conhecido, foi reconstruído em 1675-1676, com sua opulência planejada como forma de exibição da caridade londrina e de propaganda da restauração da monarquia e do reinado da razão, após o turbilhão da Revolução Inglesa e da *Commonwealth*.

23. (*Imagem de cima*)
La Conduite des filles de joie à la Salpêtrière [A condução das prostitutas à Salpêtrière] (1755), de Étienne Jeaurat. Muitos tipos de pessoas moralmente suspeitas ou que perturbavam as convenções sociais eram depositadas nesse enorme estabelecimento, que abrigava quase apenas mulheres.

24. (*Imagem de baixo*)
Philippe Pinel desacorrenta os lunáticos na Salpêtrière em 1795, em pintura de Tony Robert-Fleury (1876) – um evento famoso, ainda que não passe de um mito criado décadas depois.

25.
Numa de suas primeiras xilogravuras, também a mais antiga representação remanescente da doença, Albrecht Dürer retrata um sifilítico (1496). O orbe sobre a cabeça do homem sugere uma causa astrológica para a aflição, e somente séculos mais tarde a sífilis seria relacionada com certos tipos de transtorno mental.

26. (*Página anterior, acima*) A *Helleborus niger*, planta venenosa da família das *Ranunculaceae*, era conhecida por ter propriedades antimaníacas e empregada desde a Grécia antiga por físicos e curandeiros como cura para a loucura.

27. (*Página anterior, abaixo*) A *Rauwolfia serpentina*, ou raiz-de-cobra indiana, era usada como remédio contra a insanidade (entre outras doenças) na medicina indiana. Nos anos 1950, um de seus alcaloides foi isolado e introduzido na psiquiatria ocidental sob o nome de reserpina, mas logo foi substituído por outras drogas.

28. (*Acima*) *La sala delle agitate al San Bonifazio in Firenze* [A ala das loucas no San Bonifacio em Florença] (1865), pintado por Telemaco Signorini. O Hospital de San Bonifacio foi fundado em Florença em 1377 e se tornou uma casa de loucos no século XVIII, durante o reinado do grão-duque Pedro Leopoldo I.

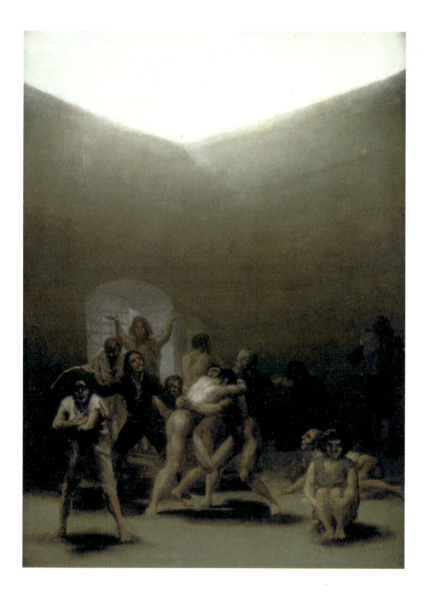

29.
Curral dos loucos (1793-1794), de Francisco Goya. Enquanto pintava esta cena, Goya temia estar enlouquecendo. Nessa representação dramática e perturbadora, vemos a luta de dois internos loucos e nus, enquanto um funcionário os açoita – uma imagem impiedosa, cheia de sofrimento e que recende à desesperança da razão perdida.

30.
Bustos frenológicos que pertenceram a Jean-Martin Charcot, neurologista francês especializado no tratamento da histeria. A ideia da localização física das funções cerebrais, essencial para as teorias frenológicas de Franz Joseph Gall e Johann Spurzheim, exerceu influência duradoura sobre a imaginação dos neurologistas.

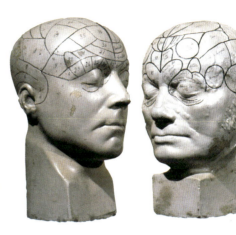

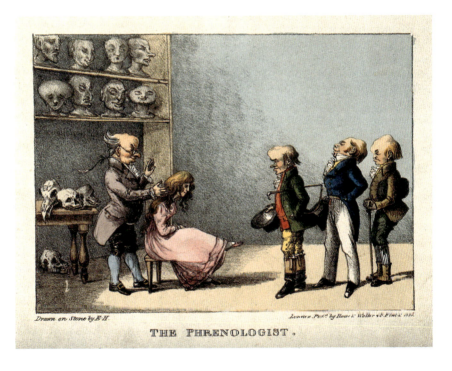

31.
Franz Joseph Gall examina a cabeça de uma jovem atraente, enquanto três cavalheiros esperam para terem suas próprias qualidades interpretadas nesta imagem satírica publicada em 1825.

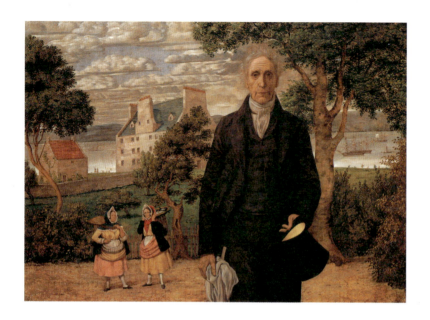

32. (*Acima*)
O retrato pintado por Richard Dadd de *Sir* Alexander Morison (1852) mostra o exaurido médico do Bedlam numa área rural no exterior de uma fazenda escocesa, uma paisagem que Dadd conhecia apenas de desenhos.

33. (*À direita*)
O doutor Félix Rey cuidava de Vincent van Gogh quando o pintor foi internado por loucura no hospital de Arles; num gesto de gratidão, Van Gogh pintou este retrato do médico (1889), ainda que Rey se tenha declarado "simplesmente horrorizado" com a pintura.

34. (*Página seguinte*)
Retrato do doutor Heinrich Stadelmann (1922), de Otto Dix. Stadelmann era psiquiatra, hipnólogo e especialista no tratamento de transtornos nervosos.

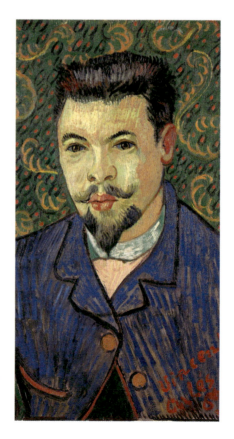

550

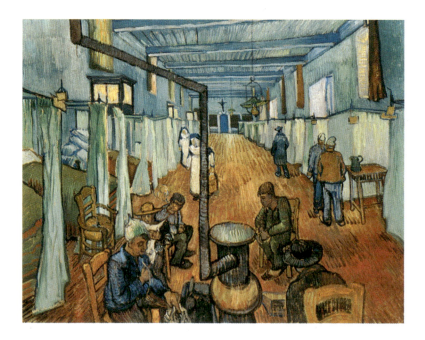

35.
A enfermaria do Hospital de Arles (1889), de Vincent van Gogh. Van Gogh esteve ali pela primeira vez, por um curto período, na sequência do episódio de dezembro de 1888 em que cortou parte de sua orelha esquerda, e foi depois hospitalizado de novo em fevereiro de 1889. A cena da enfermaria foi pintada em abril, enquanto Van Gogh vivia em aposentos de propriedade de seu médico, Félix Rey.

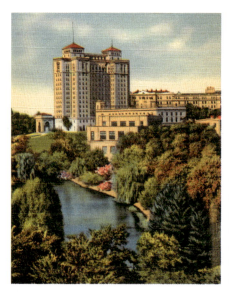

36.
O Sanitarium de Battle Creek, em Michigan, nos Estados Unidos, destinado a pacientes ricos e doentes dos nervos. Vítima da Grande Depressão, em 1933 foi levado à liquidação judicial.

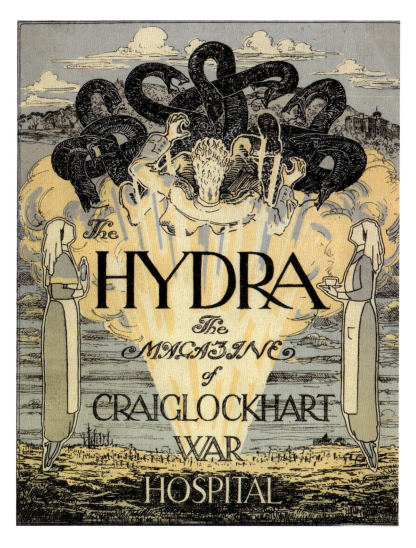

37. (Acima)
The Hydra [A hidra], revista produzida pelos pacientes no hospital de Craiglockhart, onde eram tratados os oficiais neuróticos da Primeira Guerra Mundial, entre os quais Siegfried Sassoon e Wilfred Owen.

38. (*Página seguinte, acima*) *Die Nacht* [A noite] (1918--1919), de Max Beckmann. Uma visão sombria da violência numa pequena sala, com três torturadores. Um homem é estrangulado, uma mulher estuprada é amarrada a um poste; uma criança é arrastada para ser torturada ou morta; qualquer ideia de ordem ou perspectiva desmorona num mundo de maldade e loucura. Beckmann tinha como intenção, como ele mesmo disse, "dar à humanidade um retrato de seu destino".

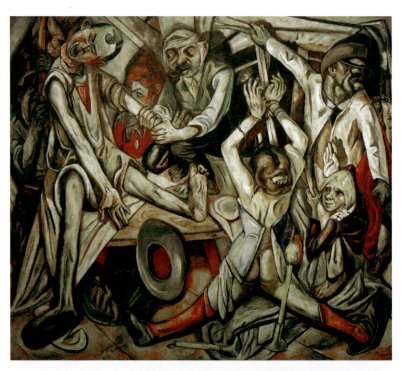

554

39. (*Página anterior, abaixo*) O painel central do tríptico *A guerra* (1929-1932), de Otto Dix: corpos alemães inchados apodrecem numa trincheira, um deles com as pernas crivadas de balas; um esqueleto empalado numa árvore; um céu em chamas anuncia o Apocalipse. Não é de surpreender que os nazistas tenham dispensado Dix de seu cargo de professor em Dresden sob a justificativa de que o trabalho do artista "provavelmente afetaria o ímpeto militar do povo alemão".

40. (*Acima*) *Bedlam* (1975), de David Hockney: modelo do projeto de Hockney para a ambientação da cena final da ópera *A carreira do libertino*, de Stravinsky, em Glyndebourne.

41. (*Página seguinte*) O consultório de Freud em Hampstead. Quando, em 1938, Freud deixou a Áustria para seu exílio em Londres, a fim de escapar da perseguição nazista, levou divã e objetos pessoais consigo e recriou seu antigo consultório da rua Berggasse, 19, em Viena, em sua nova casa em Maresfield Gardens, no norte de Londres. O cômodo é preservado como parte do Freud Museum até hoje.

42. (*Página anterior*)
Um corredor no abandonado Grafton State Hospital, em Massachusetts, fechado em 1973. Muitos hospícios como esse, que no passado abrigaram milhares, hoje permanecem vazios e negligenciados, em estado de ruína.

43. (*Acima*)
Vista aérea da ilha de San Clemente, em Veneza, hoje um luxuoso complexo de hotelaria. Mas a ilha nem sempre foi um destino desejável. Entre 1844 e 1992, era lá que ficava o hospício para mulheres loucas da cidade.

44.
Anúncio-paródia (2014) com uma mensagem séria, criado pelo artista canadense, ativista e autointitulado "epiléptico natural" Billiam James, com inspiração visual no *Kama Sutra* e nas pinturas ragamala do século XVII e com inspiração verbal na banda Jefferson Airplane.

Fonte EB Garamond e Kuunari Rounded
Papel Alta Alvura 90 g/m² (miolo) e Supremo Alta Alvura 250 g/m² (capa)
Impressão Visão Gráfica
Data Agosto de 2023